ALLÉGORIES

RÉCITS POÉTIQUES

ET

CHANTS POPULAIRES

CLERMONT-DE-L'OISE. — IMPRIMERIE A. DAIX, RUE DE CONDÉ, 27.

ALLÉGORIES
RÉCITS POÉTIQUES
ET
CHANTS POPULAIRES

TRADUITS

DE L'ARABE, DU PERSAN, DE L'HINDOUSTANI & DU TURC

PAR

M. GARCIN DE TASSY

MEMBRE DE L'INSTITUT

PROFESSEUR A L'ÉCOLE SPÉCIALE DES LANGUES ORIENTALES VIVANTES,
CHEVALIER DE LA LÉGION D'HONNEUR ET DE L'ÉTOILE POLAIRE DE SUÈDE,
COMMANDEUR DE L'ORDRE PORTUGAIS DE SAINT-JACQUES, ETC.

Seconde Édition

PARIS

ERNEST LEROUX, ÉDITEUR

LIBRAIRE DES SOCIÉTÉS ASIATIQUES DE PARIS, DE CALCUTTA,
DE NEW-HAVEN (ÉTATS-UNIS), DE SHANGHAI (CHINE)
DE L'ÉCOLE DES LANGUES ORIENTALES VIVANTES, ETC., ETC.

28, RUE BONAPARTE, 28

—

MDCCCLXXVI

A Monsieur

Le Marquis de CLAPIERS-COLLONGUES

MEMBRE DU CONSEIL GÉNÉRAL DES BOUCHES-DU-RHÔNE, PRÉSIDENT DE LA SOCIÉTÉ D'HORTICULTURE, ETC., ETC.

MONSIEUR ET CHER MARQUIS,

L'amitié que vous m'avez toujours témoignée, m'engage à vous dédier ce recueil pour lequel je serai flatté d'obtenir une place dans votre riche et précieuse Bibliothèque. Ma famille s'honore de vous être alliée, comme le Conseil général du département des Bouches-du-Rhône de vous compter parmi ses représentants au Conseil général où votre place était marquée, non-seulement à cause de votre position sociale, mais surtout de votre esprit droit, impartial et libéralement conservateur; de même que la Société d'Horticulture vous a choisi pour son président à cause de vos connaissances spéciales sur cette science, aussi utile qu'agréable, et du zèle que vous mettez à les appliquer. Quant à moi, j'aime de plus en vous l'attachement que vous professez pour notre vieille Eglise de France, si injustement calomniée de nos jours, et je vous prie d'agréer l'hommage de mes sentiments dévoués et affectueux,

GARCIN DE TASSY.

AVERTISSEMENT

J'ai réuni dans ce volume quelques-unes de mes traductions d'Allégories, d'Apologues, de Tableaux poétiques, de récits romanesques et historiques publiés anciennement et depuis longtemps épuisés. Mais comme cette édition n'est pas destinée au monde savant proprement dit, je n'ai reproduit ni les textes, ni les préfaces, ni les notes d'érudition qui accompagnaient les premières éditions de quelques-unes de ces traductions dont voici la liste :

TRADUCTIONS DE L'ARABE.

Les Allégories de Mocaddéci, publiées sous le titre de « Les Oiseaux et les Fleurs. »
Les Animaux en discussion avec l'homme, extrait de l'*Ikhwân Ussafâ*.

TRADUCTIONS DU PERSAN.

Deux contes de *l'Anwâr-i Suhaïlî*, version persane des *Fables de Pidpaï*.
Le Pend-nâmèh de Saadi.

TRADUCTIONS DE L'HINDOUSTANI.

Les Aventures de Kamrup.
La Rose de Bakawali.
Gul o Sanaubar, « Rose et Cyprès. »
Hîr et Ranjhan, légende du Penjab.
Sakuntalâ, d'après la version hindouie du *Mahâbhârata*.
Les Chants populaires de l'Inde.

TRADUCTIONS DU TURC.

La Prise d'Abydos.
La bataille de Varna.
La Prise de Constantinople.
La Description de Constantinople.
Les Aventures du prince Gem.

Quelques-uns des morceaux que je reproduis ici sont légers en apparence, mais sérieux en réalité : car sous une forme allégorique ou même critique, ils offrent des aperçus curieux de philosophie religieuse orientale. Quant aux passages de mes traductions qui, malgré les coupures que j'y ai faites pourront choquer ou paraître malsonnants, je ne les ai maintenus que pour faire connaître les idées et le style de l'orient musulman. Le lecteur judicieux appréciera ces motifs, sans que j'aie besoin de faire ma profession de foi.

ALLÉGORIES ET RÉCITS POÉTIQUES

TRADUITS

De l'Arabe, du Persan, de l'Hindoustani et du Turc

ALLÉGORIES

D'AZZ EDDIN ELMOCADDÉCI

PRÉFACE

AU NOM DU DIEU CLÉMENT ET MISÉRICORDIEUX

Louanges à Dieu, dont l'éloignement est proximité, dont la proximité est éloignement; dont la grandeur ne saurait se décrire, ni en style léger, ni en style sérieux; dont la sainteté sublime est au-delà de toutes bornes et de tout calcul. Louanges à Dieu, qui a tiré le Monde du néant; qui a déposé dans chaque être des vues de sagesse qui prouvent l'existence d'un créateur; et qui a doué l'homme de raison pour juger entre les choses contraires. C'est par l'inspiration de ce Dieu tout-puissant que l'homme a acquis les connaissances qu'il possède, et qu'il a su distinguer le vrai du faux, la certitude de l'erreur.

Celui qui, dirigé et soutenu par des intentions droites et pures, se livrera à des réflexions sérieuses, ne tardera pas à comprendre que toutes les créatures sont dans les mains de la Providence, qui, ainsi qu'elle condamne les unes au malheur, accorde le bonheur aux autres, et les comble de ses bienfaits et de ses dons les plus précieux, sans que personne puisse arrêter l'effet de la miséricorde de Dieu, ni donner ce qu'il refuse.

Si l'œil de ton intelligence était dégagé de toute matière hétérogène ; si rien ne souillait le miroir de ta conscience, et si tu prêtais l'oreille de l'attention, chaque être saurait t'apprendre ce qui manque à ses désirs, et la peine qu'il endure de cette privation cruelle. Écoute le zéphyr qui murmure dans le feuillage, vois les pleurs des nuées dont les mouvements semblent imiter le flux et le reflux de la mer, et le doux sourire de l'éclair que suit l'éclat de rire de la foudre. Considère ensuite le printemps : il vient te réjouir par l'heureuse arrivée de ses roses ; il vient t'annoncer que la rigueur du froid, qui l'avait précédé, est passée. Il s'avance vers toi : le sombre hiver se retire, et un manteau diapré vient revêtir la nudité des champs. Le saule d'Égypte se plaint à toi du balancement de ses rameaux : la marguerite semble te présenter l'armée des fleurs, où règne la plus agréable variété, et qui agitent devant toi leurs étendards empreints de leur bonheur : le narcisse se lève sur sa tige, comme pour faire sa prière : l'anémone paraît avec sa robe déchirée ; elle frappe ses joues de rose, comme si elle avait perdu quelqu'un qui lui fût cher ; le grenadier t'exprime ce que lui fait souffrir l'excès du feu ardent qu'ont allumé en lui les cruels dédains et l'éloignement de son amie : le rossignol, sur le rameau qui le balance, module de tendres accents ; on croirait qu'il flatte les cordes d'une lyre. L'amant, en proie à la mélancolie de l'amour, n'est plus maître de sa passion, et il confie au zéphyr le nom adoré qu'il tenait caché avec tant de soin : troublé par l'odeur suave qui vient de Najd, séjour de sa maîtresse, il erre ivre de plaisir dans les lieux solitaires, asiles de ses tête-à-tête, et va se réfugier auprès de cette beauté divine, qui connaît ce qu'il exprime de son amour et ce qu'il cache dans son cœur.

Le contemplatif, pénétré de reconnaissance pour les faveurs abondantes qu'il a reçues, s'étudie à creuser la mine de la sagesse, ne veut du lait que la crème la plus pure, et n'ignore pas que Dieu n'a créé aucun être pour l'abandonner dans un état d'inutilité. Chaque créature occupe en effet le rang qu'elle doit tenir ; elle ne s'écarte jamais de la route qui lui a été tracée, et elle confesse la vérité des promesses et des menaces de Dieu : il n'est rien, enfin, qui ne paie au Trèshaut un tribut de louanges. J'unis mes faibles accents à ce concert unanime des êtres, et je prie ce Dieu tout-puissant de seconder mes efforts et d'inspirer mon génie. Je bénis et salue son Prophète, à qui il a accordé une révélation, pour faire éclater sa gloire, et qu'il a conduit au travers des sphères célestes, dans le célèbre voyage nocturne. Puissent la miséricorde et la faveur de Dieu reposer à jamais sur cet envoyé, sur ses compagnons et sur sa race !

Rempli des pensées que je viens d'exprimer, j'ai jeté sur l'univers le regard de la plus sévère attention, et, éclairé du flambeau du discernement et du secours divin, j'ai vu que tous les êtres publient l'existence du Créateur, et que ceux qui ne peuvent exprimer leurs sentiments par l'organe de la parole, prennent un langage muet pour leur servir d'interprète. J'ai donc examiné scrupuleusement les allusions que présentent les objets de la nature, j'ai approfondi les allégories qu'ils nous offrent, et je me suis convaincu que tout est réellement doué de la faculté de se faire entendre, ou d'une manière sensible, ou d'une manière intellectuelle : bien plus, j'ai reconnu que le langage muet est plus éloquent que la parole, et plus essentiellement vrai que quelque discours que ce puisse être. En effet, quand quelqu'un a parlé, on peut convenir de la justesse de ses observations, ou démentir ce qu'il a dit ; au lieu que le langage emblématique repose sur la vérité et sur la certitude. Mais aussi l'être qui s'exprime de cette manière figurée, ne s'adresse-t-il qu'à ceux qui ont des affections toutes surnaturelles, tandis que celui qui communique sa pensée à l'aide de la parole, s'adresse à ceux qui sont dans l'état ordinaire et commun.

J'ai composé mon ouvrage pour expliquer les différentes allégories que les animaux, les végétaux, et même les corps inorganiques, ont offertes à mes méditations : je redirai aussi ce que le merle solitaire m'a raconté, au sujet de son repos et de ses courses dans les champs. Puissent, dans cet écrit, les gens sensés et dociles trouver d'utiles leçons ; les gens profonds et réfléchis, le souvenir de leurs devoirs ; nous enfin, des instructions salutaires! Celui qui entrera dans l'esprit de mes sentences et qui comprendra mes paraboles, lira mon livre avec plaisir; mais celui qui les trouvera étranges, ne saurait le goûter.

Je ne sais quelle pensée m'engagea un jour à aller contempler ce que les mains de l'Éternel ont produit, et ce que la Sagesse divine, qui atteint toujours le but qu'elle se propose, a créé dans une vue d'utilité. Je me rendis, à cet effet, dans un jardin spacieux : un tendre gazon, que courbait l'haleine frémissante du zéphir, en formait le tapis; des odeurs balsamiques s'exhalaient du calice des fleurs; les cimes touffues des arbres s'agitaient en murmurant ; les rameaux se balançaient au souffle du vent printanier; le rossignol gazouillait tendrement, soupirait des airs, balbutiait ses amours. Ici un ruisseau sillonnait la prairie, là une cascade se précipitait irrégulièrement; plus loin, des fleurs fraîches et brillantes émaillaient la pelouse veloutée; de toutes parts enfin, la vue se reposait sur des sites pittoresques et variés. Je me dis à cet aspect: Peut-il y avoir un séjour plus délicieux et une solitude plus agréable! Ah! que n'ai-je un compagnon sincère et affectionné, avec qui je puisse m'entretenir familièrement! Mais, tout-à-coup, je crus distinguer ces paroles dans le langage muet et énigmatique de la nature: Peux-tu trouver un ami meilleur que moi, et espères-tu entendre des réponses plus éloquentes que les miennes? Il n'y a rien de ce qui est en ta présence qui ne s'exprime dans un langage figuré, rien dont la situation et la manière d'être n'annoncent la fin prochaine. Applique-toi donc à comprendre cette voix allégorique, si tu es capable de l'entendre.

VENT. — Vois le zéphyr du matin, dont le souffle exhale des émanations balsamiques qui s'élèvent dans l'atmosphère. Tantôt, comme l'amant qui a perdu l'objet de sa passion, il fait entendre des sons tristes et plaintifs ; tantôt, comme celui qui retrouve une maîtresse adorée, il se charge de parfums exquis. Les nuées qui répandent leurs ondées rafraîchissantes ; le roucoulement monotone de la colombe ; le frémissement de la branche qui la soutient; le crépuscule de l'aube matinale; la camomille, lorsque le nuage, chargé de l'éclair et de la foudre, vient agiter sa corolle ; le printemps, qui, accompagné de la rose son interprète, amène de si doux changements dans la nature ; tout ce qui existe et qui est destiné à ton utilité, ô homme insensible aux bienfaits du Créateur ! tout, oui tout célèbre les faveurs de Dieu, confesse son existence, le remercie, le bénit ; oui, de chaque chose, on peut tirer une preuve de son unité.

ALLÉGORIE I.

LE ZÉPHYR.

Mon attention fut d'abord réveillée par le gémissement du zéphyr, qui voulant célébrer la langueur et la volupté de son souffle, semblait par ses soupirs emblématiques moduler ces paroles : « Fidèle messager des amants, je porte sur mes ailes les soupirs brûlants de celui qu'agite la maladie de l'amour, à l'objet qui peut seul remédier à ses maux. Je transmets avec exactitude les secrets que l'on me confie, et je redis les nouvelles telles que je les ai entendues. Si je rencontre un voyageur, mon haleine devient plus douce ; ce ne sont que cajoleries, que badinages, que jeux familiers. Je règle cependant ma conduite sur la sienne : s'il est bon, je le caresse d'un souffle voluptueux ; est-il méchant, au contraire, je le moleste de mon vent importun. Mon haleine légère et odorante donne la santé à l'infirme, et rend paisible et agréable le sommeil du midi. Si mon frémissement agite le feuillage, celui qui aime ne peut retenir ses soupirs ; et il dit sa peine à l'oreille de sa maîtresse, si mon murmure se fait entendre. La douceur et la mollesse composent mon essence : celui qui jouit des faveurs de Dieu, est le seul qui sache m'apprécier.

« N'est-ce pas à mon souffle vivifiant que l'atmosphère doit la pureté dont elle jouit ? Et ne t'imagine point que la mobilité que tu remarques dans ma nature soit l'effet d'un vain caprice ; c'est pour ton utilité et ton avantage, que mon haleine suit les saisons dans leurs variations diverses. Au printemps, je souffle du côté du nord, je fertilise les arbres, et je rends la nuit égale au jour. Dans l'été, mon souffle, parti de l'orient, favorise le développement des fruits et donne aux arbres le degré le plus parfait de leur beauté. Dans l'automne, je souffle du côté du midi ; alors tous les fruits acquièrent leur perfection, et parviennent au dernier terme de leur maturité. Dans l'hiver enfin, je souffle des régions de l'occident ; et c'est ainsi que je soulage les arbres du poids de leurs fruits, et que je fais sécher les feuilles sans altérer les branches. C'est moi qui mûris les fruits, qui donne aux fleurs leur coloris brillant, aux ruisseaux leurs chaînes argentées ; c'est moi qui fais parvenir aux arbres le pollen qui les féconde ; à la maîtresse les secrets du cœur qu'elle a enflammé ; et c'est encore mon haleine parfumée qui annonce au pèlerin de l'amour qu'il approche de la tente de sa bien-aimée. »

VERS. — Oh! combien est doux ce que le zéphyr est venu rapporter à mon oreille de la beauté de ce site élevé ! Il s'est plu à répandre l'odeur balsamique dont il s'était chargé, et à m'enivrer de ce parfum délicieux. Lorsque les premiers soupirs de cet amour qui me consume s'échappèrent de mon sein, le zéphir semblait les seconder de son haleine mourante. La brise fraîche et embaumée du matin aurait dû étancher la soif de ma passion ; mais ayant passé, durant la nuit, auprès de ces pavillons printaniers et de ces tertres élevés, et s'étant imprégnée des émanations musquées qui se répandent de la tente de ma maîtresse, elle a rendu bien plus violent le feu de mon amour et de ma souffrance. Ivre de plaisir, je n'ai pu revenir à moi, ni rappeler mes esprits. Attentif à la voix du zéphyr, j'ai compris le secret que mes rivaux n'ont pu deviner, et j'ai entendu ce qu'ils n'ont pas entendu. J'ai su que, dans un lieu où le vin excitait à la volupté la plus pure, mon amie adorée a laissé voir l'éclat de sa beauté (1) sans qu'aucun voile vînt dérober ses appas, et a montré à ses amants fidèles ce visage ravissant, inaccessible pour l'ordinaire aux regards les plus avides.

ALLÉGORIE II.

LA ROSE.

Après que j'eus compris les paroles que semblait proférer le zéphyr, tandis que je cherchais à interpréter le sifflement

(1) Il faut entendre ceci dans un sens mystique. Le vin représente l'amour de Dieu, l'amie adorée Dieu lui-même qui accorde un instant de jouissance spirituelle à ses amants fidèles.

du merle, et que je réfléchissais sur les couleurs variées des fleurs, la rose en exhalant son parfum m'annonça sa douce venue, et s'exprima ainsi dans son langage muet: « Je suis l'hôte qui vient entre l'hiver et l'été, et ma visite est aussi courte que l'apparition du fantôme nocturne: hâtez-vous de jouir du court espace de ma fleuraison, et souvenez-vous que le temps est un glaive tranchant. J'ai à la fois et la couleur de la maîtresse, et l'habit de l'amant: j'embaume celui qui respire mon haleine; je cause à l'innocente beauté qui me reçoit de la main de son ami une émotion inconnue. Le temps de ma durée est comme une visite que je fais aux hommes; et celui qui espère me posséder longtemps est dans l'erreur.

« Pourquoi faut-il qu'en butte à la fortune contraire qui m'abreuve d'amertume, partout où mon bouton s'épanouit, un cercle d'épines m'entoure et me presse de toutes parts? Les aiguillons acérés et les flèches aiguës de mes épines me blessent, et, répandant mon sang sur mes pétales, les teignent d'une couleur vermeille. Voilà ce que j'endure; et je suis cependant le plus noble des hôtes, le plus élégant des voyageurs. Mais, hélas! personne n'est à l'abri des tourments et des peines; ah du moins celui qui saura les supporter, atteindra l'objet de ses vœux.

« Brillante de fraîcheur, je suis parée du vêtement de la beauté, lorsque, tout-à-coup, la main des hommes me cueille et me fait bientôt passer du milieu des fleurs dans la prison de l'alambic: alors mon corps est liquéfié et mon cœur est brûlé; ma peau est déchirée et ma force se perd; mes larmes coulent, et personne ne les arrête, personne n'a pitié de moi. Mon corps est en proie à l'ardeur du feu, mes larmes à la submersion, et mon cœur à l'agitation. La sueur que je répands est un indice irrécusable des tourments que le feu me fait endurer. Ceux que consume une chaleur brûlante, reçoivent de mon essence du soulagement à leurs maux, et ceux que les désirs agitent, respirent avec plaisir mon odeur musquée. Lorsque mes agréments extérieurs quittent les hommes, mes qualités intérieures restent toujours au milieu d'eux. Les contemplatifs, qui savent tirer de ma beauté passagère une allégorie instructive, désirent le temps où ma fleur orne les jardins, et les amants voudraient que ce temps durât toujours. »

Vers. — Si je t'ai quitté corporellement, mon esprit n'est-il pas toujours auprès de toi ! Fais-y réflexion, et tu ne mettras aucune différence entre ma présence et mon éloignement. Il a bien raison, celui qui me dit : On peut te comparer à la rose, qui disparaît, mais qui laisse son essence.

ALLÉGORIE III.

LE MYRTE.

A peine le myrte eut-il compris le langage muet de la rose, qu'il lui adressa ces mots dans le même langage : « Déjà les nuées semblent jouer au trictrac et disséminent des perles éclatantes ; le zéphir dit son secret ; le béhar répand ses trésors parfumés ; le printemps est fier des guirlandes qui l'embellissent ; les fleurs, ne cherchant qu'à plaire, et non contentes d'orner les jardins les plus beaux, veulent briller dans d'autres lieux ; le rossignol chante ses amours ; le bosquet, rendez-vous de l'amant, reprend son éclat printanier. Viens, ô ma compagne, divertissons-nous, et, fiers de notre beauté, saisissons les moments fugitifs de la joie, sans en laisser échapper la plus petite partie. »

La rose, surprise des leçons du myrte, reprit aussitôt la parole en ces termes : « Peux-tu tenir un pareil langage, toi le prince des végétaux odorants ? non, dussé-je te fâcher, ce n'est pas ainsi que tu devrais t'exprimer ; et ton conseil pernicieux te rend indigne du rang distingué que tu occupes parmi les fleurs. Qui pourra atteindre le but, si tu erres ; qui dirigera, si tu t'égares ? Tu engages tes sujets à venir jouer auprès de toi, et tu les excites à se divertir. Quoi ! celui qui est à la tête des autres doit-il avoir des idées si peu saines ? Mais que ta beauté ne t'enivre point, parce que tes rameaux se balancent mollement, que tes feuilles sont d'un vert harmonieux, et que ton origine est noble. Tu es l'image des jours heureux de la jeunesse, qui fuient et disparaissent avec tant de rapidité. Tels sont les instants toujours si courts que l'on passe auprès d'une amante adorée ; tels sont encore ces prestiges fantastiques qui, durant la nuit, viennent assiéger l'imagination, que rien n'interrompt et qui cependant ne peuvent jamais se terminer.

Déjà, à l'aspect du printemps, les champs se couvrent d'un vêtement de verdure qu'ornent mille fleurs, dont les variétés sont aussi multipliées que celles des animaux qui peuplent la terre. De ces fleurs, les unes font le charme de l'odorat et se fanent ensuite ; on tire des autres d'heureuses allusions, et on rapporte leur langage allégorique : celles-ci sont le jouet des rigueurs du sort ; celles-là, privées de vie, sont étalées sur les tertres de la campagne. Parmi les végétaux, il y en a dont on mange les fruits et qui font la base de la nourriture des hommes ; mais bien peu échappent aux flammes dévorantes : et cependant, si ce n'était la prédestination et la prémotion, ils seraient tous à l'abri de cette fin cruelle. Mon frère, ne te laisse point séduire par les plaisirs apparents que t'offre le caravansérail de ce monde ; le lion du trépas a la gueule béante pour te recevoir. Voilà l'avis que je crois devoir te donner. Adieu. »

ALLÉGORIE IV.

LE NARCISSE.

Le narcisse, regardant alors le myrte son compagnon, lui expliqua ainsi sa pensée : « Toujours auprès des fleurs, je me plais à les considérer ; je m'entretiens avec elles au clair de la lune, et je suis constamment leur camarade : ma beauté me donne le premier rang parmi mes compagnes, et je suis néanmoins leur serviteur ; aussi apprendrai-je à quiconque le désirera, quelles sont les obligations du service.

« Je me ceins les reins de la ceinture de l'obéissance, et, toujours prêt à exécuter les ordres, je me tiens humblement debout comme l'esclave. Je ne m'assieds point avec les autres fleurs, et je ne lève pas la tête vers mon commensal ; je ne suis jamais avare de mon parfum pour celui qui désire le respirer ; je n'oublie jamais ce que je dois à celui qui fait usage de moi, et je ne suis jamais rebelle à la main qui me cueille. Je me désaltère à chaque instant dans mon calice, qui est pour moi comme un vêtement distingué par sa pureté ; une tige d'émeraude me sert de base, et l'or et l'argent forment ma robe. Lorsque je réfléchis sur mes imperfections, je ne puis m'empêcher de baisser avec confusion les yeux vers la terre ; et lorsque je médite sur ce que je dois devenir un jour, je pense au moment fixé par le destin pour le terme de mon existence. On sera peut-être étonné que je me livre ainsi à de sombres idées, dans le lieu le plus agréable : j'avoue que l'odorat peut bien avoir une juste idée de mon parfum ; mais l'oreille ne pourra point entendre mes paroles allégoriques, ni l'esprit en saisir le sens. Je veux, par l'humilité de mes regards, confesser mes défauts ; et si je baisse la tête, c'est pour considérer le moment cruel de ma fin. »

Vers. — Lorsque le terme de ma vie arrivera, pénible instant qui me couvrira de confusion et de honte, je me leverai, les yeux humblement fixés sur la terre, à cause de mes fautes. Quand même j'aurais fait tous mes efforts et que j'aurais chassé de mes paupières le sommeil de la tiédeur, j'avouerais alors mon impuissance, et je craindrais d'être déçu dans mon espoir : à bien plus forte raison, après avoir précédemment commis des fautes graves, lorsque, au moment de mourir, je serai au nombre des repentants, quel fruit retirerai-je de ma science et de mes actions, puisque ma prunelle n'espérera plus revoir la lumière du jour ! Eh bien ! que dès ce moment une crainte salutaire dirige mes pas ! hâtons-nous, la précipitation est inhérente à l'homme.

ALLÉGORIE V.

LE NÉNUFAR.

Le nénufar, si remarquable par sa couleur triste et par son air languissant, tint alors ce langage : « Toi qui te repais de chagrins, jette le regard de l'attention sur la pâleur de ma corolle, et vois si je puis échapper aux décrets immuables du destin. Je me soumets à mon malheur; mais je ne renonce pas à l'amour. Si tu es amoureux, toi qui écoutes avec avidité mes leçons, use de ménagements, comporte-toi avec prudence. Les jardins sont mon habitation, et les lieux aquatiques le lit de mon repos; j'aime l'eau limpide et courante, et ne m'en sépare ni le matin, ni le soir, ni l'hiver, ni l'été. Ce qui est bien plus extraordinaire, c'est que, tourmenté d'amour pour cette eau, je ne cesse de soupirer après elle, et qu'en proie à la soif brûlante du désir qu'elle m'inspire, je l'accompagne partout: mais as-tu jamais vu rien de pareil! être dans l'eau, et se sentir dévoré par la soif la plus ardente.

« Lorsque le jour paraît, je déploie mon calice doré, et mille mains jalouses viennent fondre sur moi: au contraire, lorsque la nuit enveloppe la terre de ses ombres, l'onde m'attire vers elle; ma corolle quitte sa position et s'incline; je m'enfonce dans l'eau, qui me recouvre; je me retire dans mon nid de verdure, et je reviens à mes pensées solitaires. Mon calice, comme un œil vigilant, est submergé dans l'eau, pour contempler ce qui fait son bonheur, et les hommes irréfléchis ne savent plus où je suis. Le censeur importun ne réussira pas à m'éloigner de l'objet de ma flamme. D'ailleurs, quelque part que mes désirs me portent, je vois que l'eau est toujours à mes côtés: si je viens la prier de soulager l'ardeur qui m'enflamme, elle m'abreuve de sa douce liqueur; si je lui demande un asile, elle me reçoit avec complaisance. Mon existence est liée à la sienne, et la durée de ma fleur dépend du séjour qu'elle fait auprès de moi. Enfin, c'est par l'eau seule que je puis acquérir le dernier degré de la perfection; c'est à ses seules qualités que je dois les propriétés dont je suis pourvue. On ne me verra jamais sans cet objet adoré, car sans lui je ne pourrais exister en aucune manière. »

Vers. — L'amour a couvert mon corps du vêtement décoloré de la langueur; troublé par la passion qui l'agite, mon esprit s'abandonne au plus noir chagrin. Lorsque l'amour décoche son trait, il semble que c'est moi qu'il veuille frapper de préférence à tout autre. La beauté cruelle que j'adore feint de venir auprès de moi, et elle excite dans mon sein un amour qui l'agite et le brise. Je ne vis que pour elle, et je veux mourir pour elle ; oui, l'amour lui-même me préparera cette mort glorieuse. Il me dit: Ne rêve qu'amour, si tu veux jouir du bonheur que je promets. Je défends, par la pointe des lances, l'approche de ce divin objet: ce n'est qu'auprès de mes piques rembrunies que tu trouveras les douceurs que j'accorde. Ne t'afflige donc point de la blessure cuisante des flèches, ni de l'amertume de la peine ; le bonheur en est le résultat. Imite ces amants fidèles qui sont morts d'amour pour leur divine maîtresse, mais qui ont obtenu l'objet de leurs désirs. Quand, après avoir traversé la mer Rouge, les enfants d'Israël, épuisés de fatigue, entendirent sur le mont Sinaï ces douces paroles, « Je suis celui qui suis, » ils ne regrettèrent point leurs peines et leurs travaux.

ALLÉGORIE VI.

LE SAULE D'ÉGYPTE.

Lorsque les arbres virent que le saule était le seul d'entre eux dont les rameaux flexibles se balançaient sans cesse, ils critiquèrent la mollesse de ses mouvements, et censurèrent sa fierté et sa complaisance pour lui-même. Alors le saule agita de nouveau ses rameaux légers, et s'exprima ainsi dans son langage muet: « A-t-on quelque chose à me reprocher ! pourrait-on blâmer le tremblement de mon feuillage et l'agitation de mes branches ? C'est pour moi que la terre déroule ses tapis nuancés, que les prés déploient toute leur parure, et que l'haleine du zéphyr matinal répand ses douces émanations. Lorsque je m'aperçois que les végétaux sont sur le point de ressusciter, que la terre s'agite et se ranime, que la trompette de la promesse que Dieu m'a faite sonne, que l'accomplissement de cette promesse abroge la menace dont j'avais été l'objet, et que mes fleurs vont s'épanouir ; quand, d'un autre côté, je vois que déjà la rose a paru, que les frimas se sont retirés, que les fleurs brillent des plus vives couleurs, que le grain commence à se former que déjà le rameau dépouillé se couvre de feuilles, que les différents végétaux destinés aux mets et aux boissons de l'homme s'unissent pour lui fournir la substance qui le fait vivre, je m'élève alors à la connaissance du créateur et du maître de toutes ces choses, et je reconnais qu'il est unique, éternel, tout-puissant ; qu'il n'a besoin de personne, et que personne ne peut se passer de lui, bien loin de partager son empire ; qu'il n'a point engendré et n'a pas été engendré, et qu'aucun être enfin n'est semblable à lui. C'est par ces considérations que ma cime élevée s'agite pour se réjouir de la vision intuitive qui fait mes délices, et que les rossignols de mon bonheur gazouillent sur mes rameaux tremblants. Ensuite, par un effet de la grâce de Dieu, objet de mon culte, je pense au néant de mon être ; et, de crainte de manquer mon but, je me tourne vers la rose, je lui annonce ma venue, et, tandis que mes fleurs lui forment en tombant comme une robe élégante, je lui demande quel est l'objet de mon existence. »

« Nous nous ressemblons parfaitement en tout, me répond-elle : si tes rameaux paraissent s'incliner pour prier le Très-Haut, on dirait que les miens se prosternent pour l'adorer ; si ta beauté consiste dans le vert de ton feuillage, la mienne consiste dans l'incarnat de mes joues. Mon frère, n'attendons pas le feu éternel qui doit nous consumer ; jetons-nous nous-mêmes dans les flammes, pour nous offrir en holocauste. »

« Si tel est ton désir, lui répliqué-je, et si tu consens à périr, je ne m'y oppose point et je veux bien ne pas me séparer de toi. On nous arrache donc ensemble du milieu des fleurs nos compagnes ; on nous livre à un feu ardent qui fait monter nos esprits, et qui, sans pitié, fait couler nos larmes. Nos corps périssent, mais nos âmes restent ; notre beauté extérieure s'évanouit, mais nos qualités intérieures demeurent : il est vrai cependant qu'il y a une grande différence entre ce que nous étions et ce que nous devenons. »

Vers. — Déjà la rose était venue ; elle annonçait les propriétés agréables qu'elle possède, lorsque le saule à la taille légère se tourna vers elle pour se plaindre de la violence de l'amour dont il était épris, et s'inclina avec grâce pour respirer le parfum délicieux qu'elle exhalait. La rose, partageant sa douleur, lui dit : Amis intimes, en proie à la même ardeur, nous ne faisons qu'un et nos qualités sont les mêmes. Combien de fois n'avons-nous pas éprouvé les tourments les plus violents des flammes ! Mais jamais mon compagnon n'a perdu de vue l'objet de sa passion, et jamais je n'ai oublié l'objet de la mienne. Combien de fois aussi des mains avides ne nous ont-elles point privés de nos rameaux encore verts ! On ne saurait comprendre à quel point la flamme cruelle tourmente nos entrailles, et dans quel brasier nos cœurs sont consumés. Le feu sépare nos esprits de nos corps, comme il a commencé par nous priver de nos forces. Nous nous plaignons tous deux des mêmes douleurs, quoique chacun nous ayons l'objet particulier de notre amour. Je le jure par celui qui de toute éternité repose sur son trône, et mon serment est véritable, il y a dans l'exposition de ma peine un sujet de réflexion pour les gens sensibles, dont le cœur est éloigné du mal : j'étais hier comme la pleine lune qui se lève, et je suis aujourd'hui comme une étoile qui disparaît.

ALLÉGORIE VII.

LA VIOLETTE.

Alors la violette soupira d'une manière plaintive, comme celui que les peines de l'absence affligent ; et, dans son langage emblématique, elle m'adressa ces réflexions : « Qu'il est digne d'envie, celui qui a vécu de la vie des heureux et qui est mort martyr ! Pourquoi faut-il que je me fane, consumée de chagrin, et que je paraisse sous le vêtement de la maigreur et de la tristesse ! Les décrets immuables du destin m'ont changée et ne m'ont laissé ni peau ni force ; les vicissitudes du temps ne m'ont point permis de prolonger mon existence et m'ont fait périr impitoyablement. Qu'ils ont été courts les instants où j'ai joui d'une vie agréable, tandis qu'au contraire je suis restée si longtemps sèche et dépouillée de mes feuilles !

« Aussitôt que ma corolle s'ouvre, on vient me cueillir et m'enlever de mes racines, sans me laisser le temps de parvenir au terme de ma croissance, et il ne manque pas de gens qui, abusant de ma faiblesse, me traitent avec violence, sans que mes agréments, ma beauté et ma fraîcheur puissent les arrêter. Je cause du plaisir à ceux qui sont auprès de moi, et je plais à ceux qui m'aperçoivent: mais à peine se passe-t-il un jour, ou même une partie d'un jour, que déjà l'on ne m'estime plus, qu'on me vend au plus bas prix, après avoir fait le plus grand cas de moi, et qu'on finit par me trouver des défauts, après m'avoir comblée d'éloges. Le soir, par l'influence de la fortune ennemie, mes pétales se roulent et se fanent; et le matin, je suis sèche et sans beauté. C'est alors que les gens studieux et livrés aux sciences naturelles me recueillent: avec mon secours, ils dissipent les tumeurs répandues sur le corps; ils apaisent les douleurs rebelles; ils adoucissent les tempéraments secs, et ils éloignent enfin bien des maux qui attaquent l'humanité. Fraîche, je fais jouir les hommes de la douceur de mon parfum et du charme de ma fleur; sèche, je leur rends la santé. Mais ces mêmes hommes ignorent mes qualités les plus précieuses, et négligent de scruter les vues de sagesse que Dieu a déposées en moi. J'offre cependant un sujet de réflexion bien utile à celui qui, en m'étudiant, cherche à méditer et à s'instruire; car les leçons que l'on peut tirer de ma manière d'être, suffisent pour retenir celui qui n'est pas sourd à la voix de la raison. Mais, hélas! tout avertissement est inutile. »

Vers. — J'ai considéré avec admiration la violette, et j'ai vu que ses fleurs, sur leurs pédoncules, ressemblent à une armée dont les voltigeurs, d'émeraude, auraient orné de saphirs leurs lances, et auraient adroitement enlevé avec ces lances les têtes de leurs ennemis.

ALLÉGORIE VIII.

LA GIROFLÉE.

Alors la giroflée, fière de son coloris, répandit son doux parfum, et sembla dire ces paroles: « Pourquoi se laisser séduire par les charmes d'une vie qui nous est arrachée au moment que nous nous y attendons le moins! Pourquoi se réjouir follement d'une existence que mille accidents ne cessent de troubler? Si tu veux prendre une leçon instructive, considère ma tige inclinée, ma couleur qui se passe, ma vie qui finit sitôt, et le petit nombre d'instants que dure ma fraîcheur. Les révolutions du temps ont changé ma couleur première, et en ont formé trois différentes nuances qui constituent autant de variétés.

« La première se présente sous le vêtement jaune du mal de l'amour; la seconde s'offre à tes regards, vêtue de la robe blanche de l'inquiétude produite par les tourments de la séparation; la troisième enfin paraît sous un voile bleu, en signe du chagrin qui la consume. Quant à la variété blanche de ma fleur, elle n'a ni éclat, ni parfum; aussi l'odorat dédaigne-t-il sa corolle, et l'on ne vient point enlever le voile qui couvre ses appas. La raison, c'est qu'elle cache soigneusement son secret, qu'elle renferme en elle-même son parfum, et qu'elle dérobe ses trésors avec tant de soin, que ni les désirs ni les vents ne peuvent en jouir. La variété jaune, au contraire, se promettant de séduire, prend, dans ce dessein, un air de volupté et de langueur; répand le matin et le soir son odeur musquée; et, à l'aurore, ainsi qu'au coucher du soleil, laisse échapper son haleine odorante. »

VERS. — Jamais le doux zéphyr, chargé de vapeurs parfumées, ne s'élève de la plaine où est placée ta tente adorée, sans que des larmes causées par la douleur ne coulent de mes paupières. Hélas! si ce n'était toi qui habites cet asile sacré, jamais une flèche meurtrière n'aurait percé mon sein. Tu as fait mon cœur esclave; je te l'abandonne, je rends les armes: ah! ne me tourmente point par de cruels chagrins.

« Si, pressé par les désirs de mon amour, je confie ma peine au zéphyr, peux-tu m'en faire un reproche! »

VERS. — Ne me blâme point, ô mon frère! quand je découvre la passion qui m'expose à l'ignominie. Va, l'amant qui trahit son secret n'est pas coupable; il est vaincu par la violence de son ardeur.

« Pour ce qui est de ma variété bleue, elle comprime sa passion, elle supporte sa peine avec patience, et jamais elle n'exhale son odeur durant le jour. Tant que le soleil répand sa lumière, dit-elle, je ne manifeste point mon secret à ceux qui m'aiment, et je ne prodigue pas mon arome à ceux qui viennent le respirer; mais dès que la nuit m'a couverte de ses ombres, je décèle mes trésors à mes amis, et je me plains de mes maux à ceux qui souffrent les mêmes peines que moi. Lorsque les coupes font la ronde, je bois à mon tour ; et lorsque l'instant me paraît favorable, j'exhale mes émanations nocturnes, et répands un parfum aussi doux, pour ceux qui sont auprès de moi, que la société d'un ami qui console. Toutes les foisque l'on recherche ma présence je cède avec empressement à l'invitation, et je me contente de me plaindre à Dieu de ce que des cœurs durs me font souffrir. Sais-tu pourquoi je retiens mon parfum durant le jour, et que je n'ôte mon voile que durant la nuit! C'est parce que ce sont les ténèbres que les amants choisissent pour leur tête-à-tête, et que la maîtresse attend ce moment pour se montrer à son bien-aimé. Dans cet instant heureux, le rival importun est absent et tout facilite l'accès de la divine amie : aussi, à peine s'est-elle informée des besoins de ses amants, que j'élève vers elle mes soupirs comme des épîtres amoureuses, et lui présente mon humilité comme intercesseur. »

Vers. — Je dirige vers ma maîtresse les soupirs enflammés de mon amour, et je lui présente le parfum de mon hommage. Pour obtenir le doux instant de bonheur que j'ambitionne, je n'ai d'autre intercesseur que la pureté de mes vues et mon humilité. Que cette amie agrée mon hommage, ou qu'elle le rejette (cruelle alternative qu'il est impossible d'éviter), mon amour n'en est pas moins le même.

ALLÉGORIE IX.

LE JASMIN.

Alors le jasmin proclama cette sentence avec l'éloquence expressive de son langage muet: « *Le désespoir est une cr-*

reur (1). Mon odeur pénétrante l'emporte sur le parfum des autres fleurs; aussi les amants me choisissent-ils, pour m'offrir à leurs maîtresses. On me tire des trésors invisibles de la divinité, et je ne me repose que dans les sortes de piéges que forment sur le sein les plis de la robe. L'homme dont le cœur est sensible aux charmes de la vie contemplative, distingue facilement l'odeur balsamique que j'exhale sans cesse; et celui qui est en proie à un amour violent, ne méconnaît pas mon mérite. Mon parfum est préférable, je le repète, à celui des autres fleurs, et l'haleine embaumée qui s'échappe de mon sein, est bien au-dessus de celle de mes compagnes. En effet, l'homme dont les qualités sont pures, est vraiment bon et religieux; et celui dont les prétentions sont fondées, mérite d'acquérir du lustre et de l'éclat. O toi qui désire parvenir aux degrés les plus élevés du spiritualisme, cherche à acquérir des mérites et des vertus, afin de pouvoir franchir l'échelle de la vie intérieure; mais si tu n'oses approcher de la carrière mystique, n'espère pas jouir de la protection que Dieu accorde à ceux qui s'y engagent.

« Mon nom offre une énigme dont le sens propre ne peut que plaire aux novices dans la vie spirituelle : il est composé de deux mots différents, *désespoir* et *erreur* ; or le désespoir est une erreur, et l'erreur, une honte. Quand donc les mots *désespoir* et *erreur* sont réunis, ils indiquent la cessation du malheur, et pronostiquent la félicité et la joie. »

Vers. — Je vois l'augure venir m'annoncer le bonheur en me donnant le jasmin. Cesse de te chagriner, le chagrin a quelque chose de honteux ; et ne désespère point, car le désespoir est une erreur.

ALLÉGORIE X.

LE BASILIC.

« Voici le moment où ma fleur orne ton jardin, dit alors le basilic : donne-moi donc tes ordres, et prends-moi pour

(1) L'auteur joue ici sur le nom arabe du jasmin (Yâs-mîn) qui se compose du mot *Yâs* (désespoir) et *Mîn* (mensonge).

ton commensal. Mes feuilles fraîches et délicates t'annoncent mes rares qualités : de même que la danse ne saurait être agréable sans le son des instruments, ainsi l'esprit ne saurait être réjoui sans moi qui sers à le fortifier. Je suis promis aux élus dans le paradis; ma couleur est la plus harmonieuse de toutes les couleurs; dans ma forme, je n'ai point d'égal ; et mon sein renferme un parfum précieux, qui pénètre jusqu'au fond des cœurs, et que connaît celui qui vient me cueillir dans mon parterre. Je suis l'ami des ruisseaux, et le compagnon des fleurs ; je partage les secrets de ceux qui s'entretiennent au clair de la lune, et j'en suis le dépositaire le plus fidèle. Cependant tu auras peut-être entendu dire qu'il existe un délateur (la menthe) parmi les êtres de mon espèce; mais, je t'en prie, ne lui fais pas de reproches : il ne répand que sa propre odeur; il ne divulgue qu'un secret qui le regarde; il ne dévoile enfin que ce qu'il peut découvrir. S'il manifeste ses trésors, il est bien le maître de les produire au jour; s'il exhale son odeur, lui est-il défendu de se faire connaître ! Et voilà cependant l'unique cause qui lui a fait donner le nom injurieux de délateur. Mais celui qui est indiscret pour lui-même, ne peut être assimilé à celui qui révèle des secrets qu'on lui a confiés ; de même que celui qui prodigue le bien qu'il possède, ne peut être mis en comparaison avec celui que son naturel pervers porte à faire du mal. Quoi qu'il en soit, il est certain que tous les hommes conviennent, d'une manière irrévocable, que rien n'est plus blâmable que la délation. Mon frère, réfléchis là-dessus. Adieu. »

Vers. — O toi qui veux pénétrer le secret de mon amour, cesse tes instances, je t'en conjure, et laisse-moi avec ma passion. J'ai reçu en dépôt le doux secret que m'a confié mon amie ; pourquoi veux-tu que je le divulgue ! je ne suis point un indiscret.

ALLÉGORIE XI.

LA CAMOMILLE.

La camomille, ravie de sa propre beauté, exalta ainsi son mérite: « Voici le temps de ma venue; voici l'époque où j'embellis les champs, où ma beauté est plus douce et plus agréable. Comment les jours où ma fleur s'épanouit, ne seraient-ils pas délicieux ! ces ruisseaux mentionnés si souvent dans le Coran, ne viennent-ils pas baigner mes tiges ! Et comment ne paierais-je pas avec reconnaissance ma dîme annuelle, puisque, sans avoir employé la force ni la violence, les bienfaits, au contraire, de tout ce qui m'entoure, me font un devoir de la payer ! Mes pétales blancs servent à me faire connaître de loin, et mon disque jaune imprime une douce langueur sur ma corolle : on peut comparer la différence de ces deux couleurs, à celle qui existe dans les versets du Coran, dont les uns sont clairs et les autres obscurs.

« Si tu es en état de comprendre les emblèmes, lève-toi et viens profiter de ceux qui te sont offerts ; sinon, dors, puisque tu ne sais pas interpréter la nature qui te déploie ici tous ses charmes : mais, il faut l'avouer, ton ignorance est bien coupable. »

Vers. — Ne me blâme point si tu ne saisis pas le sens caché de ce que je te dis, et si tu ne comprends pas les mystères de mes allégories : c'est par pure compassion pour toi que je te parle dans le langage expressif des emblèmes ; mais c'est en vain ; ton oreille est sourde à mes leçons. Eh quoi ! tu ne sais pas tirer une utile instruction de ma mort apparente, qui a lieu chaque année, et des tourments cruels que les destins me font souffrir ! Tu es souvent venu m'admirer, lorsque ma fleur épanouie brillait du plus doux éclat ; tu es venu de nouveau peu après, et tu ne m'as plus trouvée. Lorsque je conte ma peine aux colombes du bosquet touffu, elles calment mes ennuis, et semblent répondre à mes gémissements ; car elles n'ignorent pas que je suis exposée à mille genres de morts. Tu prends ces plaintes douloureuses pour le chant du plaisir et de la volupté, et joyeux tu te divertis sur le gazon émaillé de mes fleurs : hélas ! il est fâcheux que tu ne saches pas distinguer ma gaieté d'avec ma tristesse.

ALLÉGORIE XII.

LA LAVANDE.

Lorsque la lavande eut vu les peines et les tourments que souffrent les fleurs, tantôt entassées en gerbes, tantôt étalées, puis abandonnées au mépris: « Oh! que je suis heureuse, dit-elle, de ne pas être au nombre des fleurs qui ornent les parterres! je ne risque pas de tomber entre des mains viles, et je suis à l'abri des discours du censeur. Contre la coutume de la plupart des plantes, la nature me fait croître loin des ruisseaux et des terrains inclinés et humides. De même que les bêtes sauvages, je me tiens éloignée de la société, et mon séjour est constamment dans les déserts et dans les solitudes : j'aime les lieux isolés, et je ne me mêle jamais dans la foule. Comme personne ne me sème ni ne me cultive, personne n'a à me reprocher les soins qu'il m'aurait donnés. Les mains d'un esclave ne me cueillent pas, et l'on ne me porte jamais ni au joueur, ni à l'homme vain et frivole. Si tu viens à Najd, tu m'y trouveras : là, loin des demeures des hommes, une plaine spacieuse fait tout mon bonheur, et la société de l'absinthe et des gazelles est mon unique plaisir. Le vent se charge de mes émanations balsamiques, et les porte à ces fervents anachorètes qui, retirés du monde comme moi, ne s'occupent qu'à des exercices de piété : aussi, puis-je dire que celui-là seul respire mon odeur, qui, passionné pour la vie contemplative et animé d'un amour ardent et véritable, a la piété du Messie et la patience d'Ismaël. Le matin et le soir, je suis la compagne du pèlerin qui traverse le désert; je jouis des avantages de la société des bons, et je suis à l'abri de celle des méchants : on ne m'oblige point à paraître dans des réunions illicites, et je ne suis jamais auprès de celui qui boit et qui s'enivre. Je suis semblable à l'homme libre que l'on n'acheta jamais, et ne suis point exposée en vente dans les marchés, comme l'hypocrite qui a contrefait sa religion. Les libertins ne me recherchent point; mais celui-là seul m'estime, qui, formant un dessein inébranlable, se découvre la jambe, s'élance sur le coursier rapide de la résolution, et le pousse dans l'arène du spiritualisme. Je voudrais que tu fusses dans le désert, lorsque la brise du matin erre auprès de moi dans les vallées. Mon odeur fraîche et aromatique parfume le Bédouin solitaire; mon exhalaison humide réjouit l'odorat de ceux qui se reposent auprès de moi : aussi, lorsque le chamelier vient à décrire mes rares qualités aux gens de la caravane, ne peuvent-ils s'empêcher de reconnaître avec attendrissement mon mérite. »

Vers. — Le zéphyr vient me dire de douces choses de la part de la lavande, et m'apporter le salut de l'absinthe. Mon amour est couronné du succès ; je le comprends à ce langage figuré. Heureux état ! puisse-t-il durer toujours ! La brise s'avance dans le mystère de la nuit, et, tandis que mes compagnons sont plongés dans un profond sommeil, elle me réveille doucement ; son souffle rafraîchissant et balsamique excite en moi une émotion qui me rend semblable à celui que trouble l'ivresse. Le zéphyr, toujours chargé d'émanations odorantes, et que la bonté divine a doué des qualités les plus précieuses, m'environne de sa frémissante haleine, comparable aux soupirs de mon amour, et ma passion prend de nouvelles forces. J'erre à la poursuite de ce vent parfumé, plongé dans la joie et dans l'amour le plus pur, et l'éclair semble sourire en voyant mes transports. Le zéphyr passe sur les campagnes de Najd, et les rameaux flexibles s'inclinent devant lui, comme par respect. Les colombes du bocage voisin me rappellent, par leur roucoulement plaintif, ces tentes et ces pavillons chéris, où tant d'amants empressés accourent en foule, pour recevoir le prix de leur amour et de leur constance : c'est là que l'idole, qu'appellent mes soupirs, laisse voir ses traits radieux dont la splendeur dissipe les ténèbres de la nuit !

ALLÉGORIE XIII.

L'ANÉMONE.

L'anémone, que l'on distinguait de loin au milieu de ses compagnes, par la teinte de sang qui colore ses pétales, soupira alors, et, soulevant sa tige inclinée, sembla dire ces paroles : « Pourquoi ai-je si peu de part aux hommages que l'on rend aux autres fleurs, quoique ma beauté soit éclatante et ma couleur agréable ? Quoi ! personne ne fait l'éloge de mes agréments, personne ne désire me cueillir ? Quelle est donc la cause de cette indifférence marquée ! Je m'enorgueillis des riches nuances de mon vêtement, et cependant celui qui m'aperçoit me dédaigne : on ne me place point dans les vases qui décorent les salons ; que dis-je ! je semble rebuter également et la vue et l'odorat ; on ne me donne que le dernier rang parmi les fleurs qui ornent les parterres ; on va même jusqu'à me chasser du milieu d'elles, et à m'éloigner de leur douce compagnie. Tout cela n'a lieu, à ce que je m'imagine, que parce que mon cœur est noir ; mais que puis-je contre les décrets de la providence? Aussi, en considérant que mon intérieur est plein de défauts, et que mon cœur est souillé de vices, et sachant que le très-haut ne fait pas attention aux formes extérieures, mais seulement aux qualités du cœur, je vois que ma complaisance pour ma beauté apparente est précisément ce qui m'a privée de la faveur divine. Je suis semblable à l'hypocrite, dont la conduite est irréprochable en apparence, mais dont l'âme renferme la turpitude : au dehors, son mérite ne saurait être trop prisé ; mais au fond il est bien petit. Si mon intérieur était conforme à mon extérieur, je ne serais pas obligée de me plaindre, et si Dieu l'eût voulu, j'aurais pu être estimée et offrir à l'odorat une émanation suave ; mais le bien ne provient que de celui qui est réellement bon. C'est ainsi que les signes de la faveur ne paraissent que sur ceux dont la divine maîtresse a agréé les hommages. Qu'il gémisse douloureusement et qu'il verse des larmes abondantes, celui que les dédains de sa céleste amie plongent dans le chagrin, et qui est privé de connaître l'essence véritable de cette éternelle beauté ! »

Vers. — Ne me blâme point si j'ai déchiré mes vêtements ; ton reproche aggraverait le mal que l'amour m'a causé. Mes fautes ont noirci mon âme, et le destin contraire a fixé l'arrêt de mon malheur. Ceux qui me voient, m'admirent ; mais, hélas ! celui qui m'a formé sait que je renferme un cœur hypocrite : mon extérieur est la beauté même ; mais les vices sont renfermés dans mon sein coupable. Quelle honte, lorsqu'au dernier jour je serai interrogé ! hélas ! je n'aurai point d'excuse à apporter. Ah ! si tu écartais le voile qui cache mon ignominie, tu verrais la joie sur le visage de ceux qui me haïssent.

ALLÉGORIE XIV.

LA NUE.

Lorsque la nue crut que le moment était favorable pour faire entendre son langage emblématique, elle répandit des pleurs, s'étendit et s'agita dans le vague des airs, et sembla prononcer ces mots : « Végétaux, pouvez-vous méconnaître les bienfaits dont je vous comble, moi qui favorise votre croissance de mon ombre et de ma pluie ? N'êtes-vous pas les enfants de ma libéralité ? pourriez-vous même exister sans moi ? Grâce à ma bienfaisance, les champs ne se couvrent-ils pas d'épis dorés, la mer ne s'enrichit-elle pas de perles étincelantes ? Je nourris les germes des plantes dans le sein de leur mère, et je les débarrasse peu-à-peu de ce qui gênait leur croissance. Quand ensuite les graines, comme la femme féconde, ont mis au monde leurs embryons, et que j'ai fait paraître les jeunes plantes hors du creux de sable où elles étaient, je me charge d'en avoir soin et de les élever, et la mamelle de mes bienfaits, comme celle d'une femelle de chameau au lait abondant, ne cesse de leur fournir l'eau nécessaire à leur développement progressif. Mais lorsque le temps de l'allaitement est fini, et que le moment du sevrage arrive, alors je cesse de leur tendre mes mamelles ; aussi se dessèchent-elles bientôt, et ce ne sont que mes larmes abondantes qui les rendent à la vie, et que les gouttes de mes pleurs généreux, qui leur redonnent la fraîcheur. Tous les êtres qui existent sont vraiment mes enfants ; n'a-t-on pas en effet entendu dans toutes les tribus ce passage du Coran : *Nous avons donné la vie à chaque être par le moyen de l'eau !* (1) »

VERS. — Lorsque je vois ce pavillon printanier, jadis séjour de ma maîtresse, aujourd'hui vide et inhabité, je ne puis m'empêcher

---

(1) Surate XXIe, verset 31.

de verser des pleurs semblables à ceux que tu répands dans une ondée légère. L'amant laisse échapper des larmes de joie, tandis que l'éclair semble sourire, et que le zéphyr de l'espérance apporte à son oreille de douces nouvelles ; il soupire alors amoureusement, en se tournant vers les vestiges, à demi effacés, de l'habitation de son amie.

Ne lui fais pas de reproches sur son amour, ne blâme point sa passion ; tu n'apporterais aucun remède à ses maux. Pour toi, laisse ces violents désirs ; une ardeur brûlante, un chagrin dévorant, voilà ce que tu en retirerais.

ALLÉGORIE XV.

LE ROSSIGNOL.

Tandis qu'assis sur le bord du ruisseau qui sillonnait ce jardin, je prêtais mon attention au langage muet des fleurs qui l'embellissaient, tout-à-coup des voix éloquentes s'élevèrent des nids suspendus aux cimes des arbres qui me couvraient de leur ombre. J'entendis d'abord la voix mélodieuse du rossignol, qui, se promettant de séduire par la beauté de son chant, laissa échapper les secrets qu'il cachait avec soin, et sembla, dans son gazouillement emblématique, bégayer ces paroles : « Je suis un amant passionné, ivre d'amour, dévoré par la mélancolie et brûlé par la soif du désir. Lorsque tu verras le printemps arriver, et la nature entière reprendre alors un aspect riant, tu me trouveras tout joyeux dans les jardins, ou tu m'apercevras çà et là dans les bosquets, soupirant mes amours, chantant et sautillant sans cesse sur les branches. Si l'on me présente la coupe, je m'y désaltère, et, satisfait du son harmonieux de ma voix, ivre de l'odeur embaumée que je respire, lorsque les feuilles mobiles frémissent au souffle caressant du zéphyr, je me balance sur les rameaux agités : les fleurs, et le ruisseau qui traverse la prairie, occupent tous mes moments, et sont pour moi comme une fête perpétuelle. Tu t'imagines pour cela que je suis un amant folâtre : tu te trompes ; j'en fais le serment et je ne suis point parjure. Mon chant est le chant de la douleur, et non celui de la joie ; les sons que je fais entendre sont les accents de la tristesse, et non ceux du plaisir. Toutes les fois que je voltige dans un jardin, je balbutie l'affliction qui va bientôt remplacer la gaieté qui y règne ; si je suis dans un lieu agréable, je gémis sur sa ruine prochaine ; si j'aperçois une société brillante, je pleure sur sa séparation. En effet, je n'ai jamais vu de félicité durable ; la paix la plus douce est bientôt amère, la vie la plus délicieuse devient bientôt troublée. J'ai lu d'ailleurs dans les écrits allégoriques des sages, ces mots du Coran : *Tout passe dans le monde présent* (1). Comment donc ne point gémir sur une situation si peu assurée, sur un temps exposé aux vicissitudes de la fortune, sur une vie qui s'évanouit, sur un instant de volupté qui va finir ? Voilà l'explication de ma conduite ; je pense que cela te suffit. »

VERS. — Ce qui seul soutient mon existence, c'est de m'entretenir de ce lieu sacré, séjour inaccessible de celle que j'adore. Ne me blâme point, si tant de fois je répète les chants de mon amour : quel mortel ne serait pas ivre de volupté, en pensant à un jardin où des plantes odorantes embaument l'air de leur parfum, où des vins délicieux excitent au plaisir, où des fleurs dont rien n'égale le charme et la beauté, ornent la terre d'un tapis nuancé, ici d'un blanc pur ou d'un rouge éclatant, là d'un vert tendre, plus loin d'un jaune foncé ! Le ruisseau, les fleurs, les rameaux semblent s'agiter dans l'arène de mon amour, au son des cordes de ma lyre. Les obstacles cessent, et je vois arriver enfin l'heureux moment du bonheur..... Douces pensées vous êtes ma vie ; sans vous elle finirait.

ALLÉGORIE XVI.

LE FAUCON.

Le faucon, du milieu de l'enceinte de la chasse, prenant aussitôt la parole : « Quoique tu sois bien petit, dit-il au rossignol, tes torts sont bien grands : ton chant continuel

(1) Sur. IV, vers. 26.

fatigue les oiseaux, et c'est l'intempérance de ta langue qui attire sur toi le malheur, sans pouvoir te procurer aucun avantage. Ne sais-tu donc pas que les fautes dont la langue se rend coupable, sont précisément ce qui perd l'homme! En effet, sans la mobilité de ta langue indiscrète, on ne t'enleverait point du milieu de tes compagnons ; on ne te retiendrait point captif dans le séjour étroit d'une cage, et la porte de la délivrance ne serait pas irrévocablement fermée pour toi. Réponds, n'est-ce pas à ta langue que tu dois ces malheurs qui couvrent de honte ton éloquence ! Au contraire, si, me prenant pour modèle, tu imitais ma taciturnité, tu serais alors exempt de reproche, et tu verrais que cette qualité précieuse est compagne de la sûreté. Jette un regard sur moi ; vois comme je suis fidèle aux règles du silence. Que dis-je ! la discrétion même de ma langue fait mon mérite, et l'observation de mes devoirs, ma perfection. Enlevé du désert par force, et emmené malgré moi dans un pays lointain, jamais je ne découvre le fond de ma pensée ; jamais tu ne me verras pleurer sur des vestiges qui me rappelleraient un objet chéri. L'instruction, voilà ce que je recherche dans mon voyage : aussi mérité-je d'être récompensé toutes les fois qu'on me met à l'épreuve ; car on connaît le proverbe : *C'est l'épreuve qui décide si l'on doit honorer ou mépriser quelqu'un.* Lorsque mon maître voit la perfidie du temps, il craint que je ne sois en butte à la haine, et il couvre alors ma vue avec le chaperon qu'indiquent ces mots du Coran, *N'étends point la vue* (1) ; il enlace ma langue avec le lien qu'ont en vue ces paroles du même livre, *Ne remue point la langue* (2) ; il me serre enfin avec les entraves désignées par cette sentence du même ouvrage, *Ne marche pas sur la terre avec pétulance* (3). Je souffre d'être ainsi lié, et cependant je ne me plains point des maux que j'endure. Après que le chaperon a longtemps couvert mes yeux, que j'ai reçu les instructions nécessaires, que l'on m'a

---

(1) Sur. XV, vers. 88.
(2) Id., LXXV, 16.
(3) Id., XVII, 39,

assez essayé et que j'ai acquis un certain degré d'habileté, mon maître veut m'employer à la chasse, et, me délivrant de mes liens, il me jette, et m'envoie avec le signal indiqué par ces mots du Coran, où Dieu, s'adressant à Mahomet, lui dit : *Nous t'avons envoyé,* etc. (1). On n'ôte le chaperon de dessus mes yeux que lorsque je suis en état d'exécuter parfaitement ce qu'on m'a appris ; et c'est alors que les rois deviennent mes serviteurs, et que leur poignet est sous mes pieds orgueilleux. »

Vers. — J'interdis à ma langue l'excès de la parole, et à mes yeux le spectacle du monde : la mort menaçante, qui, chaque jour, s'avance avec plus de rapidité, me fait oublier les voluptés les plus délicieuses. Je ne m'occupe qu'à prendre les manières des princes, et à me former aux belles actions : la main du roi est le point de départ de mon vol ; je me dirige vers ma proie, bientôt je la saisis de mes serres victorieuses, et je reviens, au moindre signal, vers celui qui m'a envoyé.

Par ma vie, voilà quelle doit être la règle de ceux qui s'assujettissent aux lois sacrées de la soumission à la foi.

ALLÉGORIE XVII.

LA COLOMBE.

J'étais encore tout occupé des paroles agréables du faucon, et je méditais sur les leçons de sagesse et de prudence qu'il m'avait données, lorsque je vis devant lui une colombe ornée du collier de l'obéissance. « Parle-moi de ton discernement, et de ce que tu aimes, lui dis-je alors ; et révèle-moi les motifs qu'a eus la Providence en te parant de ce beau collier. »

« Je suis chargée, me répondit-elle, de porter les doux messages qui gagnent les cœurs, et ce collier est le signe de ma fidélité à remplir les commissions qu'on me confie ; mais, pour parler avec franchise, car la religion ordonne la sincérité, tous les oiseaux ne méritent pas qu'on se fie à eux,

---

(1) Surate IIe, verset 113 et pessim.

de même que ceux qui prêtent serment, ne sont pas tous véridiques, et que ceux qui s'engagent dans la vie spirituelle, ne sont pas tous du nombre des élus. Les individus seuls de mon espèce rendent exactement ce dont on les charge ; et ce qui prouve mon intégrité, c'est cette sentence : « Les oiseaux bigarrés de noir et de blanc, et ceux qui sont « verts, remettent fidèlement ce qu'on leur confie, parce que « de même qu'ils sont préférables à l'extérieur, ils le sont « aussi en réalité. » Lorsque l'oiseau est noir, il n'est pas propre à l'objet dont il s'agit ; s'il est blanc, cette couleur est le signe d'une imperfection naturelle, et indique un manque d'énergie qui le rend incapable de faire ce qu'on désire. (Les vues et les desseins élevés ne se trouvent que dans l'âme pure, noble et droite.) Mais lorsque la couleur de l'oiseau est dans un juste milieu, il est excellent pour les messages, et on doit l'élever pour cet emploi. On l'achète alors dans les bazars, aux cris des courtiers qui annoncent les marchandises, et on le dresse peu-à-peu à reconnaître son chemin. Aussi, dès que je m'offre pour quelque message, n'hésite-t-on pas à me confier des lettres pleines de secrets, et à me charger de nouvelles agréables. Je pars ; mais bientôt la crainte vient troubler mon esprit ; je veux éviter l'oiseau de proie sanguinaire, le voyageur aux pas rapides, et le chasseur impitoyable : j'accélère donc mon vol, supportant une soif ardente dans les déserts du midi, et une faim cruelle dans les lieux pierreux. Si je voyais un grain de froment, je m'en éloignerais même, malgré le besoin qui me presse, me rappelant le malheur affreux que le blé fit tomber sur Adam ; et, dans la crainte d'être exposée à ne pouvoir porter la lettre à sa destination, et à conclure ainsi le marché de la dupe, j'évite avec grand soin de tomber dans un filet caché sous la poussière, ou d'être prise dans les lacs perfides. Dès que, parvenue au but de mon voyage, je me vois dans un lieu de sûreté, je remets alors ce dont on m'a chargée, et je me comporte de la manière que l'on m'a apprise. Tu vois actuellement pourquoi je suis ornée d'un collier : j'ai été créée pour transmettre de bonnes nouvelles, et je remercie Dieu de m'avoir choisie pour cet emploi. »

Vers. — Chère amie, puis-je espérer d'obtenir de toi la moindre faveur, ou me délaisses-tu? L'esclave de ta beauté ne cessera point, dans l'un ou dans l'autre cas, de t'être fidèle : il n'est pas ébranlé par les paroles du censeur; rien ne saurait le faire renoncer à sa noble passion. Pour ton amour, je n'ai pas craint d'accepter ce que les monts les plus élevés ont refusé. Oui, je serai fidèle à la foi que je t'ai jurée : la fidélité aux engagements que l'on a contractés, est le plus bel ornement qui puisse décorer l'homme bien né.

Laisse-le se livrer à l'amour de la beauté qui le captive ; car ton sort est le même que le sien, ô toi qui lui fais de cruels reproches.

ALLÉGORIE XVIII.

L'HIRONDELLE.

Tandis que je m'entretenais avec la colombe, des qualités qui constituent la perfection, et de ce qui constitue la perfection de ces qualités, voilà que j'aperçus une hirondelle qui voltigeait autour d'une chaumière : « Je suis étonné, lui dis-je aussitôt, de te voir toujours, auprès des maisons, aspirer à l'amitié de l'homme; ne serait-il pas plus sage de ne point quitter tes semblables, et de préférer la douce liberté des champs à ton emprisonnement dans nos demeures? Pourquoi ne te fixes-tu donc jamais que dans les endroits cultivés et dans les lieux qu'habite l'espèce humaine ? »

« Puisque ton esprit est si peu délié et que ton oreille est si dure, me répondit-elle, sache donc quel est le motif de ma conduite, et pourquoi je me sépare ainsi des autres oiseaux si j'ai abandonné mes pareils; si j'ai pris pour mon habitation les toits plutôt que les rameaux et le creux des arbres, c'est qu'à mes yeux il n'y a rien de préférable à la condition d'étranger, et que je veux me faire aux manières élégantes de la société. Je me mêle donc parmi des êtres qui ne sont pas de mon espèce, précisément pour être étrangère au milieu d'eux ; et je recherche le voisinage de celui qui est meilleur que moi, pour recevoir l'influence de son mérite : je vis toujours en voyageuse, et je jouis ainsi de la compagnie des

gens instruits. On traite d'ailleurs avec bonté celui qui est loin de sa patrie, et on l'accueille d'une manière obligeante. Lorsque je viens m'établir dans les maisons, je ne me permets pas de faire le moindre tort à ceux qui y demeurent ; je me contente d'y bâtir ma cellule, que je forme de matériaux pris au bord des ruisseaux, et je vais chercher ma nourriture dans des lieux déserts. Jamais d'injustice, jamais de perfidie envers celui auprès de qui je réside ; j'use au contraire avec lui des règles les plus exactes de la complaisance qu'un voisin doit avoir pour son voisin, et cependant il ne pourvoit point à ma subsistance de chaque jour. Comme j'habite dans les maisons, j'augmente le nombre des gens du logis, mais je ne demande point à partager leurs provisions ; aussi le soin que je mets à m'abstenir de ce qu'ils possèdent, me concilie leur attachement ; car, si je voulais prendre part à leur nourriture, ils ne m'admettraient point dans leurs demeures. Je suis auprès d'eux lorsqu'ils sont assemblés ; mais je m'éloigne lorsqu'ils prennent leurs repas : je me joins à eux dans les moments de leurs prières, jamais lorsqu'ils se rendent à la salle des festins ; c'est à leurs bonnes qualités que je désire participer, et non à leurs banquets ; c'est leur état heureux que j'ambitionne, et non leurs richesses ; je recherche leur mérite, et non leur froment ; je souhaite leur amitié, et non leur grain ; me conformant, dans ma conduite, à ce qu'a dit celui à qui le Très-Haut a daigné révéler ses volontés (que Dieu lui soit propice et lui accorde le salut !) :
« Si tu sais te priver des plaisirs de ce monde, tu jouiras
« de l'amitié de Dieu ; et si tu t'abstiens scrupuleusement
« de ce que possèdent les hommes, tu auras leur affection. »

Vers. — Oui, abstiens-toi scrupuleusement de ce que possèdent les autres, et tout le monde t'aimera. Ne vois-tu pas l'hirondelle ! elle ne touche jamais à nos provisions ; aussi la recevons-nous dans nos foyers comme un pupille que l'on presse sur son sein.

« J'ai entendu avec plaisir ton éloquent discours, dis-je alors à l'hirondelle : que tu es heureuse ! ta conduite sensée est digne de louange ; tes paroles sont sages, j'en profiterai. Adieu. »

ALLÉGORIE XIX.

LE HIBOU.

Le hibou, tristement retiré dans une masure solitaire, m'adressa, bientôt après, la parole en ces termes : « Vrai et sincère ami, ne te fie pas au discours de l'hirondelle et n'imite pas sa conduite ; car, quoiqu'on ne la soupçonne point de se nourrir des mets de votre table, il n'en est pas moins vrai qu'elle participe à vos plaisirs, à vos joies, à vos fêtes, et qu'enfin elle habite au milieu de vous : or, tu sais que celui qui se fixe auprès d'une classe quelconque de gens, en fait partie par cela même, et que, n'y fût-il resté qu'un instant, il est dans le cas d'être interrogé sur ces personnes. Tu sais encore que, de même qu'une seule goutte est la source éloignée d'un torrent impétueux, de même la société est la source des crimes ; aussi ne doit-on pas y placer sa félicité. La paix et le bonheur ne se trouvent que dans la retraite : ah ! celui qui s'y réfugie, n'a pas à craindre que l'envie l'éloigne de son emploi. Suis donc mon exemple et imite mon isolement : laisse les palais somptueux et celui qui y fait sa résidence ; les mets délicats et celui qui s'en nourrit. Fais attention à ma conduite : je ne réside point dans vos demeures, et je ne suis jamais dans vos assemblées ; mais un creux dans un vieux mur est mon habitation solitaire, et je préfère, pour mon séjour, des ruines à des lieux soignés par la main de l'homme : là, loin de mes compagnons, de mes amis et de mes proches, je suis à l'abri des tourments et des peines, et je n'ai pas à craindre les envieux. Comment, en effet, celui dont l'habitation doit être un jour la poussière, peut-il demeurer avec les autres hommes ! Chaque jour et chaque nuit viennent empiéter sur sa vie et la détruire sourdement ; et il ne se contenterait pas d'une masure ! Celui qui a le bonheur de comprendre que la vie, qui paraît longue, est réellement si courte, et que tout s'avance vers la destruction, celui-là, au lieu de passer la nuit sur un lit voluptueux, prendra pour sa couche une natte dure et inégale, se contentera d'un pain d'orge pour toute nourriture, et ne goûtera que le moins possible des voluptés du monde, en se rappelant qu'une partie des créatures sera placée dans le paradis, et que l'autre sera précipitée dans l'enfer.

Pour moi, j'ai jeté un regard sur la vie présente, et je l'ai vue en proie à la dévastation; j'ai tourné alors mes yeux vers la vie future, et j'ai vu qu'elle s'approche rapidement. Me rappelant ensuite le compte terrible que Dieu fera rendre au jour de la résurrection, j'ai médité sur l'âme, et j'ai pensé au bien qu'elle peut faire et au mal dont elle peut se rendre coupable : c'est alors que, réfléchissant sur ma situation et faisant une attention sérieuse à moi-même, j'ai conçu de l'éloignement pour un monde qui n'offre qu'un grand vide ; j'ai oublié ce que mes semblables ont droit d'attendre de moi, et ce que j'ai droit d'attendre d'eux ; j'ai abandonné ma famille et mes biens, et j'ai méprisé les châteaux élevés. Bientôt la foi écartant de la vue de mon intelligence le bandeau du doute, j'ai reconnu que ni joie ni plaisir ne demeure ; que tout périt, si ce n'est l'Être par qui tout existe. Je me suis élevé à la connaissance de cet Être, sans pouvoir pénétrer ce qu'il est : son image adorée est tout ce qu'aperçoivent mes yeux, et son nom béni, ce que prononce ma bouche. »

VERS. — Pour cette divine amie j'ai quitté les hommes ; ce n'est qu'elle que je désire, qu'elle seule à qui je veux plaire. Pour elle, je m'isole de toute société, et, guidé par l'intention la plus droite, je m'abandonne à l'amour le plus pur. Je la verrai, je l'espère ; mon amour ne sera point frustré. Mes amis ont réprouvé la noble passion de mon cœur, sans connaître le sentiment qui l'agite. Si l'objet sacré de ma flamme ôtait le voile qui cache ses appas, la pleine lune elle-même en emprunterait son éclat argentin. Je n'ose par respect nommer cette beauté divine que toutes les créatures étonnées admirent; mais, lorsque mon amour violent ne peut se contenir, mes soupirs font entendre un de ses attributs.

Je saisis avec la plus grande avidité les avis du hibou, et je jetai loin de moi les vêtements de l'amour-propre ; mais les passions semblaient me dire: « Reste, reste avec nous. »

ALLÉGORIE XX.

LE PAON.

Je me tournai d'un autre côté, et je vis un paon, oiseau qui, après avoir vidé la coupe de la vanité, et s'être couvert du vêtement de la dissimulation, fut associé aux malheurs d'Éblis. Des couleurs variées embellissent ses plumes; mais sa vie est en proie à mille genres de douleurs, et il ne reverra jamais le paradis (Dieu en sait la raison). « Oiseau malheureux, lui dis-je, combien le sort que le destin t'a réparti est différent de celui du hibou ! le hibou porte son attention sur les qualités intérieures et réelles, et tu ne t'attaches qu'à ce qui est extérieur ; tu te laisses tromper par une folle sécurité, et tu ne places ta joie que dans ce qui est périssable. »

« Faible mortel qui viens m'insulter, me répondit-il, laisse tes reproches, et ne rappelle pas à celui que le chagrin accable, ce qui lui a été ravi ; car il est dit dans la tradition : *Ayez pitié de l'homme illustre qui a perdu son rang, et de l'homme riche qui est devenu pauvre.* Je voudrais que tu m'eusses vu lorsque je me promenais dans Éden auprès des ruisseaux limpides et des grappes vermeilles qui l'embellissent, et que, le parcourant dans tous les sens, j'entrais dans ses palais superbes et jouissais de la compagnie de ses échansons ravissants et de ses houris voluptueuses. Louer Dieu était mon breuvage ; célébrer sa sainteté, mon aliment : je tins toujours la même conduite, jusqu'à ce que le fatal destin poussa vers moi Éblis, qui me couvrit du vêtement de l'hypocrisie, et changea en défauts mes plus belles qualités. J'eus d'abord horreur de ce qu'il me proposa ; mais, hélas ! le destin plonge, lorsqu'il le veut, dans le malheur et dans l'infortune, et fait fuir les oiseaux de leurs nids pour les livrer au chasseur.

« Quant à Éblis, il marchait fièrement, revêtu des habits célestes de la faveur de Dieu ; mais son mauvais destin finit par le porter à refuser avec orgueil de se prosterner devant Adam. C'est précisément dans l'événement qui suivit ce refus, que j'eus, par malheur, quelques relations avec cet ange rebelle. Il m'entraîna dans le crime, me déguisant ce qu'il y avait de pervers dans son dessein ; et, pour tout dire, je lui servis d'introducteur dans Éden, tandis que, de son côté, le serpent machinait pour l'y faire entrer. Après l'événement, Dieu me précipita du séjour de la gloire dans la demeure de l'ignominie, avec Adam, Ève, Éblis et le serpent, en me disant: Voilà la récompense de celui qui sert de guide pour une mauvaise action, et le salaire que l'on mérite pour avoir fréquenté les méchants. Dieu me laissa mon plumage nuancé de mille couleurs, pour que cet ornement, me rappelant les douceurs de la vie que je menais dans Éden, augmentât mes regrets, mes désirs, et mes gémissements ; mais il plaça les signes de sa colère sur mes pattes, afin qu'en y jetant sans cesse des regards involontaires, je me ressouvinsse de la violation de mes engagements. Que j'aime ces vallées, où tous les charmes de la nature semblent être réunis pour donner une idée de ce lieu d'où j'ai été chassé, et d'où mon destin malheureux m'a éloigné pour toujours ! Les jardins agréables me font souvenir des prairies printanières de mon ancienne habitation, sujet des larmes abondantes qui coulent de mes yeux ; et c'est alors surtout que je me reproche ma faute, et que je m'écrie en pensant à mon malheur : »

VERS. — Séjour délicieux, puis-je espérer de te revoir jamais ! goûterai-je encore dans ton sein un instant de sommeil paisible! Habitants de ces lieux fortunés, lorsqu'au moment cruel de la séparation, je vous dis un dernier adieu, je fus sur le point de mourir de douleur et de tristesse; n'aurez-vous donc jamais compassion de mon malheureux état? Vous avez éloigné le sommeil de mes paupières, et vous m'avez uni de la manière la plus étroite à l'afliction : mon corps est loin de vous, mais mon esprit est au milieu de vos tentes ; pourquoi ne pas permettre à mon corps de s'y réunir à mon esprit ! Lorsque je me rappelle les nuits délicieuses que j'ai passées avec ces objets ravissants, sous des pavillons protecteurs, si l'abondance de mes larmes ne soulageait ma peine, je mourrais consumé de désir. J'ai cru, dans mes rêveries, que vous me promettiez de venir voir votre ami fidèle ; hélas ! mon ardeur en a été accrue, et mon désir augmenté. Si je dois cet éloignement pénible à une faute dont j'ai pu me rendre coupable, que ma situation malheureuse soit aujourd'hui mon meilleur intercesseur ! Mais, hélas ! ces doux moments sont passés pour toujours, et mon partage doit être la soumission et la modestie.

Pour moi, affligé des malheurs du paon, je répandis des larmes sur ses peines. Je sens, en effet, que rien n'est plus douloureux que l'absence, quand on a joui des avantages de la réunion la plus douce; et que rien n'est plus triste que le voile qui cache des appas adorés, après qu'on a eu le bonheur de les contempler à découvert.

ALLÉGORIE XXI.

LA PERRUCHE.

Tandis que le paon, tantôt soupirait en promenant la vue sur ses plumes, qui lui rappelaient son bonheur, tantôt, en jetant des regards involontaires sur ses pattes, poussait des cris plaintifs et douloureux ; voilà que je vis à côté de lui une perruche, dont la robe verte figurait celle d'un schérif. Elle s'adressa au paon, et lui dit ces paroles éloquentes : « Jusques à quand garderas-tu cet air sombre ! Ton plumage superbe ressemble à la parure d'une jeune mariée ; mais, en réalité, tu es comparable à l'obscurité du sépulcre. Ton jugement faux t'a amené au point d'être chassé du lieu de délices où tu étais ; et tu ne t'es vu traité de la sorte que pour avoir usé de perfidie envers l'homme qui habitait cette demeure sacrée, et pour avoir troublé un bonheur qui devait être inaltérable. Si tu pensais à ton bannissement, et à l'homme, qui en a été la cause, je ne doute pas que tu ne t'occupasses alors à réparer ta faute, et non à te divertir dans un jardin. Puisque tu t'es rendu coupable envers Adam, dans Éden, il faut donc actuellement que tu travailles à t'excuser ; que tu te joignes à lui, lorsque, dans la retraite, il adresse à Dieu de ferventes prières pour implorer sa clémence, et que, dans l'espérance de visiter un jour les demeures célestes avec le père des hommes, tu avoues ta faute, que tu as d'abord refusé de reconnaître : car il retournera immanquablement à son premier état, et les jours de bonheur lui seront rendus. Voici, en effet, ce que l'on dit à Adam, lorsque, chassé d'Éden, il fut placé dans le champ du monde : Sème aujourd'hui ce qui doit être récolté demain ; peut-être encore n'en recueilleras-tu pas le fruit : alors, quand tu auras achevé de semer, et que tes plantes auront pris de l'accroissement, tu retourneras dans ton heureux séjour, en dépit de l'ennemi et de l'envieux. Celui qui t'imitera dans ta pénitence, sera fortuné ; et celui qui se comportera comme toi, recevra pour sa récompense la demeure de l'éternité.

« Ne vois-tu pas combien je suis estimée lorsque mes idées s'élèvent et s'étendent ! Méprisant ce qui occupe les autres oiseaux, j'ai considéré le monde et ses créatures, et j'ai vu que l'homme est le seul modèle que je doive me proposer. En effet, Dieu a créé tous les êtres pour les hommes, et c'est pour lui qu'il a créé les hommes ; il se les est attachés par des liens indissolubles, et les a comblés des faveurs les plus signalées. Aussi, quoique ma nature soit bien différente, cherché-je à me rapprocher de leurs habitudes, surtout en imitant leur langage, et en me nourrissant des mêmes aliments. Mon bonheur est de leur adresser la parole ; je ne recherche qu'eux ; et ce sont les efforts que je fais pour me rendre semblable à eux, qui me concilient l'estime qu'ils ont pour moi ; car ils me considèrent comme un commensal, et nous sommes unis d'une amitié réciproque. Conformant mes actions aux leurs, je prie comme ils prient, je rends grâce comme ils rendent grâce ; et j'ai droit d'espérer qu'au jour où ils paraîtront devant Dieu, ils se souviendront de moi, me donneront des éloges, et qu'en conséquence, après avoir été du nombre de leurs serviteurs dans le monde présent, je serai aussi leur esclave dans l'autre. »

Vers. — Cherche à me connaître, et tu verras que je suis du nombre de ceux qui sont réellement tels qu'ils paraissent être. L'objet de ma passion est une beauté qui possède des perfections éclatantes et sublimes, que la pureté et la sainteté décorent, et dont le rang suprême est respecté et béni. Oui, je l'espère, mes vœux seront exaucés : Mahomet, la plus excellente des créatures, et dont les paroles ne sauraient être trompeuses, assure que l'amant sera uni à sa maîtresse.

Lorsque la perruche, en exaltant ses propres qualités, se fut ainsi placée dans le cercle des êtres les plus éminents, je me dis à moi-même : Je n'avais jamais étudié l'état emblématique des animaux ; mais, que vois-je aujourd'hui ? ils veillent, tandis que je suis dans le sommeil le plus profond de la tiédeur et de l'indifférence. Pourquoi ne point m'approcher de la porte du miséricordieux ? peut-être qu'on me permettrait l'accès auprès de ce Dieu clément, et qu'il dirait ces consolantes paroles : « Que celui qui arrive soit le « bien-venu ; je pardonne sa faute à celui qui se repent. »

ALLÉGORIE XXII.

LA CHAUVE-SOURIS.

La chauve-souris, engourdie et tremblante, m'adressa bientôt après ces mots : « Ne te mêle point dans la foule, si tu veux participer aux faveurs de la beauté divine que tu chéris. Jadis Cham erra longtemps autour de l'asile sacré ; mais Dieu n'en permit l'entrée qu'à Sem. »

Vers. — Ce ne sont point les lances noires qui nous rendent maîtres de l'objet de notre désir ; ce n'est point le tranchant du glaive qui nous fait atteindre aux choses élevées.

« Il faut consacrer des instants à la retraite, et passer les nuits obscures en ferventes prières. Fais attention à ma conduite : dès que le soleil se lève, je me retire dans mon trou solitaire ; et là, mon esprit libre de tout soin se livre à de douces pensées. Tant que dure le jour, isolée, loin des regards, au fond de ma cellule, je ne vais voir personne, personne ne vient me voir ; cependant les gens éclairés m'aiment et me considèrent. Mais lorsque la nuit a répandu ses ombres sur la terre, je sors de ma retraite, et je choisis ce temps pour veiller et pour agir. C'est au sein des ténèbres que la porte sacrée s'ouvre, que le voile importun est écarté, et qu'à l'insu des rivaux jaloux, la bien-aimée reçoit ses favoris en tête-à-tête. A l'instant où les amants de cette céleste amie, et les malheureux relégués sur cette terre d'exil, baignent de larmes leurs paupières brûlantes, elle entr'ouvre le rideau et se montre sur ce seuil béni. Elle appelle elle-même ses adorateurs, et leur accorde des entretiens secrets. C'est alors qu'ils lui adressent de ferventes prières qu'interrompent leurs sanglots, et qu'ils ont le bonheur d'entendre ces douces paroles : Messager céleste, endors celui-ci, réveille celui-là. Annonce à l'amant qui a célé l'ardeur dont il brûlait pour moi, qu'il peut maintenant la découvrir avec confiance ; dis à cet amant altéré que la coupe est remplie ; apprends à celui que son amour a jeté dans l'agitation la plus vive, que le moment délicieux de l'union avec l'objet de ses désirs est arrivé. »

Vers. — O toi! dont la noble passion n'a que moi pour objet, que des reproches ne t'éloignent pas du seuil de ma porte ; les engagements doivent être stables, et l'amour doit être constant. La renommée de ma puissance, de ma beauté et des faveurs que j'accorde s'est répandue par tout l'univers, et les pèlerins ont commencé leur voyage. Si tu te soumets à ma dignité suprême, les souverains et les monarques se soumettront avec respect à la tienne. O amants ! hâtez-vous ; voilà le coursier et l'hippodrome.

« Petit et faible oiseau, dis-je alors à la chauve-souris, explique-moi pourquoi, lorsque le soleil paraît sur l'horizon, tu cesses de voir, et ne recouvres la vue qu'au moment de son coucher; cet astre, de qui les autres êtres reçoivent la lumière, te rendrait-il aveugle ? »

« Pauvre mortel, me répondit-elle, c'est que, jusqu'à présent, je ne me suis occupée qu'à connaître la voie droite, et que je n'ai pas encore acquis les vertus qui en méritent l'entrée : celui qui est dans cet état d'investigation et de crainte, est ébloui par la lueur des astres du spiritualisme ; mais celui qui possède les vertus de la vie intérieure, soutient l'aspect des mystères que Dieu veut bien lui communiquer. Mon état de faiblesse, d'hésitation et de doute, tient à ce que je ne remplis qu'imparfaitement mes devoirs ; voilà pourquoi je cache mes imperfections durant le jour, en me dérobant aux regards. Mais lorsque la nuit enveloppe la terre de ses ombres, je parle en secret et avec humilité à mon amie, qui, touchée de ma misère, daigne me retirer généreusement de l'état d'abjection où je suis plongée. La première marque de bonté que cette céleste maîtresse m'a donnée et la première faveur qu'elle a accordée à mes humbles prières, c'est de m'avoir assigné la nuit pour le temps du plus doux tête-à-tête, en me permettant de me réunir alors à ses amants, et d'élever mes regards vers elle. Aussi, lorsque ces précieux instants sont passés, fermé-je les yeux pour ne point voir mes rivaux. Il est d'ailleurs bien juste que celui qui a veillé durant la nuit, dorme pendant le jour ; et ce serait un crime pour un œil qui a joui de la vision divine, de se tourner vers un autre objet. »

Vers. — Un cœur qui se consume d'amour pour sa céleste amie, ne doit palpiter pour aucune autre maîtresse. Pourrais-tu aimer cette beauté divine, et adresser ensuite des vœux à une autre qu'elle ! ne sais-tu donc pas que seule dans le monde elle est digne d'être aimée ! Mon frère, puisque celle que tu aimes est incomparable, et si tu l'aimes véritablement, sois sans égal dans ton amour.

ALLÉGORIE XXIII.

LE COQ.

« Ceux qui jouissent des faveurs particulières de Dieu, me dis-je alors à moi-même, sont les vrais heureux ; ceux dont l'occupation est la prière, méritent d'être distingués de autres, et il est impossible que les indifférents s'approchent jamais de cette divine maîtresse. » J'étais dans ces réflexions, lorsque le coq m'adressa ces paroles : « Combien de fois ne t'appelé-je point à remplir tes devoirs religieux, tandis que tu es dans l'aveuglement des passions et dans l'illusion des sens ! Je me suis engagé à faire l'annonce de la prière, réveillant ainsi ceux qui sont plongés dans un sommeil si profond qu'ils paraissent comme morts, et réjouissant ceux qui invoquent leur Dieu avec humilité et avec crainte. Tu peux observer dans mes actions des allégories charmantes : le battement de mes ailes indique qu'il faut se lever pour faire la prière, et l'éclat de ma voix sert à réveiller ceux qui sont endormis ; j'agite mes ailes pour annoncer le bonheur ; je fais entendre mon chant pour appeler au temple du salut. Si la chauve-souris s'est chargée de l'emploi de la nuit, elle dort tout le jour du sommeil le plus profond, en se dérobant par crainte aux regards des hommes : quant à moi, je ne cesse, ni le jour ni la nuit, d'exercer les fonctions de mon ministère, et je ne m'en dispense ni publiquement ni en secret. Je partage les devoirs du service de Dieu entre les différentes heures de la journée, et il ne s'en passe aucune que je n'aie une obligation religieuse à remplir : c'est moi qui te fais connaître les heures fixées pour la prière ; aussi, puis-je dire qu'on ne m'achèterait pas ce que je vaux, quand même on donnerait de moi mon poids en rubis. En outre, plein de tendresse pour mes petits, je suis toujours auprès d'eux ; et au milieu des poules, l'amour est le seul objet qui m'occupe. Me conformant aux règles d'une affection véritable, je ne prends jamais sans mes compagnes le moindre aliment ni la moindre boisson : si je vois un grain, loin de m'en emparer, je le leur fais apercevoir et les engage à en faire leur nourriture ; comme aussi je les invite à manger, lorsque je sens l'odeur de ce qu'on a préparé pour nous. Du reste, obéissant aux gens de la maison, je supporte avec patience ce qu'ils me font souffrir : je suis leur tendre ami, et ils ont la cruauté d'immoler mes petits ; j'agis pour leur utilité, et ils m'enlèvent mes fidèles suivantes. Tels sont mes qualités et mon bon naturel. D'ailleurs, Dieu me suffit. »

Vers. — Invoque Dieu, et tu seras à l'abri de toute crainte; espère en lui, et tu trouveras le bonheur. Mais, hélas! quel est celui qui prête une oreille attentive à ce que je dis, qui sait en saisir le véritable sens et le graver dans sa mémoire?

ALLÉGORIE XXIV.

LE CYGNE.

Le cygne, en se jouant dans l'eau, adressa bientôt après la parole au coq : O toi dont les pensées sont viles et rampantes, lui dit-il, tu ne saurais t'élever dans l'air comme le reste des oiseaux, ni te conserver en évitant le malheur; tu es comme un mort qui ne peut parcourir la terre, et ton séjour constant dans un même lieu est la seule cause de tes maux. La bassesse de tes inclinations te fait rechercher les ordures; et, satisfait de recueillir la rosée, tu laisses la pluie abondante. Ignores-tu donc que celui qui ne voyage pas, ne saurait obtenir des bénéfices dans son négoce, et que celui qui reste sur la grève, ne recueillera jamais des perles? Si ton mérite spirituel était plus réel, si ta foi était plus vive, tu volerais dans l'atmosphère et tu te soutiendrais sur l'onde. Vois comment, maître de mes désirs, et disposant de l'air et de l'eau, je marche sur la terre, je nage sur les flots roulants, et je vole librement dans les régions éthérées. C'est surtout la mer qui est le siége de ma puissance et la mine de mon trésor: je m'élance dans son onde limpide et transparente : je découvre les perles précieuses qu'elle recèle, et je pénètre les mystères et les merveilles de Dieu. Celui-là seul connaît ces choses, qui s'y applique sérieusement; mais l'indifférent qui demeure sur le rivage, ne peut prétendre qu'à l'écume amère. Celui qui, en se plongeant dans cet océan, ne réfléchira pas à sa profondeur incalculable, sera submergé dans ses gouffres, par le choc impétueux des flots. L'homme prédestiné au bonheur monte l'esquif de la bienveillance de sa divine amie, déploie les voiles de ses supplications les orientant de manière à recevoir le souffle du zéphyr protecteur ; et après avoir franchi les ténèbres épaisses qui cachent les mystères, il fixe enfin le câble de l'espérance, par le moyen des attractions de la divinité, au confluent des deux mers de l'essence et des attributs, et parvient ainsi à la source même de l'existence, où il s'abreuve d'une eau plus douce que le miel le plus pur. »

Vers. — O toi qui veux parvenir aux plus hauts degrés du spiritualisme, tu acquerras difficilement cette perfection à laquelle tu aspires. Si tu avances, tu seras bientôt obligé de te soumettre à cet anéantissement qui ne peut devenir doux que pour ceux à qui Dieu a donné une idée de ce qu'il réserve à ses favoris. La pointe des piques défend l'approche de cette céleste maîtresse : telles sont ces citadelles élevées, autour desquelles les lances rembrunies forment un rempart redoutable. Avant de goûter la douceur du miel, il faut endurer une piqûre aussi cuisante que la blessure des flèches. Que de gens d'une naissance illustre errent autour de cet asile sacré ! Ils supportent avec patience les peines amères attachées à leur noble passion ; ils jeûnent, ils passent les nuits obscures en humbles prières ; la violence du désir anéantit leur esprit, une ardeur brûlante consume leur corps : mais, hélas ! le divin amour n'aperçoit encore dans leur cœur qu'un vide affreux. Renonce donc aux demeures des braves qui ont vaincu généreusement leurs passions, si tu ne peux vaincre les tiennes.

ALLÉGORIE XXV.

L'ABEILLE.

« Quelle prétention ! s'écria aussitôt l'abeille. Ce que le cygne a dit de ses courses n'est point vrai, et cet oiseau en a imposé. L'homme vraiment religieux est bien différent ; son mérite paraît d'une manière évidente, sans qu'il affecte aucune jactance, et la pureté de son intérieur se manifeste par ses actions les plus secrètes : d'ailleurs, celui qui ne s'enorgueillit point, quelque droit qu'il en ait, ajoute le plus grand prix à son mérite. Ne dis donc jamais une parole que ton action démente, et n'élève pas un fils que ta race renierait. Sache connaître le prix des mets sains et légers et des boissons pures et naturelles : vois, en effet, comme ma dignité augmente et s'accroît, et comme mon mérite se perfectionne, lorsque je suis à portée de prendre une nourriture excellente et de me désaltérer dans une eau limpide. Dieu aurait-il daigné m'inspirer, comme le Prophète l'assure dans le Coran, si je ne me fusse nourrie de mets permis ; si je ne me fusse attachée aux qualités les plus nobles, pour marcher ensuite avec humilité, ainsi que les amis de Dieu, dans la voie du Seigneur, et le remercier de ses bienfaits ? Je construis ma ruche dans les collines ; je me nourris de ce qu'on peut prendre sans endommager les arbres, et de ce qu'on peut manger sans le moindre scrupule. Aucun architecte ne pourrait imiter la construction de ma cellule ; Euclide lui-même admirerait la forme régulière de mes alvéoles hexagones. Je me pose sur les fleurs et sur les fruits ; et sans jamais manger aucun fruit ni gâter aucune fleur, j'en retire seulement une substance aussi légère que la rosée ; contente de ce faible butin, je reviens ensuite à ma ruche. Là, faisant trêve à mon travail, je me livre alors à mes réflexions, et, dans mes prières, j'offre constamment à Dieu le tribut de ma reconnaissance. Instruite par l'inspiration divine, je m'abandonne, dans mes travaux, à la grâce qui m'a été prédestinée ; ma cire et mon miel sont le produit de ma science et de mon travail réunis. La cire est le résultat des peines que je me donne ; le miel est le fruit de ce qu'on m'a enseigné : la cire éclaire ; le miel guérit : les uns recherchent la lumière que ma cire procure, les autres le remède salutaire que leur offre la douceur de mon miel ; mais je n'accorde aux premiers l'utilité qu'ils désirent, qu'après leur avoir fait sentir l'amertume de mon aiguillon, et je ne donne mon miel aux seconds, qu'après leur avoir opposé une résistance vigoureuse. Si l'on veut m'arracher de force mes trésors, je les défends avec ardeur contre les attaques, au péril même de ma vie, en me disant : Courage, ô mon âme ! J'adresse ensuite ces mots à celui qui veut me faire sortir du jardin que j'habite : Suppôt d'enfer, pourquoi viens-tu me tourmenter !

« Si tu recherches les allégories, ma situation t'en offre une bien instructive : réfléchis que tu ne peux jouir de mes faveurs, qu'en souffrant avec patience la blessure de mon aiguillon. »

Vers.— Supporte l'amertume de mes dédains, toi qui désires t'unir à moi ; ne pense qu'à mon amour et laisse celui qui follement voudrait t'éloigner de moi et oserait insulter à ta peine. Si tu veux vivre de cette vie spirituelle que tu ambitionnes, sache mourir en devançant l'heure fixée par le destin. Qu'elle est difficile, la voie étroite de l'amour ! pour s'y engager, il faut briser tous les liens qui nous retiennent au monde. Mais ces peines qui paraissent si amères, sont cependant douces, et l'amour rend léger ce qu'il y a de plus pesant.

Si tu tends au même but que nous, sache saisir les allégories qui te sont offertes : si tu les comprends, avance ; sinon, reste où tu es.

ALLÉGORIE XXVI.

LA BOUGIE.

La bougie, en proie à la douleur que lui faisait ressentir un feu dévorant, répandait des larmes en abondance et faisait entendre des plaintes douloureuses. A ces gémissements, l'abeille, touchée de compassion, prêta une oreille attentive, et la bougie lui adressa ces paroles : « Pourquoi faut-il que la fortune contraire m'éloigne à jamais de toi qui es ma mère, puisque je te dois l'existence, et qui es ma cause, puisque je suis ton effet. Hélas ! on employa le feu pour nous arracher de ta demeure, moi et le miel mon frère et mon compagnon. J'étais avec lui dans un même asile ; la flamme vint nous en chasser, et, détruisant l'alliance qui nous unissait, mettre en nous un immense intervalle. Mais ce n'était pas encore assez de cette cruelle séparation ! on me livre de nouveau à la violence du feu ; et, quoique je ne sois pas criminelle, mon cœur est brûlé, et mon corps est dans l'esclavage. A la lueur que je produis en avançant vers ma destruction, les amants se familiarisent, et les sofis se livrent à leurs méditations. Répandre ma lumière, brûler, verser des larmes, voilà mon sort. Toujours disposée à servir, et supportant avec patience le mal et la peine, je me consume pour éclairer les autres, et je me tourmente moi-même pour les faire jouir des avantages que je possède. Comment pourrait-on donc me reprocher avec raison ma pâleur et mes larmes? Ce n'est pas tout : des nuées de papillons veulent éteindre ma flamme et faire disparaître ma clarté. Irritée, je les brûle pour les punir de leur audace; car on sait que le mal retombe sur son auteur. Du reste, quand les papillons rempliraient la terre, je ne les redouterais pas ; de même que les gens sans principes, le monde en fourmillât-il, ne parviendraient pas à obscurcir le flambeau de la foi. Leurs bouches sacriléges essaient d'étouffer cette lumière sacrée, mais le miséricordieux par excellence ne le permettra jamais. Voilà une énigme qui se changera en démonstration pour celui qui saura la pénétrer. »

Vers. — Lumière de ma vie, quelle clarté n'ai-je pas reçue de toi ! Que je sois dans le vrai chemin, ou que je m'égare, tout vient de ta main bénie et adorée. Le censeur ne pourra jamais me taxer de fausseté à ton égard ; aucun vent n'éteindra la lumière divine dont tu m'éclaires.

ALLÉGORIE XXVII.

LE PAPILLON.

Alors le papillon, à demi consumé par la flamme, se débattant et se retournant en tout sens sur le tapis, se plaignit amèrement à la bougie, en ces termes: « Se peut-il qu'au moment où, livrant mon cœur à ton amour, je ne dirige mes vœux que vers toi, tu me traites comme un ennemi? Qui t'a donné le droit de m'ôter la vie? qui t'a excitée à me faire périr, moi ton amant sincère, moi ton ami le plus tendre? Je supporte avec patience l'ardeur de ta flamme, et seul, entre tous tes amants, j'ose braver la mort : mais, dis-moi, as-tu jamais vu une amie qui se plaise à tourmenter son ami, un médecin qui cherche à aggraver les souffrances de son malade? Quoi! je t'aime, et tu me fais du mal! je m'approche de toi, et tu me perces de tes rayons embrasés: cependant, bien loin de diminuer mon amour, tes mauvais traitements ne font que l'augmenter, et je me précipite vers toi, tout abject que je suis, emporté par le désir de voir notre union consommée; mais tu me repousses avec cruauté, tu déchires le tissu de gaze de mes ailes. Non, jamais un amant n'a rien éprouvé de pareil; jamais il n'a enduré ce que j'endure: et malgré tant de rigueurs, c'est toi seule que j'aime, toi seule que j'adore. N'ai-je donc pas assez des maux que je souffre, sans que tu me fasses encore des reproches que je ne mérite point. »

Vers. — Je venais me plaindre des tourments de mon cœur à ma maîtresse, et, au lieu de les soulager, elle me repousse loin d'elle avec les verges du châtiment. Ainsi le papillon demande à s'unir à son amie, et elle ne lui répond qu'en l'enveloppant de flammes dévorantes; il tombe auprès de la cruelle, succombant aux atteintes du feu et plongé dans l'abîme de la tristesse. Je me promettais de jouir d'un instant de volupté, mais je ne pensais pas aux peines amères de l'amour. Se consumer de désir et d'ardeur, telle est la loi que doivent subir les amants.

Lorsque le papillon eut exprimé le sujet de sa douleur, et qu'il se fut plaint de ses afflictions et de ses peines, la bougie, touchée de compassion, lui adressa ces paroles: « Véritable amant, ne te hâte pas de me condamner; car j'endure les mêmes tourments que toi, les mêmes peines, les mêmes rigueurs. Écoute l'histoire la plus extraordinaire, et prends pitié de la douleur la plus violente. Qu'un amant se consume, rien d'étonnant; mais qu'une maîtresse éprouve le même sort, voilà ce qui doit surprendre. Le feu m'aime, et ses soupirs enflammés me brûlent et me liquéfient; il veut se rapprocher de moi, et il me dévore: il prétend à mon amour, il veut s'unir à moi; mais, dès que ses désirs sont accomplis, il ne peut exister qu'en me détruisant. Il est étrange sans doute qu'une maîtresse périsse, et que son amant lui survive; qu'un amant soit en possession du bonheur, et que sa maîtresse soit malheureuse. »

« O toi, lui répondit le feu, qui, tout interdite au milieu des rayons de ma clarté, es tourmentée par ma flamme, pourquoi te plaindre, puisque tu jouis du doux instant de l'union? Heureux celui qui boit, tandis que je suis son échanson! heureuse la vie de celui qui, consumé par ma flamme immortelle, meurt à lui-même, pour obéir aux lois de l'amour. »

Vers. — Je dis à une bougie qui m'éclairait, tandis que la nuit étendait son voile lugubre sur la terre : Mon cœur s'attendrit facilement sur le sort de mes amis, et lorsque je vois répandre des larmes, je ne puis m'empêcher de pleurer. Avant de blâmer ma tristesse, écoute, me dit-elle, l'exposition détaillée de mon histoire. Si l'aveugle fortune t'a déjà fait éprouver le chagrin, sache qu'elle m'a privée de mon frère, d'un frère doué de propriétés salutaires et d'une saveur douce et pure. Tes yeux se mouillent de larmes, en pensant à cette beauté dont les lèvres sont aussi douces et dont la bouche distille une liqueur semblable; je m'aperçois de ton chagrin. Pourquoi ne veux-tu pas que je sois affligée d'avoir perdu mon frère! ne serais-je pas blâmable, au contraire, si j'épargnais mes larmes? C'est le feu qui m'a séparée de ce frère chéri, et c'est par le feu que j'ai juré de terminer mon existence.

ALLÉGORIE XXVIII.

LE CORBEAU.

J'écoutais encore le discours de la bougie, me livrant en même temps aux idées voluptueuses qu'elle m'avait rappelées, lorsque j'entendis le croassement lugubre d'un corbeau qui, entouré de ses amis, annonçait la fatale séparation. Couvert d'un habit de deuil, et seul, au milieu des hommes, il gémissait, vêtu de noir, comme celui qui est dans le malheur, et déplorait sa douleur cruelle. « O toi, qui ne fais que te lamenter, lui dis-je alors, ton cri importun vient troubler ce qu'il y a de plus pur et rendre amer ce qu'il y a de plus doux : pourquoi ne cesses-tu, dès le matin, d'exciter à la séparation, en t'adressant aux campements printaniers? Si tu vois un bonheur parfait, tu proclames sa fin prochaine; si tu aperçois un château magnifique, tu annonces que des ruines vont bientôt lui succéder : tu es de plus mauvais augure que Cascher, pour celui qui se livre aux douceurs de la société, et plus sinistre que Jader, pour l'homme prudent et réfléchi. »

Le corbeau, prenant alors, pour se défendre, le langage éloquent et expressif de sa situation : « Malheureux, me dit-il, tu ne distingues pas le bien d'avec le mal ; ton ennemi et ton ami sincère sont égaux à tes yeux ; tu ne comprends ni l'allégorie, ni la réalité ; les avis que l'on te donne sont pour toi comme le vent qui souffle aux oreilles, et les paroles du sage sont à l'ouïe de tes passions comme l'aboiement du chien. Eh quoi, tu ne réfléchis donc pas à ton départ prochain de la vaste surface de la terre pour les ténèbres du tombeau et pour le réduit étroit du sépulcre? tu ne penses pas à l'accident qui causa au père des hommes des regrets si cuisants; aux prédications de Noé sur ce séjour où personne ne jouit d'un instant de repos; à l'état d'Abraham, l'ami de Dieu, au milieu des flammes où l'avait fait jeter Nemrod? Tu ne sais point te régler sur les exemples instructifs que t'offrent la patience d'Ismaël, sur le point d'être immolé par son père; la pénitence de David, qui pleura son crime si amèrement; la piété exemplaire et l'abnégation du Messie? Ignores-tu que le bonheur le plus parfait a un terme, et que la volupté la plus pure s'évanouit; que la paix s'altère, et que la douceur devient amertume? Quel est l'espoir que la mort ne détruise, la prudence que le destin ne rende vaine? Le messager du bonheur n'est-il pas suivi de près par celui du malheur? ce qui est facile ne devient-il pas difficile? Où trouve-t-on une situation immuable? quel est l'homme qui ne passe point? quelle est la fortune qui reste dans les mains de celui qui la possède? Que sont devenus ce vieillard dont la longue vie étonnait, cet heureux mortel qui nageait dans l'opulence, cette beauté au teint de roses et de lis? La mort ne vient-elle pas retrancher les hommes, les uns après les autres, du nombre des vivants ? ne met-elle pas au même niveau, dans la poussière, le vil esclave et le maître superbe ? L'inspiration divine n'a-t-elle pas fait entendre au voluptueux, plongé dans le sein du plaisir, ces mots du Coran, où Dieu dit à Mahomet: *Annonce que la jouissance de ce monde est peu de chose* (1). Pourquoi donc censurer mon gémissement et prendre à mauvais augure mon croassement plaintif, soit au lever de l'aurore, soit aux approches de la nuit ? Si tu connaissais ton bonheur véritable comme je connais le mien, ô toi qui blâmes ma conduite, tu n'hésiterais pas à te couvrir comme moi d'un vêtement noir, et tu me répondrais en tout temps par des lamentations : mais les plaisirs occupent tous tes moments ; ta vanité et ton amour-propre te retiennent. Pour moi, j'avertis le voyageur que les lieux où il s'arrête seront bientôt ravagés ; je prémunis celui qui mange, contre les mets nuisibles du monde, et j'annonce au pèlerin qu'il approche du terme. Ton ami sincère est celui qui te parle avec franchise, et non celui qui te croit sur parole ; c'est celui qui te réprimande, et non celui qui t'excuse ; c'est celui qui t'enseigne la vérité, et non celui qui venge tes injures : car quiconque t'adresse des remontrances, réveille en toi la vertu lorsqu'elle s'est endormie ; et en t'inspirant des craintes salutaires, il te fait tenir sur tes gardes. Quant à moi, par la couleur obscure de mes ailes et par mes gémissements prophétiques, j'ai voulu produire sur ton esprit les mêmes impressions ; je t'ai fait même entendre mon cri dans les cercles de la société. Mais on peut m'appliquer ce proverbe : *Tu parles à un mort.* »

VERS. — Je pleure sur la vie fugitive qui m'échappe, et j'ai sujet de faire entendre des plaintes : je ne puis m'empêcher de gémir toutes les fois que j'aperçois une caravane dont le conducteur accélère la marche. Les gens peu réfléchis me censurent sur mes habits de deuil ; mais je leur dis : C'est précisément par ce langage emblématique que je m'efforce de vous instruire ; je suis semblable au khatib, et ce n'est pas une chose nouvelle que les khatibs soient vê-

---

(1) Surate IVe, vers 79.

tus de noir. Tu me verras, à l'aspect d'un campement printanier, annoncer dans chaque vallée qu'il changera bientôt de place, et gémir ensuite sur ses vestiges à demi effacés, me plaignant de la cruelle absence. Mais ce ne sont que des objets muets et inanimés qui répondent à ma voix. O toi qui as l'oreille dure, réveille-toi enfin, et comprends ce qu'indique la nuée matinale : il n'y a personne sur la terre qui ne doive s'efforcer d'entrevoir quelque chose du monde invisible. Souviens-toi que tous les hommes sont appelés plus tôt ou plus tard. Je me serais fait entendre, si j'eusse adressé la parole à un être vivant ; mais, hélas ! celui à qui je parle, est un mort.

ALLÉGORIE XXIX.

LA HUPPE.

Après que le corbeau fut venu troubler les heureux moments que je passais dans ce jardin, et qu'il m'eut engagé à me tenir en garde contre la haine que je pourrais m'attirer, je cessai de faire attention aux riants objets qui m'environnaient, et je retournai à la solitude de mes pensées : alors une douce rêverie s'étant emparée de moi, je me sentis comme inspiré, et je crus entendre distinctement ces paroles : « O toi qui écoutes le langage énigmatique des oiseaux, et qui te plains que le bonheur semble te fuir, sache que, si le cœur était attentif à s'instruire, l'intelligence pénétrerait le sens des allégories ; le pèlerin de ce monde demeurerait dans la voie, et celui que les plaisirs éblouissent, ne s'égarerait pas. Si l'esprit était bon, il pourrait apercevoir les signes de la vérité ; si la conscience savait comprendre, elle apprendrait sans peine les bonnes nouvelles ; si l'âme s'ouvrait aux influences mystiques, elle recevrait des lumières surnaturelles ; si l'on savait écarter le voile, l'objet caché se montrerait ; si l'intérieur était pur, les mystères des choses invisibles paraîtraient à découvert, et la divine maîtresse se laisserait voir. Si tu t'éloignais des choses du monde, la porte du spiritualisme s'ouvrirait pour toi ; si tu te dépouillais du vêtement de l'amour-propre, il n'existerait pour toi aucun obstacle; si tu fuyais le monde de l'erreur, tu verrais le monde spirituel; si tu coupais les liens qui t'attachent aux plaisirs des sens, les vérités dogmatiques se montreraient à toi sans nuages; et si tu réformais tes mœurs, tu ne serais point privé de l'aliment divin. Si tu renonçais à tes désirs, tu parviendrais au plus haut degré de la vie contemplative; si tu subjuguais tes passions, Dieu te rapprocherait de lui; il te réunirait à lui, si, pour lui plaire, tu te séparais de ton père; enfin si tu renonçais à toi-même, tu trouverais auprès de la divinité la plus douce des demeures. Mais, bien loin de là, captif dans le cachot de tes inclinations, enchaîné par tes habitudes, esclave des voluptés, soumis aux illusions des sens, tu es retenu par la froideur de ta détermination, tandis que le feu de la cupidité te consume, et que l'excès d'une joie insensée t'accable. Une langueur funeste t'aveugle; les impulsions d'un amour déréglé t'enflamment le sang; ta faible volonté ne forme que des résolutions tièdes, et ne se livre qu'à des pensées glacées; ton esprit corrompu te jette dans un état d'hésitation pénible, et ton jugement vicieux te fait paraître mauvais ce qui est bon, et bon ce qui est mauvais.

« Tu devrais entrer dans l'hôpital de la piété, et, présentant le vase de l'affliction, exposer le récit de tes souffrances à ce médecin qui connaît ce qu'on tient secret et ce qu'on lui découvre. Tu devrais tendre vers lui le poignet de ta soif brûlante, pour qu'il tâtât le pouls de ta maladie, qu'il examinât la nature de ta fièvre, et qu'après avoir connu exactement ta situation malheureuse, il te livrât à celui qui est chargé d'infliger les peines de la loi, lequel te lierait avec les liens de la crainte, te frapperait avec les verges de l'indécision et de la futurition, en te rafraîchissant en même temps avec l'éventail de l'espérance; te garderait ensuite dans le sanctuaire de la protection, et écrirait sur le cahier de ton traitement le rétablissement de ta santé. Il préparerait pour toi le myrobalan du refuge, la violette de l'espoir, la scammonée de la confiance, le tamarin de la direction, la jujube de la sollicitude, la sébeste de la correction, la prune de la sincérité, et la casse du libre arbitre; il concasserait le tout sur la terre de l'acceptation, le pilerait dans le mortier de la patience, le tamiserait dans le tamis de l'humilité, le dépurerait par le sucre de l'action de grâces, et t'administrerait ensuite ce médicament, après la veille nocturne, dans la solitude du matin, en présence du médecin spirituel, en tête-à-tête avec la divine amie, à l'insu du rival jaloux, pour voir si ton agitation s'apaiserait, si la chaleur de tes passions se refroidirait, si ton cœur, que les voluptés t'avaient arraché, pourrait reprendre sa place, si ton tempérament acquerrait ce degré d'équilibre qui constitue la santé spirituelle ; si ton oreille pourrait s'ouvrir au langage mystique, et entendre ces douces paroles. Quelqu'un demande-t-il quelque chose ? je suis prêt à l'exaucer ; pour voir enfin si ta vue intérieure ferait des efforts afin d'être éclairée, et si tu serais capable de contempler les choses extraordinaires et merveilleuses du spiritualisme.

« Considère la huppe : lorsque sa conduite est régulière et que son cœur est pur, sa vue perçante pénètre dans les entrailles de la terre, et y découvre ce qui est caché aux yeux des autres êtres ; elle aperçoit l'eau qui y coule, comme tu pourrais la voir au travers d'un cristal ; et, guidée par l'excellence de son goût et par sa véracité, Voici, dit-elle, de l'eau douce, et en voilà qui est amère. Elle ajoute ensuite : Je puis me vanter de posséder, dans le petit volume de mon corps, ce que Salomon n'a jamais possédé, lui à qui Dieu avait accordé un royaume comme personne n'en a jamais eu ; je veux parler de la science que Dieu m'a départie, science dont jamais ni Salomon, ni aucun des siens, n'ont été doués. Je suivais partout ce grand monarque, soit qu'il marchât lentement, soit qu'il hâtât le pas, et je lui indiquais les lieux où il y avait de l'eau sous terre. Mais un jour je disparus tout à coup, et, durant mon absence, il perdit son pouvoir : alors s'adressant à ses courtisans et aux gens de sa suite : Je ne vois pas la huppe, leur dit-il ; s'est-elle éloignée de moi ? S'il en est ainsi, je lui ferai souffrir un tourment violent, et peut-être l'immolerai-je à ma vengeance, à moins qu'elle ne me donne une excuse légitime. (Ce qu'il y a de remarquable, c'est qu'il ne s'informa de moi que lorsqu'il eut besoin de mon secours.) Puis voulant faire sentir l'étendue de son autorité, il répéta les mêmes mots : Je la punirai ; que dis-je ? Je l'immolerai. Mais le Destin disait : Je la dirigerai vers toi, je la conduirai moi-même. Lorsque je vins ensuite de Saba, chargée d'une commission pour ce roi puissant, et que je lui dis : Je sais ce que tu ne sais pas, cela augmenta sa colère contre moi, et il s'écria : Toi qui, dans la petitesse de ton corps, renfermes tant de malice, non contente de m'avoir mis en colère, en t'éloignant ainsi de ma présence, tu prétends encore être plus savante que moi ! Grâce, lui dis-je, ô Salomon ! je reconnais que tu as demandé un empire tel qu'aucun souverain n'en aura jamais de semblable ; mais tu dois avouer aussi que tu n'as pas de même demandé une science à laquelle personne ne pût atteindre : je t'ai apporté de Saba une nouvelle que tous les savants ignorent. O huppe, dit-il alors, on peut confier les secrets des rois à celui qui sait se conduire avec prudence ; porte donc ma lettre. Je m'empressai de le faire, et je me hâtai d'en rapporter la réponse. Il me combla alors de ses faveurs ; il me mit au nombre de ses amis, et je pris rang parmi les gardiens du rideau qui couvrait sa porte, tandis qu'auparavant je n'osais en approcher : pour m'honorer, il me plaça ensuite une couronne sur la tête, et cet ornement ne sert pas peu à m'embellir. D'après cela, la mention de mon immolation a été abrogée, et les versets où il est question de ma louange ont été lus.

« Pour toi, si tu es capable d'apprécier mes avis, rectifie ta conduite, purifie ta conscience, redresse ton naturel, crains celui qui t'a tiré du néant, profite des leçons instructives qu'il te donne, quand même il se servirait, pour le faire, du ministère des animaux ; et crois que celui qui ne sait pas tirer un sens allégorique du cri aigre de la porte, du bourdonnement de la mouche, de l'aboiement du chien, du mouvement des insectes qui s'agitent dans la poussière ; que celui qui ne sait pas comprendre ce qu'indiquent la marche de la nue, la lueur du mirage, la teinte du brouillard, n'est pas du nombre des gens intelligents. »

VERS. — Tu es plus douce à mes yeux que le souffle du zéphyr qui erre la nuit dans les jardins : la moindre idée me trouble et m'agite ; chaque objet agréable me semble être une coupe où j'aperçois tes traits adorés, et dans chaque son je crois entendre ta voix chérie.

ALLÉGORIE XXX.

LE CHIEN.

Tandis que j'étais plongé dans le charme de la conversation des oiseaux, et que j'attendais la réponse qu'ils feraient à la huppe, un chien, qui était près de la porte, m'adressa ces mots, tout en recueillant des miettes de pain parmi les ordures : « O toi qui n'a pas encore soulevé le voile du mystère ; toi qui, tout entier aux choses du monde, ne peux t'élever à la cause première ; toi qui traînes avec pompe la robe de l'amour-propre, imite mes nobles actions, prends mes qualités recommandables, et, sans t'arrêter à l'infériorité de mon rang, écoute ce que je vais te dire de la sagesse de ma conduite. A ne me considérer qu'à l'extérieur, je serai à tes yeux un objet de mépris ; mais pour peu que tu m'examines, tu verras que je suis un vrai faquir. Toujours à la porte de mes maîtres, je ne recherche pas une place plus distinguée ; sans cesse avec les hommes, je ne change point de manière d'agir : on me chasse, et je reviens ; on me frappe, et je ne garde jamais de rancune ; mon amitié est toujours la même, et ma fidélité est à toute épreuve. Je veille, lorsque les hommes sont plongés dans le sommeil, et je fais une garde exacte quand la table est servie. On ne m'assigne cependant ni salaire, ni nourriture, ni même un logement, encore moins une place distinguée. Je témoigne de la reconnaissance lorsqu'on me donne ; je suis patient lorsqu'on me repousse ; et l'on ne me voit nulle part me plaindre, ni pleurer sur les mauvais traitements que j'éprouve. Si je suis malade, personne ne vient me visiter ; si je meurs, on ne me porte point dans un cercueil ; si je quitte un lieu pour me rendre dans un autre, on ne me munit d'aucune provision ; et je n'ai ni argent dont on puisse hériter, ni champ qu'on puisse labourer. Si je m'absente, on ne désire pas mon retour ; les enfants eux-mêmes ne me regrettent point ; personne ne verse une larme ; et si l'on me retrouve, on ne me regarde pas. Cependant je fais sans cesse la garde autour de la demeure des hommes, et je leur suis constamment fidèle. Obligé de rester sur les ordures qui sont auprès de leurs portes, je me contente du peu que je reçois, à défaut des bienfaits dont je devrais être comblé. Si mes mœurs te plaisent, suis mon exemple, et conforme-toi à ma conduite ; et si tu veux m'imiter, règle ta vie sur la mienne. »

Vers. — Apprends de moi comment il faut remplir les devoirs de l'amitié, et, à mon exemple, sache t'élever aux vertus les plus nobles. Je ne suis qu'un animal vil et méprisé ; mais mon cœur est exempt de vices. J'ai coutume de garder les habitants du quartier où je me trouve, surtout durant la nuit. Toujours patient, et reconnaissant même, de quelque manière que l'on me traite, je ne me plains jamais des injustices des hommes à mon égard, et je me contente de mettre toute ma confiance en Dieu seul. Malgré ces habitudes précieuses, personne ne fait attention à moi, soit qu'une faim cruelle me fasse expirer, ou que l'infortune m'abreuve de la coupe amère de la peine et de la douleur. Du reste, j'aime mieux supporter les mauvais traitements que j'éprouve, que de perdre ma propre estime et de m'avilir à demander. Oui, je ne crains pas de le dire, mes qualités, malgré le peu de considération dont je jouis, l'emportent sur celles des autres animaux.

ALLÉGORIE XXXI.

LE CHAMEAU.

« Toi qui désires marcher dans le chemin qui conduit au palais des rois, dit alors le chameau, si tu as pris du chien des leçons d'abstinence et de pauvreté volontaire, je veux t'en donner, actuellement, de fermeté et de patience. Celui, en effet, qui se décide à embrasser la pauvreté volontaire, doit s'appliquer aussi à acquérir la patience ; car le pauvre doué de cette vertu a droit d'être compté au nombre des riches.

« Chargé de pesants fardeaux, j'achève les traites les plus longues, j'affronte les dangers du désert et je souffre avec patience les traitements les plus durs, sans que rien me décourage jamais. Je ne me précipite point dans ma marche comme un insensé, mais je me laisse conduire même par un jeune enfant, tandis que, si je le voulais, je pourrais résister à l'homme le plus robuste. Doux et obéissant par caractère, je porte les fardeaux et les bagages divisés en deux parties égales. Je ne suis ni perfide ni facile à me rebuter : ayant réussi à vaincre tout obstacle, je n'en suis pas plus présomptueux ; et les difficultés ne me font point rebrousser chemin. Je m'enfonce hardiment dans les routes fangeuses et glissantes, où les voyageurs les plus intrépides eux-mêmes craindraient de s'engager. Je souffre avec constance la soif ardente du midi, et je ne m'écarte jamais de la ligne qui m'est tracée. Après avoir rempli mon devoir envers mon maître, et être arrivé au terme de ma course, je rejette mon licou sur mon dos et je vais dans les champs, prenant pour ma nourriture ce qui appartient au premier venu et dont on peut s'emparer sans le moindre scrupule : mais si tout-à-coup j'entends la voix du chamelier, je lui livre de nouveau ma bride, en m'interdisant la jouissance du sommeil, et portant le cou en avant, comme pour parvenir plutôt à mon but. Si je m'égare, mon conducteur me dirige ; si je fais un faux pas, il vient à mon secours ; si j'ai soif, le nom de mon amie est mon eau et ma nourriture. Destiné au service de l'homme, d'après ce passage du Coran où Dieu dit, *Il porte vos fardeaux* (1), je ne cesse pas d'être en voyage ou sur pied, jusqu'à ce que je parvienne au point où finit le pèlerinage de la vie. »

VERS. — O Saad ! Si tu viens dans ces lieux, interroge un cœur qui a pénétré dans l'asile inviolable où demeure cet objet ravis-

(1) Sur. XVIe, verset 7.

sant; et si tes yeux aperçoivent au loin ce tertre sablonneux, souviens-toi de cet amant passionné que trouble et agite l'amour le plus tendre.

Chameaux, quand nous verrons Médine, arrêtez-vous.... Ne quittons plus cette enceinte sacrée. Mais quoi ! lorsque la vallée d'Alakik paraît devant eux, ils s'éloignent en imitant la marche balancée de l'autruche.

Mon frère, verse avec moi des pleurs de désir pour cette beauté dont le visage ravissant couvre de confusion la pleine lune ; et ne manque pas de dire, quand tu seras dans ce jardin béni : Habitant de la tribu, je te salue.

ALLÉGORIE XXXII.

LE CHEVAL.

« O toi qui es devenu faquir par les leçons que t'a données le chien, et patient par celles que t'a données le chameau, dit ensuite le cheval, si tu désires connaître le sentier qui mène aux actions glorieuses, je t'apprendrai, à mon tour, en quoi consistent les choses distinguées, et ce qui constitue le véritable emploi des efforts pour obtenir le succès. Vois comment, le dos chargé de celui qui m'accable d'injures, je m'élance, dans ma course, avec autant de rapidité que l'oiseau dans son vol, que la nuit lorsqu'elle étend son voile lugubre sur la terre, que le torrent fugitif. Si mon cavalier est celui qui poursuit, il atteindra facilement par mon secours l'objet qu'il désire ; s'il est poursuivi, au contraire, j'empêche alors qu'on ne le joigne, et mon galop précipité le soustrait à son adversaire, qui, atteignant à peine la poussière que mes pieds lui rejettent, me perd bientôt de vue, et ne peut plus s'en tenir qu'à ce qu'il entend dire de moi. Si la patience du chameau est éprouvée, ma reconnaissance pour les bontés qu'on m'accorde est connue : le chameau parvient à la vérité au but qu'il se propose ; pour moi je suis toujours au premier rang dans la guerre contre les infidèles. Au jour de la bataille, lorsque l'heure de l'attaque est arrivée, je me précipite avec audace comme le brave que rien ne saurait effrayer, et je précède les coups de ses flèches meurtrières ; mais le chameau reste en arrière, pour qu'on le charge de pesants fardeaux, ou pour que l'on cherche dans ses bagages. Les obligations qui me sont imposées, ne sont remplies que par celui qui sait tenir ses engagements ; et celui-là seul qui est léger et rapide dans sa marche, peut faire le chemin que je dois parcourir : aussi m'étudié-je à acquérir de l'agilité, me préparant ainsi au jour de la course. Si je vois quelqu'un qui soit plongé par sa folle étourderie dans une ivresse dont il ne peut revenir, et que les agréments de la vie jettent dans l'illusion la plus complète, « Tout ce que « vous possédez, lui dis-je, est périssable ; les biens seuls « de Dieu sont éternels. » O toi qui est repoussé loin de cet objet que tu désires avec tant d'ardeur, et qui es écarté de ce combat mystérieux, jette sur la nature un regard attentif, comprends quel est le but du Créateur, et ne tarde pas à t'imposer à toi-même des lois sévères, à donner à tes sens des liens étroits. Rappelle-toi que le destin a fixé l'instant de ta mort, qu'il a calculé le nombre de tes respirations ; et crains le jour terrible du jugement à venir.

« Quant à moi, lorsque le palefrenier m'a couvert de mes harnais, celui qui me monte n'a rien à redouter de ma fougue. Combien de fois ne mange-t-il pas les produits de la chasse que j'ai rendue fructueuse par ma vitesse. Toujours je laisse derrière moi celui qui cherche à me devancer, et je devance toujours celui que je poursuis. On me lie avec des entraves, afin que je n'attaque pas les autres chevaux ; on me guide avec des rênes, pour que je ne m'écarte pas de la route que je dois tenir ; on me met un frein, pour que mon encolpre élégante ne s'altère pas ; on me serre la bride, de crainte que j'oublie de me tenir droit ; et l'on me ferre les pieds, pour que je ne me fatigue pas lorsque je m'élance dans la carrière. Le bonheur m'est promis ; un rang distingué m'est donné : on me traite avec égards, et ce n'est que pour ma propre conservation qu'on m'impose des liens. L'être bienfaisant par excellence a répandu ses bienfaits sur moi, et, dans sa bonté éternelle, a dicté en ma faveur ses jugements,

en ces termes : « Jusqu'au jour de la résurrection, le bon-
« heur est lié à la touffe de crins qui orne le front des che-
« vaux. » Fils du vent, j'ai reçu l'inspiration de bénir et de
louer Dieu : mon dos procure une sorte de gloire à celui qui
le monte, mon flanc est un trésor pour ceux qui me possèdent ; et ma société, une amulette. Combien de fois ne m'a-t-
on pas poussé dans l'arène, sans que j'ai jamais laissé voir
de la faiblesse ! combien de fois, ayant remporté la palme de
la vitesse dans la course, n'ai-je pas été couvert de la soie,
ornement des infidèles ! combien de fois aussi n'ai-je point
triomphé des hypocrites, et ne les ai-je point fait disparaître
de la surface de la terre ! Est-il encore question d'eux, et les
entends-tu en aucune manière !

Vers. — Avance d'un pas rapide et léger ; tu obtiendras un bonheur d'autant plus précieux, qu'il est plus difficile de s'unir à cet
objet chéri. Amants généreux, marchez avec courage à la suite du
Phophète que la sainteté la plus parfaite décore. Ceux qui sont parvenus, dans la carrière mystique, aux plus hauts degrés du spiritualisme, ont joui de la vue de ce visage ravissant, qui brille du
plus vif éclat. Peut-être atteindras-tu ces hommes heureux qui,
dès l'aurore de leur vie, ont goûté ces doux instants de plaisir exta-
tique.

« Oui, dis-je alors au cheval, on trouve en toi les plus
belles qualités, et tes actions sont les plus recommandables. »

ALLÉGORIE XXXIII.

LE LOUP-CERVIER.

J'étais plongé dans la réflexion, lorsque le loup-cervier
m'adressa ces paroles : « Sage admirateur de la nature,
apprends de moi la fierté et les manières superbes. Dirigé par
l'élévation de mes vues et par la hardiesse de mes desseins,
je suis attentif à tout ce qui peut me rapprocher de l'objet

de mon amour, et je finis par m'asseoir à ses côtés. Lorsque je poursuis ma proie, je ne suis pas aussi prompt que le cheval ; et lorsque je l'ai atteinte, je ne la terrasse pas à la manière du lion : mais je cherche à tromper par mes ruses et par mon astuce, l'animal que je veux immoler, et si, dès l'abord, je ne puis y réussir, ma colère s'allume avec violence. Ma famille cherche alors à m'apaiser ; mais je ne veux rien entendre, et je suis insensible aux bonnes manières et à la douceur. La seule cause de mon émotion provient de ma faiblesse et de mon impuissance. Oui, il faut que celui qui veut devenir parfait, et qui n'en a pas la force, qui veut embrasser la vertu, et dont l'âme s'y refuse ; il faut, dis-je, qu'il fasse éclater contre lui-même la colère de l'amour-propre, qu'il prenne ensuite de nouvelles résolutions, qu'il redouble d'efforts, et que, pour réussir, il ne se contente point d'une volonté faible et de projets mal concertés.

« On trouve encore dans ma manière d'être une leçon instructive, intelligible seulement pour celui qui a l'esprit propre à saisir les allégories ; c'est que ma gloutonnerie, accroissant la masse naturelle de mon sang et de ma chair, me procure un excessif embonpoint. Appesanti par cette graisse surabondante, je crains d'être atteint, si l'on me poursuivait, et de rester vaincu dans l'arène, si l'on m'attaquait. Tu me verras alors fuir les animaux de mon espèce, et me cacher au fond de mon repaire, pour mettre ordre à ma conscience. Je me traite moi-même, en quittant mes habitudes et en comprimant mon naturel ; je mortifie mon cœur par l'abstinence, qui est la base de la dévotion ; et lorsque mes pensées s'élèvent, que mon ardeur est vraie, que mon corps est purifié de la corruption et mon âme guérie de la langueur, je sors de ma retraite solitaire : mes infirmités sont passées ; je ne suis plus gêné sur le lieu de mon habitation, et je m'établis où je me plais. Si tu te sens capable de m'imiter, parcours la même carrière que moi ; à mon exemple, abandonne pour toujours tes anciennes habitudes. »

VERS. — J'ai vu le loup-cervier s'emporter avec violence, lorsque, attaquant sa proie, il ne peut la terrasser : ainsi doit faire l'homme sage et généreux qui marche dans la voie du spiritualisme, s'il désire acquérir cette douce gaieté d'esprit à laquelle on parvient si difficilement.

ALLÉGORIE XXXIV.

LE VER-A-SOIE.

« Les qualités viriles ne consistent ni dans les formes athlétiques, ni dans la privation des boissons et des mets, dit alors le ver-à-soie ; et ce n'est point un mérite de prodiguer des choses faites pour être prodiguées. La véritable générosité est celle qui apprend à donner libéralement son nécessaire et sa propre existence. Aussi, en faisant l'énumération des bonnes qualités, trouve-t-on les plus précieuses chez de simples vers. Je fais partie de cette classe innombrable, et je suis susceptible d'attachement envers ceux qui ont de l'amitié pour moi. Graine dans le principe, je suis recueilli comme la semence que l'on veut confier à la terre ; ensuite, tantôt les femmes, tantôt les hommes, m'échauffent dans leur sein. Quand la durée de ces soins vivifiants est parvenue à son terme, et que la puissance divine me permet de naître, je sors alors de cette graine, et je me montre à la lumière. Je jette ensuite un regard sur moi-même, le jour de ma naissance, et je vois que je ne suis qu'un pauvre orphelin, mais que l'homme me prodigue ses attentions, qu'il éloigne de moi les mets nuisibles, et qu'il ne me donne jamais que la même nourriture. Mon éducation étant terminée, et dès que je commence à acquérir de la force et de la vigueur, je me hâte de remplir envers mon bienfaiteur, les devoirs qu'exige la reconnaissance, et de rendre ce que je dois à celui qui m'a bien traité. Je me mets donc à travailler d'une manière utile à l'homme, me conformant à cette sentence : *La récompense d'un bienfait peut-elle être autre que le bienfait !* Sans la moindre prétention, ni sans me plaindre du travail pénible que je m'impose, je fais avec ma liqueur soyeuse, par l'inspiration du destin, un fil que les gens doués du plus grand discernement ne sauraient produire, et qui, après ma mort, excite envers moi la reconnaissance. Ce fil sert à faire des tissus qui ornent celui qui les porte, et qui flattent les gens les plus sérieux. Les rois eux-mêmes se parent avec orgueil des étoffes que l'on forme de mon cocon, et les empereurs recherchent les vêtements où brille ma soie : c'est elle qui décore les salles de jeu, qui donne un nouvel attrait aux jeunes beautés dont le sein commence à s'arrondir, qui est enfin la parure la plus voluptueuse et la plus élégante.

« Après avoir fait pour mon bienfaiteur ce que la reconnaissance exige de moi, et satisfait ainsi aux lois de la réciprocité, je fais mon tombeau de la maison que j'ai tissée, et dans cette enveloppe doit s'opérer ma résurrection ; je travaille à rendre ma prison plus étroite, et, me faisant mourir moi-même, j'y disparais comme a passé la veille. Pensant uniquement à l'avantage d'autrui, je donne généreusement tout ce que je possède, et je ne garde pour moi que la peine et les tourments. De plus, exposé aux peines de ce monde, dont les fondements sont le malheur et l'infortune, je suis obligé de supporter ce que me fait souffrir un feu violent, et la jalousie de l'araignée ma voisine, qui est injuste et méchante envers moi. Cette araignée, dont l'emploi est de faire la plus frêle des demeures, non contente de me chagriner par son voisinage importun, ose encore rivaliser avec moi, et me dire : Mon tissu est comme le tien, notre travail a les mêmes défauts, et nous éprouvons également l'ardeur du feu : c'est donc en vain que tu prétendrais avoir la supériorité sur moi. Fi donc ! lui dis-je de mon côté, ta toile est un filet à prendre des mouches et à rassembler la poussière, tandis que mon tissu sert d'ornement aux princes les plus distingués. N'es-tu pas d'ailleurs celle dont le Coran a publié de toute éternité la faiblesse, et ta faiblesse n'est-elle point, par suite, passée en proverbe. Oui, je puis le dire, il y a entre toi et moi la même différence que celle qui existe entre le noir artificiel que donne l'antimoine, et la noirceur naturelle de l'œil ; entre la pleine lune et une étoile à son couchant. »

Vers. — C'est de celui qui dirige dans le sentier de la vertu et qui dispense les bienfaits, que je tiens le secret de filer ma liqueur soyeuse. O toi qui veux imiter mon travail, crois-tu que l'on puisse jamais tirer de ta toile grossière les parures magnifiques que l'on forme avec mon fil précieux ! Peut-on donc sans mentir s'arroger un mérite quelconque, lorsqu'on n'est pas utile à autrui !

ALLÉGORIE XXXV.

L'ARAIGNÉE.

« Quoique tu prétendes que ma demeure est la plus frêle des habitations, et qu'on doit m'abandonner au mépris, répliqua l'araignée, ma supériorité sur toi est néanmoins tracée dans le livre de mémoire. Personne ne peut me reprocher de m'avoir donné des soins ; je n'ai pas même été l'objet de la tendresse de ma mère, ni des bontés de mon père. Dès le moment de ma naissance, je m'établis dans un coin de la maison et je commence à y filer. Une masure est ce que je préfère, et j'ai une propension naturelle pour les angles, parce qu'on peut s'y cacher et qu'ils offrent une foule de choses mystérieuses. Aussitôt que j'ai trouvé un lieu où je puisse commodément tendre ma toile, je jette alternativement de l'une à l'autre paroi ma liqueur glutineuse, en évitant avec soin de mêler les fils de mon tissu ; puis je fais sortir par les pores de ma filière, une soie mince qui descend au travers de l'air, et m'y tenant à la renverse, accrochée par les pattes, je laisse pendre celles qui me servent de mains; aussi, trompé par cette position, croit-on que je suis réellement morte. C'est alors que si la mouche passe, je la prends dans les filets tendus par ma ruse, et je l'emprisonne dans les rets de ma chasse. Je sais que tu es en possession d'un honneur dont je suis privée, en ce que je ne tisse point comme toi des étoffes précieuses pour cette maison de passage : mais où étais-tu, la nuit de la caverne, lorsque de ma ile protectrice je voilai le Prophète choisi de Dieu, que j'éloignai de lui les regards, et le délivrai ainsi des légions infidèles, faisant pour lui ce que ni les fugitifs de la Mecque, ni les Médinois, n'auraient jamais pu faire ! Je protégeai de même le respectable vieillard Aboubekre, qui accompagna Mahomet à Médine et dans la caverne, et qui le suivit dans le chemin de l'honneur et de la gloire. Pour toi, tu n'emploies tes vaines parures qu'à tromper et à séduire ; aussi tes étoffes, destinées à l'ornement des femmes dont l'esprit est si peu solide et à l'amusement des enfants qui n'ont pas de raison, sont interdites aux hommes, parce que l'éclat n'en saurait durer, que leur usage n'est d'aucun profit réel, et qu'on n'en peut tirer aucun avantage pour la vie spirituelle. Hélas ! combien est malheureux celui que sa maîtresse délaisse, en lui ôtant l'espoir de se donner jamais à lui ; qu'elle prive de ses faveurs, en lui interdisant même la douceur de la demande ; qu'elle éloigne impitoyablement de sa présence, en lui défendant d'approcher ! »

VERS. — O toi qui te complais dans des salons somptueux et magnifiques, tu as donc oublié que ce monde n'est autre chose qu'un temple pour prier et pour adorer Dieu. Après avoir dormi sur ces lits voluptueux, tu descendras demain dans l'étroit et sombre caveau du sépulcre ; tu seras au milieu d'êtres silencieux, mais dont le silence énergique équivaut à des paroles : ah ! qu'un simple habit soit tout ton vêtement, et que quelques bouchées forment ta nourriture ; comme l'araignée, prends une habitation modeste, en te disant à toi-même : Demeurons ici en attendant la mort.

ALLÉGORIE XXXVI.

LA FOURMI.

« Si la fortune ennemie te décoche ses traits, dit alors la fourmi, oppose-lui un calme inaltérable ; et lorsque tu verras quelqu'un qui se prépare à parcourir la carrière du spiritualisme, pars avant lui, et ne néglige point follement de régler tes actions dans cette vie. Prends leçon de moi, et sens combien il importe de faire des préparatifs et de se munir d'un viatique pour la vie future. Vois le but élevé que j'ai constamment devant les yeux, et considère de quelle manière la main de la Providence a ceint mes reins comme ceux de l'esclave, afin de me dispenser de serrer et de délier tour-à-tour ma ceinture. Dès qu'au sortir du néant j'ouvre les yeux à la lumière, on me voit empressée à me ranger parmi les serviteurs de la céleste amie ; je m'occupe ensuite, dirigée par l'assistance divine, à recueillir les provisions nécessaires, et j'ai pour cela un avantage que l'homme le plus intelligent ne possède point, c'est que mon odorat s'étend à la distance de plusieurs parasanges. Je mets en ordre, dans ma cellule, les grains que j'ai ainsi rassemblés pour ma nourriture ; et celui qui fait ouvrir l'amande et le noyau (1), m'inspire de couper chaque grain en deux parties égales : mais si c'est de la semence de coriandre, je la divise en quatre, guidée par le même instinct ; et cette précaution est nécessaire pour détruire en elle la faculté germinative ; car, partagée en deux, elle ne laisserait pas de se reproduire. Lorsque, dans l'hiver, je crains que l'humidité du sol n'altère mes grains, je les expose à l'air un jour où le soleil luit, afin que sa chaleur les sèche. Tel est constamment mon usage : et tu prétends que ces mesures sont mal prises, qu'elles doivent m'être funestes, et que c'est, d'ailleurs, marquer trop d'attachement pour les biens de ce monde ! Tu te trompes, je te l'assure ; si tu connaissais ce qui me porte à agir de la sorte, tu m'excuserais toi-même, et tu ferais de moi plus de cas que tu n'en fais. Sache que Dieu (qu'il soit béni et loué !) a des armées que lui seul connaît, comme l'attestent ces mots du Coran : *Personne ne connaît les armées de ton Seigneur, si ce n'est lui seul* (2). Or il y a sous terre l'armée des fourmis, dont le nombre est incalculable. Nous observons les règles du service de Dieu, nous ne nous attachons qu'à lui, nous ne nous confions qu'en lui, et nous n'avons que lui en vue ; aussi suscite-t-

(1) C.-à-d. Dieu. Voy. Coran, sur. VIᵉ, verset 95.
(2) Sur. LXXIVᵉ, verset 34.

il, du milieu de nous, celles qu'il veut élever sur nous, et il demande que nous soyons soumises, afin que nos chefs nous promettent des bienfaits. Après avoir entendu cette promesse, nous sortons sans contrainte, nous résignant à mourir ; et, au moment de notre départ, notre situation semble exprimer ces mots :

Vers. — Reçois, ô ma bien-aimée, les adieux que je t'adresse, les yeux mouillés des larmes de la douleur, en pensant que je vais être séparé de toi. Nous vivrons, je l'espère, et Dieu couronnera notre amour ; mais si la mort vient nous frapper, nous nous retrouverons ensemble dans une vie plus heureuse.

« Nous employons tous nos efforts, amassant sans cesse pour être utiles à d'autres qu'à nous. Mais exposées à mille genres de mort, parmi nous les unes périssent de faim ou de soif, les autres tombent dans un précipice, d'où elles ne peuvent sortir : ici c'est une mouche qui les saisit ; là un quadrupède ou un animal quelconque qui les foule aux pieds ; plus loin, c'est un oiseau qui en fait sa nourriture. Parmi nous, les unes meurent saintement, tandis que d'autres ne sauraient obtenir le salut ; enfin, d'après ces mots du Coran, *Il y a des croyants qui ont observé sincèrement ce qu'ils ont promis à Dieu* (1), nous mettons devant nous ce que nous avons, et nous le partageons également entre nous sans aucune partialité et sans aucune injustice.

Si tu es du nombre des élus, tu te convertiras par l'autorité du Coran ; mais si l'aile de ta volonté ne peut atteindre aux choses élevées, le destin t'est contraire. »

ALLÉGORIE XXXVII ET DERNIÈRE.

LE GRIFFON.

Ô vous qui savez comprendre les allégories, en voici une qui ne peut manquer de vous être agréable : si vous croyez

(1) Sur. XXXIIIe, verset 23.

pouvoir saisir le sens caché de la parabole que je vous présente, écoutez attentivement ces allusions énigmatiques qui renferment mon secret.

On rapporte qu'un jour les oiseaux s'assemblèrent, et qu'ils se dirent les uns aux autres : « Nous ne pouvons nous passer d'un roi que nous reconnaissions, et par qui nous soyons reconnus : allons donc en chercher un, attachons-nous à lui, et, soumis à ses lois, nous vivrons à l'abri de tout mal, sous sa protection semblable à l'ombre d'un arbre au feuillage épais. On nous a dit qu'il y a, dans une des îles de la mer, un oiseau nommé *Anca mogreb* (1), dont l'autorité s'étend de l'Orient à l'Occident : pleins de confiance en cet être, volons donc vers lui. » — « Mais la mer est profonde, leur dit-on ; la route est difficile et d'une longueur incalculable : vous avez à franchir des montagnes élevées, à traverser un océan orageux et des flammes dévorantes. Croyez-le, vous ne sauriez parvenir à cette île mystérieuse ; et quand même vous surmonteriez tous les obstacles, la pointe acérée des lances empêche d'approcher de l'objet sacré : restez donc dans vos nids, car votre partage est la faiblesse, et ce puissant monarque n'a pas besoin de vos hommages, comme l'expose ce texte du Coran : *Dieu n'a pas besoin des créatures* (2). Le Destin vous avertit d'ailleurs de vous défier de votre ardeur, et Dieu lui-même vous y engage. » — « Cela est vrai, répondirent-ils ; mais les désirs de l'amour ne cessent de nous faire entendre ces mots du Coran : *Allez vers Dieu* (3). Ils s'élancèrent donc dans l'air, avec les ailes auxquelles fait allusion ce passage du même livre, *Ils pensent à la création du ciel et de la terre* (4), supportant avec patience la soif

---

(1) Cet animal mystérieux est le même que les Persans nomment *Simorg*, et qui joue un si grand rôle dans le *Mantic uttaïr* d'Attar, dont j'ai donné le texte et la traduction. Voy. aussi mon « Langage des Oiseaux » et dans ce recueil : « Les animaux en discussion avec l'homme. »

(2) Surate XXIXe, vers. 5.

(3) Sur. LI, vers. 50.

(4) Coran, III, 188.

brûlante du midi, d'après ces paroles, *Celui qui sort de sa maison pour fuir* (1), etc. Ils marchèrent sans se détourner jamais de leur route : car, prenaient-ils à droite, le désespoir venait les glacer ; prenaient-ils à gauche, l'ardeur de la crainte venait les consumer. Tantôt ils s'efforçaient de se devancer mutuellement l'un l'autre. Les ténèbres d'une nuit obscure, l'anéantissement, les flammes, la défaillance, les flots irrités, l'éloignement, la séparation, les tourmentaient tour-à-tour. Ils arrivèrent tous enfin à cette île pour laquelle ils avaient abandonné leur patrie, mais l'un après l'autre, sans plumes, maigres et abattus ; tandis qu'ils étaient partis surchargés d'embonpoint.

Lorsqu'ils furent entrés dans l'île de ce roi, ils y trouvèrent tout ce que l'âme peut désirer, et tout ce que les yeux peuvent espérer de voir. On dit alors à ceux qui aimaient les délices de la table, ces mots du Coran, « *Prenez des aliments sains et légers, en récompense du bien que vous avez fait dans l'autre vie* (2) ; à ceux qui avaient du goût pour la parure et pour la toilette, ces mots du même livre, « *Ils seront revêtus de draps précieux et d'habits moirés, et seront placés en face les uns des autres* (3] ; à ceux pour qui les plaisirs de l'amour avaient le plus d'attraits, « *Nous les avons unis aux houris célestes* (4) ». Mais lorsque les contemplatifs s'aperçurent de ce partage: « Quoi ! dirent-ils, ici comme sur la terre notre occupation sera de boire et de manger ! Quand donc l'amant pourra-t-il se consacrer entièrement à l'objet de son culte ! quand obtiendra-t-il l'honneur qu'appellent ses vœux brûlants ! Non, il ne mérite pas la moindre considération, celui qui accepte le marché de la dupe. Quant à nous, nous ne voulons que ce roi pour qui nous avons traversé des lieux pierreux, franchi tant d'obstacles divers, et supporté avec patience la soif ardente du midi, en nous rappelant ce passage du Coran : *Celui qui*

(1) Coran, IV, 101.

(2) Id., LXIX, 24.

(3) Id., XVIII, 30.

(4) Coran, Sur. LII\ue, vers. 19.

sort de sa maison pour fuir (1), etc. Nous faisons d'ailleurs peu de cas des parures et des autres agréments. Non, encore une fois, par celui qui seul est Dieu, ce n'est que lui que nous désirons, que lui seul que nous voulons pour nous. » — « Pourquoi donc êtes-vous venus, leur dit alors le roi, et qu'avez-vous apporté ? » — « L'humilité qui convient à tes serviteurs, répondirent-ils ; et certes, nous osons le dire, tu sais mieux que nous-mêmes ce que nous désirons. » — « Retournez-vous-en, leur dit-il. Oui, je suis le roi, que cela vous plaise ou non ; et Dieu n'a pas besoin de vous. » — « Seigneur, répliquèrent-ils, nous savons que tu n'as pas besoin de nous ; mais personne parmi nous ne peut se passer de toi. Tu es l'être excellent, et nous sommes dans l'abjection ; tu es le fort, et nous sommes la faiblesse même. Comment pourrions-nous retourner aux lieux d'où nous venons ! nos forces sont épuisées, nos cohortes sont dans un état de maigreur inexprimable, et les traverses auxquelles nous avons été en proie ont anéanti notre existence corporelle. » — « Par ma gloire et par ma dignité, dit alors le roi, puisque votre pauvreté volontaire est vraie, et que votre humilité est certaine, il est de mon devoir de vous retirer de votre position malheureuse. Guérissez celui qui est malade ; et venez tous dans ce jardin frais et ombragé, goûter le repos le plus voluptueux. Que celui dont l'espoir s'est attiédi, prenne un breuvage où l'on aura mêlé du gingembre ; que celui, au contraire, qui s'est laissé emporter par la chaleur brûlante du désir, se désaltère dans une coupe où l'on aura mêlé du camphre. Dites à cet amant fidèle qui a marché dans la voie du spiritualisme, Bois à la fontaine nommée *Salsabil* (2). Amenez à son médecin le malade, puisque sa fièvre amoureuse est véritable ; approchez de sa maîtresse l'amant, puisque sa mort mystique est complète. » Alors leur seigneur les combla de bonheur et de joie ; il les abreuva d'une liqueur qui les purifia ; et aussitôt qu'ils en eurent bu, ils furent plongés dans la plus douce ivresse. Ils dansèrent

(1) Coran, IV, 101, comme plus haut.
(2) Fontaine du Paradis.

ensuite au son d'airs mélodieux : ils désirèrent de nouveaux plaisirs, et ils les obtinrent ; ils firent diverses demandes, et ils furent toujours exaucés. Ils prirent leur vol avec les ailes de la familiarité, en présence de Gabriel ; et, pour saisir le grain sans tache du chaste amour, ils descendirent dans le lieu le plus agréable, où était le roi le plus puissant. Aussitôt qu'ils y furent arrivés, ils entrèrent en possession du bonheur, et, jetant avidement leurs regards dans ce lieu sacré, ils virent que rien ne cachait plus le visage de leur maîtresse adorée ; que les coupes étaient disposées ; que les amants étaient avec leur divine amie..... Ils virent enfin ce que l'œil n'a jamais vu, et ils entendirent ce que l'oreille n'a jamais entendu.

Vers. — O mon âme, réjouis-toi à l'heureuse nouvelle que je vais t'apprendre : ta maîtresse chérie reçoit de nouveau tes vœux et tes hommages ; sa tente, asile du mystère, est ouverte à ses amants fidèles. Respire avec volupté les parfums enivrants qui s'exhalent de cette tribu sacrée. Vois l'éclair, avant-coureur de l'union la plus tendre, briller au loin dans la nue. Tu vas vivre dans la situation la plus douce ; toujours auprès de ta bien-aimée, toujours avec l'idole de ton cœur, sans que rien puisse jamais t'en séparer. Les larmes de l'absence ne mouilleront plus tes paupières ; une barrière funeste ne t'éloignera plus de ce seuil béni ; un voile importun ne te cachera plus ces traits radieux : tes yeux, ivres d'amour, contempleront, à tout jamais, la beauté ravissante de cet objet dont une foule d'amants désirent si ardemment la vue, et pour qui tant de cœurs sont consumés d'amour.

LES ANIMAUX
EN DISCUSSION AVEC L'HOMME

Extrait de l'Ouvrage intitulé : *Tuhfat ikhwân ussafâ* (1)

CHAPITRE Ier

CONDITION ORIGINELLE DES HOMMES, LEUR DISCUSSION AVEC LES ANIMAUX ET LEUR RECOURS AU ROI DES JINNS, BIWARASB.

Les historiens ont exposé ainsi qu'il suit la situation des hommes au commencement de la création. Tant qu'ils étaient en petit nombre ils se cachaient dans des cavernes, par la crainte qu'ils éprouvaient des animaux, et se réfugiaient sur les collines et les montagnes, à cause de la terreur qu'ils leur inspiraient. Ils jouissaient donc de trop peu de tranquillité pour se réunir, même en petit nombre, afin de cultiver la terre et d'en tirer de quoi se nourrrir ; à plus forte raison ne pouvaient-ils se procurer des vêtements pour se couvrir. Ils n'avaient pour toute nourriture que les fruits et les racines que leur fournissaient naturellement les bois, et ils n'avaient pour vêtement que les feuilles des arbres. Pendant les chaleurs ils habitaient les endroits frais, et pendant l'hiver, les endroits chauds.

Mais lorsqu'un certain laps de temps se fut ainsi passé et que l'espèce humaine se fut accrue, la crainte des animaux,

---

(1) Ceci n'est qu'une petite portion de ce célèbre ouvrage, qui a été écrit en arabe dans le VIIIe siècle, et dont A. Sprenger a donné une notice curieuse dans le *Journal de la Société asiatique du Bengale*, t. XVII. Voy. aussi ce que j'en ai dit moi-même dans mon *Hist. de la Littér. hind.*, t. Ier, p. 95 et 606, t. II, p. 8 et suiv.

qui s'était emparée de tous les esprits, se dissipa entièrement. Les hommes commencèrent à construire des forteresses, des villes, des villages, et à y demeurer. Ils préparèrent les ustensiles d'agriculture et s'occupèrent de la culture des terres. Ils prirent les animaux dans des filets et les employèrent à leur usage : des uns ils se servirent de monture ou pour porter des fardeaux, des autres, pour les aider dans les travaux de l'agriculture. C'est ainsi que les éléphants, les chevaux, les chameaux, les ânes et autres animaux qui auparavant erraient librement dans les bois et les forêts et paissaient l'herbe verte à leur gré sans que personne les en empêchât, c'est ainsi, dis-je, qu'ils eurent alors, jour et nuit, leurs membres écorchés et leur dos ulcéré. Ils avaient beau mugir, crier et braire, monseigneur l'homme n'y faisait pas attention. Aussi la plupart d'entre eux, par la crainte d'être pris, s'enfuirent dans les déserts et dans les bois. Les oiseaux mêmes laissèrent leurs nids et quittèrent leurs pays avec leurs petits. Et les hommes, dans la persuasion que tous les animaux étaient leurs esclaves, les poursuivirent par toutes sortes de ruses, leur tendant des filets et leur dressant des trappes.

Quelque temps se passa ainsi ; mais enfin, Dieu très-haut envoya sur la terre le dernier prophète du temps, Mahomet Mustafâ, sur qui soit la paix, pour diriger les créatures dans la voie droite. Ce prophète véridique montra le chemin de la loi aux égarés. La plupart des jinns obtinrent même la grâce de la foi et l'honneur d'être admis dans la religion musulmane. Lorsque cet état de choses eut duré pendant quelque temps, le sage Biwarâsb, surnommé *Schâh mardân* (roi des hommes), devint roi des jinns. Il était si juste que, de son temps, le tigre et la chèvre buvaient de l'eau sur la même rive ; à bien plus forte raison n'y avait-il ni escrocs, ni voleurs, ni filous, ni fripons. Le siége de l'empire de ce roi juste était l'île de Balâ Sâgûn, près de l'équateur.

Par hasard un navire rempli d'hommes, poussé par les vents contraires, vint à échouer sur le rivage de cette île. Les marchands et les savants qui étaient sur le navire descendirent à terre et se mirent à parcourir l'île. Ils trouvèrent que le printemps y régnait ; que des fleurs et des fruits de toute espèce ornaient les arbres ; que des ruisseaux coulaient de tous côtés ; que les animaux paissaient de frais pâturages et, gras et vigoureux, folâtraient entre eux. Comme l'eau et l'air de cette île étaient excellents et que la terre y était humectée, aucun d'eux ne voulut la quitter. Ils construisirent des habitations de différents genres et se fixèrent dans cette île ; puis il se mirent à prendre les animaux dans des filets et, conformément à leur habitude, à s'en servir pour leur usage.

Les animaux, voyant qu'on ne les laissait plus tranquilles, prirent le chemin du désert. Les hommes de leur côté, dans la pensée que tous les animaux devaient leur être asservis, se mirent, comme auparavant, à leur dresser toutes sortes de pièges pour s'en emparer. Lorsque les animaux eurent reconnu les dispositions perfides des hommes, ils se réunirent à leurs chefs et se présentèrent au tribunal de la justice. Là, ils exposèrent en détail à Biwarâsb, le sage, tous les actes de tyrannie qu'ils avaient subis de la part des hommes. Quant le roi eut entendu le récit des griefs des animaux, il donna ordre d'envoyer des messagers pour amener devant lui les hommes. Ce fut ainsi que soixante-dix individus habiles et éloquents, habitants de différentes villes, se présentèrent à la seule injonction royale. On eut soin de préparer pour les recevoir un endroit convenable et, trois jours après leur arrivée, lorsqu'ils furent remis de la fatigue du voyage, Biwarâsb les fit comparaître devant lui. A la vue du trône royal, les hommes accomplirent les témoignages de respect exigés par l'étiquette, et se tinrent debout l'un à côté de l'autre.

Le roi Biwarâsb était très-équitable et fort juste, et il avait la prééminence sur ses contemporains et ses égaux pour la bravoure et la générosité. Les pauvres et les malheureux qui venaient dans ses États y trouvaient du soulagement à leur misère. Dans toute l'étendue de son royaume il n'était pas permis au puissant de tyranniser le faible. Sous son règne, on ne faisait pas les choses défendues par la loi, et personne ne songeait à agir contrairement à ce que Dieu agrée. Biwarâsb demanda avec bienveillance à ces hommes pourquoi ils étaient venus dans son royaume, et comment il se faisait qu'ils n'avaient fait aucun acte de soumission.

Un de ces hommes qui connaissait le monde, et qui était éloquent, fit sa révérence et répondit au nom de tous : « Sire, nous avons entendu parler de la justice et de l'équité de Votre Majesté, et c'est ce qui nous a engagés à nous mettre sous votre protection. Personne jusqu'ici de ceux qui réclament votre justice n'est retourné, frustré dans son espoir, du seuil de votre porte. Nous espérons donc que Votre Majesté jugera équitablement notre cause. — Que désirez-vous? dit Biwarâsb. — Sire, répondit-il, ces animaux sont nos esclaves ; toutefois, quelques-uns d'entre eux échappent à nos poursuites et, quoique nous ayons soumis les autres, ils refusent de reconnaître notre autorité. — Possédez-vous, dit le roi, quelque preuve de votre prétention ? car on ne peut admettre, dans le tribunal de la justice, une prétention sans preuve. — Sire, dit l'orateur, il existe au sujet de cette prétention des preuves morales et traditionnelles. — Expliquez-vous, dit le roi. » Alors un des hommes présents, qui descendait de S. S. 'Abbâs (1), monta sur la chaire qui se trouvait là et se mit à prononcer le discours suivant :

« Je dois d'abord adresser mes louanges au vrai Dieu, qui a préparé sur la face de la terre tout ce qui est nécessaire pour la nourriture et le bien-être des créatures humaines. Combien d'animaux différents tous créés pour l'avantage de l'homme dont la charpente matérielle est si faible ? Heureux ceux qui marchent selon la volonté de Dieu, dans le chemin qui conduit à l'éternité bienheureuse ! Que dire de ceux qui s'en éloignent injustement par désobéissance ? Et le prophète véritable, Mahomet Mustafa, est digne de nos bénédictions illimitées, lui que Dieu très-haut a envoyé, après tous les autres prophètes, pour la direction des hommes et pour être leur chef. Il est en réalité le roi des hommes et des jinns, et au dernier jour il sera l'appui et l'asile de tous. Que le salut et la paix soient sur les gens de sa famille pure qui

(1) Le premier des Khalifes Abbassides.

ont réglé les affaires de la religion et de l'État et ont propagé l'islamisme.

« Enfin qu'à chaque instant soit loué ce Créateur, l'Être existant par lui-même qui a créé Adam d'une goutte d'eau et qui, par sa toute-puissance, l'a fait père de nombreux enfants. D'Adam il créa Ève ; il peupla la terre de millions d'hommes ; il leur donna la prééminence sur les autres créatures ; il leur asservit la terre et la mer. Il les nourrit de différentes espèces d'excellentes choses, en sorte qu'il a dit dans le Coran : « Quant aux troupeaux, nous les avons créés « pour vous. Vous y trouvez vos vêtements et d'autres avan- « tages, et vous vous en nourrissez. Vous êtes charmés « quand vous les ramenez le soir et quand vous les condui- « sez le matin (1). » Et ailleurs (2), Dieu a encore dit : « Vous parcourez la terre montés sur les chameaux, et la « mer sur des navires. » Et ailleurs (3) : « Les chevaux, les « mulets, les ânes ont été créés pour vous servir de mon- « ture. » Il est écrit dans un autre endroit (4) : « Montez sur « leur dos, et gardez en mémoire les bienfaits de votre « Dieu. » Outre ces textes, il y a aussi bien d'autres versets du Coran qui ont été révélés à ce sujet. De plus, il résulte du Pentateuque et de l'Évangile, que les animaux ont été en effet créés pour nous. De toute façon, nous sommes leurs maîtres et ils sont nos esclaves. »

Quand le roi eut entendu ce discours, il se tourna du côté des animaux et leur dit : « L'orateur des hommes a appuyé ses prétentions à votre sujet sur des textes du Coran. Actuellement, faites-moi connaître ce que vous croyez pouvoir répondre. » Le mulet prit alors la parole avec la langue de son état (5), et prononça le discours suivant :

« Louange à l'Être unique et pur, à celui qui existe de

(1) XVI, 5, 6.
(2) XXIII, 22.
(3) XVI, 8.
(4) XLIII, 12.
(5) C'est-à-dire pour la manière d'être sans parler au moyen de la langue.

toute éternité dans la plus parfaite indépendance. Il existait avant la création du monde visible sans avoir de lieu et en dehors du temps. Par le seul mot *kun* (sois) il a fait sortir toutes les créatures de derrière le voile du mystère. Il a placé au rang le plus élevé les sphères célestes qu'il a formées d'eau et de feu. Il a envoyé de tous côtés la race d'Adam dans le monde pour le cultiver et non pour le détruire : pour avoir soin des animaux, tout en tirant d'eux des avantages, et non pour les tyranniser ni les opprimer.

« Sire, les versets du Coran que cet homme a cités n'impliquent pas que nous soyons les esclaves des hommes et qu'ils soient nos maîtres ; car ces versets font seulement mention des bienfaits que Dieu leur a départis, ainsi que le prouve le verset suivant (1) : « Dieu a créé les animaux pour « ton usage, comme il a créé aussi pour toi le soleil, la lune, « le vent et la pluie. » On ne doit pas induire de ce texte que les hommes sont nos maîtres et que nous sommes leurs esclaves. Mais Dieu a créé toutes les choses dans la terre et au ciel de telle façon qu'elles dépendent l'une de l'autre ; car elles tirent l'une de l'autre des avantages et en éloignent les inconvénients. Si Dieu nous a mis dans la dépendance des hommes, c'est seulement dans notre propre intérêt, et non comme les hommes se l'imaginent et comme ils le disent subtilement et malicieusement, parce qu'ils sont nos maîtres et nous leurs esclaves.

« Avant que l'homme fût créé, nous et nos ancêtres nous vivions sans contrainte sur la face de la terre : nous paissions de tous côtés et nous allions et venions où nous voulions, occupés à chercher notre nourriture. Bref, nous habitions ensemble sur les montagnes et dans les bois et les forêts, et nous élevions nos petits (2). Reconnaissants de ce que Dieu nous avait départi, nous célébrions jour et nuit ses louanges. Nous ne connaissions que lui ; nous demeurions

---

(1) XXII, 36, etc.

(2) On voit, par ce passage, que l'idée des six grands jours ou époques de la création n'est pas moderne.

paisiblement dans nos habitations, sans que personne s'occupât de nous.

« Après qu'un certain espace de temps se fut ainsi passé, Dieu très-haut forma Adam de terre et en fit son khalife sur toute la terre. Lorsque les hommes se furent multipliés, ils se mirent à errer dans les bois et les forêts. Puis ils étendirent leur main sur nous, malheureux. Ils s'emparèrent des chevaux, des ânes, des mulets, des bœufs, des chameaux, et les employèrent à leur service. Mais actuellement ils ont accompli à notre égard, par violence et tyrannie, des vexations que nos pères n'avaient jamais éprouvées. Qu'avions-nous à faire? Désespérés, nous avons fui dans les bois et les déserts; mais ils n'ont pas cessé de nous y poursuivre de toute manière; et quand, fatigués et harassés, nous tombons entre leurs mains, ils nous lient et nous emportent, puis ils nous font souffrir toutes sortes de cruautés. Ils nous tuent, ils nous écorchent; ils brisent nos os, ils nous éventrent; ils arrachent nos entrailles; ils nous mettent à la broche; ils nous font rôtir au feu et nous mangent: telle est leur conduite à notre égard. Et encore, non contents de cela, ils prétendent être justement nos maîtres et nous leurs esclaves, et qu'ainsi, si l'un de nous s'enfuit, il est coupable. Mais rien ne prouve une telle prétention; ce n'est qu'une affaire de ruse, de tyrannie et d'oppression. »

CHAPITRE II.

DÉLIBÉRATION DU ROI DES JINNS AVANT DE DÉCIDER ENTRE L'HOMME ET LES ANIMAUX.

Quand le roi eut appris quelle était la situation des animaux, il voulut s'appliquer avec soin à la décision de ce cas, et pour le faire il réunit les cazis, les muftis, les notables et les principaux officiers des jinns. Tout de suite, ces personnages, conformément à cet ordre, se présentèrent à la cour royale. Alors le roi dit aux hommes: « Les animaux ont exposé leurs plaintes et leurs doléances au sujet de votre tyrannie : qu'avez-vous à y répondre ? » Alors un individu d'entre eux, après avoir fait sa révérence, s'exprima en ces termes : « Asile du monde, ceux-ci sont en effet nos esclaves et nous sommes leurs maîtres. Il est tout à fait juste que nous ayons sur eux une puissance absolue et que nous fassions d'eux ce qui nous plaît. Ceux qui se soumettent à notre obéissance sont approuvés de Dieu, et ceux qui s'en éloignent s'éloignent de Dieu. »

« Expliquez, dit le roi, sur quelle preuve et quel diplôme vous appuyez vos prétentions, et quelles sont vos raisons. — D'abord, répondit l'homme, voyez les belles formes que nous a données le Très-Haut. Chacun de nos membres a des fonctions qui lui sont propres. Notre corps est élégant, notre taille droite, notre esprit et notre intelligence tels que nous distinguons facilement le bien du mal. Que dis-je ? nous connaissons la composition du ciel et nous pouvons la décrire. Qui, d'entre les animaux, possède ces facultés ? Il est ainsi évident que nous sommes justement les maîtres, et les animaux nos esclaves. »

« Les preuves que les hommes apportent, répondirent les animaux, sont loin d'établir évidemment leurs prétentions. — Mais ne savez-vous pas, dit le roi, que la manière élégante de s'asseoir et de se lever est l'attribut caractéristique des rois, et que la mauvaise tournure et la mauvaise tenue est le propre des esclaves ? » Un des animaux répliqua : « Que Dieu très-haut accorde à Votre Majesté sa faveur excellente et qu'il la garde des malheurs terrestres ! Voici ce que j'ai à répondre à ce qu'a dit Votre Majesté : Le Créateur n'a pas donné aux hommes la forme et la stature qu'ils ont pour qu'ils soient nos maîtres absolus ; et il ne nous a pas donné les corps et les figures que nous avons pour que nous soyons leurs esclaves. Dieu est éminemment sage, et il n'est aucune de ses œuvres qui n'annonce sa sagesse. C'est ainsi qu'il a donné à chacune de ses créatures la forme qu'il a jugée convenable. »

CHAPITRE III.

SUR LES FORMES DIVERSES DES ANIMAUX.

« Lorsque Dieu créa les hommes, continua l'animal orateur, ils étaient tout à fait nus : ils n'avaient rien sur leur corps pour les couvrir du froid ou pour les garantir de la chaleur. Ils mangeaient les fruits des bois et se couvraient le corps avec des feuilles d'arbre. C'est ainsi que leur stature est droite et allongée, afin qu'ils puissent cueillir les fruits des arbres et en prendre facilement les feuilles pour en faire usage. L'herbe, au contraire, est notre nourriture, et c'est pour cela que notre corps est courbé, afin de paître aisément et de n'éprouver aucune difficulté à ce sujet. »

« Mais que répondez-vous, dit le roi, au texte du Coran : « Nous avons donné à l'homme une belle forme (1) ? » — « Sire, répliqua l'animal, outre le sens extérieur, la parole divine comporte beaucoup d'autres explications que personne ne connaît, hors les savants. C'est donc à eux qu'il faut les demander. » Alors, d'après l'ordre du roi, un sage érudit expliqua ainsi la signification du verset cité : « Ce « fut un beau jour que celui où Dieu créa Adam : les étoiles « brillaient dans leur sphère élevée et exerçaient une heureuse « influence sur les éléments : aussi les formes de l'homme « furent-elles admirables, sa taille droite, ses pieds et ses « mains bien façonnés. » Il est dit aussi dans un autre verset : « Dieu a donné à l'homme un corps bien ajusté (2). »

« Les belles proportions, dit le roi, et la convenance des membres ne sont-elles pas suffisantes pour témoigner de l'excellence de l'homme ? — Mais notre condition, répondirent les animaux, est pareille. Dieu nous a aussi accordé des membres bien proportionnés et convenables à leurs fonc-

---

(1) XCV, 4.
(2) LXXXII, 7, 8.

tions. Ainsi, sous ce rapport, nous sommes égaux. — Quelle est donc, dit l'homme, la proportion des membres dont vous parlez? vos figures sont très-laides, votre taille sans élégance, les pattes de devant et de derrière mal tournées. Par exemple, le chameau a un gros corps, un long cou et une petite queue ; l'éléphant est énorme et lourd, il a deux grandes dents qui sortent de sa bouche, ses oreilles sont larges et lisses, mais ses yeux sont très-petits ; le bœuf et le buffle ont une grande queue, d'épaisses cornes, et n'ont pas de dents en haut; la brebis a de lourdes cornes et le dos large ; la chèvre a une grande barbe et pas de dos ; le lièvre est court de taille et pourvu de longues oreilles. Il y a aussi beaucoup d'animaux carnassiers et herbivores et bien des oiseaux dont la forme est irrégulière, et dont les membres ne s'harmonisent pas entre eux. »

Un des animaux présents dit alors, en entendant ce discours : « Tu ne conçois rien aux œuvres du Créateur. Nous sommes ses créatures aussi bien que les hommes ; et il a aussi donné à nos membres les qualités et les formes convenables. Y trouver des défauts, c'est en trouver au Créateur lui-même. Ne sais-tu donc pas que Dieu, dans sa sagesse, a tout créé pour une utilité quelconque. Personne ne connaît son secret, si ce n'est lui et les savants. »

« Si tu es, répartit l'homme, docteur chez les animaux, indique-moi quel avantage il y a à ce que le chameau ait un aussi long cou. — C'est, dit l'animal, parce que ses jambes sont longues : or, si son cou était court, il lui serait difficile de brouter l'herbe. C'est donc pour cela que Dieu lui a donné un long cou. Il s'en sert en outre pour s'aider à se relever lorsqu'il est couché, et pour atteindre de ses lèvres toutes les parties de son corps. C'est pour le même motif que Dieu a donné à l'éléphant, au lieu d'un long cou, une longue trompe, et de grandes oreilles, pour chasser les mouches et les moustiques et les empêcher d'entrer dans ses yeux ou sa bouche toujours ouverte à cause de ses dents, qui s'opposent à ce qu'il la ferme, et qui ne sont si longues que pour qu'il puisse se défendre des attaques des animaux sauvages. Quant au lièvre, il a de grandes oreilles parce que son corps est très-délicat et sa peau fine, et qu'il se garantit, au moyen de ses oreilles, tant du froid que de la chaleur.

« Bref, Dieu très-haut a donné à chaque animal les organes qu'il a su être le plus appropriés à ses besoins, ainsi qu'il l'a dit par la bouche de Moïse : « Dieu a créé chaque « être ; et il lui a donné la direction nécessaire (1). »

« Vous êtes dans l'erreur en croyant à l'excellence de votre beauté et en vous glorifiant, vous imaginant ainsi d'être justement nos maîtres et nous vos esclaves. La beauté de chaque espèce de créature est spéciale, elle n'est relative qu'à l'espèce elle-même, et elle est destinée à y exciter des sentiments d'affection et à favoriser la propagation de la famille. La beauté d'une espèce est indifférente à l'autre. Chaque animal aime la femelle de son espèce et est indifférent à toute autre, serait-elle bien plus belle. C'est ainsi que, même parmi les hommes, les nègres ne recherchent pas les blancs, ni les blancs les nègres. Votre beauté n'est donc que relative, et vous avez tort de vous enorgueillir à notre égard.

« Vous vous flattez faussement aussi d'avoir les sens plus parfaits que nous. Quelques animaux ont plus de perspicacité et de sensibilité. Ainsi le chameau a de grands pieds, un long cou, une tête élevée, et toutefois il sait où mettre le pied dans la nuit la plus obscure et cheminer dans les routes les plus difficiles, tandis que vous avez besoin de torches et de lampes. Le cheval entend de loin les pas d'un voyageur, et lorsqu'il comprend que c'est un ennemi, il réveille son cavalier et le fait sauver. Si quelqu'un vient à laisser un bœuf ou un âne dans un chemin qui lui est inconnu, l'animal retourne à sa place habituelle sans jamais se tromper ; tandis que, vous autres hommes, quand vous avez l'occasion de passer par un chemin que vous avez parcouru plusieurs fois, vous êtes embarrassés et vous vous perdez souvent. Lorsque, au matin, on emmène des centaines de petits (agneaux ou chevreaux) au pâturage, le

(1) Cor., XX, 52.

soir ils reconnaissent leurs mères, et leurs mères les reconnaissent ; tandis que si d'entre vous quelqu'un reste hors de sa maison et qu'il y revienne ensuite, il ne reconnaît plus ni sa mère, ni sa sœur, ni son père, ni son frère.

« Si vous étiez raisonnables, vous ne tireriez pas vanité des choses que Dieu vous a départies par l'effet de sa bonté et de son affection ; car les gens sages et intelligents ne se glorifient que de ce qu'ils ont acquis à force de peine et de travail, et de ce qu'ils ont appris des sciences spirituelles et morales par leurs études et leurs efforts. Vous n'avez donc pas à vous croire supérieurs à nous ; c'est seulement de votre part une prétention dénuée de preuves, et c'est une querelle dépourvue de motifs que vous nous cherchez. »

CHAPITRE IV.

PLAINTES DE CHAQUE ANIMAL EN PARTICULIER A L'ÉGARD DE L'HOMME.

Alors le roi se tourna du côté des hommes et leur dit : « Vous venez d'entendre la réponse des animaux ; c'est à votre tour de parler, si vous avez encore quelque chose à dire. — Nous avons, répondirent les hommes, bien d'autres preuves pour appuyer notre prétention à leur sujet. Quelques-unes ont trait à leur vente et à leur achat, à ce que nous leur donnons à manger et à boire, à ce que nous les couvrons, à ce que nous les garantissons du froid et du chaud, fermant les yeux sur leurs fautes. Nous les mettons aussi à l'abri des attaques des bêtes féroces et nous avons soin, lorsqu'ils sont malades, de les médicamenter et de les traiter avec la plus grande compassion. Nous agissons, en cela, comme les maîtres qui traitent avec bonté et affection leurs esclaves. »

« Il est vrai, répondit l'orateur des animaux, que les hommes nous achètent et nous vendent ; mais ils agissent de même à l'égard d'eux-mêmes. Ainsi, lorsque les Persans remportent la victoire sur les Grecs, ils les vendent ; et lorsque ce sont les Grecs qui sont victorieux, ils agissent pareillement envers les Persans. Les habitants de l'Inde traitent de la même manière ceux du Sinde, et ceux du Sinde ceux de l'Inde ; les Arabes traitent ainsi les Turcs, et les Turcs les Arabes. En un mot, lorsqu'un potentat défait son ennemi, il en considère les sujets comme ses esclaves, et il les vend. Peut-on donc savoir quel est en réalité le maître et quel est l'esclave ? ces différentes phases dépendent des astres, ainsi que Dieu l'a dit : « Nous changeons tour à tour les temps pour les hommes (1). » Et, en effet, les hommes intelligents comprennent parfaitement cela.

« Quant à ce que le préopinant a dit que les hommes nous font manger et boire et nous rendent d'autres services, il est nécessaire de faire observer que leur conduite à ce sujet n'a pas lieu par un effet de bonté ou d'affection de leur part, mais dans la crainte d'éprouver un préjudice pour euxmêmes si nous mourrions, comme de ne plus pouvoir monter sur nous, nous charger de fardeaux et nous employer à d'autres labeurs. »

Après ce discours, chacun des animaux se plaignit individuellement au roi de la tyrannie particulière des hommes à son égard. Ainsi l'âne dit : « Dès l'instant que nous tombons au pouvoir des hommes, ils chargent notre dos des choses les plus lourdes, telles que pierres, briques, fer, bois, etc., ce qui rend notre marche des plus pénibles ; et cependant ils arment leurs mains de bâtons et de fouets, dont ils ne cessent de nous frapper le dos. Pourquoi venir donc parler de compassion et de bonté, comme l'a fait cet homme ? »

« Quand nous sommes en la possession de l'homme, dit à son tour le bœuf, on nous attache à la charrue, à la meule de moulin ou à la presse à huile ; on met à notre bouche un mors, on nous bande les yeux et, non contents de cela, on nous frappe, avec des fouets et des bâtons, le dos et la tête. »

« Que de souffrances ne nous font pas endurer les hom-

(1) Coran, III, 134.

mes! dit à son tour la chèvre. Ils enlèvent nos petits à leurs mères, afin d'allaiter leurs enfants de leur lait ; ils leur lient les pattes de devant et de derrière et les portent à la boucherie, malgré les cris et les gémissements de ces malheureux. Là, bien loin de leur donner à manger et à boire, on les tue ; on les écorche, on leur fend le ventre, on leur brise la tête, on leur arrache le foie ; puis on les porte aux boutiques des bouchers, on les met en pièces, on les embroche pour les faire rôtir, on les met au four. Nous sommes témoins de ces horribles souffrances, mais nous n'osons ouvrir la bouche, et nous gardons le silence. »

« Quand les hommes nous ont en leur possession, dit ensuite le chameau, ils font entrer dans nos narines une cordelette au moyen de laquelle ils nous conduisent. On place sur notre dos les fardeaux les plus lourds, et on nous fait marcher dans les ténèbres de la nuit au milieu des collines et des montagnes. Par l'effet des cahots des *kajâwa* (1), nos dos sont écorchés, et la plante de nos pieds est blessée par les pierres. On nous emmène où l'on veut, malgré nous, nous malheureux, bien que nous soyons affamés et altérés. »

« Quant à nous, dit à son tour l'éléphant, les hommes nous jettent au cou des cordes et mettent des entraves à nos pieds, et le cornac, de sa baguette de fer, nous frappe à droite et à gauche et sur la tête. »

Puis le cheval prit la parole et dit : « Dès l'instant que les hommes peuvent s'emparer de nous, ils mettent une bride à notre bouche, une selle sur notre dos ; ils nous entourent les reins d'une étroite ceinture, ils nous couvrent même quelquefois d'une armure de fer et nous montent ensuite pour aller combattre. Affamés et altérés, les yeux pleins de poussière, nous allons au combat ; nous recevons des coups d'épée sur nos têtes, des coups de lance et des flèches sur notre corps, et nous nageons dans une rivière de sang. »

« Pour nous, dit le mulet, nous supportons aussi toute

---

(1) Synonyme persan de l'arabe *haudah*, nom qu'on donne aux paniers qu'on place sur le dos des chameaux.

espèce de vexations. On met des cordes à nos pieds, des brides et des mors à nos bouches. On ne nous laisse pas un instant pour aller trouver nos femelles. Les palefreniers et les domestiques mettent des bâts sur nos dos, et les mains armées de bâtons et de fouets, ils nous en frappent la tête et le corps ; de plus, ils nous disent les injures les plus grossières qui leur viennent à la bouche. Que toutes ces injures retombent sur eux et sur leurs maîtres, car ils les méritent bien.

« Si le roi veut considérer toute leur folie et leur sottise et les paroles impures qu'ils disent, il se convaincra que la malice de tout le monde, ainsi que son ignorance, converge en eux ; mais il ne peut s'en faire une idée. Ils n'écoutent jamais les recommandations et les avis de Dieu et du prophète, bien qu'ils lisent les versets suivants : « Si vous
« désirez le pardon de votre Dieu, pardonnez aux autres (1).
« — O Mahomet ! dis aux croyants de pardonner les fautes
« des infidèles (2). — Tous les animaux qui rampent ou qui
« marchent sur la terre, comme ceux qui volent dans l'air,
« forment des communautés comme vous (3). — Lorsque
« vous montez sur les chameaux, souvenez-vous des bien-
« faits de votre Dieu et dites : Louange à Dieu, qui nous a
« soumis un tel animal que nous n'aurions pu soumettre.
« Nous retournerons à Dieu (4). »

Quand le mulet eut terminé son discours, le chameau dit au pourceau : « Expose aussi tes griefs devant ce roi, modèle de justice, dans l'espoir que dans sa bienveillance et sa compassion, il délivre des mains des hommes ceux d'entre nous qui sont devenus leurs esclaves ; car votre communauté est aussi herbivore. — Non, dit un homme savant, le pourceau n'est pas herbivore, mais carnivore. Ne sais-tu donc pas que ses dents sortent en dehors de sa bouche et qu'il

---

(1) XXIV, 22.

(2) A la lettre : « De ceux qui n'espèrent point dans les jours de Dieu. » XLV, 13.

(3) VI, 38.

(4) XLIII, 12.

mange les corps morts ? — Non, dit un autre, le pourceau est herbivore, car il a le pied fourchu et il mange de l'herbe. — Il est à la fois, dit un troisième, herbivore et carnivore, et il est pareil au caméléopard, qui participe à la nature du bœuf, du chameau et du léopard, et à l'autruche, qui réunit en son corps la forme de l'oiseau et celle du chameau. »

« Je ne sais que dire, répondit le pourceau au chameau, ni de qui me plaindre. Les opinions sont diverses à notre sujet. Les Musulmans nous considèrent comme impurs et maudits ; ils trouvent notre forme détestable et notre chair dégoûtante, et ils évitent même de faire mention de nous. Les Grecs, au contraire, mangent avec avidité notre chair ; ils nous considèrent comme bénis et propres à être offerts en sacrifice. Les juifs nous détestent et nous traitent en ennemis : ils nous accablent d'injures et nous maudissent sans motif, parce qu'ils haïssent les chrétiens et les Grecs. Les Arméniens nous mettent à l'égal du bœuf et du chevreau, et au-dessus d'eux quant à la graisse, à la chair et à la fécondité. Les médecins grecs emploient souvent notre graisse dans leurs médecines et la conservent pour cet usage. Les bergers et les palefreniers nous tiennent auprès de leurs animaux domestiques et de leurs chevaux, soit dans les étables et les écuries, soit dans les champs, parce que par là ces animaux sont préservés de beaucoup de calamités. Les sorciers et les magiciens couvrent de notre peau leurs livres et leurs formules. Les bottiers et les cordonniers aiment à se servir des poils de notre bouche pour leur ouvrage : aussi nous les arrachent-ils avec empressement. Tu vois donc que nous sommes fort embarrassés de savoir qui louer et qui blâmer à notre sujet. »

Quand le pourceau eut fini de parler, l'âne regarda du côté du lièvre, qui se tenait auprès du chameau, et il lui dit : « Développe devant le roi tout ce que les hommes font souffrir à ta communauté, dans l'espoir que Sa Majesté éprouve de la compassion envers nous et nous délivre de leurs mains. — Nous vivons loin des hommes, dit le lièvre ; nous fuyons les endroits qu'ils habitent et nous demeurons dans les grottes et les bois, et ainsi nous sommes à l'abri de leur tyrannie ; mais nous sommes tourmentés à l'excès par les chiens et les autres animaux de chasse, qui aident les hommes pour se saisir de nous et viennent nous chercher dans nos retraites. Il en est de même des bœufs, des chameaux, des chèvres et autres animaux comme nous qui, eux aussi, se réfugient dans les montagnes, et que les hommes font poursuivre de la même manière. On peut, à la vérité, ajouta le lièvre, excuser le chien de chasse, car son secours est nécessaire à l'homme, et d'ailleurs il aime notre chair. Il n'est pas de notre espèce, car il est carnivore ; mais comment se fait-il que le cheval, qui est herbivore et qui ne mange pas notre chair, aide aussi l'homme contre nous, si ce n'est par l'effet de sa stupidité et de sa sottise ? »

CHAPITRE V.

ÉLOGE DU CHEVAL.

Quand l'homme eut entendu les paroles du lièvre, il lui dit : « Garde le silence ; tu as fortement critiqué le cheval, mais tu n'aurais pas énoncé ces absurdités si tu avais su que le cheval est le plus excellent des animaux. Il est le fidèle associé de l'homme, et il a des qualités précieuses et inappréciables. Sa forme est belle, ses membres sont bien proportionnés, sa stature est de noble apparence ; il a beaucoup d'instinct ; il a un magnifique pelage ; il a des sens parfaits ; il est léger à la course, obéissant à son cavalier ; il se tourne, à son gré, à droite, à gauche, devant, derrière, enfin là où on veut qu'il aille ; il ne se refuse pas aux plus grandes fatigues. Il est si poli que, lorsqu'il a un cavalier sur son dos et que sa queue vient à être souillée par la boue ou mouillée par l'eau, il ne l'agite pas, dans la crainte d'éclabousser son maître. Il a la force de l'éléphant ; car il galope, le dos chargé d'un cavalier armé de casque, de bouclier, de cuirasse, avec la bride, le mors et une armure de cinq cents *manns*. Il est si patient et si endurant que, dans les combats, il reçoit sur sa poitrine, sans se plaindre, les blessures des coups de lance. Il est si rapide dans sa course que le vent n'arrive pas à la poussière que ses pieds soulèvent. Il a la démarche du taureau, et il s'élance comme le léopard. Si le cavalier fait un pari à son sujet, il se met à galoper avec vitesse, et fait parvenir son cavalier au but avant ses compétiteurs. Dans quel autre animal ces belles qualités se trouvent-elles ? »

« On doit néanmoins convenir, dit le lièvre, qu'avec toutes ces belles qualités, le cheval a un grand défaut qui les obscurcit toutes, c'est qu'il est très-sot et fort stupide. Il ne distingue pas son ami de son ennemi. S'il a un ennemi sur son dos, il lui obéit, et il assaille et attaque même, d'après l'impulsion de cet ennemi, celui chez qui il est né et chez qui il a été nourri toute sa vie. Il est, sous ce rapport, pareil à l'épée, qui est sans cœur, et qui ne fait pas de distinction entre l'ennemi et l'ami, qui coupe aussi tranquillement le cou de son maître et de celui qui l'a fabriquée que de son ennemi et de son adversaire, ne faisant aucune distinction entre eux.

« Cette disposition existe aussi chez les hommes ; car le père et la mère, le frère et la sœur et les autres parents sont en inimitié ; et il n'est sorte de fourberie et de trahison qu'ils n'emploient l'un envers l'autre. La même conduite qu'ils tiennent avec leurs ennemis, ils la tiennent envers leurs proches. Dans leur enfance, ils tettent le lait de leur mère, ils sont élevés sur ses genoux, et lorsqu'ils arrivent à la jeunesse ils en deviennent l'ennemi ; de même qu'ils boivent le lait des animaux et qu'ils se font des vêtements de leur peau et de leur poil, et que néanmoins ils tuent ces mêmes animaux, les écorchent, les éventrent et les mettent sur le feu, oubliant entièrement, dans leur insensibilité et leur cruauté, le bien et les avantages qu'ils en ont retirés. »

Lorsque le lièvre eut terminé ses paroles de blâme contre l'homme et le cheval, l'âne lui dit : « Assez de critique ; quel est l'individu auquel Dieu a départi d'excellentes qualités et qu'il n'a pas privé d'une qualité spéciale ? quel est celui qui est dépourvu de toutes les qualités et auquel Dieu n'a pas accordé une qualité qu'il a refusée aux autres créatures? Personne dans le monde ne possède tous les mérites et toutes les excellences. Les bontés de l'Être généreux et indépendant ne se bornent pas à une seule espèce. Ses bienfaits se répandent sur tous, mais sur quelques-uns avec abondance et sur d'autres avec parcimonie. Celui à qui Dieu a accordé le commandement, a aussi empreint sur son corps le stigmate de l'esclavage. Quelle dignité n'a-t-il pas donnée au soleil et à la lune? lumière, splendeur, grandeur, élévation : ces excellences et ces prérogatives sont telles que quelques peuples ont, par ignorance, pris pour leurs dieux ces astres ; et, toutefois, ils ne sont pas à l'abri des éclipses, ce qui est une marque, d'après les gens intelligents, que ces êtres ne sont pas dieux, puisqu'ils s'obscurcissent et se cachent. Dieu a donné de la même manière de l'éclat aux étoiles ; mais il disparaît par l'effet de la lumière du soleil, et nuit et jour elles opèrent leur course, afin de montrer qu'elles ne sont que des créatures. Telle est la condition des jinns, des hommes et des anges. Si quelques-uns d'eux ont de grandes qualités, ils ont de petits défauts. La perfection n'est qu'à Dieu, et à nul autre. »

Lorsque l'âne eut fini de parler, le bœuf prit la parole en ces termes : « Il faut que l'être à qui Dieu a accordé des faveurs qu'il n'a pas données aux autres créatures, en témoigne sa reconnaissance en les y faisant participer. Ainsi Dieu a rendu lumineux le soleil ; mais le monde tout entier jouit de son éclat, et il n'en est avare envers personne. Il en est de même de la lune et des étoiles, qui éclairent aussi le monde à leur manière, sans favoriser personne en particulier. Il faut donc que les hommes, que Dieu a comblés de ses bienfaits, soient généreux envers les animaux et les traitent avec bonté. »

Le bœuf n'eut pas plus tôt fini de parler que tous les animaux, grinçant des dents et pleurant, se mirent à dire : « O roi juste, aie compassion de nous et délivre-nous de la tyrannie et de l'injustice des hommes ! » En entendant ces plaintes amères, le roi se tourna du côté des savants et docteurs d'entre les jinns qui étaient présents, et il leur dit : « Avez-vous entendu l'exposition des animaux au sujet de la tyrannie, de la cruauté et de la méchanceté des hommes ? — Oui, répondirent-ils, nous l'avons entendu ; et tout ce que les animaux ont dit est vrai. Le jour et la nuit en sont témoins, leur injustice n'est cachée à aucune personne intelligente et sérieuse. C'est pour cela que les jinns eux-mêmes ont quitté les pays que les hommes habitent et se sont réfugiés dans les bois et les forêts, ou sont allés se cacher dans les rochers et les montagnes, dans les rivières et les mers, et ont tout à fait renoncé, à cause des actes iniques et du mauvais naturel des hommes, à vivre dans des villes. Aux lieux mêmes où ils se sont réfugiés, ils ne sont pas à l'abri de leur méchanceté. Les hommes ont de nous une si mauvaise idée et une telle défiance que, si un enfant, une femme, un homme tombe malade ou devient imbécile ou fou, ils prétendent que c'est dû à un jinn ou à son ombre. Ils sont toujours dans l'appréhension relativement à nous et cherchent à se préserver de nos malices. Toutefois, on n'a jamais vu un jinn tuer un homme, ni même le blesser, enlever ses vêtements, ou le voler d'une manière quelconque ; percer le mur d'une maison pour y dérober, couper la poche ou déchirer la manche de quelqu'un (pour le voler) ; briser la serrure d'une boutique, frapper un voyageur, se révolter contre un roi, se livrer au pillage, emprisonner quelqu'un. Mais les défauts des hommes sont tels, qu'ils cherchent jour et nuit à se faire du mal l'un à l'autre sans en éprouver du regret, ni même en avoir la conscience. »

Après ce discours, l'appariteur (chobdâr) annonça que l'audience était terminée, et que chacun devait se retirer en sa demeure, puis revenir le lendemain matin.

CHAPITRE VI.

DÉLIBÉRATION ENTRE LE ROI BIWARASB ET SON MINISTRE.

Quand le roi eut quitté l'audience, il prit à part son ministre Bédar (éveillé), et il lui dit : « Tu as entendu les demandes et les réponses des hommes et des animaux, donne-moi maintenant ton avis là-dessus. Quelle décision dois-je prendre, et qui a raison des deux ? » Le vizir Bédar était un jinn très-intelligent et très-prudent. Après les politesses et les salutations d'usage, et après avoir exprimé les vœux qu'il faisait pour le bonheur du roi, il dit : « Il convient, selon moi, que Votre Majesté appelle auprès d'elle les juges, les savants et les sages, et qu'elle prenne conseil d'eux au sujet de cette affaire qui est très-importante, mais pour laquelle on ignore de quel côté est le droit. Dans de telles choses un conseil est nécessaire, et une réunion spéciale ne peut qu'avoir un bon résultat. Il faut que l'intelligent et le prévoyant ne s'immiscent pas dans de telles affaires sans avis et consultation. »

En conséquence de l'opinion du vizir, le roi convoqua tous les notables et les grands officiers des jinns ; et ainsi les cazis qui étaient de la famille de la planète de Jupiter, les muftis de celle de Vénus, les docteurs de la famille du sage Locmân, les gens d'expérience de celle de Hâmân (1), les sages de celle de Saturne, les gens résolus de celle de la planète Mars se présentèrent, et le roi leur dit : « Les hommes et les animaux ont porté plainte devant moi et sont venus se réfugier dans mon royaume. Tous les animaux se plaignent de la tyrannie et de l'injustice des hommes. Donnez-moi un bon conseil sur ce que je dois faire et comment je dois juger leur cause. »

Un savant de la famille de Vénus dit alors : « Ce qu'il y aurait de mieux, selon moi, serait que tous les animaux exposassent par écrit leur position vis-à-vis des hommes et leurs griefs contre eux, et qu'ensuite ils demandassent aux savants leur décision à ce sujet. Si on peut les délivrer de quelque manière, les cazis et les muftis ordonneront soit de les vendre ou de les mettre en liberté, soit de les accabler de fatigue ou de les soulager et de les combler de biens. Si les hommes n'agréent pas la décision des juges et que les animaux s'enfuient loin de leur tyrannie, alors ce ne sera pas la faute de ces derniers. »

(1) Nom du ministre de Pharaon.

Lorsque le roi eut entendu exposer cet avis, il demanda aux autres membres de l'assemblée ce qu'ils en pensaient. Tous dirent qu'ils partageaient l'opinion de l'orateur, à l'exception d'un jinn d'esprit, qui s'exprima ainsi qu'il suit : « Si les hommes consentent à vendre les animaux qu'ils ont en leur possession, qui est-ce qui leur en donnera le prix ? — Le roi, répondit le préopinant. — Mais d'où le roi pourra-t-il tirer tant d'argent ? — Du trésor public. — Y aura-t-il des fonds suffisants pour payer cette somme ? D'ailleurs, bien des hommes ne voudront pas vendre leurs animaux, dont ils ont besoin, et se soucieront peu du prix qu'on pourra leur en donner. Ainsi le roi lui-même, ses ministres et bien des grands personnages qui ne peuvent aller à pied, ne consentiront jamais à vendre leurs montures et refuseront d'obtempérer à cet ordre. »

« Quel est donc ton avis personnel ? dit le roi. — Il faut, dit le jinn, que le roi ordonne aux animaux de s'enfuir, d'un commun accord, dans une même nuit, et de se retirer loin des hommes, dans une contrée éloignée, comme l'ont déjà fait les daims et d'autres animaux sauvages et carnassiers. Lorsqu'au matin les hommes ne les trouveront pas, comment feront-ils pour leurs fardeaux à porter et de quelles montures se serviront-ils ? Ils ne pourront pas aller à la recherche de leurs animaux à cause de la distance, et ils resteront assis sans mot dire. De cette manière, les animaux obtiendront leur délivrance. »

« Ce plan, dit un descendant de Locmân, est mauvais, absurde et inexécutable ; car la plupart des animaux sont attachés pendant la nuit, les endroits où ils sont tenus sont fermés, et des surveillants sont préposés à leur garde : comment donc pourraient-ils s'échapper ? »

« Mais, répliqua le jinn intelligent, le roi devra donner ordre à tous les jinns d'aller, cette nuit, ouvrir les portes des prisons des animaux, détacher les liens de leurs pieds et les mettre en liberté, puis emprisonner leurs gardiens, et ne les laisser aller que lorsque les animaux seront bien loin. Cet acte ferait grand honneur au roi. Tel est l'avis que je me permets de donner à Votre Majesté par compassion pour les animaux. Si le roi se décide à faire cet acte de bonté. Dieu lui accordera son aide et son appui. Rendons grâces de ses bienfaits à Dieu, qui secourt et sauve ceux qui sont tyrannisés. On dit qu'il est écrit dans les livres de quelques prophètes que Dieu a déclaré aux rois qu'il ne leur a pas soumis la face de la terre pour thésauriser ni pour rester occupés avidement des choses du monde, mais pour rendre la justice à leurs sujets, même infidèles. »

« Qu'avez-vous à répondre? demanda le roi aux jinns. — Nous approuvons cette idée, » dirent-ils. Toutefois un sage *saturnien* ne partagea pas l'opinion générale. « La chose, dit-il, est difficile dans la pratique, et même impossible de toute manière. Il y a beaucoup d'inconvénients auxquels on ne peut remédier et de dangers qu'on ne peut éviter dans le mode de délivrance qu'a proposé le préopinant. En effet, quand les hommes se lèveront au matin, ne trouveront pas les animaux et s'apercevront qu'ils ont pris la fuite, ils comprendront que ce n'est pas un homme qui est l'auteur de cet acte, encore moins que les animaux ont pu seuls l'exécuter, mais que c'est une ruse, une fourberie de jinns. Quand ils verront que les animaux se sont échappés de leurs mains et qu'ils en éprouveront du dommage dans leur intérêt, ils en seront très-mécontents et très-chagrins ; ils deviendront les ennemis des jinns, qu'ils détestent déjà, et manifesteront de plus en plus envers eux leur animosité et leur inimitié. Les sages ont dit: L'homme sensé est celui qui vit en paix avec ses ennemis et qui se met en garde contre leur haine. — Mais devons-nous, dit le jinn spirituel, craindre l'inimitié des hommes? Elle ne peut aller bien loin. Notre corps est de feu, il est souple et léger, et il peut voler en l'air ; tandis que le corps des hommes est d'argile et ne peut que marcher sur la terre. Nous pouvons les observer sans peine, tandis qu'ils ne peuvent nous voir. De quoi avons-nous donc peur ? »

« Tu n'y entends rien, répondit le Saturnien. Bien que l'homme soit de terre, il a toutefois en lui une âme céleste et un esprit angélique qui lui donnent sur nous la prééminence ; car, en effet, les hommes connaissent bien des ruses et des artifices que nous ignorons. Dans les temps anciens, il y a eu entre les hommes et les jinns de grandes contestations. L'animosité entre eux est naturelle, et leur inimitié innée s'est manifestée dès les premiers temps. »

CHAPITRE VII.

RÉCIT DE LA QUERELLE DE L'HOMME AVEC LES JINNS.

Lorsque Dieu créa l'homme, continua le sage, les jinns habitaient la terre. Les bois, les endroits habités et les mers étaient sous son empire. Quand bien des jours se furent passés, la prophétie, la loi, la religion, s'établirent, et les jinns désobéirent et s'égarèrent. Ils n'agréèrent pas les avis et les conseils des prophètes, et ils répandirent la corruption. Les habitants de la terre adressèrent leurs doléances à la cour de Dieu, et lui firent entendre leurs plaintes et leurs cris.

Lorsqu'un autre espace de temps se fut encore passé et que l'hypocrisie et la tyrannie des jinns se furent accrues de jour en jour, Dieu très-haut envoya une troupe d'anges sur la face de la terre. Ceux-ci accoururent, frappèrent les jinns et les chassèrent, en enchaînèrent et en emprisonnèrent quelques-uns et habitèrent eux-mêmes la terre. Azâzîl, le diable maudit qui séduisit Adam et Ève, était du nombre des prisonniers. Il était très-jeune et fort ignorant. Il fut élevé parmi les anges et se forma à leurs usages et à leurs manières. Lorsqu'il eut appris leur science, il devint le chef et le général de cette tribu, et c'était de lui qu'émanaient les ordres et les défenses.

Quelque temps s'écoula pendant cet état de choses. Puis Dieu dit à ses anges : « Je veux avoir sur la terre un vicaire qui ne soit pas pris parmi vous (1), et vous retournerez au ciel. » Mais ces anges qui habitaient la terre depuis longtemps, mécontents d'apprendre le dessein de Dieu, lui ré-

(1) Coran, ch. II, v. 28.

pondirent : « Mettras-tu sur la terre des êtres qui répandront la corruption (comme les jinns) et verseront le sang, tandis que nous te louons et nous te bénissons (1) ? » Dieu répliqua « Je sais ce que vous ignorez (2) ; et je jure qu'après Adam et ses enfants je ne placerai plus sur la terre ni anges, ni jinns, ni animal.

Quand Dieu eut créé Adam il souffla l'âme dans son corps, puis en tira Ève. Alors il ordonna à tous les anges de se réunir pour adorer le premier homme. Tous se conformèrent à son ordre, l'adorèrent et se reconnurent inférieurs à lui, si ce n'est Azâzîl, qui refusa en disant : « J'étais auparavant le chef et le maître ; comment obéirais-je actuellement à un autre ? » Ce fut ainsi qu'il devint l'ennemi d'Adam par envie et par jalousie.

Puis Dieu ordonna de faire entrer Adam dans le paradis et il lui dit en même temps : « O Adam, habite, toi et ta compagne, dans le paradis ; mangez joyeusement de tout ce que vous voudrez ; mais n'approchez pas de cet arbre si vous ne voulez pas être du nombre des pécheurs (3). » Ce paradis que Dieu très-haut avait donné à Adam pour résidence, était un jardin à l'orient duquel se trouvait la montagne de rubis qu'il était impossible à aucun homme de gravir. Là, l'air était doux et la terre excellente, un printemps perpétuel y régnait, beaucoup de ruisseaux y coulaient, les arbres y étaient verdoyants, les fruits y abondaient et les fleurs de toutes espèces s'y épanouissaient. Les animaux sauvages qui s'y trouvaient ne faisaient de mal à personne ; des oiseaux charmants et de couleurs diverses faisaient entendre, perchés sur les branches, leurs chants mélodieux.

Adam et Ève allèrent donc en cet endroit et y habitèrent gaîment. Leurs cheveux étaient si longs qu'ils allaient jusqu'à leurs pieds et leur couvraient le corps, ce qui relevait leur beauté. Dans ce jardin traversé par des ruisseaux ils se promenaient délicieusement ; ils mangeaient des fruits de

---

(1) Coran, ch II, v. 28
(2) *Ibid.*
(3) Coran, II, 33.

différentes sortes, et buvaient l'eau des sources. Ils n'avaient besoin de prendre aucune peine, ni de se livrer à aucun travail : labourer la terre, l'ensemencer, broyer le grain, cuire les aliments et les préparer, tisser les étoffes et les laver, toutes choses pénibles que sont aujourd'hui obligés de faire leurs descendants, leur étaient inconnues. Ils passaient tranquillement leur temps en compagnie des animaux, qui les gardaient, de même qu'ils les soignaient à leur tour. Ils n'étaient troublés par aucun chagrin. Dieu indiqua à Adam les noms de tous les arbres et de tous les animaux ; puis il les demanda aux anges. — Ceux-ci les ignoraient ; aussi, stupéfaits qu'ils furent, restèrent-ils silencieux. Adam, au contraire, répondit d'une manière satisfaisante et expliqua les bonnes et les mauvaises qualités de ces êtres. Lorsque les anges l'eurent entendu, ils obéirent tous à Adam et le considérèrent comme étant au-dessus d'eux.

Azâzîl, qui vit l'importance de l'homme, redoubla de haine et d'envie envers lui et songea à l'avilir par toutes sortes de ruses et d'artifices ; aussi un jour alla-t-il auprès d'Adam comme pour le conseiller, et il lui dit : « Dieu vous a donné une excellence et une élocution qu'il n'a accordées à personne ; mais si vous mangez du fruit de cet arbre, vous acquerrez encore plus de science et de sagesse, et vous resterez toujours ici dans le bien-être et le repos. La mort ne vous atteindra jamais et vous jouirez toujours du bonheur. » Quand cet ange maudit eut dit en jurant : « Je suis pour vous un bon conseiller (1), » Adam et Ève se laissèrent aller à sa tromperie, et par avidité ils avancèrent la main vers cet arbre que Dieu leur avait défendu de toucher. Ce fut alors qu'ils prirent des feuilles d'arbre et s'en couvrirent le corps, qui fut mis à découvert à cause de la chute de leurs cheveux. La couleur de leur peau fut changée par l'effet de la chaleur du soleil, et elle devint noire.

Lorsque les animaux s'aperçurent de ce changement, ils éprouvèrent de la répugnance pour eux et s'en éloignèrent avec aversion. Adam et Ève furent avilis, et Dieu ordonna

(1) Coran, VII, 20.

aux anges de les chasser du paradis et de les faire descendre de la montagne. Les anges obéirent et les mirent dans un endroit où il n'y avait ni fruit ni herbage. Ils restèrent là pleurant de chagrin et de douleur et tout confus de leur action. Quand quelque temps se fut écoulé, Dieu eut pitié d'eux, agréa leur pénitence et pardonna leur faute. Il leur envoya un ange qui leur apprit à bêcher la terre, à labourer, à semer, à moissonner, à broyer le blé, à pétrir et à faire cuire le pain, à tisser les étoffes, à les coudre et à préparer les vêtements.

Lorsque les hommes se furent multipliés, les jinns se mêlèrent avec eux; ils leur apprirent à planter des arbres, à bâtir des maisons et leur enseignèrent divers arts; et ils se lièrent d'amitié avec eux. Ils vécurent ainsi pendant quelque temps. Mais lorsque le maudit Iblîs déploya ses ruses et ses astuces, les hommes s'imaginèrent que les jinns les détestaient et les enviaient. Lorsque Caïn (Câbîl) tua Abel (Hâbîl), les enfants de celui-ci pensèrent que c'était à l'instigation des jinns; et ce fut ainsi qu'ils conçurent de l'inimitié et de l'animadversion contre les jinns, et qu'ils firent usage de toutes sortes de machinations pour les éloigner d'eux. Ils employèrent à ce sujet la magie, les enchantements, les prières, les amulettes; ils enfermèrent les jinns dans des fioles et firent beaucoup d'autres choses, afin de les tourmenter. Ils étaient sans cesse occupés à agir hostilement envers eux.

Lorsque Dieu envoya le prophète Énoch (Idrîs), il rétablit la paix entre les hommes et les jinns, et leur enseigna aux uns et aux autres la religion islamique. Les jinns vinrent dans le royaume des hommes et vécurent en bonne harmonie avec eux jusqu'au second déluge, et même à partir de cette époque jusqu'au temps d'Abraham, l'ami de Dieu. Quand Nemrod eut jeté Abraham dans le feu, les hommes s'imaginèrent que les jinns avaient appris à Nemrod à se servir de la fronde; et lorsque les frères de Joseph l'eurent mis dans le puits, on pensa qu'ils s'étaient laissé entraîner à cette mauvaise action par les jinns, ce qui renouvela l'inimitié des hommes contre eux. Lorsque le prophète Moïse vint dans le monde, il rétablit de nouveau la paix entre les hommes et les jinns, et beaucoup de jinns adoptèrent la religion de cet envoyé céleste.

Vint ensuite Salomon, fils de David, que Dieu établit roi de la totalité des sept climats, qu'il rendit victorieux de tous les monarques de la terre, et à qui les hommes et les jinns furent soumis. Alors ceux-ci, par orgueil, dirent aux hommes : « C'est par notre secours que Salomon a acquis une telle puissance : si les jinns ne l'avaient pas aidé, il n'aurait pas été plus puissant que les autres souverains ; il n'aurait pas eu connaissance des choses invisibles et n'aurait pas ainsi joui parmi les hommes de la grande considération qui lui fut dévolue. Quand ce monarque mourut, les jinns l'ignoraient et ils ne savaient ce qu'il était devenu, ce qui convainquit les hommes que si les jinns avaient connu les choses cachées, ils auraient su à quoi s'en tenir là-dessus.

Lorsque Salomon eut reçu des nouvelles de la reine de Saba Balkis, par l'entremise de la huppe, il dit aux jinns : « Qui de vous pourrait amener ici en un instant Balkis sur son trône ? — Moi, répondit fièrement un jinn nommé Astûs ben Aygûn ; je la soulèverai si lestement qu'elle ne s'apercevra pas qu'elle change de place. — Bien, dit Salomon, dépêche-toi. » Açaf ben Barkhyâ (1), qui savait (prononcer) le nom de Dieu (d'une manière particulière), dit de son côté : « Je l'amènerai en un clin d'œil, » et il le fit en effet. Lorsque Salomon eut vu le trône de Balkis, il perdit le sentiment et il adora Dieu (pour lui rendre grâces). Les jinns se convainquirent encore alors que l'homme avait un rang supérieur au leur ; tout honteux et tête basse, ils se retirèrent, et même les hommes les poursuivirent frappant des mains en signe de mépris. Les jinns prirent la fuite très-avilis, mais la haine dans le cœur. Salomon envoya une armée à leur poursuite et ordonna de les renfermer d'une manière quelconque et spécialement dans des fioles. Il écrivit un livre sur leurs pratiques, lequel fut publié après sa mort.

Quand Notre-Seigneur Jésus vint au monde, il appela hom-

(1) C'est l'Asaph des Psaumes.

mes et jinns à la religion de l'islâm et indiqua à chacun le chemin de la direction, il dit à ces derniers : « Cherchez à vous élever au ciel et à vous approcher des anges. » Un certain nombre de jinns adoptèrent en effet la religion de Jésus et devinrent pieux et abstinents. Ils s'élevèrent jusqu'au ciel, ils entendirent ce qu'on y disait et le répétèrent aux prêtres.

Quand Dieu fit paraître sur la terre le dernier prophète du temps, il ne fut plus permis aux jinns d'aller jusqu'au ciel, et ils dirent alors : « Cette chose était-elle mauvaise pour les habitants de la terre, ou était-elle avantageuse pour leur direction (1) ? » Bien des jinns devinrent alors musulmans, et ils ont vécu en paix jusqu'à présent avec les hommes. »

« O jinns, ajouta le sage saturnien, ne molestez plus désormais les hommes. Il est inutile de rappeler d'anciennes dissensions, il n'en peut résulter rien de bon. Cette inimitié est pareille à la pierre à feu qui peut mettre le monde en flammes..... Dieu nous garde ! si jamais les hommes se déclarent nos ennemis, ils nous vaincront, et qui sait le mal et le dommage qui en résulteront pour nous ! »

Après avoir entendu ce récit extraordinaire, tous les jinns courbèrent la tête et furent pensifs. Alors le roi demanda à ce sage de lui donner un bon conseil dans cette circonstance embarrassante : « Quelle décision, lui dit-il, pouvoir prendre à l'égard de tous ces plaignants qui sont venus porter devant moi leurs doléances et recourir à mon autorité ? comment les satisfaire et les renvoyer contents dans leurs pays respectifs ? — Ce n'est qu'après de mûres considérations, répondit le sage, que peut surgir un bon avis. On ne fait rien de bien quand on agit avec précipitation ; ainsi, selon moi, ce qu'il y a maintenant de mieux à faire, c'est que demain le roi ait une grande réception, qu'il y invite tout le monde, afin que chacun donne ses preuves et ses raisons. Ensuite il décidera ce qui lui paraîtra le plus convenable en conséquence des débats. »

(1) Coran, LXXII, 10.

Un jinn distingué prit alors la parole et dit: « L'homme est très-éloquent et persuasif; sous ce rapport les animaux sont très-insignifiants et ne savent que dire. S'ils sont vaincus par une langue éloquente, et qu'ils ne puissent répondre à ce qu'on dira contre eux, faut-il donc les livrer aux hommes et les condamner pour toujours à la peine et au travail ? — Ils souffrent avec patience et en repos leur servitude, reprit le docteur, mais les temps ne sont pas toujours les mêmes. Dieu finira par les délivrer, de même qu'il délivra les enfants d'Israël de la tyrannie de Pharaon, la tribu de David, de celle de Bakhtnaçar (Nabuchodonosor), celle de Himiar des vexations des peuples de Tobbâ (1) et qu'il sauva les Sassanides et Adanites (2) de l'oppression que leur faisaient subir Ardschir (Artaxerce) et les Grecs. Le temps change pour les créatures de ce monde, conformément aux décrets de Dieu, comme le mouvement d'une roue. Chaque mille ans il peut y avoir une nouvelle période, ou bien chaque douze mille ans, ou chaque trente-six mille, ou trois cent soixante mille, ou simplement un jour qui peut être égal pour cela à cinquante mille ans. Il est certain que les changements qui ont lieu dans ce monde sont pareils à ceux du caméléon et n'ont pas toujours lieu selon le goût des créatures. »

CHAPITRE VIII.

CONSEIL DES HOMMES.

Tandis que le roi des jinns tenait en secret conseil avec son ministre et ses grands officiers, les hommes, de leur côté, au nombre de soixante-dix habitants des différentes villes, se réunirent aussi pour s'entendre ensemble sur ce

(1) Himiar est le nom d'une dynastie de rois du Yemen, lesquels avaient aussi le titre de Tobba. Voy. Coran, XLIV, 36 ; L. 13.

(2) C'est-à-dire les Persans et les Arabes.

qu'ils avaient à faire. Chacun disait ce qui lui venait dans l'esprit. « Vous avez appris, dit l'un d'eux, tout ce qui a eu lieu entre nous et nos esclaves ; mais il n'y a pas encore de décision. Savez-vous si le roi des jinns s'est déterminé à quelque chose à notre sujet ? — Non, répondirent-ils, si ce n'est que le roi est fort embarrassé et que probablement il ne sortira pas demain. — Je sais, dit un autre, que demain il doit tenir conseil sur cette affaire avec son vizir. — Oui, dit un troisième, il doit, en effet, consulter là-dessus les sages et les savants. »

« Qui sait, ajouta un quatrième, l'avis que donneront les sages à notre sujet ? Le roi, soyons-en sûrs, nous est favorable. — Il est à craindre, dit un cinquième, que le vizir ne soit contre nous et ne nous traite tyranniquement. — Nous avons, répondit un autre, une chose très-simple à faire : il faut lui faire des cadeaux et nous le rendre ainsi propice ; il y a toutefois un danger à la chose. — Quel est-il donc ? dit un membre de la réunion. — On peut craindre le cazi et le mufti. — Non, répondirent tous les autres, il n'y a qu'à les corrompre aussi par des présents, et ils trouveront bien quelque finesse légale pour nous être favorables ; toutefois, il y a un homme intelligent et pieux qui ne fait pas acception des personnes et que le roi consulte quelquefois. Il est à craindre qu'il ne prenne la défense de nos esclaves et qu'il ne les sauve de nos mains. »

« Tu dis vrai, répliqua un autre ; mais si le roi prend l'avis de ses conseillers, leurs opinions peuvent être divergentes ; l'un dira peut-être le contraire de l'autre. — Les docteurs pourront donner un de ces trois avis : ou ils penseront que nous devons mettre en liberté les animaux, ou bien qu'il faut que nous les vendions et que nous en retirions le prix, ou enfin qu'il ne faut pas leur donner trop de peine, mais les alléger de leurs travaux et les traiter avec bienveillance. Or, ces trois moyens se trouvent indiqués dans la loi. — Les animaux sont venus dans notre royaume y chercher asile, dira peut-être le vizir, ils sont traités tyranniquement ; il faut donc que Sa Majesté leur vienne en aide, parce que les rois sont appelés les lieutenants de Dieu. Dieu leur a, en effet, donné à gouverner la terre pour exercer la justice et l'équité sur leurs sujets, pour secourir les faibles et les défendre. Ils doivent chasser de leur royaume les oppresseurs et faire observer les préceptes de la loi, car il leur en sera demandé compte au jour de la résurrection. — Le cazi est le représentant du Prophète, dirent tous les assistants, et le roi est le défenseur de la foi (1); on ne peut refuser d'obtempérer à leurs ordres. — Que ferez-vous, fit observer un des individus présents, si le cazi donne ordre de mettre en liberté les animaux et que vous y consentiez ? — Nous répondrons, dit un autre, que nous en sommes les maîtres de père en fils, et que depuis nos pères et nos ancêtres, les animaux ont été chez nous en esclavage et que nous en disposons à notre gré. Nous les mettrons en liberté si nous le voulons, mais non contre notre volonté.

« Si le juge dit de prouver par la loi écrite et par des témoins que les animaux sont nos esclaves héréditaires, comment ferez-vous ? dit un autre. — Nous amènerons des amis respectables qui porteront témoignage à notre égard ; mais si le cazi dit que le témoignage des hommes n'est pas valable parce qu'ils sont tous ennemis des animaux, et que le témoignage des ennemis ne peut être admis devant la loi ; ou s'il dit : Où sont l'acte de vente et la signature ? si vous êtes véridiques, apportez ces pièces : alors que devrons-nous faire ? »

Lorsqu'ils entendirent ces derniers mots, tous restèrent silencieux et personne ne fit aucune réflexion. Toutefois, un Arabe s'avisa de dire : « Nous répondrons que nous avions les actes judiciaires, mais qu'une pluie torrentielle les a anéantis ; et si le juge demande que nous affirmions par serment que les animaux sont nos esclaves, nous lui répondrons qu'on n'exige le serment que du plaignant et que nous sommes au contraire les défendeurs. — Mais, dit un autre, si le juge défère alors aux animaux le serment et qu'ils le prêtent pour affirmer qu'ils ne sont pas nos esclaves, qu'aurons-nous à dire ? — Nous dirons, répondit un assis-

---

(1) *Defensor fidei*, titre des rois d'Angleterre.

tant, que les animaux ont prêté un faux serment et que nous avons des preuves nombreuses pour soutenir la validité de notre prétention. »

Un autre dit : « Si le cazi ordonne de vendre ces animaux et d'en recevoir le prix, que ferez-vous ? » Les habitants des villes répondirent : « Eh bien ! nous les vendrons et nous en retirerons le prix. » Mais les habitants des forêts et des déserts, les Arabes, les Turcs, etc., leur dirent : « La chose ne peut se faire ainsi, car si nous y consentions nous serions perdus. En effet, si nous vendons les animaux, nous éprouverons beaucoup de dommage. Nous ne pourrons plus boire de leur lait, manger de leur chair, nous vêtir de leur peau et de leurs poils, ni les employer à nos besoins ; tous ces avantages seront perdus en vain. La mort est préférable à une telle vie. Ce même dommage aura lieu pour les habitants des villes, car les animaux leur sont aussi très-nécessaires. Ne pensons donc pas à les vendre ni à les mettre en liberté ; n'en concevons pas seulement l'idée dans notre esprit. Si vous consentez à les alléger de leurs fatigues et à les traiter avec compassion, c'est très-bien ; ces animaux sont comme vous des êtres vivants, ils ont comme vous de la chair et de la peau, et comme vous ils souffrent lorsqu'ils sont chargés outre mesure. Aucun bien de votre part n'a eu lieu pour mériter que Dieu vous ait soumis ces animaux, et aucun mal n'a eu lieu de leur part pour qu'ils aient été punis de la sorte. Dieu est le maître ; il fait ce qu'il veut, et personne ne peut résister à ses ordres. »

CHAPITRE IX.

CONSEIL DES ANIMAUX.

Lorsque le roi eut levé la séance, tout le monde se retira et rentra chez soi. De leur côté, les animaux se réunirent et tinrent conseil entre eux. « Vous avez tous appris, dit un d'eux, la contestation qui a eu lieu aujourd'hui entre nous et nos ennemis ; mais il n'y a pas encore de décision. Que pensez-vous de la chose ? — Nous irons, dit un autre, demain matin chez le roi, nous pleurerons et nous nous plaindrons de l'injustice des hommes. Peut-être que le roi aura compassion de nous et nous délivrera de notre esclavage. Aujourd'hui il a été bienveillant envers nous ; mais il ne peut prendre une décision sans preuve ni argument ; or, pour exposer convenablement ces preuves et ces arguments, il faut une langue éloquente et facile ; car le Prophète a dit : « Lorsque vous recourez à moi dans vos discussions, « si l'un des deux adversaires est plus habile que l'autre à « se défendre, que je décide en sa faveur, et qu'alors ce qui « revient justement à l'un soit attribué à l'autre, il ne faut « pas que ce dernier s'en prévale, car autrement cette por- « tion sera pour lui une portion du feu de l'enfer (1). » Les hommes ont une plus grande facilité d'élocution et une langue bien plus éloquente que nous : il est donc à craindre qu'à cause de cette circonstance, nous perdions notre cause contre eux. Quelles mesures pouvons-nous donc prendre pour obvier à cet inconvénient ? Il faut y penser mûrement. Nous sommes tous réunis, que chacun de nous exprime donc les pensées qui lui paraîtront les meilleures. »

« Selon moi, dit alors un des assistants, ce qu'il y a de mieux à faire, c'est d'envoyer des messagers auprès des animaux pour leur faire connaître ce qui se passe et les engager à charger de leur défense des fondés de pouvoir et des avocats ; car dans chaque tribu d'animal il y a une excellence, une intelligence, une faconde qui ne se trouvent pas dans les autres espèces. Quand beaucoup d'amis et d'aides seront réunis, il pourra se présenter un moyen de salut et d'heureuse issue. Le secours vient de Dieu : il le donne à qui il veut. » Tous les animaux approuvèrent cette idée et, en conséquence, ils désignèrent six individus respectables à envoyer des différents côtés, c'est à savoir : un pour les animaux carnassiers, un deuxième pour les oiseaux, un troisième pour les oiseaux de proie, un quatrième pour les che-

(1) Ceci est un *hadîs* ou sentence de Mahomet, et ne se trouve pas dans le Coran.

nilles, les vers luisants, etc.; un cinquième pour les vers, fourmis, serpents, scorpions, etc.; enfin un sixième pour les habitants des eaux. La chose ayant été ainsi arrangée, ces envoyés partirent pour leurs destinations respectives.

CHAPITRE X.

PORTRAIT DU PREMIER ENVOYÉ.

Lorsque l'individu envoyé vers les animaux carnassiers fut arrivé auprès de leur roi Abû'lhâris (le lion), il lui dit : « Une discussion s'est élevée devant le roi des génies entre les hommes et les animaux. Ces derniers ont envoyé des individus vers toutes les classes de leur espèce, afin d'en obtenir du secours ; et c'est ainsi que j'ai été envoyé auprès de vous. Donnez-moi une armée avec un chef pour la commander, afin qu'il vienne avec moi, qu'il s'associe aux autres animaux et, quand son tour viendra, qu'il agisse contre les hommes ; car les hommes ont la prétention d'être nos maîtres, et que nous soyons leurs esclaves. »

« De quoi donc, dit le lion, se glorifient-ils ? si c'est de leur force et de leur bravoure ; d'attaquer, de sauter, de se battre ; j'enverrai mon armée contre eux : elle tombera sur eux, et d'un seul coup elle les dispersera et les mettra en déroute. — Ils se glorifient aussi, dit le messager, d'autres qualités : ils connaissent bien des arts et des métiers, des ruses et des finesses ; ils connaissent l'usage des boucliers, des épées, des piques, des lances, des dagues, des couteaux, des flèches, des arcs et de bien d'autres armes. Ils couvrent leur corps, pour se garantir des atteintes des griffes et des dents des animaux féroces, de cuirasses, de cottes de mailles et de casques. Pour s'emparer des animaux sauvages ils mettent en œuvre nombre de ruses et d'astuces : ils tendent des filets et des embûches, ils creusent des trous, des fossés et des puits dont ils recouvrent l'ouverture de terre et d'herbe. Lorsque les pauvres animaux passent là-dessus sans défiance, ils tombent et ne peuvent plus se sauver. Il n'a été encore fait aucune mention de ces choses auprès du roi des jinns : il faut donc en apporter des preuves et des témoignages avec une éloquence de diction et une habileté de langage qui saisisse l'esprit et l'intelligence. »

Quand le roi eut entendu ce discours de l'envoyé, il réfléchit quelques instants, puis il donna ordre de faire venir tous les animaux carnassiers qui composaient son armée. En conséquence de cet ordre, les différents genres d'animaux féroces, tels que tigres, loups, singes de toute sorte, belettes ; bref, toutes les catégories d'animaux carnassiers et qui ont des griffes pour se défendre, se présentèrent. Le roi leur répéta tout ce qui avait été dit, et il ajouta : « Qui d'entre vous veut aller joindre les animaux ? S'il y va et qu'il fasse triompher nos preuves et nos arguments, je lui donnerai tout ce qu'il me demandera et je le comblerai d'honneurs. »

Tous ces animaux réfléchissaient sur cette proposition, lorsque la panthère, qui était ministre du lion, lui dit : « Tu es notre roi et notre chef, et nous sommes tes dépendants et tes sujets. Il faut que le roi gouverne, agissant en toutes choses avec prudence et convenance, et en prenant conseil des sages ; et, d'un autre côté, les sujets doivent obéir aux ordres du roi, les écoutant de l'oreille de l'âme. Le roi est, en effet, comme la tête du corps, et les sujets en sont les membres. Lorsque le roi et les sujets restent chacun dans leur position respective, les affaires marchent bien, et le royaume conserve une bonne organisation. »

« Quelles sont les qualités, dit le roi à la panthère, qui sont nécessaires au roi et aux sujets ? indique-les-moi. — Il faut que le roi, répondit la panthère, soit juste, brave et sage ; qu'il soit attentif à toutes choses ; qu'il soit aussi bienveillant envers ses sujets qu'un père et une mère envers leurs enfants, en sorte qu'il les rende contents et heureux. Quant aux sujets, il faut qu'ils obéissent fidèlement au roi et qu'ils soient empressés à son service ; qu'ils lui indiquent les arts et les industries qu'ils connaissent ; qu'ils lui donnent, dans l'occasion, des conseils utiles ; qu'ils lui exposent leurs besoins et sollicitent son secours. »

« Tu dis vrai, répliqua le lion ; mais que faut-il faire dans la circonstance présente ? — Que l'étoile de votre bonheur, répondit la panthère, soit toujours brillante, et que Votre Majesté soit toujours victorieuse ! si on a besoin de force, de vigueur, de bravoure, de colère, je suis l'animal qu'il faut. Confiez-vous à moi, et je mènerai l'affaire à bonne fin. — S'il s'agit, dit le léopard, de sauter, de s'élancer, de saisir et de s'emparer de quelqu'un, on peut se fier à moi. — Si on a besoin d'un animal pour attaquer, dit le loup, pour piller, pour ravager, je m'en charge. — S'il faut agir de ruse et d'astuce, dit le renard, on doit songer à moi. — S'il est nécessaire, dit la belette, de chercher, de dérober, de rester caché, personne n'est plus capable que moi de remplir ces conditions. — Si on désire, dit à son tour le singe, quelqu'un pour danser, sauter, grimacer, je suis tout prêt. » De son côté, le chat s'offrit pour faire le câlin et le gentil, et pour montrer de la souplesse ; le chien, pour garder, aboyer, remuer la queue ; enfin, le rat, pour ronger, souiller et faire du mal.

« Toutes les qualités qui viennent d'être mentionnées, dit le roi en s'adressant à la panthère, sont nécessaires pour s'opposer à l'armée des hommes, commandée par des rois et des omras. Si, en effet, leur forme et leur figure sont pareilles aux anges à l'extérieur, leurs actes les rendent pareils aux lions et aux autres animaux féroces. Toutefois, ceux d'entre eux qui sont habiles dans les sciences et la jurisprudence et qui se distinguent par un grand discernement, ceux-là sont, en effet, semblables aux anges. Qui donc pourrons-nous envoyer pour représenter les animaux dans leur discussion avec l'homme ? »

« Les observations de Votre Majesté sont justes, dit la panthère ; mais cependant les savants et les jurisconsultes d'entre les hommes, auxquels vous attribuez des qualités angéliques, ont actuellement pris des habitudes diaboliques. Jour et nuit ils sont en discussion et en dispute, et cherchent à se nuire l'un l'autre. Les chefs et les rois se sont aussi détournés de la voie de la justice et de l'équité, et sont entrés dans celle de la tyrannie et de l'iniquité. — Tu dis vrai, répliqua le roi ; mais il faut que mon envoyé soit doué des plus grandes et des plus excellentes qualités. Il faut qu'il reste toujours dans la vérité, et qu'il ait enfin tout ce qu'on peut désirer pour ces fonctions. Y a-t-il quelqu'un, dans cette assemblée, qui soit digne d'être choisi ? »

CHAPITRE XI.

QUALITÉS QUE DOIT AVOIR UN ENVOYÉ.

« Quelles sont, dit la panthère, les qualités qu'on doit trouver dans un messager ? veuillez bien, Sire, m'en donner le détail. — Il faut d'abord, répondit le roi, que l'envoyé soit intelligent et éloquent. Il ne faut pas qu'il oublie ce qu'il entend, mais qu'au contraire il le retienne avec soin dans sa mémoire. Qu'il ne dise à personne les secrets du cœur ; qu'il accomplisse fidèlement les commissions qu'on lui confie ; qu'il parle peu, et qu'il soit surtout réservé pour ce qui concerne les affaires pour lesquelles il est employé. Qu'il ne dise que ce qu'il est chargé de dire. Qu'il fasse tous ses efforts pour faire réussir sa commission, et qu'il y mette tout le dévoûment possible. Si la partie adverse excite sa cupidité, il ne faut pas qu'il soit ébranlé dans le chemin de la bonne foi et de la droiture, et qu'il se précipite, tête baissée, dans le puits de la perfidie et de la perdition. Que dans une ville autre que celle où il a affaire, il ne se laisse pas aller au désœuvrement, qu'il retourne au plus tôt, qu'il fasse connaître dans son pays ce qu'il aura appris, et qu'il donne à son maître les avis confidentiels qu'il croira utiles ; qu'il n'omette pas, par crainte, un seul point des ordres qu'il aura reçus, car il faut qu'un envoyé transmette fidèlement ses messages. »

Le roi dit ensuite à la panthère : « Quel est, selon toi, dans cette troupe, l'animal le plus capable de se charger de cette commission ? — Personne, répondit la panthère, n'y est plus propre que Kalilah, le frère de Dimnah (1). — Qu'en dis-tu toi-même ? dit le roi au chacal. — La panthère s'exprime conformément à la vérité, que Dieu l'en récompense et fasse réussir ses désirs ! Je suis le serviteur de Votre Majesté, et je suis disposé à lui obéir ; mais j'ai beaucoup d'ennemis parmi mes compagnons, et je ne sais comment me conduire. Il y a d'abord les chiens qui me détestent ; car le roi n'ignore pas qu'ils sont très-familiers et intimes avec l'homme, et qu'ils les aident à prendre les animaux carnassiers. »

« Par quelle raison, dit le roi, les chiens sont-ils si attachés aux hommes et attaquent-ils les animaux carnassiers ? pourquoi laissent-ils les êtres de leur classe et s'associent-ils avec ceux d'une autre espèce ? » Ce fut l'ours qui crut pouvoir donner l'explication demandée : « J'en connais la raison, dit-il : la liaison des chiens avec les hommes est motivée sur la convenance des caractères et la ressemblance des qualités ; et, en outre, les chiens y trouvent leur avantage pour le manger et le boire. Ils ont d'ailleurs les mêmes défauts que les hommes : l'envie, l'avarice, etc., et c'est une cause de plus de leur accord. Les animaux carnassiers se gardent de leur méchanceté. Les chiens mangent la chair soit crue, soit cuite ; soit permise, soit défendue ; soit fraîche, soit sèche ; salée et fade ; bonne et mauvaise ; telle enfin qu'ils la trouvent. En outre, ils mangent des fruits et des herbages ; du pain, des vesces, du lait, du beurre, du caillé aigre et doux, du ghi (beurre fondu), de l'huile, du miel, des sucreries, des grains torréfiés, et enfin tout ce dont les hommes se nourrissent. Les animaux carnassiers, au contraire, ne mangent pas de ces choses ; bien plus, ils ne les connaissent pas.

« L'avidité et l'avarice sont portées chez les chiens à un tel point qu'ils ne laissent venir aucun animal dans les habitations, par la crainte qu'ils n'y mangent quelque chose. Si jamais, tout d'un coup, un renard ou un chacal vient de

---

(1) Chacal qui est le héros du principal apologue du recueil des Fables de Bidpay.

nuit dans un village et emporte soit un poulet, soit un rat, soit un chat, soit un animal mort quelconque ou un morceau de pain, voilà que les chiens aboient avec violence, attaquent avec force l'animal voleur et le chassent. C'est à cause de leur avidité qu'ils sont vils et méprisés. Lorsqu'ils voient du pain ou quelque chose de bon à manger dans les mains d'un homme, d'une femme ou d'un enfant, ils remuent par avidité la tête et la queue. Si, par compassion, on leur jette un morceau, il faut voir avec quel empressement ils le prennent, pour que quelqu'un autre ne s'en empare pas. Tous ces défauts existent aussi dans les hommes ; et c'est à cause de cette ressemblance que les chiens quittent les animaux de leur espèce pour se joindre aux hommes et les aider à se saisir des animaux carnassiers. »

« Outre les chiens, dit le roi, y a-t-il un autre animal carnassier qui vive dans l'intimité de l'homme ? — Oui, dit l'ours, le chat est aussi très-familier avec lui ; parce que sa nature s'en rapproche également : il aime entre autres comme lui manger des nourritures de toute espèce. Il est encore plus familier avec l'homme que le chien. Il demeure avec lui dans sa maison ; il dort sur ses tapis ; à l'heure des repas il marche sur la nappe. On lui donne de tout ce qu'on mange et si on néglige de le faire, il le dérobe. Au contraire, on ne permet jamais au chien d'entrer dans les maisons (1) ; et c'est pour cela que la jalousie et la haine existent entre le chien et le chat. Lorsque le chien aperçoit le chat, il s'élance sur lui, il le met en pièces et le dévore. De son côté, lorsque le chat voit le chien, il se renfrogne, ses poils et sa queue se dressent et il s'enfle et se gonfle de colère ; car il sait que le chien est son ennemi. »

« Y a-t-il encore, dit le roi, quelque autre animal familier avec l'homme. — Oui, répondit l'ours ; il y a d'abord le rat qui vit dans les maisons et dans les boutiques des hommes. Il est vrai que l'amitié n'existe pas entre eux ; car les rats

---

(1) Tel est, en effet, l'usage musulman, parce que le chien est considéré comme un animal immonde. A Constantinople, par exemple, les chiens errent dans les rues, et chaque quartier a sa bande particulière.

évitent les hommes et s'enfuient à leur approche. S'ils vivent néanmoins parmi les hommes, c'est par l'effet de leur désir de manger et de boire. Enfin, il y a la belette qui s'introduit dans l'habitation des hommes, soit pour y voler et en emporter quelque chose, soit pour s'y cacher. Quant aux panthères et aux singes, les hommes s'en emparent par violence, et les retiennent, mais malgré eux. »

« Depuis quelle époque, demanda le roi, les chats et les chiens sont-ils familiers avec l'homme? — Depuis, répondit l'ours, que les enfants de Caïn ont dominé ceux d'Abel. En effet, après que Caïn eut tué Abel, les enfants d'Abel voulurent se venger et combattirent contre ceux de Caïn ; mais ces derniers furent victorieux et en conséquence ils pillèrent tous leurs biens, s'emparèrent des quadrupèdes, à savoir bœufs, chameaux, ânes, mulets et devinrent ainsi très-riches. Ils firent de grands festins, ils apprêtèrent des mets de tout genre ; ils tuèrent des animaux, et ils en envoyèrent dans toutes leurs villes et dans tous leurs villages. Comme les chats et les chiens virent cette abondance de chair et cette grande quantité de nourriture et de boisson, ils laissèrent les animaux de leur espèce, et par avidité ils accoururent dans les habitations des hommes, ils leur vinrent en aide, et jusqu'à ce jour ils vivent ensemble. »

Quand le roi eut entendu ce discours, il fut très-chagrin et dit, à plusieurs reprises : « Il n'y a de force et de puissance qu'en Dieu très-haut, très-grand. Nous sommes à Dieu et nous retournerons à lui (1). — Pourquoi, dit l'ours au roi, Votre Majesté soupire-t-elle de ce que les chats et les chiens se sont séparés des animaux de leur espèce? — Ce n'est pas de cela que je soupire, dit le roi, mais c'est de ce que les sages ont dit qu'il n'y a rien de plus funeste aux rois et de plus fâcheux pour leur gouvernement et l'administration des sujets, que lorsque ceux de son armée auxquels il se fiait le plus, et qui étaient son appui, le quittent et se réunissent à leurs ennemis. C'est ainsi qu'ils vont et leur font connaître les temps d'indolence, le bien et le mal, et tous les secrets. Ils l'instruisent de tout, ils lui indiquent les

(1) Cor., II, 43; XVIII, 37.

voies cachées, et beaucoup de ruses. Ceci est un grand inconvénient pour les rois et pour leurs armées. Que Dieu ne bénisse donc jamais les chats et les chiens ! »

« Tout ce que Sa Majesté désire, dit l'ours. Dieu l'a fait pour les chiens, et ainsi il a exaucé sa prière. Il a privé leur race des avantages et des bénédictions et les a donnés aux brebis. En effet, la femelle du chien porte beaucoup de petits, et au moment de mettre bas elle ne se délivre qu'après beaucoup de peine et de souffrance, de huit à dix petits chiens, et quelquefois même davantage. Et cependant personne n'a jamais vu dans des lieux habités ou des jangles des troupeaux de chiens, et personne ne les tue ; tandis que les brebis, bien qu'elles ne mettent bas chaque année qu'un ou deux petits et qu'on les tue continuellement, on en voit cependant, dans les villes et les campagnes, des troupeaux si nombreux qu'on ne saurait les compter. La raison en est que les petits des chiens et des chats ont beaucoup de peine pour se procurer la nourriture nécessaire, et à cause de sa diversité, ils sont sujets à différentes maladies inconnues aux autres animaux carnassiers. C'est ainsi qu'en raison de tout le mal qui survient naturellement aux chiens et aux chats et de celui qu'ils éprouvent de la part des hommes, leur vie et celle de leurs petits est abrégée ; et ils sont avilis et malheureux. »

« Eh bien ! dit le roi à Kalila, pars ; va auprès des jinns et acquitte-toi de ton mieux de la commission dont tu es chargé. »

CHAPITRE XII.

ARRIVÉE DU SECOND ENVOYÉ.

Lorsque le second envoyé fut arrivé auprès du roi des oiseaux et qu'il lui eut expliqué ce dont il s'agissait, celui-ci ordonna à tous les oiseaux de se réunir auprès de lui. En conséquence, tous les oiseaux des bois, des montagnes,

des mers, s'assemblèrent en si grande quantité que personne, si ce n'est Dieu, n'aurait pu en savoir le nombre. Le roi des oiseaux leur apprit alors que les hommes avaient la prétention d'être les maîtres de tous les animaux et de les considérer comme leurs esclaves, et qu'une grande contestation s'était élevée à ce sujet devant le roi des jinns entre les hommes et les animaux. Puis il demanda au paon, qui était son ministre, lequel de tous les oiseaux était le plus éloquent, le plus disert et le plus propre à être envoyé pour soutenir la lutte des animaux contre l'homme. « Choisissez vous-même, Sire, répondit le paon. — Explique-moi, au moins, répliqua le roi, leurs qualités respectives, pour que je puisse faire un choix. — Il y a d'abord, répondit le paon, la huppe, l'espionne et la compagne de Salomon, fils de David, que tu vois accroupie, couverte d'un manteau de couleurs variées. Lorsqu'elle fait entendre ses accents, elle se courbe tellement qu'on dirait qu'elle s'agenouille et se prosterne. Elle ordonne le bien et elle défend le mal. Ce fut elle qui apporta des nouvelles de la ville de Saba au roi Salomon ; et elle s'exprima ainsi à cette occasion : « J'ai vu les merveilles et les
« prodiges du monde que vous n'avez pas vus. Ainsi, je vous
« apporte de la ville de Saba des nouvelles qui ne sont pas
« mensongères. Là, il y a une princesse dont la puissance
« ne saurait être décrite par la langue. Elle est la souveraine
« absolue de ce pays, et elle possède les ressources et les
« avantages du monde entier ; il ne se trouve, dans son
« royaume, le manque d'aucune chose. Toutefois, elle et son
« peuple vivent dans l'égarement, car ils ignorent Dieu et
« ils adorent le soleil. Attendu que Satan a égaré ces gens,
« ils croient que leur erreur est la vérité. Ils laissent donc
« le généreux Créateur de la terre et du ciel, qui connaît ce
« qui est manifeste et ce qui est caché, et ils reconnaissent
« comme Dieu le soleil, qui n'est qu'un atome de sa lumière ;
« tandis que personne n'est digne d'adoration, si ce n'est cet
« être réellement unique. »

« L'oiseau qui annonce la prière (le coq) se tient debout sur le mur. Il a les yeux rouges ; il déploie ses ailes ; il est très-fier et superbe ; il répète sans cesse les mots du *takbîr*

et du *tahlil* (1). Il fait connaître les temps de la prière ; il instruit ses voisins et leur donne de bons avis. Le matin, il dit par ses cris : « O vous qui habitez le voisinage, souvenez-
« vous de Dieu. Vous dormez depuis longtemps, et vous ne
« songez ni à la mort, ni au malheur qui vous attend. Vous
« ne craignez pas le feu de l'enfer, et vous n'avez pas le désir
« de posséder le ciel. Vous n'êtes pas reconnaissant des
« bienfaits de Dieu. Imitez ceux qui considèrent comme un
« pur néant les plaisirs du monde. Préparez-vous un viati-
« que pour la vie future, et si vous voulez vous préserver du
« feu de l'enfer, livrez-vous à l'adoration de Dieu et à l'abs-
« tinence. »

« Le francolin fait entendre ses plaintes, perché sur un rocher ; il a le bec blanc, les ailes pies ; sa taille est courbée, à cause de ses génuflexions et de ses prosternations. Au temps de l'appel à la prière, il excite les indolents et leur annonce leurs devoirs. Il dit ensuite : « Rendez grâces à Dieu de ses
« bontés, afin qu'il les augmente encore à votre égard, et ne
« vous livrez pas à des pensées injustes. » Il adresse souvent aussi sa prière à Dieu en ces termes : « O Dieu, mets-moi sous
« ta protection contre la méchanceté des animaux de chasse,
« des chacals et des hommes ; garde-moi aussi des médecins,
« qui vantent l'utilité de notre chair pour les malades, et
« qui m'empêchent de vivre. Je rappelle toujours le souve-
« nir de Dieu. Au matin j'invite au service du Très-Haut,
« espérant que tous les hommes m'entendront et agiront
« conformément à mes avis. »

« Le pigeon est un organe de direction ; il prend une lettre et la transporte au loin de ville en ville. Quelquefois, pendant qu'il vole, il dit en gémissant : « Je suis fâché d'être
« séparé de mes frères, et je désire être réuni à mes amis.
« O Dieu, dirige-moi vers mon pays et rends-moi heureux
« par la rencontre de mes amis. »

« La perdrix se promène gracieusement au milieu des fleurs et des arbres du jardin, et elle est occupée à chanter

---

(1) Noms qu'on donne aux paroles de louanges et d'invocation dont le muezzin accompagne l'appel à la prière qu'il fait du haut des minarets.

délicieusement. Elle dit sans cesse en forme d'avis et de conseil : « O vous qui détruisez la vie et l'existence, qui plan-
« tez des arbres dans les jardins, bâtissez des maisons dans
« les villes et habitez des lieux élevés, comment pouvez-
« vous vivre dans l'insouciance de la dureté des temps ?
« Prenez garde de ne pas oublier un seul instant le Créa-
« teur ; rappelez-vous ce jour où vous devez quitter cette vie
« et cette habitation et entrer dans le tombeau, au milieu
« des serpents et des scorpions. Il est donc à propos de veiller
« sur vous avant de quitter ce monde, afin de parvenir au
« séjour de la félicité, et non à celui du malheur. »

« La poule d'eau s'élève dans l'air à midi, comme le pré-
dicateur dans la chaire ; elle va dans les granges pleines de grains, elle fait entendre des accents de toute espèce de la plus douce manière, et elle dit dans sa *khutba :* « Où sont
« ces gens de commerce et ces agriculteurs qui recueillaient
« beaucoup d'utilité par l'ensemencement du grain ? Sei-
« gneurs, prenez avis par la crainte ; souvenez-vous de la
« mort, et auparavant exécutez convenablement l'adoration
« de Dieu ; traitez avec bonté les hommes ses serviteurs, et
« faites-leur du bien. Ne formez pas, par avarice, ce vœu
« dans votre esprit, qu'un faquir et un malheureux ne vien-
« nent pas vous trouver ; car celui qui plantera aujourd'hui
« (dans ce monde) l'arbre des bonnes œuvres, en cueillera le
« fruit demain (dans l'autre monde). Ce monde est le champ
« de l'autre : celui qui y sèmera de bonnes œuvres en reti-
« rera à la fin le profit. Si quelqu'un fait de mauvaises
« actions, il brûlera dans le feu de l'enfer, comme la feuille
« et l'herbe sèches. Souvenez-vous de ce jour où Dieu sépa-
« rera les fidèles des infidèles, qu'il précipitera dans le feu
« de l'enfer, tandis qu'il fera entrer les croyants dans le
« paradis. »

« Le bulbul (rossignol), conteur d'histoire, se repose sur une branche d'arbre. Son corps est petit ; il est léger au vol ; il a le bec blanc ; il se tourne sans cesse à droite et à gau-che ; il fait entendre des chants doux et harmonieux et il participe, dans les jardins, à la société des hommes ; il entre même dans leurs maisons et converse avec eux. Lorsqu'ils

négligent le souvenir de Dieu pour s'occuper de jeux et de plaisir, il les reprend en leur donnant les avis suivants :
« Louanges à Dieu ! combien n'êtes-vous pas insouciants
« lorsque, séduits par cette vie de quelques jours, vous
« oubliez Dieu, au lieu de vous occuper de vos devoirs
« envers lui ? Vous ne savez donc pas que vous n'avez tous
« été créés que pour mourir ? Vous avez été nourris pour
« pourrir dans la terre. Vous avez été réunis pour la mort.
« Vous bâtissez cette maison pour qu'elle soit détruite.
« Jusqu'à quand serez-vous séduits par les avantages du
« monde et resterez-vous occupés de jeux et de divertisse-
« ments ? Demain vous mourrez et vous serez ensevelis dans
« la terre. Soyez actuellement sensés. Ne savez-vous donc
« pas comment Dieu agit à l'égard des gens de l'éléphant (1) ?
« Abraha, qui les conduisait, voulait, par astuce et fraude,
« renverser la maison de Dieu (2). A cet effet, il fit monter
« un grand nombre d'hommes sur des éléphants ; mais
« l'Éternel déjoua leur fourberie et leur trahison. Des trou-
« pes d'oiseaux arrivèrent ; ils firent pleuvoir sur eux de
« petites pierres, de telle sorte qu'ils rendirent tous ceux
« qui montèrent les éléphants, et les éléphants eux-mêmes,
« comme la feuille dévorée par les chenilles. » Le rossignol ajoute : « O mon Dieu, fais que les enfants n'aient pas envie
« de se saisir de moi, et préserve-moi de la méchanceté des
« animaux ! »

« Le corbeau, qui, comme un devin, dévoile les choses cachées, est de couleur noire ; il est abstinent, et il explique toutes les choses qu'on ignore. Il emploie son temps au souvenir de Dieu, et il passe sa vie à voyager. Dans les pays qu'il parcourt, il s'informe des restes d'antiquités. Il terrifie les négligents par les malheurs de l'insouciance et il dit, en forme d'instruction et d'avis : « Observez l'abstinence, et
« craignez ce jour où vous pourrirez dans le tombeau et où
« votre peau sera arrachée à cause de vos œuvres mauvaises.
« Actuellement, dans votre égarement vous donnez à la vie

(1) Voy. le ch. CV du Coran.
(2) C'est-à-dire la Caaba.

« de ce monde la préférence sur celle du siècle futur. Si
« vous fuyez loin des ordres de Dieu, sachez qu'il n'y a pas
« de salut pour vous. Pour l'obtenir, occupez-vous à prier,
« et Dieu aura peut-être pitié de vous et vous préservera du
« malheur. »

« L'hirondelle voyage dans l'air d'un vol léger. Ses pattes sont petites, ses ailes grandes ; elle demeure généralement dans les maisons des hommes et elle y élève ses petits. Soir et matin elle récite ses prières et ses adjurations. Elle va très-loin dans ses voyages. Pendant la chaleur elle réside dans les endroits frais, et pendant le froid, dans les endroits chauds. Elle dit sans cesse ceci dans ses cantiques et ses prières : « Celui-là est pur par excellence qui a créé la terre et la « mer, qui a établi les montagnes, qui a fait couler les ri- « vières, qui a réglé de telle façon le temps de la vie et de « la mort qu'on ne peut jamais l'outre-passer. Il secourt le « voyageur dans ses voyages ; il est le maître souverain de « la surface de la terre et de toutes les créatures qui la peu- « plent. » Après avoir fait entendre des accents de louange et de prière, elle dit : « Nous sommes allés dans toutes les « contrées du monde ; nous en avons vu tous les habitants, « et nous sommes revenus dans notre pays. Il est vraiment « pur celui qui a uni le mâle et la femelle et les a gratifiés « de nombreux enfants qu'il a tirés de l'ermitage du néant « pour les revêtir du vêtement de l'existence. Louange à lui « qui a créé tous les hommes et les a comblés de ses bien- « faits ! »

« La grue fait l'office de gardienne, debout dans la plaine. Elle a le cou long, les pieds petits. Lorsqu'elle vole, elle ne s'élève qu'à la moitié de l'espace. Deux fois pendant la nuit elle fait une garde plus diligente, et elle chante les louanges de Dieu en ces termes : « Pur est ce Dieu qui, par l'effet de « son pouvoir, a créé les animaux par couples, afin qu'ils « puissent se reproduire et perpétuer leurs races ! »

« Le butor réside sur la terre, et de préférence dans les bois et les déserts. Matin et soir il récite cette prière : « Pur « est celui qui a créé les cieux et la terre ! Il est vraiment le « créateur des astres, des constellations et des étoiles, qui se

« meuvent tous par son ordre. La pluie, le vent, le tonnerre
« et l'éclair, tout cela est son œuvre. C'est lui qui fait surgir
« sur la terre des brouillards bienfaisants pour le monde ;
« créateur admirable, il fait revivre après la mort les os en
« pourriture de vétusté. Louange à Dieu, qui est un créa-
« teur tel que la langue de l'homme est impuissante à le louer
« et à le définir ! comment donc l'esprit pourrait-il parvenir
« à son être ? »

« Le rossignol, l'oiseau aux mille histoires, aux doux accents, est perché sur la branche d'un arbre. Il a le corps petit ; il est léger dans ses mouvements ; sa voix est douce ; il chante ainsi d'un ton mélodieux les louanges de Dieu : « Gloire à Dieu, qui est possesseur de puissance et de bonté ! « Il est unique, et personne ne lui est pareil ; il est le dis-
« tributeur des dons et des bienfaits manifestes et cachés.
« Semblable à l'Océan, il comble l'homme de l'abondance de
« ses largesses ; » et toujours, et en gémissant, il s'exprime de la façon suivante : « Oh ! qu'était beau le temps où je
« voltigeais parmi les fleurs et où tous les arbres étaient
« chargés de fruits ! »

« Eh bien ! dit le roi des oiseaux au paon, quel est, selon toi, l'animal le plus propre à être envoyé pour entrer en discussion avec les hommes et défendre les individus de son espèce ? — Tous ces animaux ont la capacité nécessaire, répondit le paon, car ils sont tous poëtes et éloquents. Toutefois, le rossignol est le plus éloquent et celui dont la voix est la plus douce. » Alors le roi des oiseaux dit au rossignol : « Va, je te le permets, confie-toi en Dieu, afin qu'il soit dans toute circonstance, notre aide et notre protecteur. »

CHAPITRE XIII

ARRIVÉE DU TROISIÈME ENVOYÉ.

Lorsque le troisième envoyé fut arrivé auprès d'Ya'çûb, chef des mouches et roi de tous les insectes de la terre, et qu'il lui eut expliqué l'affaire des animaux, Ya'çûb ordonna à tous les insectes de la terre de se présenter devant lui. En conséquence de cet ordre, les mouches, les cousins, les moustiques, les puces, les guêpes, les papillons ; bref, tous les petits animaux qui s'élèvent dans l'air au moyen d'ailes et ne vivent pas plus d'une année, se rendirent à l'appel. Le roi leur fit connaître la nouvelle qu'il avait apprise par la bouche du messager, et il leur demanda lequel d'entre eux se sentait capable d'aller entrer en discussion avec les hommes, de la part des animaux de son espèce. Alors tous s'écrièrent: « De quoi donc les hommes peuvent-ils se vanter que nous ne possédions pas ? — De leur taille, de leur stature et de leur force, répondit l'envoyé et de ce qu'en tout ils sont supérieurs aux animaux. — Eh bien ! dit le chef des moustiques, j'irai défendre notre tribu. — Nous irons, nous aussi, dirent les chefs des cousins et des sauterelles, et nous entrerons en conférence avec les hommes au nom de tous les insectes. »

« Mais pourquoi, dit le roi, voulez-vous tous vous charger de la mission dont il s'agit, sans réflexion et sans examen ? — Sire, dirent les membres de la famille des moucherons, nous devons espérer que Dieu nous aidera dans cette circonstance. Par son secours, nous resterons vainqueurs ; car dans les temps anciens de grands rois s'étaient livrés à la tyrannie, et, par la permission de Dieu, nous en avons toujours triomphé. Nous le savons par l'expérience que nous en avons faite plusieurs fois. » Le chef des moucherons, interpellé par le roi, donna ensuite cette explication : « Les hommes avaient un roi puissant nommé Nemrod, extrêmement fier, et égaré par sa position au point qu'il ne faisait attention à personne, tant étaient grands la pompe et l'éclat de sa dignité. Un très-petit et très-chétif moucheron de notre tribu le fit néanmoins périr (1) ; et, malgré son rang éminent, ce roi ne put lui résister. »

La guêpe dit ensuite : « Lorsqu'un homme est bien armé et qu'il a en main la lance, l'épée, le poignard et la flèche, et qu'une guêpe de notre tribu vient le piquer et enfoncer son aiguillon, aussi perçant que la pointe d'une aiguille,

(1) Allusion à une tradition musulmane.

quel n'est pas son fâcheux état? Son corps s'enfle; ses mains et ses pieds sont sans force: il ne peut se mouvoir; bien plus, à cause de la douleur qu'il éprouve, il ne songe plus à son épée ni à son bouclier. »

La mouche dit: « Si, lorsque le roi des hommes est assis avec éclat et dignité sur son trône et que ses portiers et ses gardes sont debout autour de lui avec dévoûment et affection, afin qu'aucun mal et qu'aucun accident ne lui arrivent, si, dis-je, une mouche sortant de la cuisine ou d'ailleurs vient souiller de son corps sale la figure ou les vêtements du roi, il ne peut s'en débarrasser. »

Le moustique dit: « Quand un homme est assis dans son salon, dans son harem ou derrière sa moustiquière, et qu'un individu de notre troupe vient s'introduire dans ses vêtements et le pique, combien n'est-il pas agité et colère? Il ne peut rien contre nous: il se frappe la tête et se donne des soufflets. »

« Vous dites vrai, répliqua le roi; et tout cela est inconnu au souverain des jinns; mais il s'agit d'une discussion auprès de lui sur la justice et l'équité, la politesse et les convenances, le discernement et l'éloquence. Y a-t-il quelqu'un parmi vous qui ait l'habileté nécessaire pour faire valoir nos prétentions en ce genre? » A ces mots, tous restèrent silencieux et baissèrent la tête.

Toutefois, un sage de la tribu des mouches se présenta devant le roi et lui dit: « Avec l'aide de Dieu, je crois pouvoir me charger d'aller soutenir la cause des animaux contre les hommes. » Alors le roi et tous les membres de l'assemblée lui dirent: « Que Dieu vous accorde son secours pour l'affaire que vous entreprenez, et qu'il vous fasse triompher de nos ennemis! » On donna en conséquence à cette mouche tout ce qui était nécessaire pour son voyage; elle partit, et elle arriva bientôt à l'endroit où les animaux de toute espèce et de tout genre étaient réunis.

CHAPITRE XIV.

ARRIVÉE DU QUATRIÈME ENVOYÉ.

Lorsque le quatrième envoyé fut arrivé auprès du 'Ancâ, roi des animaux de proie, et eut exposé ce dont il s'agissait, ce roi ordonna à tous les animaux de son espèce de se présenter devant lui. En conséquence de cet ordre, le vautour, le faucon (bâz), le faucon royal (schâhîn), le milan, le hibou, le perroquet; bref, tous les oiseaux mangeurs de chair qui ont serres et bec, arrivèrent aussitôt. Le 'Ancâ expliqua le sujet de la discussion qui s'était élevée entre l'homme et les animaux; puis il demanda au gerfaut, son ministre, lequel des oiseaux présents était le plus capable d'aller soutenir les débats et y défendre les animaux de son espèce. « Personne, répondit le gerfaut, n'est plus propre à la chose que le hibou. En effet, tous les animaux de proie craignent les hommes, les fuient et ne comprennent pas leurs discours; tandis que le hibou demeure près de leurs habitations, et généralement dans les vieilles maisons qui sont en ruines. Il est plus abstinent et indépendant qu'aucun oiseau. Il jeûne tout le jour et il pleure, par la crainte qu'il a de Dieu. Pendant la nuit aussi il s'occupe du service de Dieu, et il rappelle à leur devoir les insouciants. En se souvenant des rois défunts des anciens temps, il gémit, et pour exprimer leur position, il récite ce verset: « Ils ont
« laissé ces jardins, ces fontaines, ces palais, ces champs
« ensemencés, tous les avantages qui faisaient leur bonheur;
« et maintenant nous en avons fait hériter d'autres per-
« sonnes (1). »

« Es-tu en effet, dit le 'Ancâ au hibou, ce que prétend le gerfaut? — Il dit vrai, répondit le hibou; mais je ne puis me charger d'aller vers le roi des jinns, parce que tous les hommes me détestent, considèrent ma vue comme de mauvais

---

(1) Cor., XLIV, 24, 27.

augure et m'injurient, moi innocent, qui n'ai jamais rien fait contre eux. S'ils me voient là au moment de la discussion, ils s'entendront moins que jamais et finiront par se battre. Il vaut donc mieux envoyer quelque autre oiseau, par exemple, un faucon d'une des trois principales espèces (1), que les rois et les princes des hommes aiment beaucoup, et qu'ils tiennent volontiers sur leur main. »

« Qu'en penses-tu ? dit le roi en s'adressant au faucon. — Le hibou a raison, dit le faucon (bâz) ; mais les hommes ne font pas cas de nous au point de nous admettre dans leur intimité, et s'ils nous aiment, ce n'est pas qu'ils reconnaissent en nous plus de savoir et de politesse qu'il n'y en a dans les autres animaux, mais c'est seulement pour leur propre avantage qu'ils nous admettent en leur société. Ils s'emparent de notre chasse et ils passent le jour et la nuit dans les jeux et les divertissements, sans jamais s'inquiéter de la chose la plus nécessaire, c'est-à-dire de servir Dieu, et de craindre le jour du compte et le livre (dans lequel sont consignées les actions des hommes).

« Selon moi, le perroquet est celui d'entre nous qui convient le mieux pour la chose : parce que tous les hommes, rois et sujets, grands et petits, hommes et femmes, sages et fous l'aiment, parlent avec lui et font grande attention à tout ce qu'il dit. » Le roi ayant demandé l'assentiment du perroquet, celui-ci répondit qu'il était disposé à se charger de la commission qu'on voulait lui donner pour défendre contre les hommes les intérêts des animaux, mais que, dans ce cas, il demandait au roi de prier Dieu pour lui, afin qu'il pût triompher de leurs communs ennemis. Le roi obtempéra à son désir, et tous les assistants répondirent : *Amen*.

« Mais, fit observer le hibou, si la prière de Votre Majesté n'est pas agréée, toutes nos peines et nos sollicitudes seront vaines. Quand la prière n'a pas toutes les conditions voulues, elle ne produit pas de résultat. — Quelles sont donc, dit le roi, les conditions de la prière ? — Il faut d'abord, répondit le hibou, avoir une intention pure et un esprit sincère ; il faut toujours prier avec la même ferveur qui vous

(1) Bâz, schâhin et Charg.

anime dans un moment de trouble ; il faut faire précéder les prières particulières des formules officielles ; il faut jeûner, il faut faire du bien aux pauvres et aux étrangers ; puis il faut exposer à Dieu, avec confiance, l'état d'affliction et de douleur où l'on se trouve. »

» Vous n'ignorez pas, reprit le roi, toutes les vexations tyranniques que les hommes ont exercées envers les quadrupèdes ; car ces malheureux sont tourmentés par eux au point que, malgré notre éloignement, ils viennent se réfugier auprès de nous ; et nous, bien que nous ayons plus de force et d'énergie que les hommes et que nous volions dans l'air, toutefois nous sommes obligés, à cause de leur tyrannie, d'aller nous cacher dans les montagnes et les mers. Le gerfaut, notre frère, a fui loin d'eux et est allé demeurer dans les *jangles* ; et cependant il ne s'est pas sauvé par là de leur tyrannie. Désespérés, les animaux ont voulu discuter leurs droits. Quoique nous soyons assez forts pour qu'un individu de notre espèce puisse à son gré enlever, emporter des hommes et les déchirer, toutefois nous n'agissons pas ainsi envers les bons et nous ne faisons pas attention à ce qu'ils peuvent faire contre nous. Nous voyons et nous savons ce qui se passe et nous avons confiance en Dieu, parce qu'on n'obtient pas de résultat en se querellant et en combattant. C'est dans l'autre vie que nous recevrons le fruit de notre conduite. »

Ensuite il ajouta : « Combien de vaisseaux les vents contraires ont fait dévier et que nous avons dirigés dans le bon chemin ! Combien d'hommes dont les vaisseaux qu'ils montaient ont été brisés et qui étaient sur le point de se noyer, mais que nous avons fait parvenir au rivage, afin que Dieu fût satisfait de nous et que, de notre côté, nous lui rendions grâce de ses bienfaits ; c'est, à savoir, de nous avoir donné un corps fort et robuste, et de nous avoir aidé et secouru en toutes choses. »

CHAPITRE XV.

ARRIVÉE DU CINQUIÈME ENVOYÉ.

Lorsque le cinquième envoyé fut arrivé auprès du roi des animaux aquatiques et lui eut fait connaître l'objet de sa mission, celui-ci réunit tous ses sujets, à savoir : poissons, grenouilles, crocodiles, dauphins, tortues, etc., et il leur fit connaître l'objet de la mission de l'envoyé. Puis il lui dit : « Si l'homme se considère comme meilleur que nous pour la force et la bravoure, qu'il sache qu'en un instant je puis le faire disparaître, et de mon haleine l'attirer et l'avaler. — Ils se flattent seulement, dit l'envoyé, d'avoir plus d'intelligence et de capacité, de connaître toute science et tout art, et de savoir toute sorte de métiers et d'industries. Ils disent que le discernement qu'ils possèdent ne se trouve dans aucun autre. »

« Explique en détail, dit le roi, quels sont les arts et les industries dont tu veux parler ? — Le roi ne sait-il pas que les hommes, par leur capacité et leur science, vont au fond de la mer Rouge et en retirent les perles ? Ils montent par adresse sur les montagnes, ils y prennent les aigles et les vautours. De cette même façon, par leur science et par leur intelligence, ils construisent des charrues de bois, les placent sur le dos des bœufs, chargent les animaux de fardeaux et les emmènent de l'orient à l'occident et de l'occident à l'orient, leur faisant traverser des forêts et des déserts. Ils construisent des navires, les chargent de marchandises et les conduisent de mer en mer. Ils vont sur les montagnes et les collines, y creusent la terre et en tirent toutes sortes de pierreries, de l'or, de l'argent, du fer, du cuivre et beaucoup d'autres choses. Quand un homme construit un talisman par la puissance de sa science sur une rivière, une mer ou une vallée, et que mille crocodiles et dragons viennent en ce lieu, ils ne peuvent y passer. Mais, devant le roi des jinns, on ne s'enquiert que de la justice et de l'équité, et il faut fournir les preuves de ce qu'on avance. La force et la ruse n'y comptent pour rien. »

Le roi, après avoir entendu de la bouche de l'envoyé toutes ces choses, adressa la parole à ceux qui étaient assis devant et autour de lui, pour leur demander quel était maintenant leur avis et qui il fallait envoyer pour entrer en discussion avec les hommes. Personne ne répondit d'abord ; mais ensuite le dauphin, qui habite l'Océan, mais qui néanmoins est familier avec l'homme, qui sauve les noyés et les porte au rivage, prit la parole en ces termes : « D'entre les animaux aquatiques, le poisson est le plus propre à la chose. Son corps est majestueux et de belle apparence, sa bouche est bien faite, sa couleur brillante, ses membres élégamment proportionnés ; il est prompt dans ses mouvements, agile dans sa manière de nager, plus nombreux que tout autre animal aquatique. Il est si prolifère qu'il remplit de sa progéniture mers et étangs, viviers et ruisseaux. Il jouit d'ailleurs d'une grande considération auprès des hommes, parce qu'une fois il donna asile dans son ventre à leur prophète (Jonas) et le fit ensuite parvenir en lieu sûr. Enfin, tous les hommes pensent que la terre entière repose sur le dos d'un poisson. »

Le roi demanda alors au poisson ce qu'il pensait lui-même à ce sujet. « Sire, dit-il, il m'est impossible de me charger de la commission d'entrer en contestation avec les hommes ; car je n'ai pas de pieds pour me transporter où il faut, et je n'ai pas une langue qui puisse discourir avec eux. Je ne puis supporter la soif, et si je reste un instant séparé de l'eau, je péris. Il me semble donc que la tortue est plus propre à la chose, car elle peut vivre sur la terre aussi bien que dans l'eau ; son corps est dur et son dos solide ; elle est très-endurante, et elle supporte avec patience le mal et la peine. »

La tortue, consultée par le roi, déclina l'honneur qu'on voulait lui faire en disant que ses pieds sont lourds et que le chemin qu'elle aurait à parcourir est long ; qu'elle parle peu et ne peut développer ses idées ; qu'il vaut donc mieux choisir pour cette commission le dauphin, qui est très-fort à la marche et qui est plus habile à parler.

Néanmoins le dauphin, consulté à son tour, exprima l'opinion que le crabe était plus propre à la chose, parce qu'il a beaucoup de pattes, qu'il marche et court même très-vite, que ses serres sont aiguës, et que son dos est tellement fort qu'on le dirait revêtu d'une armure de fer. « Comment pourrais-je me charger de cette commission ? s'écria le crabe. Ma forme est disgracieuse, mon dos est bossu, mon aspect piteux. Si on me voyait dans cette assemblée, on rirait de moi ; on dirait : Cet animal n'a pas de tête, ses yeux sont à son cou, sa bouche est dans sa poitrine ; il a une fente des deux côtés pour ses ouïes, il a huit pattes tordues ; aussi ne marche-t-il que par la force de sa bouche ; on dirait qu'il est de plomb. Bref, tout le monde se moquerait de moi. Il vaut mieux le crocodile, dont les pieds sont forts, qui marche et qui court même facilement. Sa bouche est grande, sa langue longue ; il a beaucoup de dents. Son corps est solide : il est très-patient, et il sait attendre longtemps l'objet de son désir : il ne se hâte en rien. — Je ne conviens pas du tout, dit le crocodile, pour la chose dont il s'agit, parce que je suis très-colère. Sauter sur quelque chose et l'emporter, comme je le fais, c'est sans doute un défaut. De plus, je suis trompeur et traître. — Pour cette affaire, dit l'envoyé, il ne faut ni violence, ni astuce ; mais de l'intelligence, de la dignité et de l'éloquence. »

« Eh bien ! dit le crocodile, je ne possède pas ces qualités ; mais je propose la grenouille, qui est douce, patiente et abstinente ; elle récite nuit et jour le chapelet en mémoire de Dieu et, matin et soir, elle fait sa prière quotidienne. Elle va souvent dans les maisons des hommes, et son rang et sa dignité sont grands parmi les enfants d'Israël ; parce que quand Nemrod fit jeter Abraham, l'ami de Dieu, dans le feu, des grenouilles remplirent d'eau leur bouche, la répandirent sur le feu, l'éteignirent, et ce fut ainsi qu'il ne produisit aucun effet sur le corps d'Abraham. Une seconde fois, lors de la contestation de Moïse et de Pharaon, les grenouilles prêtèrent leur secours à Moïse. La grenouille est d'ailleurs éloquente : elle parle beaucoup ; elle répète sans cesse les prières éjaculatoires appelées *tasbîh, takbîr* et *tahlîl* ; elle va çà et là sur la terre et sur l'eau ; sur la terre elle saute, sur l'eau elle nage ; elle a ces deux facultés. Ses membres sont bien proportionnés ; sa tête est ronde, sa bouche bien faite, ses yeux brillants ; ses pattes de devant et de derrière sont grandes ; elle est prompte dans sa marche et elle est hardie. »

Alors la grenouille déclara qu'elle était prête à accepter cette mission *avec sa tête et ses yeux*, et qu'elle observerait fidèlement les volontés du roi.

CHAPITRE XVI.

ARRIVÉE DU SIXIÈME ENVOYÉ.

Lorsque le sixième envoyé fut arrivé auprès du dragon, roi des reptiles, c'est-à-dire des vers et des serpents, et qu'il eut exposé le motif de sa visite, le roi ordonna à tous les reptiles de se présenter. Alors les serpents, les scorpions, les lézards, les fourmis, les poux, les vers et tous les animaux qui naissent de l'ordure et qui marchent sur les feuilles des arbres, vinrent en présence du roi en telle quantité que personne, si ce n'est Dieu, n'aurait pu en faire le dénombrement. Lorsque le roi eut vu les formes extraordinaires de ces animaux, il en fut étonné, et il garda le silence pendant quelques instants. Puis, les ayant regardés avec attention, il s'aperçut qu'un grand nombre de ces animaux avaient un corps petit et faible, et qu'ils ne possédaient que peu d'intelligence et de sentiment. Il réfléchit beaucoup sur ce qu'il pourrait faire, et il demanda à ce sujet l'avis du basilic, son ministre : « Y a-t-il un de ces animaux, lui dit-il, qui ait assez de capacité pour que je puisse l'envoyer soutenir la discussion qui doit avoir lieu avec les hommes ? Je vois que la plupart d'entre eux sont muets, sourds et aveugles ; qu'ils n'ont ni mains ni pieds, ni poil ni plume ; ils n'ont ni bec ni serres, et ils sont dénués de toute force. »

Alors le roi, tout troublé de chagrin à cette vue, soupira malgré lui, et se mit à pleurer. Il leva les yeux au ciel et adressa cette prière à Dieu : « O Créateur et Conservateur, toi qui as compassion des faibles, regarde avec miséricorde et bonté ces animaux ; car tu es le Compatissant des compatissants. »

En conséquence de cette prière, les animaux qui étaient réunis auprès du roi dragon se mirent à parler avec éloquence et facilité.

CHAPITRE XVII.

DISCOURS DE LA SAUTERELLE.

Lorsque la sauterelle eut vu que le roi des insectes était plein de compassion et de bienveillance envers ses sujets, après s'être préparée en conséquence, du haut du mur sur lequel elle se trouvait, elle se mit à chanter avec les plus doux accents les louanges de Dieu, et à réciter l'éloquente *khutba* qui suit : « Louange et actions de grâces à ce bienfaiteur réel qui a doué la terre de toutes sortes d'avantages et qui, par son infinie puissance, a tiré les animaux de l'ermitage du néant, les a conduits au champ de la vie et leur a donné des formes variées ! Il existait avant le temps et le lieu, avant la terre et le ciel : il manifestait la lumière de son unité sans la souillure de l'existence contingente. Il créa l'esprit actif, immatériel et sans forme apparente, sorte d'expansion lumineuse ; que dis-je ? en prononçant le mot *kun* (sois), il tira le monde de derrière le voile du néant et le fit paraître dans la plaine de l'existence.

« Sire, ne conçois pas de chagrin au sujet de la faiblesse et de l'impuissance de cette troupe d'animaux, car Dieu a soin de tous les êtres qu'il a formés. De même qu'un père a de l'affection et de la bienveillance pour ses enfants, ainsi il a compassion des animaux qu'il a créés. Dieu leur a donné des formes et des facultés différentes, aux uns il a donné la force, aux autres la faiblesse. A quelques-uns il a donné un corps volumineux, à d'autres un petit corps ; mais il les a tous traités avec une égale bonté : il les a pourvus de tout ce qui leur est nécessaire pour leur avantage et pour repousser le mal qu'on voudrait leur faire.

« Tous sont égaux dans ses bienfaits, et l'un n'est pas mieux partagé que l'autre. Ainsi Dieu a donné à l'éléphant un corps énorme et une force proportionnée ; il l'a pourvu de deux longues dents, afin qu'il puisse par leur moyen se préserver de la méchanceté des animaux féroces, et une trompe, qui lui est aussi très-utile. Dieu a donné au moucheron un petit corps ; mais aussi il lui a donné deux ailes fort jolies et très-légères, qui lui permettent de voler et de se sauver de ses ennemis. Les bienfaits de Dieu procurent donc également des avantages à tous les êtres, petits et grands, et en écartent les inconvénients.

« De la même manière Dieu n'a pas privé des mêmes bienfaits cette classe d'animaux qui paraît n'avoir ni ailes ni plumes. Lorsqu'il les créa, il les forma de telle sorte qu'ils peuvent se procurer ce qui leur est utile et se préserver de ce qui leur est nuisible.

« Parmi tous les animaux, ceux dont le corps est grand et qui ont beaucoup de force, repoussent le mal loin d'eux par leur énergie et par leur hardiesse. Tels sont l'éléphant, le lion et tous les animaux dont le corps est volumineux et dont la force est grande. Quelques-uns courent très-vite et se dérobent ainsi au mal par la fuite : tels sont le lièvre, le daim, l'âne sauvage, etc. D'autres se mettent à l'abri des choses fâcheuses en volant, comme le font les oiseaux, et d'autres, en plongeant dans la mer, se sauvent du danger, comme les animaux amphibies.

« Quelques-uns aussi restent cachés dans des trous, comme le rat et la fourmi. On lit dans le Coran, au sujet de la fourmi : « Le général des fourmis dit à toutes les fourmis : « Cachez-vous dans vos demeures, pour que Salomon et

« son armée ne vous écrasent pas sous leurs pieds sans le
« savoir (1). » D'autres animaux sont ceux à qui Dieu a
donné une enveloppe dure qui les garantit de tout mal,
comme la tortue, le poisson et les animaux amphibies ; d'autres enfin qui couvrent leur tête avec leur queue et se préservent ainsi d'accidents, comme le porc-épic.

« Les animaux aussi ont différentes manières de se procurer leur nourriture. Quelques-uns, conduits par la finesse
de leur vue, volent au moyen de leurs ailes et vont chercher
la nourriture qu'ils ont aperçue, comme le vautour et l'aigle. Quelques autres cherchent leur nourriture et la trouvent au moyen de leur odorat, comme la fourmi. Quant
aux animaux qui sont très-petits et faibles, et auxquels Dieu
n'a donné ni des sens raffinés ni les moyens de se procurer
de la nourriture, il leur en a allégé le souci et la peine.

« De même que certains animaux sont obligés de fuir et
de se cacher, d'autres n'éprouvent pas le même inconvénient,
car Dieu les a créés dans des lieux si retirés que personne
n'en a connaissance. Il en a fait naître quelques-uns dans
l'herbe, et il en a caché d'autres dans le grain ; il en a placé
dans le ventre d'autres animaux, dans la terre et la pourriture ; et il a fait parvenir à tous, au lieu même où ils se trouvent, leur nourriture, sans qu'ils aient la peine de la chercher et sans le moindre mouvement de leur part à cet effet.
Il leur a donné une force attractive, en sorte qu'ils attirent
à eux l'humidité pour en faire la nourriture de leur corps et
lui donner la force nécessaire.

« De même aussi que certains animaux vont et viennent à
la recherche de leur nourriture et se mettent à l'abri du mal
par la fuite, d'autres n'ont pas besoin de prendre cette peine ;
car Dieu ne leur a donné ni pieds pour marcher, ni mains
pour atteindre leur nourriture ; ni dents, ni bouche pour la
manger, ni gosier pour l'avaler, ni estomac pour la digérer ;
ni entrailles, ni intestins pour recueillir les aliments digérés, ni foie pour purifier le sang, ni rate, ni reins, ni veines.
Dans leur cerveau, ils n'ont pas de nerfs qui leur permettent d'éprouver des sensations exactes. Ils n'ont pas de ma-

(1) Coran, XXVII, 18.

ladies chroniques, et ils n'ont besoin d'aucun remède. Bref, ils sont à l'abri de tous les maux auxquels sont sujets les grands et forts animaux. Admirable est ce Dieu qui, au moyen de son pouvoir parfait, a satisfait leurs désirs et les a préservés de toute peine et de tout tourment ! Louanges et actions de grâces lui soient rendues pour de telles faveurs ! »

Lorsque la sauterelle eut terminé sa harangue, le dragon lui dit : « Que Dieu bénisse ton élocution et ton éloquence ! Tu es en effet fort éloquente, très-savante et pleine d'esprit : tu peux donc aller auprès du roi des génies discuter avec les hommes. — Je suis aux ordres de Votre Majesté, répondit la sauterelle : j'irai volontiers me réunir là à mes frères. — Il ne faudra pas dire, fit observer le dragon, que tu es envoyée par les serpents. — Pourquoi donc ? dit la sauterelle. — Parce qu'entre le serpent et l'homme il existe dès anciennement une inimitié très-grande ; c'est au point que des hommes s'étonnent que Dieu nous ait créés, prétendant que nous ne sommes utiles en rien ; bien plus, que nous ne faisons que du mal. Ils disent qu'il y a du poison dans notre bouche, et qu'ainsi nous ne sommes bons qu'à faire périr les animaux. Mais ils disent ces choses insensées par suite de leur légèreté et de leur ignorance ; ils méconnaissent l'état réel et l'utilité des choses : c'est pour cela que Dieu les a affligés par des punitions. Le fait est que les hommes ont tous besoin des serpents, en sorte que les rois et les amirs mettent de leur poison dans le chaton de leur bague, afin de s'en servir dans l'occasion. S'ils réfléchissaient avec attention, ils connaîtraient la condition et l'importance de ces animaux et l'utilité du poison qui est dans leur bouche. Alors ils ne demanderaient pas pourquoi Dieu les a créés. Bien que Dieu ait donné au poison des serpents la propriété de détruire les animaux ; toutefois, il a placé dans leur propre chair le remède de ce poison. »

La sauterelle ayant demandé si les serpents n'offraient pas aux hommes quelque autre avantage, le serpent répondit : « Lorsque Dieu créa les animaux dont tu as fait mention dans ta harangue, il donna à chacun d'eux les moyens de se procurer des avantages et de se préserver du mal. Aux uns il donna un estomac chaud, afin qu'après avoir mâché, la nourriture étant digérée, s'identifiât avec le corps. Au serpent il n'a donné ni estomac pour digérer ni dents pour mâcher, mais à la place il a mis dans sa bouche un chaud poison qui lui permet de manger et de digérer sans dent ni estomac. En effet, lorsque le serpent prend à sa bouche la chair d'un animal, il l'humecte de ce chaud poison, et tout de suite cette chair se fond et le serpent l'avale. Or, si Dieu n'eût pas mis ce poison dans leur bouche, il aurait était impossible aux serpents de se nourrir, ils seraient morts de faim, et on n'en verrait plus dans le monde.

« Les mêmes avantages qui résultent de la création des autres animaux, ces mêmes avantages résultent aussi de la création des serpents. Lorsque Dieu eut créé le monde, il disposa tout conformément à sa volonté. Ainsi, il destina certaines créatures au bien-être des autres, et il les forma conformément à ces vues. Il agit pour l'avantage du monde; mais quelquefois, par une cause quelconque, le mal et le dommage ont lieu pour quelques-unes; parce qu'il n'entre pas dans les vues du Créateur de ne pas donner l'existence à une chose généralement avantageuse pour le monde à cause d'un petit dommage qui pourra en résulter.

« Ainsi, lorsque Dieu créa toutes les étoiles, il destina le soleil à servir de luminaire au monde, et il fit dépendre de sa chaleur la vie des créatures. Le soleil est pour tout le monde, comme le cœur pour le corps; et de même que la grande chaleur qui se produit dans le cœur se répand dans le corps et fait vivre, ainsi par la chaleur du soleil avantage est aux créatures. Bien que vexation et dommage aient quelquefois lieu de sa part à l'égard de certains individus, il n'était cependant pas à propos que Dieu privât la plus grande partie du monde du bienfait général et de l'utilité véritable qui en résulte.

« Tels sont Saturne, Mars et toutes les étoiles, de la position desquelles dépendent la paix et le bonheur du monde, quoique dans quelques heures funestes, préjudice arrive à des individus par l'effet de l'excès du chaud ou du froid. De cette même manière, Dieu envoie de tous côtés les nuages pour le bonheur des créatures, quoique parfois ils soient nuisibles aux animaux, et que par l'effet des pluies torrentielles, les maisons des pauvres gens soient détruites.

« De même sont aussi les animaux malfaisants, les serpents, les scorpions et certains poissons, les crocodiles et tous les reptiles de la terre. Parmi eux quelques-uns naissent de l'ordure et de la pourriture, afin de purifier l'air, qui autrement serait vicié par l'exhalaison de vapeurs délétères qui produiraient la peste dans le monde et feraient ainsi périr tous les animaux à la fois. C'est pourquoi tous ces vers et ces reptiles s'engendrent généralement dans les boutiques des bouchers et des marchands de poisson, et vivent au milieu des ordures : ils y sont nés, ils s'en nourrissent, et par là l'air est purifié, et la peste n'exerce pas ses ravages. Les petits vers servent aussi de nourriture aux grands.

« Il est certain que Dieu n'a rien créé sans utilité. Celui qui ne reconnaît pas cette utilité se permet de censurer Dieu en prétendant que ces êtres sont inutiles. Mais un tel discours ne provient que de l'ignorance et de la sottise. On montre par là qu'on méconnaît les actes et le pouvoir du Créateur. J'ai ouï dire que quelques personnes stupides pensent que la bienveillance de Dieu ne dépasse pas la lune. Cependant, s'ils réfléchissaient sur l'état des créatures, ils s'assureraient que la bienveillance et la bonté de Dieu les comprend toutes, grandes et petites ; car, dès l'origine, la faveur de ses bienfaits s'est répandue sur toutes les créatures, et chacune en profite selon son aptitude.

CHAPITRE XVIII.

SUR LA RÉUNION DES DÉLÉGUÉS DES ANIMAUX.

Au matin, les délégués de tous les animaux arrivèrent de tous les pays. Le roi des jinns, afin de prendre une décision sur leur affaire, entra à cet effet dans la salle d'audience et s'assit sur son trône. Conformément à son ordre, les chambellans annoncèrent que ceux qui avaient à porter plainte et à demander justice de leurs griefs n'avaient qu'à se présenter devant le roi, qui était prêt à les entendre, assisté du cazi et du mufti.

Alors les hommes et les animaux, qui étaient réunis, venus de différents côtés, se mirent en rang et se tinrent debout devant le roi. Ils exécutèrent les marques de respect et de politesse exigées par l'étiquette, et exprimèrent les vœux qu'ils formaient pour le bonheur du roi. Celui-ci regarda de tous côtés, et il vit que des créatures de toute espèce étaient réunies en grand nombre. Il fut stupéfait et resta un instant silencieux. Ensuite, se tournant vers un sage jinn, il lui demanda ce qu'il en pensait.

« Sire, répondit le jinn, je considère tous ces êtres avec l'œil de l'esprit, tout en les apercevant visiblement. Leur vue étonne Sa Majesté, et moi j'admire la prudence et la puissance du sage créateur qui les a produits et qui leur a donné des formes diverses. Il les entretient et les nourrit; il les préserve de tout mal ; bien plus, ils sont tous présents à sa science. C'est pour cela que tant que Dieu, s'il faut en croire les données des savants, est resté caché derrière le voile de la lumière, l'imagination n'a pu y parvenir par la pensée. Il a manifesté ses œuvres afin que les gens intelligents le connussent par là. Tout ce qu'il fit sortir de derrière le rideau du mystère, il le fit paraître sur la plaine de la manifestation, afin que par la vue de ces choses les gens intelligents confessent sa puissance unique et sans pareille, et qu'ils ne soient pas privés des preuves qui la démontrent.

« Les mêmes formes qu'on voit dans le monde des corps existent d'une manière analogue dans celui des esprits ; mais ces formes-là y sont brillantes et légères, tandis que celles-ci sont obscures et épaisses. De même que dans la représentation des animaux en peinture on observe une régularité d'imitation pour chaque membre, ainsi est observée la même ressemblance entre les formes des animaux et celles du monde des esprits ;. si ce n'est que ces formes spirituelles donnent le mouvement, tandis que les formes animales se meuvent elles-mêmes. Si celles-ci ont un rang inférieur, toutefois celles-là n'ont ni sens, ni mouvement, ni langage ; tandis que les animaux sont doués de tout cela. Ces formes qui existent dans le monde de l'éternité sont permanentes : mais les autres sont périssables et passagères. »

Puis, se tenant debout, le jinn fit entendre cette allocution : « Hommage à cet être digne d'adoration qui, par sa puissance parfaite, a manifesté toutes les créatures et a produit des êtres de toute espèce et de tout genre dans l'emplacement de l'existence ! Il a donné aux créatures qui n'ont ni l'esprit ni l'intelligence des autres de telles facultés, qu'il a manifesté par là aux gens réfléchis l'excellence de ses œuvres. Il a limité de six côtés le champ du monde, et il a créé le temps et le lieu pour l'avantage des créatures. Il a établi différents degrés dans le ciel et a désigné pour les occuper différentes classes d'anges. Il a donné aux animaux des formes de toute espèce et des couleurs de tout genre. De la maison de ses faveurs, il a départi ses bienfaits divers. Il a permis gracieusement, à ceux qui ont des demandes à lui adresser et à ceux qui sont affligés, d'approcher de lui par la prière. Quant à ceux qui se complaisent dans des actions criminelles, il les laisse tête baissée dans la vallée de l'égarement.

« Il a créé de feu brûlant les jinns avant l'homme, et il leur a donné des formes admirables et des corps merveilleux. Il a tiré de la demeure cachée du néant toutes les créatures et leur a donné des qualités diverses et des degrés distincts. Il en a placé quelques-unes dans les lieux les plus élevés, d'autres dans les lieux les plus bas, et des troisièmes entre ces deux extrêmes ; mais il les a tous fait parvenir dans la grande route de la direction, au moyen du flambeau de l'apostolat, dans l'obscure habitation du monde. Louange et actions de grâces lui soient donc dévolues pour nous avoir honorés de l'excellence de la foi et de l'islamisme, nous avoir faits ses représentants sur la face de la terre et avoir doué notre roi du bienfait de la science et de la douceur ! »

Quand l'orateur eut terminé son discours, le roi regarda du côté des hommes, et il vit devant lui ces soixante-dix figures humaines, toutes vêtues différemment. Il aperçut au milieu d'eux un homme beau de visage, à la taille élancée, de formes bien proportionnées, et il demanda à son vizir d'où était cet individu. « C'est, répondit-il, un habitant de l'Irân et de la province de l'Irâc. — Faites-le approcher, répliqua le roi, et qu'il exprime ses pensées. » Le vizir obéit, et le Persan prononça alors un discours dont voici le résumé :

« Louange à Dieu, qui nous a donné pour notre résidence ces villes et ces villages, dont l'air et l'eau sont si excellents qu'il n'y en a pas de pareils sur la face de la terre ! Il nous a aussi accordé la supériorité sur la plupart de ses serviteurs. Nous lui devons nos actions de grâces pour nous avoir donné les qualités précieuses de la raison, de l'intelligence, de la réflexion, de la science et du discernement, en sorte que, par sa direction, nous avons pu inventer des arts extraordinaires et des sciences merveilleuses. Il nous a gratifiés de la royauté et de la prophétie. C'est du milieu de nous, en effet, qu'il a fait naître les prophètes Noé, Esdras, Abraham, Moïse, Jésus, Mahomet, sur qui soient le salut et la paix ; c'est d'entre nous qu'il a suscité de grands rois tels que Farîdoun, Darius, Artaxerce, Bahram, Nuschirwan, et tant de sultans sassanides qui ont gouverné et administré convenablement le peuple et l'armée. Nous sommes une nation choisie et comme l'essence des hommes et des animaux, la moelle la plus pure du monde entier. Actions de grâces donc à Dieu, qui nous a accordé de tels bienfaits et nous a donné la prééminence sur toutes les autres créatures ! »

Lorsque cet homme eut terminé sa harangue, le roi demanda aux sages d'entre les génies ce qu'ils avaient à dire au sujet des qualités des hommes dont cet individu avait vanté l'excellence. Ils répondirent généralement qu'il avait raison. Toutefois, un d'eux ne partagea pas l'avis commun, et il dit : « Cet homme a négligé bien des choses dans son discours. Il s'est bien gardé de dire, par exemple, que le déluge eut lieu dans le monde à cause d'eux et que tous les animaux qui étaient sur la surface de la terre périrent ; qu'une grande mésintelligence régna parmi les hommes ; qu'ils en perdirent l'esprit, et que les plus sages furent déconcertés ; que ce fut du milieu d'eux que naquit le méchant roi Nemrod, qui fit jeter dans le feu Abraham, l'ami de Dieu, et Nabuchodonosor, qui détruisit la maison de Dieu, brûla le Pentateuque, mit à mort les enfants de Salomon, fils de David, et tous les Israélites ; qui transporta la famille de 'Adnân des bords de l'Euphrate dans les bois et les montagnes. Il était si injuste et si sanguinaire qu'il ne s'occupait qu'à répandre le sang. »

« Pourquoi, dit le roi, ce Persan aurait-il dévoilé ces choses ? Il n'avait aucun intérêt à le faire, et au contraire elles ne pouvaient que nuire à sa cause. — Mais, répliqua le sage interlocuteur, il répugne à la raison et à l'équité que dans une discussion on expose toutes ses bonnes qualités et qu'on cache ses défauts, ou qu'on les excuse et les dissimule. »

Puis le roi se tourna du côté de l'assemblée des hommes, et il aperçut au milieu d'eux un individu d'un teint brun, jaune, maigre et chétif, avec une longue barbe et les reins ceints d'une ceinture rouge et d'un dhoti (sorte de pagne). Comme le roi demanda qui il était et qu'il apprit que c'était un individu habitant l'île de Ceylan, il voulut que cet homme parlât aussi devant l'assemblée.

« Louange, dit alors le Cingalais, à celui qui nous a donné un pays vaste et excellent où les jours et les nuits sont toujours pareils, où il n'y a jamais d'excès ni de froid ni de chaud, où la température (l'air et l'eau) est tempérée ! Les arbres y sont beaux et verdoyants, les herbes y sont toutes ou des simples, ou bonnes à manger ; il y a des mines innombrables de pierres précieuses ; le bois y est de la canne à sucre ; le gravier, du rubis et de l'émeraude ; les animaux y sont gras et frais. On y trouve l'éléphant, le plus grand et le plus gros des animaux. C'est aussi dans ce pays qu'a pris naissance l'espèce humaine, et que tous les animaux ont commencé à se manifester sous la ligne équinoxiale. Notre pays a produit beaucoup de sages et de prophètes, et Dieu nous a fait connaître des sciences et des arts extraordinaires et merveilleux, tels que l'astronomie, la magie, l'éloquence. Bref, les gens de notre pays excellent sur les autres hommes pour l'adresse et pour la capacité intellectuelle. »

« Tu aurais dû, dit alors le vizir taquin, nous révéler aussi dans ta harangue que vous brûlez les corps morts, que vous adorez les idoles, qu'une grande quantité de vos enfants sont le produit d'unions illégitimes, et que vous en êtes désolés et confus ; vous auriez ainsi observé du moins les règles de l'impartialité. »

Le roi avisa ensuite un homme de haute taille, couvert d'un manteau jaune, qui avait un écrit à la main qu'il lisait en se mouvant en avant et en arrière et s'agitant en tous sens. « Quel est cet individu ? demanda-t-il à son vizir. — C'est, répondit-il, un hébreu de la race des enfants d'Israël, habitant de la Syrie. — Eh bien ! qu'il nous dise aussi quelque chose, répliqua le roi. » Alors l'Israélite, conformément à cet ordre, prononça une harangue dont voici le résumé : « Louange au Créateur, qui a donné aux enfants d'Israël un degré supérieur d'excellence sur tous les fils d'Adam, et qui a départi le don de la prophétie à Moïse, l'allocuteur de Dieu. Louange et actions de grâce au Tout-Puissant, qui nous a rendus disciples d'un tel prophète et nous a gratifiés de toutes sortes de bienfaits ! — Pourquoi n'ajoutes-tu pas, dit le taquin vizir, que Dieu, dans sa colère, vous a jadis métamorphosés en singes et en ours(1), et qu'à cause de vos pratiques idolâtriques, il vous a abandonnés à l'avilissement et à l'infortune ! »

Le roi regarda de nouveau du côté de l'assemblée des hommes, et il y aperçut un individu couvert d'un vêtement de laine, les reins serrés d'une ceinture de cuir, une cassolette à la main où il brûlait de l'encens dont la fumée s'élevait, et qui récitait à haute voix quelque chose comme s'il chantait. « Quel est cet homme ? demanda-t-il à son vizir. — C'est un Syrien, répondit le ministre, de la nation de Sa Seigneurie Jésus. » Alors, d'après l'invitation du roi, le chrétien tint un discours dont voici la substance ; « Louange à Dieu, qui a fait naître Sa Seigneurie Jésus sans père du sein de la Vierge Marie, et l'a doué du don merveilleux de la prophétie ! Par son moyen il a purifié Israël de ses péchés et nous a rendus ses disciples. Il a fait naître parmi nous beaucoup de savants, de gens pieux. Il a rempli nos cœurs de miséricorde et de bienveillance : il nous a donné en partage la pié-

---

(1) L'auteur suit ici le récit du Coran, V. 65.

té. Louange donc à lui, qui nous a gratifiés de telles faveurs ! Outre celles que nous avons mentionnées, il nous en a accordé bien d'autres. — Tout cela est vrai, dit l'ergoteur vizir ; mais vous avez oublié d'ajouter que vous n'avez pas rendu à Dieu le culte qui lui est dû, et qu'ainsi vous êtes infidèles. Vous adorez la croix ; vous vous nourrissez de la chair de porc : vous trompez Dieu et le rendez responsable de vos actions. »

Cependant le roi avisa un autre homme qui était maigre, d'un teint jaunâtre, les reins ceints d'une manière particulière (1) et les épaules couvertes d'un manteau, et il demanda qui il était. Le vizir lui fit alors savoir que c'était un coraïschite, habitant de la Mecque, et le roi l'invita à parler à son tour, ce que celui-ci fit en ces termes : « Louange à Dieu, qui nous a envoyé le prophète Mahomet (que Dieu lui soit propice et lui accorde le salut!) et nous a donné de faire partie de son peuple ! Il nous a ordonné de lire le Coran, de faire cinq fois par jour la prière canonique, d'observer le jeûne du ramazan, le pèlerinage, et de donner aux pauvres la dîme de nos biens. Il nous a gratifiés de beaucoup d'avantages et de faveurs, tels que la nuit de la puissance (la nuit de la révélation du Coran), la prière du vendredi, les sciences théologiques, et nous a promis de nous faire entrer dans le paradis. Actions de grâces lui soient donc rendues pour nous avoir accordé de telles faveurs ! — Mais, dit le vizir ergoteur, pourquoi ne pas avouer que vous avez abandonné la religion après la mort du prophète, que vous avez prévariqué et que, poussés par l'amour des choses du monde, vous avez fait périr les imâms (2). »

Le roi aperçut ensuite un homme d'un teint clair qui tenait à la main un astrolabe et des instruments d'astronomie.

(1) *Tahband*, qui est l'expression du texte, exprime une bande d'étoffe dont on s'entoure les reins et qu'on passe aussi entre les jambes pour la rattacher à la ceinture.

(2) Allusion au meurtre d'Ali et de ses fils Haçan et Huçaïn : il paraîtrait, d'après cette réflexion, que l'auteur de l'ouvrage original était schiite.

Ayant appris qu'il était Grec et qu'il habitait l'Ionie, il l'invita à parler. Alors le Grec s'exprima en ces termes: « Louanges à Dieu, qui nous a donné l'excellence sur ses autres créatures! Il a gratifié notre pays de toutes sortes de fruits et de bonnes choses. Par l'effet de sa faveur et de sa bienveillance, il nous a dévoilé des sciences merveilleuses et des arts sublimes; il nous a accordé tout ce qui pouvait nous être utile. Il nous a permis de connaître, par nos calculs, l'état du ciel, l'astronomie, la géométrie, l'astrologie, la médecine, la logique, la philosophie et bien d'autres sciences. — Vous tirez vainement gloire de ces sciences, fit observer à l'orateur le ministre, car elles ne sont pas de votre invention; mais vous les avez apprises, du temps des Ptolémées, des enfants d'Israël, et vous avez aussi tiré beaucoup de sciences de l'Égypte du temps de Thémistocle. Vous y avez donné de la publicité dans votre pays, et actuellement on vous les attribue. — Qu'as-tu à répondre? dit le roi au Grec. — Nous avons, en effet, reprit l'Ionien, emprunté nos sciences aux anciens sages, de même qu'actuellement on nous les emprunte. C'est ainsi que les choses se passent dans ce monde. On tire profit l'un de l'autre. Par exemple, les sages de Perse ont appris l'astronomie et l'astrologie des sages de l'Inde; et c'est Salomon, fils de David, qui apprit aux enfants d'Israël la magie et l'art des talismans. »

Le roi, jetant alors ses regards sur le dernier rang, y aperçut un homme fort et robuste, avec une grande barbe, et qui se tournait dévotement vers le soleil. « Quel est donc celui-ci? demanda le roi. — C'est, lui dit le vizir, un habitant du Khorassan. — Qu'il parle aussi, répliqua le roi. — Louange à Dieu, dit alors cet individu, à qui nous devons des faveurs et des excellences de tout genre! Il a rendu notre pays plus florissant qu'aucun autre, et il a introduit notre éloge par la bouche des prophètes dans les écrits sacrés, en sorte que quelques versets du Coran attestent notre grandeur et notre excellence. Louange à Dieu, qui nous a donné une foi plus vive que celle des autres hommes! car nous lisons le Pentateuque et l'Évangile, bien que nous n'en comprenions pas le sens ; et nous reconnaissons comme véritable la révélation de Moïse et de Jésus. Quelques-uns mêmes d'entre nous lisent le Coran, bien qu'ils ne le comprennent pas ; mais nous acceptons du fond du cœur la religion du prophète des derniers temps (Mahomet). Nous avons porté le deuil de l'imâm Huçaïn, nous avons vengé son sang sur les Marwaniens (1), et nous espérons que l'imâm des derniers jours (2) se manifestera dans notre pays. »

« Après avoir entendu cette harangue, le roi se tourna du côté des savants et leur demanda leur avis sur les prétentions de cet homme. « Si, répondit un d'eux, ses compatriotes n'étaient ni méchants, ni fornicateurs, ni barbares ; s'ils n'adoraient ni le soleil ni la lune, tout ce dont il se flatte pourrait être vrai. »

Lorsque les individus qui viennent d'être mentionnés eurent exposé leur dignité et leur excellence, le chambellan annonça que la nuit étant arrivée, il fallait se retirer et revenir le lendemain matin.

CHAPITRE XIX.

SUR LES QUALITÉS DU LION.

Le troisième jour, lorsque les hommes et les animaux étaient debout en rang devant le roi, celui-ci se tournant vers eux, aperçut le chacal, et il lui demanda qui il était. « Je suis, répondit celui-ci, l'agent des animaux, et c'est le roi des animaux carnassiers, surnommé *Abû'l-hâris* (le père du laboureur), qui m'a envoyé. Il demeure dans les bois et les forêts, et tous les animaux féroces et domestiques sont ses sujets. Ses principaux officiers et amis sont : la panthère, le daim, le cochon-cerf (*cervus porcinus*), le lièvre, le renard.

(1) C'est-à-dire les partisans de Marwân, neuvième khalife abbasside.

(2) Mahdî, le douzième imâm, qui a disparu, et qui reparaîtra au dernier jour.

Sa stature est plus noble que celle des autres animaux, et sa force plus grande: il est au-dessus d'eux quant à la dignité et à l'illustration. Sa poitrine est large et sa taille mince; ses membres sont solides, ses dents et ses griffes très-fortes; son rugissement est terrible, son aspect effrayant; ni homme ni animal ne peuvent rester auprès de lui sans crainte. Il est juste dans ses actions, et il n'a besoin en rien ni de ses amis, ni de ses officiers. Il est si généreux que lorsqu'il s'est emparé d'une proie, il en distribue des parts à tous les animaux, et n'en mange que ce dont il a besoin. Lorsqu'il aperçoit de loin la clarté d'une lumière, il s'en approche, s'arrête, et s'il est en colère, sa furie s'apaise. Il ne touche ni aux femmes ni aux enfants; il aime la musique; il ne craint personne, si ce n'est la fourmi blanche, qui le tourmente, lui et ses lionceaux, de même que le moucheron tourmente l'éléphant et le taureau, et la mouche les hommes. Il gouverne avec habileté ses sujets et les traite avec bienveillance. »

CHAPITRE XX.

SUR LES DRAGONS ET LES SERPENTS.

Comme le roi regarda à droite et à gauche, un bruit arriva tout à coup à ses oreilles, et il s'aperçut qu'il provenait de la sauterelle, qui agitait ses deux ailes et qui faisait entendre un léger murmure. « Qui es-tu, lui dit le roi, et d'où viens-tu? — Je suis, répondit la sauterelle, l'agent de tous les animaux rampants, des vers et des insectes, et c'est leur roi qui m'a envoyé. Il se nomme *Sa'bân*, et il demeure sur les plus hautes collines et montagnes, où il n'y a ni nuages, ni pluie, ni végétation, et où les animaux meurent par l'excès du froid. Son armée et ses sujets sont les serpents, les scorpions, etc., et ils habitent tous les lieux de la terre. Quant à lui, s'il se sépare de son armée et de ses sujets pour habiter les endroits les plus élevés, c'est parce qu'il a du poison dans sa bouche et que la chaleur de ce poison lui brûle le corps. Il a donc besoin de vivre dans un lieu aéré et froid. Quant à sa forme et à sa figure, il ressemble au dragon.

« Qu'est-ce que le dragon? dit le roi. — Il est le chef des animaux aquatiques, répondit la sauterelle; mais la grenouille, qui est son agent, pourra dire mieux que moi ce qu'il est. » Celle-ci reposait sur un monticule, au bord de la rivière, occupée à louer Dieu et à lui rendre des actions de grâces. Interrogée par le roi, elle dit que le *tinnin* demeurait dans l'océan, et qu'en effet il avait pour sujets les animaux aquatiques, tels que tortues, poissons, grenouilles, crocodiles. « Il est le plus grand, ajouta-t-elle, de tous les animaux aquatiques. Sa forme est extraordinaire, sa figure terrible; il est très-grand; tous les animaux de l'océan le craignent. Il a la tête grosse, les yeux brillants, des dents nombreuses; il avale tous les animaux aquatiques qu'il trouve, et lorsqu'il en a trop mangé et que la digestion le fatigue, il courbe son corps comme un arc, et s'appuyant sur sa tête et sa queue, l'élève hors de l'eau, afin que la chaleur du soleil détermine la digestion. Souvent le dragon reste évanoui pendant ce temps, et alors, quand les nuages s'élèvent de la mer, ils l'emportent et le font échouer sur le rivage où il meurt et est dévoré par les animaux carnassiers; ou bien les nuages le jettent sur les confins des domaines de Gog et de Magog, où il sert aussi de nourriture pendant plusieurs jours.

« Tous les animaux aquatiques craignent donc le dragon et le fuient; mais quant à lui, il n'en craint aucun, si ce n'est un petit animal pareil au moucheron, dont la piqûre est mortelle pour lui. Dans ce cas, tous les animaux aquatiques se réunissent pour dévorer son cadavre. Il devient ainsi à son tour la nourriture des petits animaux, après en avoir fait la sienne; et tel est, au surplus, ce qui arrive aux oiseaux et à tous les animaux. Ainsi les moineaux et autres petits oiseaux mangent les moucherons et les fourmis; les faucons mangent les moineaux; les vautours et les aigles, les faucons; mais quand ils meurent, ils servent de pâture aux vers et aux insectes. La même chose arrive aux hommes qui se nourrissent de la chair du daim, du cochon-daim (*cervus porcinus*), de la chèvre, de la brebis et des oiseaux ; lorsqu'ils meurent, de petits vers dévorent leurs corps dans le tombeau. Voilà ce qui se passe dans tout le monde : tantôt les grands animaux mangent les petits, et tantôt les petits mangent les grands. C'est pour cela que les sages ont dit : « La mort de l'un est le bien-être de l'autre ; » et Dieu a dit : « Les jours se succèdent pour les hommes, et les sages « seuls en comprennent la signification (1). »

« Les hommes s'imaginent que les animaux doivent être leurs esclaves ; mais, d'après l'exposition que j'ai faite des qualités des animaux, il est facile de voir qu'ils sont égaux et qu'il n'y a entre eux aucune différence. Ils mangent et sont mangés, et j'ignore de quoi les hommes peuvent tirer vanité ! Le fait est que notre position est absolument la même que la leur soit pendant la vie, soit (extérieurement) après la mort. Il nous faut recourir à Dieu. On ne peut que s'étonner de l'imposture et de la calomnie des hommes à notre égard ; c'est être insensé que de parler comme ils le font, contrairement aux règles de l'analogie. Comment peuvent-ils dire que tous les animaux féroces et carnassiers, les dragons, les crocodiles, les serpents, les scorpions, sont leurs esclaves ? Ne savent-ils donc pas que, si un animal féroce sortait des bois, un oiseau de proie des montagnes, un crocodile de la rivière, et les attaquaient, ils dévasteraient aisément leurs provinces et ne laisseraient pas un seul homme vivant. Mais ils ne songent pas à cela, et ne sont pas reconnaissants envers Dieu de ce qu'il a éloigné d'eux des animaux si dangereux. Ils font souffrir, au contraire, jour et nuit les pauvres animaux dont il se sont emparés, et ils portent la suffisance au point de disposer ainsi des animaux sans y être autorisés par aucune preuve légale. »

Le roi s'aperçut alors que le perroquet, juché sur la branche d'un arbre, écoutait tout ce qu'on disait. « Que fais-tu là, lui dit-il, et qui es-tu ? — Je suis, répondit le perroquet,

(1) Cor., III, 434.

l'agent des oiseaux de proie ; c'est le *'anca* (griffon), leur roi, qui m'a envoyé ici. Il habite sur de hautes montagnes, dans les îles de l'océan. Aucun être humain ne passe par-là, car aucun navire ne peut y aborder. Là, le sol est admirable, le climat tempéré, l'eau des fontaines délicieuse ; il y a des arbres de toute espèce et de toute variété, des animaux de tout genre et en grand nombre. Quant au 'anka lui-même, il est le plus grand de tous les oiseaux. Il vole sans fatigue, ses serres et son bec sont très-forts ; ses ailes sont si larges que, lorsqu'il les agite dans l'air, on les prend pour les voiles d'un navire. Sa queue est très-longue. Le mouvement qu'il fait en volant est si puissant que la montagne en tremble. Il soulève de terre l'éléphant, le rhinocéros et d'autres grands animaux. Il est, au surplus, d'un excellent naturel. »

Le roi tourna alors ses regards du côté de la troupe des hommes, et vit leurs figures diverses et leurs vêtements variés. « Pesez, leur dit le roi, tout ce que les animaux ont dit, et songez à ce que vous pouvez y répondre. Mais quel est donc votre roi ? — Nous en avons plusieurs, répondirent-ils et chacun d'eux a son armée et ses sujets dans son royaume respectif. »

« Comment se fait-il, répliqua le roi, que chaque catégorie d'animal, si nombreuse qu'elle soit, n'a qu'un roi, et que vous en ayez plusieurs, quoique vous soyez bien moins nombreux ? — Les hommes ont bien des besoins, répondit le Persan de l'Irac, qui faisait partie de la bande humaine, et leurs circonstances sont diverses : c'est pour cela qu'il est nécessaire qu'ils aient beaucoup de rois. La chose est très-différente pour les animaux : chez eux, c'est le plus grand et le plus fort qui est leur roi. Chez les hommes, au contraire, les rois sont souvent maigres, faibles et chétifs ; car ils sont établis pour exercer la justice et l'équité, pour veiller au bonheur des sujets et pour les traiter toujours avec une paternelle bienveillance.

« Il y a aussi chez les hommes différents ordres de fonctionnaires royaux : les uns sont militaires et guerriers, et ils sont occupés à repousser les ennemis du roi et à tenir en respect les traîtres, les voleurs, les escrocs, les filous, afin qu'ils n'excitent pas de trouble ni de sédition dans les villes. Les rois ont aussi des ministres et des secrétaires, par l'entremise desquels ils gouvernent l'État, et ils ont un trésor pour le payement des troupes. Parmi leurs sujets, il y en a qui s'occupent d'agriculture, et qui procurent ainsi à tous les moyens d'exister. Il y a des cazis et des muftis qui appliquent les lois, tant pour le spirituel que pour le temporel, car les rois sont chargés des deux choses; en sorte que les sujets ne dévient pas du droit chemin. Il y a des marchands et des industriels qui vont dans tous les pays faire le commerce. Il y a des serviteurs et des domestiques occupés du service des autres. Les hommes se divisent ainsi en classes, toutes nécessaires aux rois, et sans lesquelles leur gouvernement serait impossible. Il faut à chaque ville des chefs qui veillent à l'administration et qui prennent garde qu'il ne s'introduise aucun abus. Un seul roi ne pourrait donc pas gouverner tous les hommes, et il y a, en effet, plusieurs royaumes dans les sept climats ou divisions du monde. Dans chacun de ces royaumes, il y a des milliers de villes florissantes où habitent un nombre incalculable d'individus. La langue de chacun des peuples qui constituent ces royaumes est différente; ils ont des religions distinctes : il est donc impossible qu'un seul prince les gouverne. C'est pour cela que Dieu a établi sur eux plusieurs souverains qu'on nomme ses lieutenants sur la face de la terre ; parce qu'en effet il en a fait les maîtres du pays et les chefs de ses serviteurs pour qu'ils s'occupent à rendre florissants leurs États respectifs, pour veiller au bien-être de leurs sujets, pour distribuer la justice, faire observer les lois, empêcher de pratiquer ce que Dieu défend, avoir soin enfin que personne ne manque du nécessaire. »

CHAPITRE XXI.

SUR LES QUALITÉS DU CHEF DES MOUCHES.

Lorsque l'homme eut terminé son discours, le roi se tourna du côté des animaux. Alors un léger bourdonnement frappa ses oreilles, et il aperçut aussitôt Ya'çûb, chef des mouches (1), qui volait devant lui et qui célébrait à sa manière les louanges de Dieu. Interpellé par le roi, il dit qu'il était le chef des insectes. « Si, ajouta-t-il, je n'ai envoyé ni agent ni messager d'entre mes sujets, comme l'ont fait les autres chefs des animaux, c'est que je n'ai voulu donner cette peine à personne. — Comment cela? répliqua le roi, c'est une attention qu'on ne trouve pas chez les autres animaux. — Dieu, répondit Ya'çûb, m'a donné cette qualité; mais j'ai aussi bien d'autres qualités que le Très-Haut m'a départies, et dont il a privé les autres animaux. Ainsi, il a donné à moi et à mes ancêtres l'art de régner et le don de la prophétie, et nous tenons ces choses par héritage, de génération en génération; choses qu'aucun autre animal ne possède. Dieu nous a accordé, en outre, la science de la géométrie et beaucoup d'autres arts, en sorte que nous savons bâtir nos demeures en perfection. Nous pouvons goûter à tous les fruits et nous poser sur chaque fleur. Avec notre salive nous faisons le miel qui donne aux hommes la santé. Des versets du Coran parlent avec éloge de notre excellence. Notre forme et notre conduite sont, pour les plus insouciants, une preuve de l'admirable puissance de Dieu. Ainsi, Dieu a composé notre corps de trois parties jointes ensemble : celle du milieu est carrée ; la partie inférieure est allongée, et la tête est arrondie. Nous avons des pattes de devant et de derrière en rapport admirable avec la forme hexagone de nos membres, et qui facilitent nos mouvements. Nous construisons nos habitations avec tant d'art, que l'air ne peut s'y introduire et incommoder nous et nos petits.

« Au moyen seulement de nos pattes nous pouvons prendre les fruits, les feuilles, les fleurs des arbres et les déposer dans nos demeures. Nous avons à nos épaules quatre ailes, afin de voler comme il faut, et un peu de poison à notre aiguillon, afin de nous défendre contre les attaques de nos ennemis. Nous avons le cou mince, afin de tourner facilement la tête à droite et à gauche. Aux deux côtés de la tête,

---

(1) D'après le contexte, Ya'çûb doit être une abeille.

Dieu nous a doués de deux yeux brillants qui nous permettent de voir clairement toute chose. Il nous a donné une bouche qui nous permet de sentir le goût de ce dont nous nous nourrissons. Avec nos lèvres nous réunissons ce que nous voulons manger, et notre estomac a une faculté digestive telle qu'il le transforme en miel, lequel sert de nourriture à nous et à nos petits, de même que Dieu a donné à la mamelle des quadrupèdes la faculté de changer le sang en lait. Comment donc ne serions-nous pas reconnaissants envers Dieu qui nous a accordé ces avantages ? C'est donc par bienveillance et compassion pour mes sujets que j'ai voulu prendre moi-même la peine de venir jusqu'ici au lieu d'y envoyer quelqu'un autre. »

Lorsque Ya'çùb eut terminé son discours, le roi lui dit : « Mille remercîments pour ton éloquente harangue. Il est bien vrai que Dieu n'a donné à aucun autre animal les avantages qu'il t'a départis. Mais où sont donc tes sujets ? où est ton armée ? — Sur les collines, les montagnes et les arbres, là où enfin ils trouvent leur convenance. Toutefois quelques-uns sont entrés dans les domaines des hommes et y ont fixé leur résidence ; mais ils ne peuvent y demeurer en sécurité qu'en s'y cachant, car souvent les hommes les tourmentent, brisent leurs ruches, s'emparent de leur miel et le mangent. »

« Supportez-vous patiemment, ajouta le roi, une telle injustice ? — Quand la chose est insupportable, nous quittons leur royaume ; mais, dans ce cas, ils usent de toutes sortes de ruses pour rester en paix avec nous. Ils nous font respirer d'excellents parfums et de bonnes odeurs ; ils font résonner en notre honneur le tambour et les cymbales ; ils nous donnent des choses rares et précieuses pour nous attirer ; mais c'est sans aucune preuve ni titre qu'ils prétendent être nos maîtres et nous leurs esclaves. »

CHAPITRE XXII.

DÉTAILS SUR L'ORGANISATION DU ROYAUME DES JINNS.

A son tour, Ya'çûb demanda au roi si les jinns sont bien obéissants à leur souverain et à ses lieutenants. « Oui, répondit le roi, ils sont soumis à leurs chefs et leur obéissent passivement; ils exécutent fidèlement les ordres du roi. Dans la nation des jinns, il y en a de bons et de mauvais; il y a des musulmans et des infidèles, comme parmi les hommes. Ceux qui sont bons sont plus obéissants et dévoués à leurs chefs que ne le sont les hommes: ils sont semblables aux astres du ciel, dont le soleil est comme le roi, tandis qu'ils en sont comme l'armée et les sujets : ainsi Mars est le général de l'armée des astres, Jupiter en est le cazi (l'intendant militaire), Saturne en est le trésorier, Mercure le ministre ; Vénus est la femme du soleil, et la lune l'héritière présomptive. Les étoiles peuvent être comparées aux sujets, et plus spécialement à l'armée, car elles dépendent toutes du soleil, règlent leurs mouvements sur les siens, et n'en ont pas d'indépendants. »

« D'où vient, dit Ya'çûb, que les étoiles suivent, sans en dévier, la direction qui leur est donnée? — C'est aux anges, répondit le roi, que la chose est due ; car ils forment, eux, l'armée de Dieu, et lui obéissent ponctuellement, comme les cinq sens à l'âme, sans avoir besoin d'avis ni de menace. Les cinq sens, en effet, sont destinés à connaître et à faire connaître ce qui est perceptible sans avoir besoin d'ordre ni de défense. Quand l'âme veut connaître quelque chose, elle est fidèlement servie par eux. Ainsi les anges sont occupés au service et à l'obéissance de Dieu, qu'ils accomplissent avec exactitude.

« Bien que ceux d'entre les jinns qui sont méchants et infidèles n'obéissent pas constamment aux ordres de leur roi, ils valent mieux que les hommes de la même catégorie ; car quelques-uns de ces jinns égarés et infidèles se sont néanmoins soumis à Salomon, et bien qu'il ait exigé d'eux des actes pénibles et difficiles, ils n'ont pas dévié de leur obéissance. Et si quelque homme, se trouvant dans un bois ou un endroit désert, se met à prier dans la crainte des jinns, ils ne lui font aucun mal. Si, par hasard, un jinn vient à s'emparer d'un homme ou d'une femme et qu'un agent des hommes aille se plaindre au chef des jinns, le délinquant s'enfuit tout de suite. Ce qui prouve encore leur disposition à obéir à la loi de Dieu, c'est qu'une fois, lorsque le dernier prophète du temps (Mahomet) récitait le Coran, quelques jinns ayant passé par hasard et l'ayant entendu, se firent musulmans ; et, étant retournés auprès des individus de leur race, ils leur prêchèrent l'islamisme et les firent participer au bonheur de recevoir la foi, ainsi que le témoignent plusieurs versets du Coran déjà cités. »

« Les hommes sont bien différents : le polythéisme et l'hypocrisie sont dans leur nature, et il sont extrêmement fiers et orgueilleux. Par intérêt, ils ont quitté le chemin de la bonne direction ; ils ont donné à Dieu des associés et se sont détournés de la voie droite. Ils sont sans cesse occupés à combattre et à s'entre-tuer sur la face de la terre. Ils désobéissent à leurs prophètes et nient leurs miracles et leurs prodiges. Ils ont l'infidélité et l'hypocrisie dans le cœur, quoiqu'ils paraissent quelquefois disposés à obéir. Ils sont ignorants et égarés et ne comprennent rien : c'est ainsi qu'ils ont la prétention d'être nos maîtres et que nous soyons leurs esclaves. »

Lorsque les hommes virent que le roi s'entretenait avec le chef des mouches, ils s'étonnèrent de ce que ce chétif animal jouît d'un privilége dont étaient privés les animaux d'une condition supérieure. « Ne vous étonnez pas, leur dit un sage d'entre les jinns, bien que Ya'çûb, chef des mouches, soit petit et faible de corps, il est cependant très-intelligent et fort savant, et il est le chef et l'orateur de tous les insectes de la terre. C'est lui qui enseigne à tous les animaux la manière de gouverner et d'administrer. Or, il est d'usage chez les rois de s'entretenir avec ceux qui gouvernent et administrent, bien qu'ils soient différents de figure et de forme. Ne croyez donc pas que ce soit par des motifs de partialité que le roi agit ainsi. »

Cependant le roi dit aux hommes en se tournant vers eux : « Vous avez entendu toutes les plaintes que font les animaux de votre tyrannie et ce qu'ils ont répondu à vos prétentions. Apprenez-nous maintenant ce qui vous reste à dire. — Nous avons, répondit l'agent des hommes, beaucoup d'avantages et d'excellences qui démontrent la justesse de nos prétentions. Nous connaissons bien des sciences et des arts et nous l'emportons sur les animaux quant à la prudence et à l'habileté. Nous pouvons nous occuper à la fois des choses de la vie future et de celles de la vie présente, et c'est surtout ce qui nous distingue des animaux. »

A ces mots, les animaux baissèrent la tête et ne répondirent rien. Toutefois, après quelques instants, l'agent des mouches dit: « Si les hommes veulent bien réfléchir, ils s'assureront que nous l'emportons sur eux quant à nos dispositions ingénieuses, à la science et à la bonne entente des choses. En géométrie, nous sommes si habiles que, sans règles ni compas, nous traçons des cercles, des triangles et des carrés, et nous construisons des cellules de différents genres. C'est de nous que les hommes ont appris les règles du gouvernement et de l'administration. Nous avons des portiers et des chambellans qui empêchent que personne n'arrive, sans permission, auprès de notre roi. Des feuilles des arbres nous extrayons du miel, nous le réunissons et nous le mangeons tranquillement avec nos petits dans nos cellules. Les hommes prennent ce qu'ils peuvent de nos restes et l'emploient à leur usage. Personne ne nous a instruit de ces choses : c'est Dieu qui nous les a révélées, car nous les avons apprises sans l'aide ni l'assistance d'un maître. Si, en effet, nous étions les esclaves des hommes, ceux-ci mangeraient-ils nos restes? Les rois ne sont pas dans l'usage de manger les restes de leurs esclaves. Les hommes ont besoin de nous pour bien des choses, et nous n'avons besoin d'eux pour rien. Ainsi leur prétention n'est nullement fondée.

« Si, par exemple, les hommes font attention à la fourmi, ils verront que, malgré son petit corps, elle sait se creuser dans la terre des habitations qui n'ont pas besoin de murs et qui, néanmoins, n'ont rien à craindre des pluies torrentielles. Elle y amasse du blé pour s'en nourrir : s'il vient à être mouillé, elle l'en retire et le fait sécher au soleil. Si elle craint que le grain ne germe, elle en enlève la balle et le coupe en deux morceaux. Pendant les chaleurs, un grand nombre de fourmis se réunissent par caravane et vont, de tous côtés, à la recherche de la nourriture. Si elles rencontrent une d'elles qui soit tombée sous le poids de sa charge, elles en prennent une partie et vont avertir leurs compagnes. Il en arrive alors qui la relèvent, après bien des efforts. Quand elles s'aperçoivent qu'elle est incapable de travailler, elles s'en débarrassent en la tuant. Si l'homme réfléchit, il doit se convaincre que les fourmis sont instruites et intelligentes.

« De même la sauterelle, lorsqu'elle a bien bu et bien mangé, au printemps, et qu'elle s'est engraissée, elle va sur un terrain tendre, elle y fait un creux et y dépose ses œufs : elle les couvre ensuite et s'envole, et quand le temps de sa mort arrive, les oiseaux mangent son corps. Au printemps de l'année suivante, lorsque l'air est tempéré, un petit ver sort de l'œuf déposé dans la terre ; il se nourrit de l'herbe des champs ; puis il se transforme, il devient ailé et il grossit. A son tour il produit des œufs, il les cache dans la terre, et la chose se passe ainsi chaque année.

« Il en est ainsi du ver à soie, qui vit généralement sur les arbres des montagnes, et spécialement sur le mûrier. Dans les jours du printemps, lorsqu'il est bien gras, il se fait un nid avec sa salive contre la branche d'un arbre et s'y endort paisiblement. Lorsqu'il se réveille, il en sort et produit des œufs ; puis les oiseaux le mangent, ou bien il meurt naturellement de chaud ou de froid. Les œufs se conservent pendant une année ; l'année suivante, de petits vers à soie en naissent et montent sur les arbres. Lorsqu'ils ont acquis la force nécessaire, ils agissent comme leurs devanciers.

« De leur côté les guêpes construisent une sorte de toit

sur les arbres et les murs et y placent dessous leurs œufs et leurs petits. Toutefois, elles n'amassent pas de quoi manger, mais elles vont journellement à la recherche de leur nourriture. Quand le froid vient, elles se retirent dans des grottes ou dans des trous, et y meurent. Leur enveloppe reste là pendant tout l'hiver et ne se pourrit ni se décompose jamais. Puis au printemps, par l'effet de la puissance de Dieu, la vie revient à leur corps, et elles produisent encore des œufs et des petits.

« De cette même manière, tous les insectes de la terre se reproduisent ; ils ont le plus grand soin de leurs petits, sans en rien attendre, tandis que les hommes espèrent la réciprocité de la part de leurs enfants, n'ayant en partage ni la générosité ni la bonté qui distingue la véritable grandeur. En quoi donc peuvent-ils se flatter de nous être supérieurs ? La mouche, le moucheron, le moustique et tous les autres insectes qui produisent des œufs, élèvent leurs petits et se construisent une demeure, n'agissant pas seulement pour leur utilité propre, mais pour celle d'autres vers, pour qu'ils sachent qu'ils doivent positivement mourir, et que lorsque l'heure de leur décès arrivera, ils l'acceptent avec soumission et même avec joie. Puis, l'année suivante, Dieu, par l'effet de sa puissance, les produit de nouveau. Aucun de ces insectes ne nie, comme le font quelques hommes, la création et la résurrection. Si les hommes connaissaient bien ce qui concerne ces animaux, ils s'assureraient qu'ils sont plus habiles qu'eux à se procurer leur nourriture et à se préparer à la mort. Ainsi ils ne se flatteraient pas d'être les maîtres des animaux, et ils ne considéreraient pas ces derniers comme leurs esclaves. »

Quand l'agent des mouches eut terminé son discours, le roi lui en témoigna sa satisfaction, et, s'adressant aux hommes, il leur dit : « Vous avez entendu tout ce qui a été dit : avez-vous à répondre encore quelque chose ? — Oui, dit un Arabe, nous possédons des excellences et des qualités qui appuient nos prétentions. Notre vie se passe délicieusement. Nous nous procurons facilement les nourritures et les boissons les plus agréables, choses dont les animaux n'ont aucune idée. Nous mangeons l'amande et la chair des fruits, et les animaux la peau et l'écorce. Nous nous nourrissons en outre des mets les plus fins et des friandises les plus appétissantes, du lait, du cail, du *ghî*, de toutes sortes de pâtisseries, de douceurs et de confitures. Pour nous divertir nous avons la danse et la musique, des jeux, des fêtes, des récits de contes. Nous nous couvrons de vêtements somptueux ; nous ornons notre corps de bijoux de différents genres, et nous faisons usage de tapis de toutes sortes. Les animaux sont privés de tout cela : ils se bornent à manger l'herbe des bois, et à la nuit, entièrement nus, ils sont couchés durement comme les esclaves (1). Tout prouve donc l'équité de nos prétentions. »

Le rossignol, agent des oiseaux, qui était perché sur la branche d'un arbre, dit alors au roi en réponse à ce discours : « Cet homme, qui se vante des nourritures et des boissons recherchées qu'il prend, ignore sans doute qu'en réalité ces choses ne sont pour ses semblables qu'une source de peine et de fatigue. En effet, il leur faut bêcher la terre, la labourer, construire des ponts, arroser, ensemencer les champs, moissonner, peser le grain, le moudre, chauffer le four, y faire cuire le pain. Il leur faut se disputer avec le boucher pour l'achat de la viande ; savoir faire leur compte avec les marchands ; se donner bien du mal pour amasser de l'argent ; étudier les sciences et les arts ; fatiguer leur corps, voyager dans les pays lointains ; se tenir debout les mains jointes devant les princes pour en obtenir quelques sous (*païça*). Ce n'est qu'au moyen de toutes ces peines qu'ils peuvent amasser des richesses ; à leur mort, elles sont dévolues à d'autres, et alors, si elles sont mal acquises, ils en sont punis dans l'autre vie.

Quant à nous, nous n'avons pas à supporter ces peines et ces fatigues, car nous ne nous nourrissons que d'herbe et de feuilles ; nous prenons ainsi, sans aucun effort, ce que la terre produit d'elle-même. Nous mangeons les fruits de dif-

---

(1) L'étiquette orientale exige que les esclaves couchent par terre, souvent dans la même chambre que leurs maîtres.

férentes espèces que Dieu, dans sa puissance, a produits pour nous, et nous lui en sommes reconnaissants. Nous n'avons jamais aucun souci pour le boire et le manger : quelque part que nous allions, nous trouvons ce qu'il nous faut : tandis que les hommes sont toujours en peine de leur nourriture. D'ailleurs, les mets variés dont ils se nourrissent sont pour eux la source des indispositions et des maladies de toutes sortes dont ils sont affligés, et qui les obligent de courir après les médecins pour chercher à s'en guérir. »

« Les maladies, répondit l'homme, ne sont pas propres seulement à l'humanité : les animaux y sont bien plus sujets que nous. — Cela est vrai, répondit le rossignol, mais seulement pour ceux d'entre nous qui vivent avec vous, tels que le chien, le chat, le pigeon, la poule, etc., qui ne peuvent pas manger et boire à leur manière, et qui contractent ainsi des maladies. Quant aux animaux qui vivent librement dans les bois, ils sont à l'abri de toute maladie, parce que le temps de leur nourriture n'est pas fixé, et elle n'est ni quelquefois trop abondante, ni d'autres fois en trop petite quantité. Au contraire, les animaux que vous tenez auprès de vous en asservissement ne passent pas leur temps à leur manière. Ils mangent quand ils n'ont pas faim, ou bien ils mangent trop quand ils ont faim ; ils ne peuvent pas garder une salutaire abstinence, et c'est ainsi qu'ils sont souvent malades.

« Les mêmes causes motivent les maladies de vos enfants, parce que les femmes et les nourrices mangent intempestivement, par avidité, les mets dont vous vous enorgueillissez ; et c'est ainsi qu'un dérangement s'opère dans la circulation du sang et des humeurs, et c'est ainsi que le lait se corrompt ; il produit un effet fâcheux sur la nature de l'enfant et engendre les maladies auxquelles ils sont en proie. Par suite de ces maladies, ils meurent prématurément et souffrent, dans tous les cas, de toutes sortes d'incommodités et d'infirmités dont nous sommes exempts.

« D'entre toutes les nourritures que vous employez, le miel est la plus précieuse et la meilleure. Vous en mangez et vous vous en servez de médicament : toutefois il n'est que la salive des mouches ; ce n'est pas vous qui le produisez.

Quant aux fruits et aux grains, nous nous en nourrissons aussi bien que vous. Nos ancêtres respectifs vivaient ensemble dans les temps anciens, et lorsque vos grands parents Adam et Ève demeuraient dans le paradis terrestre et, sans souci, mangeaient à leur gré les fruits qu'ils y trouvaient, nos ancêtres vivaient joyeusement et agréablement en leur compagnie.

« Lorsque votre premier père, trompé par son ennemi, eut oublié l'avertissement de Dieu, il éprouva de l'avidité pour un grain (1), il fut chassé du paradis, des anges le conduisirent en un endroit où il n'y avait ni fruit ni feuille. Adam et sa compagne se mirent à pleurer, et à la fin leur repentir fut agréé. Dieu leur pardonna leur péché, et il leur envoya un ange qui apprit à Adam à labourer la terre, à l'ensemencer, à broyer le blé, à le faire cuire et à se faire des vêtements. Jour et nuit les hommes travaillèrent ainsi péniblement. Lorsqu'ils se furent multipliés et qu'ils se furent répandus partout, ils se mirent à user de violence envers les autres habitants : ils pillèrent leurs habitations ; ils prirent des animaux et les retinrent prisonniers, tandis que d'autres prirent la fuite. Alors, afin de s'en emparer, ils dressèrent toutes sortes d'embûches et de filets et se mirent à leur poursuite ; et enfin, vous en êtes venus jusqu'à mettre en avant votre dignité et vos priviléges, et à entrer en contestation avec nous sur vos prétentions.

« Quant aux festins que vous vous flattez de faire, à la danse, à la musique, aux plaisirs et aux divertissements dans lesquels vous passez votre temps, aux vêtements somptueux dont vous vous couvrez, il est vrai que nous ne jouissons pas de toutes ces choses ; mais, comme compensation de ces avantages, vous éprouvez aussi bien des peines que nous ignorons. Souvent, après ces repas recherchés, vous vous asseyez dans la maison du deuil, et vous éprouvez du chagrin après avoir ressenti de la joie. Après la musique et les joyeux divertissements viennent les pleurs et la tristesse ; à

---

(1) On sait que, selon une tradition rabbinico-musulmane, le fruit défendu était *le blé*.

la place des riches habitations vous avez à dormir dans le tombeau ténébreux ; au lieu des bijoux dont vous ornez votre corps on vous met quelquefois des colliers de fer, des menottes et des chaînes aux pieds ; enfin, après avoir écouté complaisamment vos louanges, vous avez à subir le blâme et la critique. En un mot, à la place de chaque chose qui vous est agréable, vous devez supporter un chagrin. Quant à nous, nous n'éprouvons pas ces sensations pénibles, notre état d'esclavage nous habituant à tous ces maux.

« Au lieu de vos villes et de vos maisons nous avons la vaste plaine de la terre à notre disposition, et nous volons à notre gré jusqu'au ciel. Nous prenons notre nourriture sans empêchement sur les bords verdoyants des rivières, où, sans nous donner aucun mal, nous trouvons des aliments purs et de l'eau limpide. Nous n'avons besoin ni de corde, ni de seau, ni d'outre, ni de cruche ; tandis que toutes ces choses vous sont nécessaires afin de porter l'eau sur vos épaules et aller çà et là pour la vendre. La peine et la fatigue que vous êtes obligés de supporter sont le propre des esclaves. Comment donc pouvez-vous affirmer que vous êtes nos maîtres et que nous sommes vos esclaves ? »

« Avez-vous encore, dit le roi à l'agent des hommes, quelque chose à faire valoir en réponse à ces objections ? — Oui, dit un Hébreu, qui prit alors la parole. Parmi les excellences que le Très-Haut nous a départies à nous seuls, se trouvent en première ligne la religion, la prophétie et la révélation ; la connaissance de ce qui est permis et de ce qui est défendu, du bien et du mal, enfin de tout ce qui est nécessaire pour entrer en paradis. Il nous a appris l'ablution et la purification, la prière particulière, le jeûne, l'aumône, la prière publique dans les mosquées, la prédication en chaire et beaucoup d'autres actes de piété, toutes choses qui prouvent amplement notre supériorité. »

« En y réfléchissant bien, répliqua l'agent des oiseaux, il est facile de comprendre que ces choses dont vous vous vantez vous ont été imposées, comme une pénitence et une punition : car Dieu a établi ces actes de dévotion afin que vos péchés soient pardonnés et que vous ne tombiez pas dans l'égarement, ainsi qu'il a dit dans le Coran : *Certes les bonnes œuvres repoussent le mal* (1). Si les hommes n'agissent pas conformément aux règles de la loi, ils auront le visage noir auprès de Dieu, et c'est donc par cette crainte qu'ils se livrent à son service. Quant à nous, nous sommes exempts de péchés, et ainsi nous n'avons pas besoin des pratiques dont les hommes sont si fiers. Dieu a envoyé les prophètes aux hommes parce qu'ils étaient infidèles, polythéistes et criminels, parce qu'ils ne rendaient pas à Dieu le culte qui lui est dû, mais qu'ils passaient le jour et la nuit dans le libertinage et la corruption. Mais nous ne sommes ni polythéistes ni rebelles. Nous reconnaissons Dieu unique et sans compagnon, et nous exécutons envers lui les devoirs de l'adoration. Les prophètes sont pareils aux médecins et aux astrologues, dont les hommes ont besoin : des premiers pour se guérir des maladies, des autres pour se garantir des mauvaises influences des astres.

« L'ablution et la purification vous sont commandées parce que vous êtes toujours impurs, attendu que vous passez la nuit et le jour dans les plaisirs sensuels défendus et que vous souillez ainsi votre corps. Quant à nous, nous évitons ces choses : nous ne nous rapprochons de nos femelles que fort rarement, sans mauvaise passion, mais seulement pour la reproduction de l'espèce. Vous êtes obligés à la prière et au jeûne afin que vos péchés vous soient pardonnés ; mais nous n'en commettons pas ; comment serions-nous soumis à ces obligations ? L'aumône vous est imposée parce que vous acquérez une grande partie de vos biens d'une manière illicite et honteuse et que vous ne rendez pas à chacun son droit. Si de vous-même vous faisiez l'aumône, vous y obligerait-on ? Pour nous, nous traitons avec bienveillance les individus de notre espèce ; nous ne connaissons pas l'avarice et nous ne thésaurisons pas.

« Quant à ce dont vous vous vantez, de la connaissance que Dieu vous a donnée de ce qui est permis et de ce qui est défendu et aux versets du Coran qu'il a révélés sur les lois pénales et le talion, tout cela est pour votre instruction,

(1) XI, 116.

car vos cœurs sont ténébreux; par incapacité et ignorance ils ne savent pas distinguer ce qui est avantageux de ce qui est nuisible; c'est pour cela que vous avez besoin de maîtres et de docteurs. Quant à nous, Dieu nous fait tout connaître sans l'entremise des prophètes; car il a dit: « Ton Seigneur a inspiré aux abeilles de préparer leurs habitations dans les montagnes (1). » Et ailleurs: « Tout animal connaît sa prière et sa louange (2). » Et ailleurs encore: « Dieu a fait surgir un corbeau et il l'a envoyé sur la terre pour montrer à Caïn comment il pourrait cacher le meurtre de son frère (en creusant la terre et y enterrant Abel). — Ah! (dit Caïn) malheur à moi: je voudrais être comme ce corbeau pour cacher le crime que j'ai commis contre mon frère et m'en repentir (3). »

« Vous vous flattez aussi de vous réunir dans des mosquées et des temples pour prier; mais nous n'avons pas besoin de pareils édifices. Tout endroit est pour nous un lieu d'adoration et une quibla. Partout où nous tournons nos regards, nous y voyons la manifestation divine. Nous ne connaissons pas non plus spécialement la prière du vendredi et des fêtes, car jour et nuit nous sommes occupés à prier. Bref, nous n'avons aucun besoin des choses dont vous tirez gloire. »

Après que l'agent des oiseaux eut terminé sa harangue, le roi invita les hommes à exposer ce qu'ils pouvaient avoir encore à dire. Alors, l'habitant de l'Irac prit la parole en ces termes: « Il y a encore bien d'autres excellences et perfections qui prouvent que nous avons droit de considérer les animaux comme nos esclaves.

« Tels sont les superbes vêtements dont nous nous couvrons: le double schall (châle long), les étoffes de brocart et de soie, et tant d'autres; les tapis de tout genre et tous les objets de luxe que nous employons. Les animaux sont privés de tout cela; ils vont tout nus dans les bois et se

---

(1) Coran, XVI, 70.
(2) Coran, XXXIV, 41.
(3) *Ibid.*, V, 34.

couchent par terre comme le font les esclaves. Tous ces dons et toutes ces faveurs de Dieu envers nous sont des preuves de notre supériorité, de notre droit de commander aux animaux et de faire d'eux ce qui nous plaît.

« Ces vêtements fins et somptueux dont vous vous glorifiez, dit alors Kalila, l'agent des animaux carnassiers; d'où proviennent-ils, dites-le moi? Ne les avez-vous pas enlevés aux animaux par ruse ou par violence? Plusieurs de vos étoffes sont dues non aux hommes, mais à la salive des vers à soie qui rampent sur la terre et qui font sur les arbres, au moyen de leur salive, un abri pour le froid et le chaud. Vous leur enlevez violemment le produit de leur travail; mais vous avez la peine de filer et de tisser cette soie; puis le tailleur en fait des vêtements et le blanchisseur les lave. Il faut encore que vous conserviez soigneusement ces étoffes pour les vendre, s'il y a lieu, ce qui vous met en souci.

« Il en est de même pour les vêtements qui sont fabriqués avec la peau ou les poils des animaux, particulièrement vos étoffes les plus somptueuses qui sont généralement faites avec la laine que vous enlevez aux animaux par ruse et par fraude pour l'employer à votre usage. Vous ne devez donc pas en tirer vanité; ce serait bien plutôt à nous de nous glorifier; car Dieu nous a créés de telle sorte que c'est nous-mêmes qui fournissons à notre vêtement et à notre abri. Dieu, dans sa bonté, nous a donné un vêtement tel qu'il nous garantit à la fois du froid et du chaud. Dès notre naissance, Dieu donne à notre corps ce vêtement sans que nous ayons besoin de nous le procurer péniblement; tandis que vous, hommes, vous êtes en souci à ce sujet jusqu'au moment de votre mort. C'est parce que votre premier père désobéit à Dieu que cette peine vous a été imposée en rétribution. En effet, lorsque Dieu eut créé Adam et Ève, il leur avait donné, comme à nous, la nourriture et le vêtement. A cette époque, ils habitaient du côté du nord sur la montagne des rubis sous l'équateur. Ils étaient nus, mais les cheveux de leur tête leur couvraient le corps et les préservaient du froid et du chaud. Ils allaient et venaient dans le jardin où ils demeuraient et se nourrissaient du fruit des arbres. Ils n'étaient soumis à aucun des inconvénients auxquels les hommes sont actuellement en proie. Dieu leur avait permis de manger de tous les fruits du paradis, à l'exception d'un seul ; mais ils oublièrent l'ordre de Dieu, trompés qu'ils furent par Satan. Tout à coup ils perdirent leur position ; les cheveux tombèrent de leur tête et ils restèrent nus. Alors les anges les firent sortir du paradis par l'ordre de Dieu, ainsi que le sage jinn l'a déjà raconté. »

A cette harangue du chacal, agent des animaux carnassiers, un homme répondit : « Il ne vous convient pas de tenir ce langage en ma présence. Vous feriez mieux de garder le silence ; car aucun animal n'est plus méchant que vous et nul n'est plus cruel. Il n'en est pas non plus qui soit plus avide des corps morts. Vous n'êtes bon à rien, si ce n'est à faire du mal aux autres animaux ; vous n'êtes occupé que de meurtre et de pillage. Au surplus, tous les animaux carnassiers vont à la chasse des autres animaux, ils en brisent les os, en boivent le sang et n'éprouvent jamais aucune compassion à leur égard. »

« Les cruautés que vous nous reprochez, répliqua le chacal, c'est de vous-mêmes que nous les avons apprises ; autrement nous ne nous en serions jamais doutés ; car, avant d'avoir vu la conduite des hommes, les animaux carnassiers ne faisaient pas la chasse aux autres animaux ; ils se bornaient à manger la chair de ceux qu'ils trouvaient morts dans les bois et les forêts ; mais ils n'attaquaient jamais les animaux vivants. Tant qu'en errant çà et là ils trouvaient de la chair à manger, ils ne songeaient jamais à déchirer de leurs griffes des animaux en vie ; ce n'était qu'à la dernière extrémité et lorsqu'ils y étaient contraints et forcés. Mais lorsque vous avez paru dans le monde et que vous vous êtes emparés des chèvres, des brebis, des vaches, des bœufs, des chameaux, des ânes et les avez réduits en esclavage, vous ne nous avez plus laissé d'animal vivant dans les bois dont la chair pût nous servir de nourriture. C'est ainsi que nous nous sommes vus forcés de faire la chasse aux animaux vivants. La chose nous est donc permise, de même qu'il vous est permis de vous nourrir dans un cas de nécessité d'un animal mort naturellement. Vous nous accusez d'avoir le cœur dur et d'être sans pitié ; mais cependant aucun animal ne se plaint de nous, tandis que tous se plaignent de vous ; et quant au reproche que vous nous faites d'éventrer les animaux, d'en boire le sang et d'en manger la chair, vous faites la même chose ; et, de plus, vous coupez leur chair avec des couteaux, vous les tuez, vous les écorchez, vous leur fendez le ventre, vous brisez leurs os, vous faites rôtir leur chair ; choses que nous ne faisons pas. Si vous réfléchissez bien, vous vous assurerez que la méchanceté des bêtes féroces n'est pas comparable à la vôtre ; surtout en ce qui concerne votre conduite envers vos parents et amis.

« Vous dites que nous ne sommes bons à rien ; cependant vous savez profiter de notre peau et de notre poil. Vous prenez tout le gibier que vous pouvez atteindre, vous vous en nourrissez et vous êtes si avares à notre égard que vous enterrez vos morts, afin de nous priver de les manger. Ainsi les hommes morts ne nous sont pas plus utiles que vivants.

« Si les animaux carnassiers tuent les autres animaux et s'en emparent, c'est à votre exemple ; car, depuis le temps d'Abel et de Caïn jusqu'à aujourd'hui, ils vous voient agir de même. Vous êtes toujours en dispute et en guerre : vos plus grands personnages Rustam, Isfandiar, Jamsched, Zuhàc, Farîdûn et Afraciâb, Manuchhir, Darius, Alexandre, etc., n'ont pas cessé de guerroyer. Vous n'êtes occupés que de troubles et de séditions. C'est donc, de votre part, une grande effronterie que de nous reprocher notre conduite. Vous voulez nous imposer votre domination par ruse et par astuce. Sommes-nous sans cesse en contestation entre nous comme vous l'êtes, nous animaux carnassiers, et cherchons-nous, comme vous, à nous faire du mal les uns aux autres ? Réfléchissez-y bien et vous verrez que nous valons mieux que vous. »

Kalîla ajouta : « Vous avez parmi vous des abstinents et des dévots qui quittent le monde pour vivre dans les montagnes et les bois où habitent les bêtes féroces, avec lesquelles ils sont en contact jour et nuit ; eh bien ! ces animaux ne les touchent pas. Si donc nous n'étions pas meilleurs que vous, vos faquirs viendraient-ils demeurer auprès de nous? car les gens pieux ne vont pas d'habitude trouver les méchants, mais ils s'en éloignent.

« Une autre preuve en faveur des animaux carnassiers est celle-ci : Lorsque les rois qui vous tyrannisent doutent de la sainteté de quelqu'un, ils l'envoient dans les bois et les forêts. Si les bêtes féroces ne les déchirent pas, ils connaissent par là qu'en effet l'individu est pieux et respectable. Or, chacun reconnaît qui lui ressemble, et c'est ainsi que les animaux, qui sont bons en réalité, reconnaissant leurs pareils, ne leur font aucun mal. « L'ami de Dieu reconnaît l'ami de Dieu, » dit un proverbe persan. Il est très-vrai qu'il y a des animaux carnassiers méchants; mais n'en est-il pas de même dans toutes les espèces? Les animaux carnassiers qui sont méchants ne déchirent pas les hommes justes et bons; ils dévorent seulement les mauvais, conformément à ce qu'a dit Dieu : « Nous avons fait opprimer les oppresseurs par les oppresseurs, afin qu'ils reçoivent la rétribution de leurs crimes (1). »

Quand l'agent des animaux carnassiers eut terminé sa harangue, un sage de la classe des jinns prit la parole en ces termes : « En effet, les bons fuient les méchants et s'associent avec ceux qui leur ressemblent, bien qu'ils ne soient pas de la même espèce. Les méchants fuient aussi les bons et s'associent aux méchants. Si les hommes n'étaient pas méchants et pervers, pourquoi les dévots et les abstinents iraient-ils habiter les bois et les montagnes en compagnie des animaux carnassiers, bien qu'il n'y ait entre eux aucune relation apparente, si ce n'est probablement une convenance de qualités? — C'est très-vrai, répondirent tous les jinns, il n'y a pas de doute en cela. » Les hommes, en entendant ces critiques, furent tout honteux et baissèrent la tête. Sur ces entrefaites, la nuit arriva, la séance fut levée et tous se retirèrent dans leurs demeures respectives.

(1) Coran, VI, 129.

CHAPITRE XXIII.

DISCUSSION ENTRE L'HOMME ET LE PERROQUET.

Le lendemain matin, le roi des jinns invita les hommes à exposer les arguments qu'ils pouvaient faire encore valoir en leur faveur. « Nous ne manquons pas, dit le Persan, de qualités louables par lesquelles nous pouvons soutenir nos prétentions. Nous avons, parmi nous, des rois, des vizirs, des émirs, des munschis, des ministres, des administrateurs, des généraux, des massiers, des serviteurs, des aides ; nous avons, en outre, bien des classes de gens riches, de nobles, de gens de mérite, de savants, d'abstinents, de religieux, de dévots, de prédicateurs, de poëtes, de gens habiles en différents genres, de cazis, de muftis, de sofis, de grammairiens, de logiciens, de médecins, de géomètres, d'astronomes, de prêtres, d'interprètes des songes, d'alchimistes, de magiciens ; nous avons des artisans de toute espèce, des architectes, des tisserands, des cardeurs de coton, des cordonniers, des tailleurs, etc., et chacune de ces classes a des mœurs particulières, d'excellentes qualités et des pratiques louables. Toutes ces choses nous sont propres, et les animaux n'y ont aucune part ; elles contribuent à prouver que nous devons être les maîtres et eux les esclaves.

« Cet homme, dit le perroquet au roi, a vanté avec excès les différentes classes de ses semblables ; mais s'il connaissait celles des oiseaux, il s'assurerait qu'elles n'y sont pas inférieures. A chacune des classes honnêtes qu'il signale, je puis en opposer de vicieuses, et aux bons les mauvais. Il y a parmi eux des Nemrod, des Pharaon, des infidèles, des méchants, des polythéistes, des hypocrites, des hérétiques, des traîtres, des tyrans, des voleurs de grand chemin, des filous, des *pick-pockets* des deux sexes, des menteurs, des criminels de tout genre, des fous, des avares, et tant d'autres classes de gens dont les actes et les paroles ne sauraient être exposés. Sommes-nous plus mauvais que les hommes, ou bien ne partageons-nous pas plutôt leurs bonnes qualités? En effet, dans notre ordre, nous avons des chefs qui sont nos amis et nos soutiens; bien plus, nos chefs nous gouvernent mieux que les rois des hommes; car, ces derniers n'entretiennent leurs soldats et leurs sujets que pour leur avantage et leur intérêt : aussitôt qu'ils ont atteint leur but, ils ne s'occupent plus d'eux; mais telle n'est pas la conduite de nos chefs.

« Il faut pour le bon gouvernement et la bonne administration que le roi traite avec indulgence et bienveillance son armée et ses sujets, imitant par là Dieu, qui est clément et miséricordieux envers les hommes. C'est ainsi qu'agissent les chefs des animaux, ceux des fourmis et des oiseaux, par exemple, et ils n'attendent rien en échange : ils n'espèrent pas même retirer quelque avantage de leur progéniture, comme les hommes qui, après avoir élevé leurs enfants, en tirent parti pour leur service. Les animaux mettent au monde leurs petits et les élèvent; puis ils ne s'en occupent plus: c'est par l'effet de leur bonté naturelle qu'ils les nourrissent pendant leur jeune âge. Ils suivent l'exemple de Dieu qui, après avoir créé l'homme, le nourrit sans attendre de lui aucune reconnaissance. Si les hommes n'étaient pas méchants, Dieu aurait-il eu besoin de leur faire un commandement exprès d'être reconnaissants envers lui et leurs père et mère? Aucun ordre de ce genre ne nous a été donné, parce que l'infidélité et la désobéissance nous sont inconnues. »

« Tout cela est vrai, » dirent les jinns. A ces mots, les hommes baissèrent la tête tout honteux et ne répliquèrent rien. « Mais quels sont donc, dit le roi des jinns à un sage, ces rois dont le perroquet a parlé qui traitent avec bienveillance et affection tous leurs sujets? — Il a voulu parler des anges, répondit le sage; car, à toutes les classes d'animaux Dieu a donné des anges pour les protéger et les garder; et, à leur tour, les anges ont des chefs pleins de bonté et d'indulgence.

« Lorsque Dieu créa les hommes pour le servir, il créa

aussi pour chacun d'eux un ange gardien d'une belle forme et d'une excellente nature. Il leur a donné la faculté de tout connaître, et de savoir distinguer parfaitement ce qui est utile de ce qui est nuisible. Il a créé pour leur habitation le soleil, la lune et les étoiles ; pour leur nourriture, les fruits et les feuilles des arbres. »

« Quel est, dit le roi, le chef des anges gardiens de l'homme? — C'est, répondit le sage, *nafs-i nâtica* (l'âme parlante), qui résida dans le corps d'Adam depuis que Dieu l'eut créé. Les anges qui adorèrent Adam, conformément à l'ordre de Dieu, sont nommés *nafs-i haïwânî* (souffle animal), et ils sont les suivants du *nafs-i nâtica*. Celui qui ne voulut pas adorer Adam, c'est Iblis, qui représente la colère et la concupiscence. Jusqu'à ce jour les hommes possèdent le *nafs-i nâtica*, de même qu'ils ont conservé la forme corporelle d'Adam. Ils naissent ainsi, ils ressusciteront ainsi au dernier jour, et ils entreront ainsi dans le paradis. »

« Comment se fait-il, dit le roi, que ni les anges, ni les âmes ne se voient? — C'est, répondit le sage, parce qu'ils sont lumineux et transparents, et qu'ainsi ils sont inaccessibles aux sens. Toutefois, les prophètes et les saints les voient à cause de la pureté de leur cœur, car leurs âmes sont libres de l'obscurité de l'ignorance, et ne connaissent pas le sommeil de l'insouciance. Ils ont de l'analogie avec les âmes et les anges et c'est ainsi qu'ils les voient, qu'ils s'entretiennent avec eux, et qu'ils transmettent aux autres hommes leurs discours. »

Après avoir remercié son docteur de ces explications, le roi dit au perroquet de terminer les siennes, ce qu'il fit en ces termes : « L'homme se vante en vain de ses arts et de ses industries ; car il y a des animaux qui y sont aussi habiles. La mouche (à miel), par exemple, sait bien mieux qu'eux, avec leurs architectes et leurs géomètres, bâtir et approprier son habitation, sans terre, ni brique, ni chaux. Elle sait tirer une ligne sans règle, un cercle sans compas. Il en est de même de l'araignée ; bien qu'elle soit le plus faible des insectes, elle sait mieux que les tisserands faire la trame et la chaîne de son étoffe. De sa salive elle forme d'abord des fils, puis elle les réunit, ensuite elle y en place d'autres au-dessus et laisse un petit trou au milieu afin d'y prendre les mouches. Pour tout cela, elle n'a pas besoin de matériaux, tandis que les tisserands ne pourraient pas faire de toile sans rien.

« Le ver à soie qui est si faible aussi, a plus de science et d'habileté que les meilleurs ouvriers humains. Lorsqu'après s'être nourri il est satisfait, il se dirige vers l'endroit qu'il doit habiter, et là, il étend d'abord au moyen de sa salive de légers fils; puis en place d'autres au-dessus, il consolide ainsi la contexture afin que ni l'air, ni l'eau n'y puissent pénétrer, et il s'endort dans cette habitation. Toute cette habileté est son partage sans que ni son père, ni sa mère, ni un maître lui aient rien enseigné. Il n'a besoin ni d'aiguille, ni de fil, comme les tailleurs et les repriseurs, qui sans cela ne pourraient travailler. L'hirondelle suspend son nid sous les toits sans avoir besoin d'échelle ni de rien autre pour y monter. La fourmi blanche bâtit sa maison sans terre ni eau, ni aucun instrument.

« Enfin, chaque oiseau et tout animal quelconque sait se construire un nid ou une habitation et élever sa progéniture. Ils ont plus d'intelligence et de capacité que les hommes. Voyez comme l'autruche, qui est à la fois animal de terre et oiseau, prend soin de ses petits! Quand elle a pondu vingt à trente œufs, elle en fait trois portions, une desquelles elle place dans la terre, elle expose l'autre aux rayons du soleil et elle couve la troisième. Lorsque les œufs sont éclos, elle creuse la terre et en retire des vers pour en nourrir ses petits. Il n'y a pas de femme parmi les hommes qui ait autant de soin de ses enfants. C'est la sage-femme et la nourrice qui s'en chargent. Au moment de la naissance, la sage-femme baigne et lave l'enfant, la nourrice l'allaite et le fait dormir dans son berceau ; elles font tout et la mère ne se met en peine de rien.

« De leur côté, les enfants ne sont pas raisonnables ; ils ne comprennent pas ce qui leur est utile ou nuisible. De quinze à vingt ans ils arrivent à l'âge de discrétion. Alors ils ont besoin de maîtres et de professeurs et pendant toute leur vie, ils passent leur temps à lire et à écrire, ce qui ne les empêche pas d'être de plus en plus déraisonnables. Nos petits, au contraire, aussitôt qu'ils sont nés, distinguent parfaitement le bien du mal. Ainsi, les petits de la perdrix, à mesure qu'ils sortent de l'œuf, savent marcher et becqueter, sans l'avoir appris de leur père et mère, et s'enfuir si on veut les prendre. Si, dès leur naissance, le Créateur leur a donné l'instinct nécessaire pour distinguer ce qui est bon de ce qui est mauvais, c'est que parmi les oiseaux de cette espèce le mâle et la femelle ne s'associent pas pour élever leurs petits, comme la chose a lieu pour les pigeons, etc. Ils n'ont donc pas besoin de l'éducation maternelle et paternelle pour s'exercer à prendre leur nourriture, encore moins ont-ils besoin de la recevoir, comme c'est le cas pour les autres animaux que leurs parents nourrissent de grain ou allaitent. Les hommes ont-ils donc un rang supérieur à nous?

« Vous faites valoir vos poëtes, vos orateurs et vos chanteurs ; mais si vous connaissiez la langue des oiseaux, si vous compreniez ce que disent les insectes, les vers, les animaux terrestres, les sauterelles, les grenouilles, le rossignol, le coq, la tourterelle, le corbeau, prophète de l'avenir, l'hirondelle, le religieux hibou, la fourmi, la mouche, etc., vous sauriez que tous ces animaux chantent les louanges de Dieu ou annoncent sa grandeur, et qu'il y a parmi eux des poëtes, des orateurs et des chanteurs aussi distingués que les vôtres. Il est, en effet, dit dans le Coran : « Tout dans la nature célèbre les louanges de Dieu ; mais on ne le comprend pas (1). » Or, Dieu vous a laissés dans l'ignorance sur ce point, car vous ne comprenez pas ces accents. Toutefois, Dieu a déclaré que nous savons ce que nous disons, par ces autres mots du Coran : « Tout animal connaît la prière qu'il doit réciter et l'hymne qu'il doit chanter (2). » Or, comme l'ignorant et le savant ne sont pas pareils, il s'ensuit que nous avons sur vous la prééminence. De quoi pouvez-vous donc vous glorifier ; et pouvez-vous soutenir sans astuce ni

(1) XVII, 46.
(2) XXIV, 41.

fraude que vous êtes les maîtres et que les animaux sont vos esclaves ?

« Vous citez vos astrologues, mais leur art est pour les fous, il n'y a que les femmes et les enfants qui y croient : ils ne jouissent d'aucune considération auprès des gens sensés. Quelques astrologues, pour tromper les fous, annoncent que dans une telle ville, telle chose arrivera dix ou vingt ans plus tard, tandis qu'ils ignorent ce qui doit arriver à eux ou à leurs enfants. Puis ils décrivent les circonstances d'un pays lointain afin que le vulgaire les croie et ait confiance en eux, mais il n'y a que ceux qui sont égarés et infidèles qui se fient aux paroles des astrologues ; comme, par exemple, les rois méchants et injustes, qui nient la vie future et méconnaissent le destin de Dieu. Tels furent Nemrod et Pharaon qui, pour obéir aux astrologues, firent périr des centaines, que dis-je, des milliers d'enfants. Ils croyaient que les affaires du monde dépendent des sept planètes, et des douze signes du zodiaque et ils ignoraient que rien ne peut avoir lieu sans l'ordre de Dieu, le créateur des planètes et des étoiles.

« Le fait est que les astrologues annoncèrent à Nemrod qu'un enfant naîtrait, et qu'après avoir reçu son éducation, il parviendrait à un degré éminent et détruirait le culte des idoles. « En quel lieu naîtra cet enfant, demanda-t-il, à quelle nation appartiendra-t-il et où sera-t-il élevé ? » A ces questions les astrologues ne purent rien répondre, mais ils l'engagèrent à faire périr tous les enfants qui étaient nés dans l'année. Cependant, Dieu mit au monde Abraham et le préserva du mal. Pharaon agit de même envers les enfants d'Israël. Dans cette circonstance, Dieu préserva aussi Moïse. Ainsi les discours des astrologues ne sont que des futilités ; ils ne peuvent empêcher ce qui est décrété, et vous osez vous vanter de vos astrologues et de vos philosophes ! Ils ne sont bons qu'à séduire les gens qui aiment à s'égarer : quant à ceux qui ont confiance en Dieu, ils ne tiennent aucun compte de leurs paroles. »

« Mais, dit le roi au perroquet, si les astres ne peuvent pas repousser le mal, pourquoi les hommes étudient-ils l'astrologie et veulent-ils en prouver l'importance ? — On peut bien, répondit le perroquet, repousser le mal par les astres, non comme l'entendent les astrologues, mais avec l'aide de Dieu, le créateur des astres. Pour cela, il faut agir d'après les préceptes de la loi ; implorer Dieu par la prière avec pleurs et gémissements, jeûner, faire l'aumône, donner la dîme ; adorer Dieu dans la sincérité du cœur. Alors quand on demandera à Dieu de repousser le mal, il vous exaucera. Si les astrologues et les sorciers annoncent des événements fâcheux qui doivent arriver, il faut prier Dieu de les éloigner, mais ne pas agir d'après les indications des astrologues. »

« Lorsqu'on agit d'après les préceptes de la loi et qu'ainsi on repousse le mal, dit alors le roi, ce que Dieu a destiné est donc anéanti ? — Non, répliqua le perroquet, ce que Dieu a destiné n'est pas anéanti. Toutefois, Dieu garantit du mal ceux qui l'invoquent. Ainsi, lorsque les astrologues annoncèrent à Nemrod qu'il devait naître un enfant qui serait hostile au culte des idoles et qui bouleverserait son armée et ses sujets, ils avaient par là en vue Abraham. Il naquit et Dieu se servit de lui pour avilir Nemrod et son armée. Si alors Nemrod eût invoqué Dieu pour qu'il lui inspirât ce qu'il devait faire pour son avantage (spirituel), Dieu lui aurait fait la grâce d'adopter la religion d'Abraham, et lui et son armée auraient été préservés de l'avilissement. De même, lorsque les astrologues annoncèrent à Pharaon la naissance de Moïse, s'il avait invoqué Dieu, Dieu l'aurait fait entrer dans la vraie religion et l'aurait délivré de la honte, ce qui arriva à sa femme, à qui Dieu, dans sa bonté, accorda le bonheur de connaître la foi. De même encore, lorsque les gens de Jonas, éprouvés par l'affliction, eurent recours à Dieu, Dieu fit cesser le fléau qui les désolait. »

« Tout cela est vrai, dit le roi, ainsi en admettant l'utilité de l'étude des astres pour présager les événements avant qu'ils aient lieu, il faut reconnaître la nécessité du recours à Dieu pour les écarter. C'est pour cela que Moïse avait recommandé aux enfants d'Israël d'invoquer Dieu avec supplication et larmes lorsqu'ils craindraient quelque malheur.

les assurant qu'il les en préserverait à cause de la sincérité de leur prière. Depuis Adam jusqu'à Mahomet, sur qui soient la paix et le salut de Dieu, cet usage eut constamment lieu, et non comme actuellement que les astrologues trompent les hommes qui, abandonnant Dieu, courent après la marche des astres.

« On doit aussi recourir d'abord à Dieu pour la guérison des malades, et on l'obtient de sa faveur et de sa bonté. Il ne faut donc pas quitter la cour du médecin véritable pour aller consulter les docteurs. Bien des malades ont d'abord recours aux médecins et n'en obtiennent aucun soulagement ; alors désespérés, ils s'adressent à Dieu ou même ils écrivent ce qu'ils éprouvent dans des requêtes suppliantes qu'ils pendent aux murs ou aux colonnes des mosquées, et Dieu les guérit.

« Il faut donc recourir à Dieu au sujet de l'influence des astres et ne pas se laisser tromper par les astrologues. Il y avait un roi auquel les astrologues annoncèrent qu'il arriverait dans sa capitale un événement qui troublerait tous les habitants. Le roi demanda comment la chose se passerait, mais ils ne purent pas le lui dire ; ils lui firent cependant savoir que l'événement aurait lieu tel quantième de tel mois. Le roi demanda comment on pourrait s'en garantir. Alors les observateurs de la loi lui dirent que ce qui leur paraissait le plus convenable était que ce jour-là le roi et ses sujets, grands et petits, sortissent de la ville et vinssent dans la plaine, où ils supplieraient Dieu de détourner d'eux le malheur qui les menaçait, espérant qu'il en serait ainsi. Conformément à cet avis, le roi en ce jour-là sortit de la ville et un grand nombre d'habitants en sortirent avec lui. Ils se mirent à prier afin d'être délivrés de ce qu'ils craignaient, et ils veillèrent toute la nuit.

« Toutefois, un grand nombre de citoyens n'eurent pas peur des prédictions des astrologues et restèrent dans la ville ; mais quand la nuit vint, la pluie tomba avec violence pendant toute la nuit. Cette ville était située dans une vallée, l'eau y arriva des quatre côtés et la changea en une mare de boue. Tous ceux qui y étaient restés périrent, tandis que ceux qui en étaient sortis et qui s'étaient occupés à prier furent sauvés, de même qu'à l'époque du déluge, Noé et ceux qui eurent foi en Dieu n'éprouvèrent aucun mal, tandis que les autres furent noyés, ainsi que Dieu l'a déclaré par ces mots du Coran : « Nous avons sauvé Noé et ses compagnons dans l'arche et nous avons submergé ceux qui méconnurent nos paroles, car ils étaient égarés (1). »

« Les philosophes et les logiciens dont vous vous vantez, ne vous sont non-seulement d'aucune utilité, mais ils vous égarent, car ils vous éloignent du chemin de la loi en vous détachant de ses préceptes par leurs discussions multipliées. Ils ont des opinions différentes et appartiennent à des sectes diverses. Quelques-uns prétendent que le monde a toujours existé, d'autres la matière seulement, d'autres la forme. Les uns soutiennent qu'il y a seulement deux matières premières, d'autres qu'il y en a trois, quatre, cinq, six et jusqu'à sept. Les uns admettent le créateur et la créature, d'autres croient que le temps n'aura pas de fin, tandis que d'autres apportent des preuves du contraire. Les uns affirment une autre vie, les autres la nient ; les uns admettent la révélation et la prophétie, d'autres refusent d'y croire ou restent incertains dans le doute ; enfin quelques-uns croient à la raison et veulent des preuves de tout, tandis que d'autres se bornent à suivre et à imiter. Bien des différentes opinions divisent encore les philosophes.

« Quant à nous, nous n'avons qu'une religion et une même manière d'agir. Nous reconnaissons Dieu unique et sans associé ; nous sommes occupés jour et nuit à le louer. Nous ne nous vantons à aucune de ses créatures de nos mérites. Nous sommes reconnaissants de ce qui nous est départi. Nous ne désobéissons pas aux ordres de Dieu. Nous ne disons pas : « Pourquoi ceci et pourquoi cela ? comme les hommes, » qui discutent ses commandements, sa volonté et ses actes.

« Vos géomètres dont vous tirez vanité sont jour et nuit dans l'agitation pour chercher la preuve de leurs calculs:

---

(1) VII, 62.

Ils ont la prétention de connaître les choses impénétrables à l'entendement humain, et ils ne se connaissent pas eux-mêmes. Ils ne s'occupent pas des sciences utiles, mais des futilités qui n'ont aucun intérêt. Ils mesurent les corps et les distances, la hauteur des montagnes, l'étendue des nuages, celle des mers et des forêts. Il y en a qui étudient l'harmonie des sphères célestes et qui veulent connaître le point central de la terre. Toutefois, ils ignorent ce qui concerne leur propre corps ; ils ne connaissent pas foncièrement les membres dont ils se servent, quoiqu'il semble que la chose leur fût si facile. C'est cependant par eux-mêmes que les œuvres et la puissance de Dieu leur sont connues ; car le prophète a dit : « Celui qui se connaît lui-même connaît Dieu. » Malgré leur ignorance, la plupart d'entre eux ne lisent pas la parole de Dieu et ne suivent pas les pratiques obligatoires et la *sunna*.

« Vous vantez aussi vos médecins, mais vous n'en avez besoin que parce que par avidité et gourmandise, vous mangez des mets variés qui vous rendent malades ; et vous assaillez ensuite les portes des docteurs et celles des pharmaciens. C'est ainsi qu'on trouve à la porte des astrologues une réunion de malheureux et d'infortunés qui s'en retirent plus misérables encore ; car devancer ou retarder l'heure du bonheur ou du malheur n'est pas en leur pouvoir. Ce n'est que pour contenter les imbéciles que quelques astrologues et nécromances écrivent, sur un morceau de papier qu'ils leur remettent, quelques mots insignifiants. Il en est de même des médecins, recourir à eux n'est bon qu'à aggraver la maladie ; car ils vous interdisent les choses qui pourraient vous guérir. S'ils laissaient agir la nature, le malade serait guéri. Ainsi c'est folie que de vous enorgueillir de vos médecins et de vos astrologues. Nous n'avons besoin ni des uns, ni des autres. Notre nourriture n'est que d'une seule qualité, ainsi elle ne nous rend pas malades et nous n'avons pas besoin d'avoir recours aux médecins, ni de prendre aucune potion ni médecine. Les gens indépendants n'ont besoin de personne, tandis que les esclaves sont toujours à courir après les autres et à rôder autour d'eux.

« Les marchands, les architectes et les agriculteurs que vous vantez aussi ne valent pas mieux que les esclaves : ils sont plus vils que les pauvres et les nécessiteux. Jour et nuit ils travaillent péniblement ; ils n'ont pas un moment de repos. Ils bâtissent des maisons qu'ils ne doivent pas habiter ; ils creusent la terre et y plantent des arbres dont ils ne mangent pas les fruits. Personne n'est cependant plus fou que celui qui amasse de l'argent pour le laisser à ses héritiers et qui vit dans le dénûment. Le marchand n'est occupé que de la pensée de gagner un argent illicite. Dans l'espoir d'une disette il achète du grain et l'accapare, puis quand il manque il le vend très-cher, et ne donne rien aux pauvres et aux malheureux ; mais ces richesses qu'il a amassées pendant longtemps périssent souvent en un instant, ou sont perdues dans la mer, dérobées, ou confisquées par un roi tyran ; alors malheureux et avili, il va mendier de porte en porte. Beaucoup d'hommes perdent leur vie à tenir les discours les plus vains : ils s'imaginent d'avoir acquis quelque avantage, et ils ignorent qu'ils livrent ainsi pour rien le précieux argent comptant de leur vie et vendent la vie future pour la vie présente qu'ils perdent néanmoins. Ils jettent au vent la religion et ils restent dans le doute : ils n'ont ni l'illusion, ni la réalité. Si vous vous vantez des avantages extérieurs que vous paraissez avoir, nous les maudissons.

« Vous vous flattez aussi d'être doués de générosité ; mais c'est une erreur. Vous voyez très-souvent des amis, des parents, des voisins, pauvres et nécessiteux, nus et affamés, mendier de rue en rue : et vous n'y faites pas attention. Est-ce de la générosité que de passer la vie dans l'abondance en vos maisons, tandis que vos voisins sont dans l'indigence ? Vous vous vantez de vos munschis et de vos administrateurs, mais vous avez bien tort de le faire. Ils emploient leur habileté, leur science, leurs discours piquants, leur éloquence à dénigrer leurs égaux. Souvent ils écrivent des lettres amicales parfaitement rédigées, mais leur intention réelle est de renverser ceux mêmes à qui ils les écrivent. Ils songent jour et nuit à faire perdre à un fonctionnaire son emploi, afin de le procurer à un autre moyennant un présent. Bref, ils cherchent à le faire destituer par toute sorte de tromperies et de manœuvres.

Vos faquirs que vous considérez comme si excellents et dont vous supposez les prières agréées de Dieu, sont des hypocrites qui ne cherchent qu'à vous tromper ; car, à l'extérieur ils paraissent très-religieux, ils laissent croître leur barbe, mais ils arrachent les poils de leurs lèvres ; ils sont revêtus d'un froc grossier et souvent rapetassé ; ils gardent le silence, ils sont néanmoins affables envers autrui ; ils enseignent les préceptes de la loi ; ils font de longues prières et touchent, en se prosternant, la terre de leur front au point d'y laisser une cicatrice ; ils mangent si peu que leurs lèvres pendent tremblantes, que leur cerveau devient sec, leur corps maigre, que leur couleur s'altère ; mais ils ne font tout cela que pour tromper. Ils ont la haine dans le cœur plus que les autres hommes. Ils se plaignent sans cesse à Dieu de ce qu'il a créé Satan et de ce qu'il y a des criminels et des libertins dans le monde. Tels sont les discours inconvenants qu'ils tiennent et leur cœur est plein de suggestions diaboliques. Vous les considérez comme irréprochables ; mais, devant Dieu, personne n'est plus méchant qu'eux. Vous avez donc bien tort d'en tirer gloire ; ils sont, au contraire, la honte et l'opprobre de l'humanité.

« Vos savants et vos jurisconsultes déclarent quelquefois permis ce qui est défendu, et *vice versâ*, dans un but d'intérêt temporel. Ils tordent pour cela le sens des textes sacrés. Ils rejettent des demandes justes pour retirer un gain. Ils font bon marché de l'abstinence et de la piété. Ainsi vous voyez que l'enfer sera le partage de tous ceux dont vous êtes fiers. Quant à vos cazis et à vos muftis, tant qu'ils n'ont pas de fonctions, ils vont matin et soir dans les mosquées, ils y récitent les prières, ils prêchent et instruisent les fidèles, mais lorsqu'ils ont obtenu un poste, ils pillent les pauvres et les orphelins et adressent des félicitations aux rois tyrans. Ils se laissent corrompre par des présents pour méconnaître la vérité. Bref, ils sont de très-mauvaise foi jugeant bon ce qui est mauvais et mauvais ce qui est bon. Ils n'ont pas la crainte de Dieu, et les tourments de l'enfer leur sont réservés.

« Vos khalifes et vos padischâhs que vous dites héritiers des prophètes ne sont pas dépourvus de qualités blâmables. En effet, ils ont abandonné la voie de Dieu et ils ont fait périr les fils des prophètes. Ils ne s'occupent qu'à boire du vin et ils traitent en esclaves les serviteurs de Dieu. Ils croient valoir mieux que tous les autres hommes. Ils font passer les intérêts de ce monde avant ceux de la vie future. Quand un individu est nommé gouverneur d'une province, il commence à mettre en prison les anciens serviteurs de son père et de son aïeul, oubliant entièrement leurs services; il fait même périr quelquefois ses meilleurs amis et ses frères, par avidité pour les choses du monde. Telles sont les mœurs des grands. Ainsi vous n'avez pas à vous enorgueillir de tels rois et de tels émirs, et vos prétentions, à cet égard, sont fausses, n'étant appuyées d'aucune preuve. »

CHAPITRE XXIV.

LA FOURMI BLANCHE.

Après avoir entendu le discours du perroquet, le roi, apercevant une fourmi blanche, demanda comment cet insecte, sans mains ni pieds, peut soulever de la terre et en former sa demeure voûtée. Un Hébreu répondit : « Ce sont les jinns qui soulèvent la terre pour cet insecte, parce qu'il rongea, pour les obliger, le sceptre de Salomon, lequel tomba. Les jinns crurent que Salomon était mort, ils s'enfuirent et se sauvèrent ainsi des peines et des châtiments qui leur étaient destinés. — Ce que vient de raconter cet homme est-il vrai? dit alors le roi aux jinns. — Non, répondirent-ils, car s'il en était ainsi, nous n'aurions plus été exposés aux fatigues auxquelles nous soumettait Salomon, à qui nous apportions de la terre et de l'eau pour bâtir ses édifices, mais qui ne nous imposait aucune autre peine. »

« Je connais quelque chose de cette affaire, dit un sage grec au roi. La nature de la fourmi blanche est extraordinaire et merveilleuse. Son tempérament est très-froid. Tous ses pores sont constamment ouverts, et c'est ainsi que l'air, entrant dans son corps, s'y gèle à cause de sa grande froideur, se change ensuite en eau et dégoutte de l'extérieur de son corps. La poussière qui tombe sur son corps y forme comme une couche boueuse qui le garantit des accidents extérieurs. Les deux valves de sa bouche sont très-pointues et elles peuvent ainsi couper fruits, feuilles et bois, et percer même la brique et la pierre pour y faire des trous. »

« La fourmi blanche, demanda alors le roi à la sauterelle, est-elle de la catégorie des insectes dont tu es l'agent? et ce que dit ce sage grec est-il exact? — Il a dit vrai, répondit la sauterelle, mais il n'a pas complété la description de cet animal. Quand Dieu créa tous les animaux et accorda à chacun d'eux ses faveurs, il les rendit tous égaux par l'effet de sa sagesse et de sa justice. A quelques-uns il donna un grand corps et des formes volumineuses et fortes, mais une âme défectueuse et vile; à d'autres, un corps petit et faible, mais une âme intelligente et sensée. Il y a ainsi entre eux une égalité qu'amène cette abondance d'une part et ce manque de l'autre. L'éléphant, par exemple, est si peu intelligent malgré son corps si gros, qu'il se laisse conduire par un enfant qui, monté sur lui, le mène partout où il veut. Le chameau, dont le corps et le cou sont si longs, est tellement stupide qu'il suit le premier venu qui se saisit de son licou, ce qu'un rat même pourrait faire. Le scorpion, malgré son petit corps, pique l'éléphant et le fait périr. La fourmi blanche, qui est si petite et qui paraît si faible, a beaucoup de perspicacité. En un mot, les insectes les plus petits sont pleins d'intelligence et ont l'instinct le plus raffiné. »

« Mais d'où vient donc, dit le roi, que les plus grands animaux sont dépourvus d'intelligence et que les petits, au contraire, en ont beaucoup? la sagesse divine se manifeste-t-elle en cela? — Le Créateur, répondit la sauterelle, a compris par sa puissance parfaite que si les grands animaux capables de beaucoup de fatigue avaient une âme aussi énergique que leurs corps, ils ne pourraient jamais être domptés. Que si, d'autre part, les petits animaux n'étaient pas intelligents et perspicaces, ils seraient sans cesse exposés aux plus grandes vexations. C'est ainsi qu'il a donné aux premiers une âme vile et aux seconds une âme intelligente. L'abeille, sans règle ni compas, construit sa maison avec toutes sortes de cellules et de compartiments. On ne peut comprendre comment elle sait arranger une telle construction ni d'où elle tire cette cire et ce miel. On comprendrait plus facilement la chose si son corps était plus grand. Il en est de même du ver à soie, dont personne ne peut comprendre le travail. Quant à la fourmi blanche, personne ne connaît non plus comment elle bâtit son habitation. On ignore comment elle enlève la terre et fait sa construction.

« Les philosophes (infidèles) nient la création, mais Dieu nous en donne une idée par le travail de l'abeille. En effet, elle construit sa maison de cire sans matériaux et elle produit du miel pour s'en nourrir. Si, comme on le croit, c'est au moyen de fleurs et de feuilles, pourquoi ne pourrait-on pas obtenir le même résultat ? si elle prend ses matériaux dans l'air et dans l'eau, comment ne le voit-on pas et ne sait-on pas la manière dont elle procède ?

« De même, Dieu s'est servi des plus petits animaux pour donner à des rois tyrans, livrés à l'injustice et à l'infidélité, et méconnaissant ses bienfaits, des preuves de sa grandeur et de sa puissance. Ce fut un moucheron, le plus petit des insectes, qui fit périr Nemrod, et lorsque Pharaon, égaré, fut traître envers Moïse, Dieu envoya contre lui une armée de sauterelles qui le tourmenta. De la même manière, lorsque Dieu eut départi à Salomon la royauté et la prophétie et qu'il lui eut asservi les hommes et les jinns, des hommes égarés lui contestèrent ses facultés prophétiques en disant qu'il n'avait acquis sa royauté que par ruse et par artifice. Il avait beau dire que Dieu lui avait accordé par un effet de sa bonté et de sa générosité le rang éminent qu'il occupait, le doute ne quittait pas leur esprit. Alors Dieu envoya la fourmi blanche qui rongea son sceptre et le fit tomber, ce qu'aucun homme ni jinn n'aurait osé faire. Cet acte de la toute-puissance de Dieu fut une admonition aux égarés afin qu'ils ne s'enorgueillissent ni de leur stature, ni de leur dignité. Mais ils ont beau voir les actes de la puissance de Dieu ; ils n'y font pas attention et ils se font gloire de leurs rois qui sont plus faibles que les plus petits insectes.

« L'huître qui produit la perle est le plus petit et le plus faible des habitants des eaux, et cependant il est le plus habile et le plus intelligent d'eux tous. Il reste au fond de la mer où il trouve sa nourriture; mais lorsqu'il pleut, il en sort et se place à la surface de l'eau. Il ouvre ses longues valves et lorsque des gouttes de la pluie y tombent, il les referme aussitôt afin que l'eau de la mer ne se mêle pas avec celle de la pluie. Puis il retourne au fond de la mer et il garde ses valves fermées jusqu'à ce que ces gouttes d'eau se condensent et se changent en perles. L'homme manifeste-t-il une telle sagesse ?

« Dieu a donné à l'homme du goût pour le satin, le brocart et les autres étoffes faites avec la soie que fournit un petit ver. C'est encore à un faible insecte qu'est dû le miel si agréable à manger, et la cire des bougies qui éclairent les réunions, mais la perle est le plus beau de tous les ornements et on la doit au petit mollusque dont j'ai parlé. Dieu a produit des objets si précieux par l'entremise de ces petits animaux afin que l'homme confesse sa puissance et sa grandeur, mais il considère ces choses avec insouciance et il passe son temps dans l'égarement et l'infidélité. Il ne rend pas grâce à Dieu de ses bienfaits et il opprime ses serviteurs pauvres et malheureux. »

Lorsque la sauterelle eut terminé sa harangue, le roi demanda aux hommes s'ils avaient encore quelque chose à dire : « Oui, » répondirent-ils, et, d'après le désir du roi, un d'eux prit la parole en ces termes : « Nous avons tous la même forme, tandis que les animaux ont les formes les plus diverses, ce qui prouve notre supériorité; l'unité est ce qu'il y a de mieux pour l'administration et le gouvernement, tandis que le manque d'unité jette la perturbation parmi les sujets. » En entendant ces paroles, les animaux baissèrent la tête, mais cependant le rossignol, agent des oiseaux, répliqua en ces termes : « Ce que cet homme dit est vrai ; les conformations des animaux sont très-diverses, mais leur âme instinctive est chez tous la même. Quoique les formes des hommes soient pareilles, leurs intelligences diffèrent les unes des autres, ce que prouvent les milliers de religions et de sectes qui les séparent. On compte parmi eux des juifs, des chrétiens, des mages, des polythéistes, des païens, des idolâtres, des guèbres, des sabéens, et chacune de ces religions se subdivise en de nombreuses sectes qui suivent les opinions de leurs anciens sages. Ainsi chez les juifs il y a les samaritains, les *'abâlî,* les *jalûtî* ; chez les chrétiens, les nestoriens, les jacobites, les melkites ; chez les mages, les zoroastriens, les *zarwânî,* les *haramî,* etc., chez les musulmans, les schi'a, les sunnites, les khârijî, les cadarî, les mu'ttazalî, etc. Toutes ces sectes diverses se traitent l'une l'autre d'infidèles, et se maudissent. Quant à nous, nous ignorons toutes ces différences. Nous ne connaissons qu'une seule religion. Nous sommes tous unitaires et croyants. Nous ne mettons en doute ni la bonté ni la puissance de Dieu. Nous le reconnaissons comme créateur et conservateur. Jour et nuit nous le louons et nous célébrons sa grandeur sans que les hommes s'en doutent. »

« Nous aussi, dit le Persan, nous reconnaissons Dieu comme créateur et conservateur, comme unique et sans associés. La raison de nos différences d'opinions, c'est que la religion est un chemin pour arriver à Dieu, et chacun prend celui qui lui paraît le meilleur. — Pourquoi alors s'entretuer pour ces différences d'opinions ? dit le roi. — Ce n'est pas, en réalité, pour des motifs religieux que les hommes se persécutent, car la religion n'engendre pas l'aversion, mais c'est pour des motifs temporels. Le temporel et le spirituel sont comme deux jumeaux : l'un ne peut pas aller sans l'autre ; mais le spirituel doit avoir la préséance sur le temporel. La religion est nécessaire à l'état et tous les hommes doivent être religieux. Il faut, pour le bien de la religion, qu'il y ait un roi qui ait le pouvoir de faire observer ses préceptes. C'est pour cela que dans l'intérêt du gouvernement et de l'administration, on fait périr quelquefois des individus pour des motifs religieux. Chacun voudrait que tous les hommes adoptassent sa religion ou sa secte et y conformât sa conduite. On peut se priver de la vie pour des motifs religieux, mais les rois font périr des individus pour des motifs temporels. Il est dit dans le Coran : « Dieu a acheté des croyants leurs vies et leurs biens au prix du ciel pour s'entre-tuer dans la voie de Dieu, pour tuer et être tués (1). » D'autres textes expriment les mêmes pensées, tels que celui-ci, conforme aux principes du Pentateuque : « Si vous vous convertissez à Dieu votre créateur, suicidez-vous, car ce sera une bonne chose devant Dieu (2). »

« Notre-Seigneur Jésus-Christ a dit (à ses disciples) : Si
« vous voulez être mes compagnons, préparez-vous à la
« mort et au gibet, afin d'aller rejoindre avec moi vos frères
« dans le ciel. Vous n'êtes pas des miens si vous ne me se-
« condez pas. » En conséquence, ils furent tous mis à mort et ils restèrent fidèles à la religion du Christ. C'est aussi de la même manière que des Hindous, Brahmanes, etc., se suicident et se brûlent vivants par esprit religieux. Ils croient que de tous les actes de dévotion le meilleur pour celui qui se repent de ses fautes, c'est de se détruire lui-même pour obtenir le pardon.

« C'est ainsi que les savants dans les choses divines se livrent à la dévotion en s'abstenant des désirs de la concupiscence. Ils subjuguent tellement leurs sens qu'il ne leur reste rien des désirs et des passions du monde. Les gens religieux cherchent à faire mourir leur âme concupiscente, ce qu'ils considèrent comme le plus grand acte de piété auquel ils puissent se livrer et devant les sauver du feu de l'enfer et les faire parvenir au ciel. Dans toute religion et dans chaque secte il y a des bons et des mauvais ; mais les pires de tous sont ceux qui nient la résurrection et ne croient pas aux récompenses et aux punitions futures ; qui, par conséquent, ne croient pas à l'expiation, qui sont sans aucune crainte pour leurs péchés et qui nient enfin l'unité de Dieu, auprès de qui nous retournerons tous. »

(1) IX, 112.
(2) II, 51.

Un Indien prit à son tour la parole et dit : « Les espèces et les variétés des fils d'Adam sont bien plus nombreuses que celles des animaux ; car dans le quart de l'univers qui est habité, il y a dix-neuf mille pays habités par des gens de toute sorte ; tels sont la Chine, l'Inde, le Héjaz, l'Yémen, l'Abyssinie, l'Arabie Heureuse, l'Égypte, Alexandrie, le Quirwan, l'Andalousie, Constantinople, l'Azerbijan, l'Arménie, la Syrie, la Grèce, l'Irâc, le Badakhschan, la Géorgie, le Jîlân, Nischapûr, le Kirman, le Caboul, le Multan, le Khorassan, le Mawarâ unnahr, le Khawârazm, Fargâna et des milliers d'autres pays et villes qu'il serait impossible d'énumérer. Il y a de plus des milliers d'hommes qui habitent les îles, les forêts et les bois, et tous ces hommes parlent des langues différentes, sont de couleur différente, ont des mœurs, des usages, des arts et des religions différentes. Dieu les nourrit tous et les protége tous. Tout cela n'indique-t-il pas que nous sommes supérieurs aux animaux ? »

« Cet homme, dit alors la grenouille au roi, a vanté le grand nombre des hommes ; mais s'il faisait seulement attention aux habitants des eaux et s'il considérait leurs espèces et leur formes diverses, il se convaincrait que l'espèce humaine est bien moins nombreuse et les pays et les villes qu'il a mentionnés lui paraîtraient peu importants ; car dans le quart habité du monde, il y a quinze mers, c'est à savoir celle de Grèce, celle de Géorgie, celle du Guilân, la mer Rouge, le golfe Persique, la mer de l'Inde, celle du Sinde, celle de Chine, celle de Gog et Magog, la mer Verte, la mer Occidentale, la mer du Nord, la mer Éthiopienne, la mer du Sud, la mer de l'Est ; cinquante petites rivières et deux cents grandes telles que le Jihûn (l'Oxus), le Tigre, l'Euphrate, le Nil, etc., dont le parcours est de cent à mille kos. Il y a, en outre, les grands et petits ruisseaux qui coulent dans les forêts et les bois, les lacs, les étangs, etc., qu'on ne saurait énumérer. Dans ces eaux on trouve non-seulement des poissons, mais des tortues, des crocodiles, des dauphins et des milliers d'autres espèces d'animaux aquatiques dont Dieu seul connaît le compte.

« Quelques-uns disent que les animaux aquatiques appartiennent à sept cents différentes espèces, outre les variétés et sans compter les individus, et que les animaux de terre, tant féroces que carnassiers, domestiques, etc., ne forment que cinq cents espèces, outre les variétés et sans compter les individus. Tous ces animaux sont les créatures de Dieu ; il les a produits par sa puissance ; il leur donne leur nourriture et il prend soin d'eux. Rien de ce qui les concerne ne lui est caché. Si l'homme considérait le nombre incalculable des animaux, il se convaincrait que ce n'est pas sur la quantité d'individus appartenant à la race humaine qu'il peut tirer la conséquence qu'il doit être notre maître et que nous devons être ses esclaves. »

CHAPITRE XXV.

SUR LE MONDE DES ESPRITS.

Quand la grenouille eut terminé sa harangue, un sage d'entre les jinns reprocha aux hommes et aux animaux de n'avoir pas mentionné les êtres spirituels et lumineux qui n'ont pas de corps. « Vous ne connaissez peut-être pas ces êtres, leur dit-il. Ce sont de simples âmes et des esprits qui demeurent dans les coupoles des cieux. Il y a parmi eux les anges qui sont préposés à la garde des sphères célestes ; d'autres vivent dans les régions boréales et ce sont les jinns, enfin il y a aussi les démons.

« Si vous connaissiez le nombre des créatures célestes, vous sauriez que, comparés à elles, les hommes et les animaux ne sont rien ; car l'espace que les premières occupent est dix fois plus grand que celui de la terre et des mers ; les cieux sont bien plus spacieux que la terre et ils sont pleins de ces êtres célestes, ainsi que l'a dit le prophète de Dieu : « Il n'y a pas dans les sept cieux le moindre espace qui ne soit plein d'anges toujours debout ou prosternés dans l'adoration de Dieu. »

« Si vous considériez, vous hommes, le nombre de ces êtres, vous vous apercevriez que vous y êtes bien inférieurs : sous le rapport du nombre, vos prétentions sont donc vaines. Tous les êtres sont les créatures de Dieu ; mais il en a soumis quelques-unes aux autres. Il a tout disposé dans sa sagesse pour que ses ordres fussent exécutés. Gloire à lui et louange lui soit rendue !

« Nous avons bien d'autres preuves de notre excellence, dit alors au roi un habitant du Héjâz. Dieu nous a promis de grandes faveurs, telles que de nous ressusciter du tombeau et de nous répandre sur toute la terre pour être jugés ; de traverser le pont sirât et d'entrer dans le ciel, nommé aussi paradis, jardin de délices, jardin d'éternité, jardin d'Eden, habitation éternelle, maison de paix, lieu de repos, résidence éternelle, séjour des saints, où se trouvent l'arbre *tûba*, la fontaine *salsabîl*, des ruisseaux de vin, de lait, de miel et d'eau, de beaux palais, de nombreuses houris, et, ce qui vaut bien mieux que tout le reste, la présence de Dieu et les jouissances qu'entraîne un tel bonheur et que détaille le Coran. Ces faveurs nous ont été assignées, mais non aux animaux ; et elles nous dispensent d'insister sur les autres motifs de notre prééminence.

« Mais, dit le rossignol, agent des oiseaux, si Dieu vous a promis les faveurs dont vous parlez, il vous a aussi condamnés à des châtiments terribles tels que les tourments de la tombe, l'interrogatoire de Munkir et de Nakîr, l'enfer avec tous ses degrés et toutes ses peines cruelles, le vêtement de poix, la boisson de fiel, la nourriture affreuse du fruit du zacûm, la compagnie des démons et de Satan leur chef. Tout cela vous est annoncé dans le Coran. Quant à nous, des récompenses ne nous ont pas été promises, mais aussi nous n'avons pas de punition à craindre. Par nos actes nous n'avons ni profit à retirer, ni dommage à redouter. Ainsi nous sommes égaux à vous et vous n'avez pas de supériorité à notre égard.

« Comment serions-nous vos égaux ? répliqua l'habitant du Héjaz ? Nous ne resterons pas toujours dans le même état. Si nous obéissons aux commandements de Dieu, nous irons demeurer avec les prophètes et les saints en compagnie des hommes éminents par leur mérite, leur piété, leur abstinence, avec les dévots et les contemplatifs. Ils seront semblables aux anges qui approchent de Dieu, ceux qui s'attachent, avant tout, à faire le bien et qui sacrifient leur fortune et leur vie pour Dieu, pleins qu'ils sont de confiance en lui à qui ils adressent leurs prières et en qui ils espèrent. Si même nous sommes pêcheurs et que nous ne lui obéissions pas, nous pouvons obtenir notre salut par l'intercession des prophètes et spécialement par celle du prophète incontestable, Mahomet, le prince des envoyés célestes, le sceau des messagers de Dieu ; après quoi nous jouirons du ciel, et les anges nous diront : « Salut à vous, soyez heureux, entrez ici et demeurez-y pour toujours (1). Mais vous, animaux, qui que vous soyez, vous êtes privés d'un tel bonheur ; car vous tombez dans le néant en quittant ce monde, et il n'est plus question de vous. »

En entendant ces derniers mots, les agents des animaux et les chefs des jins dirent : « Votre parole est vraie et votre preuve solide ; vous avez raison de vous enorgueillir de telles choses. Mais vous devriez bien nous développer actuellement les belles qualités, les mœurs pures, les traits recommandables qui sont en rapport avec de si grandes faveurs. » Tous les hommes gardèrent alors le silence.

Cependant un sage prit la parole en ces termes et dit : « Sire, les hommes ont, en effet, prouvé que leurs prétentions étaient fondées et il est reconnu qu'il y en a parmi eux qui ont accès auprès de Dieu et qui possèdent des qualités très-louables qu'on ne saurait convenablement décrire avec la langue ; mais toutefois, leur esprit ne peut atteindre les perfections divines ; les orateurs les plus excellents, les prédicateurs les plus parfaits qui, toute leur vie, ont cherché à les exposer n'ont pu y parvenir. Actuellement, Votre Majesté

---

(1) Cor., XXXIX, 73.

doit se décider entre les hommes et les animaux et déclarer si ces derniers sont les esclaves des premiers.

« Oui, dit le Roi, tous les animaux doivent être soumis à l'homme et ne pas s'écarter de leur obéissance. »

Les animaux entendirent cette sentence, ils s'y soumirent et s'en retournèrent paisiblement chacun de son côté.

DEUX CONTES DE L'ANVARI SOHÉILI

L'OURS ET LE JARDINIER [1].

Un jardinier possédait un jardin plus agréable et plus voluptueux que les jardins les plus célèbres de l'Orient. Ses arbres, de différentes espèces, étaient aussi beaux que le plumage diapré du paon, et ses fleurs de mille variétés avaient l'éclat de la couronne de Kaous [2]. La surface de son sol était brillante comme la joue de la beauté élégamment vêtue, et le zéphyr de son atmosphère était parfumé comme le magasin d'un marchand d'aromates. Ses rameaux, chargés de fruits, étaient courbés comme le vieillard accablé d'années : et ses fruits, doux et embaumés, étaient préparés sans la chaleur du feu. Leurs différentes espèces, soit de printemps, soit d'automne, étaient la fraîcheur et la saveur même. Ses pommes, qui n'étaient pas nuisibles, semblables au menton des beautés enchanteresses, au corps d'argent, avaient la couleur la plus agréable et le plus délicieux parfum. Leur vive couleur les faisait paraître de loin comme des lampes brillantes attachées aux arbres.

Que dirai-je de ses poires dont l'extrême douceur pouvait les faire considérer comme autant de fioles de sucre suspendues au vent ?

---

[1] La fable de *l'Ours et l'Amateur des jardins* de La Fontaine, est une imitation de ce conte. Il se trouve aussi traduit en hindoustani d'une manière abrégée dans les *Muntakhabat* de Shakespear, t. Ier, p. 20 du texte, 36e anecdote.

[2] Ou *Caïkaous*, roi de Perse de la deuxième dynastie, nommée des *Caïanides*.

Ses coings, revêtus de laine, comme les sofis qui se lèvent durant la nuit, et les joues pâles, sortaient la tête de la fenêtre du monastère de la création ; et leur extérieur, souillé de poussière, rappelait aux cœurs douloureux des amants l'amour de leurs belles.

Les boules d'or de ses oranges brillaient au sein des feuilles, comme le globe lumineux du soleil au milieu de la voûte verte des cieux ; et les cassolettes de ses citrons étaient un des principaux agréments de ce parterre par leur parfum qui enlève le cœur, et par leur exhalaison qui fait naître le plaisir.

On aurait dit de ses grenades, semblables aux lèvres de la jeune amante qui sourit, que le ciel alchimiste avait jeté des rubis dans le feu pour les éprouver.

D'un côté on voyait des pêches si fraîches et si succulentes, que le jus le plus délicieux en sortait avant même de les porter à la bouche ; de l'autre, des figues incomparables qui semblaient une pâtisserie agréable formée de graines de pavot et de sucre candi.

Il y avait des raisins dorés dont la beauté avait été décrite par la plume de la sagesse dans la page du Coran où on lit ces mots : *Nous y avons fait croître du grain et du raisin.*

Là des melons, comme des globes d'or, couverts d'un tendre duvet semblable à celui des joues de l'adolescent, étaient comparables à la pleine lune qui paraît sur l'horizon couleur de verre. On était convaincu, en les voyant, qu'ils remportaient la boule du mail (1) sur les fruits du paradis.

Chaque arbre captivait tellement ce jardinier, qu'il ne pensait ni à son père, ni à ses enfants, et qu'il passait sa vie retiré dans ce jardin. Il finit pourtant par se lasser de l'ennui de la solitude et de la privation des douceurs de l'amitié.

Vers. — « Ce jardin est plein de roses et de violettes.
Que m'importe ! hélas ! je n'y vois point d'ami ! »

Enfin le cœur blessé de la douleur de l'isolement, il sortit pour se promener dans le désert et se mit à parcourir le pied

(1) Allusion au jeu de mail, très-usité chez les Persans.

d'une montagne dont l'étendue, comme le vaste champ de l'espérance n'avait point de bornes. Par hasard, l'ours le plus hideux et le plus difforme avait aussi pris la même route, et par le même motif. Ils ne se furent pas plus tôt rencontrés, que, à cause de leur mutuelle ressemblance, la chaîne de l'amitié se mit en mouvement, et que le cœur du jardinier se trouva porté à la société de l'ours.

Vers. — « Chaque atome dans la terre et dans le ciel est pour l'atome de son espèce comme la paille et l'ambre gris. Les damnés attirent les damnés, les bienheureux appellent les bienheureux. Les gens purs désirent le vin pur, les gens d'un mauvais caractère, la lie. Un homme vain convient bien aux gens vains. Un homme d'esprit est bien avec les gens d'esprit. Les personnes qui s'occupent de l'éternité aiment à avoir pour compagnons des gens qui y pensent.

L'ours ayant reçu du jardinier des caresses que jamais personne ne lui avait faites, se livra totalement à son amitié, et, au premier signe, il le suivit, et vint dans ce jardin semblable au paradis.

La concorde ayant été établie entre eux par les bienfaits, et par le don de ces fruits agréables, la bouture de l'amitié prit racine dans le sol de leur cœur. Ils étaient souvent dans un coin du jardin, toujours contents de se trouver ensemble.

Toutes les fois que l'excès de la fatigue forçait le paysan à poser la tête de l'oisiveté à l'ombre du délassement, sur l'oreiller du repos, l'ours, par attention et par attachement pour son ami, s'asseyait auprès de son coussin, et chassait les mouches de sa figure.

Non, disait-il, je ne veux pas que les mouches couvrent la face de l'objet que j'adore.

Un jour, selon l'usage, le jardinier s'étant couché et s'étant endormi, une grande quantité de mouches se rassemblèrent sur sa figure. L'ours se mit à les chasser ; mais il avait beau faire, elles revenaient aussitôt ; les chassait-il d'un côté ? elles fondaient de l'autre.

Fatigué, l'ours soulève une pierre de cent livres pesant ; et, en se disant à lui-même : « Je les tuerai », il la jette sur le visage du malheureux jardinier. Les mouches n'en reçurent aucun mal, mais la tête de l'agriculteur fut mise au niveau de la terre.

Voilà pourquoi les sages ont dit que, dans toute circonstance, un ennemi savant vaut mieux qu'un ami ignorant.

LE FAUCONNIER.

On rapporte qu'un satrape célèbre par sa puissance, et distingué par sa noblesse et par ses excellentes qualités, avait une femme dont la beauté était la perte de l'âme, et dont les charmes excitaient le trouble dans le monde. Ses lèvres donnaient la vie bien plus encore que l'eau du fleuve de l'existence, et sa bouche était plus douce que le sucre le plus pur.

Vers. — « Son visage avait l'éclat du feu, ses joues le brillant de l'onde argentée. Ses sourcils étaient des arcs, ses œillades des flèches, et au moyen de cet arc et de ces flèches, elle avait rendu mille cœurs esclaves. »

A ce degré si parfait d'agréments et de charmes, elle réunissait la beauté de la pudeur et de la vertu, et elle avait orné de la lentille de l'abstinence et de la piété ses joues qui excitaient le trouble.

Vers. — Ses yeux fermés à toutes les choses du monde, étaient cachés derrière le voile de la pudeur. Jamais un miroir n'avait vu, même de loin, ses traits ravissants. Que dis-je ? elle craignait la société de son ombre.

Ce satrape avait un page du pays de Balkh qui faisait auprès de lui les fonctions de fauconnier : il n'avait ni mœurs ni retenue, et ne garantissait pas l'atmosphère de son cœur de la poussière du libertinage et de la corruption. Un jour, ce jeune homme vint à regarder cette femme vertueuse, et aussitôt l'oiseau de son cœur fut pris dans le filet de l'amour.

Hors de lui, il eut beau agiter l'anneau (1) de l'union, la porte de la rencontre ne s'ouvrit point ; en vain il employa la ruse et l'adresse, tout fut inutile.

Animé du désir de prendre ce paon du jardin de la beauté, il ceignit les reins de l'espérance, mais il eut beau faire voler le faucon de la pensée dans l'air de l'union, il ne put trouver le chemin du nid de l'objet désiré.

Quand le page vit ses espérances trompées, il chercha (comme c'est l'usage des âmes perverses) à inventer quelque stratagème contre cette femme vertueuse, et il eut recours à la fourberie pour la couvrir de honte. Il acheta donc d'un chasseur deux perroquets, et se mit à apprendre, dans la langue de Balkh, à l'un d'eux : *J'ai vu le portier couché avec la maîtresse de la maison ;* et à l'autre : *Mais pour moi du moins je ne dis mot.* En une semaine les perroquets retinrent ces deux phrases. Un jour que le satrape était dans la salle du festin, assis sur le coussin de la conversation, le cœur dégagé de tout souci, le fauconnier entra et lui offrit les perroquets en forme de présent. Les perroquets s'étant mis à parler avec beaucoup de douceur, répétèrent les deux phrases, d'après leur usage. Le satrape ne connaissait pas la langue de Balkh, mais il fut ravi d'entendre la flexibilité de leur voix et le charme des mots qu'ils prononçaient, et après s'être familiarisé avec ces sons, il confia ces oiseaux à son épouse afin qu'elle en eût un soin particulier. La pauvre femme, qui ne connaissait pas non plus la langue que parlaient ces oiseaux, les éleva, et caressa ainsi des ennemis qui avaient une apparence d'amis.

Le satrape finit par se plaire si fort au chant de ces perroquets, qu'il laissait le son enivrant du luth et le frémisse-

(1) C'est-à-dire le marteau de la porte. En Orient les portes ont un anneau pour frapper au lieu d'un marteau ou d'une sonnette.

ment voluptueux de la guitare pour prêter l'oreille à cette harmonie vivifiante.

Un jour des gens de Balkh vinrent chez lui. Le satrape n'eut rien de plus empressé que de faire apporter les perroquets dans le lieu qu'il avait disposé pour ses hôtes. Ces oiseaux se mirent aussitôt selon leur coutume à articuler les deux phrases. Mais à peine eurent-ils proféré ces mots que les étrangers, stupéfaits de ce qu'ils venaient d'entendre, se regardèrent les uns les autres, et de honte finirent par baisser la tête. Le satrape voyant que le feu de la joie de ses amis s'était éteint, et que l'ivresse du contentement de ses hôtes s'était changée en stupeur et en réflexion, s'informa quelle en était la cause, insistant fortement dans sa demande. Les hôtes eurent beau s'excuser, il ne reçut point leurs excuses. Le plus hardi d'entre eux lui dit alors : « Vous ne savez point sans doute ce que ces oiseaux disent ». « Non, répondit le satrape, je ne comprends pas ce qu'ils disent : mais j'aime et je prends plaisir à entendre leurs paroles qui gagnent les cœurs. Instruisez-moi donc du sens de ces paroles. »

VERS. — Je n'ai pas même vu en songe Salomon, comment puis-je savoir la langue des oiseaux ? (1)

Alors les hôtes, après avoir répété les mots que disaient les perroquets, en expliquèrent le sens au satrape. Celui-ci quittant aussitôt son verre : « Mes chers amis, dit-il, excusez-moi ; je ne comprenais pas ce que ces oiseaux disent ; mais actuellement que je sais ce qu'il en est, il ne me serait plus possible de continuer. Ce n'est point l'usage dans notre ville de rien manger dans une maison dont la femme est dissolue et sans mœurs. » Sur ces entrefaites, le jeune fauconnier se mit à crier : « Oui, j'ai vu plusieurs fois ce que ces oiseaux disent, et j'en rends témoignage. » A ces mots, le satrape ordonna que l'on fît mourir sa femme ; mais celle-ci, instruite de cet ordre, lui envoya quelqu'un qu'elle

(1) Les Orientaux prétendent que Salomon entendait le langage des oiseaux.

chargea de lui dire : « Mon seigneur et mon maître tout puissant :

Vers. — Que ma mort te soit agréable ou que tu me laisses la vie, quelque chose que tu ordonnes, je m'y soumets avec résignation.

Mais pense sérieusement à cette affaire, et ne précipite rien ; ne te hâte point de me faire mourir parce que je suis en ton pouvoir ; car les sages pensent que, dans toutes les affaires, mais surtout lorsqu'il s'agit de verser le sang il est indispensable de faire de sérieuses réflexions ; car si la peine capitale devient nécessaire, on pourra l'infliger lorsqu'on le voudra, tandis que si, par précipitation, on frappe de mort un innocent, et qu'il soit ensuite reconnu qu'il n'a pas mérité d'être condamné, la réparation de cette faute sort du cercle de la possibilité, et cette injustice pèse à jamais sur la tête de celui qui s'en est rendu coupable.

Après avoir entendu ce message, le satrape ordonna que son épouse lui fût amenée, et lui dit : « Les perroquets ne sont point de la nature de l'homme, leurs discours ne peuvent donc pas être causés par la haine ni par la malveillance ; ils déclarent ce dont ils ont été témoins, et d'ailleurs le fauconnier assure également qu'il a vu ce que ces oiseaux disent. Ceci n'est point une bagatelle dont on puisse s'excuser avec de belles paroles. Si la faute est faite, il n'y a point de pardon à attendre. » « Il est juste de faire des recherches sur mon compte, repartit l'épouse, et quand cette affaire sera parfaitement connue, si je mérite la mort, tu me la feras donner. » « Mais comment l'éclaircir ? dit le satrape. » « Demande aux gens de Balkh, répondit-elle, si, outre ces deux phrases, ces oiseaux savent autre chose ou non : s'il est reconnu qu'ils ne savent que ces mots, il sera facile de se convaincre que c'est ce libertin déhonté qui, n'ayant pu réussir dans les vues criminelles et dans les désirs insensés qu'il avait formés sur moi, leur a appris ces mots. Si, au contraire, ils peuvent dire autre chose, il te sera licite de verser mon sang, que dis-je ? il ne me sera plus permis de vivre. » Le satrape mit donc le plus grand soin à approfondir cette affaire ; et, de leur côté, les hôtes firent, pendant trois jours. tous leurs efforts pour découvrir la vérité ; mais les perroquets ne prononcèrent que ces deux phrases. Lorsqu'il fut reconnu que la femme était innocente, le satrape l'acquitta de la peine de mort et ordonna qu'on lui amenât le page. Celui-ci accourut aussitôt, un faucon sur le poing. « Méchant, traître, s'écria la femme, m'as-tu vu faire quelque chose de contraire à ce que Dieu approuve ? » « Oui, répondit-il, j'ai vu ce que ces oiseaux disent. » Il n'eut pas plus tôt prononcé ces mots que le faucon qu'il avait sur le poing, se précipitant sur son visage, lui creva les yeux à coups de bec, et les lui arracha. Voilà, dit alors la femme, la récompense destinée à celui qui prétend avoir vu ce qu'il n'a pas vu. *Le mal est puni par un mal semblable.*

PEND-NAMÈH

ou

LIVRE DES CONSEILS

DE SAADI

PRÉFACE

Dieu généreux, captifs dans les liens de nos désirs, nous te prions d'avoir pitié de notre état. Nous n'élevons nos soupirs que vers toi qui seul remets aux pécheurs leurs fautes. Éloigne-nous du chemin de l'iniquité, oublie nos égarements et montre-nous la voie droite.

Tant que la langue occupera une place dans le palais, le cœur goûtera la louange de Mahomet, de cet ami de Dieu, le plus illustre des prophètes, de ce législateur qui siége auprès du trône glorieux de l'Éternel, de ce héros conquérant du monde qui, monté sur le Borac (1) au poil bai, passa au delà du palais au portique azuré.

---

(1) Nom de l'animal qui porta Mahomet au ciel, dans la nuit du mi'ráj (ascension).

CHAPITRE PREMIER.

ENTRETIEN AVEC L'AME.

Quarante ans de ta vie précieuse se sont écoulés, et ton naturel est encore celui que tu avais dans l'enfance. Tu n'as rien fait que la vanité ou la passion ne t'y ait porté. Tu n'as pas embelli un seul de tes instants par des occupations sérieuses. Mon âme, ne place point ta confiance en cette vie qui passe, et ne te crois pas à l'abri des jeux de la fortune.

CHAPITRE II.

DE LA GÉNÉROSITÉ.

Celui qui dressera la table de la générosité, deviendra célèbre dans le monde bienfaisant. La générosité te fera connaître à l'univers, et te procurera une sécurité parfaite. Rien au monde ne peut être comparé à cette belle vertu. Il n'y a pas de bazar plus fréquenté que le sien (1). Elle est le capital de la joie et la récolte de la vie. Rafraîchis par elle le cœur de l'homme. Remplis le globe de la renommée de tes dons. A chaque instant de ta vie exerce la générosité, puisque celui qui donne l'être à ton âme possède cet attribut par excellence.

(1) Il y a dans le texte *plus chaud* ; en effet, lorsqu'une grande quantité de personnes sont rassemblées quelque part il y fait chaud.

CHAPITRE III.

DE LA LIBÉRALITÉ.

Quiconque est bien inspiré ne peut manquer de prendre pour sa vertu favorite la libéralité ; c'est elle qui rend l'homme heureux. Par ta douceur et ta munificence, sois le vainqueur du monde. Sois prince dans la région de l'affabilité et de la largesse. La libéralité est l'occupation des sages et la profession des élus. Ne néglige point de pratiquer cette vertu, et tu remporteras alors la boule (1) de la bonté. La libéralité est la poudre de projection qui change en or le cuivre du vice ; elle est le remède à tous les maux.

CHAPITRE IV.

CENSURE DE L'AVARE.

Le globe du monde tournerait au gré de l'avare, il tiendrait à la chaîne le bonheur, les trésors de Caroun (2) seraient dans ses mains, le quart habité de l'univers (3) lui obéirait... qu'il ne mériterait pas que son nom fût cité. Quand même la fortune serait son esclave, ne fais pas la moindre attention à ce qu'il possède ; ne parle pas de ses richesses, ne pro-

(1) Allusion au jeu de mail.

(2) Les musulmans nomment ainsi Coré. Selon eux, il avait acquis, par le moyen de la chimie, de si grands trésors, qu'il fallait quarante chameaux pour les porter.

(3) Les Orientaux se servent de cette expression pour exprimer les parties habitées du monde.

nonce pas le nom de ses possessions. Quoique, sur terre et sur mer, l'avare éprouve des privations continuelles, il n'y aura pas, d'après la tradition, de paradis pour lui. L'avare, quelque riche qu'il soit en possessions, est en proie à la même peine que celui dont la bourse ne renferme que des oboles. Les hommes généreux éprouvent des douceurs en employant le revenu de leurs richesses, tandis que les avares n'éprouvent que du chagrin de leur or et de leur argent.

CHAPITRE V.

DE L'HUMILITÉ.

Si tu es humble, les hommes t'aimeront. L'humilité élève celui qui la pratique, comme le soleil éclaire de ses rayons la lune argentée. Ils pratiqueront cette vertu, ceux qui sont dignes du nom d'homme. L'humilité augmentera le respect que l'on te porte, elle préparera ta place dans le paradis élevé. C'est elle qui doit être le fonds capital de l'amitié qui en recevra un caractère sublime. L'humilité est la clef de la porte du séjour bienheureux; elle est l'ornement de l'élévation et du bonheur. Celui qui a l'heureuse habitude d'être humble, retirera un vrai profit de son rang et de sa puissance. L'humilité ennoblit l'homme : dans les grands, elle est semblable à la broderie qui décore leurs habits. Il n'y a rien de plus beau que de trouver l'humilité chez une personne qui est à la tête du commandement. Le vrai sage exercera l'humilité : c'est par elle que le rameau chargé de fruits vient poser sa tête sur la terre. Sois toujours humble envers tes semblables, alors tu pourras, un jour, lever la tête comme l'épée. Chez les grands, l'humilité est la vertu la plus recommandable; mais si le mendiant est humble, c'est dans l'ordre (1).

(1) Ce vers se lit aussi dans le poëme du même auteur, intitulé *Bostan*, c'est-à-dire, *jardin*, dans le chapitre des louanges d'Atabek Aboubekr ben-Saad.

CHAPITRE VI.

CENSURE DE L'ORGUEIL.

Mon enfant, évite soigneusement l'orgueil, de crainte que tu ne tombes un jour frappé de sa main. Dans un savant, rien ne déplaît comme ce défaut. Quant au sage, il est étonnant qu'il puisse s'y laisser entraîner. Ce vice est le propre des ignorants, jamais de l'homme éclairé. C'est l'orgueil qui jadis avilit Azazil (1), et qui le précipita dans la prison de la malédiction. L'orgueilleux a la tête remplie des prestiges de son imagination.

Puisque tu connais les inconvénients de l'orgueil, pourquoi t'y livrerais-tu ? si jamais tu es orgueilleux, tu seras inexcusable. L'orgueil est le capital du malheur ; il est la source d'un mauvais caractère.

CHAPITRE VII.

DE L'EXCELLENCE DE LA SCIENCE.

C'est la science qui augmente le mérite de l'homme, et non le faste, les honneurs, les biens, les richesses. Il faut se consumer à sa poursuite comme la bougie, car sans la science on ne peut connaître Dieu. S'appliquer à acquérir de l'instruction, c'est être prédestiné au bonheur. Le sage ambitionne la science dont le bazar est toujours fréquenté. Le devoir de t'instruire est pour toi un précepte obligatoire que Dieu t'a imposé, quand même, pour l'exécuter, il fau-

(1) *Azazil* ou *Eblis* est le prince ou le chef des anges prévaricateurs.

drait parcourir le monde. La science t'est nécessaire, tant pour le spirituel, que pour le temporel. Par elle, tout ce qui te concerne sera dans le plus heureux arrangement. Si tu te laisses diriger par l'intelligence, ne t'appliques qu'à étudier. C'est une négligence impardonnable que de ne rien savoir. Va, et tiens-toi fortement attaché au pan du manteau de la science, tu seras conduit au palais de la stabilité.

CHAPITRE VIII.

QU'IL FAUT S'ABSTENIR DE FRÉQUENTER LES IGNORANTS.

Si tu es prudent et sage, ne fréquente pas l'ignorant ; fuis loin de lui comme la flèche. Ne te mêle pas avec lui comme le lait et le sucre. Il vaudrait mieux qu'un dragon fût ton compagnon dans une caverne (comme autrefois Abou-bekr fut celui de Mahomet), que si l'ignorant était ton intime ami. Si ton ennemi mortel est sensé, il est préférable à un ignorant ami (1). Personne au monde n'est plus vil que l'ignorant, et rien n'est plus méprisable que l'ignorance. Laisse donc l'ignorant, voilà ce que tu as de mieux à faire. Sa société te ferait rougir dans ce monde, et te couvrirait d'une éternelle confusion dans l'autre. Des actions inconvenantes, voilà les œuvres de l'ignorant. Tu n'entendras jamais de lui que des paroles déplacées. L'enfer lui est réservé, car il est difficile que sa vie ait une bonne fin. Nous devons nous attendre à voir sa tête au sommet de la potence, puisqu'il est naturel qu'il porte la peine de son avilissement.

(1) Rien n'est si dangereux qu'un ignorant ami ;
    Mieux vaudrait un sage ennemi.
                                    La Fontaine, VIII, 10.

CHAPITRE IX.

DE LA JUSTICE.

Puisque Dieu a comblé tous les désirs que tu as formés, pourquoi ton unique but n'est-il pas de rendre la justice? Elle est l'ornement de la royauté; pourquoi par elle ne pas fixer les incertitudes de ton cœur? Ah! si elle s'unit à toi pour gouverner ton empire, elle donnera à ton trône une stabilité que les efforts réunis de tes ennemis ne pourront détruire. Nouchirvan (1) exerça la justice; aujourd'hui encore les peuples répètent son nom avec enthousiasme. Rends le monde heureux par les bienfaits de l'équité; répands toutes tes faveurs sur les gens qui pratiquent cette vertu. La tranquillité d'un royaume est le résultat de la justice; c'est elle qui comble les vœux des sujets. Il n'y a pas de meilleur architecte au monde que la justice, car rien n'est au-dessus d'elle. Que peut-il t'arriver de plus heureux que d'être appelé *roi juste?* Si tu veux la décoration du bonheur, ferme la porte de la tyrannie sur les habitants du monde. Ne refuse point tes bonnes grâces à tes sujets; remplis les vœux de ceux qui veulent la justice.

CHAPITRE X.

CENSURE DE LA TYRANNIE.

La tyrannie dévaste le monde, comme le vent destructeur de l'automne ravage un jardin délicieux. N'opprime jamais

(1) C'est le surnom de Khosrou IV (Chosroès-le-Grand), vingt-deuxième roi de la dynastie des Sassanides.

tes sujets, si tu veux que le soleil de ton empire ne décline point. Celui qui allume dans le monde le feu de l'oppression, arrachera aux hommes des plaintes et des gémissements. Ne tyrannise point le pauvre, car l'enfer sera, sans doute, la demeure des tyrans.

Si l'opprimé élève un soupir de son cœur, l'ardeur de ce soupir brûlant enflammera l'eau et la terre. Ne fais point d'injustice à l'infortuné privé de toute ressource, et pense enfin au réduit étroit du sépulcre. N'outrage point l'opprimé et ne méprise pas la vapeur des soupirs qui s'élèvent vers le ciel. Ne sois ni méchant ni sévère, de peur que la punition de Dieu ne vienne fondre sur toi à l'improviste.

CHAPITRE XI.

ÊTRE CONTENT DE SON SORT. DESCRIPTION DE CETTE VERTU.

Si tu as le bonheur de savoir te contenter de ton sort, tu régneras dans le pays de la douce tranquillité. Es-tu dans la détresse, ne murmure point de ton malheur. Aux yeux du philosophe, les richesses ne sont rien. Le sage ne saurait rougir de la pauvreté, puisque le prophète Mahomet (1) en a fait sa gloire. Si tu n'es pas riche, ne t'inquiète pas ; le sultan n'exigera pas des ruines un tribut. L'or et l'argent sont l'ornement du riche, le calme et la paix le partage de la pauvreté. Dans quelque situation que l'on soit, rien n'est plus convenable que de mettre des bornes au vaste champ des désirs. Celui qui naquit sous une bonne constellation saura se contenter de son sort ; imite-le : la satisfaction, comme le soleil qui répand sa clarté dans le monde, éclairera de sa lumière les ténèbres de ton cœur.

(1) « La pauvreté, a-t-il dit, fait ma gloire. »

CHAPITRE XII.

DE LA CUPIDITÉ.

O toi que l'avidité a privé de la raison, et qui, enivré de sa coupe fatale, es tombé dans les lacs de la cupidité, ne perds point ta vie à acquérir de l'argent. Les pierres précieuses ont une tout autre valeur que la brique. Celui qui est retenu dans les entraves de la cupidité livre au vent la moisson de la vie. Supposons que tu acquisses les possessions de Caroun et toutes les richesses du quart habité de l'univers... Eh! pourquoi te tourmenter pour des biens qui un jour périront tout à coup? pourquoi te laisser consumer par la passion insatiable de l'or? pourquoi à sa poursuite traîner comme l'âne, le fardeau de la peine? Tu es pour la fortune comme le loup pour sa proie, et tu ne penses pas au jour où il te faudra rendre compte. Tu es tellement épris de l'or, qu'agité de son amour, tu erres çà et là comme si tu avais perdu la raison. Qu'il ne jouisse jamais du contentement, le cœur de l'homme méprisable qui laisse, pour ce monde présent, la vie à venir que promet la religion!

CHAPITRE XIII.

DES BONNES ŒUVRES.

Le cœur de celui dont le bonheur est l'esclave est constamment incliné vers les bonnes œuvres. N'abandonne jamais le sentier du service de Dieu; la félicité même de cette vie en dépend. La lumière des bonnes œuvres éclairera les sinuosités de ton cœur. Si tu te ceins les reins pour exercer ces devoirs, la porte du bonheur éternel s'ouvrira pour toi. Le sage ne détourne jamais la tête des bonnes œuvres : rien n'est préférable à cette heureuse occupation. Assis sous le portique de leur palais, adore le créateur. Du sein de la tempérance lève la tête ; le paradis est la demeure des abstinents.

CHAPITRE XIV.

DU CULTE.

Vivifie tes ablutions (1) par l'eau de la piété, pour te délivrer demain (2) du feu de l'enfer. Remplis dans la sincérité de ton cœur le devoir de la prière, et tu obtiendras un bonheur permanent. Allume, par la dévotion, la lampe de ta vie, afin que, comme ceux dont le bonheur dirige les pas, tu coules des jours heureux.

CHAPITRE XV.

DE L'ACTION DE GRACES ENVERS DIEU.

Rends grâces à Dieu ; il augmentera ton rang, ta puissance, ta fortune, tes possessions. Quand même tu exercerais les devoirs de la reconnaissance envers Dieu jusqu'au jour du compte (3), ce ne serait pas la millième partie de ce que tu devrais faire. Suis donc mes leçons, mon ami ; la recon-

(1) C'est-à-dire les purifications prescrites par la loi musulmane.

(2) Pour comprendre cette expression, il faut savoir que les Orientaux comparent souvent la vie à un jour.

(3) Le jour du jugement.

naissance est l'ornement de l'islamisme. N'oublie jamais ce que tu dois au créateur du monde. L'action de grâces à Dieu est l'eau du jardin de la religion.

CHAPITRE XVI.

EXCELLENCE DE LA PATIENCE.

Si la patience te prête son secours, tu acquerras une félicité inaltérable. La patience est la vertu des sages et l'occupation de ceux que le bonheur a favorisés. Dans quelque situation que l'on se trouve, la patience est nécessaire ; car dans mille occasions on a lieu de l'exercer. La patience est la clef de la porte du désir, et la souveraine de l'empire des souhaits.

CHAPITRE XVII.

DE LA DROITURE.

Si tu te diriges d'après la droiture, les hommes seront tes amis. Le sage ne détourne point la tête de la pratique de cette vertu qui donne à la réputation je ne sais quoi de sublime. Si ton naturel est la droiture, puissent mille éloges être consacrés à ton heureux penchant! Si tu aides la barque de ton esprit du souffle de la droiture, semblable au zéphyr du matin, tu atteindras le rivage loin des ténèbres de l'ignorance. Garde-toi de ne rien faire que selon la droiture ; car la main droite a la prééminence sur la gauche. Rien au monde n'est meilleur que la droiture ; il n'y a pas d'épines à son rosier. Comment celui qui n'agit pas conformément aux règles qu'elle prescrit sera-t-il acquitté au jour du jugement? Rien de plus préjudiciable que de manquer de droiture; c'est par-là que la réputation la mieux établie perd tout son prix.

CHAPITRE XVIII.

CENSURE DU MENSONGE.

La lampe du cœur de celui qui mentira ne jettera plus de clarté. Le mensonge avilit l'homme et le couvre de confusion. O mon frère, ne mens jamais, prends-y bien garde. Le menteur est méprisable et ne mérite pas la moindre considération; le sage rougit de sa société et personne ne fait cas de lui.

CHAPITRE XIX.

QU'IL EST NÉCESSAIRE DE RÉFLÉCHIR SUR LA PRÉDESTINATION ET LA PRÉMOTION.

Vois cette voûte solide et sans appui que dorent les rayons du soleil; vois la tente de la sphère céleste qui roule sur nos têtes; vois ces flambeaux éclatants qui y sont suspendus. Là, l'un est sentinelle et l'autre roi; l'un implore la justice, l'autre ambitionne la couronne; l'un a tout ce qu'il désire, et l'autre ne vit que de privations; celui-ci est content, celui-là soupire; celui-ci est monarque, celui-là percepteur (1); l'un est illustre, l'autre vil; celui-ci est frustré de son désir, celui-là obtient tout ce qu'il veut; celui-ci est privé de toutes les douceurs de la vie, celui-là jouit de toutes les faveurs de la fortune; l'un a la peine en partage,

(1) Il y a dans la traduction anglaise *paying tribute*. Le parallélisme y est mieux; mais cela n'est point dans le persan.

l'autre la richesse ; l'un prolonge son existence, tandis que l'autre expire à ses côtés ; l'un est robuste, l'autre est faible ; l'un a mangé le fruit de la vie, l'autre est dans la fleur de l'adolescence ; l'un est dans la voie droite, l'autre dans le péché ; l'un est en prière, tandis que l'autre est sur le champ de bataille ; celui-ci a le plus heureux caractère, celui-là un naturel chagrin ; celui-ci est doux, celui-là querelleur ; celui-ci est dans la jouissance, celui-là dans le tourment ; l'un est dans l'affliction, l'autre dans le bonheur ; l'un est prince dans le monde de la grandeur, l'autre captif dans le filet des coups de la fortune ; l'un demeure dans le jardin du repos, l'autre est le compagnon de l'ennui, de la douleur et de la misère ; celui-ci a des monceaux d'or, celui-là ne sait où trouver du pain, ni de quoi suffire aux dépenses nécessaires pour sa famille ; l'un a nuit et jour le Coran dans la main ; l'autre, ivre, est endormi dans le coin d'un cabaret ; l'un se conduit bien et pense d'une manière orthodoxe, l'autre est submergé dans la mer de la prévarication et du crime ; l'un est guerrier, adroit et vigoureux ; l'autre est faible, languissant, et a l'âme pusillanime. Ne te confies donc point à la fortune, puisque la mort viendra tout d'un coup t'arracher à la vie.

CHAPITRE XX.

QU'IL NE FAUT AVOIR DE CONFIANCE QU'EN DIEU SEUL.

N'arrête point tes vœux sur l'empire, la pompe et la cour de la souveraineté. Ces choses existaient avant toi, elles resteront après toi. Ne place point ta confiance sur le trône du commandement ; car aussitôt que le Très-Haut l'ordonnera, tu seras forcé de rendre ton âme. Ne te réjouis pas de posséder des trésors, d'être l'objet des adulations de nombreux courtisans ; lorsque tu t'y attendras le moins, tout cela tombera dans le néant.

CHAPITRE XXI.

QU'IL FAUT ÉVITER LE MAL ET LES MAUVAISES ACTIONS.

Mon bon ami, ne fais point de mal si tu ne veux éprouver du mal. Un bon fruit n'est pas le produit d'une mauvaise semence. Ne mets pas ta satisfaction dans les dignités et dans la gloire, puisque rien n'est à l'abri de la décadence.

CHAPITRE XXII.

DE L'INSTABILITÉ DES CHOSES DE CE MONDE.

Que de rois puissants, que de héros qui ont conquis des provinces, que de guerriers intrépides qui ont vaincu des armées, que de braves courageux comme des lions, que de figures semblables à la pleine lune qui se lève, que d'objets à la taille de buis, que de voluptueuses beautés dont les joues ont eu l'éclat du soleil, que de gens célèbres et heureux, que de statures de cyprès et de coloris de rose ont déchiré le vêtement de la vie et ont enfoncé la tête dans le collet de la terre ! La moisson de leurs noms a été livrée au vent qui n'en a laissé échapper aucune trace. Ne fixe donc point ton cœur sur cette habitation où l'on respire un air agréable, mais dont l'atmosphère verse la pluie du malheur. Mon enfant, le monde n'a point de stabilité ; ah ! ne passe point cette vie sans songer à la vie future.

LES AVENTURES
DE KAMRUP

INVOCATION

AU NOM DU DIEU CLÉMENT ET MISÉRICORDIEUX

O Dieu ! tu es vraiment le créateur de l'univers, tu es l'auteur du monde visible et du monde invisible. Personne ne saurait décrire ta puissance, car ta science n'est manifeste à qui que ce soit. Dans les deux mondes tes œuvres sont infinies. Tes merveilleux trésors sont visibles aux mortels ; c'est de ces trésors que vivent les êtres animés, sans les trouver jamais épuisés. Quoique ta crainte fasse trembler tous ces êtres aussi bien que les génies, l'amour qu'ils ressentent pour toi leur fait invoquer ton nom. Tu as tout créé par amour, et ton amour a agité tous les cœurs.

C'est cet amour qui se manifesta dans Joseph, et qui fit quitter à Zalîkha son voile ; par lui le grand Mahmûd fut comblé d'honneurs, et l'esclave Ayâz fut digne de devenir roi. C'est ce même amour qui agita Khusrau et Farhâd, et qui plongea dans la douleur la belle Schîrîn. C'est cet amour qui, dès l'éternité, embrasa le cœur de Majnûn, et lui inspira un prétexte pour voir le désert qu'habitait Laïlî. C'est encore cet amour qui rendit Nal épris des charmes de l'intéressante Daman, et en fit un austère joguî. C'est cet amour enfin qui conduisit Manohar de porte en porte, après que sa vue fut tombée sur la belle Madhmâlat.

Tous ceux qui ont marché dans la voie de cet amour n'ont-ils pas été réunis à l'objet de leur affection, quelque étrangers qu'ils lui fussent? Mais le siècle sourit en voyant l'homme dont le cœur est la résidence de l'amour, et cependant celui en qui règne l'amour a, sur les autres hommes, dans les deux mondes, une honorable prééminence.

L'amour est un fleuve toujours impétueux. Les feux de l'amour ne quittent pas, sans le consumer, celui qu'ils ont attaqué ; et quel est l'homme qui ne les a pas ressentis? L'amour trouve indigne de lui le cœur froid que sa flamme n'a pas réchauffé ; au contraire, l'être privilégié qui a su traverser cet océan igné, celui-là, guidé par l'instinct de l'amour, rencontrera son ami. Dans le jardin de l'amour règne un admirable printemps, un zéphyr parfumé le parcourt continuellement. Mais que dis-je? l'amour n'a proprement ni couleur, ni forme, ni exhalaison ; ce n'est pas non plus une eau qui puisse manquer de limpidité. Ceux que le désintéressement le plus parfait n'a pas animés sont privés pour toujours de respirer le doux parfum de l'amour.

L'amour est bien tel que je viens de le décrire ; celui qui le possède tient en ses mains une vessie de musc. Désire-t-on cette précieuse vessie, on a la coupe qui la contient, dans Mahomet. Oui, Mahomet est cette éminente vessie de musc dont l'existence a détruit le mensonge. Dieu l'a établi le chef de toutes les créatures ; il a placé cet homme admirable au-dessus des autres prophètes. La terre et les cieux, le monde spirituel et le monde matériel lui sont soumis ; si ce n'était lui, ils n'existeraient pas. Il a pris sur lui les fautes de son peuple ; il sera notre intercesseur au grand jour du jugement : que dis-je? il présidera à ce jour solennel de la grande rétribution.

Ses quatre célèbres amis et compagnons, Abûbikr, Omar, Osman et Alî, *le lion* (de Dieu), ne sauraient être loués convenablement ; contentons-nous de désirer que sur eux et sur les autres compagnons du Prophète soit l'inaltérable paix.

CHAPITRE I.

NAISSANCE DE KAMRUP.

Écoutez actuellement le récit d'une histoire d'amour : je veux parler de celle du prince Kâmrûp et de la princesse Kala.

Sur le royaume d'Aoude et de Gorakh régnait un monarque qu'on nommait *le Mahârâj Pit*. Son empire s'étendait au loin ; il possédait des biens immenses, des palais richement ornés de peintures et de dorures. Il possédait enfin tout ce qu'on peut désirer sur la terre ; toutefois, il n'avait pas de fils, quoiqu'il le désirât vivement. Animé de l'espoir que Dieu lui en donnerait un, il y pensait sans cesse ; mais il ne communiquait à personne ce qu'il ressentait. Parmi ceux qui approchaient le plus de lui, six personnages, pleins de mérite, étaient dans le même cas. Karamchand, son intelligent ministre, excellent diplomate, habile rédacteur de dépêches ; son médecin, qui ne le quittait jamais ; son pandit, homme religieux, qui se distinguait par sa sagesse ; son industrieux joaillier, qui connaissait parfaitement toutes les pierres précieuses ; son peintre, habile à tracer des portraits d'une ressemblance parfaite ; enfin, son musicien dont il recherchait avidement la compagnie. Tous les six excellaient dans leur genre de mérite, et faisaient ressembler la cour de Pit à celle d'Indra. Le mahârâj les aimait beaucoup, et de leur côté, ils étaient assidus à son service. Comme lui ils n'avaient pas de fils ; comme lui ils pensaient sans cesse à ce sujet de tristesse.

Le mahârâj, continuellement livré aux mêmes réflexions, leur tint un jour ce discours : « Je me convaincs toujours
« plus que la maison qu'un fils n'anime pas par sa présence
« est obscure et sans lueur. Avec la progéniture, la royauté
« n'est pas un vain mot ; sans elle, tout devient inutile. Heu-

« reux ceux que Dieu a destinés à se survivre dans leurs en-
« fants! leur vie se passe avec tranquillité....... Quant à
« moi, je vais abandonner mon trône, ces richesses, et vous
« gouvernerez le royaume pour moi...... Écoutez quel est
« mon projet. Tandis que vous régirez l'empire, j'endosserai
« la robe de la mendicité, je me ferai bairaguî (1) et j'en
« prendrai les insignes. Je frotterai mon corps avec de la
« bouse de vache en cendre, je dresserai mes cheveux et
« j'entourerai mon cou d'un collier pareil à ceux des atît;
« je sortirai de mon palais sous ce costume, et, tenant à la
« main un vase de terre à la manière des joguî, j'errerai de
« ville en ville, de pays en pays. Je parcourrai le monde
« comme un malheureux sans ressources, et peut-être Dieu,
« touché de mon austère pénitence, m'accordera-t-il un
« fils...... Je me prosternerai volontiers devant celui qui de
« la part de l'Éternel m'en promettra un. »

Les compagnons du mahârâj Pit entendirent avec peine l'expression de la volonté du prince, et leur intelligence fut dans l'hésitation sur ce qu'ils avaient à répondre. Ils réfléchirent tous, mais ils ne se décidèrent à rien ; ils ne dirent point qu'ils se chargeraient de l'administration du royaume. Le sage et prudent ministre Karamchand prit enfin la parole : « Sire, dit-il respectueusement, permettez-moi de
« vous développer ma pensée. Puisque la providence vous a
« départi la souveraineté d'un empire riche et puissant, pre-
« nez-en soin vous-même et contentez-vous de demander
« aux malheureux des vœux et des prières. Faites des dis-
« tributions solennelles de vivres, éclairez ainsi avec la
« lampe du bonheur le logis obscur du pauvre. Convoquez
« tout le monde, donnez à chacun de quoi se vêtir. Parlez
« avec bonté à ceux qui se présenteront; montrez-leur les
« bonnes œuvres de tout genre que vous faites, et j'ose vous
« promettre que par le moyen de leurs supplications, le dé-
« sir qui remplit votre cœur trouvera son accomplissement.
« Il sera bon de leur faire entendre que leur présence à la

---

(1) Il y a six classes de faquirs ou derviches hindous : les sanniaci, les joguî, les bairaguî, les udâcî, les jatî et les seora.

« fête religieuse dont il s'agit sera pour vous le gage de la
« naissance d'un fils. En effet, si les joguî prient pour le
« mahârâj, il obtiendra du ciel un héritier. »

Pit se rendit facilement à l'avis de Karamchand, et commanda qu'on agît conformément à ce qu'il avait dit.

Ce ministre éclairé prit donc congé du monarque et sortit du palais, se promettant bien de faire construire dans la ville un édifice pour les distributions dont il avait parlé. Il fit donc venir les principaux architectes et leur dit de préparer tous les matériaux nécessaires pour la bâtisse, tels que terre et briques, et d'élever ensuite un édifice spécial pour des distributions gratuites et solennelles de vivres, en ayant soin qu'il fût susceptible de contenir quatre cents personnes. Il ordonna qu'on le fournît de toutes les denrées et provisions nécessaires, en sorte que matin et soir les pauvres pussent y trouver une nourriture toute préparée.

Lorsque cet édifice fut achevé, Karamchand y fit en effet distribuer des vivres. Au commencement et à la fin de chaque jour les pauvres, les étrangers, les voyageurs venaient prendre part à ces aumônes. Leur vœu unanime était que le Très-haut accordât un fils au mahârâj. Pendant un an cet édifice fut abondamment pourvu de toutes les denrées qui existent dans le monde ; pendant un an Karamchand disait aux malheureux qui se présentaient : Faites des vœux pour le monarque. Un jour un derviche couvert d'une peau d'animal se présenta devant le zélé ministre. Karamchand l'accueillit avec distinction, et, lui offrant ses salutations respectueuses, l'engagea de s'asseoir et lui tint ce discours : « Le sou-
« verain de cet empire désire vivement la naissance d'un
« fils, votre esprit bienveillant éprouvera sans doute de la
« sympathie pour ce prince, et vous lui annoncerez un héritier. » Sur-le-champ le derviche ému de compassion remit à Karamchand un fruit de srî qu'il avait pris dans les *jangles* en lui recommandant de le donner au prudent monarque : « Qu'on fasse manger ce fruit à la reine, lui dit-il, si
« toutefois elle est aimée du mahârâj. Puisque ce monarque
« a ouvert sa capitale aux malheureux, Dieu lui accordera
« certainement ce qui fait l'objet de ses vœux ardents. »

Karamchand, satisfait de ce qu'il venait d'entendre, s'empressa d'aller porter au mahârâj le fruit merveilleux, et de lui répéter les paroles du faquîr. De son côté, Pit se livrant à la joie prit le fruit dans sa main, traversa rapidement son palais en prononçant le nom de Dieu, et, l'espoir dans le cœur, il se rendit auprès de la reine et lui présenta le srî.

Sundar-rûp (c'était le nom de la reine) avait eu partage la beauté du corps, et l'amour le plus tendre l'unissait à son royal époux. Elle prit ce fruit avec empressement et alla au bain l'esprit rempli des plus douces pensées.

Là elle mangea ce fruit précieux, se fit masser et parfumer le corps d'odeurs agréables; puis elle alla trouver le roi : et en ce jour même elle conçut. La ville entière ne tarda pas à apprendre l'heureuse nouvelle de la grossesse de la reine, et elle en témoigna sa joie. Ainsi le roi put espérer d'avoir un successeur, et ses sujets partagèrent sa satisfaction. Ce fut la louable pratique de l'aumône qui attira la bénédiction du ciel non-seulement sur le mahârâj, mais encore sur ses six compagnons. En effet, ces officiers qui n'avaient pas non plus de rejeton, virent, par l'effet des bonnes œuvres du prince, leurs femmes enceintes à la même époque.

Lorsque neuf mois (lunaires) se furent écoulés et que l'aurore du dixième se montra, le visage de la reine, qui par sa couleur ressemblait à la fleur de l'arbre de Judée, devint jaune comme la racine du véti-ver. Les jours de ce dixième mois n'étaient pas encore passés quand elle mit au monde un prince. En cet instant le palais fut resplendissant d'éclat : on aurait dit que la lune détachée du ciel avait apparu sur la terre. Chez tous les habitants de la capitale le contentement remplaça la tristesse; la ville entière fut éclairée par cette lune naissante : le roi ne tarda pas d'en apprendre la joyeuse nouvelle. On alla auprès de lui et on lui annonça officiellement l'heureuse naissance du prince. Sur-le-champ il se rendit au palais du kunwar. Là de nombreux présents furent déposés devant le prince ; là l'or et l'argent lui furent offerts.

En voyant ce royal enfant, le cœur du mahârâj fut rempli

d'une joie bien vive, et, en réjouissance de cet heureux événement, il donna ordre qu'on célébrât sur-le-champ une fête pompeuse. En conséquence des instruments de musique résonnèrent de toute part, tandis que de gentilles bayadères montraient leur habileté. De jeunes garçons, d'agaçantes courtisanes exécutaient des danses gracieuses. Le tâl, le mirdang et le daf faisaient entendre leurs sons. La joie se répandit dans toutes les maisons de la ville, on aurait dit que c'était la fête du Nauroz.

Le mahârâj ne tarda pas à faire appeler les pandits pour tirer l'horoscope du jeune prince. Les plus intelligents s'empressèrent d'accourir avec les chefs des faquirs, dont le soin est de donner aux brahmanes leur cordon distinctif, et de placer les marques du front particulières à chaque secte. Ils méditèrent longuement sur la circonstance ; ils calculèrent le temps de la vie du prince. Ils réfléchirent sur son sort, et se convainquirent qu'il était arrêté dans sa destinée qu'il serait en proie à un amour malheureux. Ils tracèrent ensuite par écrit l'horoscope de l'enfant royal, et, le remettant entre les mains de Pit, ils lui adressèrent ces mots : « Grand
« prince (sur qui soit la bénédiction du ciel), sachez que
« l'horoscope de votre auguste héritier annonce qu'il sera
« un grand roi. Ce prince miraculeux aussi beau que la lune,
« et qu'il faut conséquemment nommer Kâmrûp (forme d'a-
« mour), courra toutefois un jour des dangers à cause de
« l'impression que fera sur son cœur la vue d'un charmant
« objet. C'est à l'âge de douze ans que Kâmrûp deviendra
« malheureux par l'effet de l'amour. Malgré l'éclat qui doit
« l'environner, la douleur sera dès lors son partage. Ainsi
« l'a voulu la divine providence. »

En apprenant que la douzième année du prince serait pénible pour lui, le roi en fut vivement affligé et interrogea les pandits pour savoir s'il n'y avait pas moyen de détourner les malheurs qu'ils prédisaient. « Non, répondirent-ils, nous
« n'avons aucun conseil à vous donner là-dessus et nous ne
« croyons pas que personne puisse le faire. » Le mahârâj interdit n'ajouta pas un seul mot; mais son ministre Karamchand prenant la parole : « Puisque la douzième année du

« prince, dit-il, doit être malheureuse, il faut que nous veil-
« lions soigneusement sur lui jusqu'à ce qu'elle soit passée.
« Nous devons rester auprès de l'enfant royal et ne le lais-
« ser jamais seul nulle part. » Le mahârâj adopta l'avis
exprimé par son ministre et fit élever le prince en l'entourant des soins dont Karamchand avait parlé.

Cependant les femmes des six principaux officiers du roi
s'étant, comme nous l'avons dit, trouvées enceintes en même
temps que la reine, elles aussi mirent chacune un fils au
monde presque en même temps. Aussitôt que ces enfants
furent nés, on les plaça auprès du prince, et on les éleva
tous ensemble. On fit venir le nombre nécessaire de nourrices, et on leur confia ces enfants pour les allaiter avec soin ;
on leur recommanda de tenir en même temps un compte
exact des jours qui s'écouleraient, et de veiller à ce que ces
enfants ne s'éloignassent pas d'elles un seul instant.

Les jours et bientôt les mois passèrent tour à tour, et ni le
prince ni ses compagnons ne quittaient jamais l'angle où
on les surveillait si scrupuleusement. Les fils des six courtisans jouaient auprès de Kâmrûp : les divertissements auxquels ils se livraient le rendaient content. A l'âge de quatre
ans, le kunwar n'avait pas encore respiré l'air extérieur, il
n'avait pas vu la lumière du soleil.

CHAPITRE II.

ÉDUCATION DE KAMRUP.

Lorsque le Kunwar (prince) fut âgé de cinq ans, son auguste père voulut qu'on commençât son éducation. Il fit
donc venir un maître mûri par l'âge, plein d'esprit et de
science. Il envoya prendre tout ce qui est nécessaire pour
l'étude, entre autres une tablette d'or, et, faisant asseoir le
jeune Kâmrûp, il mit cette tablette entre ses mains et lui
recommanda de faire attention à ce qu'on y écrirait. Ainsi
le kunwar et ses six amis commencèrent à lire, et en même

temps on se mit à leur enseigner à chacun en particulier une science différente : l'art de régner à Kâmrûp ; celui de gouverner à Mitarchand, fils du ministre Karamchand ; la médecine à Kunwalrûp ; la bijouterie au probe Mânik ; la littérature, l'astronomie et la théologie au pandit Achâraj ; la peinture à Chitarmin, dont personne ne put égaler ensuite le talent ; enfin la musique à Rasrang, qui devint bientôt habile dans cet art enchanteur. Ces jeunes élèves se distinguèrent tous dans leurs études respectives, et ils ne cessaient d'être constamment auprès du kunwar. Arrivé à l'âge de sept ans, Kâmrûp montait fréquemment un coursier pétulant pour se promener au clair de la lune. Ses compagnons le suivaient montés à cheval eux aussi. Ils sortaient de la ville et se livraient ensemble au plaisir de la chasse dans une vaste forêt.

Quand le prince Kâmrûp eut atteint sa dixième année, le mahârâj s'occupa plus sérieusement du danger que son fils courait. Il jugea nécessaire de ne plus le laisser aller hors de la ville, et exprima ce désir à son ministre en lui recommandant de veiller soigneusement sur toutes les démarches du kunwar. « Oui, sire, lui répondit Karamchand, jour et « nuit Kâmrûp sera sous ma surveillance jusqu'à ce que sa « fatale douzième année soit passée, et qu'ainsi le danger « dont on nous menace pour une heure spéciale ait dis- « paru. » — « Eh bien, reprit le roi, disposez pour la « chasse, au milieu de la ville, un parc verdoyant ; que les « animaux y trouvent de quoi paître, et que les oiseaux « viennent gazouiller sur ses arbres. Faites-y construire « aussi un édifice peint de couleurs variées. Que désor- « mais Kâmrûp, accompagné de ses amis, se contente d'aller « dans ce jardin mais qu'il ne pense plus à sortir de la « ville. »

Karamchand ayant réfléchi sur le discours que venait de lui adresser le mahârâj, le quitta et alla aussitôt faire disposer au milieu de la ville un lieu pour chasser, avec des kiosques colorés et des allées d'arbres disposés symétriquement. Il fit mettre dans le château tous les escaliers nécessaires et des statues peintes qui ressemblaient à des figures de péris et de houris. Il y avait de tous côtés des ruisseaux d'eau courante; de tous côtés des animaux se présentaient aux regards et faisaient entendre leurs cris. On y voyait entre autres des daims, des antilopes et des lièvres. Quand ce jardin fut prêt, Karamchand s'empressa d'en donner avis à Pit. Le roi fit alors appeler son fils chéri, et l'ayant serré tendrement entre ses bras : « Contente-toi désormais, lui dit-il, « des plaisirs que tu pourras prendre dans le parc qu'on a « disposé pour toi; mais ne t'éloigne jamais de la ville sous « aucun prétexte. Obéis aux désirs de ton père et vis heu-« reux et satisfait. — Sire, répondit le respectueux Kâmrûp, « votre ordre est sacré pour moi ; je ne quitterai pas le lieu « où vous me recommandez de rester ; je n'irai plus nulle « part hors de la ville. » Alors le mahârâj conduisit son fils et ses jeunes compagnons au parc dont nous parlons, et, l'installant dans le château qu'on y avait construit par les soins de Karamchand, il lui dit que c'était là qu'il résiderait à l'avenir. Kâmrûp trouva le jardin de son goût, et déclara qu'il y demeurerait volontiers.

En laissant le kunwar, Pit ne manqua pas de recommander à ceux qui l'entouraient de veiller soigneusement sur lui et de se tenir à ses ordres matin et soir. Ce digne père prenait toutes ces précautions pour que l'heure fâcheuse qui avait été prédite se passât sans accident pour le prince. Mais ce que la providence a décrété arrive nécessairement: personne ne peut annuler l'écrit du destin. Cependant le mahârâj revint à son palais, et de son côté le kunwar content, réuni encore là, jour et nuit, avec ses amis, s'y occupa de la chasse.

Lorsqu'il eut atteint sa douzième année, l'heure fatale où devait commencer pour lui un amour malheureux sonna irrévocablement. Après s'être promené dans le jardin, il était venu s'asseoir dans son palais, quand arriva le moment funeste. Accablé par la chaleur de l'heure de midi, Kâmrûp sentit le besoin de dormir. Il disposa son lit convenablement et le sommeil ne tarda pas à le saisir. Ses six amis ne l'avaient pas quitté, car ils veillaient toujours à ce qu'il ne sortît pas hors des limites qu'on avait assignées; pouvaient-ils prévoir que le destin viendrait l'atteindre dans un rêve ? Toutefois ils firent attention à lui, même durant ce sommeil, et ne s'aperçurent de rien ; car le prince dormit paisiblement. Il vit néanmoins en songe la belle Kala, qui devait par l'amour qu'elle lui inspira occasionner toutes ses infortunes.

CHAPITRE III.

SONGE DE KAMRUP.

Écoutez actuellement le récit de ce songe qui livra Kâmrûp à un amour malheureux. Un admirable jardin s'offrit à ses regards, on y entendait de tous côtés le gémissement du rossignol et le croassement du corbeau. Partout on voyait un vert gazon baigné çà et là par des ruisseaux sinueux et relevé par la rose, le lis, l'hyacinthe, la violette, le nénuphar et le jasmin. Les arbres, chargés de fruits odorants, semblaient n'être rangés en ligne que pour présenter au prince leurs devoirs respectueux. Or ce jardin que Kâmrûp parcourut et dont il goûta les fruits excellents n'était autre que celui de la princesse Kala. Le kunwar fut ainsi transporté, en songe, à bien des journées d'Aoude dans un jardin où il put errer à son gré.

La princesse dont il s'agit était fille du puissant roi Kâmrâj qui tenait les rênes de l'empire de Sarândîp. Il n'avait pas d'autre enfant: aussi l'aimait-il avec d'autant plus de tendresse que nulle autre créature ne partageait son affection. Il l'élevait avec délicatesse et convenance, la traitant toujours avec la plus grande bonté. Il ne la quittait pas un seul instant, il ne pouvait se passer d'elle. Une multitude de compagnes et de servantes entouraient Kala, toutes couvertes d'un voile, toutes parées avec soin. Cette intéressante princesse, qui avait à peine atteint l'âge de puberté, aimée par toutes ses compagnes, était au milieu d'elles comme un collier de perles. Elle folâtrait continuellement dans son palais sans se mettre en peine de ce qui se passait dans le monde. Son visage était aussi blanc que le lis, ou plutôt il ressemblait à une pomme. La fossette de son menton était comme un creux plein de miel. Sa voix ressemblait au chant du noir coucou, ses yeux à ceux de la bergeronette. Elle avait la grâce du cygne et sa taille était pareille à celle du lion. Elle ne connaissait point l'astuce, elle ignorait les artifices du monde.

Lorsque cette beauté levait le pied pour marcher, des milliers de suivantes se mettaient en mouvement; le palais retentissait du bruit des clochettes qui ornaient ses chevilles. Jamais elle ne se montrait que les mains rougies avec la poudre du menhdî et les cheveux ornés de perles nombreuses. Ses yeux entourés de collyre ressemblaient à ceux de la gazelle, ses lèvres teintes de missî, à la fleur du nénuphar. Ses regards étaient des flèches aigues, ses sourcils des arcs, et ses cils étaient pour les amants des poignards homicides. Ses belles suivantes l'accompagnaient constamment. En voyant la princesse dont nous parlons, le soleil était dans l'agitation, la lune cachait sa face derrière le voile des nuages. Kala était, avons-nous dit, le nom de cette princesse: ainsi l'appelaient ses compagnes. Or le même songe qui s'offrait à l'imagination de Kâmrûp se présentait à l'instant même à celle de Kala.

Elle était endormie dans son palais quand elle rêva qu'elle prenait ses suivantes avec elle, et allait se promener dans le même jardin où se trouvait en songe le prince Kâmrûp. Joyeuse et belle comme une perle, elle errait çà et là dans ce jardin. Kala se rendit donc dans ce lieu. Elle et Kâmrûp y étaient par conséquent l'un et l'autre en même temps. Sur ces entrefaites les gens chargés d'accompagner Kala prévinrent de l'arrivée de la princesse ceux qui se trouvaient dans le jardin afin qu'ils eussent soin de se retirer. En entendant les domestiques annoncer l'arrivée de la princesse, le kunwar éprouva dans son cœur un trouble involontaire, et alla se cacher au milieu des arbres. Cependant Kala, après avoir fait dans le jardin sa promenade accoutumée, s'assit dans son palais heureuse et contente, tandis que ses compa-

gnes au vêtement couleur de rose continuèrent à errer dans toutes les parties du jardin, la main sur le cou l'une de l'autre, se tenant ainsi entrelacées sous les arbres touffus. Bientôt elles aperçurent le kunwar : « Que voyons-nous donc ?
« s'écrièrent-elles dans leur surprise ; quoi, nous n'avons
« jamais entendu prononcer ici le nom d'un homme et au-
« jourd'hui nous en trouvons un au milieu de nous ! Prenons
« bien garde de n'en pas approcher, ni encore moins de lui
« parler. Si nous nous comportions différemment, nous fâ-
« cherions Kala, et nous attirerions sur nous son animad-
« version. Restons plutôt réunies ici, et qu'une de nous aille
« appeler Lata, afin que nous puissions la consulter. » Lata, l'inséparable compagne de Kala, était l'unique fille du ministre du grand Kâmrâj. Elle était pleine d'esprit ; sans cesse auprès de Kala, elle connaissait tous les secrets de son cœur, et de son côté n'avait rien de caché pour elle. Une des suivantes de la princesse se rendit donc dans le château auprès de Lata, et lui apprit qu'il y avait un homme dans le jardin, qu'il lui semblait que sa présence souillait ce lieu, et qu'aussi en l'apercevant assis au milieu des arbres elle avait été frappée d'étonnement.

A ces mots, Lata se frappa la tête et soupçonna Kala de quelque intrigue amoureuse. Toutefois elle accourut au lieu ou Kâmrûp s'était caché : son regard pénétrant ne tarda pas à le découvrir ; mais elle fut agréablement surprise en voyant son heureuse physionomie. Elle prit son index avec ses dents et, s'adressant au jeune prince, elle lui demanda qui l'avait amené dans ce jardin : « Es-tu, lui dit-elle, ange,
« démon ou fils de fée ou simplement un prince de race
« humaine? Que fais-tu là ? pourquoi regardes-tu la tête
« levée ? Ne sais-tu donc pas que tu es chez la princesse
« Kala, et que si elle est instruite de ta présence au milieu
« de nous, elle te fera peut-être charger de fers ? Dis-moi
« donc la vérité sans retard, déclare-moi qui t'a conduit ici.
« Fais-moi connaître quel est ton pays, quelle est ta rési-
« dence habituelle, quel est enfin le lieu d'où tu es venu. »

Alors Kâmrûp se frappa la tête et répondit timidement :
« Je ne suis ni fils de fée ni génie, j'appartiens à la race hu-

« maine et je suis un voyageur malheureux. J'ignore où je
« me trouve et qui m'a conduit ici. » Kâmrûp prononça ces
paroles sans oser quitter la place où il s'était retiré. De son
côté Lata n'ajouta rien à ce qu'elle avait dit ; mais elle s'empressa de retourner vers Kala pour l'avertir de ce qui se
passait. « Princesse, lui dit-elle avec respect, je crois qu'on
« en veut à tes charmes. Il y a dans ton jardin un jeune
« homme inconnu dont la bouche ressemble à un bouton de
« rose. Il a pour ton nom une crainte respectueuse. Il paraît
« sans artifice, mais chagrin. Si tu l'ordonnes, je le ferai
« sortir de ce lieu. »

En apprenant la nouvelle que venait de lui donner Lata,
Kala, prenant un air de dignité, commanda qu'on amenât
Kâmrûp en sa présence, puis, se laissant aller à la colère,
elle ajouta (toujours en songe) : « Puisqu'un intrus s'est
« introduit dans mon jardin, conduisez-le sur-le-champ
« auprès de moi, appelez en même temps les esclaves char-
« gés d'exécuter mes ordres, et prescrivez-leur de le charger
« de fers. Faites ensuite publier ce fait dans tout Sarândîp,
« afin que désormais aucun homme ne se permette de péné-
« trer ici. »

Les compagnes de Kala n'osèrent faire aucune observation
sur cet ordre, elles n'osèrent pas réprimer l'indignation de
leur maîtresse : elles allèrent donc chercher Kâmrûp pour
l'amener auprès d'elle. Sans rien dire à celui-ci, elles le
relevèrent en le prenant par la main ; elles se disposaient à
le conduire, lorsqu'il leur demanda où elles le menaient.
« Nous obéissons, répondirent-elles, à un ordre sévère de la
« princesse Kala. Si tu fais de la résistance, nous t'entraîne-
« rons de force. » Cependant elles saisissaient ses boucles
de cheveux et le liaient à l'endroit même où elles l'avaient
trouvé, en lui disant que Kala verrait ce qu'elle aurait à faire
pour punir sa hardiesse et pour dégoûter les jeunes gens
entreprenants d'imiter sa conduite. Chacune disait à Kâmrûp
ce qui lui venait dans l'esprit ; mais celui-ci restait silencieux, se frappant la tête. Croyant avoir trouvé néanmoins
un instant favorable, il se mit aux pieds de ces belles suivantes et les supplia de le laisser aller : » Ne m'emmenez

« point, je vous en prie, leur dit-il, auprès de la princesse ;
« indiquez-moi plutôt l'issue de ce jardin. « — Tu ne peux
« sortir actuellement de ce lieu, lui répondirent-elles ; Kala
« veut au contraire te charger de fers et faire publier cette
« nouvelle dans la ville, afin qu'un autre homme ne pense
« pas à pénétrer dans son jardin. »

De quelque côté que Kâmrûp jetât les yeux, il ne voyait aucune de ces jeunes beautés s'intéresser à lui. Il se trouvait là isolé, sans parents, sans amis : aussi ses pleurs coulaient-ils accompagnés de gémissements. Loin d'avoir égard à ces démonstrations de désespoir, ces femmes conduisirent Kâmrûp en présence de Kala. Ce fut alors qu'arriva ce qui avait été écrit dans le livre du destin. En vain le père et la mère de Kâmrûp avaient-ils fait leurs efforts pour éloigner de leur fils cette heure fatale : personne ne peut effacer l'arrêt du sort, ce que Dieu prévoit doit immanquablement arriver. Tandis que Kala faisait amener Kâmrûp auprès d'elle, le destin était là veillant sur sa proie.

En apercevant l'éclatante beauté de Kala, le kunwar hors de lui se laissa tomber sans connaissance, et la princesse en voyant Kâmrûp oublia tout ce qu'elle avait dit. Elle qui voulait le retenir captif fut chargée des fers de l'amour. Son cœur s'attendrit ; que dis-je ? la charmante figure du prince troubla sa raison. La flèche de l'amour les perça l'un et l'autre ; la chaîne de l'amour les serra tous les deux. Kala s'empressa d'accourir auprès du prince évanoui. Le papillon vient ordinairement se précipiter sur la lampe : ici cet admirable flambeau alla trouver au contraire le papillon. Elle aida Kâmrûp à se relever, et le mit au milieu de son palais. Là elle lui fit respirer de l'ambre et du musc, et répandit sur son visage de l'eau de rose. Le prince ne tarda pas à revenir à lui, mais pour s'évanouir une seconde fois. En voyant encore Kala, le kunwar tomba de nouveau sans connaissance. Lorsqu'il eut repris ses sens, il put enfin admirer, d'un regard assuré, les charmes de Kala, qui de son côté, considéra fixement le prince. Ils s'examinèrent mutuellement, mais ce qu'ils ressentaient était inexprimable. Enfin Kala prit la parole et s'enquit au prince du nom de son pays.

« O fée qui m'as charmé, répondit le kunwar, toi dont l'a-
« mour m'a privé de la raison, sache que mon père se
« nomme Raj-Pit ; ma mère Sundar-rûp et moi-même Kâm-
« rûp. Ma patrie est Aoude : c'est là que j'habite ordinai-
« rement et j'ignore qui m'a conduit ici. » En entendant
ces mots, Kala lui dit : « Puisqu'il en est ainsi, ne te tour-
« mente pas, habite avec moi ce palais ; nous resterons
« joyeusement réunis ensemble. — Mais qui es-tu donc?
« interrompit Kâmrûp, et fais-moi savoir à ton tour quelle
« est la région où je suis actuellement, quel est le nom de
« ton père et le tien propre. — Ce pays est ma patrie, répon-
« dit la princesse ; je me nomme Kala ; mon père se nomme
« Kâmrâj, il gouverne tout Sarândîp. »

Le kunwar approuva par son silence la proposition que venait de lui faire Kala, l'amour les unit dans le sommeil et ils ressentirent toute la violence de ce sentiment. Ils firent serment de demeurer ensemble ; Kâmrûp renonçant, pour plaire à sa bien-aimée, à retourner dans sa patrie. Dès ce moment, ils se considérèrent comme amants. Pour cimenter leur union, Kala prit une coupe colorée par une liqueur vermeille et l'offrit au prince d'une main amie. Kâmrûp la prit avec grâce, et satisfait il but à longs traits le vin d'un malheureux amour. Pleine d'empressement pour Kâmrûp, la princesse donna ordre à Lata d'appeler les bayadères et de les inviter à charmer le prince par le gracieux spectacle de leurs danses et de leurs pantomimes. Aussitôt on entendit le son du tâl et du mirdang ; de belles femmes vêtues de robes qui ne les couvraient qu'à demi, et les mains teintes de menhdî (1), se mirent à exécuter des pas variés. Aussi brillantes que la lune lorsque, pendant la nuit, elle éclaire l'horizon, pareilles aux nymphes de la cour l'Indra, elles s'agitaient en tous sens.

Le prince n'avait jamais rassasié sa vue d'objets aussi ravissants, et toutefois en voyant cette foule de femmes plus belles les unes que les autres, il ne fut pas ébranlé dans l'a-

---

(1) Nom hindoustanî du *hinné*, poudre du *lawsonia inermis* dont les Orientales se teignent les mains et les pieds.

mour qu'il avait voué à Kala, parce qu'en effet l'amour est un ; et quand on l'a ressenti pour une personne, on ne saurait l'éprouver pour une autre. A tous moments Kala disait quelques mots à l'oreille du prince, et celui-ci répondait à ces prévenances par des témoignages d'amour. On fit bien des jeux et des divertissements en leur présence, mais ils n'y prirent aucune part. Pendant deux gharî ils ne cessèrent de s'entretenir ensemble et de consolider ainsi cet amour de sentiment. Ils étaient hors d'eux-mêmes, dans l'ivresse du plaisir, lorsque arriva le moment fatal fixé par le destin, moment où devait commencer pour Kâmrûp une série de maux incalculables. Ainsi les instants du bonheur dont il jouissait s'évanouirent avec rapidité, l'heure de ce doux oubli s'écoula promptement.

CHAPITRE V.

RÉVEIL DE KAMRUP.

Plongé dans la volupté, Kâmrûp tenait dans son rêve de charmants discours, lorsqu'il ouvrit les yeux, et ne vit plus ni l'assemblée brillante au milieu de laquelle il se trouvait, ni la princesse dont la beauté le ravissait. De quelque côté qu'il portât ses regards, il n'apercevait que son propre palais et son jardin. Toutefois l'amour de Kala remplissait son cœur ; son image errait auprès de lui. Les douces paroles qu'il avait entendues étaient présentes à son esprit, et cependant le nom de cette beauté et tout ce qui pouvait faire découvrir qui elle était s'étaient effacés de sa mémoire. Il avait tout oublié, si ce n'est les traits chéris de Kala qui étaient gravés dans son cœur comme une inscription sur la pierre. En réfléchissant à la position cruelle où il se trouvait, il tomba de son lit sur la terre en poussant des soupirs. Sans savoir ce qu'il faisait, il déchira le collet de sa robe tandis que des pleurs inondaient son visage.

Cependant les six amis de Kâmrûp qui veillaient constamment à sa garde, et qui, en ce moment, étaient auprès de lui, s'empressèrent de le relever et se demandèrent si quelqu'un n'aurait pas jeté par hasard un sort sur lui, ou s'il n'aurait pas vu quelque chose d'effrayant en songe. Kâmrûp ne dit pas un mot, et il semblait même ne pas entendre les paroles qu'on lui adressait : il répandait des larmes abondantes, et de désespoir se frappait la tête. Bientôt il mit tous ses vêtements en pièces et s'évanouit complétement. Aussitôt que le mahârâj eut appris cette nouvelle, il se rendit en toute hâte au palais du prince royal. Lorsqu'il le vit privé de sentiment comme un homme ivre mort, il se mit à frapper de sa main droite la paume des mains du kunwar, et, l'appelant à grands cris, il prononça ces mots : « Kâmrûp, « ton père est devant toi ; il te supplie de lui faire connaître « la cause de l'accident qui vient de t'arriver. » Mais son fils infortuné ne l'entendait pas, il ignorait jusqu'à sa propre existence. Il ne disait rien de sa bouche, il n'entendait rien de ses oreilles : toutefois il ne cessait de répandre des larmes et de se frapper la tête. (C'est qu'en effet lorsque l'amour a pris possession du cœur on ne connaît plus ni père ni mère, on se méconnaît soi-même.) Le mahârâj, vivement affecté, dit alors à ceux qui l'entouraient : « Je vois avec « peine que notre cher prince n'a pas de force d'âme : faites « venir tous les sages de la ville... Donnez-moi quelque bon « conseil. Si vous guérissez mon fils bien-aimé, je vous « accorderai volontiers en récompense Aoudhpûr, ma capi- « tale. »

On ne tarda pas d'annoncer à la reine la nouvelle de l'accident arrivé à Kâmrûp par suite d'une impression fâcheuse éprouvée dans le sommeil. Cette tendre mère se mit alors à jeter des cris perçants, à pleurer et à se frapper la tête avec violence. En sortant de son palais pour se rendre à la demeure du kunwar, elle demandait à chacun son cher fils. Lorsqu'elle le vit hors de lui comme s'il avait perdu la raison, elle poussa de longs gémissements sans pouvoir proférer une parole. De sa blanche main elle frappa ses joues vermeilles, et les rendit bleues comme le nénuphar. Dans sa désolation elle mit en désordre ses cheveux parfumés, et

sans cesser de pleurer et de se frapper la tête, elle s'écriait continuellement: « Mon cher fils, ta mère est en ta pré-
« sence; elle te supplie de lui adresser la parole. » Ce fut en vain, le kunwar ne répondit pas plus à sa mère qu'il n'avait répondu à son père; il n'interrompait son silence que par de profonds soupirs.

Sur ces entrefaites les personnages plus ou moins habiles qu'on avait appelés accoururent au palais du prince. Les médecins arabes et hindous s'accordèrent à dire qu'il y avait extravasation de sang dans le foie. D'un autre côté, les magiciens employèrent tout leur art pour découvrir la maladie du prince; les pandits réfléchirent aussi sur cet accident et furent d'avis qu'on avait jeté probablement un sort sur le kunwar, et que pour le détourner il fallait faire de nombreuses aumônes. Les brahmanes récitèrent des prières à Sîva, et assurèrent que l'ombre d'un Div devait être tombée sur Kâmrûp. Enfin tous les mulla et les autres officiers de l'empire le regardèrent attentivement, et déclarèrent qu'un être de l'ordre des génies avait été en contact avec lui. Toutefois ni les amulettes des mulla, ni les dispositions des sages n'eurent aucun résultat. On amena devant le prince différents percepteurs d'impôts qui mirent leurs coffres à sa disposition, mais il ne forma aucun désir. Chacun donna son avis, mais personne ne sut deviner le véritable motif de son violent chagrin. Les pandits ne furent pas plus habiles que les magiciens, les enchanteurs et les sorciers. Kâmrûp resta trois jours sans boire ni manger et sans proférer une parole.

Convaincus de l'inutilité de leur présence, ces personnages se retirèrent tous et Mitarchand demeura seul avec le kunwar. Mitarchand était le jeune ami du prince qui devait lui servir un jour de ministre; il se distinguait déjà par sa prudence et son savoir. Quand il se vit seul avec Kâmrûp, il saisit son poignard, et, le tenant contre son cou, il adressa ces mots au kunwar: « Fais-moi savoir, je t'en conjure, la
« vraie cause de ta tristesse. Dis-moi si l'état évident de
« souffrance où tu te trouves n'est pas le résultat d'un songe.
« Une affaire ne saurait s'arranger par le silence; ce n'est
« qu'en disant sa peine qu'on peut espérer de soulager son

« cœur. Instruis-moi donc de ce qui t'est arrivé ; indique-
« moi les pensées qui t'occupent. Si tu persistes à te taire,
« je plongerai devant toi mon poignard dans mon cou, et à
« tes pieds je me sacrifierai. » Kâmrûp attendri prit avec
émotion la main de Mitarchand : « Quel discours, lui dit-il,
« veux-tu que je te tienne ? Tu ne pourras jamais compren-
« dre tout ce que j'éprouve dans mon cœur..... Tandis que
« je reposais au milieu de ce palais, j'ai songé que j'étais bien
« loin dans une autre ville. Je me suis trouvé dans un beau
« jardin, puis dans un somptueux édifice. Là était une femme
« charmante entourée de jeunes compagnes de différents
« teints, qui parlaient folâtrement entre elles. Leur maî-
« tresse, aux formes lunaires, était assise auprès de moi ;
« c'est elle qui s'est rendue la souveraine de mon cœur. —
« Mais quelle est cette femme ? dit Mitarchand en l'interrom-
« pant ; quel est son père, son pays ? Si tu peux me dire seu-
« lement son nom et le lieu où elle demeure, j'irai l'enlever
« pour toi, sa ville serait-elle située dans les airs. — Hélas !
« répondit Kâmrûp, je lui ai bien entendu prononcer le nom
« de son pays, et le sien propre ; mais j'ai tout oublié, l'ex-
« trême joie que j'éprouvais ne m'a pas permis d'en garder
« le souvenir. Ce qu'elle m'a dit s'est effacé de ma mémoire ;
« sa forme seule de péri y est demeurée gravée à jamais. »
Mitarchand, étonné du discours de Kâmrûp, ne se laissa pas
cependant aller au découragement : « Écoute, lui-dit-il,
« suis le conseil de ton ami. Reste tranquille dans ton pa-
« lais, et confie-toi en la divine providence. Actuellement
« que ton secret ne pèse plus sur ton cœur, prends un peu
« de nourriture. Je vais m'occuper des moyens de te réunir
« à l'objet de ton amour. »

Alors Mitarchand eut l'idée de faire renouveler les distributions aumônières, qui avaient si bien réussi à son père.
Il donna ordre d'inviter tous les étrangers qui viendraient
par hasard dans la ville, à prendre part à ces distributions
et même à venir se loger dans la chauderie où elles avaient
lieu. Lorsqu'il se présentait des inconnus, il leur disait :
« Venez entretenir un instant le prince, racontez-lui quel-
« que histoire dont vous aurez été témoins oculaires ; dites-

« lui ce que vous croirez pouvoir l'intéresser. Si vos paroles
« lui rappellent des souvenirs que sa mémoire infidèle a
« oubliés, je n'épargnerai ni l'argent ni l'or. » Au soir
Mitarchand amenait donc au kunwar ces étrangers et le
priait de les écouter. Chacun d'eux racontait en effet son
histoire, mais Kâmrûp n'ouvrait jamais la bouche pour faire
aucune réflexion, et des pleurs ne cessaient de couler de ses
yeux. Répandre des larmes était sa seule occupation, tandis que son ami poursuivait avec ardeur son plan généreux.

La situation du prince Kâmrûp était telle que nour venons
de la décrire ; passons actuellement à celle de Kala.

CHAPITRE VI.

RÉVEIL DE KALA.

De son côté, Kala se réveillait en sursaut de son sommeil, l'esprit agité par mille pensées. Elle jette avidement les yeux de tous côtés, et n'aperçoit que son palais, elle ne voit plus ni le jardin ni le prince. Toutefois le songe qui l'avait charmée était profondément gravé dans sa mémoire. Lorsque les munî en eurent connaissance, ils furent étonnés et ils se demandaient l'un à l'autre quel pouvait être ce songe extraordinaire. Ils ignoraient que le glaive d'un malheureux amour devait percer le sein de cette intéressante princesse. En effet celui qu'elle avait vu n'était pas mahram (1) pour elle, et déjà le cœur de Kala, comme une lampe, brûlait sans huile ni mèche des feux de l'amour, tandis que des larmes abondantes ne cessaient de couler de ses yeux. Bientôt ses membres frais et délicats perdirent toute leur vigueur, son teint coloré devint jaune. Elle ne parlait plus à personne, le sourire n'était plus sur ses lèvres: de froids soupirs, au contraire, s'échappaient à chaque instant de son sein. L'esprit rempli des discours de Kâmrûp, elle était

(1) C'est-à-dire n'avait pas ses entrées dans le harem.

constamment plongée dans le trouble de l'amour. Les larmes étaient sa nourriture et son breuvage ; aussi son corps amaigri contracta-t-il bientôt une couleur bleuâtre.

En voyant l'état de sa fille le mahârâj fit appeler les médecins arabes et hindous de sa capitale, mais leurs médicaments ne produisirent aucun effet. Kala reçut aussi la visite de ses amies sans en éprouver aucune distraction. Tel fut son état nuit et jour durant un an. Pendant tout ce temps elle n'eut pas un instant de repos, et fut complétement dévorée par les feux de l'absence. Enfin Kala se rappela qu'il y avait au milieu de la ville un grand temple avec un couvent où demeurait un gurû de la secte de Sîva. Dans ce temple nommé Hardwâr, le roi Kâmrâj avait l'habitude de faire le pûja du grand Dieu. Ce fut là que la princesse Kala se décida d'aller découvrir sa peine à la divinité. Cette résolution ne fut pas plutôt fixée dans son esprit qu'elle se rendit au temple dont nous parlons. Le gurû qui le desservait était un brahmane nommé Sumit. Kala se présenta poliment à lui et donna ordre à ses gens de rester hors du temple. Lorsqu'elle se vit seule avec le vénérable brahmane, elle adora d'abord le dieu vénéré dans le temple, et lui offrit en sacrifice ce qu'elle avait apporté : puis, se tenant debout, elle fit les cérémonies du pûja et prononça ces mots devant l'idole de Sîvâ: « Grand dieu, inspire-moi ce que je dois faire pour
« être unie à Kâmrûp. Si je réussis dans mon désir, je vien-
« drai t'offrir un nouveau sacrifice ; mais, dans le cas
« contraire, tu ne me verras plus dans ce temple. »

Le brahmane avait tout entendu. Il dit alors à la princesse en la regardant: « De quoi s'agit-il, belle Kala? je
« vois que tu as perdu ton embonpoint et tes couleurs, tu
« es complétement changée, et tes discours ne sont plus les
« mêmes. Fais-moi connaître ce qui t'est arrivé, apprends-
« moi ce qui te tourmente, et je te promets de t'indiquer un
« expédient tel que ta peine se dissipera bientôt complète-
« ment. » Kala leva les yeux, et regardant le brahmane lui raconta naïvement le songe qu'elle avait eu, et lui dit en finissant que ce qu'elle désirait de lui était qu'il conduisît Kâmrûp auprès d'elle, et qu'il la présentât au prince. Elle

lui répéta les discours du kunwar, et lui décrivit jusqu'aux moindres signes particuliers de son visage. Sumit écouta les paroles de Kala, puis il lui demanda si elle savait le nom de la ville du charmant jeune homme dont elle était éprise, et celui de son père, en lui assurant que dans ce cas il saurait le trouver, fût-il dans les régions éthérées. « Il m'a bien
« dit tout cela, répondit Kala, mais je l'ai oublié. Ses traits
« seulement aussi doux que l'aspect de la lune sont restés
« fixés dans mon esprit; je me le représente jour et nuit,
« lorsqu'il fit serment en plaçant sa main sur la mienne de
« m'aimer toujours, et qu'il but la coupe de vin que je lui
« présentai. C'est précisément dans ce moment délicieux
« que mes yeux s'ouvrirent, et que le jardin et le jeune
« homme au teint de roses s'évanouirent sur-le-champ.
« Mais ma mémoire ne me le rappelle que trop, car depuis
« ce jour fatal mon cœur me rend malheureuse. Ce songe
« m'a plongée dans le chagrin, et je n'ai personne à qui je
« puisse confier ce que je ressens. Mais que dis-je? je viens
« de vous le faire connaître. Veuillez donc être mon pu-
« rohit (1) dans cette affaire, et que par vos soins je retrouve
« le repos. »

Sumit réfléchit un instant sur la confidence que Kala venait de lui faire, et lui dit ensuite : « Retourne dans ton
« palais, prends un peu de nourriture et demeure en repos.
« De mon côté j'irai faire des recherches dans ce pays et
« dans les contrées étrangères, j'errerai de palais en palais,
« dans chaque ville, et j'espère pouvoir te réunir au prince
« que tu m'as dépeint. — Bien, répliqua Kala; actuellement
« que tu as entendu mes paroles, j'ai la confiance que tu
« pourras m'unir au kunwar. Mon cher brahmane, amène
« auprès de moi l'objet de mon amour, montre-moi sa char-
« mante figure. Oui, je te prends pour mon purohit et j'ai
« la confiance que tu m'uniras au prince. » Après avoir dit ces mots, elle remit à Sumit une boucle de ses cheveux et retourna dans son palais, tandis que le brahmane, ayant pris congé d'elle, se mit en marche pour chercher le prince.

(1) Mot qui équivaut à celui de *chapelain*.

Il quitta sa ville natale et se dirigea du côté où il croyait trouver le kunwar. Il parcourut différentes contrées, il fit partout des recherches, mais il ne rencontra le prince nulle part. Il erra ainsi, nuit et jour, une année entière sans trouver la patrie de l'amant de Kala. Enfin, après bien des journées de marche et des courses incertaines, il arriva dans la ville de l'amoureux kunwar, c'est-à-dire dans la cité d'Aoudhpûr en Aoude et Gorakh, et il se présenta devant les personnes chargées des distributions aumônières dont nous avons parlé, s'annonçant comme étranger et voyageur. Celles-ci s'empressèrent de lui donner de la nourriture en l'invitant à s'asseoir et à prendre ce qu'elles lui offraient.

A peine eut-il satisfait son appétit que Mitarchand conduisit cet inconnu au palais du prince Kâmrûp. La situation du kunwar n'était pas changée, des pleurs coulaient sans cesse de ses yeux. Cependant Mitarchand fit asseoir le brahmane auprès de Kâmrûp en se disant à lui-même qu'il viendrait bien à bout de réunir ce prince à Kala. Sumit lui demanda quel genre d'histoire il désirait qu'il racontât, s'il voulait des aventures humaines ou de la féerie, de quel pays il fallait lui parler, si c'était du sien propre ou des contrées étrangères qu'il avait parcourues. Mitarchand lui dit de raconter son histoire et celle de son propre pays. « Je suis, « reprit alors Sumit, de la ville de Sarândîp et j'habite le « temple d'Hardwâr. » Au mot de Sarândîp, le kunwar hors de lui tomba sans connaissance. Lorsqu'il eut repris ses sens, il s'écria : « Sarândîp est le nom du pays de celle qui « a touché mon cœur. » Mitarchand, attentif à tout ce qu'il entendait, pressa Sumit de continuer son histoire. Le brahmane après être resté quelques instants à réfléchir : « Le « grand Kâmrâj, dit-il, gouverne mon pays. » Au nom de Kâmrâj, nouvelle exclamation du kunwar, qui, plein de joie, dit à Mitarchand : « Kâmrâj est le nom du père de celle « qui m'a enchanté ; elle m'a dit effectivement qu'il était le « roi de Sarândip. » Alors le brahmane, reconnaissant dans l'affligé Kâmrûp celui dont Kala était éprise, s'empressa de lui exposer tout ce qui pouvait l'intéresser. « Kâmrâj, dit-il, « a une fille belle comme le soleil, jolie comme la lune ;

« elle se nomme Kala : c'est moi qui lui ai donné ce nom. »
A ces mots le kunwar soupira et perdit une seconde fois connaissance. Lorsqu'il revint à lui, il dit en criant et versant des larmes : « Oui, son nom est bien Kala. » Ensuite il écouta tout ce que Sumit lui dit de cette princesse. Celui-ci lui raconta même le songe qu'elle avait eu. « Kala, lui
« dit-il, était paisiblement endormie dans son palais, quand
« elle rêva qu'elle allait se promener dans son jardin. Après
« l'avoir parcouru, cette princesse, qui était destinée à être
« consumée d'amour, comme la bougie que dévore la flamme,
« s'assit dans son palais. Ce fut là qu'elle apprit qu'il y avait
« un homme dans ce jardin et que dès ce moment son cœur
« fut en proie à l'agitation. Elle dit à ses femmes de le lui
« amener, et elle se promettait de le traiter cruellement ;
« mais lorsqu'on l'eut conduit auprès d'elle et qu'elle
« l'eut regardé avec attention, elle fut éprise de cet in-
« téressant étranger. De son côté Kâmrûp tomba évanoui.
« Kala accourut avec empressement auprès du kunwar,
« elle lui fit reprendre ses sens et le fit asseoir en sa pré-
« sence ; ensuite elle jura d'être à lui. Ils prirent la coupe
« du plaisir et de l'amour, et d'un commun accord ils la vi-
« dèrent gaiement. Sur ces entrefaites Kala se réveille en
« sursaut et ne voit plus ni le jardin, ni le lieu que son ima-
« gination lui représentait dans son rêve. Depuis ce jour
« fatal la fille de Kâmrâj a été sans repos ; des pleurs n'ont
« pas cessé de couler de ses yeux. Affamée et altérée de voir
« le prince, elle a été la proie de la folie ; son corps a dépéri,
« de froids soupirs s'élèvent sans cesse de sa poitrine ; elle
« ne parle plus à personne ; le sourire a quitté ses lèvres ;
« son esprit n'est plus occupé que de ce qu'elle a vu dans ce
« songe fatal ; son teint est devenu jaune, son corps d'une
« extrême maigreur et ses yeux sont jour et nuit inondés
« de larmes. Elle est ainsi restée un an entier dans la dou-
« leur la plus profonde. Enfin, elle s'est décidée à venir au
« temple d'Hardwâr où elle a exposé la situation de son
« cœur. J'entendis sa confession et je lui demandai des dé-
« tails circonstanciés. « Que t'est-il donc arrivé de pénible ?
« lui dis-je ; qu'est devenue ta fraicheur et ta beauté ? qu'est

« devenu ton ancien enjouement et ton embonpoint ? Parle,
« je suis plein de confiance en tes discours et tu peux comp-
« ter sur mon dévouement. » Alors Kala se résolut à me
« conter toute sa peine. Elle me dit ensuite en me faisant
« approcher plus près d'elle : « Je compte sur toi, tu me réu-
« niras au prince que j'ai vu en songe. » Après avoir en-
« tendu Kala m'exposer tout ce qui occupait péniblement
« son esprit, je lui demandai si elle savait le nom de celui
« dont elle était éprise ; mais elle ne se souvint ni de son
« nom, ni même de celui de la ville qu'il habitait. « Je ne
« me rappelle plus, me dit-elle, tout ce qu'il m'a dit, mais
« les traits de son visage sont restés gravés dans mon ima-
« gination. Quoi qu'il en soit, si tu viens à bout de l'unir à
« moi, je te donnerai tout ce que tu me demanderas hors le
« prince lui-même. Fais donc des recherches et amène-le-
« moi d'une manière ou d'autre. » Kala me remit ensuite
« une boucle de ses cheveux et retourna dans le palais où
« elle résidait. Depuis ce jour-là j'erre sous ce costume, de
« ville en ville, de pays en pays. Enfin, après bien des
« courses incertaines, j'ai atteint aujourd'hui la ville
« d'Aoudhpûr où je trouve le prince désigné par Kala. Je le
« reconnais, en effet, d'après le signalement qu'elle m'en
« avait donné. »

Kâmrûp, satisfait de ce qu'il venait d'apprendre, s'écria :
« Voilà bien, tel que je l'ai raconté, ce songe qui est tou-
« jours présent à mon esprit. Partons, conduis-moi, ô brah-
« mane, dans le pays de Kala et je te donnerai ce que tu
« désireras, richesses, empire. »

Karamchand réfléchit à tout ce qu'il avait entendu et
s'empressa d'aller le communiquer au mahârâj. Celui-ci,
persuadé que le sentiment de l'amour avait souvent des sui-
tes bien funestes, médita sur la circonstance, et ayant fait
venir Kâmrûp, il lui dit : « Reste tranquille, jeune prince,
« et je te promets d'employer tous mes soins pour te faire
« donner Kala. J'écrirai au roi Kâmrâj. S'il gouverne Sarân-
« dîp (1), Aoude et Gorakh ne sont-ils pas soumis à mes lois ?

(1) Nom musulman de l'île de Ceylan.

« Oui, j'espère que ce mahârâj m'accordera sa fille pour toi
« et qu'ainsi je pourrai te présenter la bien-aimée de ton
« cœur. — Demeurer à Aoude, répondit Kâmrûp, est désor-
« mais trop pénible pour moi. Je ne pense pas comme le
« roi, et je ne me sens pas assez de sang-froid pour laisser
« aller d'autres personnes à ma place. L'amour me tient tel-
« lement en sa puissance que ma seule nourriture est désor-
« mais le nom de Kala. En me mettant au monde, le Créateur
« m'a choisi pour être l'amant malheureux de cette prin-
« cesse. Je veux tout quitter, et, vêtu en joguî, errer dans
« le monde jusqu'à ce que je la revoie. Rien, si ce n'est son
« nom, ne saurait me plaire à présent, ni la nuit ni le jour.
« Consens donc, ô mon père, à ce que, accompagné de
« Sumit, j'aille au pays de Kâmrâj. Je verrai ainsi Sarân-
« dîp, la ville de ma maîtresse ; j'irai rendre mon hommage
« à Sîva dans le temple d'Hardwâr. »

Kâmrûp ne pensait ni à sa caste qu'il allait perdre, ni à la fatigue que son corps allait supporter ; il n'était occupé que de son amour. Sa santé cependant était altérée et la privation de Kala le mettait dans une agitation continuelle. Il demandait qu'on l'unît à Kala dont il répétait le nom, et sa tendresse pour elle augmentait de plus en plus. Comme il ne prenait aucune nourriture, son corps n'était plus que peau et os. On tâcha de faire entendre au prince le langage de la raison, mais on n'en put venir à bout. Quand le mahârâj vit l'inutilité de ses soins, il dit à son ministre Karamchand :
« Puisque la passion de mon fils est une maladie incurable,
« il faut lui montrer Sarândîp. Toutes nos précautions ont
« été inutiles, l'amour a rempli sa vie. En vain l'ai-je placé
« dans un jardin que j'avais fait préparer pour lui au milieu
« de la ville ; ce que la providence avait déterminé s'est ac-
« compli. »

Alors Sumit fit connaître le chemin qu'il fallait prendre pour se rendre à Sarândip en passant par le Bengale : « On
« fait, dit-il, un trajet de six mois à travers les jangles ;
« mais on ne passe qu'un mois en mer. — Bien, dit le mahâ-
« râj, puisque de cette manière il ne lui faudra qu'un mois
« pour aller et un pour revenir, c'est cette route qu'il

« convient de prendre. Je veux qu'un bon nombre de per-
« sonnes l'accompagnent, et notamment ses six amis et
« Sumit, et je désire qu'aussitôt que Kâmrup aura été uni
« en mariage à Kala il revienne ici en toute hâte. »

Karamchand, après avoir entendu tous ces discours, réfléchit sur les mesures à prendre pour le voyage projeté. Il disposa des tentes de toute espèce à l'usage du kunwar et tint prêts toutes sortes de chevaux ; il fit, en un mot, tous les préparatifs du voyage. Il remit à Kâmrûp de l'argent et de l'or en abondance. De son côté, le jeune prince, pensant à son départ prochain, dut se concerter avec les pandits pour en fixer l'heure. Il voulait se hâter de quitter Aoude à l'insu de son père, pour se rendre ensuite à Sarândîp où il espérait être uni de suite à Kala. Cependant le mahârâj se désolait : « Quoi, disait-il, c'est donc en vain que j'ai soigneuse-
« ment veillé sur la conduite de mon fils ! Tout ce que mon
« esprit m'a suggéré n'a servi de rien ; il a fallu que ce qui
« était destiné relativement au kunwar trouvât son accom-
« plissement. »

Après que Pit eut reçu les adieux du kunwar, celui-ci alla au palais de sa mère, et se tenant respectueusement devant elle : « Reçois mes adieux, lui dit-il, ô ma mère
« bien-aimée ! Laisse-moi te quitter : l'instant est favorable
« pour mon départ. Que tes sentiments de tendresse pour
« moi n'éprouvent par mon absence aucune altération. »
Sundar-rûp répondit au prince : « Je te considère comme
« la lumière de mes yeux, et c'est ta vue qui me fait vivre ;
« mais à présent je vais passer ma vie dans un continuel
« chagrin. Crois-tu, mon cher fils, que je puisse demeurer
« dans cette ville sans toi ? J'aimerais mieux abandonner
« mon palais pour te suivre et perdre pour toujours ma
« caste. Comment pourrai-je rester dans ce pays, tandis que
« tu parcourras d'autres régions ? Je ne t'ai eu qu'après avoir
« violemment souffert, et tu ne ressens pas d'affection pour
« moi ! Depuis que tu as mis le pied dans le monde, tu as été
« constamment sous mes yeux ; mais désormais, quand
« pourrai-je te voir et t'adresser la parole ? Sans toi ma des-
« tinée n'est plus qu'affliction. » Sundar-rûp tint encore

d'autres discours, mais le kunwar ne changea pas de résolution ; toutefois il lui dit avec attendrissement ces paroles : « Je me souviendrai toujours de l'affection que tu me montres en cette circonstance, j'en serai pénétré de reconnaissance tant que le firmament enveloppera la terre ; mais permets-moi de te quitter actuellement et de me mettre en route pour Sarândîp, où je dois être uni à Kala. » Alors Sundar-rûp serre le kunwar contre sa poitrine, et, pleurant et poussant des soupirs, elle lui dit : « Tu pars donc décidément et tu laisses ta mère ! du moins reviens promptement. » Ensuite elle demande qu'on lui apporte le dah (1) qui devait servir de bon augure pour le voyage du prince. Quand il l'eut pris, sa mère lui met au front la marque nommée tîka, et se résigne à le laisser aller, rassurée par ces gages favorables.

CHAPITRE VII.

VOYAGE DE KAMRUP.

Alors le kunwar quitte Aoudhpûr, et, plein de joie, il se dirige vers Sarândip. Ses six amis et le brahmane Sumit étaient avec le prince, lui témoignant la plus vive amitié. D'autres personnes l'accompagnaient et veillaient sur lui. Ils placèrent Kâmrûp au milieu d'eux et se mirent en chemin annonçant à haute voix qu'ils allaient à Sarândîp.

Cependant le prince ne savait s'il faisait jour ou nuit, il ne s'occupait que de son amour. Il demandait sans cesse au brahmane des nouvelles du pays de Kala. Il ne prenait pas de repos un seul instant. Le nom de Kala seul était continuellement dans sa bouche ; ce nom faisait son bonheur. Nulle autre pensée que le souvenir de Kala n'occupait son esprit.

(1) *Lait caillé* que mangent les voyageurs avant de se mettre en route, ce qui est un gage qu'ils reviendront sains et saufs.

Il accéléra le plus qu'il put sa marche et il arriva en peu de temps à la ville d'Hougly. Le roi Karan y régnait, monarque assidu dans la pratique des bonnes œuvres et des austérités. En arrivant à Hougly, le prince visita Karan et le pria de lui donner quelques conseils pour son voyage. « Prince, si tu m'en crois, lui dit Karan, tu ne poursuivras « pas ta route, car il te faut actuellement traverser la mer, « élément où se rencontrent mille dangers. Retourne donc « en ta ville natale et cesse de penser à entreprendre un « trajet aussi périlleux. » Lorsque Kâmrûp entendit ces mots, il se frappa la tête en prononçant le nom de Kala. « Les conseils de la sagesse, répliqua-t-il, sont actuellement « inutiles ; il faut que je parte pour Sarândîp. Mon cœur, « qui est un océan d'amour, doit-il craindre d'affronter les « périls de la mer ? Je ne puis être dirigé ni par la raison ni « par la sagesse : ainsi je ne te demande que des informa-« tions pour mon voyage. » Karan, s'étant convaincu que l'amour violent du prince était un mal incurable et que le seul remède à cet état ne pouvait être que la vue de Kala, consentit à lui procurer les moyens d'aller à Sarândîp, où il devait voir cette beauté : il lui fournit donc des vaisseaux et les objets nécessaires pour la traversée.

Quand tout fut prêt pour le départ, le prince et les gens de sa suite montèrent sur les navires ; ils firent les dispositions nécessaires, levèrent l'ancre et quittèrent le pays d'Hougly, les voiles tendues et enflées par le vent. Lorsque ces vaisseaux eurent laissé le rivage, ils furent dirigés avec prudence vers Sarândîp et voguèrent nuit et jour sans jeter l'ancre. Après un long trajet, ils arrivèrent près de l'île, et bientôt chacun put l'apercevoir. Alors le brahmane Sumit dit au kunwar : « Voilà le pays où règne Kâmrâj ; voilà sa « capitale, ici est le palais de Kala, là le temple dont je t'ai « parlé. Ainsi tu vas être bientôt heureux auprès de ta bien-« aimée. » En entendant ces mots, Kâmrûp fut rempli de joie et les gens de sa suite lui souhaitèrent toutes sortes de bénédictions. Ils tombèrent d'accord de ne pas rester longtemps à Sarândîp, mais de retourner avec empressement en Aoude aussitôt que le mariage de Kâmrûp et de Kala serait conclu. Ils avaient à peine fait ce projet qu'il survint un affreux ouragan.

CHAPITRE VIII.

LE NAUFRAGE.

Les vaisseaux chargés du prince Kâmrûp et de ses compagnons étaient près de Sarândîp lorsqu'un vent impétueux vint soulever les flots de la mer. Marins et passagers, tous se mirent à jeter des cris de désespoir. Bientôt ces vaisseaux, abandonnés aux vagues agitées, ne tardèrent pas d'être démâtés. Il était alors impossible d'espérer, on n'avait d'autre ressource que la résignation. Les navires voguant au gré des ondes furent donc dispersés et mis en pièces ; ainsi s'accomplissait le destin malheureux du prince. Cependant les voyageurs se laissaient entraîner par les flots sans pouvoir se communiquer leurs pensées. Le kunwar avec ses six amis et le brahmane Sumit étaient restés ensemble sur une portion d'un navire. Ils allaient çà et là poussés par les vagues en répétant le nom de Kala, car le kunwar était plus touché de la séparation de cette princesse que de la situation déplorable où il se trouvait. Cependant la fluctuation de la mer fut si grande que les planches sur lesquelles les huit amis s'étaient réfugiés se divisèrent. Ils furent ainsi séparés et continuèrent à voguer isolément sans toucher le fond de l'eau ni aborder à un rivage. Tandis que les compagnons de Kâmrûp ignoraient ce qu'il était devenu, la planche que celui-ci tenait embrassée était portée au loin par les flots. Il n'éprouvait néanmoins aucune crainte ; il ne pensait qu'à celle à qui il avait voué son existence et en prononçait de temps en temps le nom. Comme il était déjà submergé dans l'océan de l'amour, les flots naturels, loin de lui faire éprouver de l'effroi, semblaient occupés à le servir. En effet, comment craindrait-il la fureur des ondes, celui qui ressent dans son cœur l'agitation du plus violent amour ? Semblable, lui-même, à une mer tempétueuse, il est respecté par les vents et par les vagues en courroux.

Cependant la planche sur laquelle Kâmrûp luttait contre les flots errait sur la surface de la mer comme le papillon autour de la bougie. Le prince, séparé de ses compagnons, vogua plusieurs jours de la même manière sans trouver une terre pour se reposer et pour prendre un peu de nourriture. Tout à coup une vague impétueuse pousse la planche sur le rivage. Le prince s'empresse de sortir de l'eau, contraint de suivre sa malheureuse destinée. Il jette avidement les yeux de tous les côtés et ne voit qu'un lieu désert couvert de jangles, où il n'aperçoit ni hommes ni animaux. Il s'assied et reprend haleine pendant deux gharî (1), ensuite il se lève et s'avance vers les bois; mais il n'a pas la force de marcher, il est obligé de se reposer encore en invoquant le nom de Kala. Enfin, toujours plein de l'idée de sa bien-aimée, pleurant et gémissant, il peut parcourir ces jangles dont les arbres touffus portaient des fruits sauvages qui lui serviront de nourriture. En vain traversa-t-il en tous sens cette immense forêt, il n'y trouva ni route tracée, ni limite qui la terminât. Il continua donc d'errer journellement au milieu des jangles depuis l'aurore jusqu'au coucher du soleil. A la nuit, il dormait à l'abri des arbres, il n'avait pour compagnon que son amour, et le nom de sa maîtresse était sa principale nourriture. A force de marcher, il sortit de la forêt et arriva dans le pays connu sous le nom de *Tirya-râj* (2). Après avoir poursuivi son chemin pendant un jour entier, il se trouva dans un jardin spacieux.

CHAPITRE IX.

LE TIRYA-RAJ.

Le kunwar parcourut donc une longue étendue de jangles avant d'apercevoir le jardin dont nous parlons. Il y entra,

(1) Le jour se divise dans l'Inde en quatre *pahar* et la nuit en autant de parties et chaque *pahar* se subdivise en huit *gharî*.
(2) « Le pays des femmes » ou des amazones.

pensant toujours à Kala. Des larmes comme des perles brillantes se détachaient de ses yeux. Tandis que, tenant la tête baissée, Kâmrûp regardait timidement, il s'aperçut que c'étaient des femmes qui gardaient ce jardin. Celles-ci adressant la parole au prince : « Par quel hasard, lui dirent-elles, « te trouves-tu dans ce lieu ? Qui es-tu ? un homme ? Mais, « dans ce cas, ne crains-tu pas pour ta vie ? Sache que « cette contrée est le Tirya-râj où les femmes remplissent « toutes les fonctions ; la reine Râota y règne. Jamais on « n'y a vu d'homme. Dis-nous donc d'où tu es venu ? — Je « suis, répondit le kunwar, d'un pays étranger, et celui-ci « m'est tout à fait inconnu ; j'en ignore les mœurs et les « usages. » Sans écouter ce que Kâmrûp leur disait, ces femmes se saisirent de lui, l'emmenèrent au palais de Râota, et le laissant loin de la reine, elles allèrent dire à celle-ci qu'un homme qui paraissait être un effronté voleur s'était introduit dans leur pays, et que, si sa majesté l'ordonnait, elles lui trancheraient la tête. Râota, pâle de colère, s'écria : « Quoi, un homme a osé venir parmi nous ! Eh bien, il faut « le conduire à l'instant même en ma présence et le mettre « en pièces. Qu'on donne ensuite toute la publicité possible « à cet acte de sévérité, afin qu'un événement pareil ne se « renouvelle pas et qu'on sache bien que nul téméraire ne « saurait échapper à son sort. »

Toutefois, lorsque le regard de Râota tomba sur le prince, son courroux se calma ; que dis je ? elle en devint amoureuse. Elle fit, néanmoins, appeler la femme chargée des fonctions de kutwâl (1) et lui donna cet ordre : « Garde, lui « dit-elle, le prince à vue, en attendant que je le fasse périr, « afin qu'on ne voie pas dans notre ville un visage mascu- « lin. » Ayant ensuite fait venir secrètement cette même femme, elle lui recommanda de donner des aliments au kunwar et de le lui amener à la nuit. Celle-ci conduisit le prince avec elle, et l'invita poliment à prendre de la nourriture ; mais Kâmrûp refusa de le faire, toujours plus occupé de son amour que de sa propre existence. Alors cette femme lui dit :

(1) Préfet de police.

« Tu ne dois pas éprouver de tristesse, car j'ai ordre de te
« conduire auprès de la reine, et je ne te ramènerai pas
« certainement sans qu'elle t'ait fait grâce. »

Cette personne compatissante avait beau consoler Kâmrûp, il ne savait que pleurer et répéter le nom de Kala. Conformément à l'ordre de Râota, elle le ramena néanmoins auprès d'elle, et la prévint que le voleur était en sa présence. Alors la reine fit approcher Kâmrûp, et, jetant sur lui un regard qu'animait l'amour, elle le fit asseoir devant elle. Le prince lui obéit la tête baissée, et Râota s'empressa de l'interroger. Celui-ci dressant alors la tête et levant les yeux, lui répondit qu'il était étranger et l'amant de Kala, de laquelle le sort le tenait éloigné. « Ce nom est pour toi de bon augure, dit « Râota en entendant le nom de Kala ; cette princesse m'aime « beaucoup et vient souvent me voir. Reste auprès de moi « content et tranquille, et je te promets de te réunir à elle. » A ces mots Kâmrûp plein de joie ouvrit son cœur à la reine et lui fit savoir toute la peine qu'il éprouvait. Il s'imaginait avoir enfin trouvé le repos, mais il ne se doutait pas que ce repos factice n'était pour lui qu'un nouveau malheur. Il se mit donc à parler à Râota de tout ce qu'il ressentait. Celle-ci, satisfaite de sa supercherie, lui dit en le regardant d'un œil tendre : « Considère-moi comme Kala, en attendant que « je te réunisse pour toujours à elle. » Le kunwar content était agité de mille désirs ; cependant il ne voulut pas se rendre à ceux de Râota. Celle-ci, continuant à l'entretenir de Kala, fit apporter un flacon plein d'un vin délicieux. Ils burent et se réjouirent pendant deux gharî. Bientôt ils dirent des mots à double entente qui excitèrent leur gaieté. L'ivresse les saisit peu à peu et les mit hors d'eux-mêmes; Kâmrûp, perdit tout à fait la raison. Lorsque ce vin naturel eut produit tout son effet, Râota voulut alors dormir. Elle fit apporter un lit, et, l'ayant dressé, elle invita le prince à s'y coucher et à se livrer sans retard au sommeil; ensuite elle demanda un autre lit pour elle-même, et, après l'avoir fait préparer vis-à-vis du premier, elle s'y plaça, puis s'endormit.

Kâmrûp s'endormit aussi en répétant le nom de Kala. Il

était si fatigué de la route, qu'il fut aussitôt plongé dans un sommeil profond et vit en songe Kala. Debout devant lui, fronçant le sourcil et tenant son index avec les dents, elle lui dit distinctement: « Tu es un homme sans pudeur ; il « n'y a ni vérité dans tes discours, ni affliction véritable dans « ton cœur. Ta vue m'a plongée dans l'état le plus pénible « et toi, tu te reposes tranquillement dans le palais de Râota ! « La douleur d'être séparée de toi m'a consumée et rendue « semblable à de la paille, et toi, tu te divertis auprès d'une « autre femme ! Tu m'as trompée en me faisant des promes-« ses que tu ne devais pas tenir ; tu n'as pas conservé ta « dignité, tu as méconnu l'honneur, la vérité, la justice. » Kala prononça ces mots avec chaleur et disparut; en même temps le sommeil quitta le kunwar. Agité par le songe qui venait de se présenter à son imagination, il se roula sur son lit et tomba par terre en répandant des larmes. Le bruit qu'il fit réveilla Râota, et elle s'empressa de le relever en lui demandant s'il avait eu peur de quelque chose, ou s'il avait été incommodé. Kâmrûp réfléchit que s'il faisait connaître à la reine qu'il avait vu en songe celle qu'il aimait, Râota pourrait, par jalousie, agir envers lui avec déguisement, tandis que, s'il attribuait son accident à la peur, il n'avait rien à craindre. Il répondit donc à Râota : « Pendant que « je me livrais au repos, harassé que j'étais de fatigue, j'ai « entendu du bruit et je me suis effrayé. »

Alors Râota aida le kunwar à se remettre sur son lit, en l'engageant à se calmer, à ne concevoir désormais aucune crainte et à ne se former aucune vaine chimère. Elle se recoucha de son côté, mais elle ne fut pas plus tôt endormie, que, sans qu'elle s'en doutât, le kunwar s'enfuit, honteux d'avoir entendu retentir à son oreille ces paroles de Kala: « Lève-toi, sors de ce lieu. » Il alla sous les arbres pour gémir et pleurer en prononçant le nom de sa bien-aimée ; mais bientôt il tomba de faiblesse et perdit tout à fait connaissance.

Mais laissons un instant Kâmrûp évanoui, et parlons de la fée Chandar-mukh (1) qui vint l'enlever.

(1) Visage de lune.

CHAPITRE X.

ENLÈVEMENT DE KAMRUP.

Chandar-mukh avait pour mère la fée Chitr-sâr ; sa patrie était au delà des mers. Aucun visage n'était aussi beau que le sien, elle était fiancée à un génie de la même classe qu'elle. Elle appela ses femmes, demanda son char et y monta. Après avoir parcouru les quatre points cardinaux, elle arrive précisément à l'endroit où le jeune Kâmrûp était étendu privé de connaissance ; elle ordonne qu'on arrête son char et qu'on le descende dans ce jardin. Ses femmes lui obéissent et le posent près des mêmes arbres sous lesquels était le prince Kâmrûp. Aussitôt qu'elle l'aperçoit, elle se convainc que c'est un être humain, et elle recommande à ses femmes de le prendre et de le placer sur son char. On lui porte donc le prince évanoui et elle le fait asseoir auprès d'elle. Bientôt les fées rangées en ligne soulèvent le trône et le transportent au delà des sept mers dans la région qu'habitait Chandar-mukh. Là on ne voit ni hommes ni animaux ; il n'y a que des fées et un grand nombre de râkas (1). Ce pays ne se compose que de hauteurs ; il n'est autre chose, en effet, que le mont Câf, chaîne de montagnes qui sert comme de clou pour fixer la terre et obvier aux inconvénients qui pourraient résulter des fentes qu'on y aperçoit dès la création.

En arrivant dans ce séjour montagneux, le kunwar revint à lui. Mais quel est son étonnement de se trouver sur un trône doré, à côté d'une fée charmante ! Il est tellement stupéfait, qu'il ne peut prononcer une parole et s'imagine être sous l'influence d'un talisman. Il se livrait à cette idée lorsque la fée lui dit : « Holà, être humain, pourquoi restes-
« tu à me regarder ainsi ? Tu n'es plus dans le jardin où tu

---

(1) Ou « Ogrîs » en sanscrit *râkchasa*.

« gisais évanoui, tu n'es ni dans ton pays, ni chez Râota,
« auprès de l'objet de ton affection. Je t'ai vu, et, éprise de
« toi, je t'ai conduit ici, au delà des sept mers. Ne pense pas
« à ton pays, car y retourner serait bien difficile. Tu es
« actuellement dans le mont Câf, séjour des râkas. C'est ici
« qu'habite la nation des fées, et non la race humaine. Il
« faut que tu restes dans ce lieu, bon gré mal gré, il faut
« que tu te décides à y vivre. » Le kunwar, désespéré de ce
discours, se mit à répandre des larmes abondantes, à se
frapper la tête, à se meurtrir le visage. Loin de sa bien-
aimée, il ne pouvait en effet goûter de repos. Mais que faire
contre l'arrêt du destin? Il se résigna donc à son sort et
répondit à Chandar-mukh : « Je me trouve sans patrie, sé-
« paré que je suis de Kala. La providence l'a ainsi voulu,
« elle m'a livré à cette douleur : que sa volonté soit faite ! »

Kâmrûp resta pendant une année entière auprès de cette
fée. Durant tout ce temps, elle ne le quittait pas un seul
instant ; jour et nuit elle était auprès de lui. Cependant son
fiancé finit par connaître l'intrigue de Chandar-mukh. On
vint le trouver et on lui apprit quelle était la conduite de
cette fée : « Elle a introduit, lui dit-on, un homme dans son
« palais, et c'est pour ce motif qu'elle ne se rend plus aux
« assemblées de ses compagnes, et qu'elle ne se livre plus
« avec elles à leurs exercices accoutumés. Elle se divertit
« avec un mortel et ne se met plus en peine de toi qui dois
« être son époux. » Le fiancé confus ne proféra pas une
parole, mais il éprouva dans son cœur une peine bien vive.
Incontinent ce fils de fée se mit à chercher Kâmrûp dans
l'habitation de Chandar-mukh. Celle-ci, dans l'ignorance
complète de ce qui se passait, avait précisément laissé le
prince enfermé dans son palais, et était allée se promener
avec ses compagnes. Le prince était donc seul et pensait
à la belle Kala. Il soupirait en invoquant son nom, lorsque
le fiancé, conduit par le son de sa voix, vint dans la pièce où
il était, le saisit violemment et le mit hors du palais ; puis,
il le fit tenir devant lui, et, lui frappant le visage avec colère, il lui demanda pourquoi lui, simple mortel, restait avec
une fée. Le kunwar lui répondit avec émotion : « Je ne suis

« pas venu de moi-même en ce lieu. J'étais évanoui lorsque
« Chandar-mukh, sans que je m'en doutasse, m'a enlevé et
« m'a transporté dans ce palais. Si après cette explication
« tu me trouves encore criminel, me voilà devant toi ; fais
« de moi ce que tu jugeras convenable. » Kâmrûp n'ajouta
rien à ces mots. Alors le fiancé de la fée donna ordre à ses
gens de prendre le prince et d'aller dans les défilés des
montagnes le livrer aux premiers râkas qu'ils rencontreraient : « Ainsi, leur dit-il, Chandar-mukh ne pensera plus
« à lui. Aucune trace de sa présence ne restera parmi nous.
« Livrez-le donc aux râkas comme je vous l'ordonne : dites-
« leur d'en faire leur nourriture. »

Ces fils de fées prirent donc le kunwar par la main et l'en-
traînèrent avec eux pour aller le livrer aux râkas. Mais en
vain cherchèrent-ils de tous côtés, ils ne trouvèrent aucun
de ces êtres malfaisants. Alors ils le transportèrent sur le
sommet d'une de ces montagnes et lui demandèrent où il
voulait être laissé. « Ici, lui dirent-ils, tu vois l'Océan dont les
« flots agités se soulèvent avec tumulte ; plus loin, sont les
« montagnes habitées par les râkas. Si nous t'abandonnons
« dans ces parages, tu périras immanquablement. Indique-
« nous toi-même où nous pouvons te placer. » A cette offre
singulière, Kâmrûp ne répondit rien, sinon qu'il prononça
le nom de Kala. (Kâmrûp était là le seul individu de race
humaine ; il n'en ressentait que plus vivement le sentiment
de l'amour qui occupait son cœur.) Comme il ne voulut pas
répondre aux fils de fées, ceux-ci décidèrent entre eux de ne
pas le laisser sur la terre, à cause des dîv et des tigres ; ni
sur la rivière, à cause des crocodiles ; mais de déposer dans
la mer cette perle brillante.

Toujours plein de la pensée de Kala dont le nom était
sans cesse sur ses lèvres, le kunwar resta plusieurs jours au
milieu des vagues, privé de nourriture et de sommeil. Il
flottait sur la surface de l'onde, répétant le nom de sa bien-
aimée et répandant des larmes abondantes ; enfin il fut jeté
par les flots sur une plage de l'île de Sarândîp. Il se relève
aussitôt, avide de savoir où il était, mais il ne voit qu'un
désert boisé sans hommes ni animaux. Loin de prendre du

repos, ce qui lui aurait été si nécessaire, le fidèle amant de Kala se met à parcourir les jangles qu'il voyait devant lui. Il marchait pendant tout le jour, et à la nuit il dormait à l'abri des arbres.

CHAPITRE XI.

LES TASMA-PAÏR OU DUAL-PA.

Après avoir erré pendant longtemps dans ces forêts désertes, le kunwar arriva dans la contrée des tasma-païr (1), qu'il trouva couverte aussi de jangles, comme celle qu'il venait de parcourir. Ces êtres ne sont point de la race humaine, leurs jambes sont souples comme des longes de cuir et ne peuvent les soutenir. Ils se gouvernent eux-mêmes et forment une peuplade à part. Kâmrûp ignorait leur existence : à plus forte raison ne savait-il pas que c'était là qu'ils habitaient.

Un de ces êtres monstrueux se trouvait précisément à l'endroit où le kunwar était errant. En apercevant de loin le prince, le tasma-païr se traîne, et, cachant ses mains en même temps qu'il arrange convenablement ses pieds, il se place modestement sur la route où il avait l'habitude de se tenir dans l'espoir d'y rencontrer des voyageurs. A la vue du tasma-païr, le prince Kâmrûp, le prenant pour un homme comme lui, s'en approche poliment. Celui-ci lui demande aussitôt d'où il était, où il allait et dans quelle intention. Kâmrûp, au lieu de répondre à ces questions, lui demande, de son côté, si la demeure de Kala n'était pas par hasard dans ces contrées. « Oui, lui dit le tasma-païr ; veuille t'as-
« seoir un instant auprès de moi, et je t'indiquerai la route
« que tu dois prendre. » Le kunwar, entendant des mots aussi agréables pour lui, s'approche davantage du perfide

(1) C'est-à-dire « pieds de cuir ». On nomme en persan ces êtres fabuleux *duâl-pâ*, expression qui a la même signification.

tasma-païr. Celui-ci s'empare alors du prince qui était sans défiance, et s'écrie en le serrant entre ses jambes : « Bien, « voilà un cheval qui m'est arrivé du monde invisible. » En vain Kâmrûp veut-il résister, il reçoit sur le visage des coups appliqués avec force et se voit obligé de conduire à sa maison ce cavalier incommode. Le tasma-païr dormait même sur les épaules du prince ; et lorsqu'il voulait se transporter quelque part, il commandait à Kâmrûp de se lever. Il errait ainsi dans les jangles, monté sur le kunwar ; et lorsque les forces manquaient à celui-ci, son barbare cavalier le frappait impitoyablement. Les pieds de Kâmrûp se furent bientôt remplis d'épines ; son corps d'argent fut excédé de fatigue : il devint bleu et vert par la saleté, de rose qu'il était. Les boucles de ses cheveux qui retombaient sur son visage étaient inondées de larmes ; ses joues écarlates se teignirent de pourpre, ses autres membres, qui avaient auparavant la couleur du sandal, prirent la nuance de l'ébène. Sa nourriture, c'étaient les fruits de la forêt et son lit les ronces et les buissons. Le tasma-païr se tenait constamment sur le prince et cheminait, matin et soir, dans cet emplacement désert. Kâmrûp, forcé de suivre le cours de sa malheureuse destinée, le portait péniblement ; et comme ils se trouvaient dans un endroit inhabité, il lui était inutile de faire entendre des plaintes. Il se résigna donc à faire, pendant un an entier, les fonctions de cheval ; aussi son corps délicat fut-il bientôt exténué, car le tasma-païr, avons-nous dit, ne cessait d'aller continuellement d'un lieu dans un autre, monté sur le pauvre kunwar.

Par hasard, un jour, le prince accablé de chagrin avait transporté son cavalier à une haute montagne. Dans la vallée on voyait un jardin magnifique où se trouvaient en abondance tous les fruits que produisent les terres ainsi placées. Kâmrûp y aperçut entre autres des raisins pleins de jus ; il en prit une certaine quantité dans le but d'en exprimer la liqueur et de s'en servir comme médicament. Il laissa exposée au soleil pendant une ou deux gharî, la sorte d'eau qu'il tira de ces raisins et elle devint ainsi du vin véritable, couleur de pourpre, extrêmement capiteux. Kâmrûp clarifia ce

vin et en offrit au tasma-païr en l'engageant d'en boire. Quand ce dernier en eut bu quelques gorgées, il fit entendre un cri perçant, et le son de sa voix aigre parvint des jangles jusqu'à la ville. Alors beaucoup de tasma-païr accoururent; ils avaient tous un homme pour monture et vinrent se ranger en ligne autour de lui. Le kunwar leur présenta de cette liqueur enivrante; ils en burent avec plaisir, ils eurent bientôt le cerveau troublé par ses fumées et se livrèrent à mille folies. Lorsque leur ivresse fut complète, elle priva leurs pieds et leurs mains de toute leur force; et, dans cet état de faiblesse, ils restèrent suspendus aux épaules de leurs montures humaines. Alors les individus qu'ils avaient asservis retirèrent leurs mains des jambes des tasma-païr et les firent descendre de dessus leurs épaules. En ce moment Kâmrûp s'écrie qu'il faut les tuer tous. Ces hommes lui obéissent; ils lui disent ensuite d'un commun accord : « Puisque
« c'est à toi que nous devons notre salut, il est juste que
« nous soyons soumis à tes volontés ; ainsi, nous ferons ce
« que tu désireras de nous, nous ne placerons pas le pied
« sans ton ordre. » Kâmrûp leur dit alors de se rendre dans leurs patries respectives, et les salue affectueusement, à mesure qu'ils se séparent de lui.

Un de ces hommes ne suivit pas l'exemple de ses compagnons : il voulut absolument rester avec le kunwar, Kâmrûp et cet inconnu se mirent donc en route marchant droit devant eux ; bientôt ils aperçurent un arbre de haute futaie et ils s'assirent à son ombre pour prendre haleine un instant. Alors le kunwar pria celui qui persistait à l'accompagner de le laisser seul et de s'en aller dans son pays; mais celui-ci lui répondit : « Ce n'est ni ma ville, ni mon pays
« que je cherche, mais mon prince ; et je le retrouverai, s'il
« plaît à la providence. Malheureusement, depuis le jour
« où j'ai été séparé de lui par un naufrage, personne n'a pu
« me donner de ses nouvelles. — Quel est le prince dont tu
« parles ? lui demande alors Kâmrûp. D'où est-il, et qui es-
« tu toi-même ? — Mon prince se nomme le kunwar Kâmrûp,
« lui répond l'inconnu ; son pays est Aoudhpûr et Gorakh.
« Je me nomme Mitarchand, et j'étais son ministre. » Au

nom de Mitarchand, le kunwar serre son compagnon entre ses bras, en lui disant : « Regarde-moi bien ; je suis préci-
« sément ce Kâmrûp que tu cherches, ce Kâmrûp privé
« jusqu'ici de la vue de Kala. »

Ces deux amis éprouvèrent une joie bien vive de se trouver réunis. Le kunwar s'empressa de faire savoir à Mitarchand tout ce qui lui était arrivé depuis le jour où ils avaient été séparés ; il lui parla de son séjour dans le palais de Râota ; il lui dit comment il avait été retenu par Chandarmukh ; puis il lui conta l'aventure de la fée, et enfin celle du tasma-païr. Mitarchand en apprenant ces événements extraordinaires, exprima l'opinion qu'ils étaient tous écrits par la providence dans le livre du destin.

CHAPITRE XII.

AVENTURES DE MITARCHAND.

Actuellement que vous connaissez les malheurs de Kâmrûp, écoutez ceux de son ministre Mitarchand.

« Mon cher prince, lui dit-il, tu ne peux te figurer tout
« ce que j'ai enduré ; mais tu en seras bientôt instruit si
« tu prêtes à mon discours une oreille attentive. Lorsque
« je fus séparé de toi, les vagues me portèrent au loin. J'i-
« gnorais s'il était jour ou nuit, et je me demandais où les
« flots pouvaient avoir jeté mon prince. Enfin, après plu-
« sieurs jours d'angoisses, j'aborde à un rivage de cette île
« et je puis marcher sur la terre. Je me mets à parcourir le
« désert qui se présentait à ma vue ; je te cherchais et je
« t'appelais à grands cris, dans cet emplacement couvert
« d'arbres ; car sans toi je ne pouvais jouir du repos. Un
« jour que j'avais à plusieurs reprises fait retentir ma voix
« dans ce lieu solitaire, j'entendis un grand bruit et je vis
« paraître à mes regards un dîv monstrueux ayant l'appa-
« rence d'un râkas. Ses pieds touchaient la terre et sa tête
« allait jusqu'au firmament ; son corps semblait suspendu

« dans l'air. Il desserra les lèvres, ouvrit sa bouche, et j'en
« vit sortir une flamme ; il tira la langue, fit entendre un
« bruyant murmure, et parut tout de feu. Cependant il me
« saisit, me met sous son aisselle, me porte en un lieu cou-
« vert de montagnes, me place dans une caverne et roule à
« l'entrée une énorme pierre. Il se retire ensuite, me lais-
« sant renfermé dans ces montagnes. Quant à moi, je mar-
« che en avant pour chercher s'il ne s'y trouvait pas d'issue ;
« mais je n'avais pas fait plus de quatre ou cinq pas, que je
« vois un grand nombre d'hommes assis en ligne. Ces êtres
« avaient l'air soucieux et chagrin, leurs yeux étaient fixes,
« ils gardaient un morne silence. Je leur adressai néan-
« moins la parole et leur demandai quel était ce lieu où ils
« se trouvaient, et s'ils pouvaient me donner quelque nou-
« velle du prince Kâmrûp. Ils me répondirent alors :
« Homme simple, tu ignores donc que tu es ici loin de
« l'habitation des hommes ? tu ne connais donc pas celui
« qui t'y a transporté ? Tu n'as donc pas vu le dîv entouré
« de flammes ? De quel prince viens-tu nous demander des
« nouvelles ? Le monstre, qui, de la forêt, t'a transporté
« dans cet endroit, est le même qui nous a enlevés aussi.
« Il sort chaque nuit de ces montagnes et va se tenir sur la
« route pour surprendre les voyageurs. Au matin, à peine
« le soleil se lève-t-il sur l'horizon, qu'il saisit un des mal-
« heureux qui sont tombés en son pouvoir et en fait sa
« nourriture. »

« Je t'avoue que je fus très-content lorsque j'entendis ces
« paroles. Je pensai que mes peines allaient avoir un terme ;
« car, ne pouvant supporter la séparation de mon prince, il
« était avantageux pour moi de cesser de vivre. En atten-
« dant, je prononçai plusieurs fois, à haute voix, pendant
« cette nuit, le nom de Kâmrûp et j'accompagnai ces excla-
« mations d'un torrent de larmes. Lorsque la nuit noire fut
« écoulée et que l'aurore parut, tous les hommes qui m'en-
« touraient commencèrent à trembler. Je leur demandai
« pourquoi ils étaient agités ainsi par la crainte ; ils me rap-
« pelèrent alors que c'était l'heure de la venue du dîv ; et en
« effet il entre au même instant, après avoir renversé la

« pierre qui couvrait l'entrée de la grotte, et il nous regarde
« d'un œil redoutable qui glace d'effroi mes malheureux
« compagnons et leur fait grincer les dents. Pour moi, loin
« d'éprouver la moindre terreur, je vais au-devant de lui ;
« il me prend par la main en souriant, me touche la tête,
« me met sous son aisselle, franchit le seuil de la caverne et
« sort des montagnes. Alors il me parle en ces termes : « Je
« voudrais bien savoir pourquoi tu ris en me regardant : tu
« ignores peut-être que je suis un anthropophage ? Tandis
« que tes compagnons étaient frappés de terreur, tu es ac-
« couru gaiement auprès de moi ; je suis étonné de cette
« conduite, et je vois bien que tu ne connais pas la classe
« des dîv. — Aujourd'hui, lui répondis-je, la vie est un sup-
« plice pour moi. J'étais le compagnon fidèle du prince
« Kâmrûp, nous avons fait naufrage ensemble dans l'océan
« orageux. J'en suis enfin sorti, j'ai abordé sur cette terre,
« et je cherchais précisément mon prince lorsque tu m'as
« aperçu ; toutefois je n'ai pu savoir ce qu'il était devenu.
« Je vivrais volontiers si j'avais l'espoir de le retrouver ;
« mais, dans le cas contraire, j'aime mieux périr. Ainsi, si
« tu me dévores, tu me feras obtenir le repos. — O mortel,
« me dit alors le dîv, tes paroles me touchent de compas-
« sion. Bien loin de te dévorer, je te rends dès ce moment
« à la liberté ; et, de plus, je vais te transporter où tu vou-
« dras. »

« A ces paroles, je pousse un cri d'étonnement, je me
« mets à pleurer en prononçant ton nom et je réponds au
« dîv : « Eh bien, replace-moi dans la même forêt où tu
« m'as pris ; je veux continuer à chercher Kâmrûp, et il
« peut se faire que quelqu'un m'indique où je le trouverai. »
« Ce dîv, de plus en plus touché de mon état, me donne
« alors un de ses cheveux en me disant : « Écoute, des-
« cendant d'Adam, la promesse que je te fais. Si, dans les
« jangles où je te laisserai, quelque accident fâcheux vient
« à t'arriver, tu n'as qu'à placer ce cheveu sur du feu ; au
« même moment je viendrai près de toi, et je ferai de bon
« cœur ce que tu demanderas de moi. Le dîv me transporte
« ensuite dans la forêt où il m'avait trouvé, m'indique la

« route et se retire. Il prend son chemin du côté des monta-
« gnes où il habitait; et moi je recommence à chercher mon
« prince au milieu des jangles. Je restai là plusieurs jours
« sans qu'un seul homme se présentât à ma vue, et sans
« pouvoir ainsi apprendre de tes nouvelles. Tout à coup, au
« milieu de ce bois solitaire, je rencontre un tasma-païr ;
« j'ignorais quelle était sa nature, et je lui demandai s'il
« habitait cette forêt et s'il avait vu quelque part le prince
« Kâmrûp. En entendant ma demande, le tasma-païr m'in-
« vite d'un air bénin à m'approcher de lui et à m'asseoir
« pour écouter sa réponse, en m'assurant qu'il me donne-
« rait de tes nouvelles si je voulais prêter l'oreille à ce qu'il
« allait me dire. Il m'appelle donc, dis-je, et me fait asseoir
« auprès de lui. J'obéis, alors il se hâte de me saisir et de
« me serrer entre ses deux pieds. En vain je me débats de
« toutes mes forces, le tasma-païr ne me laisse pas aller. Il
« monte sur mon dos comme sur un cheval, et, m'entourant
« de ses jambes, il me dit à plusieurs reprises de marcher.
« Je me lève alors et me mets en mouvement. Quand je
« cheminais, il était content; si je m'arrêtais, il prenait mes
« oreilles et les mordait avec ses dents, ou me frappait au
« visage. C'est ainsi que je le conduisis jusqu'à sa maison.
« Il était constamment sur mes épaules, et, satisfait d'avoir
« une monture de sa convenance, il disait : « J'ai acquis du
« monde invisible un cheval vigoureux. » Je restai pendant
« un an entier parmi cette race d'hommes. J'avais perdu
« l'espoir de te retrouver et je croyais finir là ma triste exis-
« tence : heureusement les tasma-païr se sont réunis auprès
« de toi dans le jardin de la forêt, et tu les as abreuvés de
« la coupe de l'ivresse. Ainsi, grâce à tes soins, nous avons
« pu les tuer tous et en être délivrés. »

C'est de cette manière que Mitarchand conta ses peines au kunwar. Celui-ci, l'ayant écouté l'oreille attentive, s'écria :
« Tout ce qui nous est arrivé jusqu'à ce jour était arrêté
« par le destin ; mais, de même que la providence nous a
« réunis nous deux, elle nous réunira plus tard à nos autres
« amis. »

Laissons un moment ensemble Kâmrûp et Mitarchand et occupons-nous d'Achâraj le pandit.

Nous avons dit que le kunwar et Mitarchand s'entretenaient à l'ombre d'un arbre. Un perroquet parut sur ce même arbre et vint ensuite se poser sur la main de Kâmrûp. Celui-ci, charmé de cette familiarité, lui dit : « On voit que « tu as joui de l'amitié de l'homme, amitié qu'il accorde avec « juste raison aux animaux. Eh bien, tu seras désormais « notre compagnon et notre ami fidèle au milieu de ces « jangles. » En ce moment le perroquet lève la patte et saisit avec son bec un ruban qui la serrait. Comme le ruban tombe, le perroquet disparaît et les deux amis ne voient plus qu'un homme. Celui-ci salue le kunwar en lui disant qu'il est Achâraj le pandit, un de ses six amis. Alors Kâmrûp stupéfait le serre affectueusement entre ses bras, et Mitarchand suit son exemple. « J'ai entendu, leur dit alors « Achâraj, les discours que vous avez tenus, et je sais par « conséquent, tout ce que vous avez souffert : écoutez actuel« lement le récit de ce qui m'est arrivé. »

CHAPITRE XIII.

AVENTURES D'ACHARAJ.

« Depuis le jour où je fus séparé de mes compagnons par « le naufrage du vaisseau que nous montions, je devins le « jouet des flots sans savoir s'il faisait jour ou nuit. Je ne « pensais qu'à mon prince, et sans cesse je prononçais son « nom. Je demeurai donc au milieu des vagues, répétant « néanmoins dans une sorte d'insensibilité le nom de Kâm« rûp. Enfin l'onde agitée me poussa sur un rivage désert ; « je m'enfonçai dans les jangles, qui le couvraient, mais je « n'y aperçus pas d'animaux; je ne vis rien non plus qui pût « servir de nourriture ou de boisson. Aucun être vivant, si « ce n'est des dîv et des râkas, ne me parut habiter ce lieu.

« J'étais donc au milieu de cette forêt, pleurant et souffrant
« de la faim, lorsqu'un grand palais, entouré d'un beau
« jardin, s'offrit à ma vue. J'entrai dans ce jardin, je regar-
« dai de tous côtés, et je n'aperçus aucun gardien. Je cueil-
« lis des fruits, et content je m'assis et satisfis ma faim.
« Lorsque j'eus fini mon petit repas, je me levai ; mais voilà
« qu'un génie du sexe féminin était debout devant moi. En
« voyant ce dîv, je me troublai au point de perdre l'intelli-
« gence et tremblai d'effroi. Elle me demanda qui j'étais, en
« me faisant observer que je me trouvais dans un lieu que
« n'habitaient pas les hommes « Je suis, lui répondis-je, un
« voyageur égaré ; mais tu pourras m'indiquer sans doute
« mon chemin. — Je m'en garderai bien, répliqua le dîv en
« souriant, car je suis amoureuse de toi. Je t'ai cherché
« pendant longtemps sans avoir pu te rencontrer. Je dési-
« rais jouir de ta compagnie, et j'ignorais que tu étais ici ;
« mais enfin l'amour m'a conduite auprès de toi. »

« Dans l'agitation où ma vue parut la plonger, elle s'as-
« sit dans son palais, fit les dispositions nécessaires à l'opé-
« ration magique à laquelle elle allait se livrer ; ensuite elle
« demanda dix à vingt livres de briques, les réduisit en
« poudre et en fit une sorte d'oxyde de plomb qu'elle mit
« sur sa tête. Elle broya aussi une grande quantité de char-
« bon, en fit du missî (1), et tira du collyre de la partie la
« plus subtile ; elle prit encore une peau d'éléphant et s'en
« couvrit de la tête aux pieds comme d'un vêtement. Puis
« elle me dit, en souriant avec malice, de n'avoir pas peur
« d'elle. Malgré son invitation, je ne fus pas rassuré et ne
« pus proférer une parole. Cependant elle me met au pied
« un cordon, me change en oiseau et me prend dans sa
« main en disant qu'elle ne me laissera plus aller de sa vie.
« Au moyen donc du ruban qu'elle mit à mon pied, je
« devins un perroquet, d'homme que j'étais auparavant.
« Elle me garda bien du temps ainsi métamorphosé, puis
« elle me rendit de nouveau ma figure humaine. Lorsqu'elle
« déliait le cordon qui serrait mon pied, je reprenais ma

(1) Poudre faite avec du vitriol pour teindre les dents.

« forme première ; le renouait-elle, je redevenais oiseau.
« Elle ne me quittait pas un seul instant et ne me permet-
« tait pas non plus de m'éloigner d'elle ni jour ni nuit. Une
« fois néanmoins sa vigilance a été en défaut. Elle m'avait
« laissé pour aller chercher dans les bois de quoi pourvoir à
« sa nourriture ; mais je n'ai pas manqué une occasion si
« favorable, j'ai quitté le palais du dîv et me suis sauvé dans
« les jangles. Je n'y ai vu personne et suis venu me poser
« sur l'arbre où tu m'as aperçu. Non-seulement Dieu m'a
« délivré des mains de l'être malfaisant qui me retenait
« captif, mais encore il me réunit à mon prince que jusqu'ici
« j'avais en vain cherché. »

« Bien, dit Kâmrûp, lorsqu'Achâraj eut fini sa narration,
« j'ai retrouvé deux de mes compagnons ; fasse le ciel que
« les autres me soient bientôt rendus ! » Les trois amis se
mirent alors en route exprimant l'espoir de ne plus voir de
tasma-païr et faisant la résolution de se méfier des individus qu'ils rencontreraient, de ne point s'approcher d'eux ni
de leur faire aucune confidence. D'accord sur ce point, ils
s'avancèrent dans les jangles ; mais ils n'y trouvèrent ni
fruit à manger, ni eau pour boire.

CHAPITRE XIV.

LA PIERRE PHILOSOPHALE.

Kâmrûp et ses amis erraient donc ensemble à l'aventure,
lorsqu'un être humain s'offrit à leur vue. En l'apercevant,
leur premier mouvement était de fuir, dans la crainte que
cet homme ne fût un tasma-païr ; mais l'inconnu leur dit :
« Où allez-vous ? ignorez-vous que l'homme ne saurait pé-
« nétrer dans cette forêt ? D'où venez-vous, et où croyez-
« vous parvenir ? — Avant de te répondre, répliqua Kâm-
« rûp, dis-nous d'abord qui tu es toi-même et pourquoi tu
« demeures ainsi seul dans ces jangles ? Ne veux-tu pas
« nous attirer auprès de toi par fraude et t'écrier ensuite

« que tu as obtenu du monde invisible un cheval ? Nous ne
« nous fions pas à tes paroles et nous restons dans une
« crainte prudente : ainsi, veuille bien te rendre à l'invita-
« tion que je t'ai faite de nous dire qui tu es, et le motif de
« ton séjour ici. » L'inconnu, pensant que ses interlocu-
teurs avaient dû tomber entre les mains des tasma-païr,
leur dit qu'il était de la race humaine, derviche et voyageur; qu'ils pouvaient sans appréhension venir auprès de
lui, et qu'il leur indiquerait la route qu'ils devaient tenir.

Lorsque les trois intelligents compagnons se furent bien
assurés que celui qui leur parlait était un homme semblable
à eux, ils s'en approchèrent avec confiance. Kâmrûp insista
pour connaître le motif qui lui faisait habiter ce désert.
« Je suis, vous ai-je dit, lui répondit-il, un derviche. Je vis
« en anachorète loin des villes et des lieux habités. Un jour
« néanmoins je reçus de Dieu l'ordre de me transporter en
« toute hâte au pays d'Aoude et de Gorakh. Pour obéir à la
« volonté céleste qui me fut transmise par mon chef spiri-
« tuel, je couvris mon corps d'une peau d'animal et me
« mis en route à travers les forêts. Après bien des journées
« de marche, je parvins à Aoudhpûr où l'on faisait alors
« une grande distribution aumônière dans un édifice spé-
« cial. En apprenant mon arrivée, le ministre du souverain
« de ce pays vint me trouver ; il me fit savoir que le mahâ-
« râj était plongé dans la tristesse parce qu'il ne pouvait
« avoir de fils, et il me conjura d'adresser au Tout-puissant
« des prières pour lui. En effet, Dieu par mon entremise
« exauça les vœux du prince : un fruit de srî rendit la reine
« féconde, et le mahârâj fut enfin réjoui par la naissance
« d'un fils. »

Kâmrûp reconnut sans peine dans son interlocuteur le
derviche auquel il devait sa naissance miraculeuse. Il se
prosterna respectueusement devant lui, posant sa tête à ses
pieds. « Tout ce que vous avez raconté, lui dit-il, m'est par-
« faitement connu ; je suis le prince dont vous parlez, et le
« mahârâj que vous citez est l'auteur de mes jours. Oui, je
« le sais, c'est le fruit que vous lui donnâtes qui le rendit
« père. Toutefois Dieu m'a prédestiné pour la souffrance. Je

« vis en songe la belle Kala ; depuis ce jour je fus épris
« pour elle d'un violent amour. Je laissai ma famille affli-
« gée de mon départ, et me mis en route à la recherche de
« ma bien-aimée. Je voguais, mes compagnons et moi, vers
« Sarândîp, sa patrie, sur des vaisseaux chargés de toutes
« sortes de munitions, lorsqu'une tempête affreuse vint faire
« évanouir toutes mes espérances de bonheur. La providence
« a voulu sans doute que ma triste vie s'écoulât dans le cha-
« grin. Les malheurs que mon amour a entraînés à sa suite
« m'ont suivi sur la terre comme sur l'eau, au milieu des
« jangles, des forêts et des déserts. Après bien des courses
« incertaines, je suis parvenu dans cette contrée, où je me
« trouve d'autant plus heureux de vous rencontrer que vous
« pourrez m'indiquer peut-être le chemin qui doit me
« conduire à la ville de Kala. — Tu as raison, dit alors le
« respectable derviche, de reconnaître dans tout ce qui t'est
« survenu de fâcheux la main de la providence. Actuelle-
« ment demeure auprès de moi pendant l'espace d'une
« lune ; pense à réparer tes forces, ensuite je te parlerai de
« Kala, je t'indiquerai le moyen d'arriver à Sarândîp, et tu
« pourras espérer de vivre enfin heureux. »

Kâmrûp obtempère aux désirs du derviche ; il reste auprès de lui pendant quelque temps ; mais une tristesse profonde, occasionnée par son malheureux amour, le reprend bientôt, et il tient ce discours au bon faquîr : « Il est temps
« de m'indiquer le chemin de la patrie de Kala : fais-le-moi
« donc connaître et je partirai sur-le-champ. J'arriverai
« bientôt à Sarândîp et je pourrai me voir enfin uni à l'ob-
« jet de mon amour. Je ne rêve plus nuit et jour qu'à ce
« fortuné pays où respire ma bien-aimée. » Quand le derviche eut entendu la supplication de Kâmrûp, il alla dans le plus épais des jangles, en rapporta la pierre philosophale, et la remit au kunwar en lui disant : « Prends cette pierre
« et garde-la soigneusement. En l'appliquant à du fer, il
« deviendra de l'or ; si tu te trouvais dans une conjoncture
« difficile et que tu eusses besoin d'un trésor tu pourras
« t'en servir avec avantage. Par l'or toutes les affaires s'ar-
« rangent facilement, la réussite en dépend toujours. Celui

« qui possède des pièces de ce métal éprouvées par la pierre
« de touche est sûr d'être toujours considéré. On ne peut
« vivre dans ce monde qu'au moyen de l'or ; on peut se sau-
« ver toujours par l'or de ce qui arrive de fâcheux, fût-on
« même sur le pal. »

Après avoir prononcé ces mots, le derviche fit au prince ses adieux avec émotion. Celui-ci serra la pierre que lui avait donnée le faquîr, et se mit en marche. En allant de ville en ville, le prince et ses deux compagnons, Mitarchand et Achâraj, parlaient de la conduite qu'il était opportun de tenir. « Nous verrons, disaient-ils, il faut l'espérer, la ville
« de Sarândîp ; nous aurons peut-être enfin des nouvelles de
« Kala. » Lorsque par hasard ils trouvaient quelque voyageur, ils ne manquaient pas de lui demander la route qu'ils devaient suivre.

Ils continuèrent à marcher tous les trois ensemble jusqu'au moment où ils rencontrèrent Chitarman le peintre.

CHAPITRE XV.

AVENTURES DE CHITARMAN.

Depuis l'instant où les vaisseaux de Kâmrûp eurent fait naufrage, Chitarman fut, pendant plusieurs jours, le jouet des flots. Ils le poussèrent enfin sur un rivage de l'île de Sarândîp dans un état de faiblesse tel qu'il tomba évanoui sur la grève. Après être resté dans cet état une ou deux gharî, il reprend connaissance, et, animé du désir de retrouver Kâmrûp, auquel il ne pouvait penser sans que ses yeux fussent mouillés de larmes, il s'avance dans l'intérieur de l'île. Il ne tarde pas d'apercevoir un grand jardin à l'extrémité duquel on découvrait un château superbe. Il entre dans ce jardin ; mais les gardiens viennent au-devant de lui et lui demandent qui il est, d'où il vient et le nom de son pays. « Je suis, répond Chitarman, un voyageur étran-
« ger à cette contrée. Si vous êtes les gardiens de ce jardin,

« je vous supplie de me laisser m'y promener pendant quel-
« ques instants. — Volontiers, lui répliquent les gardiens,
« va même te reposer à ton aise dans le château. » Le peintre, content de la permission qu'on lui donnait, alla dans ce palais ; puis il parcourut le jardin, toujours triste d'être séparé de Kâmrûp. Il visita tous les kiosques ou pavillons qu'il y avait ; et ayant pris des couleurs, il mêla la verte et la rouge avec la jaune, et se mit à exécuter des figures de tout genre dans chacun des édifices grands et petits. En un mot, Chitarman laissa partout des traces de son talent. Il remplit ce jardin de peintures et en fit un échantillon du paradis.

Le souverain du pays où se trouvait alors ce peintre se nommait le mahârâj Gandharb. Il vint par hasard dans le jardin dont Chitarman avait embelli les édifices. Après avoir fait sa promenade, il entre dans le palais et voit de tous côtés de fraîches peintures, des figures dorées ou enduites de couleurs et symétriquement arrangées. Quelque part qu'il porte les yeux, il n'aperçoit que des tableaux dont le mérite le frappe. Étonné de tout ce qu'il voit, il donne à son écuyer l'ordre de lui amener le jardinier chargé de la garde du château. L'écuyer obéit avec empressement. Le mahârâj interroge alors cet homme relativement aux peintures. Le jardinier, qui ignorait ce qu'avait fait Chitarman, est stupéfait en les voyant ; il dit néanmoins qu'il présenterait à sa majesté celui qu'il en croyait l'auteur et qui était en ce moment même dans le jardin. Il alla donc aussitôt auprès de Chitarman et le pria de lui dire si ce n'était pas à lui qu'étaient dus les travaux de peinture et de sculpture qu'on avait faits dans les kiosques. Chitarman s'en reconnut l'auteur : « J'irai volontiers, ajouta-t-il, me prosterner devant
« le roi, s'il désire avoir quelque explication là-dessus. »
Alors le jardinier le conduit auprès du mahârâj en lui disant : « Voici la personne qui est restée dans le palais, c'est
« à elle de s'expliquer maintenant. » Le mahârâj engage de son côté Chitarman à dire franchement qui avait fait ces peintures. Ce dernier déclare positivement à Gandharb que c'était bien lui qui était l'auteur des rangées de figures qui

avaient attiré son attention ; qu'il était peintre de profession et se nommait Chitarman. Alors Gandharb lui offre de le récompenser dignement : mais Chitarman ne veut accepter ni or ni argent : « Je suis en ce moment, dit-il au mahârâj, « préoccupé du désir de remplir un devoir religieux plus « important pour moi que toute autre chose. Si le mahârâj « a sous son autorité l'île entière de Sarândîp, il pourra m'ac- « corder sa protection à cet effet ; car c'est dans cette île que « se trouve ma divinité protectrice. C'est pour le Dieu qu'on « adore dans le temple d'Hardwâr que je veux faire un exer- « cice de dévotion. — Il m'est facile de te contenter, répond « Gandharb au peintre ; je vais te donner une lettre d'in- « troduction pour sa majesté le mahârâj Kâmrâj. Sur ma « recommandation, il te recevra d'une manière distinguée, « et tu pourras sans obstacle te livrer à ta ferveur. »

Alors, sans tarder, le sage et judicieux mahârâj Gandhard appela son ministre et lui ordonna d'écrire la lettre qu'il allait lui dicter. « Mettez d'abord, lui dit-il : Salut à sa « majesté le mahârâj. Après quoi doit venir le nom de la « personne que je lui adresse, savoir : le peintre Chitar- « man ; puis parlez des belles peintures que Chitarman a « faites dans mon palais, et enfin recommandez-le de ma « part au mahârâj. » Le ministre écrivit donc, conformé- ment aux désirs du roi, la lettre dont il s'agissait ; ensuite il la porte au mahârâj et la place devant lui. Gandharb prend la lettre, fait appeler Chitarman, et la remet entre ses mains. Chitarman offre au mahârâj l'hommage de sa reconnais- sance, et pose la lettre sur sa tête en signe de respect. Muni de cette lettre, Chitarman se met en route pour la ville de Sarândîp, pensant qu'il pourrait y apprendre des nouvelles du kunwar. Quand il rencontrait quelqu'un, il ne manquait pas de lui demander le chemin qu'il fallait prendre pour se rendre à cette ville, et continuait de marcher en avant. Il se levait de bon matin, cheminait toute la journée, et le soir il se reposait sous un arbre. Il parvint enfin à la ville de Sarândîp et alla droit au palais du mahârâj. Il lui présenta ses respects, se nomma pour répondre aux désirs du prince, et lui remit la lettre de Gandhard. Le mahârâj la lut d'un bout à l'autre, et lui demanda ensuite s'il pourrait se charger de faire à son trône des peintures soignées. Chitarman l'assura qu'il avait à cet effet l'habileté nécessaire, que le mahârâj n'avait qu'à lui donner ses ordres et qu'il exécuterait en ce genre tout ce que le mahârâj voudrait. Kâmrâj, satisfait de cette réponse, lui dit d'aller orner de peintures tout son palais. Chitarman se mit donc à l'œuvre et fit le travail que Kâmrâj lui avait commandé. C'est ainsi qu'il resta dans Sarândîp, ne manquant pas de demander à tous ceux qu'il voyait des nouvelles de Kâmrûp. A cet effet, il parcourut toute la ville, mais ses recherches furent infructueuses. Le chagrin qu'il en conçut le fit tomber malade au point qu'il ne pouvait se lever, ni se tenir sur son séant. Lorsque le mahârâj sut que Chitarman était souffrant, il en fut très-affecté. Mais laissons un moment notre malade pour nous occuper de Kanwalrûp le médecin.

CHAPITRE XVI.

AVENTURES DE KANWALRUP.

Il y avait, avons-nous dit, un médecin parmi les six amis de Kâmrûp. Il se nommait Kanwalrûp. Il fit naufrage avec ses compagnons, et comme eux il vogua quelque temps sur l'onde agitée en prononçant le nom de Kâmrûp. Il était donc porté çà et là par les vagues, sans trouver un remède à ses maux. Tout à coup un vaisseau vint à passer auprès de lui. Ceux qui le montaient ayant aperçu Kanwalrûp au milieu des flots, jetèrent l'ancre et l'aidèrent à monter à leur bord. Le médecin les remercia de leur généreuse humanité, s'excusant sur l'importunité qu'il pourrait leur causer, et il ajouta qu'ils recevraient dans l'autre vie la récompense de leur bonne action. Après s'être remis pendant deux ou trois gharî, il pensa qu'il devait tâcher de se faire conduire à Sarândîp, qui devait être le but du voyage de Kâmrûp. Mais il s'aperçut bientôt que les gens du vaisseau avaient l'air soucieux. « Resterez-vous longtemps encore arrêtés ? leur « dit-il alors. Pourquoi le vaisseau stationne-t-il au milieu « de la mer, au lieu de continuer sa marche les voiles ten- « dues ? Pourquoi aussi êtes-vous tristes ? La bonne action « que vous avez faite doit vous rassurer sur les accidents « fâcheux que vous pourriez craindre. » A ces questions les marins et les passagers répondirent au médecin : « Le « propriétaire du navire est un homme très-heureux sous le « rapport de la fortune, et il a un fils doué des qualités les « plus excellentes ; mais ce fils est atteint d'une sorte de « folie : voilà pourquoi tu nous vois affligés. Nous n'avons « pas d'autre cause de chagrin. — Si je voyais le malade, « reprit le médecin, je trouverais peut-être contre son affec- « tion un remède efficace. »

En conséquence de cette offre, on conduit Kanwalrûp dans la chambre du jeune homme. Il examine avec soin le diagnostic de sa maladie, lui tâte le pouls attentivement, et, en sentant ses mouvements redoublés, il déclare que le jeune homme est atteint d'une véritable folie. Les marins s'empressent d'apporter et de placer devant lui les drogues qu'il demande. Quand il a tout ce qui est nécessaire pour le médicament qu'il a l'intention de composer, il le prépare et le fait prendre au malade. Ce remède produit un effet merveilleux. Il rend à ce jeune homme faible et languissant les forces dont la fièvre l'avait privé. Les marins, satisfaits de cette cure, comblent Kanwalrûp de bons procédés et lui demandent avec empressement où il allait quand il fit naufrage, et de quel pays il était natif. « Je suis parti, leur « répondit-il, d'Aoudhpûr, ma patrie, avec l'intention de « me rendre à Sarândîp, et je voudrais bien pouvoir y aller « encore actuellement pour offrir l'hommage de mon culte « à la divinité qu'on adore à Hardwâr, au dieu que j'ai « choisi pour mon patron. » Le capitaine du vaisseau réfléchit un instant après avoir entendu le discours de Kanwalrûp, et lui dit ensuite : » Assieds-toi, prends à ton aise un « peu de nourriture ; je te montrerai le royaume de Sarân- « dîp et tu pourras faire le pûja dans le temple d'Hardwâr. »

Kanwalrûp se rend aux désirs du capitaine; il se livre au doux espoir de retrouver bientôt le kunwar.

Cependant les marins levèrent l'ancre et tendirent les voiles. Le vaisseau s'avança rapidement et fut bientôt arrivé sans danger à Sarândip. Le capitaine se munit de toutes sortes de marchandises précieuses et alla les offrir au mahârâj; mais il s'aperçut qu'il avait l'air abattu, soucieux et chagrin. Il en demanda la cause à ceux qui l'entouraient et attendit en silence leur réponse. Les principaux officiers de l'empire lui dirent alors: « Le mahârâj est père d'une fille « charmante nommée Kala. Elle n'a aucune indisposition ni « incommodité, néanmoins elle est extrêmement pâle ou « plutôt jaune : elle ne profère pas une parole, mais elle « pousse de froids soupirs; son corps dépérit comme si elle « était réellement malade, et si on lui donne une médecine, « son mal redouble : c'est pour ce motif que tu vois le ma- « hârâj plongé dans le chagrin. » Alors le capitaine leur annonça qu'il avait à son bord un praticien hindou, et que, si sa majesté le désirait, il le conduirait auprès de la princesse Kala. On s'empressa de donner à Kâmrâj la nouvelle qu'un médecin étranger, qu'on disait habile, était arrivé dans Sarândip et que, si le mahârâj le désirait, il pourrait traiter sa fille bien-aimée. « Eh bien, dit le roi, amenez ce « médecin, et montrez-lui d'abord le peintre Chitarman. Si « ce dernier se trouve bien de ses soins, alors je le laisserai « volontiers traiter ma fille. » On alla communiquer à Kanwalrûp la volonté de Kâmrâj; on lui dit que le mahârâj lui ordonnait d'aller d'abord visiter son peintre et de lui donner des soins attentifs.

Le médecin obéit, et ayant considéré le peintre, il le reconnut : il garda néanmoins le silence; mais de son côté le peintre l'ayant aussi reconnu, ils se communiquèrent mutuellement leurs pensées, avec d'autant plus de facilité qu'ils étaient seuls. Ils se racontèrent d'abord leurs aventures : Chitarman dit son histoire ; Kanwalrûp fit connaître tout ce qu'il avait souffert. Le peintre, charmé de cette heureuse rencontre, éprouva aussitôt du soulagement à son mal, et demanda des nouvelles de Kâmrûp au médecin, l'assurant qu'il avait en vain cherché à s'en procurer. Comme Kanwalrûp n'avait pas été plus heureux, ils se mirent à pleurer l'un et l'autre en prononçant le nom de Kâmrûp : « Quel « bonheur, disaient-ils, si en ce moment nous trouvions le « kunwar ! »

Chitarman fut bientôt en parfaite santé, grâce à la rencontre de son ami, et sa guérison fut attribuée au traitement. Kâmrâj, ayant vu le peintre tout à fait rétabli, voulut que Kanwalrûp donnât aussi ses soins à la princesse. On le conduisit donc au palais de la fille de Kâmrâj, à laquelle on annonça cette visite en lui disant qu'un médecin étranger, venu d'un pays lointain, se trouvait à Sarândîp, et que, si elle le désirait, on l'introduirait auprès d'elle afin qu'il prît connaissance de sa maladie et qu'il pût lui donner un remède efficace. Kala consentit à recevoir le médecin. Aussitôt qu'il se présente devant elle, elle l'invite à s'asseoir, tandis que Lata son amie observait derrière un rideau tout ce qui se passait. Kanwalrûp s'assied auprès de la princesse, lui tâte le pouls et réfléchit à sa maladie ; mais il se convainc que Kala n'avait aucune espèce de mal ; et il voit clairement que c'était l'éloignement du prince Kâmrûp, dont elle était éprise, qui avait altéré sa couleur vermeille. Il se retire avec la certitude qu'il connaissait le genre de souffrance de la princesse. Il lui dit néanmoins en prenant congé d'elle qu'il lui préparerait un médicament et qu'il viendrait le lui faire prendre le lendemain de grand matin. Il va tout de suite trouver Chitarman, auquel il conte toute l'affaire : « Kala, lui dit-il, n'a aucune maladie ; elle est plongée « dans le chagrin parce qu'elle est éloignée de Kâmrûp, et « voilà tout. Si tu es de cet avis, tu devrais faire un dessin « colorié représentant notre cher prince : je montrerais ce « portrait à Kala, et je suis persuadé que sa peine se cal- « merait. »

Chitarman se mit à l'œuvre ; il prit une feuille de papier ; fit son dessin et le coloria. On y voyait le kunwar sous l'apparence d'un amant triste par l'effet de l'absence de sa maîtresse, et entouré de ses six amis. Le peintre avait voulu représenter le jour où Kâmrûp ressentit les premières atteintes de son malheureux amour. Les figures de ses six amis étaient en ligne et convenablement disposées. Chitarman remit son dessin à Kanwalrûp. Celui-ci à l'aube du jour alla se présenter à la porte du palais de Kala, et debout attendit la permission d'entrer. Aussitôt on informa de sa venue la princesse : elle ordonna de l'introduire et elle prit la potion qu'il lui avait préparée. Alors Kanwalrûp tira de son sein la peinture qu'il y avait cachée, puis il la remit à la princesse en lui disant : « Tenez-vous tranquille dans votre « palais ; éloignez de votre cœur tout souci, et pour vous « distraire regardez ce dessein ; je crois que ce sera le « meilleur remède à votre maladie. »

Kala prend de la main de Kanwalrûp le dessin de Chitarman et y jette un coup d'œil furtif. Elle s'avance ensuite dans son palais, en tenant cette feuille de papier qui devait lui rendre la santé. Elle recommande à Lata de faire rester ses suivantes un instant à l'écart ; alors elle déroule le dessin de Chitarman et n'a pas de peine à reconnaître le portrait du bien-aimé de son cœur, et, dans les personnages dont il était entouré, ses six amis. Elle appelle incontinent sa chère Lata : « Approche, lui dit-elle, et regarde ce dessin : voilà bien les traits de celui que j'ai vu en songe ; « voilà cette figure qui, depuis ce jour fatal, m'a mise dans « l'état où je suis. » Après avoir dit ces mots, la princesse serre le dessin, et exprime au médecin combien elle en était satisfaite. Cette feuille de papier que Kala ne quittait pas un instant fit renaître le repos dans son cœur, elle la délivra de la maladie que lui avait occasionnée son amour et la rendit à la santé.

Kanwalrûp, ayant reçu de la princesse la permission de se retirer, court auprès de Chitarman et lui raconte ce qui s'était passé. « Maintenant, ajoute-t-il, il me semble qu'il « convient de faire un autre dessin qui puisse encore servir « à la guérison de Kala. » Chitarman se rend aux désirs de son ami : il trace un second dessin représentant l'entrevue de Sumit et de Kâmrûp, au jour où le brahmane de Kala fit connaître au kunwar quelle était celle qu'il avait vue dans son rêve. Quand son travail est terminé, Chitarman le livre à Kanwalrûp son compagnon. La première fois que celui-ci se rend au palais de la princesse, il ne manque pas de lui remettre ce nouveau dessin. Kala le prend avec intérêt et va dans une pièce de son palais le considérer à son aise. Quelle est sa surprise lorsqu'elle voit dans ce dessin son brahmane assis devant Kâmrûp, qui écoutait, dans un état apparent de folie, le discours qu'il lui tenait ! En considérant cette scène, dont elle connaissait les acteurs, la pâleur disparaît peu à peu de son teint ; elle appelle sur-le-champ le médecin pour lui témoigner sa satisfaction.

Chitarman fait alors un troisième dessin représentant le moment où, dans le port d'Hougly, Kâmrûp monta sur le vaisseau qui devait le transporter à Sarândîp. Il figure tous les préparatifs du voyage ; il trace, en un mot, tout ce qui se passe en ce jour. Le médecin s'empresse d'aller remettre à Kala ce nouveau dessin. La princesse le regarde avec beaucoup d'attention. Elle comprend que Kâmrûp entreprenait un voyage sur mer ; elle en est contente, sa pâleur disparaît tout à fait et se change en un rouge foncé. Le médecin laisse ces trois feuilles de papier à la princesse, en lui recommandant de les garder auprès d'elle. Kala, contente de ce cadeau, l'assure qu'elle ne ressent plus aucun mal. Effectivement son visage reprend ses couleurs vermeilles et son air de gaieté. Le grand Kâmrâj, instruit de cette heureuse nouvelle, récompensa généreusement le médecin : toutefois celui-ci n'avait guéri la princesse qu'au moyen des dessins significatifs de Chitarman en lui ordonnant, comme remèdes apparents, quelques potions insignifiantes. En témoignage de sa bienveillance, le mahârâj remit en outre au médecin des robes d'honneur. De son côté la princesse apprit avec plaisir la manière dont le roi son père avait traité Kanwalrûp.

Mais l'histoire du brahmane Sumit me vient actuellement en mémoire : et je dois la faire connaître au lecteur.

CHAPITRE XVII.

RETOUR DE SUMIT AUPRÈS DE KALA.

Sumit, le brahmane de Kala, qui connaissait la destinée de cette princesse, relativement au kunwar, était allé trouver, avons-nous dit, le prince Kâmrûp et l'avait ensuite accompagné dans le voyage qu'il avait entrepris pour s'unir à elle. Étant resté longtemps nuit et jour avec le prince, il avait eu l'occasion de lui répéter tous les discours de sa maîtresse. Depuis l'instant où, avec ses autres compagnons, il fut jeté par la tempête dans la mer, il demeura pendant plusieurs jours à la merci des flots sans pouvoir trouver une terre pour y placer le pied. Enfin un navire s'offrit à ses yeux. Ceux qui le montaient, ayant vu ce brahmane qui se débattait au milieu des vagues, l'en retirèrent, et le firent asseoir à leur bord. Ils lui demandèrent aussitôt d'où il était, et où il habitait ordinairement : « J'habite, leur dit-il, « Hardwâr, et je suis le brahmane et le purohit de Kala; « vous me voyez encore effrayé du danger que je viens de « courir. Je voudrais retourner à Sarândîp ma patrie, mais « avant tout, j'aurais besoin de prendre quelque nourriture. « — J'ai précisément affaire, lui dit alors le capitaine, dans « le royaume de Sarândîp, que gouverne Kâmrâj : ainsi je « suis charmé de t'obliger en abordant à ce port, en visitant « cette ville. Sois donc content, tu verras, je t'en réponds « la ville de Sarândîp. En attendant, prends la nourriture « qui t'est nécessaire. » Sumit entendit avec joie les paroles du capitaine, il lui exprima sa reconnaissance, et s'assit charmé de l'amitié qu'il lui témoignait.

Sur ces entrefaites le capitaine fit tendre les voiles, le vaisseau reprit sa marche, et bientôt se trouva devant Sarândîp. Alors le brahmane descendit à terre, entra dans la ville et alla droit au palais de Kala. Lorsque la princesse apprit que Sumit, son purohit, était debout à sa porte, elle le fit entrer et lui dit : « Eh bien, cher brahmane, as-tu « trouvé le kunwar ? — Oui, lui répondit-il, et je l'avais « même amené ; mais je vais te faire savoir toute son his- « toire. Lorsque je fus admis auprès de lui, je le trouvai « triste et chagrin par l'effet de l'amour. C'est à Aoudhpûr, « capitale du pays d'Aoudh et Gorakh, que je le vis ; son « père est le mahârâj Pit et sa mère la reine Sundar-rûp. « Il t'avait aussi vue en songe, et depuis ce jour il ne cessait « de penser à toi ; il ne voulait plus ni boire ni manger, et « son corps avait l'apparence de celui d'un amant tourmenté « par une passion violente. Il n'écoutait rien de ses oreilles, « le sourire avait fui de ses lèvres, et ses pleurs ne taris- « saient pas. On me conduisit dans le palais de Kâmrûp, on « me fit asseoir en me priant de lui raconter quelque chose « qui pût l'intéresser. Que dirai-je, répondis-je, et de quel « pays faut-il que je parle ? sera-ce de Samarcande, d'Ispahan « ou de mon île de Sarândîp ? A ce mot de Sarândîp les « yeux de ce malheureux amant s'ouvrirent, et lorsqu'il « eut entendu tout ce que je lui dis de toi, il gémit et ré- « pandit des pleurs en abondance. Il voulut me suivre, et « partit en effet d'Aoude après avoir pris congé de son père « et de sa mère. Arrivé à Hougly il fait les préparatifs de « son départ, il monte sur un des vaisseaux qu'on avait « disposés pour le conduire à Sarândîp ; nous quittons bien- « tôt le port, et nous nous avançons en pleine mer. Nous « étions près d'arriver, lorsque la flotte fut détruite par la « tempête, et que hommes et biens devinrent la proie des « vagues en fureur. Malheureusement depuis ce temps on « n'a eu aucune nouvelle de Kâmrûp. »

Kala fut fort inquiète lorsqu'elle eut entendu ce triste récit ; de ses deux yeux s'échappèrent des larmes, de son cœur partirent des soupirs : « Allez chercher le kunwar, « dit-elle en criant au brahmane, amenez-le-moi. Non, je « ne puis demeurer sans lui dans ce palais, je n'ai plus la « force de supporter la privation douloureuse de l'être qui « m'est cher. La pensée qu'il me serait bientôt uni calmait « ma souffrance, et voilà que ce repos dont j'espérais « jouir enfin se change en une douleur nouvelle ! Faut-il

« donc que, privée de Kâmrûp, je passe ma vie à pleurer !
« faut-il que mes jours se consument dans la douleur !
« Le papîha (1) erre-t-il dans la forêt sans celle à qui l'unit
« l'amour ? Il va dans les jangles, et, joyeux, les fait sans
« cesse retentir de ses chants, tandis que Kala, cruellement
« séparée de son amant, erre dans son palais solitaire.
« Lorsqu'elle entendra le cri du kokil (2) s'élever des bois,
« le chagrin que cause à son esprit l'éloignement du prince
« ne pourra que s'augmenter. Si quelqu'un me disait dans
« quelle contrée il réside, je serais capable d'aller l'y cher-
« cher vêtue à la manière de ce pays. Mais au moins va toi-
« même, mon cher brahmane, de ville en ville ; peut-être
« seras-tu assez heureux pour avoir des nouvelles du kun-
« war et pour me les rapporter ; peut-être pourras-tu même
« m'unir à lui. »

Pour se rendre aux désirs impatients de Kala, le vénérable brahmane se mit en route de nouveau ; il alla de ville en ville chercher Kâmrûp. Quant à la princesse, elle resta dans son palais, mais sans pouvoir goûter le repos. Elle se demandait sans cesse si jamais elle pourrait retrouver son prince. Cet incident fut pour elle une nouvelle cause de douleur ; sa couleur vermeille disparut encore, son visage redevint jaune, elle était obligée de rester étendue tant son corps était faible ; elle gardait constamment un morne silence, et des pleurs comme un ruisseau coulaient de ses deux yeux ; en un mot le continuel souvenir de son amant la consumait de tristesse. Elle ne répondait rien à sa mère quand celle-ci lui adressait la parole ; elle ne levait pas même les yeux pour regarder son père.

Cependant le grand Kâmrâj, ayant réfléchi sur tout ce qu'il voyait, dit à son ministre : « Écris des lettres de convo-
« cation pour une grande assemblée de mariage, et envoie
« des messagers les distribuer à tous les princes nationaux
« et étrangers. Invite-les à se rendre dans cette ville, et,
« quand ils seront arrivés, fais-les ranger en ligne sur la

(1) *Falco nisus.*
(2) Ou *Koyal*, sorte de *cuculus.*

« place qui est devant le palais de Kala. J'aurai soin de don-
« ner à ma fille un collier ; je lui dirai d'aller au milieu de
« ces princes, et de mettre ce collier au cou de celui qu'elle
« choisira pour époux : je m'engage à la marier effective-
« ment à lui. » Le ministre écrivit donc de nombreuses
lettres d'invitation, il les porta au mahârâj et les plaça
devant lui. Il fit venir des messagers, leur remit ces lettres
qui annonçaient la nouvelle du mariage dont on proposait
la chance, et leur ordonna d'aller de ville en ville les porter
aux princes dont nous avons parlé. Les messagers obéirent.

Mais revenons actuellement au prince Kâmrûp.

Le kunwar, avons-nous dit, après avoir serré la pierre
philosophale que le derviche lui avait donnée, s'était mis en
route en compagnie d'Achâraj et de Mitarchand. Ils demandaient à tous ceux qu'ils rencontraient de leur indiquer le
chemin de Sarândîp ; enfin, après avoir marché pendant
bien des jours, ils se trouvèrent dans une ville peuplée. Le
kunwar y entra, toujours en compagnie de ses amis, et avec
eux s'y reposa quelques instants à l'ombre des arbres. Ils
aperçurent une large rivière qui paraissait n'être jamais à
sec et venir de fort loin. Comme Mitarchand en observait
les bords, il y vit un homme qui pleurait en disant à haute
voix : « O rivière que je puis appeler ma mère, puisque c'est
« de l'eau que toutes les créatures ont été formées, où est
« le kunwar ? S'il faut que je me précipite dans tes flots
« pour que tu me conduises auprès de lui, je suis prêt à le
« faire, ou plutôt je me consacre à ton service si je le retrou-
« ve ; et dans le cas contraire, je me mets à la merci de ton
« courant. » Mitarchand, en entendant ces mots, s'approcha
de cet inconnu, lui demanda le motif de son désespoir et de
quel kunwar il voulait parler. « Aoudhpûr est ma patrie,
« répondit-il ; j'en partis avec le kunwar, et avec lui et ses
« autres compagnons je fis naufrage au milieu de la mer.
« J'ignore depuis lors ce qu'ils sont tous devenus : aussi
« suis-je plongé dans le plus vif chagrin et voilà quelle
« est la cause du discours que je viens de tenir auprès de
« cette rivière. »

Mitarchand, tranquillisé parce qu'il venait d'entendre, lui

dit : « Faites-moi connaître votre nom. De mon côté je vous
« donnerai des nouvelles du prince que vous pleurez ; je
« ferai plus, je vais vous conduire auprès de lui. » L'interlocuteur de Mitarchand ne put alors contenir sa joie et voulut d'abord savoir quel était celui qui lui adressait la parole. Mitarchand se fit un plaisir de le lui déclarer, et attendit ensuite qu'il lui fit connaître son nom et quelques particularités de plus sur son compte. L'inconnu lui dit enfin qu'il était Mânik, un des compagnons du kunwar et joaillier de profession. Alors ces deux anciens amis, s'étant mutuellement reconnus, furent charmés de se trouver réunis et s'empressèrent d'aller rejoindre Kâmrûp. Lorsque le prince les aperçoit, il dit à Mitarchand : « Quel est cet homme qui est
« avec toi ? d'où est-il ? quel est son nom et son état ? »
Mitarchand répond au prince que c'est son joaillier, et au même instant ce dernier, reconnaissant celui qu'il avait en vain cherché jusque-là, se jette respectueusement à ses pieds. Kâmrûp le relève, le serre entre ses bras et lui raconte tout ce qu'il avait enduré de pénible. De son côté Mitarchand lui fait connaître aussi ses fâcheuses aventures. Le joaillier, touché de ces malheurs, prend à son tour la parole pour exposer les siens.

CHAPITRE XVIII.

AVENTURES DE MANIK.

« Depuis l'instant, dit-il, où nous fûmes tous précipités
« dans la mer, j'y restai pendant plusieurs jours flottant au
« gré des vagues. Enfin un vent impétueux me poussa sur
« un rivage où se présentèrent à ma vue des hommes dont
« le métier avoué n'était autre que de voler sur les routes.
« Ils revenaient précisément d'une expédition de ce genre
« et en avaient rapporté beaucoup d'argent ; toutefois, dans
« l'intention de les punir, on avait mis des gens à leur poursuite, et ces gens faisaient de tous côtés des recherches

« pour les trouver. Ils les atteignirent enfin, mais les vo-
« leurs, les voyant de loin, prirent la fuite et allèrent se
« cacher. Je restai seul en cet endroit, et les gardes, s'ima-
« ginant que j'étais un voleur, me conduisirent auprès du
« gouverneur en me désignant comme le chef des brigands.
« Ce gouverneur m'ordonna de lui indiquer le lieu où
« s'étaient retirés mes prétendus compagnons. « Seigneur,
« lui dis-je, je ne suis ni un voleur, ni un habitant de ce
« pays ; je suis étranger et voyageur, mon état est la joail-
« lerie, et Mânik est mon nom. Aussitôt qu'il eut entendu
« ma réponse, le gouverneur fit apporter des pierres pré-
« cieuses et me les montra. Je les examinai et je donnai
« sans hésiter l'indication de leur poids et de leur valeur.
« Je suis resté depuis ce jour auprès de ce gouverneur, et
« je l'ai instruit des propriétés de toutes les pierres précieu-
« ses. »

Kâmrûp écouta le récit de Mânik avec un vif intérêt, et l'espérance s'affermit dans son cœur. « Nous voilà quatre « amis réunis, dit-il : eh bien allons visiter maintenant le « pays de Sarândîp. »

Le kunwar et les amis qu'il avait retrouvés se costument alors comme des Atît. Ils entourent leur cou d'un kantha (1) : ils laissent leurs cheveux s'élever en désordre sur leur tête ; ils frottent leurs corps avec de la cendre de bouse de vache, et leur peau en prend ainsi la couleur ; munis chacun d'un khappar (2), ils se mettent à faire route ensemble. Le kunwar parcourait les villes et les pays en saluant à la manière des joguî, et répétant souvent le nom de sa chère Kala. Ses amis qui l'avaient rejoint ne le quittèrent plus un seul instant. Ils marchaient pendant tout le jour, et, à la nuit, ils dormaient dans la forêt quand ils ne se trouvaient pas dans un endroit habité. Kala faisait le sujet de leur conversation. A l'aurore ils se mettaient encore en marche, ils demandaient la route de Sarândip aux voyageurs qu'ils rencontraient et ils suivaient celle qu'on leur indiquait.

(1) Collier particulier aux Atît.
(2) Sébille de terre dans laquelle ces faquirs hindous reçoivent ce qu'on leur donne.

Après quelques journées de marche, ils arrivent dans un nouveau pays. Le kunwar y entre avec hésitation, toujours sous l'apparence d'un bairâguî et saluant à la manière des joguî. Il trouve cette contrée dans une tranquillité parfaite sous le roi Karpit qui la gouvernait. Toutefois, les agents de la police ne manquèrent pas de rapporter au mahârâj que des Atît étrangers étaient entrés dans sa capitale. Aussitôt le monarque leur commanda de les amener en sa présence et de leur offrir à manger. Ceux-ci, croyant avoir affaire à de véritables Atît, vont les trouver et leur disent que le mahârâj Karpit les demande et désire leur distribuer des aliments. Le kunwar et ses compagnons consentent à les suivre et se rendent, toujours vêtus comme des Atît, auprès de Karpit qu'ils saluent à la manière de ces faquîrs. Le mahârâj les fait approcher et leur présente toute sorte de mets : le kunwar et ses amis s'assoient respectueusement, mangent et reprennent leurs forces. Ensuite le mahârâj les engage à venir assister, le lendemain, à un spectacle de danse avec accompagnement de mirdang et de tâl. En ce jour donc toutes les personnes invitées s'empressèrent de se rendre au palais, ornées de vêtements de différentes couleurs. Karpit voulut que les Atît prissent un peu de nourriture et il les fit asseoir comme spectateurs. Ceux-ci, en habit de pénitence et d'un air grave, allèrent se placer auprès du mahârâj. Le divertissement de la danse dura deux pahars ; pendant tout ce temps les Atît s'entretinrent avec Karpit.

Vers la fin de la danse, le kunwar se trouvant à côté d'un des kalâwant (1), lui dit : « Je voudrais bien que vous eussiez l'obligeance de me chanter quelque chose, si vous pouviez trouver un moment propice pour le faire. » Le musicien empressé saisit l'instant du retour de Karpit à son palais pour satisfaire le kunwar. Il vint présenter ses respects aux Atît et leur fit entendre un prélude de notes, puis il entonna des dhurpat et des khiyâls (2). Le kunwar, étonné

(1) Musicien.
(2) Chants hindous.

de l'harmonie des chants du Kalâwant, exprima sa satisfaction à Mitarchand. Celui-ci, pour lier connaissance avec ce chanteur distingué, lui fit partager sa nourriture et lui demanda ensuite s'il était de ce pays-là ou d'un pays étranger. Alors le Kalâwant lui répondit en pleurant : « Non, je « ne suis pas de ce pays ; cette contrée n'est point ma patrie. « Je me nomme Rasrang ; j'étais le Kalâwant du prince « Kâmrûp, et jour et nuit je jouissais de sa société. Nous « entreprîmes un voyage sur mer et nous fîmes naufrage ; « depuis lors j'ignore ce que mes compagnons sont devenus. « Vous, saints personnages qui errez de ville en ville, dites-« moi si vous n'avez pas appris quelque part des nouvelles « du kunwar. » — « Regarde attentivement, répondit tout de « suite Mitarchand, et reconnais devant toi le prince dont « tu t'informes. » Alors Rasrang ayant considéré Kâmrûp avec soin, pose sa tête à ses pieds, mais le prince le relève, et le presse contre sa poitrine. C'est ainsi que Rasrang fut retrouvé par ses compagnons. Ils le firent asseoir auprès d'eux, lui racontèrent tous d'où ils venaient, et ce qui leur était arrivé.

Le Kalâwant, après les avoir écoutés, leur témoigna le désir qu'ils voulussent bien entendre le récit de ses aventures, qui n'étaient pas moins extraordinaires que les leurs.

CHAPITRE XIX.

AVENTURES DE RASRANG.

A l'époque du naufrage de la flotte de Kâmrûp, le Kalâwant, comme ses compagnons, avait été précipité dans la mer. Il y resta pendant quatre jours entiers, privé de nourriture et à la merci des vagues tumultueuses. Tout à coup un navire s'offre à sa vue ; bientôt ceux qui le montaient le retirent des flots et le placent à bord. Le Kalâwant reconnaissant célèbre les louanges des gens du vaisseau ; de leur côté, ceux-ci lui demandent avec empressement le nom de

son pays et celui de ses compagnons de voyage. Alors Rasrang indique le lieu d'où il était parti avec le prince Kâmrûp et raconte tout ce qui lui était arrivé. Soudain un vent d'ouragan s'élève : les marins étonnés s'entredemandent aussitôt quelle peut en être la cause : « Il n'y a qu'un ins-
« tant, disent-ils, que nous ne ressentions ni vent ni zéphir
« même ; c'est donc cet homme qui nous attire ce temps
« affreux. » Ils se retournent ensuite vers Rasrang et lui déclarent qu'ils considèrent cette tempête comme un effet de son mauvais destin ; qu'ils ne jugent donc pas convenable de l'emmener avec eux et qu'ils vont en conséquence le jeter à la mer.

Ces mots consternent le Kalâwant. Cependant les gens du vaisseau se lèvent d'un air menaçant, le prennent et le lancent au milieu des flots. Le voilà donc de nouveau porté çà et là par les vagues écumantes. Cette fois, néanmoins, il aperçoit bientôt de suite une côte couverte de jangles et y aborde sans retard. Ses pieds ont à peine touché la terre, qu'il tourne ses regards avides de tous côtés ; mais hélas! il aperçoit un tigre qui s'avançait vers lui prêt à le dévorer et il se voit forcé pour l'éviter de s'abandonner encore à la mer. Heureusement il atteignit un peu plus loin le rivage d'une autre île. Là il vit des hommes occupés à plonger au fond de l'eau et à déposer sur la grève ce qu'ils en retiraient. S'imaginant que ce pouvait être des fruits bons à manger qu'ils pêchaient ainsi, il s'approcha de ces hommes en se lamentant et leur témoigna timidement le désir de prendre quelque nourriture. Mais quelle fut sa surprise, lorsque arrivé auprès d'eux, il reconnut qu'il n'y avait sur le rivage ni fruits ni aucune espèce de provisions, et que ce qu'il avait aperçu n'était autre chose que du corail que les indigènes rangeaient en monceaux. Quand ils virent Rasrang, ils lui demandèrent comment il se trouvait dans ces parages. —
« Je suis, leur répondit-il, un malheureux naufragé que les
« vagues ont poussé sur cette terre…. Ayez pitié d'un étran-
« ger infortuné…. Me voilà sorti sain et sauf de l'océan
« orageux : mais depuis longtemps je suis privé de nourri-
« ture, aussi la faim me tourmente-t-elle, et je ne me sens pas

« la force de rester davantage sans prendre aucun aliment. »

Lorsque les insulaires eurent entendu ces paroles, ils regardèrent avec étonnement le Kalâwant: « Tu ignores, à « ce qu'il paraît, lui dirent-ils, que tu es ici dans l'île « nommée *Ekh* ; île dont jamais personne n'est sorti et où « personne n'aborda jamais. On n'y trouve ni végétaux, « ni animaux propres à servir de nourriture ; il n'y a pas « un seul arbre fruitier, et l'agriculture y est inconnue. « Une fois chaque année seulement il nous arrive un vais- « seau chargé de provisions de tout genre, entre autres « de gingembre frais et d'oignons. Tous les habitants de « notre île, hommes et femmes, s'occupent de la pêche du « corail. Nous rangeons en monceaux tant le corail que les « perles que nous trouvons, et nous attendons patiemment « la venue de ce vaisseau. Il ne manque pas d'arriver au « temps déterminé, et nous échangeons notre corail et nos « perles contre les denrées fraîches et sèches qu'il nous « apporte. Durant un an entier cette cargaison fait notre « nourriture. Chacun, homme et femme, en a sa portion « distincte qui doit lui durer pendant tout cet espace de « temps ; car nous ne voyons jamais d'autre vaisseau, et nous « ne saurions nous procurer des provisions d'ailleurs. Mais « nous sommes sûrs qu'à jour fixe le navire paraît de nou- « veau sur nos côtes: tu vois, d'après ce que nous te disons, « qu'il nous est impossible de te fournir des aliments. En le « faisant, nous nous exposerions à périr nous-mêmes de « faim. »

Le Kalâwant fut fort affecté de ces paroles ; il réfléchit néanmoins que, puisqu'il se trouvait pour son malheur dans cette île extraordinaire, il devait tâcher d'obtenir quelques vivres de ces insulaires, et qu'à cet effet il lui serait plus avantageux de mettre en œuvre son talent de musicien que de les aider dans la pêche du corail. Il se mit donc à chanter en imitant le son du tâl (1) ; mais ces hommes simples, qui ne savaient ni chanter ni jouer des instruments, ne pouvaient se rendre raison des sons qu'ils entendaient. Ils s'imaginèrent donc que c'était le souffle du vent et que

(1) Sorte de cymbales.

Rasrang était démoniaque ; aussi n'osaient-ils l'approcher. Lorsque le Kalâwant s'aperçut de leur erreur, il ne put s'empêcher de leur dire avec colère qu'il n'avait jamais vu dans le monde des ours pareils à eux, ignorant la musique et traitant de fous ceux qui la connaissent, et qu'il n'avait de sa vie passé un instant aussi pénible et aussi agité. Lorsque les indigènes entendirent ces paroles de Rasrang, ils l'entourèrent, le frappèrent rudement au visage et le laissèrent demi-mort. Force lui fut néanmoins de rester là, car il n'existait dans l'île d'autre espace habité que l'endroit où il se trouvait ; et, comme nous l'avons dit, il n'y avait pas d'eau potable, pas de grain, pas de végétal, pas d'oiseaux dont on pût se nourrir.

Sur ces entrefaites le jour fut remplacé par la nuit ; les insulaires permirent alors au Kalâwant de se retirer auprès d'eux, sans qu'il pût néanmoins satisfaire sa faim. Il se mit donc à pleurer en leur parlant du bonheur dont il jouissait dans sa patrie. Il passa encore cette nuit sans boire ni manger et sans cesser de répandre des larmes. Lorsque le soleil parut sur l'horizon, Rasrang se leva frissonnant de faim. Il s'avise alors de prendre en main un Khappar et d'aller de maison en maison faire connaître sa détresse. De cette façon il vint à bout de se procurer de quoi soulager un peu sa faim dévorante. Il ne manqua pas de continuer d'agir ainsi les jours suivants ; il se levait de bon matin et mendiait toute la journée, recueillant les fragments de comestibles frais et secs qu'on lui donnait. Après un peu de temps le vaisseau désiré parut devant l'île. Les habitants s'empressèrent d'accourir au rivage et ils donnèrent les perles et le corail qu'ils avaient péniblement amassés en échange de la cargaison qui leur était si nécessaire. Chaque individu prit sa portion séparée et se retira. Les gens du vaisseau, munis des perles et du corail, se disposaient à lever l'ancre et à mettre à la voile, lorsque les insulaires, touchés de compassion pour le pauvre Rasrang, le conduisirent auprès d'eux :
« Voici, leur dirent-ils, un voyageur égaré de sa route par
« un naufrage ; après être resté quelque temps à la merci
« des flots, il a été poussé sur notre côte. Ayez compassion

« de lui, donnez-lui le passage et ramenez-le dans sa pa-
« trie. » Les gens du vaisseau répondirent aux insulaires
qu'ils ne pouvaient leur complaire en ce point, attendu qu'il
leur était interdit de prendre avec eux qui que ce fût.

Le malheureux Kalâwant fut désespéré de cette réponse,
et, en soupirant, il les supplia de se laisser toucher. Ils
déclarèrent alors qu'ils se décideraient à se charger de lui,
s'il donnait sa parole qu'il ne se permettrait aucune observation, quelque chose qu'ils fissent une fois arrivés en pleine
mer. « Nous donnons volontiers notre parole en son nom,
« dirent les insulaires ; emmenez-le, nous vous en conjurons.
« Allez en paix, montrez-lui les villes et les pays. Si dans
« la traversée il manque à cet engagement, vous n'aurez
« qu'à le jeter dans la mer, où il était naguère encore à la
« merci des flots. » Le Kalâwant fit, de son côté, la promesse
formelle de se conformer aux désirs des marins en les assurant que leur conduite, quelle qu'elle fût, lui importait peu.
Les gens du vaisseau prirent Rasrang à leur bord à ces
conditions et mirent à la voile. Après être restés en mer
pendant quatre jours, ils mouillèrent l'ancre, et, au lieu de
conserver, pour en faire le commerce, le corail et les perles
dont ils avaient chargé leur navire, ils les livrèrent aux
vagues. Le Kalâwant, stupéfait de voir disparaître ces précieuses marchandises, voulait en demander la raison ; mais
il se contint à cause de l'engagement qu'il avait pris et
garda le silence. Il resta pendant quelque temps témoin
impassible de cette conduite extraordinaire ; mais il ne put
à la fin résister à sa curiosité, et dit aux gens du vaisseau :
« Je ne saurais comprendre les motifs qui vous font jeter à
« la mer ces perles et ce corail ; je ne devine pas les raisons
« de ce trafic singulier. Vous avez échangé des munitions
« de bouche contre des perles, et voilà l'usage que vous en
« faites actuellement. Vous ne donnez rien aux malheureux,
« vous préférez tout perdre, en faisant pour ainsi dire le
« commerce avec la mer. — Tu es un homme étonnant,
« répondirent les marins au Kalâwant, en entendant ces
« paroles : tu n'as ni pudeur ni retenue. Quoi ! tu as solen-
« nellement promis de ne t'enquérir en aucune façon de

« notre manière d'agir, mais de te contenter de l'observer en
« silence, et voilà que tu viens actuellement nous tenir ce
« discours. Apparemment ton pays est dans la mer ; car tes
« paroles ont décidé de ton sort, et par ta faute tu vas t'y
« trouver encore. Tu sais bien que nous ne t'avons promis
« de te ramener dans ta patrie, qu'à condition que tu ne
« nous ferais aucune question sur la conduite que nous
« pourrions tenir, et il était convenu que, si tu manquais à
« ta promesse, nous te jetterions à la mer. Par cet engage-
« ment ta vie nous a été remise entre les mains ; ainsi, en te
« lançant dans les flots, nous nous conformons à ce que tu
« as décidé toi même. A l'avenir, nous ne nous fierons plus
« aux gens de ton espèce qui pourront prendre des engage-
« ments avec nous. »

En cet instant, les marins se lèvent des quatre côtés ; ils saisissent le Kalâwant et le soulèvent pour le précipiter. « Attendons un peu, disent néanmoins quelques-uns d'entre « eux, entretenons-nous encore un instant avec lui. » Rasrang profite alors de cette disposition bienveillante, pour adresser ces mots à ceux qui l'entourent : « Si je n'ai pas
« gardé ma parole, leur dit-il, c'est que je n'ai jamais en-
« tendu parler dans les pays que j'ai parcourus du genre
« de commerce que vous faites. Dévoilez-moi sincèrement
« votre secret, je vous en supplie ; et ensuite, si vous le
« jugez convenable, vous me livrerez aux vagues. — Eh
« bien, nous consentons à te satisfaire, répondirent alors les
« marins à Rasrang : sache donc que nous sommes les gar-
« diens des îles de la mer. Notre discours est conforme à la
« vérité. Des îles innombrables couvrent l'océan, et Dieu,
« qui pourvoit à tout, ne les laisse pas manquer de nourri-
« ture. Mais parmi elles il y en a où il ne croît pas de grain,
« et où il ne se trouve non plus aucun oiseau dont on puisse
« se nourrir. Nous avons ordre d'aller charger notre vais-
« seau dans les îles fertiles et d'avitailler les autres en leur
« portant, une fois l'an, une cargaison de vivres. Nous dis-
« tribuons donc aux îles infécondes dont nous sommes les
« gardiens, la ration qui leur est destinée. Chaque année,
« jour pour jour, nous arrivons à leur rivage et les assistons

« de nos denrées ; mais comme nous n'avons aucun intérêt
« à garder ce que nous recevons d'eux en échange, nous le
« jetons à la mer. »

Après que les gens du navire eurent ainsi fait connaître
au Kalâwant les secrets du créateur, ils le précipitèrent
inexorablement dans les flots. Heureusement il en fut quitte
pour être de nouveau mouillé et ne tarda pas de parvenir à
une autre île. Il sortit ainsi sain et sauf encore une fois du
terrible océan et s'avança dans l'intérieur de cette terre.

Après avoir marché pendant quelque temps, un village
s'offrit à sa vue ; il y entra et le trouva dans une grande
agitation. Néanmoins, il présenta ses civilités respectueuses
aux habitants, et ceux-ci s'empressèrent de lui demander
d'où il venait, quel était son pays, son industrie, et s'il était
arrivé chez eux par hasard. A toutes ces questions, Rasrang
répondit : « Je suis un malheureux chanteur que le destin a
« conduit au milieu de vous. J'avais quitté ma patrie pour
« entreprendre un voyage ; mais le vaisseau que je montais
« a été mis en pièces par une tempête ; et moi, pauvre nau-
« fragé, je suis resté plusieurs jours flottant sur les vagues
« agitées. Comment dire tout ce que j'ai souffert, comment
« raconter toutes mes aventures ? »

En apprenant les fâcheux accidents arrivés à Rasrang,
les habitants de l'île sont touchés de compassion pour lui.
Ils l'invitent à s'asseoir et à leur faire connaître son talent
musical. Le Kalâwant obtempère à leurs désirs et se met à
entonner des dharpat et des khiyâls. Lorsque les indigènes
eurent entendu ces chants, ils le traitèrent avec beaucoup
de bienveillance et l'engagèrent affectueusement à rester
avec eux. Ils apportèrent et placèrent devant lui tout ce qu'il
pouvait désirer. Rasrang s'assit alors et prit quelque nourriture en formant la résolution de ne point quitter ce pays
pour aller dans un autre. Il resta donc auprès de ces insulaires, passant sa vie à chanter et à jouer des instruments.
Un jour il s'aperçut qu'ils pleuraient tous et voulut en
connaître la raison. « Hélas ! que nous demandes-tu, lui
« répondirent-ils, le malheur dont nous sommes menacés
« depuis cinq années va tomber sur nous. Une comète, dans

« sa course irrégulière, doit toucher notre île et la consu-
« mer ; c'est pour ce motif que tu nous vois en proie au
« chagrin. Nous voulons quitter cette terre pour échapper à
« la mort ; nous abandonnerons volontiers nos biens pour
« sauver notre vie. »

Lorsque le Kalâwant eut entendu ces tristes paroles, il se troubla et conjura ces insulaires de permettre qu'il les suivît, leur témoignant que, s'ils l'abandonnaient, il ne saurait où porter ses pas. Alors ceux-ci lui répondirent avec menaces :
« Homme de malheur, c'est sans doute à ton mauvais destin
« que nous devons l'événement funeste qui va nous arriver;
« ainsi tu sens bien qu'il serait contraire à notre intérêt de
« t'emmener avec nous, et qu'il faut par conséquent que
« nous t'abandonnions à ton propre sort. Oui, nous n'en
« doutons pas, les infortunes qui étaient à ta suite sont tom-
« bées sur nous : ainsi retourne là d'où tu es venu, ne cher-
« che pas à nous accompagner. » Ils n'eurent pas plus tôt proféré ces mots qu'ils se retirèrent dans je ne sais quel pays ou quel royaume ; ils disparurent en un mot, sans que Rasrang sût ce qu'ils étaient devenus. Désespéré de se voir seul, il regarda de tous côtés ; mais il n'aperçut que des richesses qui lui devenaient bien inutiles. Ni hommes ni animaux ne se présentaient à sa vue : « Hélas, dit-il alors
« dans son cœur, en quelle situation me trouvé-je !..... Il
« m'est impossible de rester en ce lieu ; car, cette nuit même,
« je ne puis manquer d'être consumé par le feu ? » Tout en faisant ces réflexions, Rasrang dispose une barque dans la vue de s'y jeter au moment du danger. Ensuite il va dans la ville chercher quelques provisions pour les charger sur sa nacelle et fuir cette île infortunée. Son arrivée coïncide avec le coucher du soleil. En ce moment la comète paraît sur l'horizon et le feu ne tarde pas d'entourer l'île de toutes parts, la terre s'enflamme et tous les objets qui la couvraient commencent à brûler. A cette vue, Rasrang effrayé quitte précipitamment la ville et gagne le côté de la rivière où était son frêle esquif ; mais il a la douleur de le voir embrasé devant ses yeux et bientôt réduit en cendres. « Divine pro-
« vidence, s'écrie-t-il, quelle est donc ta colère ! Jamais

« pendant tout le temps qu'a duré ma vie, je ne fus témoin
« d'un malheur pareil à cet horrible incendie. »

Cependant le feu, poussé par le vent, se communique à toutes les parties de l'île; le sol est dévoré par la flamme et devient semblable à la plaque de fer sur laquelle on fait cuire le pain. Rasrang ne savait où s'arrêter ; il courait de côté et d'autre en poussant des cris affreux. Il fit ainsi beaucoup de chemin et finit par atteindre la mer où il se jeta de désespoir. Il vogua de nouveau quelque temps, plein de frayeur et d'anxiété. Néanmoins il atteignit, sans trop tarder, à un nouveau rivage, après avoir nagé une nuit et un jour. Comme il cherchait à se tirer des flots le plus promptement possible, il toucha le sol vers le soir et se trouva dans une forêt où il n'aperçut ni être humain ni râkas. Lorsque la nuit eut succédé au jour, le Kalâwant prit un peu de repos. Tantôt il pleurait en songeant à son malheureux sort, tantôt il souriait en se voyant encore une fois hors de danger. Aussitôt qu'il fut un peu remis de sa fatigue, il parcourut les jangles, et trouvant un platane élevé il s'assit au milieu de ses branches, sans cependant avoir encore pris aucune nourriture depuis son nouvel accident, ni joui de la compagnie d'un mortel.

Par hasard, ce jour-là même, le roi de la province (de Sarândîp) où Rasrang avait abordé, savoir, le mahârâj Karpit, était monté sur son coursier, pour se livrer à l'exercice de la chasse, qu'il aimait passionnément. Ce souverain était plus souvent dans les forêts que dans l'enceinte de la ville. Au jour dont nous parlons, il avait en vain erré à la recherche du gibier ; aucun quadrupède ne s'était offert à sa vue. Le soir cependant il vit au loin un daim qui paissait : toutefois, l'animal, en apercevant la troupe des chasseurs, s'enfuit avec la plus grande vitesse. Karpit le suit son arc à la main : à l'exemple du prince, les gens de sa suite tendent aussi la corde de leur arc ; mais le daim s'enfonce dans le plus épais des jangles. Le mahârâj l'y pourchasse et disparaît de la vue de ceux qui l'accompagnaient sans pouvoir trouver néanmoins la trace de l'antilope. En vain pénétra-t-il partout, il ne découvrit ni l'animal ni le hallier où il s'était retiré. De leur côté, les officiers du mahârâj cherchèrent inutilement aussi leur souverain. Karpit se trouvant surpris par la nuit alla se réfugier sous les arbres de la forêt. Ainsi Rasrang était à peine depuis quatre ou cinq gharî sur le platane dont nous avons parlé, qu'il vit le royal cavalier venir chercher un asile sous cet arbre même. Karpit laissa son coursier sur la lisière du bois, et se hâta d'escalader ce même platane pour y passer la nuit. La présence du mahârâj inspira des craintes à Rasrang. Il ne pouvait ni monter plus haut qu'il était, ni descendre de l'arbre ; aussi garda-t-il un profond silence tout en tremblant de peur.

Cependant le mahârâj examine avec beaucoup d'attention le platane, et ayant aperçu le Kalâwant, il veut lui tirer une flèche. Celui-ci, troublé par ce mouvement hostile, se frappe la tête de désespoir et fait connaître à Karpit qui il est et sa profession. Il continua néanmoins à être agité par la crainte pendant toute cette nuit. De temps en temps il faisait entendre les sons de sa voix. Quand il chantait, le mahârâj se tenait tranquille ; cessait-il de chanter, Karpit tendait de nouveau son arc. Il agissait de même lorsque Rasrang paraissait vouloir descendre. Ainsi se passa cette nuit pour le pauvre Rasrang. A l'aurore il vit paraître des hommes en très-grand nombre qui accoururent et vinrent se ranger en ligne auprès de l'arbre. Ils présentèrent leurs hommages au mahârâj et attendirent respectueusement qu'il descendît. Alors Karpit, dont Rasrang avait ignoré jusqu'à ce moment la dignité, mit pied à terre et monta sur son cheval. Il invita Rasrang à descendre aussi de dessus le platane et à le suivre à sa capitale.

« Depuis ce jour, ajouta le Kalâwant (après avoir fait à
« Kâmrûp la narration des aventures que nous venons de
« rapporter), le mahârâj Karpit me retient avec lui. Je te re-
« trouve enfin aujourd'hui et j'en remercie la providence. »

Le kunwar et ses compagnons écoutèrent avec émotion le récit de tout ce qu'avait enduré le malheureux Rasrang et se frappèrent la tête en signe de douleur. Par la rencontre du Kalâwant, Kâmrûp se vit entouré de quatre de ses amis :
« Partons sans retard, leur dit-il, pour nous rendre à Hard-

« wâr. Nous verrons Sarândîp, la ville de ma bien-aimée
« Kala, et nous offrirons notre culte à la divinité qu'on adore
« à Hardwâr. »

CHAPITRE XX.

KAMRUP A SARANDIP.

Après un trajet de huit jours, le kunwar, toujours sous l'apparence d'un Atît, parvint à Sarândîp. Arrivé devant la porte de la ville, il y rencontra le brahmane Sumit. Celui-ci, voyant ces prétendus Atît, leur adressa la parole sans savoir qui ils étaient. Puis il s'avança plus près d'eux, et, croyant reconnaître Kâmrûp, il le pria de lui dire s'il était effectivement le kunwar. Le prince, respectant en lui la dignité de brahmane, lui répondit qu'il était bien celui qu'il nommait. Alors Sumit lui souhaita les bénédictions du ciel, en lui déclarant que c'était Sumit, le purohit de Kala, qui lui adressait la parole.

Kâmrûp, heureux d'avoir retrouvé le brahmane de sa bien-aimée, le pria de le guider dans la marche qu'il devait suivre pour posséder celle qui devait faire son bonheur, Sumit lui répondit : « Viens avec moi, rendons-nous au temple « d'Hardwâr accompagnés de tes amis. Nous y passerons « la nuit, et demain matin j'irai donner à Kala de tes nou-« velles. »

Conformément aux paroles du brahmane, les Atît se mirent en marche et se rendirent au temple d'Hardwâr, où précisément cette nuit même se trouvaient Chitarman et Kunwalrûp. Ces deux anciens compagnons du prince, l'ayant reconnu, se jettent à ses pieds, mais Kâmrûp les serre entre ses bras et leur raconte ensuite toutes les choses fâcheuses qui lui étaient arrivées. Ils écoutent ce récit avec le plus vif intérêt. Puis le kunwar leur demande s'ils n'avaient pas à lui donner quelques nouvelles de Kala. « Les princes « de naissance royale, lui répondent-ils, viennent précisé-

« ment d'être invités à s'offrir au choix de Kala. Tous ces
« kunwar étrangers remplissent la ville. Demain, à la pointe
« du jour, ils se rangeront en ligne, et la princesse, tenant
« un collier dans sa main, viendra passer devant eux. Elle
« mettra le collier au cou de celui qui lui plaira le plus, et
« c'est à ce prince qu'elle doit être unie en mariage. Si, en
« ce moment, elle apprenait que Kâmrûp est ici, elle pen-
« serait sans doute à lui et éviterait de se prononcer en fa-
« veur d'un autre ; mais comment faire pour lui apprendre
« cette nouvelle ? »

Achâraj, prenant aussitôt la parole, dit à Kâmrûp : « Si
« vous le désirez, j'irai chez Kala l'instruire de tout. Néan-
« moins le kunwar pourrait, s'il le préférait, être changé
« lui-même en perroquet, et il s'expliquerait alors avec la
« princesse en toute liberté. — Je ne suis pas bien aise,
« répondit Kâmrûp, d'aller en ce moment trouver la fille de
« Kâmrâj ; il ne me semble pas à propos que je me mon-
« tre encore à elle : mais tu ferais très-bien, mon cher
« Achâraj, d'aller toi-même auprès d'elle et de lui dire que
« je suis arrivé dans la ville qu'elle habite. »

Achâraj met aussitôt à son pied le ruban magique qu'il
en avait retiré ; il prend la forme d'un perroquet et s'envole
pour aller porter à Kala le message du kunwar. Il arrive
bientôt dans le palais de la princesse, qui était debout en ce
moment, et il va se poser sur sa main : Kala s'empresse de
le prendre et s'avance dans l'intérieur de son palais. Lorsqu'elle est arrivée en un lieu retiré, le perroquet délie le
ruban de sa patte et reprend la forme humaine. La princesse, étonnée de cette surprenante métamorphose, demande
tout émue à Achâraj comment il se fait que, naguère perroquet, il soit actuellement un homme, et elle le prie de lui
dire qui il est. « Ne craignez rien, belle princesse, lui dit
« Achâraj ; prêtez l'oreille à ce que je vais vous dire et ne
« concevez aucun mauvais soupçon. Le médecin a dû vous
« remettre des dessins où vous avez vu les portraits de Kâm-
« rûp et de ses six amis. Eh bien, je me trouve parmi ces
« figures ; je suis le pandit Achâraj, brahmane de caste ;

« lorsque vous m'aurez reconnu, j'espère que vous n'hésite-
« rez pas à me confier les secrets de votre cœur. »

En entendant ces mots, Kala jette les yeux sur le premier dessin et elle y reconnaît avec plaisir Achâraj parmi les six compagnons du kunwar. Elle regarde une seconde fois les différentes figures de ce dessin et s'assure que celle d'Achâraj y est bien en effet. Alors elle n'hésite pas à lui demander des nouvelles de son bien-aimé le kunwar ; elle s'informe où il est, et le prie même de la conduire auprès de lui. Achâraj tâche de calmer son impatience et lui donne l'assurance qu'elle sera bientôt réunie au prince. Il lui apprend les accidents fâcheux arrivés au kunwar durant son voyage ; et de son côté Kala lui fait savoir tout ce que l'amour lui avait fait souffrir. Elle lui donne pour le prince un dopatta (1) comme gage de tendresse, en lui disant: « Va et
« dis à Kâmrûp qu'il se présente demain matin, entouré de
« ses compagnons, à la réunion des kunwar qui doit avoir
« lieu devant mon palais ; qu'il ait soin de se couvrir de ce
« dopatta, et de te tenir à la main, métamorphosé en perro-
« quet. Je reconnaîtrai facilement Kâmrûp au dopatta que
« je te remets, et j'irai mettre mon collier autour de son cou.
« Engage le prince à se rendre à mes désirs ; dis-lui bien
« que tel est le vœu de Kala. »

Achâraj, instruit des volontés de la princesse, place à son pied le ruban magique et se change en oiseau. Il prend le dopatta que Kala lui avait donné et s'envole pour aller retrouver Kâmrûp. A son arrivée l'oiseau retire de sa patte le cordon talismanique auquel il devait sa forme apparente, et redevient homme. Il répète fidèlement ce que Kala lui avait dit et remet au prince le dopatta. Kâmrûp le pose d'abord sur sa tête en signe d'honneur, puis le couvre de baisers, tandis que des pleurs de joie coulent de ses yeux. Tous ses amis réunis s'écrient alors : « Que Dieu bénisse le kun-
« war ! » Celui-ci, satisfait d'apprendre que Kala était tranquille sur son compte, se livre toute la nuit au contentement le plus parfait.

(1) Sorte de schall en toile à deux lés.

Lorsque la brillante aurore parut et qu'hommes et animaux cessèrent de se livrer au sommeil, le grand Kâmrâj se leva en proie au chagrin qui lui causait l'état souffrant de Kala, et il donna ordre à ses gens d'aller avertir les kunwar étrangers de se ranger dans la place du palais de Kala. Ceux-ci s'empressèrent d'accourir couverts de leurs plus beaux vêtements. L'un avait un turban de drap d'or ou de brocart ; l'autre une robe brodée et enrichie de différents ornements ; un troisième était vêtu de rose : tous resplendissaient d'or, ils étaient tous animés de l'espoir d'être unis à Kala. On les aurait pris pour des bayadères à face de lune, ou même pour les immortels qui forment l'assemblée d'Indra. Ils se rendirent au lieu désigné et se placèrent en ligne comme les étoiles du firmament. Cependant Kâmrûp, en compagnie de ses amis, teignit son corps de couleur jaune, dressa ses cheveux sur sa tête et prit sur sa main Achâraj changé en perroquet. Vêtu comme un faquîr et le dopatta de la princesse sur sa tête, il alla, entouré de ses amis, déguisés aussi en Atît, se mêler aux kunwar qui prétendaient à la main de Kala, lesquels attendaient avec impatience l'arrivée de la jeune princesse, les yeux tournés vers son palais.

A peine Kala est-elle avertie qu'elle doit se disposer à paraître, qu'elle se fait apporter de l'eau du Gange. Elle se baigne et rend ainsi son corps couleur de rose, et aussi reluisant qu'un miroir. Elle entoure ses reins d'une ceinture d'or ; elle teint ses mains de couleur orange avec du menhdî ; elle mâche du bétel, et sa bouche en devient toute rouge ; elle orne sa tête de perles et de fleurs de jasmin ; elle sépare en deux portions ses cheveux dont les boucles ressemblaient à la fleur du nâzbo (1), établissant ainsi par ce moyen une ligne argentée au milieu de leur noirceur. Elle frotte de noir collyre le bord de ses paupières, et, avec du missî, teint ses lèvres de bleu. Elle met sur sa tête une couronne de prix, à son front une parure éclatante comparable à la lune, tandis que les perles qui brillaient sur toutes les parties de son corps représentaient les pléiades éblouissan-

(1) Ocymum pilosum.

tes. Cette belle aux formes lunaires se met encore des boucles d'oreilles en forme de fleurs et différents joyaux variés. Un collier de bois de sandal et d'autres parures embellissaient son cou. Le bracelet à neuf pierres serrait son bras, et l'ornement nommé *dhukdhukî* ornait sa poitrine. Avant de quitter son palais, elle regarde encore une fois le portrait de Kâmrûp, prend en main son collier de neuf lâkh (1) et se met en marche, suivie de ses femmes et de ses compagnes. Elle demande un cheval arabe, le monte et le laisse aller à son gré. Contente, elle sort de son palais et se dirige vers la place où les kunwâr étaient debout à l'attendre ; y étant arrivée, elle se place en face d'eux. Lorsque leurs regards avides l'eurent aperçue, ils furent hors d'eux-mêmes ; plusieurs perdirent tout à fait connaissance et tombèrent par terre, soit qu'ils fussent mortellement blessés par les flèches de ses regards, soit que, pris dans les filets des boucles de ses cheveux, ils ne pussent plus se mouvoir ni même parler, et ressemblassent au plomb.

Kala regarde avec attention, l'un après l'autre, les princes qu'elle voit devant elle, tandis qu'ils admirent de leur côté ses charmes. Ils attendent avec impatience le dénouement de cette scène : « Voyons, disent-ils, en regardant la main « de Kala, quel sera l'heureux mortel qui recevra le collier « désiré. » Cependant la princesse ayant jeté la vue de tous les côtés pour examiner le kunwar, reconnaît Kâmrûp à son dopatta. Elle vient alors se mettre devant lui, elle élève son collier, et le place au cou de son amant, qui ne peut cacher son émotion. Elle se disposait à retourner à son palais, lorsque les princes rivaux, étonnés que la princesse eût choisi pour lui donner le collier un Atît étranger, s'entredemandent quel pouvait en être le motif. Kala, couverte de confusion en les entendant, allègue pour excuse qu'on lui avait plutôt arraché le collier qu'elle ne l'avait donné, ou que c'était sans doute par l'effet d'un charme que le collier s'était trouvé entre les mains des Atît. Cette explication satis-

(1) Le *Lâkh* vaut cent mille. L'auteur veut dire probablement que ce collier était d'un prix infini.

fit les kunwar, et ils se livrèrent à l'espoir d'être plus heureux au renouvellement de la cérémonie qui aurait sans doute lieu le lendemain matin. Cependant, on reprit le collier, on chassa les Atît de la ville et on ne manqua pas d'apprendre au mahârâj la conduite peu convenable que la princesse sa fille avait tenue en donnant son collier à un Atît étranger. Le mahârâj, affecté de cette nouvelle, fit inviter les kunwar à revenir le lendemain matin, vêtus conformément à leur rang, se mettre encore en ligne sur la place du palais de Kala. En attendant cette nouvelle cérémonie, tous les princes qui étaient venus à Sarândîp dans l'espoir de contracter mariage avec Kala, se retirèrent pour prendre du repos dans leurs habitations respectives.

Le mahârâj donna ordre de serrer le collier et de faire sortir les Atît de la ville. On ne se contenta pas de chasser Kâmrûp et ses amis, mais on les frappa rudement, outrage que Kâmrûp supporta patiemment en pensant qu'il avait enfin vu sa bien-aimée Kala. Les faux Atît retournèrent au temple d'Hardwâr et se concertèrent pour aller encore assister le lendemain à l'assemblée des kunwar. Kâmrûp ne pensa pas à prendre des aliments : il ne songeait qu'au collier de Kala. Cependant le jour disparut et la nuit le remplaça dans le monde ; mais Kâmrûp ne goûta pas un instant de repos. Il adressait la parole à la nuit, et lui disait : « Fuis prompte-« ment, afin que je puisse aller voir la face brillante de ma « maîtresse. » Pendant le morne silence des ténèbres, il ré-pétait sans cesse le nom de sa bien-aimée, et lorsque la nuit noire fit place à la blanche aurore, il dit aussitôt à ses com-pagnons : « Mettons-nous en marche, rendons-nous au lieu « où nous étions hier. » Dès l'aube du jour, tous les kunwar étaient revenus sur la place et regardaient avec anxiété du côté du palais de Kala. Kâmrûp et ses amis s'y présentèrent encore sous le costume de la veille ; le prince avait mis sur sa tête le dopatta de la princesse et le perroquet était sur sa main. Ses compagnons lui donnaient l'espoir que sa bien-aimée déposerait encore le collier à son cou. Le kunwar, satisfait de ce langage, s'avança suivi de ses compagnons et se mit au milieu de la place.

Cependant on avertit la princesse que les kunwar l'attendaient. Aussitôt elle orne son corps de trente-deux sortes de joyaux, prend le collier de neuf lâkh, et monte sur un agile palefroi. Celui-ci, docile au signal des éperons, va se placer au milieu des kunwar. Kala parcourt les rangs, regardant attentivement tous ceux qui prétendaient à sa main, et voyant que Kâmrûp se trouvait encore sur la place, elle s'en approche, lui jette le collier et reprend le chemin de son palais. Mais les kunwar se lèvent tumultueusement : « La « princesse, disent-ils avec un rire sardonique, est d'une « étonnante simplicité ; elle ne sait vraiment ce qu'elle fait. « Les Atît l'ont encore ensorcelée. » Pendant ce temps, on enlève aux sept Atît le collier dont ils s'étaient emparés, on leur lie fortement les mains derrière le dos et on les amène devant le mahârâj. « Voilà, lui disent les kunwar, ces Atît « étrangers qui viennent se mêler à nous et asservissent la « princesse par leurs enchantements; car il est évident que « Kala ne leur a jeté son collier qu'en voulant le donner à « un de nous. » En apprenant ce nouvel incident le mahârâj fut fort mécontent; et, outré de colère contre sa fille, il dit dans son courroux à ses officiers : « Renvoyez les kun- « war à leurs pays respectifs, et qu'il ne soit plus question « de mariage. » On invita donc à se retirer les princes étrangers qui s'étaient empressés de se rendre à l'appel du mahârâj ; ce qu'ils firent en effet, se voyant forcés de renoncer à l'espoir d'obtenir la main de Kala.

CHAPITRE XXI.

LE PUITS.

Les Atît, avons-nous dit, furent conduits en présence du mahârâj. Lorsqu'il les eut vus, il ordonna de les conduire dans les quatre côtés de la ville pour les montrer à tous les habitants et de les empaler ensuite. On lia donc les Atît, et les traitant avec mépris, on alla les placer debout devant le

poteau. En ce moment les fonctionnaires chargés de cette exécution leur demandèrent s'ils avaient quelque désir à exprimer avant de monter sur l'échafaud. Kâmrûp leur répondit : « Je ne forme qu'un seul désir, c'est que vous
« éleviez ces poteaux devant le palais de la fille de Kâmrâj, et
« que vous nous empaliez tous en sa présence. » Cependant ces fonctionnaires allèrent trouver le mahârâj, et, se tenant par respect éloignés de lui, ils l'engagèrent à révoquer une sentence qui leur paraissait injuste, et à se contenter d'incarcérer les Atît. Le mahârâj resta un moment silencieux; puis ordonnant à ces fonctionnaires d'approcher : « Allez,
« leur dit-il, renfermez ces Atît dans un puits sec et obscur,
« et ne leur ouvrez plus : qu'ils vivent ou qu'ils meurent, il
« faut qu'ils restent dans ce puits ténébreux et qu'ils ne
« reviennent plus dans la ville ensorceler encore ma chère
« Kala. » Conformément aux ordres du mahârâj, ces gens allèrent mettre les Atît dans un puits qu'ils fermèrent en roulant une pierre à l'entrée et se retirèrent ensuite. Alors le kunwar et ses malheureux compagnons, qui n'avaient ni eau ni nourriture dans ce puits où ils étaient enfermés, avisèrent aux moyens d'en sortir : « Comment faire, disaient-
« ils entre eux, pour nous sauver d'ici? Dieu veut-il que
« nous périssions de faim et de soif? Nous n'apercevons pas
« de chemin pour sortir de ce puits ; nous ne voyons ni la
« terre ni le ciel. S'il n'y avait pas une pierre à l'entrée,
« nous pourrions nous en tirer transformés en oiseaux par
« la puissance de notre talisman. Mais hélas ! que devenir
« sous cette pierre, et comment avoir des nouvelles de
« Kala? »

« Je conçois quelque espoir, dit cependant Mitarchand :
« vous savez que je possède un cheveu du dîv dont je vous
« ai parlé. Je vais mettre ce cheveu sur du feu, et le dîv
« viendra peut-être. » Mitarchand prend en conséquence du coton préparé pour l'usage qu'il voulait en faire ; il frappe une pierre à fusil et place le cheveu sur le feu qu'il fait par ce moyen. Quand le cheveu brûla, le dîv, instruit par l'odeur qui en parvint jusqu'à lui, pensa que Mitarchand avait éprouvé quelque chose de fâcheux ; et, dirigé par son mer-

veilleux instinct, il prit son vol vers Sarândîp et se rendit au puits d'où venait l'odeur. De son pied il en renversa la pierre; y étant descendu, il reconnut Mitarchand entouré de ses compagnons, et lui adressant la parole : « Me voilà, lui dit-
« il, mon cher Mitarchand, je me suis empressé d'accourir
« à ton aide selon le désir que tu m'as exprimé : fais-moi
« donc savoir en quoi je puis t'être utile. » Mitarchand, charmé de voir le dîv : « Kâmrâj, lui répondit-il, a fait ren-
« fermer dans ce puits le kunwar comme un coupable ; et
« nous, ses compagnons, avons partagé son sort. Nous som-
« mes tous abattus sous le poids de nos douleurs. Puisque tu
« as bien voulu venir ici, cherche quelque expédient pour
« nous tirer de ce puits. — Bien, dit le dîv ; mais si vous
« en sortez, il conviendra de vous tenir hors de la ville. —
« Nous ne demandons pas mieux, répondit Mitarchand :
« retire-nous d'abord d'ici ; puis dépose-nous dans un endroit
« éloigné. — C'est entendu, reprit le dîv : je vais vous en-
« lever du milieu de ce puits ; mais n'ouvrez point les yeux,
« ne parlez pas, et tenez-vous fortement à moi. » Alors le kunwar et ses compagnons se prirent aux mains et aux pieds du dîv, ils sortirent avec lui du puits ténébreux, et furent transportés dans un autre pays et sous un autre gouvernement.

Le dîv, touché de compassion pour eux, les emmena donc loin de Sarândîp dans une autre ville et se retira. Là le kunwar quitta le vêtement de bairâguî, se rasa la tête et rendit à son corps, par un bain, sa couleur naturelle.

Kâmrûp était loin de Sarândîp, à l'abri de nouvelles poursuites, lorsqu'il dénoue le coin de sa ceinture où il avait auparavant serré la pierre philosophale ; et s'étant fait apporter beaucoup de fer de ce pays, il le transmute en or, en l'appliquant à cette pierre merveilleuse. Il prend ensuite des étoffes précieuses, des tissus d'or et d'argent, et s'en fait faire un vêtement royal. Puis il réunit une armée innombrable qu'il pourvoit des munitions nécessaires, et marche sur la ville de Sarândîp. Ses soldats s'avancent de tous côtés vers la ville, munis de flèches, de mousquets, d'artifices. Après dix journées de marche, l'armée arrive devant la place. Alors

Kâmrûp fait battre le tambour d'alarme. Comme on entendit dans la ville ce bruit de sinistre augure, on alla prévenir le mahârâj qu'un ennemi avait apparu dans l'île et bloquait Sarândîp. Le grand Kâmrâj, interdit de cette nouvelle, fit appeler son ministre et lui dit avec autorité : « Va prendre « des informations sur cette armée ; demande quel est celui « qui se présente avec cet appareil, d'où il vient et dans » quel but ; et tu me rapporteras tout ce que tu auras entendu « dire. »

Le ministre ayant pris congé du mahârâj, se mit en marche et arriva bientôt au milieu de l'armée du kunwar. Il interrogea chacun avec politesse, puis se présenta devant Kâmrûp et le salua respectueusement. Kâmrûp lui dit alors : « Ne me reconnais-tu pas ? Ne te souviens-tu plus des Atît « que tu avais fait renfermer dans un puits ? Que de tristes « jours ta cruelle conduite envers nous ne nous a-t-elle pas « fait passer !... Le destin a voulu sans doute remplir ma vie « d'amertume... Combien de fois n'ai-je pas erré dans les « forêts et les déserts ? Je n'ambitionne ni royaume ni ri- « chesses ; je veux seulement la fille de Kâmrâj dont je suis « depuis longtemps l'amant dévoué. J'avais pris le costume « des Atît à cause que j'étais privé de Kala. Dirigé par le « brahmane Sumit, je me présentai dans l'assemblée des « kunwar. Kala me reconnut, d'après mon portrait que je lui « avais fait tenir ; mais ce fut inutilement qu'elle me choisit « pour époux. Toutefois la providence me protége, mon « retour à Sarândîp y a jeté la confusion. Si le mahârâj « m'accorde la main de Kala, je le traiterai cordialement ; « mais s'il me la refuse, qu'il sorte de sa capitale à la tête « de son armée : je suis prêt à lui livrer bataille. Malgré « l'inquiétude continuelle où j'ai passé jusqu'ici ma vie, je « n'ai pas oublié Kala un seul jour ; que dis-je ? c'est préci- « sément la séparation de cette amante chérie qui m'a rendu « malheureux ; mais si je lui suis actuellement uni, le repos « sera désormais mon partage. Je ne veux ni le royaume ni « les richesses du mahârâj, je le répète ; je ne demande que « sa fille bien-aimée. »

Le ministre de Kâmrâj, surpris du langage du kunwar,

le pria de vouloir bien lui faire connaître son nom, son pays, sa qualité. Alors Kâmrûp, poussant un profond soupir, répondit au ministre : « Mon pays est Aoudh-rûp et Gorakh ; « mon père est Pit-râj, ma mère Sundar-pûr, et Kâmrûp est « le nom qu'on m'a donné. Il était écrit dans le destin que « je devais être amoureux de Kala que l'océan séparait de « moi. Pour elle je quittai ma patrie, mon père et ma mère ; « j'affrontai les flots de la mer, j'y fus précipité par un « naufrage, et pendant longtemps j'errai dans les bois et les « forêts. Enfin après des peines infinies j'ai trouvé la ville « de Kala. Je suis comme le taon bourdonnant autour de la « fleur de lotus, qui représente si bien la bouche de cette « princesse. Je n'ai pas épargné l'or ni l'argent ; et, comme « la perdrix amoureuse de l'astre des nuits, j'ai toujours « conservé dans mon imagination l'image de la face lunaire « de Kala. Maintenant que vous savez à quoi vous en tenir « sur mon compte, allez et instruisez le mahârâj. »

Lorsque le ministre eut entendu le discours de Kâmrûp, il revint à Sarândîp ; et, dans un moment propice, il fit savoir au mahârâj tout ce que le kunwar lui avait appris.

CHAPITRE XXII.

MARIAGE DE KAMRUP.

A peine le ministre eut-il cessé de parler, que le mahârâj appela un astrologue et le pria de lui faire connaître l'horoscope de la vie de Kala. Il vit que, selon cet horoscope écrit à la naissance de sa fille, un étranger devait être son époux. Alors il consulta les pandit, appela son ministre et lui ordonna de faire les préparatifs des noces de sa fille.

Kâmrûp, jusqu'alors errant et agité, change enfin de position ; il oublie ses peines et goûte le calme d'un amour heureux. Sa joie fut en effet bien vive quand il apprit les bonnes dispositions de Kâmrâj ; et ses amis affectueux le félicitèrent avec empressement en disant : « Heureux soit le kunwar ! »

Comme on voulait célébrer le mariage de Kâmrûp avec Kala dans un moment que les règles de l'astrologie désigneraient comme favorable, les pandit cherchèrent dans les combinaisons astrales des jours suivants un bon augure pour l'union projetée. Ils fixèrent enfin les jours des cérémonies nuptiales, jours où les jeunes amants, comme le soleil et la lune, devaient être unis, ainsi que le moment où le kunwar devait lier le kangan au bras de la princesse. Les officiers qui entouraient le mahârâj l'instruisirent de tout : « Allez, « leur dit-il alors, trouver le kunwar pour l'accompagner « à Sarândip. Il est la lune, et vous serez le cercle lumineux « qui l'environne. »

Les principaux seigneurs de Sarândîp allèrent donc joindre le prince Kâmrûp et l'embrassèrent. Il les fit asseoir et leur donna un divertissement. Chacun satisfait parlait à son voisin de l'heureuse alliance qui allait être contractée. Des réunions partielles se formèrent de tous côtés dans des salles parfumées d'eau et d'essence de rose. Tous les amis, pour s'amuser, se jetaient l'un sur l'autre du gulâl (1) comme à la fête de Holî. La totalité des membres de l'assemblée furent couverts de cette poudre rose. Il y eut, outre ce jeu, de la musique. On entendait de toutes parts les sons du barbit et du chang ; le mandîla et le manjîra résonnaient à la fois, ainsi que le tâl, le mirdang et le daf. Des femmes charmantes parcouraient tous les rangs ; quelques-unes, ayant pris le costume convenable, exécutèrent une pantomime représentant les peines de l'amour ; les mains imprégnées de menhdî, la bouche rouge comme le corail, les paupières teintes de noir collyre, elles erraient de côté et d'autre jouant des instruments de musique, tournant le visage et roulant les yeux. Les unes dansaient, les autres chantaient ou faisaient résonner le tâl avec intelligence. Elles s'avançaient en ligne et poussaient des cris harmonieux.

Lorsque vint la nuit où le kunwar devait contracter son

(1) Poudre jaune, rose ou rouge que les Hindous se jettent au visage. Le holî est leur carnaval.

mariage, ceux qu'il avait invités à l'accompagner se mirent en marche avec lui, chantant et proclamant ses louanges. Il était couvert de vêtements royaux en tissus d'or et en étoffes de brocart; sa tête était ornée d'une couronne de perles; des chevaux et des éléphants étaient conduits à sa suite. Le cortége s'avançait au son bruyant des cymbales; les assistants entouraient le prince, heureux d'aller s'unir à celle qu'il aimait. La route reçut de la clarté par le passage de cette troupe brillante. Le kunwar était comme la lune resplendissante et ses amis comme le halo; c'était une lune de quatorze nuits : sa splendeur changea la nuit obscure en un jour lumineux. Le divertissement de la danse eut lieu pendant tout le temps que dura la marche. On tirait des feux d'artifice de tous côtés, au point que la ville entière de Sarândîp en était éclairée. Enfin le kunwar et la troupe qui l'accompagnait arrivent au palais de la fille de Kâmrâj. On les invite à s'asseoir : là on fait aussi de la musique, on chante, et on joue du tâl, du mirdang et du daf.

Les compagnes et les suivantes de Kala étaient auprès d'elle occupées à la parer, et lui parlaient en riant de son amant. L'une tressait ses noirs cheveux; l'autre lui tatouait le corps; une troisième entremêlait des joyaux dans des guirlandes de fleurs en bouton ou épanouies, lesquelles, avec seize autres ornements, formaient trente-deux parures diverses. Lorsque la princesse eut fini sa toilette, elle parut la plus charmante des nouvelles mariées. On amena le kunwar auprès d'elle : il était comme le taon que presse le désir de s'unir au lotus. En cette nuit déclarée de bon augure par les astrologues, Kala, pleine lune de beauté, s'unit à Kâmrûp, qu'on ne saurait mieux comparer qu'au soleil. Le kunwar et la princesse s'embrassèrent tendrement. Le bonheur qu'ils goûtèrent alors leur fit oublier toutes les peines que leur avait causées l'absence : mais je ne puis dire autre chose sur ce point; je suis à ce sujet dans une ignorance absolue.

Ceux qui les entouraient ignoraient généralement les circonstances extraordinaires de leur amour et les accidents fâcheux qui les avaient accompagnées.

La route escarpée de l'amour est difficile à gravir; on ne peut en savoir des nouvelles que par celui qui l'a parcourue. Nos deux amants, sans cesse occupés l'un de l'autre, avaient fidèlement marché jour et nuit dans cette route; si Kâmrûp ne se fût pas conduit avec cette pureté de sentiments, il aurait échoué dans son entreprise : il n'aurait pas trouvé la maîtresse de son cœur et n'aurait jamais joui d'un paisible bonheur. Charmante voie que celle de l'amour, lorsqu'il n'y a ni obscurité ni difficulté à surmonter; mais si un nœud vient à s'y former, il ne peut plus se défaire, de même qu'un nœud coupé ne peut se former de nouveau. Toutefois Dieu fait jouir du succès ceux qui patiemment, comme Kâmrûp, ont supporté les peines que l'amour n'entraîne que trop souvent à sa suite.

Quand la cérémonie du mariage fut terminée, le kunwar se fit un plaisir d'amuser Kala par le récit de ses merveilleuses aventures; il ne quittait le palais ni nuit ni jour; il ne laissait pas la princesse un seul instant. C'était l'époque du retour du printemps; de toutes parts le zéphyr parcourait le monde. Dans les jardins embellis par les fleurs demi-épanouies de la rose rouge et blanche, du lis, du nard, chacun se promenait animé par le contentement et la joie.

Un jour le kunwar désira chasser, en parcourant les vallées verdoyantes et fleuries. Il voulut se livrer à ce divertissement avec une certaine pompe. Il monta sur son coursier et prit avec lui Mitarchand. Il fit errer son cheval depuis l'aurore jusqu'au soir dans des endroits couverts de gazon; mais pendant tout le temps que durèrent ses courses, il ne cessa d'éprouver la plus grande impatience, privé qu'il était de la vue de Kala. De son côté la princesse, en compagnie de son amie Lata, l'attendait avec une égale impatience. Agitées par mille pensées, elles regardaient à travers la jalousie d'une fenêtre du palais. Enfin elles aperçurent Kâmrûp, et ressentirent une vive satisfaction dans leur cœur. En effet, le prince, après avoir parcouru les plaines et les lieux montagneux, revint au palais de Kala par le côté du jardin. Mitarchand, son ministre, le suivait à quelque distance : il regarda par hasard la jalousie derrière laquelle était la princesse, et aperçut la belle Lata. La charmante physionomie de la confidente de Kala fit une telle impression sur le cœur de Mitarchand qu'il en fut violemment épris. L'ardeur de son amour le rendit semblable au papillon qui ne craint pas de se brûler à la flamme; ses lèvres se desséchèrent, tandis que son œil se mouilla de larmes, et la couleur de son visage s'altéra. Comme il ne put résister au feu de l'amour, une profonde tristesse s'empara de son cœur. Heureusement ses amis s'aperçurent de son état, et en firent part au kunwar en ces termes : « Prince, lui dirent-ils, « Mitarchand maigrit visiblement depuis le jour où vous « allâtes à cheval vous livrer au plaisir de la chasse et de la « promenade. Il ne cesse de soupirer jour et nuit, sans vou- « loir s'expliquer sur la cause de ce changement. Peut-être « l'ombre d'un *div* est tombée sur lui; mais, quoi qu'il en « soit, veuillez bien l'examiner vous-même et penser à ce « qui pourrait le soulager. » Alors le kunwar fit appeler Mitarchand, et, l'ayant pris par la main, le conduisit dans l'intérieur du palais. Ensuite le regardant attentivement : « Je vois en toi, lui dit-il, les traces de l'amour; mais quelle « est celle que tu aimes, en quel lieu réside-t-elle ? » — « Eh bien, puisqu'il faut l'avouer, répondit Mitarchand, « j'aime la belle Lata. Elle était assise derrière une jalousie « lorsque mes regards, comme des flèches, l'ont atteinte. « J'ai distingué ses tresses de cheveux qui retombaient sur « sa gorge; j'ai pu contempler un instant ses charmes di- « vers. » — « Éloigne de ton cœur la tristesse, répartit le « kunwar; je vais de ce pas auprès de la princesse Kala, et « je lui parlerai de toi. Demeure actuellement en repos et « ne confie ton secret à personne. »

Le kunwar en effet quitta Mitarchand et alla trouver Kala dans l'intention de l'entretenir de ce que venait de lui communiquer Mitarchand. « Ma chère Kala, lui dit-il, Mitar- « chand, mon ministre, le compagnon, que dis-je ? l'âme de « ma vie, est épris de ton amie Lata. Parles-en au mahârâj « ton père, et nous célébrerons ensuite ce mariage avec « pompe; puis nous retournerons à Aoudhpûr, ma patrie. » D'après le désir de Kâmrûp, la princesse s'empressa d'aller

informer Kâmrâj de l'amour de Mitarchand. « Mon vénéra-
« ble père, lui dit-elle avec respect, Mitarchand, le ministre
« de mon royal époux, désire épouser Lata. Fidèle compa-
« gnon du prince, il est parti avec lui de son pays ; puis
« ils ont été séparés, et, après avoir erré dans les bois et
« les déserts, Mitarchand a retrouvé le kunwar. Si vous
« consentez à lui donner Lata, vous ferez plaisir à Kâm-
« rûp. »

Quand le mahârâj eut entendu les paroles de sa fille bien-
aimée, il lui dit qu'il se rendait volontiers à ses désirs et à
ceux de Kâmrûp, et il s'occupa tout de suite des préparatifs
des noces. Il invita tous les dignitaires de l'empire à une
assemblée où il y eut des divertissements de divers genres.
Ainsi, par l'entremise de Kala, le mariage de Mitarchand
et de Lata fut célébré sans retard, et chacun en éprouva
de la satisfaction.

Après un certain espace de temps, Kâmrûp réfléchit que,
la providence ayant comblé tous ses désirs, il ne lui restait
plus qu'à retourner en Aoude auprès des auteurs de ses
jours. Il alla donc trouver le mahârâj, et lui demanda respectueusement en ces termes la permission de se retirer
dans sa patrie : « Grand roi, lui dit-il, j'ai déjà un fils de
« douze ans, et j'éprouve un violent désir de revoir Aoudh-
« pûr, pour aller poser ma tête aux pieds de mon père et de
« ma mère. Si vous n'êtes pas contraire à ce vœu, j'emmè-
« nerai votre fille avec moi ; je lui montrerai ma chère
« patrie. » Le mahârâj apprit avec peine le dessein de Kâmrûp
et s'occupa néanmoins lui-même des préparatifs du voyage.
Il permit à la princesse sa fille de suivre son royal époux, et
leur donna pour les conduire un guide sûr.

CHAPITRE XXIII.

RETOUR EN AOUDE.

Le palanquin où la princesse était montée ouvrit la marche. Le peuple de Sarândip accompagna Kâmrûp jusqu'à

une certaine distance. Nos voyageurs s'avancèrent d'un pas rapide, marchant nuit et jour pour se rendre en Aoude le plus promptement possible. Comme ils approchèrent de la capitale, beaucoup de gens vinrent au devant du kunwar : il put ainsi savoir d'avance des nouvelles de Râj Pit son père. Il marchait sans s'arrêter, plein du souvenir des lieux où il avait passé son enfance. Mais, pendant qu'il continue sa route, faisons connaître en quelques mots quelle était la situation de Râj Pit depuis l'instant où Kâmrûp l'avait quitté.

Depuis ce jour fatal, le père et la mère du kunwar ne cessaient de pleurer ; les gens distingués et le peuple d'Aoudhpûr étaient affectés aussi de son absence. Le sourire avait fui toutes les lèvres ; on n'entendait plus de discours joyeux ; le souvenir de Kâmrûp occupait seul tout le monde. Son père surtout l'avait sans cesse présent à la mémoire : de ses deux yeux coulait à chaque instant un ruisseau de larmes ; il nommait le kunwar, et gémissait douloureusement ou poussait de froids soupirs, sans pouvoir se livrer à aucune autre pensée. « Que je suis malheureux, s'écriait-
« il ; dans quel pays est donc mon fils, ce fils chéri, sans qui
« je ne saurais jouir du repos ?.. Quoi ! pas un seul message
« ne m'est venu de sa part !... » Cet infortuné père passait sa vie dans ces tristes pensées, occupé seulement à soupirer, loin de songer à prendre la nourriture et la boisson qui lui étaient nécessaires. Ses yeux fixes semblaient chercher le kunwar ; il ne répondait rien quand on lui adressait la parole ; ses courtisans l'entretenaient-ils de son royaume, il leur parlait des pays étrangers. Kâmrûp en un mot était toujours présent à sa pensée. « Qui sait, disait-il quelque-
« fois en pleurant à ceux qui l'entouraient, si je ne le
« reverrai pas encore ?..... Oui, il viendra me présenter ses
« devoirs ; je l'embrasserai, je l'espère, avant de mourir. »

Toutefois le père et la mère du prince n'en avaient aucune nouvelle ; et, de son côté, Kâmrûp n'en avait pas reçu de ses parents. Lorsqu'il arriva dans le royaume d'Aoude qu'il revit avec tant de plaisir, le bruit parvint à la capitale qu'un grand nombre de gens étaient venus dans ce pays

et que les habitants renfermaient leur troupeaux et venaient se réfugier à Aoudhpûr. Râj Pit, pensant que la troupe dont on parlait pouvait être une armée, fait venir son ministre Karamchand et lui parle en ces termes : « Va, lui
« dit-il, au milieu de ces étrangers, reconnaître qui ils sont,
« quel est le mahârâj qui est à leur tête, et dans quel but
« il vient en Aoude ; sache quel est le pays d'où ils sont
« partis, et ne manque pas de leur demander des nouvelles
« du kunwar Kâmrûp. »

Karamchand s'étant retiré de la présence du monarque, alla prendre parmi les gens de Kâmrûp les informations que désirait Râj Pit. Il leur demanda de sa part quel était le mahârâj qui s'avançait avec cet appareil, et s'ils avaient par hasard entendu parler du prince Kâmrûp. Alors ceux-ci lui répondirent avec empressement : « Allez dire à votre
« souverain que nous sommes de Sarândîp et que nous
« conduisons ici la princesse Kala ; le kunwar Kâmrûp
« est notre chef ; ses six amis l'accompagnent. Il vint à
« Sarândip il y a quelques années, et s'y maria avec Kala.
« Actuellement il a voulu revoir sa patrie, et il amène en
« palanquin son épouse bien-aimée. Puisque vous êtes le
« chambellan du mahârâj, allez lui porter ces nouvelles du
« prince son fils. Dites-lui qu'après un long voyage il est
« revenu à Aoudhpûr son pays pour baiser les pieds de son
« père. »

Lorsque Karamchand eut obtenu ces renseignements, il voulut voir Kâmrûp de ses propres yeux. On le lui montra, et, après l'avoir attentivement regardé, il le reconnut, ainsi que ses amis qui l'entouraient. Sa joie fut d'autant plus vive qu'il retrouva parmi les compagnons du kunwar son fils Mitarchand. Il le serra tendrement entre ses bras, prit ensuite congé du kunwar, et retourna en toute hâte auprès du mahârâj le prévenir que la troupe dont on lui avait annoncé l'arrivée venait de Sarândîp ; que le prince Kâmrûp était à sa tête ; qu'il revenait en Aoude après avoir épousé Kala dans l'île de Sarândîp. En apprenant d'aussi bonnes nouvelles, le mahârâj fit battre la timbale de joie et donna ordre à Karamchand, son ministre, de faire toutes les

dispositions nécessaires pour recevoir son fils. « Prépa-
« rez, lui dit-il, une brillante escorte de gens à cheval, et
« allez au devant de mon fils chéri. Traitez-le comme un
« nouveau marié; conduisez-le dans la ville la tête ceinte
« d'une couronne; faites en un mot tout ce qui est néces-
« saire pour que son cortége soit pareil à celui qui accom-
« pagne les nouveaux mariés. »

Pour se conformer aux ordres du mahârâj, Karamchand se met en devoir d'aller, à la tête d'une troupe choisie, au devant de Kâmrûp, pour l'accompagner dans son entrée à Aoudhpûr. Les habitants de la ville, riches et pauvres, se portent sur les pas du kunwar; tous, selon leurs moyens, viennent lui offrir de l'argent monnoyé. Ceux qu'on avait chargés d'escorter Kâmrûp sortent d'Aoudhpûr et vont le joindre; ils se réunissent aux gens qu'il avait amenés de Sarândîp et leur demandent avec empressement des nouvelles du prince. Ils marchaient en avant, jaloux de remplir dignement leur mission; Karamchand était à leur tête. Ils déposèrent devant le kunwar les présents qu'ils avaient apportés; ils lui offrirent en sacrifice l'or et l'argent dont ils s'étaient pourvus. Il reçut tous ces dons avec dignité, et admit ensuite en sa présence le ministre Karamchand, qui, d'après son désir, lui fit connaître en ces termes l'état du mahârâj Pit: « Depuis l'époque de votre départ, lui dit-il,
« le mahârâj pleure soir et matin, nuit et jour. A force de
« répandre des larmes, il a détruit ses yeux. Il n'a pas eu
« une heure, que dis-je ? un instant de repos. Hâtez-vous
« donc, mon cher prince, d'arriver auprès de lui ; montez à
« cheval pour faire votre entrée royale à Aoudhpûr; cei-
« gnez votre tête d'un diadème; faites battre la timbale,
« et remettez-vous en marche pour vous rendre à cette capi-
« tale. »

D'après le désir de Pit, son fils Kâmrûp se conduisit comme un nouveau marié le jour qu'il fit son entrée dans Aoudhpûr. Il marchait joyeux au son des instruments, se tenant près du palanquin de Kala. Les habitants sans nombre, hommes et femmes, debout sur son passage, le cherchaient de leurs yeux. Ils traitèrent son cortége comme celui d'une noce, et le conduisirent avec cérémonie au travers des rues de la ville. De son côté, le mahârâj vint à la rencontre de son fils. Lorsqu'ils furent en présence l'un de l'autre, Kâmrûp se prosterna respectueusement aux pieds de son père; celui-ci le releva et le serra tendrement contre sa poitrine. Ils restèrent longtemps embrassés, chacun d'eux ayant une main sur le cou de l'autre, et une main sous son aisselle. Après avoir rassasié ses yeux de la vue de son fils, cet heureux père le conduisit dans son palais, auprès de sa royale épouse. En apercevant ce fils chéri qu'elle avait tant pleuré, Sundar-rûp se leva et le pressa contre son sein palpitant, tandis qu'il louait son amour maternel. Ensuite elle demanda de la poudre de sandal, et se rendit à la porte de son palais pour recevoir au sortir de son palanquin la princesse Kala. Après avoir fait prendre toutes les dispositions nécessaires et préparer quatre heureux présages, elle accueillit la jeune mariée à sa descente du palanquin.

L'arrivée de la princesse de Sarândîp éclaira par la joie le palais de Pit, que la tristesse avait obscurci si longtemps; de même que l'entrée de Kâmrûp dans Aoudhpûr changea cette ville en jardin d'Irem. Tous les habitants reçurent le kunwar avec enthousiasme; chaque maison partagea le contentement général. Les six fidèles amis de Kâmrûp s'empressèrent de retourner à leurs habitations respectives, auprès de leurs parents, qu'ils désiraient tant de revoir. Le kunwar les combla de richesses, et les maria dans la capitale. Lui et ses amis réunis jouirent enfin du repos et se livrèrent aux divertissements, aux conversations et aux ris; de jour en jour les peines qu'ils avaient endurées s'effacèrent de leurs esprits; le kunwar les oublia complétement et ne pensa plus qu'à jouir du bonheur que lui avait départi la divine providence.

LA ROSE
DE BAKAWALI

CHAPITRE Ier.

On raconte qu'un roi nommé Zaïn-ulmuluk régnait sur une ville des contrées orientales de l'Hindoustan. Il était beau comme la lune resplendissante et sans pareil quant à la justice, l'équité, la bravoure et la générosité. Il avait quatre fils remarquables par leur savoir et les Rustam du temps par leur intrépidité, lorsque par l'effet de la toute-puissance de Dieu, il lui naquit un autre fils, dont la beauté jeta sur le monde un éclat pareil à celui du soleil et dissipa les ténèbres comme la lune de quatorze nuits.

Vers. — En voyant son front, la lune ressentit la blessure (de la jalousie) ; en apercevant ses sourcils arqués, l'arc se courba (par l'effet du même sentiment). En considérant les plis (*chin*) de son front, le peintre chinois se crut en Chine (*Chin*). Ses yeux fascinateurs excitaient le trouble : ils étaient comme deux coupes pleines d'une liqueur enivrante. Les boucles de cheveux à la vue de sa belle chevelure s'embrouillaient (de dépit) comme le nard. Le monde entier était blessé par l'épée de son regard, et chacun de ses cils brillait comme le poignard recourbé. Quiconque voyait ce visage de lune en était épris. Si le soleil l'eût aperçu, il se fût offert lui-même en sacrifice.

Sur la joue de cet enfant était une éphélide parfaitement ronde, noire gardienne du trésor de sa beauté. Sa poitrine était aussi lisse qu'une tablette de cristal ; bien plus, on aurait dit que c'était un diamant poli. Enfin, on croyait voir un cyprès superbe dans le jardin de la beauté, plein de grâce dans tout son ensemble.

Zaïn-ulmuluk satisfait donna un grand festin à cette occasion, et ayant fait venir des astrologues, il leur ordonna de tirer l'horoscope de cet enfant. Ils tracèrent en effet leurs figures astrologiques, et déclarèrent d'abord qu'il devait se nommer Taj-ulmuluk (la couronne des rois). Puis, après avoir compté sur leurs doigts, ils annoncèrent que le sort lui assurait un bonheur temporel infini; qu'il aurait plus de résolution qu'aucun mortel; que les hommes et les génies lui seraient soumis; mais que son horoscope indiquait aussi que quelque chose de fâcheux devait arriver à cause de lui : c'est que si son père venait à le regarder, il perdrait aussitôt la vue.

Zaïn-ulmuluk, moitié joyeux, moitié triste, fit retirer l'enfant de sa présence, et ordonna à un de ses ministres de le placer, ainsi que sa mère, dans un palais éloigné de son passage, ce qui fut ponctuellement exécuté. Après quelques années, ce surgeon du jardin du sultanat ayant reçu des soins d'une délicatesse parfaite, fut verdoyant de science et de vertu. Un jour, voulant se livrer au plaisir de la chasse, il monta sur son coursier et s'élança dans les bois à la poursuite du gibier. Il est bien certain que ce qui doit arriver ne peut manquer de se produire.

Hémistiche. — « On ne peut effacer l'écrit du destin. »

Par hasard, le roi son père était allé chasser aussi ce jour-là dans les mêmes bois. En poursuivant un daim, il passa près de Taj-ulmuluk. On dit en proverbe : « Celui qui est borgne et qui craint un nouveau malheur ne l'éprouve que trop souvent. » 'A peine, en effet, le regard du roi fut-il tombé sur son fils, que la faculté visuelle disparut de ses yeux. Les officiers de la couronne reconnurent aussitôt que Taj-ulmuluk était cause de cet accident. Le roi dit à ce sujet : « Il semble naturel qu'en voyant son fils les yeux d'un père en soient plus lumineux; mais ici, par extraordinaire c'est le contraire qui a eu lieu. Il est donc à propos de bannir de mes états Taj-ulmuluk aussi bien que sa mère. » On fit alors éloigner le prince, conformément aux ordres du roi. Puis on fit venir de grands médecins aussi habiles qu'Avicenne et comparables même au Messie, lesquels s'accordèrent à déclarer que le seul remède à la cécité du roi c'était la rose de Bakawali ; la vertu de cette rose étant telle que non-seulement elle pourrait guérir le roi, mais même un aveugle-né.

En conséquence de cette décision, le roi renvoya dans tout son royaume des messagers chargés d'annoncer que quiconque apporterait la rose de Bakawali, ou en donnerait des nouvelles, serait généreusement récompensé. Le roi attendit en vain, pendant longtemps, en pleurant comme Jacob, au point de détruire ses yeux, et en se consumant, comme Job, dans son chagrin et sa douleur. Il eut beau s'abreuver du sang de son cœur, il ne trouva d'aucun côté la trace de ce qu'il cherchait.

Un jour ses quatre fils aînés lui tinrent ce discours, les mains jointes : « Heureux les enfants qui peuvent rendre service à leur père et à leur mère ! Quand même leur dévouement irait jusqu'à sacrifier leur vie, leur bonheur est assuré dans ce monde et dans l'autre. Nous espérons donc que vous nous permettrez d'aller nous-mêmes à la recherche de la rose de Bakawali. » Le roi répondit : « Déjà j'ai perdu un fils à cause de mes yeux, et la douleur qui en est résultée pour moi se fait sentir encore dans mon cœur. Actuellement, si je vous livre à la merci du vent, vous qui êtes les lampes de ma maison, je ne pourrai supporter un nouveau malheur. » Les princes insistèrent, et, bon gré mal gré, le roi finit par céder à leurs instances, et ordonna à ses vizirs de préparer tout ce qui était nécessaire pour leur voyage, argent, effets, bêtes de somme, tentes et escorte.

Les fils de Zaïn-ulmuluk prirent congé de leur père, et se mirent en route, voyageant d'étape en étape. Il arriva par hasard que Taj-ulmuluk, qui avait quitté la capitale, chassé qu'il était des États de son père, errait à l'aventure dans un bois qu'ils traversaient. Il les rencontre et demande à une personne de leur suite qui ils étaient et où ils allaient. Celle-ci lui raconta comment Zaïn-ulmuluk avait perdu la vue et quel était l'objet du voyage des princes. Taj ulmuluk dit alors en lui-même :

Hémistiche. — « Levons-nous et tentons la fortune.

« Oui, ce serait une bonne chose que d'aller en compagnie de mes frères à la recherche de la rose de Bakawali, et d'éprouver ainsi sur la pierre de touche l'or de mon destin. Peut-être viendrai-je à bout de remplir le pan de ma robe des roses de mon désir. Sinon, je pourrai du moins sortir sans danger du royaume de mon père. »

Après avoir pris cette résolution, il alla trouver un des chefs de l'escorte, lequel se nommait Saïd, et il le salua respectueusement. Celui-ci fut tout de suite frappé de l'éclat de son front, qui égalait celui du soleil, et du coloris de ses joues, qui, ombragées par ses cheveux couleur de nuit, ressemblaient à la pleine lune entourée de nuages. Il lui demanda qui il était et où il dirigeait ses pas. Tajulmuluk fit alors sortir de la boîte de rubis de sa bouche quelques perles du discours: « Je suis, dit-il, un malheureux voyageur, étranger, sans amis ni connaissances qui compatissent à ma position fâcheuse, ni qui cherchent à la soulager. »

Saïd, charmé des douces paroles de cet autre Joseph, l'accueillit avec bonté, l'admit avec plaisir dans sa troupe, et augmenta pour lui chaque jour sa bienveillance.

CHAPITRE II.

Les quatre fils aînés de Zaïn-ulmuluk arrivèrent peu de temps après dans une ville nommée Firdaus, sur laquelle régnait le roi Rizwan. Au soir, ils dressèrent leurs tentes sur le bord de la rivière qui baignait les murs de cette ville, dans l'intention d'y demeurer quelques jours. Lorsque le soleil, pareil au voyageur, se mit *chaudement* en marche pour le royaume de l'Occident, et que la lune, voyageuse aussi montée sur le noir palefroi de la nuit, détourna sa bride de l'Orient, les quatre princes, montés sur leurs coursiers aussi agiles que le vent, allèrent parcourir la ville et en visiter les différents quartiers. Ce fut ainsi qu'ils découvrirent un palais magnifique, orné de peintures et de sculptures, et dont toutes les pièces étaient séparées l'une de l'autre par des rideaux de brocart. Ils demandèrent au premier venu à qui appartenait ce bel édifice. « C'est leur répondit-on, la résidence d'une courtisane nommée Dilbar-Lakkha. — Grand Dieu! s'écrièrent les jeunes princes; mais comment une femme de ce genre a-t-elle en sa possession cette maison vraiment royale? — Cette femme, leur répondit-on, est, à la vérité, unique pour la beauté et la grâce; elle est célèbre dans les horizons, et elle conduit habilement ses affaires; elle séduit tous les cœurs par sa fraîcheur et sa gentillesse; sa jolie figure charme et ravit ceux qui la voient. L'œil du soleil est constamment amoureux comme le papillon de cette bougie resplendissante, et la face de la lune s'offre sans cesse en sacrifice à sa bouche voluptueuse. »

Vers. — « Elle tire (pour l'anéantir) une ligne sur l'esprit de celui qui met le pied dans le chemin qui conduit à sa demeure et quiconque conçoit le moindre désir de la posséder est sûr de perdre son honneur et sa dignité.

« Lakkha a placé à la porte de sa demeure une timbale avec une baguette. Quiconque fait résonner la timbale est introduit dans le palais; mais il n'est admis auprès de cette femme qu'après avoir donné un lakh de roupies (250,000 fr.) »

A ces mots, les jeunes princes, fiers de leur position et de leur fortune, dressèrent dans la plaine du désir de l'union la cible de l'ambition; ils s'avancèrent vers la porte et hardiment frappèrent la timbale. Lorsque cette séductrice de l'époque entendit le son de cet instrument: « Il y a bien longtemps, s'écria-t-elle, qu'aucun riche libertin ne s'était approché de ma maison. J'espère que ces jeunes princes la rendront brillante; et puisque cette proie grasse et fraîche demande à entrer dans mon filet, elle s'y laissera prendre sans doute. »

On sait, en effet, que de telles créatures ne cherchen

que des gens aveugles d'entendement et possesseurs d'une bourse bien garnie ; et c'étaient des gens de cette espèce qui étaient arrivés chez Lakkha. En toute hâte, elle se pare avec goût de ses plus beaux ajustements, de ses riches bijoux, de ses rubis, de ses perles, de ses diamants, de ses émeraudes, et elle s'assied, ainsi ornée, prête à recevoir la visite des fils de Zaïn-ulmuluk ; puis, quand ils sont introduits, elle fait quelques pas à leur rencontre et les invite à s'asseoir sur des siéges dorés. La soirée s'avançant, de jeunes échansons au visage de rose viennent leur offrir du vin dans des coupes d'or qu'ils portent à la ronde.

Vers minuit, cette femme artificieuse leur propose de jouer au trictrac, et ils acceptent avec plaisir la proposition. Alors elle place près du tablier la lampe sur un chat qu'elle avait eu soin de dresser selon ses vues. Ils jouèrent cent mille roupies la partie ; mais la chance ne cessa d'être contre les malheureux princes, qui perdirent en cette nuit quinze parties. Lorsque le soleil parut pour parcourir le monde sur son damier d'émeraude, et que le jeton d'argent de la lune rentra dans sa maison, Lakkha plia le tapis du jeu, et les princes retournèrent à leur domicile.

Le lendemain, quand le soleil, à la manière des voyageurs, arriva à la station de l'occident, et que la lune, à la tête, comme les rois, de son armée d'étoiles, brilla de son éclat sur son trône d'azur, les princes vinrent chez Lakkha de la même manière que la veille. Elle les fit asseoir comme la première fois sur des siéges dorés, et ce jour-là elle les fit servir par des esclaves semblables à des houris, qui leur apportèrent des mets de diverses sortes dans des plats d'or et d'argent ; puis elle fit apporter le tablier, et proposa une partie de dix lakhs de roupies. Bref, les princes perdirent en cette nuit non-seulement tout leur argent monnayé, mais même leurs effets, leurs éléphants, leurs chevaux, leurs chameaux, etc. Alors cette beauté perfide leur dit en cessant de jouer : « Jeunes princes, vous avez tout perdu ; enlevons donc le tapis du jeu, et prenez le chemin de votre maison *avec vos deux oreilles et votre nez.* — Non, dirent les princes, laissez-nous peser encore une fois à la balance de l'épreuve l'or de notre fortune. Si le bassin penche de notre côté, alors nous rentrerons dans tous nos biens ; si, au contraire, il penche du vôtre, nous consentons non-seulement à tout perdre, mais même à être vos esclaves. »

Lakkha accepte cette proposition : dans un clin d'œil elle gagne cette nouvelle partie, et se trouve ainsi, sans contestation, maîtresse absolue des biens et de la personne des fils de Zaïn-ulmuluk, lesquels furent aussitôt réunis à des centaines d'individus déjà tombés de la même manière dans les liens de Lakkha.

A cette nouvelle, les compagnons des jeunes princes et leur escorte, semblables aux pétales de la rose que l'automne fait tomber, furent dans le trouble et l'agitation. Taj-ulmuluk forma sur-le-champ la résolution de faire ses efforts pour sauver ses frères. Plein de cette idée, il va dans la ville, se présente à la porte d'un émir et dit à ses gens : « Je suis un voyageur sans ressource, et je suis à la recherche d'un homme puissant chez qui je puisse être employé. J'ai entendu parler avec tant d'éloges des bonnes qualités de votre maître, que j'entrerais à son service de cœur et d'âme s'il me faisait l'honneur de m'y admettre. » Un des domestiques de l'émir va faire part à son maître de la proposition du jeune inconnu. L'émir ordonne de l'introduire, et, charmé de la beauté et de la noblesse de ses traits, il s'écrie : « O Dieu ! quel est donc ce soleil du quatrième ciel qui est entré dans le monde de l'humanité ? Mais n'est-ce pas plutôt un des jeunes hommes angéliques du paradis qui est descendu sur la terre ? »

Vers. — « L'astre de l'élévation semble resplendir sur son front charmant. »

Bref, l'émir prit Taj-ulmuluk à son service, et sa bienveillance pour lui s'accrut de jour en jour.

CHAPITRE III.

Lorsque Taj-ulmuluk eut passé quelques mois au service de cet émir, et que de ses gages il eut amassé quelques roupies, il dit un jour à son maître qu'une personne de sa connaissance venait d'arriver dans la ville, et qu'il désirait que l'émir voulût bien lui permettre d'aller tous les jours passer deux heures auprès d'elle. L'émir y ayant consenti, le prince se rendait chaque jour chez des joueurs de trictrac et faisait sa partie avec eux, en sorte qu'il connut bientôt toutes les finesses de ce jeu. Lorsqu'il crut être capable de jouer avec l'artificieuse Lakkha : « Allons jeter, dit-il en lui-même, le dé de mon destin sur le tablier de l'épreuve, puis j'attendrai ce que la puissance de Dieu manifestera de derrière le voile du mystère. »

Après avoir formé cette résolution, il va un jour auprès du palais de la belle courtisane, et précisément il en sortait une vieille femme. Il demanda qui elle était, et il apprit qu'il voyait en elle la conseillère de Lakkha, et que cette dernière ne faisait rien sans son avis. « Bien, dit en lui-même Taj-ulmuluk, la ruse est ici nécessaire ; jetons au cou de cette femme le collier de l'amitié, et peut-être par son entremise viendrai-je à bout de mon dessein. » Le prince se retira plein de cette pensée, et un autre jour, aussitôt qu'il aperçoit cette vieille femme, il se jette à ses pieds, et se met à répandre des larmes. Celle-ci, étonnée, lui demande qui il est et d'où il vient, s'il est fou, ou s'il a éprouvé quelque grand désastre.

Le prince répond :

Vers. — Que me demandes-tu ? Je suis dénué de tout. Si on cherchait dans le monde un être aussi malheureux que moi, on ne le trouverait pas.

« Ma poitrine est dévorée et consumée par le feu du chagrin ; l'affliction est désormais le partage de mes deux jours d'existence.

« De quelle tyrannie n'ai-je pas été l'objet de la part du ciel inconstant ? Je n'ai plus pour guide et pour compagnon que mon ombre. »

« O ma mère ! je suis un malheureux voyageur, sans amis ni connaissances. Je n'ai dans cette ville étrangère d'autre appui que Dieu. Ma patrie est à l'orient de ce pays. Il me restait une grand'mère maternelle ; mais il y a quelques années que par l'effet de la volonté divine elle a quitté ce monde périssable, pour partager le bonheur du paradis. J'ai retrouvé tous ses traits en vous, et c'est pour cela que j'ai ressenti le vif désir de vous baiser les pieds. Si vous daignez me regarder d'un œil de bonté, et avoir compassion de mon état malheureux, je m'offre à rester auprès de vous, et à vous considérer comme ma véritable grand'mère. »

Vers. — « Ceux qui par leur seul regard changent la terre en poudre (pierre) philosophale, daigneront-ils, ô Dieu ! regarder du coin de l'œil de mon côté ? »

Le ton de sincérité dont Taj-ulmuluk accompagna ses paroles rendit le cœur de la vieille femme mou comme de la cire : « Jeune homme, lui dit-elle, il ne m'est resté non plus aucun parent au monde ; ainsi, dès aujourd'hui, je t'adopte, selon ton désir, pour mon petit-fils. » Alors Taj-ulmuluk lui dit qu'il était placé depuis peu de temps comme domestique, que par conséquent il n'avait pas la facilité de venir la voir tous les jours, et qu'il ne pourrait le faire que de temps à autre. Taj-ulmuluk, malgré ce qu'il avait dit, alla très-fréquemment, dès ce jour, auprès de la vieille femme, et il la flatta et la cajola tellement, qu'il devint enfin le confident de ses secrets.

Un jour, le prince porta à la vieille ses économies, et lui dit : « Grand'mère, prenez ces roupies, et disposez-en comme vous l'entendrez. — Mon fils, répond la vieille, que veux-tu que je fasse de tes roupies ? grâce à Dieu, je ne manque de rien, et je te donnerai volontiers, au contraire, l'argent comptant que je possède, pour que tu t'en serves librement.

Vers. — « O lumière de mes yeux ! emploie cet argent à tes besoins ; l'or dont on ne fait pas usage est comparable à la pierre. »

A la fin, lorsque Taj-ulmuluk eut reconnu que cette vieille femme avait pour lui la bienveillance d'une mère compatissante, après lui avoir un jour parlé de choses indifférentes, il lui demanda si elle savait par hasard pourquoi ceux qui jouaient au trictrac avec Lakkha perdaient toujours.

« Mon cher fils, répondit-elle, c'est une chose très-secrète, ainsi prends bien garde de ne répéter jamais à personne ce que je vais t'en dire ; car autrement ce serait comme une assiette qui tomberait du toit et se briserait en mille morceaux. Le bruit en viendrait aux oreilles de Lakkha, et je serais perdue. — Dieu me préserve, répond le prince, d'un tel abus de confiance ! — Voici ce que c'est, dit alors la vieille : Lakkha a élevé un chat et une souris : elle a habitué le chat à avoir une lampe sur la tête, et la souris à se tenir cachée à l'ombre du chandelier. Lorsque la chance n'est pas favorable à Lakkha, le chat agite la lampe et fait aller l'ombre sur les dés. Alors la souris va retourner le dé, et c'est ainsi que Lakkha gagne constamment, sans qu'aucun de ceux qui ont joué avec elle ait encore pu en comprendre le motif. »

Taj-ulmuluk n'eut pas plutôt entendu ces paroles qu'il alla au marché acheter une petite belette qu'il dressa à se tenir dans sa manche, et en sortir précipitamment comme une panthère lorsqu'elle l'entendait faire claquer ses doigts. Quand la belette fut bien dressée, il alla voir la vieille femme.

— « Je suis fatigué de servir, lui dit-il ; si vous consentiez à me confier mille roupies, j'essayerais de faire le commerce. »

La vieille conduisit le prince dans un cabinet, et, lui montrant tout son argent, elle lui dit de prendre ce qu'il voudrait. Taj-ulmuluk se contenta de mille roupies. Il se rendit ensuite chez l'émir son maître, lui dit qu'un de ses amis se mariait, et que, pour aller convenablement à la noce, il le priait de lui laisser prendre un vêtement dans sa garde-robe. L'émir accéda sans peine au désir de Taj-ulmuluk, et lui permit même de prendre celui de ses chevaux qui lui conviendrait davantage. Taj-ulmuluk, richement vêtu, et monté sur un superbe coursier, se rend alors chez la rusée courtisane. Il descend de son cheval, et, hardiment, il pénètre dans la maison. Déconcertée par cette visite inattendue, Lakkha pâlit en se levant pour aller à sa rencontre. Cependant elle fait asseoir le prince avec distinction sur un siége enrichi de pierreries, et elle s'assied elle-même un peu en arrière, sur un siége plus bas. Sur ces entrefaites, le joueur astucieux du firmament serra le damier d'or du soleil dans la maison de l'occident, et jeta les dés argentés de la Grande et de la Petite-Ourse sur la table de l'orient.

— « On assure, dit alors Taj-ulmuluk, que vous jouez volontiers au trictrac. Si vous le voulez, nous pourrons faire une ou deux parties. »

Lakkha se fait un peu prier, mais enfin elle se détermine à jouer, et comme de coutume, elle place la lampe sur la tête du chat, met sur jeu cent mille roupies, et jette les dés. Le prince lui laisse gagner la première partie, à l'aide du chat et de la souris. A la seconde, comme la chance ne tournait pas en faveur de Lakkha, le chat et la souris allaient recommencer leur manége, lorsque Taj-ulmuluk se met à frapper avec ses doigts sur le tablier. A l'instant, la belette sort, furieuse, de la manche de son maître. En la voyant, la souris disparaît comme du camphre, et le chat, effrayé, s'enfuit comme le vent, laissant tomber la lampe de dessus sa tête.

Le prince se mettant alors en grande colère : « Femme artificieuse, dit-il à Lakkha, quelle est donc cette tricherie ? Quoi ! dans votre maison où se voient des rubis qui éclairent la nuit, vous n'avez pas de porte-lampe ? » A ces mots la belle courtisane fut remplie de confusion, et son corps se couvrit de sueur ; cependant elle fit apporter un chandelier et la partie continua. A son tour, le prince eut le dessus, et il gagna en cette seule nuit sept karors de roupies. Au matin, il dit à Lakkha qu'il était obligé de se rendre au déjeuner du roi, et il la quitta, laissant chez elle les roupies qu'il avait gagnées, et lui donnant rendez-vous pour le soir. Dans l'attente de ce moment, il passa toute la journée dans l'impatience. Au coucher du soleil, il fit toilette, monta sur un cheval si léger que, par jalousie de se voir dépassé en vitesse, le zéphyr matinal poussait de froids soupirs, et il arriva à la demeure de la belle. Celle-ci fait encore quelques pas pour aller à sa rencontre, mais de mauvaise grâce, puis elle le fait asseoir. Après avoir soupé, ils se mettent à jouer dix millions de roupies, et la moitié de la nuit ne s'était pas écoulée que Taj-ulmuluk avait gagné tout l'argent comptant accumulé dans les coffres de Lakkha et s'élevant à plusieurs centaines de millions de roupies. Celle-ci, désolée, veut jouer tout son mobilier ; mais, cette fois encore, elle perd, et le prince lui dit :

« Puisqu'il ne vous reste plus rien à mettre en jeu, que ferons-nous maintenant pour passer le restant de la nuit ? Voulez-vous jouer encore une fois avec moi ? Si je perds, je vous donnerai cent mille roupies ; dans le cas contraire, vous me livrerez tous les princes que vous avez tenus enfermés par suite de vos tricheries. »

Lakkha consent à cette proposition, mais en un clin d'œil le prince gagne encore cette partie.

« Heureux jeune homme, lui dit alors Lakkha, je veux tenter une dernière fois la fortune. Si je gagne, je garderai tout ce que j'ai perdu ; si je perds, je deviendrai ton esclave. »

L'astre de la fortune de Taj-ulmuluk continuant à briller sur le firmament du bonheur, il gagna aussi en un instant cette dernière partie. Alors cette belle à taille de cyprès se lève, et, les mains jointes, elle dit au prince.

« Fortuné jeune homme, avec l'aide de Dieu et l'assistance de ton horoscope, je suis donc devenue ton esclave. Par l'effet de ta haute fortune, tu as pu saisir cette proie à la poursuite de laquelle les rois de la terre ont consumé leur vie. Ma maison est désormais la tienne ; épouse-moi, et passons ensemble le reste de notre vie dans le bonheur et la considération.

— Non, lui dit Taj-ulmuluk, je ne puis y consentir. Une importante affaire m'occupe ; si Dieu me fait la grâce de réussir, toi aussi, tu seras heureuse. J'exige de toi que tu renonces à la vie que tu mènes, et que tu m'attendes pendant douze années en t'occupant du service du Très-Haut.

— O jeune plante du jardin de l'élévation, répond-elle, jusqu'à ce jour la fleur du parterre de ton adolescence ne s'est pas encore épanouie ; le vent tempétueux de la vieillesse est encore éloigné de la résidence printanière de ta jeunesse. Est-il donc nécessaire que tu entreprennes un voyage, et que, de plein gré, tu te jettes ainsi dans le pyrée des ennuis ; que tu lances de ta propre main le feu du trouble dans le château du contentement ? Confie-moi donc ton secret, car tant que mon âme sera dans l'enveloppe de mon corps, et que cette affaire ne sera pas terminée, j'unirai mes efforts aux tiens, puisque cette maison sans toi n'est plus pour moi qu'une prison. »

Vers. — « O toi dont les discours me ravissent, sache que la maison que n'habite pas la personne qui vous est chère est une prison. Il faudrait mettre cette inscription sur toutes les demeures. »

Cédant aux instances de la spirituelle Lakkha, le prince lui dit enfin :

« Ecoute, je me nomme Taj-ulmuluk ; je suis fils de Zaïn-ulmuluk, roi du Scharquistan. Mon père a perdu la vue par accident, et les savants et les médecins ont déclaré d'un commun accord que la rose de Bakawali seule pouvait le guérir de sa cécité. Depuis lors, mes quatre frères se sont mis en route pour aller à la recherche de cette fleur merveilleuse. J'étais secrètement avec eux, et lorsque je sus qu'ils avaient été pris dans les filets de tes artifices, j'employai la ruse à mon tour, et c'est ainsi que je suis venu à bout de te vaincre. Actuellement, je veux poursuivre la recherche de la rose de Bakawali : si je réussis, tant mieux ; sinon je renoncerai à la vie. »

Lakkha savait ce qu'était Bakawali. « Ah ! dit-elle au prince, quelle pensée extravagante s'est emparée de ton esprit ! Sache que la rose dont tu parles se trouve dans la région du soleil, et qu'un oiseau même ne pourrait y parvenir. Bakawali est fille du roi des fées : cette rose se trouve dans son jardin. Mais la vue du soleil même ne saurait pénétrer à travers ses quatre murs. Des millions de dives veillent de tous côtés à sa garde ; aucun être vivant ne peut en approcher sans leur permission. Dans l'espace, de nombreuses fées sont occupées à écarter de ce jardin les oiseaux. Sur la terre, les serpents et les scorpions font une garde constante, afin que personne ne s'y introduise par là. Enfin, au-dessous de la terre, le souverain des rats, à la tête de milliers d'animaux de son espèce, fait aussi jour et nuit la garde, afin que personne ne puisse s'introduire dans ce jardin par quelque trou. Ainsi, une rusée fourmi voudrait y pénétrer en rampant, qu'elle ne pourrait y parvenir. Renonce donc, mon prince, à ce désir insensé, car il est dit dans le noble Coran : « Ne vous exposez pas à périr. » Saadi a dit aussi :

Vers. — « Nous ne pouvons, il est vrai, échapper à la mort mais ne va pas te précipiter de toi-même dans la gueule du dragon. »

« Tout cela est vrai, répond le prince ; mais Dieu qui sut changer en un parterre [de roses le feu dans lequel Nemrod fit jeter Abraham, couronnera de succès mon zèle ardent :

Hémistiche. — Si ce divin ami est bienveillant pour moi, que pourra contre moi l'ennemi ? »

« Ne t'oppose pas à mon dessein. Quoique les dives soient plus forts que les hommes, néanmoins ces derniers surpassent les premiers en intelligence et en perspicacité ; en sorte que Dieu a dit : « J'ai donné la prééminence aux enfants d'Adam. » N'as-tu pas entendu raconter l'histoire du brahmane et du lion ?

HISTOIRE DU BRAHMANE ET DU LION.

Un brahmane vint à passer un jour dans un bois où il vit un lion attaché dans une cage avec une forte corde. En voyant le brahmane, l'animal se mit à rugir d'une manière plaintive, et lui dit : « Seigneur, si tu as pitié de ma fâcheuse situation et que tu me sauves de ces entraves, je pourrai un jour t'être utile pour reconnaître ce grand service. » Le bon brahmane, au cœur aussi lisse qu'une planchette, fut troublé des cris douloureux du lion ; mais, aveugle d'esprit qu'il était, il ne songea pas qu'il avait affaire à un ennemi. Sans réfléchir donc à cette circonstance, il se hâta d'ouvrir la porte de la cage, et détacha les pattes de devant et de derrière du lion. L'animal sanguinaire ne fut pas plus tôt libre, qu'il saisit par le cou le trop simple brahmane, le mit sur son dos et l'emporta.

Vers. — « Il ne faut pas plus faire du bien aux méchants que du mal aux bons. »

Le brahmane effrayé s'écrie : « Je t'ai obligé dans l'espoir que tu me traiterais aussi avec bonté, et bien loin de là, tu veux me faire du mal.

Hémistiche. « Je t'ai fait du bien, ne me fais pas du mal. »

« Parmi nous, répond le lion, il est permis de rendre le mal pour le bien. Si tu ne veux pas m'en croire, va le demander, et je me conduirai d'après ce qu'on dira. » Le brahmane y consent. Or, il y avait dans ce bois un grand et vieil arbre des banyans ; le brahmane et le lion se rendirent auprès, et ce dernier exposa à l'arbre le sujet de la discussion. « Tu as raison, lui dit l'arbre ; moi, par exemple, je n'éprouve que du mal, au lieu du bien que je fais. Debout sur mon pied, au bord du chemin, je prodigue également mon ombre à tous les voyageurs, grands et petits ; toutefois, tous ceux qui, fatigués par la chaleur, viennent se reposer sous mon ombre, ne manquent pas, avant de continuer leur route, d'arracher quelqu'une de mes branches pour s'en servir de parasol ou pour s'en faire un bâton. Ne reçois-je donc pas le mal pour le bien ? »

« Que peux-tu répondre à cela ? dit le lion au brahmane. — Interrogeons quelque autre être, dit celui-ci, et, s'il est du même avis, tu feras ce que tu voudras. » Ils avisent alors un chacal couché sur un tertre, lequel s'aperçoit, de son côté, que le lion emportait sur son dos un homme vivant ; et il comprend ainsi qu'il y avait quelque chose de noir dans les pois (1). Il voulait fuir, mais le lion l'arrêta en s'écriant : « Ne crains rien, nous avons une demande à t'adresser. — Quelque chose que vous commandiez de loin, répond le chacal, je m'honorerai de l'exécuter. La frayeur, je l'avoue, a fait envoler loin de moi, pauvre animal, l'oiseau de l'esprit et des sens. — Voici ce dont il s'agit, dit le lion : ce brahmane m'a fait du bien, et moi je veux lui faire du mal. Qu'en dis-tu ? — Je ne peux concevoir, répond le chacal, qu'un homme ait pu faire du bien au roi des animaux, auprès de la forme colossale duquel la créature humaine est comme un petit enfant. Je n'en avais pas vu d'exemple jusqu'à aujourd'hui. — Viens, dit le lion, je te montrerai la chose. » Le lion prend alors le brahmane et marche en avant, tandis que le chacal les suit lentement par derrière. Ils ne tardent pas d'arriver tous les trois auprès de la cage. « Bon chacal, dit alors le brahmane, ce lion était dans cette cage de bois, je l'en ai délivré ; donne actuellement ton avis. — Comment se peut-il, dit le chacal, qu'un si grand lion fût dans une aussi petite cage ? Je ne pourrais le croire que si ce lion y entrait de nouveau et que tu remisses à ses pieds les liens qui les serraient ; tu le ferais sortir ensuite, et je m'assurerais ainsi du fait. » Le lion se prêta volontiers à l'expérience ; il rentra dans la cage, et le brahmane lui attacha les pattes. Le chacal dit : « S'il y a la moindre différence entre la position actuelle et la première, je ne pourrai pas donner de décision. » Le brahmane serra alors plus

(1) Proverbe indien qui signifie qu'on soupçonne un mal caché.

fortement le lion, puis il ferma la porte de la cage et dit au chacal : « Voilà bien comme le lion était placé quand je l'ai délivré. — Que ton esprit soit lapidé, dit le chacal ; ô insensé ! faire du bien à un ennemi si puissant, c'est frapper d'une bûche ton propre directeur spirituel. Avais-tu besoin de sauver un ennemi ? Va, continue ton chemin, car désormais tu ne l'as plus à craindre. »

« De même l'appétit sensuel est un lion renfermé dans la cage du corps ; celui qui l'écoute et qui détache étourdiment la corde de la patience et de la confiance qui le tient serré, en devient immanquablement la proie, à moins que le prophète Khizr, le conducteur des gens égarés, ne le sauve.

« Ecoute, belle courtisane, la force matérielle ne doit pas l'emporter sur la force spirituelle. Relâche donc tous les princes que tu retiens prisonniers par suite de tes artifices, si tu veux qu'à ton tour Dieu te délivre du cachot de l'enfer. Quant à mes frères, je te prie de les garder auprès de toi jusqu'à ce que Dieu me ramène ici. »

Il dit et se mit en devoir de partir. Alors Lakkha, les yeux baignés de larmes, improvisa ce *gazal :*

« Ne t'en va pas sans moi, charmant insouciant, ne me laisse pas seule après avoir mis au pillage l'argent comptant de ma vie infortunée !

« Ne m'abandonne pas, aimable tyran, pour te précipiter étourdiment dans le malheur.

« Puisque le vent des événements souffle avec violence dans le monde, ne quitte pas, ô joie de mon cœur, ce séjour de tristesse !

« Tu n'es pas encore instruit des artifices du temps, ô Joseph du siècle ! Le monde est une prison, n'y retourne pas.

« Le monde où tu veux t'aventurer est un océan sans rivage ; écoute mes paroles, ô méchant jeune homme, n'y va pas.

« Quelle réponse donneras-tu au jour de la résurrection au papillon (qui te demandera pourquoi tu t'es voué volontairement, comme lui, à la mort) ? Laisse donc ton dessein et ne t'en vas pas, toi qui es pareil au flambeau brillant pour qui se sacrifie le papillon. »

« Cher prince, tu viens d'entendre mes vers, mais écoute actuellement un discours plus digne de toi. Ton cœur, où Dieu réside, et qui est l'ornement du trône, ce cœur qui sait distinguer l'esprit de la matière, s'il regarde néanmoins cet impur monde de boue, il verra la rouille s'appliquer au miroir de sa vue spirituelle, et de lumineuse qu'elle était, elle deviendra obscure. Lève-toi dès maintenant (pénétré de ces idées) et va t'enquérir du collyre qui rend la vue ; cours à la recherche de la rose de ton ambition, mais évite les amusements que t'offrira sur ta route le monde artificieux. Il ne manquera pas de placer devant toi le damier de la ruse, et de te séduire au moyen du jeu de trictrac de la tromperie, en jetant les dés selon son désir, à l'aide du chat de l'erreur et de la souris du mensonge, en sorte que tu perdes tout d'un coup le capital de ton espoir ; et alors il t'enfermera pour toujours dans sa prison. Mais si tu déconcertes le jeu talismanique de la prostituée du monde (1) avec la belette de la patience, cette courtisane, tout habituée qu'elle est à commander comme les empereurs et les puissants, deviendra ton esclave soumise. Elle voudra te séduire par ses charmes et par sa beauté ; mais si tu lui résistes, il est certain que ta main cueillera la rose de ton désir, que tu rendras la vue à ton père et que tu reviendras délivrer tes frères. »

CHAPITRE IV.

Taj-ulmuluk endossa la robe des derviches, il frotta de cendre son visage brillant comme un miroir, et il partit ensuite en invoquant le nom de Dieu. Après quelques journées de marche, il arriva dans une forêt sans limites, et tellement obscure, à cause des arbres touffus qui la formaient, qu'on ne pouvait y distinguer la nuit du jour ; car

(1) C'est-à-dire du monde pareil à une prostituée. Elle dit ceci par allusion à sa conduite antérieure.

il n'y avait pas de différence entre le noir et le blanc ; mais il fut loin de perdre courage. « Ceci, se dit-il, n'est qu'un flot de l'océan de peine que je vais traverser en entier. Serrons donc la ceinture de la résolution, et, comme la salamandre, lançons-nous dans cette fournaise, plein d'espoir en Dieu. »

Vers. — « Si le plongeur craint les crocodiles, il ne prendra jamais des perles dans sa main. »

Plein de ces pensées, il s'enfonce dans cette forêt dangereuse, plus noire que l'esprit de l'ignorant. Il marchait sur des épines en avançant péniblement : chaque pas qu'il faisait lui arrachait des soupirs et des gémissements. Ce qui était bien plus à redouter, c'étaient les animaux féroces, de toute espèce dont la forêt était remplie.... De tous côtés il y avait des dragons altérés et affamés, la bouche béante qu'on aurait prise pour la porte ouverte d'une maison vide. On n'y ressentait d'autre chaleur que celle de l'enfer ; il n'y avait d'autre eau que le poison des serpents, d'autre ami que l'affliction.

Le prince erra longtemps à droite et à gauche. Son corps fut écorché par les épines des buissons, ses pieds percés par celles du jujubier, au point que le sang dégouttait de chacun de ses membres. Il ne parvint qu'avec beaucoup de difficulté aux limites de cette forêt, et là, se prosternant, il remercia Dieu mille fois. Puis, continuant sa route, il vit devant lui un dive qui était assis et qu'on aurait pris pour une montagne. Le dive se leva, et sa tête alla toucher le ciel ; il sourit, et de sa voix éclatante comme le tonnerre il fit entendre ces mots : « Combien je suis pénétré de reconnaissance envers Dieu qui veille à ma conservation, et que ne dois-je pas à mon Créateur qui m'a envoyé, à moi dive grossier et paresseux, un aussi fin morceau ! » Ensuite s'adressant au prince : « Jeune homme, lui dit-il, qui est-ce qui a agité, à la fleur de ton âge, la veine de ton trépas, et qui est-ce qui veut couper la corde de ton existence, en sorte que tu quittes de plein gré la cité de la vie pour venir aussi volontairement, avec le pied de ton désir, dans l'affreux désert de la mort? »

Alors, la terreur s'empara du prince ; la couleur de son visage disparut comme s'envole le papillon : on aurait dit qu'une fusée avait traversé son visage. « Apprends, dit-il au dive, toi qui m'interroges, que la vie de ce monde périssable est un malheur pour moi : si elle m'était chère, je ne me serais jamais jeté dans les griffes de la mort, et je ne me trouverais pas dans les filets d'un être sanguinaire tel que toi. Délivre-moi donc au plus tôt des peines que j'endure ; une heure d'existence est pareille à mes yeux à cent années de tourments. »

Vers. — Si une éternelle existence comme celle de Khizr était heureuse, elle serait trop courte ; mais pour une vie malheureuse, une demi-respiration est beaucoup trop.

Le dive fut ému de compassion par les tristes paroles du prince : « J'en jure par Salomon, dit-il, je ne te ferai pas le moindre mal ; bien plus, je veux te prendre sous ma protection et te prêter mon appui pour la chose que tu peux avoir en vue. » Depuis ce moment, le dive s'attacha chaque jour davantage au prince, et lui témoigna de plus en plus de l'intérêt. De son côté, le prince avait pour le dive la plus grande déférence : il s'unit à lui comme le sucre au lait, et le fit entrer, au moyen de ses douces et affectueuses paroles, dans la fiole de l'amitié.

Un jour, le dive, dans un accès de bienveillance, dit au prince : « Fais-moi savoir quelle est ordinairement ta nourriture, afin que je te la procure. — La nourriture des hommes, répond Taj-ulmuluk, est du *ghi* (beurre fondu), du sucre et de la fleur de farine. » A ces mots, le dive se lève et va se précipiter sur une caravane qui transportait entre autres choses, du sucre et du ghi. Il enlève les chameaux chargés de ces marchandises, et les amène au prince pour qu'il puisse prendre ce qui devait lui faire plaisir. Celui-ci s'empara de quelques provisions de bouche et lâcha es chameaux dans la forêt. Dès ce jour, Taj-ulmuluk mangea les petits pains cuits tant bien que mal qu'il préparait lui-même. Un jour, il en prépara un très-grand avec du ghi et du sucre qu'il pétrit convenablement et qu'il vint à bout de bien faire cuire, ayant réuni à cet effet du bois sec. Il prépara aussi un biftek de chameau assaisonné à l'avenant. Le dive s'apercevant de ces préparatifs, en demande au prince la raison. « C'est pour vous, répond ce dernier, que j'apprête ces choses ; je veux vous faire goûter de ce que mangent les hommes, afin que vous en connaissiez la saveur. » Le dive mangea tout ce que le prince avait préparé, et fut tellement content de ces mets qu'il n'avait jamais goûtés, qu'il se mit à sauter de joie tout en les mangeant. Il dit ensuite au prince pour lui exprimer son contentement : « Tu m'as fait manger aujourd'hui, cher prince, une nourriture telle que mon père et mon aïeul n'en ont jamais mangé de pareille, bien plus, dont aucun dive n'a jamais goûté la saveur. Je t'en serai reconnaissant pour l'éternité, et je me reconnais ton obligé. »

Charmé de complaire au dive, le prince lui préparait chaque jour un nouveau pain et un nouveau rôti. Le dive toujours satisfait, finit par dire un jour à Taj-ulmuluk :

« Je suis tellement ravi de la nourriture que tu me fournis, que si chacun de mes poils se changeait en cent mille langues, et que chacune de ces langues célébrât tes louanges, je n'exprimerais pas encore ce que je ressens ; cependant, je n'ai jusqu'ici rien fait pour toi. Demande-moi ce que tu voudras.

— Les hommes disent, répond le prince, que les dives ne sont pas véridiques, et qu'on ne peut pas compter sur leur parole ; jure-moi donc par Salomon que tu accompliras ce que je vais te demander.

— Je le ferais volontiers, répond le dive, mais je crains de m'engager par un serment aussi terrible. Tu en ignores l'importance ; il faut donc que tu saches que si je ne puis exécuter la chose que tu me demanderas, je devrai mourir. »

A la fin, le dive prêta le serment fatal, et se disposa à écouter la confidence de Taj-ulmuluk :

« Depuis quelque temps, lui dit alors le prince, je désire aller dans le royaume de Bakawali. Tout ce que je vous demande, c'est de m'y faire parvenir. »

En entendant ces mots, le dive pousse un froid soupir, se frappe la tête de ses deux mains et perd connaissance. Quand il reprend ses sens, il gémit, et d'un air profondément affligé :

« Cher prince, dit-il, le Très-Haut, loin de me confier le fil de ton existence, a livré en tes mains la bride de ma vie; car Bakawali est la fille du roi des fées ; plus de dix mille individus de cette catégorie sont les esclaves de ce roi, et, jour et nuit, gardent de tous côtés son empire. J'ai même su par un des gardiens spéciaux qui sont du côté de ce pays, qu'ils n'aperçoivent pas seulement les fortifications qui l'entourent. Comment un être vivant, que dis-je, comment le vent même pourrait-il parvenir en ces lieux, sans la permission de ces sentinelles vigilantes ? Il y a aussi dans les airs des dives sans nombre qui jour et nuit sont employés à empêcher qu'aucun oiseau ne vole au-dessus de ces domaines ; et sous terre le souverain des rats est chargé de la même surveillance, à la tête d'une armée de rats, de serpents et de scorpions, de crainte qu'on n'arrive à l'empire des fées par quelque conduit souterrain. Comment donc pourrai-je t'y faire parvenir ? Toutefois, je dois accomplir mon serment, si je ne veux pas être anéanti. Prépare-moi à manger, et je vais songer à cette affaire, pour l'accomplissement de laquelle quelque chose se manifestera peut-être de derrière le voile du mystère, si mes propres efforts ne peuvent en venir à bout. »

Taj-ulmuluk obéit, et quand le dive vit que son repas était prêt, il jeta un cri. Aussitôt un autre dive, grand comme une montagne, arriva du côté du nord. Ils se baisèrent les mains en signe d'amitié, puis ils s'assirent. Aussitôt que le regard du second dive tomba sur le prince, ce dernier le salua en courbant la tête. Le dive fut étonné de ce salut. « Frère, dit-il au maître de la maison, ce dont je suis témoin est extraordinaire. Jusqu'ici personne n'a jamais vu ni entendu dire qu'il existât une liaison entre un homme et un dive, ni qu'ils pussent demeurer en une même habitation. Explique-moi donc le motif de ce qui excite mon étonnement. — Ce fils d'Adam, répond le premier dive, mérite ma reconnaissance, car il a jeté à mon cou le filet du dévouement. Je suis bien éloigné de vouloir lui faire du mal, et je t'ai fait venir pour que tu juges par toi-même de son mérite. » Alors il servit à manger à son compagnon, et il lui fit goûter les mets délicieux préparés par le prince. Le dive en fut tellement satisfait, qu'il en sauta de joie. Enfin, après avoir mangé et bu à satiété, il demanda à son hôte en quoi ce fils d'Adam lui avait été utile. « En se donnant la peine, lui répondit celui-ci, de me préparer ces mets, que toute mon habileté et mes soins n'auraient pu apprêter. Or, si tu le veux, tu peux le satisfaire. Il s'agit de le conduire au royaume de Bakawali. — Mais, dit le dive étranger,

HÉMISTICHE. — « Vouloir sciemment faire périr quelqu'un, n'est-ce pas un crime ? »

— J'ai juré par Salomon d'accomplir ce qu'il souhaite, dit le maître de la maison ; si donc tu fais parvenir cet homme à la rose de son désir, c'est moi-même que tu obligeras. »

Le dive avait une sœur, nommée Hammala, qui était la générale des dix-huit mille dives chargés de la garde du royaume de Bakawali. Il lui écrivit la lettre dont la teneur suit :

« Ma chère sœur, j'ai à faire un voyage dont je ne puis me dispenser. Or, depuis quelque temps, j'ai élevé un fils d'Adam comme je l'aurais fait de mon propre fils. Il resterait seul pendant mon absence, et la crainte et la peur se saisiraient de lui. J'ai donc cru devoir vous envoyer cette lumière de mes yeux. Traitez-le avec bienveillance, et prenez garde que rien de fâcheux ne lui arrive. Salut. »

Le dive remit cette lettre au messager qu'il avait choisi, puis se tournant vers Taj-ulmuluk : « Va avec ce dive, lui dit-il ; j'ai lancé actuellement, par la force de mon bras, la balle du soin et de la peine dans le champ du but. Si le maillet de ta bonne fortune vient en aide, j'espère que tu parviendras à ce que tu désires. »

Il dit et plaça le prince sur le bras gauche du messager monstrueux. Ce dernier se mit alors en route, garantissant des rayons du soleil avec son bras droit le fils d'Adam, et il ne tarda pas d'arriver heureusement au terme du voyage. Il salua de loin Hammala, puis il lui remit et la lettre et le prince. La vue de Taj-ulmuluk charma la fée : elle reverdit comme le jardin et fleurit comme le bouton de rose.

Vers. — « Elle ne tenait plus dans sa robe tant elle s'épanouissait de joie en son esprit. »

Elle finit par dire au messager qu'elle n'aurait pas éprouvé autant de plaisir si son frère lui avait envoyé le soufre rouge qui sert de pierre à l'anneau de Salomon. Elle décacheta la lettre, la lut, et y fit la réponse suivante : « O mon frère, qui m'es aussi cher que la vie, j'ai eu l'occasion d'aller un jour dans une ville et d'y voir une princesse d'une beauté telle que je n'en vis jamais de pareille. Je l'ai élevée comme ma propre fille et je l'ai nommée Mahmouda. Elle a actuellement quatorze ans, et on ne saurait mieux la comparer qu'à la lune de la quatorzième nuit de la quinzaine lumineuse du mois lunaire. Dieu vient de m'envoyer son semblable dans le jeune homme que tu m'adresses. Je me flatte que je pourrai les unir selon mon désir.

« Au surplus, je désire te voir, et en attendant je te salue. »

Elle remet cette lettre au messager, le congédie, et se hâte de marier Taj-ulmuluk à Mahmouda.

Ami lecteur, considère que la vue naturelle est entourée de sept voiles ; et que la manifestation du Créateur, qui est la lumière des yeux des saints, est entourée de soixante-dix mille voiles. Si tu veux écarter ces voiles importuns, tu dois commencer par le grand dive de l'âme concupiscente qui nous accompagne constamment ; il faut asservir cet être maudit, afin que se dépouillant de sa forme hideuse, il te fasse arriver à *ce qui est louable* (Mahmouda). En d'autres termes, si tu agis contrairement à ce dive, tu agiras selon la droiture.

CHAPITRE V.

Taj-ulmuluk résida quelque temps auprès de sa protectrice et de Mahmouda, mais sans user en aucune façon des avantages que lui donnait son titre d'époux. Une nuit, Mahmouda se plaignit de son indifférence. Il lui en expliqua le motif. « En ce moment, lui dit-il, les plaisirs les plus doux me semblent amers, et j'ai fait vœu de m'interdire toutes les jouissances de ce monde, même les plus légitimes, jusqu'à ce qu'une affaire importante qui me préoccupe soit terminée. — Explique-moi ce dont il s'agit, dit Mahmouda. — C'est que je désire depuis longtemps, répondit le prince, visiter le royaume de Bakawali. — Tranquillise-toi, dit Mahmouda, s'il plaît à Dieu, demain je dénouerai le nœud du fil de l'espoir avec l'ongle de la prudence, et je te montrerai la ville de Bakawali. »

Lorsque la lune se cacha et que le soleil parut, Hammala alla prendre dans leur chambre ses deux protégés; elle les mit sur ses genoux, le prince sur le droit, la princesse sur le gauche, et les traita avec une affection et une bienveillance vraiment maternelles. Mahmouda, se dressant comme le cyprès, lui dit : « Chère mère, j'ai une grâce à vous demander, me l'accorderez-vous? — Oui, mon enfant, dit Hammala en lui baisant la tête et les yeux. — Mon époux désire voir le royaume de Bakawali, veuillez donc bien le satisfaire, si la chose est possible. » Hammala fit d'abord quelques difficultés ; à la fin, comme elle vit que sa fille adoptive ne renonçait pas à son idée, elle finit par céder, et ayant fait venir le souverain des rats : « Creuse, lui dit-elle, un passage souterrain d'ici au jardin même de Bakawali ; prends sur ton dos ce prince qui est le capital de ma vie ; fais-le parvenir dans ce jardin, tiens-le bien, et prends garde qu'il ne lui arrive aucun mal, même aussi léger qu'un cheveu. »

Le rat-monstre agit en conséquence de cet ordre, et quand le prince fut parvenu au jardin de Bakawali, ce dernier se mit à descendre tout doucement, de sa monture, afin d'entrer en ce lieu objet de son désir. Le rat l'en empêcha, et parut même vouloir s'en retourner ; mais Taj-ulmuluk lui dit : « Si tu me laisses entrer dans ce jardin, c'est bien ; sinon, je me tue à l'instant même. » Le rat craignit que le prince n'accomplît son dessein, ou que Hammala ne le fît mourir à son tour : il le laissa donc entrer. Taj-ulmuluk se trouva alors dans un jardin merveilleux : la terre était d'or, les murs qui l'entouraient se composaient de rubis de Badakhschan et de cornalines d'Yémen ; au milieu de parterres d'émeraudes serpentaient des ruisseaux de turquoises qui roulaient des flots d'eau de rose. La divinité elle-même semblait se manifester en ce lieu. Combien ce jardin était admirable ? Par la vue de ce jardin, il se manifestait comme un crépuscule aux yeux de ceux qui le regardaient, tant ils étaient éblouis par la couleur vermeille de ses fleurs ; le soleil, rose rouge du ciel, était tellement honteux par la jalousie qu'il éprouvait d'être surpassé en éclat, qu'il était trempé de sueur. Là les *grappes* de raisin, entourées de feuilles d'émeraude, jettent dans la confusion le *groupe* des Pléiades, et la beauté des tiges du nard est telle, qu'elle met en désordre et fait recoquiller les boucles de cheveux des beautés pareilles à la planète de Vénus. Si une seule goutte de la rosée de ce jardin arrivait jusqu'à l'Océan, les poissons sentiraient l'odeur de la rose ; si le chant de ses oiseaux arrivait jusqu'à l'oreille de la sphère céleste, elle s'arrêterait pour l'écouter, et s'il parvenait à la planète de Vénus, elle en serait tellement charmée, qu'elle se mettrait à danser au point de tomber sur la terre qui lui aurait servi de tambour de basque. Là encore les jujubes sont plus colorées que les doigts teints de henné des femmes dignes d'être aimées, et la stature des cyprès les moins gracieux est néanmoins préférable à celle des belles humaines. Le soleil ne pourrait mieux faire que de se transformer en papillon pour voltiger auprès des bougies qui éclairent le palais d ce jardin (tant leur éclat l'emporte sur le sien), et la lune perdre la raison à cause de la blancheur de ces bougies. Le plus étonnant, c'est qu'il y avait sur des arbres de rubis des bouquets de fruits tellement brillants, qu'ils étaient pareils aux grappes des étoiles qui se groupent autour de l'arbre du soleil. Sur l'eau des bassins, où des gouttes d'essence de rose figuraient des diamants, se penchaient des branches d'émeraude agitées par le vent. Des canards pareils aux vers luisants y voguaient et y prenaient leurs ébats.

Le prince émerveillé s'avançait en contemplant ce spectacle, lorsqu'il découvrit une salle couverte de rubis et d'émeraudes, où se trouvait un bassin dont les bords étaient enrichis de diamants, et qui était plein d'eau de rose. On avait adapté aux espèces de rigoles qui l'entouraient, des tuyaux garnis de perles de la plus belle eau. Au centre du bassin s'élevait une fleur épanouie extrêmement belle et d'une excellente odeur. Taj-ulmuluk comprit sans peine que c'était la rose de Bakawali. Sans hésiter, il ôte ses vêtements, entre dans le bassin et va cueillir la rose de son désir. Revenu sur le bord, il s'habille de nouveau, serre la fleur dans sa ceinture ; mais il ne veut pas partir sans visiter le palais qui s'offre à sa vue. Cet édifice était construit en cornalines d'Yémen ; les portes étaient aussi élevées que le ciel et les appartements étaient admirables. Son éclat était tel, que celui du soleil en était terni et celui de la lune effacé. Pareil au papillon amoureux qui déploie ses ailes et ses antennes, il y entre hardiment, et il se trouve dans une chambre de la plus belle architecture, décorée avec art et de la manière la plus distinguée, avec des canapés de la forme la plus gracieuse. Des rideaux habilement brodés étaient baissés autour du lit ; le prince les entr'ouvre, y pénètre, et demeure saisi d'admiration en apercevant sur un lit enrichi de pierreries une fée délicate, sans autre ornement que sa ravissante beauté. Ses vêtements et ses cheveux étaient en désordre ; sa main potelée était nonchalamment posée sur son front. Elle était plongée dans un profond sommeil, sans se douter qu'un être humain la contemplait. Le ciel et la terre étaient illuminés par l'éclat de son visage, et le narcisse, dont la fleur ressemble à l'œil, était dans une continuelle stupéfaction à la vue de ses yeux noirs et languissants. La tulipe était plongée dans le sang, à cause de la jalousie que lui inspiraient ses charmantes lèvres, et le croissant de la lune était faible et sans vigueur à cause du désir qu'il éprouvait de ressembler à ses sourcils arqués. Si le maître du printemps n'apprenait pas du bouton de la bouche de cette belle les mots de sa leçon, il ne pourrait enseigner la floraison aux enfants des fleurs ; et si le nègre de la nuit ne venait se réfugier dans ses cheveux couleur de musc, il serait assassiné par le glaive des rayons de ce soleil.

Vers. — « C'était une fée à la taille de cyprès, aux joues de rose, aux lèvres sucrées, et dont le visage de lune annonçait un tendre cœur.

« Quand elle se montrait hors du rideau du harem, elle effaçait l'éclat de la lune et du soleil.

« Si les Pléiades pouvaient voir le chapelet de ses dents, elles se cacheraient (de honte d'être surpassées en beauté) derrière le voile des nuages.

« Veux-tu de cette rose une description convenable, charges-en le rossignol. »

Ce spectacle fit tant d'effet sur Taj-ulmuluk, qu'il tomba privé de sentiment. Après quelques instants, il reprit connaissance et s'approcha de l'oreiller de la belle qui l'avait charmé ; puis il poussa un froid soupir, et récita ces vers :

Vers. — « Lorsque, écartant ton voile, tu te montres aux regards, la lune resplendissante est couverte de confusion.

« La nuit de la puissance (1), en face de ta chevelure couleur de musc, se serait cachée.

« Tu es tellement enivrée par la coupe de ta beauté, ô être charmant, que tu ne te mets en peine de personne.

« Que de sensations n'ai-je pas éprouvées à ton sujet, ô ma vie, et cependant tu l'ignores. »

(1) La nuit dans laquelle le Coran fut révélé.

Taj-ulmuluk veut laisser une trace de son entrée en ce lieu : pour cela, il retire tout doucement l'anneau que la belle endormie avait au doigt et le met au sien propre. Puis il part en récitant ces vers :

VERS. — « Je quitte ce jardin en emportant dans mon cœur, comme la tulipe, la blessure de l'amour malheureux. Je me retire, la tête couverte de poussière, le cœur saignant, la poitrine brûlée.

« Il n'y a personne d'aussi infortuné que moi dans le jardin du monde. En effet, ceux qui y sont venus ne se sont pas retirés comme moi sans avoir emporté la moindre fleur dans le pan de leur robe. »

Taj-ulmuluk, sans réveiller Bakawali, s'en retourna par le passage souterrain, et de la même manière qu'il était arrivé.

Ami lecteur, suis l'exemple du prince dont je te raconte les aventures. Agis de telle sorte que de ce que tu feras il se manifeste une chose avantageuse. C'est ainsi qu'un homme affamé va prendre du pain chez la boulangère, mais tout à coup la beauté de la marchande le charme : il laisse là le pain et ne s'occupe plus que de celle qui le vend. Le filet de l'amour se saisit aussi du cou de celle-ci, et, à la fin, l'homme affamé dont je parle devient possesseur et du pain et de celle qui le vend. Taj-ulmuluk agit de même : comme le papillon, il était allé à la recherche d'une simple fleur, mais en voyant le jardin de la beauté de celle à qui elle appartenait, il n'aspire plus seulement à la fleur, mais il avance la main du désir jusqu'à l'être charmant qui l'avait plantée.

Après avoir supporté toutes sortes de peines et de fatigues, le prince finit donc par recueillir dans le pan de sa robe la moisson de la rose, et retourna satisfait en sa maison. A son arrivée, l'esprit de Hammala, qui était tristement assise, dans l'attente, les yeux pleins du sang de son cœur, s'épanouit de joie, et le sourire revint ce jour-là sur ses lèvres. Lorsque le soleil, comme une fiancée, couvrit son visage du voile rougeâtre du crépuscule, et que la nuit, de même qu'une femme chérie, montra ses noirs cheveux, Taj-ulmuluk, ivre de joie, entra dans son harem, et passa non-seulement cette nuit avec Mahmouda, mais plusieurs jours dans le plaisir et la gaité.

CHAPITRE VI.

Une nuit, dans un tête-à-tête avec Mahmouda, Taj-ulmuluk, après l'avoir entretenue de choses indifférentes, finit par lui dire: « O capital de ma vie et de ma joie, quoique je sois ici parfaitement heureux, car non-seulement je n'éprouve aucun sujet de peine, mais j'ai même à chaque instant des motifs de contentement et de satisfaction; toutefois il me tarde de retourner dans mon pays et de revoir mes proches et mes amis. Avisons donc aux moyens de quitter des êtres qui ne sont pas de notre espèce, et de recouvrer notre liberté. »

VERS. — « La société des amis, c'est le printemps de la vie; à quoi servirait-il de rester toujours jeune, comme Khizr, si on était seul ! »

Mahmouda se rendit facilement à ce désir, et lui promit d'obtenir de Hammala dès le lendemain l'autorisation de partir. En effet, lorsque le parfumeur du ciel, après avoir mis dans la fiole de la lune le musc de Tartarie de la nuit, plaça cette fiole sur la fenêtre de l'Occident, et apporta le plateau doré du soleil rempli du camphre de l'aurore dans la boutique de l'Orient, Hammala prépara deux belle robes et une assiette de fruits, et aussitôt que les deux époux sortirent de leur chambre, elle les couvrit des robes et leur donna à manger les fruits; puis elle les plaça, d'après son usage, sur ses deux genoux et les baisa affectueusement. Elle ne tarda pas à s'apercevoir que le bouton du cœur de ces deux êtres qui lui étaient chers était flétri, et elle leur dit : « O toi, ma fille intelligente, ô toi, mon cher gendre, désirez-vous quelque chose ? Vous me demanderiez les étoiles du ciel que je vous les donnerais. »

— Vos soins affectueux, répondit Mahmouda, préviennent tous nos désirs ; ainsi, notre séparation de vous aurait l'effet du feu qui détruirait le jardin de notre bonheur, et la privation de votre société serait comme le congé de la vie ; toutefois, la flamme de l'absence de nos semblables ravage notre cœur, et elle dévore et réduit en cendres la patience et le repos. Si donc vous vouliez bien le permettre, nous irions passer quelques jours avec les individus de notre espèce, et nous éteindrions ainsi avec l'eau de la rencontre le feu de l'éloignement. »

Hémistiche. — « En quelque lieu que je serai, je resterai toujours ton esclave. »

Hammala, vivement affectée par cette demande soudaine, poussa un profond soupir : « Hélas ! s'écria-t-elle, je t'avais élevée avec tant de soin afin de rafraîchir mes yeux soir et matin, que dis-je, sans cesse, par le collyre de ta vue et tu veux me quitter ; tu méconnais les devoirs de la reconnaissance ! Ah ! tu n'y aurais jamais songé, si je ne t'avais unie au prince. »

Hémistiche. — « C'est ma faute, et tu n'es coupable en rien. »

Alors, prévoyant que ses protégés ne resteraient pas désormais de bon cœur auprès d'elle, elle appelle un dive et lui ordonne de les conduire soigneusement à l'endroit que Taj-ulmuluk lui indiquerait, et de lui rapporter un écrit constatant leur arrivée, s'il ne voulait encourir sa colère. Ensuite Hammala arracha deux cheveux de sa tête : elle en donna un au prince et l'autre à Mahmouda : « Lorsque vous serez dans l'embarras, leur dit-elle, mettez ces cheveux sur le feu, et j'accourai aussitôt auprès de vous avec dix-huit mille dives. » Puis elle mit la main de Mahmouda dans la main du prince, et dit (au dive) :

Vers. — « Je te confie tout le capital que je possédais ; c'est à toi actuellement de tenir compte du plus et du moins. »

Le dive, grand comme une montagne et aussi rapide dans sa course que l'éclair, s'approche immédiatement du prince et lui annonce qu'il est à ses ordres. « Conduis-nous, lui dit Taj-ulmuluk, dans le jardin de la courtisane Lakkha. » A ces mots, le dive prend les deux époux sur ses épaules, et dans un instant il les dépose au lieu indiqué. Taj-ulmuluk prie le dive d'attendre un instant pour lui donner le temps d'écrire le billet dont il a été question. Sur ces entrefaites Lakkha entend la voix du prince; elle accourt et se jette à ses pieds; puis elle rend grâce à Dieu, et elle dit:

Vers. — « Je ne veux pas seulement courber à chaque instant la tête pour remercier Dieu, chacun de mes cheveux doit se courber aussi pour remplir le même devoir. »

Cependant Taj-ulmuluk écrivit à Hammala pour lui annoncer son heureuse arrivée; il remet sa lettre au dive et le congédie sans retard. Ensuite il raconte en détail à Lakkha toutes ses aventures; c'est à savoir: les difficultés du désert et la compassion du méchant dive; la bonté de Hammala envers lui, son mariage avec Mahmouda et la manière dont il s'était emparé de la rose de Bakawali. Lakkha embrasse avec affection la compagne que Taj-ulmuluk lui amène et lui fait l'accueil le plus cordial. Taj-ulmuluk passa quelques jours dans le château de Lakkha; ensuite il se mit en devoir de retourner en son pays, afin de rendre clairvoyants, par l'arrivée de la rose, les yeux du rossignol. Il donna ordre de faire les préparatifs du voyage et de charger sur des navires ses effets et les provisions nécessaires; ce qui fut habilement exécuté par des débardeurs intelligents.

Sur ces entrefaites, le directeur de la prison vint demander ce qu'il fallait faire des princes orientaux. Alors Lakkha, après s'être entendue avec Taj-ulmuluk, fit venir les quatre frères de ce dernier. Celui-ci, qui était censé ne pas les connaître, la supplia de leur rendre la liberté, comme elle l'avait déjà fait pour les autres princes de l'Orient et de l'Occident qui étaient tombés en son pouvoir ; mais elle n'y consentit qu'à condition qu'il la laisserait marquer sur leur dos l'empreinte de son cachet en témoignage de l'état d'esclavage auquel ils avaient été réduits. Forcément les princes consentirent à cette dure condition, mais lorsqu'ils se retirèrent Taj-ulmuluk leur fit donner à chacun une pelisse d'honneur et un lakh de roupies pour les défrayer des dépenses de la route. Ceux-ci allèrent d'abord dans la ville voisine prendre quelque repos, puis ils s'acheminèrent vers leur pays. Quant à Taj-ulmuluk, il fit partir, par eau, Lakkha et Mahmouda avec tous les bagages, et leur donna rendez-vous à un port prochain, vers lequel il se dirigea par voie de terre.

CHAPITRE VII.

Notre héros reprit alors son costume de faquir et suivit ses frères afin de tâcher de connaitre leurs intentions. Il s'arrêta dans le même caravansérail qu'eux, et s'installa dans un coin, où il ne tarda pas d'entendre leurs vanteries et leurs mensonges au sujet de la rose de Bakawali. Il patienta quelque temps, mais à la fin il ne put se retenir, et s'étant approché d'eux : « Ce que vous dites, s'écria-t-il, est faux ; regardez-moi, car je possède, moi, la rose de Bakawali. » Aussitôt il dénoue sa ceinture, en tire la rose et la présente aux regards de ces imposteurs. Mais ses frères, furieux, la lui arrachent en disant : « Voyons si tu parles selon la vérité ; car, si tu mens, nous te le ferons payer chèrement. — Vérifiez, leur répond Taj-ulmuluk, la vérité de ce que je dis ; rien de mieux. »

Ils font alors venir un aveugle, ils appliquent la rose à ses yeux, et sur-le-champ l'aveugle recouvre la vue. Ils ne peuvent dissimuler leur étonnement et leur confusion ; mais ils refusent de rendre la rose à Taj-ulmuluk ; bien plus, ils l'accablent de coups et en rendent noir son visage. Ils le chassent de leur présence, et, joyeux, continuent de suivre la route de leur pays. En peu de jours ils arrivent aux frontières, et envoient à leur père un messager chargé de lui annoncer leur retour.

Cette nouvelle combla de joie le bon Zaïn-ulmuluk, et il récita ces vers :

Quatrain. — « Mon cœur me dit que ce cher messager vient m'annoncer l'arrivée du remède qui doit dissiper ma douleur.

« Ainsi tous les cœurs s'épanouirent en Canaan lorsque le zéphyr apporta l'odeur de Joseph. »

Pour faire honneur à ses fils, le vieux roi voulut aller à leur rencontre, et fit à cet effet plusieurs journées de chemin. Au moment de l'entrevue, ils lui baisèrent les pieds. Le roi les baisa au front et les serra tour à tour contre sa poitrine, leur témoignant la plus vive tendresse. Quant à eux, ils lui donnèrent la rose de Bakawali, et il ne l'eut pas plutôt approchée de ses yeux, qu'ils devinrent lumineux comme des étoiles. « Grâces soient rendues à Dieu, dit-il alors, de ce qu'il a bien voulu me rendre la vue temporelle au moyen de cette fleur, et satisfaire ma vue intérieure par la vue de mes fils. » Puis, en réjouissance de cet heureux événement, il donna une fête royale, et il ordonna que tous ses sujets, riches et pauvres, tinssent ouverte pendant une année la porte de la joie et du plaisir, et fermée celle de la tristesse et du chagrin.

CHAPITRE VIII.

L'échanson de la taverne du discours mettant dans une nouvelle coupe le vin vieux de notre histoire, raconte (1), en revenant à Bakawali, qui était restée endormie au milieu de son palais, que ses yeux enchanteurs s'ouvrirent. En se réveillant de son sommeil, elle resserra son corset, ajusta

(1) C'est-à-dire « L'auteur de ce roman donnant une forme nouvelle à la légende de Bakawali, raconte, etc. »

son vêtement, arrangea son peigne, puis elle se dirigea tout doucement et en se balançant avec grâce vers le bassin où se trouvait sa rose. De chacun des pas de ce corps de rose il naissait des fleurs, et la poussière qu'excitait sa marche était du collyre pour l'œil du rossignol. Lorsqu'elle fut arrivée au bord du bassin, et qu'elle eut lavé avec de l'eau de rose la rose de son visage, elle jette les yeux sur la place qu'occupait sa fleur chérie; mais, hélas! elle n'en voit pas même la trace. Alors elle se dissout comme l'or dans le creuset de l'impatience, et elle se fane comme le bouton au *simoum* du chagrin. En même temps elle s'aperçoit que son anneau n'ornait plus son doigt. Agitée, elle se couvre les yeux avec ses deux mains et s'écrie : « Dieu, est-ce un songe ou l'effet d'un talisman ? Mais si c'était un songe, continua-t-elle, je ne verrais pas ces marques apparentes. Je ne le sens que trop : un homme seul peut être l'auteur de cette double action, car quel autre être aurait trompé la vigilance de dix-huit mille dives et serait parvenu jusqu'ici pour enlever hardiment la rose de son désir? » Ensuite, quand elle se souvint de la négligence de sa toilette dans son sommeil, elle fut abîmée dans un océan de confusion, et elle récita ces vers, conformes à sa situation :

« VERS. — « O voleur indique-moi ton nom, et fais-moi connaître le motif de ton larcin.

« Il n'y a sans doute dans le monde personne comme toi ; ce que tu as fait n'est pas le propre d'un mortel.

« C'est ordinairement aux richesses qu'en veut le voleur : il ne considère que l'or et l'argent.

« Il n'en est pas ainsi de toi, et si j'eusse vu ta main rosée, je l'aurais baisée, et je l'aurais appliquée à mes yeux.

« Il y avait en effet ici toutes sortes d'objets précieux ; mais c'est à autre chose que tu visais.

« Tu as percé mon sein (comme les voleurs percent les murs des maisons), et tu as enlevé à mon insu mon corps.

« Tu ne t'es pas contenté de te rassasier de la vue de mes lèvres; tu as voulu en goûter le miel.

« Tu as emporté l'argent comptant de mon cœur, et tu as laissé vide le coffre de mon cœur. »

Cependant Bakawali quitta en soupirant le bord du bassin, rentra dans son salon de rubis, s'y assit, et fit venir les fées pour les punir de leur négligence, sans se souvenir de cet axiome : « Lorsque la flèche du destin est lancée, personne ne peut s'en garer avec le bouclier de la prudence. »

Hémistiche. — « Aucune précaution ne saurait garantir du destin. »

Après avoir bien grondé ses suivantes, elle leur dit :
« Si vous voulez que je vous laisse la vie, amenez-moi mon voleur. »

A ces mots, sept cents fées se mettent à le chercher de tous côtés, mais elles n'en trouvent pas la trace. Le fait est qu'il n'y a pas de trace à trouver de ce qui ne laisse pas de trace, et que si on la trouve, on ne laisse pas de trace soi-même.

Vers. — « Lorsqu'on va à la recherche d'un objet perdu, il faut se perdre soi-même pour le trouver. »

Bakawali, qui avait été blessée par la flèche de l'amour, voulut tâcher de découvrir elle-même le hardi voleur. Elle fit inutilement aussi les recherches les plus minutieuses. A la fin, à force de faire du chemin, elle parvint dans le Scharquistan, royaume de Zaïn-ulmuluk. Arrivée dans la capitale, elle voit partout des préparatifs de fête ; elle entend auprès de chaque porte retentir des instruments de musique. Curieuse de savoir le motif de ces réjouissances, elle prend le costume d'un jeune homme et demande au premier venu quelle était la cause de la joie qui régnait universellement parmi les habitants de cette ville. « Le roi, lui répondit-on, était aveugle ; mais ses fils, après bien du temps et des peines infinies, sont venus à bout de lui apporter la rose de Bakawali, et cette fleur lui a rendu la vue. A cette occasion le roi a ordonné qu'on se livrât au plaisir pendant un an, et qu'à chaque porte le tambour se fît entendre. »

Bakawali, charmée d'avoir enfin des nouvelles de sa rose, conçut l'espoir de trouver bientôt celui qui la lui avait enlevée ; puis elle se rendit au bord de la rivière et se baigna pour se délasser des fatigues de la route; et ayant repris ses vêtements du sexe masculin, elle alla se présenter au château royal, en marchant avec grâce à travers le marché. Ceux que regardait ce beau jeune homme, de ses yeux dont le collyre augmentait la vivacité, étaient effacés, pour ainsi dire, comme les traces des pas; et lorsqu'il recoquillait les boucles de ses cheveux, il tordait le cœur des spectateurs. En un mot, ceux qui le voyaient tombaient comme en état d'apoplexie; aussi sa beauté fit-elle du bruit dans toute la ville, et ce bruit finit par arriver aux oreilles du roi, qui voulut voir le charmant étranger. On l'amena donc auprès de Zaïn-ulmuluk, qui lui demanda son nom, d'où et pourquoi il était venu. Le jeune homme, ou plutôt Bakawali, répondit sans se déconcerter : « Votre esclave vient des contrées de l'Occident, il se nomme Farrukh (heureux). J'ai quitté mon pays dans l'espoir d'entrer au service de Votre Majesté. J'ose donc espérer qu'elle voudra bien m'admettre au nombre des officiers attachés à sa royale personne, honneur que je reconnaîtrai en faisant constamment des vœux pour votre bonheur. — J'agrée vos services, reprit Zaïn-ulmuluk, restez auprès de moi. » Le roi, en effet, l'admit au nombre de ses officiers les plus intimes, le combla d'honneurs, et mit à profit son zèle.

Bakawali remplissait depuis peu de temps ses nouvelles fonctions, lorsqu'un jour les quatre fils de Taj-ulmuluk se présentèrent à la cour. Le roi, d'après son usage, les accueillit cordialement, les serra contre sa poitrine, leur baisa la tête et les yeux, et les fit asseoir à ses côtés. Bakawali demanda quels étaient ces personnages. On lui dit que c'étaient les fils du roi, et on lui témoigna de l'étonnement de ce qu'elle ne les connaissait pas. Alors, avec la pierre de touche du discernement, elle éprouva l'or de leur physionomie, et elle se convainquit qu'il n'était point pur. « Le roi, demanda-t-elle à son interlocuteur, n'a-t-il pas d'autre fils qui soit allé avec ceux-ci à la recherche de la rose de Bakawali ? — Il n'en a pas d'autre, » lui répondit-on.

En apprenant que Zaïn-ulmuluk n'avait pas d'autre fils,

Bakawali fut très-agitée, et, se débattant contre le sort, elle récita ces vers :

Vers. — « O mauvaise fortune, qu'as-tu fait ? pourquoi as-tu placé ce nœud dans mes affaires ?

« Quoique l'ongle de la prudence ne puisse le défaire tout de suite, il n'est pas à dire cependant qu'il y soit impuissant.

« Si quelqu'un voit en songe quelque chose de fâcheux, il est facile d'en donner l'explication ; mais cette énigme est pour moi inextricable, et pourra-t-elle être jamais résolue par une créature ?

« Dois-je raconter mon songe ? Mais l'interprétation qu'on peut m'en donner n'est pas la véritable. »

« Quel est donc, ajouta-t-elle, l'impudent qui a enlevé la rose de mon jardin, et qui a fait plus encore, qui a enlevé mon âme et mon cœur ? Il a brisé avec la pierre de la séduction et de la magie la fiole de ma réputation, et a blessé sournoisement mon cœur avec la flèche de l'amour ? Que de peines n'ai-je pas prises pour aller à sa recherche ? J'ai bien trouvé la trace de ma rose, et le bouton de mon cœur s'est un peu épanoui. »

Vers. — « Sans doute, il n'y a pas d'incertitude : c'est ici que doit se trouver mon voleur.

« Mais le ciel trompeur a dérangé mon jeu, et a jeté contre moi le dé du désespoir.

Vers. — « Où irai-je et à qui me plaindrai-je ? Je ne sais à qui pouvoir demander justice. »

Bakawali finit par se convaincre que le roi devait avoir un autre fils, parce que les princes qu'elle avait vus ne lui paraissaient pas capables d'avoir pu mener à bien une affaire aussi difficile. De toute manière, elle pensa qu'elle devait patienter pour voir ce qui sortirait du voile du mystère. « Grand Dieu, disait-elle, ce qui m'arrive est l'inverse de ce qui se passe ordinairement. La maîtresse s'enquiert de l'amant et l'amant est recherché par elle. Mais si on réfléchit bien, on verra que la chose est naturelle, car, tant que l'amant n'éprouve pas de l'amour pour la maîtresse, l'amour que celle-ci peut éprouver pour lui est vain, et ses efforts sans utilité ; mais lorsque le feu de la recherche embrase le cœur de l'amant, il s'étend aussi à la maîtresse. Si l'amant place ostensiblement le pied dans la voie de l'amour, la maîtresse marche aussi en secret dans cette voie. Il y a, en réalité, un rapport sympathique entre l'amant et la maîtresse, et c'est d'après cela qu'a lieu leur conduite, quoique extérieurement les avances soient faites par l'amant. »

Mais je dois avancer dans mon récit, et mon calam me dit cependant: « Arrêtons-nous: je me suis beaucoup fatigué à écrire. » D'un autre côté mes mains prétendent s'être donné beaucoup de mal et s'étonnent des plaintes du calam qui, selon elles, n'a rien fait. « C'est nous, disent-elles, qui avons écrit. » Le bras se mêle aussi de ce débat: « Qu'est-ce que les mains et le calam ont fait? dit-il, n'est-ce pas plutôt moi qui ai agi? » Enfin, le calam, les mains et le bras voudraient prouver qu'ils n'ont pas besoin l'un de l'autre.

Ami lecteur, si tu peux dire laquelle de ces trois choses a en réalité le plus de peine, et laquelle en a le plus en apparence, je t'indiquerai alors la part de labeur de l'amant et de la maîtresse.

CHAPITRE IX.

Revenons à Taj-ulmuluk. Lorsque ses méchants frères lui eurent arraché la rose de Bakawali, il demeura d'abord tout interdit. On dit en proverbe : La colère du malheureux ne peut tomber que sur lui-même. » Toutefois, il continua sa route, et, en suivant ses frères, il parvint en peu de jours aux frontières du royaume de son père. Arrivé au milieu d'un bois plein d'animaux féroces, il se souvient du cheveu que lui avait donné Hammala, et le place sur le feu qu'il se procure en frappant deux cailloux ensemble. Il n'y en avait pas un quart de brûlé, que la fée se présente à ses regards, accompagnée de ses dix-huit mille dives, et voyant Taj-ulmuluk revêtu des haillons des derviches, elle en est vivement affectée, et lui demande ce qui lui est arrivé, et pourquoi il est dans cet état. Le prince la satisfait et lui expose le motif qui l'a fait recourir à elle. « Pas tant de discours, réplique Hammala ; dis-moi vite ce que tu désires. — Je voudrais avoir, dit le prince, ici même, et sur-le-champ, un jardin et un palais pareils au jardin et au palais de Bakawali. — Volontiers, répond celle-ci ; mais je ne connais ni ce jardin ni ce palais ; comment donc pouvoir en suivre le plan et le reproduire ? — N'importe, réplique Taj-ulmuluk ; je vous l'indiquerai. »

Aussitôt Hammala envoie aux quatre points cardinaux des centaines de dives pour se procurer des rubis de Badakh-schan, des cornalines d'Yémen, de l'argent, de l'or et des pierres précieuses. Trois jours après, les dives arrivèrent, chargés de ces précieux matériaux, et se mirent à l'ouvrage. D'abord on creusa la terre à la profondeur de deux piques, et on y mit de l'or pur, sur lequel on jeta les fondements en pierreries de l'édifice. En peu de jours tout fut terminé. On voyait le château somptueux de Bakawali, aussi bien que son jardin avec ses arbres et ses ruisseaux. Il y avait deux grandes salles dont les murs étaient de rubis et d'émeraudes. Au milieu de ces salles, il y avait un bassin dont les bords étaient enrichis de pierreries, entièrement pareil à celui de Bakawali, et plein d'eau de rose. De tous côtés il y avait des lits de repos ressemblant à leurs modèles. On ne put employer que la moitié des pierres précieuses que les génies avaient apportées. Un quart fut appliqué aux différentes dépenses nécessaires, et l'autre quart fut déposé dans le trésor. Quand tout fut prêt et que Taj-ulmuluk fut satisfait, Hammala lui dit : « Tu n'ignores pas tous les soins que je me suis donnés pour toi et les peines que j'ai supportées. Malgré l'inimitié prononcée qui existe entre les hommes et les dives, je t'ai traité avec amitié, je t'ai nourri affectueusement. De plus, je t'ai fait parvenir au pays de Bakawali auquel personne n'était allé jusqu'ici : et, à cause de cela, combien de désagréments n'ai-je pas éprouvés. Tout cela, je l'ai enduré à cause de mon affection pour Mahmouda. Ah ! ne souille jamais par la poussière du chagrin le pan de la robe du bonheur de cette jeune femme ! »

Elle dit et se retira. Cependant Taj-ulmuluk alla chercher

en grande pompe Lakkha et Mahmouda au lieu où elles l'attendaient, d'après ses ordres. Il les fit monter dans des palanquins enrichis de pierreries, ornés de beaux rideaux brodés, et précédés d'esclaves à cheval, portant à leurs mains des bâtons d'or et d'argent. Ce fut ainsi qu'il les introduisit dans son nouveau palais, où il leur procura des distractions qui leur firent passer le temps agréablement.

CHAPITRE X.

Laissons l'architecte du palais de l'éloquence continuer à bâtir l'édifice de cette histoire.

Un jour qu'un esclave de Taj-ulmuluk, nommé Saïd, errait çà et là dans ce désert, il aperçut des bûcherons. Il leur demanda qui ils étaient et où ils portaient le bois qu'ils coupaient. « Nous sommes, lui répondirent-ils, de la ville de Scharquistan, et c'est par la vente de ce bois que nous nourrissons nos enfants. — Voulez-vous, répliqua Saïd, porter votre charge à la cuisine de mon maître, dont le palais est près d'ici, dans une ville qu'il a fait bâtir ? Vous aurez outre le prix de votre bois, une forte gratification. — Votre discours nous étonne, dirent-ils, nous avons passé notre vie à ramasser du bois dans cette forêt, mais nous n'y avons jamais vu de lieu habité, et nous n'avons pas entendu dire qu'il y en eût. — Suivez-moi, reprend Saïd, vous serez facilement convaincus, et si mon discours est faux, personne ne vous empêchera de retourner sur vos pas. »

Les bûcherons obéirent dans l'espoir du gain, et ils ne tardèrent pas à découvrir le palais de Taj-ulmuluk ; mais comme les pierres précieuses qui en composaient les murs réfléchissaient les rayons du soleil, ils crurent que c'était du feu, et ils s'écrièrent : « Dieu nous préserve du diable qui a été lapidé ! Quoi ! c'est là que vous nous conduisez, pour nous jeter au milieu de ce feu ardent ? Le plaisir ne vaut pas la peine. Ainsi excusez-nous ; nous n'irons pas plus loin. — Tranquillisez-vous, leur répond Saïd, ce que vous voyez n'est pas du feu, c'est l'éclat des pierreries qui couvrent les murs du palais de mon maître. Continuez à me suivre, vous ne tarderez pas à vous en assurer par vous-mêmes. » A peine en effet eurent-ils fait quelques pas qu'ils virent la terre d'or qui entourait le château, et qu'ils reconnurent l'exactitude du discours de Saïd. Ce dernier introduisit les bûcherons auprès de Taj-ulmuluk, qui les accueillit avec bonté, et fit donner à chacun d'eux une poignée de perles et de pierreries dans un plat de métal, en leur disant que s'ils voulaient venir le lendemain auprès de lui il leur donnerait tous les jours deux fois plus que ce qu'ils avaient déjà reçu. Les bûcherons, alléchés par la générosité présente et promise de Taj-ulmuluk, n'hésitèrent pas à quitter leurs habitations et à venir s'établir en ce lieu.

La nouvelle du départ de ces gens se répandit parmi leurs voisins, et graduellement partout. On s'empressa d'aller voir la ville nouvelle, et ceux qui y allaient y restaient. Le préfet de police se plaignait chaque jour au ministre de l'émigration des sujets du Scharquistan. Un jour il l'assura que mille maisons habitées par des gens de la classe ouvrière avaient été abandonnées dans une seule nuit. « Sait-on, lui demanda le ministre, où vont ces gens-là ? — On dit, répliqua le préfet, qu'un individu a fondé au milieu d'une forêt peuplée d'animaux féroces, une ville qui occupe dix kos d'un sol d'or, avec un beau jardin et un palais tellement magnifique, qu'il n'y en a pas de pareil sur la face de la terre. Il mérite bien que le flot de l'océan de sa générosité reçoive de la rivière du temps le nom de Hatim-Taï, et que l'eau de l'océan de sa justice efface de la tablette du monde la trace de la justice de Nouschirwan. »

Le vizir traita ce rapport de fabuleux ; mais le préfet l'assura qu'un grand nombre de personnes avaient certifié le fait, et qu'ainsi on ne pouvait en douter. « Dieu, ajouta-t-il, qui peut faire d'une femme un homme et d'un homme une femme, ne peut-il pas donner à un homme l'empire du monde, qui est comme une femme de formes parfaites ? »

Vers. — « Ne demande pas pourquoi le ciel permet quelquefois l'élévation des plus petits : on n'y saurait trouver de raison. »

« Tu n'as donc pas entendu raconter l'histoire de cette princesse qui, ayant pris d'un dive la faculté virile, put remplir les devoirs du mariage? »

« Quelle est donc cette histoire? » — demanda le vizir. Le préfet s'exprima alors en ces termes :

HISTOIRE.

« Dans les temps anciens, il y avait un roi dont le sérail renfermait cent belles femmes non pareilles; mais aucune d'elles ne lui avait donné un enfant. Par l'effet de la toute-puissance de Dieu, la plus belle de ces femmes devint enceinte. Après neuf mois elle mit au monde une fille. La même chose arriva trois fois de suite. A sa quatrième grossesse, le roi jura que si elle accouchait encore d'une fille il ferait périr cette fois la mère et l'enfant. Par l'effet du destin trompeur, ce fut encore une fille, mais très-belle, et d'un aspect vraiment féerique. Sa mère, dans la crainte de perdre la vie, fit croire que c'était un garçon, et elle pria les astrologues de faire entendre au roi qu'il ne fallait pas qu'il vît cet enfant avant dix ans.

« Lorsque la jeune fille fut arrivée à l'âge de raison et que le moment où le roi pourrait la voir s'approchait, sa mère voulut lui expliquer comment elle devait se faire passer pour un garçon. « Va, lui dit-elle, auprès du roi, vêtue en garçon, et nous conserverons la vie l'une et l'autre. » En effet, au temps fixé, la jeune fille se présenta au roi, ainsi que sa mère le lui avait dit, et elle allait et venait dans les appartements royaux, comme si elle avait été du sexe masculin; mais elle se hâtait de se retirer. A la fin il fut question de marier le prétendu prince avec la fille d'un autre roi. Lorsque le jour des noces fut proche, le roi fit revêtir son prétendu fils d'une robe magnifique, et l'ayant fait asseoir devant lui dans un palanquin d'or, il le conduisit au pays de sa future épouse. Dans cette circonstance embarrassante, la jeune fille en costume de prince pleurait et riait tour à tour.

« Une nuit qu'ils s'étaient arrêtés dans une forêt touffue, la jeune fille, pour qui la vie était désormais un malheur, se leva silencieusement et s'avança au milieu des arbres, dans l'espoir qu'un animal féroce la dévorerait. Elle arriva auprès d'un arbre sur lequel résidait un dive, qui fut épris de sa beauté, et qui ayant pris une figure humaine, lui demanda qui elle était. La princesse lui raconta alors toute son histoire; il en fut touché, et lui offrit de lui prêter son sexe et de prendre le sien, à condition qu'elle lui rendrait fidèlement ce dépôt. La jeune princesse consentit à la proposition, et le dive effectua son offre. Contente, elle retourna à sa tente. Après quelques jours, le cortège nuptial conduisit le faux prince auprès de sa fiancée. Quand le mariage fut accompli, le roi retourna à son royaume. Le nouveau marié resta quelque temps auprès de sa femme; il en eut un fils, et il témoigna alors le désir de retourner dans son pays. En effet il se mit en route, et arrivé dans la même forêt qu'il avait traversée en venant se marier, il alla se reposer sous l'arbre qui servait de domicile au dive dont nous avons parlé, et il trouva ce dive assis avec l'apparence d'une vieille femme accablée de tristesse. « Cher dive, lui dit-il, grâce à ta bienveillance, j'ai obtenu ce que je désirais, et je viens à présent te rendre ton bien et reprendre ce qui m'appartient. — Je n'en ai plus envie, répondit le dive, c'est une affaire finie. Le destin l'avait ainsi réglé. — « Explique-moi donc cette énigme, lui dit la princesse. » — Je t'attendais, répliqua le dive, sous cette forme, lorsque tout à coup un dive grand comme une montagne est venu auprès de moi, et ayant éprouvé de l'amour pour moi, a excité en moi le même sentiment; et je me suis même convaincue que les femmes sont plus passionnées que les hommes. Actuellement je ne puis reprendre mon sexe, car je suis enceinte et il me faudrait mourir quand il s'agirait d'accoucher. Ainsi garde ce que je t'avais prêté. »

Le ministre dit après avoir entendu raconter cette histoire: « Je reconnais la puissance de Dieu, et je suis bien loin de concevoir à ce sujet le moindre doute; mais que l'homme puisse faire des choses merveilleuses, voilà ce que la raison ne saurait concevoir et qu'un sage ne peut admettre. Tu ne connais peut-être pas l'histoire du faquir et du moineau.

HISTOIRE.

« Dans le temps du roi Salomon, un moineau et sa femelle étaient sur un chemin occupés à becqueter des grains, lorsqu'ils virent venir de loin un faquir couvert de sa robe. La femelle dit au mâle : « Prends garde, l'ennemi arrive. Tâchons de n'être pas pris dans la main du destin. » Le mâle répondit : « Ne crains rien de cet ami de Dieu qui marche dans la voie de la religion : il ne nous fera aucun mal. » Les moineaux tenaient entre eux ce colloque, lorsque le faquir arriva auprès d'eux, et tirant de dessous son bras un gros bâton qu'il portait, il le lança sur les moineaux et cassa une aile du mâle. Le pauvre oiseau se sauva en chancelant des mains de ce méchant, et alla auprès du roi Salomon se plaindre de la blessure que lui avait faite injustement le faquir. Le roi Salomon ordonna d'amener le coupable, ce qui fut fait. Il lui demanda avec colère pourquoi il avait blessé cet oiseau. « Quel mal y a-t-il ? répondit le faquir ; cet animal n'est-il pas destiné à la nourriture de l'homme ? » Le moineau, entendant ces mots, dit : « — Quoique je ne sois qu'un pauvre petit oiseau, toutefois j'ai assez de perspicacité pour être uni à mon ami comme le lait l'est au sucre, et pour fuir mon ennemi, comme la flèche se détache de l'arc. Lorsque j'ai aperçu ton vêtement à inscription qui m'annonçait ta profession, j'ai pensé que tu ne devais faire du mal à personne ; mais je suis convaincu à présent que c'est le diable qui est ton guide, et que tu n'as adopté le costume religieux que par ruse. Quitte-le donc, afin que personne ne soit plus trompé, et ne se jette pas dans le filet de la séduction. » Ce discours plut extrêmement à Salomon ; il blâma et maudit le faquir, puis il le renvoya de sa présence.

« Quelques jours après, ce même moineau becquetait

l'herbe quelque part, lorsqu'un autre derviche le prit et l'enferma dans une cage. L'animal, inquiet sur sa vie, lui dit alors : « Homme de Dieu, tu n'auras pas beaucoup de profit en me vendant et fort peu d'avantage en me mangeant; ainsi il est inutile que tu me gardes. De plus, si tu me lâches, je te donnerai quelques avis dont chacun équivaudra à une perle de grand prix. » A ces mots, le derviche s'empressa d'ouvrir la cage, et tenant l'animal par les pattes, sur sa main, il écouta ce qu'il avait à lui dire. « Le premier de ces avis, dit le moineau, c'est que bien des gens assurent que, si Dieu voulait, il ferait passer par le trou d'une aiguille une rangée de soixante-douze chameaux (1). Rien, en effet, n'est en dehors de la puissance de Dieu ; mais il ne faut pas faire grand cas des efforts de l'homme.

« Le second, c'est qu'il ne faut pas s'effrayer au sujet d'une chose qu'on perd ; et je te dirai le troisième lorsque tu m'auras relâché. »

Le derviche *Azad* (*libre* des soins du monde) rendit *libre* le moineau, et celui-ci étant allé se percher sur la branche d'un arbre voisin, s'écria : « Apprends, faquir, que tu es un grand fou, et que ton esprit est attaqué, puisque tu as perdu volontairement ta proie. J'ai, en effet, dans mon gésier, un rubis de grand prix ; si tu m'avais tué pour me manger, tu t'en serais emparé. » Le derviche se frotta les mains de désespoir en entendant ces mots, et dit au volatile : « J'ai manqué, je l'avoue, une bonne fortune ; mais donne-moi donc encore un avis. » L'oiseau dit : « Ton cœur est semblable à un vase poli, mes discours n'y laisseraient aucune trace ; pourquoi les ferais-je entendre ? On dit en proverbe : Pleurer devant un aveugle, c'est abîmer inutilement ses yeux. O ignorant! je t'avais déjà dit qu'il ne fallait pas s'affliger au sujet d'une chose qu'on perd. Tu l'oublies déjà, sans songer d'ailleurs que je ne puis avoir le rubis dont je parle. » Il dit ces mots et s'envola, tandis que le faquir, désolé, prit la route de son logis.

« Il suit de tout ceci que Dieu peut tout ; mais on ne doit

(1) Allusion à un passage connu de l'Évangile reproduit dans le Coran.

pas cependant, sans preuves, venir annoncer des choses extraordinaires en présence des rois. Va donc voir de tes propres yeux les constructions merveilleuses dont tu parles, puis tu viendras me faire ton rapport. »

CHAPITRE XI.

Selon le désir du ministre, le préfet de police se mit donc en route pour le *Mulk-Nigarin*, c'est-à-dire le domaine merveilleux de Taj-ulmuluk, précédé d'une avant-garde et entouré de cavaliers. Lorsqu'on se fut un peu avancé dans le chemin, les gens de l'avant-garde poussèrent des cris, parce qu'ils voyaient dans cette forêt un feu dont les flammes allaient jusqu'au ciel. Cependant les cavaliers avancèrent encore; mais ils ne tardèrent pas de voir la terre d'or qu'on avait annoncée et le château enrichi de pierreries. Ils se convainquirent alors que ce qu'on avait pris pour du feu n'était que le château même, et que les flammes qu'on avait cru apercevoir n'étaient que son éclat.

De son côté, Taj-ulmuluk, instruit de la venue du préfet, fit remplir tous les bassins, couler toutes les fontaines, et ordonna qu'on le reçût dans la salle des rubis. On l'emmena donc dans le château, et de quelque côté qu'il tournât les yeux, il ne voyait que splendeur et éclat de pierreries. Lorsque Taj-ulmuluk parut sur son trône (1), le préfet, debout, lui présenta ses hommages et lui exprima les vœux qu'il faisait pour son bonheur, puis il lui parla en ces termes: « La nouvelle de votre séjour au milieu de cette forêt où vous avez fait construire un palais et une ville, cette nouvelle, dis-je, est parvenue jusqu'aux oreilles du roi mon maître, et il m'a envoyé pour vérifier le fait. Actuellement, permettez-moi de vous exposer que si vous désirez être indépendant, il faut quitter ce lieu sans retard. Si vous

(1) En Orient, le trône est souvent dans une espèce de tribune à laquelle on monte par un escalier que les assistants ne voient pas.

voulez rester ici, il faut alors mettre à votre cou le collier de la soumission et venir vous présenter à la cour du roi; car il ne saurait y avoir deux souverains dans le même pays, pas plus que deux épées dans le même fourreau. — Il est vrai, répondit Taj-ulmuluk, que j'ai élevé des édifices au milieu d'une forêt peuplée d'animaux féroces, mais je n'y suis occupé que du service du Très-Haut ; je ne désire en aucune façon d'être roi, et je souhaite toute sorte de bonheur au monarque de ce royaume. »

Le préfet, satisfait de ces paroles, se retira et alla raconter en détail au ministre ce qu'il avait vu et entendu. Celui-ci, après s'être plongé un instant dans l'océan de la pensée, répéta la chose en présence du roi. Les uns crurent au récit qu'il fit, les autres furent incrédules. Quant à Bakawali, qui était en ce moment auprès de Zaïn-ulmuluk, elle apprit cette nouvelle avec joie. « Béni soit Dieu ! dit-elle en elle-même : le nœud que je cherche à défaire depuis si longtemps sera peut être enfin dénoué ; car je vois l'aurore de l'espérance se lever pour moi après la nuit du désespoir. »

Vers. — « L'agitation de mon cœur m'a annoncé la nouvelle de la venue de mon ami. O mon œil ! sois satisfait, car ce pressentiment ne sera pas trompeur. »

Cependant Zaïn-ulmuluk enfonça quelque temps la tête dans le collet de la réflexion ; puis il exprima la crainte que ce voisinage ne causât un jour la ruine de son empire.

Vers. — « La bêche peut arrêter une source d'eau au moment où on la voit sourdre ; mais lorsqu'elle a grossi, un éléphant ne pourra la traverser(1). »

Son ministre lui représenta que les sages ont dit qu'il fallait user de ménagements envers un ennemi qu'on ne peut combattre.

Vers. — « Lorsqu'on attend avec empressement la réussite d'une affaire, il ne faut pas la compromettre par la violence ou l'opiniâtreté. »

(1) La même idée se trouve exprimée quelque part dans le *Gulistan* de Saadi.

« Il vaut mieux, continua le ministre, que Votre Majesté, *quibla* du monde, contracte avec cet étranger une alliance d'amitié, lui jetant ainsi au cou la chaîne de l'entente cordiale. — J'y consens, répondit le monarque ; personne ne peut, mieux que toi, arranger cette affaire ; ainsi, va, et tâche de *tuer le serpent sans briser le bâton* (1), en sorte que ma dignité soit conservée et que la bonne intelligence s'accroisse. »

Le prudent ministre obéit et se dirigea en grande pompe vers le Mulk-Nigarin. Après quelques journées de marche, comme il était sur le point d'arriver, Taj-ulmuluk, instruit de son approche, fit étendre des tapis sur son passage, remplir d'eau de rose les bassins, couler les jets d'eau, et donna ordre qu'on le reçût dans la salle aux rubis de Badakhschan. Ses désirs furent exécutés. Le prince était lui-même assis sur son trône enrichi de diamants, dans cette salle brillante. Le ministre, debout, lui présenta ses devoirs et lui exprima les vœux qu'il formait pour lui. « Déjà, lui dit-il ensuite, vous avez reçu la visite d'un serviteur de mon maître. A son retour, il a fait un tel éloge de vos qualités, que la colère qui s'était emparée du cœur du roi en apprenant votre établissement s'est calmée, et qu'il désire même venir vous voir. Qu'y a-t-il de mieux, en effet, que deux fleuves de bonté et de générosité se réunissent ? — J'accueille avec empressement, répondit Taj-ulmuluk, le message que vous m'apportez de la part du roi votre maître. J'aurais dû faire la première démarche, car le désir que vous m'exprimez est aussi le mien. »

Il fut alors convenu que le roi viendrait dans une semaine ; puis on servit au vizir un repas. Des plats de différents genres, ornés de pierreries, étaient portés à la salle du festin sur des plateaux d'or et d'argent, et les serviettes étaient artistement brodées. Le prince fit aussi porter aux gens de la suite du ministre de quoi rassasier leur appétit,

---

(1) Proverbe indien employé pour signifier : « Obtenir ce qu'on désire sans se compromettre ; » en d'autres termes : « Prendre garde, en évitant un mal, de tomber dans un autre. »

et il voulut qu'ils emportassent les vases précieux qui contenaient les mets. Lorsque le repas fut terminé, le vizir obtint son congé et retourna au Scharquistan, où il raconta au roi, en détail, tout ce qui s'était passé.

Sur ces entrefaites, Taj-ulmuluk mit une nuit sur du feu un cheveu de Hammala, et aussitôt elle arriva auprès de lui accompagnée de milliers de dives. Taj-ulmuluk et Mahmouda se levèrent et la saluèrent. Quant à elle, elle leur parla avec affection, les serra contre sa poitrine et leur demanda des nouvelles de leur santé et de leur bien-être. Taj-ulmuluk lui dit: « Par votre faveur tout nous est favorable et prospère : nous ne manquons de rien, nous n'éprouvons aucune peine. Mais demain, je veux traiter le roi du Scharquistan; car il est décidé qu'il doit honorer ces lieux de sa présence. Je désire donc que vous fassiez étendre depuis mes domaines jusqu'à sa ville des tapis de brocart et de velours, les uns de couleur rouge comme les joues des belles du Kathai et du Khotan, les autres verts, pour représenter le léger duvet qui entoure les lèvres des jeunes personnes. Je désire aussi qu'il y ait sur la route, de lieue en lieue, des tentes d'hermine tenues par des cordes de fil d'or et d'argent, avec des rideaux de satin, des pieux aussi beaux que des boucles d'oreille, et des clous d'or et d'argent. Je les veux si grandes et en telle quantité, que chaque officier du Roi puisse y avoir une pièce séparée pour s'y reposer solitairement. »

La complaisante Hammala n'eut pas plutôt entendu formuler ces désirs, qu'elle donna à ses dives des ordres en conséquence. Ceux-ci employèrent toute la nuit à faire les préparatifs nécessaires, et elle se retira en son domaine.

Le lendemain matin, le roi du Scharquistan voulant ratifier sa promesse, ordonna à ses ministres et à ses émirs de se revêtir de leurs plus beaux habits pour l'accompagner. Il fit mettre à sa droite une troupe de quelques mille cavaliers de différents uniformes plus riches les uns que les autres, et à sa gauche une autre compagnie aussi bien équipée. Il y avait, comme avant-garde, un escadron de cavaliers armés de pied en cap que suivait une rangée d'éléphants avec leurs litières d'or et d'argent, entourées de tous leurs brillants ornements. Le roi était monté sur un éléphant, dans un *amari* enrichi de pierreries. Bakawali, en costume d'homme magnifiquement habillée et serrée de la ceinture du désir, faisait partie du cortége. Les quatre princes royaux, en grand costume, étaient aussi montés sur leurs éléphants. On ne tarda pas à partir pour le domaine de Taj-ulmuluk.

Le roi Zaïn-ulmuluk était à peine à une lieue de distance de sa capitale, qu'il aperçut les tentes dorées, dont l'éclat était pareil à celui des rayons du soleil. Il crut être déjà arrivé au Mulk-Nigarin ; mais son vizir le désabusa, et il lui dit : « Voilà encore une rose qui vient de s'épanouir ! Sire, c'est dans cette nuit même que tout a été changé ; car il n'y avait ici auparavant qu'une forêt, et votre esclave n'y avait aperçu que ronces et buissons. Mais que dire, si ce n'est que le Très-Haut a donné à une créature un pouvoir tel, que les plus savants ne peuvent en concevoir la portée, et que leur esprit vient s'abîmer dans la vallée de la stupéfaction (1). Le Mulk-Nigarin est encore fort éloigné, mais l'homme extraordinaire qui y réside a voulu vous donner dans la route un avant-goût de ce que vous y trouverez. Admirons donc tout cela. »

Le roi écoutait les explications que lui donnait son vizir, lorsque quelqu'un vint auprès de lui de la part de Taj-ulmuluk et lui dit : « Mon maître désire que les tapis et les tentures préparés pour la réception de Votre Majesté soient livrés aux pauvres et aux malheureux, et qu'Elle choisisse parmi les tentes qui sont préparées celle qu'il lui plaira pour s'y reposer. Là, on lui fournira des rafraîchissements tels que les rois de la terre ne peuvent en goûter. »

A mesure que le roi avançait dans la route, il apercevait de nouvelles choses toutes plus merveilleuses les unes que les autres.

Taj-ulmuluk fit une journée de marche pour aller à la

(1) Allusion à une des sept vallées mystiques décrites dans le *Mantic-uttaïr*, ou le *langage des oiseaux*.

rencontre de son père : il lui présenta ses respects, le conduisit joyeusement dans son palais et le fit asseoir cérémonieusement dans le salon d'émeraudes. Toutes les pièces du palais étaient parées à l'avenant. Partout étaient étendus de moelleux tapis, et çà et là étaient des bassins du milieu desquels on voyait sourdre des jets d'eau de rose. Le roi fut tellement étonné de tout ce qu'il vit, qu'il tomba dans une sorte d'étourdissement. Bakawali perdit presque la raison et resta sans connaissance lorsqu'elle aperçut Taj-ulmuluk. C'est avec justesse qu'un poëte a dit :

VERS. — « Si dans une assemblée on tire de l'arc des sourcils les flèches des œillades, elles ont pour but tous les cœurs, mais elles n'atteignent que les cœurs amoureux. »

Quand elle eut repris ses sens elle se frotta les yeux, regarda de tous côtés, et elle ne tarda pas à reconnaître le plan de son palais et les mêmes embellissements qui le distinguaient. Elle en fut stupéfaite, et dit en elle-même que c'était sans doute quelque grand magicien qui l'avait transporté en cet endroit, et qui avait transformé cette forêt en un site talismanique. A la fin elle engagea une fée, qui l'avait suivie sous les apparences d'un domestique, à examiner avec attention les choses extraordinaires qui excitaient son étonnement. Celle-ci, après avoir tout considéré, lui dit: « Ceci n'est pas votre propre palais ; c'est un nouveau bâtiment fait sur le modèle de l'autre; mais il est si bien imité qu'il n'y a aucune différence entre l'original et la copie. Louées soient l'habileté et l'adresse de l'auteur de ces choses ! »

Bakawali comprit alors qu'elle avait trouvé le ravisseur de sa rose chérie. Elle voulait se faire connaître à l'instant, mais la timidité naturelle à son sexe la retint, et elle se décida à attendre patiemment une occasion favorable pour le faire.

Cependant on étendit une nappe blanche comme le camphre, au point qu'on ne peut en décrire la blancheur sur le papier (blanc) ; et on servit, sur des plats d'or et d'argent, des mets dont la douceur va jusqu'à coller la langue du calam, qui ne peut ainsi la louer. Le roi fut charmé des bonnes manières des gens de service, et il mangea ce qui avait été préparé, avec les princes ses fils et ses officiers. Pendant ce temps, des bayadères exécutèrent des danses charmantes, et des musiciens jouèrent sur des instruments de musique des airs délicieux.

Vers. — « Au bruit cadencé des musiciens, des femmes à visage de fée déployaient leurs gentillesses.

« Les roses d'un chant mélodieux s'épanouissaient complétement ; la flûte et le tambour ne cessaient d'être en action. »

Après le repas Zaïn-ulmuluk entra en conversation avec Taj-ulmuluk. Ce dernier finit par lui demander combien il avait d'enfants. « Ceux-ci, seulement, répondit le roi en se tournant vers ses quatre fils ; toutefois, ajouta-t-il, j'en avais un autre dont la fatale présence me priva, dans le temps, de la vue. Dieu m'a fait la grâce de la recouvrer, mais j'ignore ce que ce malheureux fils est devenu depuis le fatal accident. — « Pourquoi a-t-il quitté la cour et s'est-il séparé de la porte impériale ? Quelqu'un, parmi ceux qui composent cette assemblée, le reconnaîtrait-il ? »

Là-dessus Zaïn raconta en détail tout ce qui s'était passé depuis la naissance de Taj-ulmuluk jusqu'au moment où le roi devint aveugle ; puis, montrant un émir, il dit que lui seul, qui avait été le percepteur de Taj-ulmuluk, pourrait le reconnaître. Le jeune prince s'adressant alors à l'émir, lui demanda de voir s'il n'y avait pas dans l'assemblée quelqu'un qui ressemblât au prince dont il s'agissait. Après avoir examiné tous les assistants, avec attention, l'émir déclara que le prince qui lui adressait la parole était, de tous les assistants, le seul dont les traits rappelaient ceux de son élève, et qui en avait le langage et les manières.

Ces mots étaient à peine prononcés que Taj-ulmuluk se jette aux pieds de son père et lui dit : « Je suis ce fils malheureux qui erre depuis si longtemps loin de votre cour par l'effet du destin contraire et de mon fâcheux horoscope.

Béni soit Dieu de ce qu'il m'est enfin permis de voir votre face vénérable et d'embrasser vos genoux conformément au vif désir que j'en éprouvais. » Zaïn-ulmuluk, vivement ému, serra son jeune fils contre sa poitrine et lui baisa la tête et les yeux ; ensuite il rendit grâces à Dieu et dit à Taj-ulmuluk : « Les astromones qui avaient été consultés le jour de votre naissance, ont prédit dans votre horoscope la position brillante que Dieu vous a donnée. Béni soit Dieu de ce que j'ai eu la satisfaction de voir dans le miroir de la manifestation le visage de la réalisation. Mes yeux sont aujourd'hui doublement clairvoyants. Mais, dites-moi, êtes-vous resté libre jusqu'ici, comme le cyprès, sans vous unir à un buis élégant ? — J'ai, répond Taj-ulmuluk, deux femmes légitimes que je vous présenterai si vous me le permettez. » Le roi lui ayant dit qu'il les verrait bien volontiers, aussitôt Taj-ulmuluk se rendit dans les appartements intérieurs et en ramena Lakkha et Mahmouda. Ces deux belles, à figure de fée, s'arrêtèrent toutefois à l'entrée de la salle où se trouvait Zaïn-ulmuluk, qui demanda à son jeune fils pourquoi elles n'entraient pas, afin qu'il pût éclairer le narcisse de ses yeux par leur vue propre à exciter la joie, et remplir son cœur de satisfaction.

Taj-ulmuluk lui apprit que c'était parce que ses quatre fils aînés étaient les affranchis d'une de ces dames, et que leurs épaules portaient la marque de l'anneau de Lakkha, ainsi qu'on pouvait le vérifier.

A ces mots, la pâleur de la confusion couvrit le visage des fils aînés de Zaïn-ulmuluk, et ils se retirèrent aussitôt. Cependant les deux épouses de Taj-ulmuluk s'approchèrent, baisèrent les pieds du roi, qui demanda le récit des aventures de son fils, depuis sa séparation, et tout ce qui concernait ses deux charmantes femmes. Le jeune prince satisfit son père ; il lui raconta en détail les peines et les dangers de la forêt, l'esclavage de ses frères, la bienveillance de Hammala envers lui, son mariage avec Mahmouda, comment il avait pris dans le bassin d'eau de rose la rose de Bakawali, et comment il avait vu cette belle pendant qu'elle dormait, comment ses frères lui avaient arraché la rose merveilleuse, et comment enfin il avait fait pour former un jardin au milieu des bois, et pour construire une maison sur le plan du palais de Bakawali.

Ce récit rappela au roi la mère de Taj-ulmuluk, et il dit à son fils : « C'est donc toi qui, en réalité, as rendu mes yeux lumineux par la rose de Bakawali, et qui as ouvert en te montrant à moi la porte de la joie devant mon cœur chagrin. J'ai actuellement un devoir à remplir : je dois faire parvenir cette propice nouvelle à ta pauvre mère livrée à la douleur de l'attente, et l'abreuver du sorbet de l'heureux avis de ton arrivée, elle qui est altérée dans la vallée de l'absence. » Il dit, se lève, retourne à son palais, se rend auprès de la mère de Taj-ulmuluk, lui demande pardon de sa conduite à son égard, lui assure que désormais elle occupera le premier rang parmi ses femmes, et lui annonce enfin l'heureux retour de son fils.

Cher lecteur, la place distinguée que tu occuperas dans le palais du Roi par excellence sera la rémunération de ton service. Comme Taj-ulmuluk, fais des actions dignes d'approbation, alors le Roi t'aimera, il te fera savoir qu'il veut t'admettre en sa présence ; bien plus, il viendra lui-même auprès de toi, dans son impatience, et il serrera avec empressement ta tête contre sa poitrine. Si tout d'abord tu n'es pas digne de la vue de ce Roi, toutefois tu finiras par arriver à un tel degré, que personne ne pourra y atteindre avec toi. Or, n'agis pas comme les fils aînés de Zaïn-ulmuluk, afin de n'être pas stigmatisé comme eux de la marque de la malédiction, et de n'être pas exposé avec eux à la risée de tous.

CHAPITRE XII.

Bakawali, qui avait entendu le récit de Taj-ulmuluk, ne pouvait plus douter qu'il ne fût le ravisseur de sa rose.

Lorsque le roi fut rentré dans sa capitale, elle lui demanda la permission de quitter son service. Elle se rendit aussitôt à son jardin, écrivit au jeune prince une lettre affectueuse, et la remit avec son anneau à une fée nommée Saman-rou (visage de lis), qui, ainsi que Bakawali, avait assisté sans être aperçue à l'entretien de Taj-ulmuluk et de son père. « Va promptement, lui dit-elle, et tu remettras ces deux choses au prince lorsqu'il sera seul et libre des soins du monde. » En effet, la fée déploya ses ailes, et elle arriva en un clin d'œil auprès de Taj-ulmuluk. Elle attendit un moment favorable, lorsque, assis dans ses appartements, il paraissait rêver à Bakawali. Alors elle se présenta à sa vue, le salua respectueusement, et lui remit la lettre dont la confiance de Bakawali l'avait chargée. Le prince reconnut l'anneau ; il ouvrit la lettre et lut ce qui suit :

LETTRE DE BAKAWALI.

Vers. — « Après avoir commencé mon discours par le nom de Dieu, l'être libre du *comment* et du *pourquoi*, lui qui a éclairé le ciel par les étoiles, et qui a créé sur la terre les hommes et les génies, qui a donné aux fées la grâce et la beauté, et qui a enflammé pour elles le cœur des enfants d'Adam ; car, bien qu'il ait élevé en dignité l'homme au-dessus des fées, cependant il lui a donné pour elles une inclination violente. Il laissa tomber un rayon de sa lumière sur Laila, et l'homme devint fou (majnoun) en voyant sa beauté. Il la manifesta en Schirin, et Farhad en fut violemment épris. Le soleil est la plus petite lueur de son éclat ; que dis-je ? il n'est auprès de lui qu'un faible atome. Dieu a allumé dans le cœur la lampe de l'amour ; et la sagesse, comme un papillon, est venue s'y brûler. »

« Après cette invocation, je t'offre, ô prince excellent ! mes civilités, et te fais savoir que tes yeux langoureux et tes sourcils arqués ont lancé mille traits dans mon cœur. Tes boucles de cheveux tortillés m'ont chargée, comme la colombe, du collier de l'esclavage. Je meurs d'amour (1) : le feu

(1) Une déclaration d'amour de la part d'une femme, et surtout une déclaration si passionnée, n'est pas dans nos mœurs, mais elle est dans les mœurs de l'Orient, et la lecture des nombreux contes que les orientalistes ont fait passer dans les langues d'Europe nous y a habitués.

de la passion me dévore au dehors et au dedans. Ce proverbe est mal à propos répandu dans le monde, qui dit : *les cœurs s'entendent ;* car je me consume et tu n'en sais rien. Il n'existe en toi aucune trace du brûlement de mon cœur. Sans toi mon palais est un lieu de deuil ; que dis-je ! sans toi le paradis serait l'enfer pour moi. Ah ! fais couler dans ma bouche la boisson de l'union, et rends-moi ainsi la vie qui est sur mes lèvres, près de s'échapper. Ton amour a tellement brisé mon cœur qu'il en a fait mille morceaux. Je suis la perle et tu es le diamant. Tu es pour moi comme un fleuve qui doit rafraîchir mon cœur altéré et éteindre ma soif. Je sens que je mourrai si tu ne te rends pas à mes vœux ; mais je ressusciterai le jour où tes lèvres de rubis voudront être le prix de mon sang. Quelle réponse me donneras-tu, si je te demande pourquoi tu m'as assassinée par ta charmante tournure ?

« Mais, ô mon calam ! n'écris pas davantage, je me suis assez livrée à une amoureuse douleur. »

A la lecture de cette lettre, dont chaque expression était pleine de tendresse et chaque ligne remplie d'ardeur passionnée, le feu de l'amour qui était caché dans le cœur de Taj-ulmuluk s'alluma violemment. Impatient comme le mercure, il finit par se calmer de gré ou de force, et, prenant en sa main le calam de l'absence et une feuille de papier, il se mit à écrire la réponse suivante :

RÉPONSE A LA LETTRE.

Vers. — « O toi qui enflammes les amants et qui exerces envers eux une cruelle tyrannie ! toi qui l'emportes sur toutes les belles au corps d'argent, et qui dérobes les cœurs dans le chemin de l'amour ! les sourcils arqués qui ornent tes yeux figurent un sabre qu'aurait en ses mains un homme ivre (1). Ton regard est enchanteur ; c'est la foudre qui détruit la moisson de l'âme. Ta bouche est plus vermeille que le bouton de la rose ; le rubis est décoloré auprès de tes lèvres. Tu rends lumineux l'œil de mon espoir. Je suis un atome et tu es le soleil. »

(1) Allusion à la forme arquée des sabres musulmans et à la douceur langoureuse des yeux à laquelle les poètes orientaux donnent le nom d'*ivresse*.

« O femme charmante, dont le front brille comme la planète de Vénus, et qui excites la jalousie des beautés de la Chine ! Le contenu brûlant de ta lettre passionnée a consumé mes os comme la bougie et a couvert de blessures mon cœur isolé. Mes cris et mes gémissements sont tels, qu'on dirait que le jour du jugement est arrivé. La vapeur de mes soupirs se répand de tous côtés. O flambeau qui éclaires la nuit, les blessures que le feu de l'amour a faites dans mon cœur ne se guériront jamais ; que dis-je ! elles paraîtront tant que des taches s'apercevront sur la lune. Ne crois pas que ton image s'éloigne jamais de mes yeux, ou que mon cœur oublie ton souvenir. Il n'y a pas d'heure où je ne désire ta présence, où je n'ambitionne le bonheur d'être uni à toi. Lorsque j'ai entendu prononcer ton nom, j'ai tellement perdu la raison, que, la vue fixée sur mon but, je n'ai pas craint d'exposer ma vie. Je me suis lié avec les dives, et j'ai jeté à leur cou le filet de l'amitié. C'est ainsi que j'ai pu admirer un instant ta beauté qui orne le monde, ce qui a répandu du sel sur la blessure de mon cœur. Une étincelle de mon cœur brûlant est tombée sur le tien ; l'éclair de mon désir a brillé sur ta moisson. »

Vers. — « Oui, c'est bien l'excès de l'amour qui fait bouillonner mon cœur ; il n'y a qu'une seule boisson, mais elle est dans deux coupes. »

« Que suis-je ? que puis-je faire ? Oui, j'avais besoin de tes paroles engageantes. »

Vers. — « Tant que l'attraction ne vient pas du côté de l'objet aimé, que peut faire l'amant au désespoir ? »

« Toutefois, je ne dois pas confier plus de secrets à mon calam, attendu qu'on a dit :

« Le calam ne doit pas être admis dans le harem des secrets des amants. »

« Salut. »

Taj-ulmuluk mit cette lettre sous enveloppe, y appliqua, en guise de cachet, son œil humide teint de surma, et la remit à Saman-rou, en la chargeant de dire de vive voix à Bakawali bien des choses encore qu'il n'avait pu exprimer par écrit.

Saman-rou partit sans retard et arriva bientôt auprès de Bakawali, à qui elle remit la réponse de Taj-ulmuluk, en l'accompagnant des explications que lui avait données le prince.

CHAPITRE XIII.

Quand Bakawali vit que l'amour de Taj-ulmuluk pour elle était encore plus vif que le sien, et que l'union seule pouvait calmer leur mutuelle impatience, elle envoya en toute hâte Saman-rou prier Hammala de venir auprès d'elle. Hammala l'ayant vue agitée, lui demanda de quoi il s'agissait : « Tout va bien, lui répondit celle-ci ; mais Bakawali te demande, hâte-toi d'accourir. » Cependant Hammala troublée par cette réquisition subite, se lève tremblante comme le saule d'Égypte et arrive auprès de Bakawali. Elle la trouve assise dans son palais, ses yeux de narcisse languissants par l'effet de la séparation de son ami, et chacun de ses cils changé en une fontaine, comme si elle avait été dans le deuil. Elle la salue avec déférence, et lui exprime les vœux qu'elle forme pour son bonheur. « O jasmin du jardin de la joie, lui dit-elle, rose du buisson du contentement, pourquoi le bouton de ton cœur est-il resserré au point que ta couleur en est altérée ? Pourquoi tes pleurs interrompent-ils tes paroles ? Pourquoi laves-tu de tes chaudes larmes la fleur de ton visage ? Puissent tes malheurs tomber sur moi, en sorte que tu sois toujours satisfaite et riante ! Au nom de Dieu, parle, et découvre-moi le secret de ton cœur ! — Misérable entremetteuse ! lui dit alors Bakawali en colère, que dois-je te dire ? Je l'ignore moi-même. Mais n'est-ce pas toi qui as allumé le feu qui me consume et amené le fâcheux état où je suis? Laisse là tes jongleries et éteins ton amitié ; car c'est en donnant à ton gendre les moyens de parvenir jusqu'ici qu'il a pu déchirer le voile de mon honneur, puisqu'il m'a vue presque sans vêtement. Si tu tiens à réparer ta faute, va promptement et amène-moi cet être chéri. — C'est pour si peu de chose, répondit en souriant Hammala, que vos joues sont enflées à force de pleurer et que votre beauté s'est altérée? Ah! croyez-moi, levez-vous, lavez votre visage, et que le sourire revienne sur vos lèvres. Je vais à l'instant prendre Taj-ulmuluk par l'oreille et le conduire auprès de vous. »

Hammala part, en effet, pour la capitale du Scharquistan. Arrivée auprès de Taj-ulmuluk, elle lui dit en souriant: « Lève-toi, ô papillon, et envole-toi! ta bougie se souvient de toi. » Le prince se jette aux pieds de Hammala ; mais celle-ci le serre contre sa poitrine, puis elle le charge sur ses épaules et prend le chemin du royaume de Bakawali.

Sur ces entrefaites, on annonça à Jamila-khatoun que sa fille Bakawali était amoureuse d'un mortel. Pour s'en assurer, elle alla auprès de Bakawali, et quand elle en fut convaincue, elle se mit dans une violente colère, et la gourmandant violemment, elle lui dit: « Fi donc, fille amoureuse et sans honneur! quelle est cette passion qui s'est emparée de toi et que tu veux assouvir? Tu as perdu l'honneur des fées, et tu as submergé leur réputation. »

Bakawali, mettant les mains à ses oreilles, en forme de supplication, nia d'abord le fait en accompagnant son dire de serments terribles, et enfin elle se jette aux pieds de sa mère et s'écrie : « Je ne connais pas seulement le mot d'amour, et je n'ai pas même vu en songe un être humain. Qui donc a voulu vous faire avaler ce vitriol en vous débitant ces sornettes? Avouez-le-moi, si vous ne voulez pas que je me suicide et que je renonce à la vie. »

Ces paroles touchèrent sa mère, mais affectant une sèche indifférence elle lui dit : « Va, garde le silence et réforme ta conduite. »

Ce fut après cette conversation qu'eut lieu l'arrivée de Hammala et de Taj-ulmuluk. Saman-rou, qui était dans la confidence, vint dire en secret à Bakawali que le voyageur en question venait d'arriver. La belle fée chargea sa compagne de le faire cacher en un lieu sûr, pendant que, contre sa volonté, elle fut obligée de rester avec sa mère assez avant dans la nuit. Enfin Jamila va se coucher et s'endort promptement. Bakawali ne perd pas une occasion si favorable ; elle se lève tout doucement sans être entendue, le sein palpitant tour à tour de crainte et de désir, elle va trouver Taj-ulmuluk. En la voyant, celui-ci s'évanouit d'abord, tant fut violente la sensation qu'il éprouva. Elle accourut alors avec empressement. Par l'effet de l'odeur suave du souffle de Bakawali, plus excellente que celle de l'essence de rose, Taj-ulmuluk reprit ses sens, ouvrit les yeux, et se considéra comme à l'apogée du bonheur en voyant les attentions de Bakawali pour lui. Il se leva heureux et content, et contempla son amie. Bientôt la coupe du vin de l'amour circula, et ils en furent enivrés tous les deux. Le voile de la retenue fut retiré, et le marché de la témérité et de l'audace devint animé ; enfin ils se désaltérèrent à la coupe de l'union et éteignirent le feu de l'absence.

VERS. — « Mille fois hélas de ce que le firmament lumineux éloigne si souvent de Jupiter (1) la lune !

« Là où deux personnes sont assises ensemble dans un même lieu, il y jette la pierre de la séparation.

« S'il fait briller dans un cœur un rayon d'amour, il ne tarde pas de le tourmenter par la blessure de l'absence.

« C'est une erreur de croire à sa bienveillance : quand en effet agit-il avec fidélité ? Il n'y a sur son arc que la flèche de l'injustice. »

Par malheur Jamila se réveilla en sursaut au milieu de la nuit. Elle se lève, et voyant que le jardin est éclairé par les rayons de la lune, elle va s'y prononcer, et elle passe devant l'endroit où nos deux amants, sans défiance, reposaient

(1) C'est-à-dire « la belle femme de son appréciateur », ou plutôt « de son acheteur », le mot *muschtari* signifiant à la fois *acheteur* et la *planète de Jupiter*.

l'un près de l'autre. Lorsqu'elle les aperçut, la flamme de la colère l'enveloppa et ne s'arrête pas. Enfin elle jeta Tajulmuluk dans l'air comme une pierre lancée par la fronde; elle changea en couleur de pourpre les roses des joues de Bakawali par les soufflets qu'elle lui donna; puis elle la conduisit avec elle dans le jardin d'Iram, qui était le lieu de la résidence de Firoz-Schah, et fit savoir à ce dernier ce qu'elle avait vu de ses propres yeux.

Firoz-Schah donna pour compagnes à Bakawali un certain nombre de fées qu'il chargea de laver de la tablette du cœur de sa fille le dessin de ses familiarités avec l'homme qui l'avait séduite. En vain s'occupèrent-elles jour et nuit de ce soin, le feu caché de son amour ne fit que s'en enflammer davantage. Elle en entretenait ses compagnes toute la journée; dans la nuit elle remplissait son imagination de cette image chérie, et pendant qu'elle veillait solitairement, elle récitait, conformément à sa situation, des vers dont voici le sens :

GAZAL.

« Personne n'est, comme moi, éprouvée par les peines de l'absence; car, jusqu'ici, ma vie s'est écoulée dans la douleur de la séparation.

« Je suis une maîtresse malheureuse qui a perdu son cœur; je suis délaissée; j'en ai le vertige. Les blessures de la séparation m'ont couverte de plaies.

« Que puis-je faire, si ce n'est de verser des larmes de sang, moi qui suis affligée par la séparation ?

« Mais qu'est désormais la séparation ? Où suis-je ? Que deviennent mes soucis et mes chagrins, puisque la main du destin brise même le pied de la séparation ?

« Où trouverai-je justice, que ferai-je, à qui m'adresserai-je ? Y a-t-il quelqu'un qui me donnera la rétribution de la séparation ?

« Si la séparation dure encore pour moi, je me suiciderai, et je payerai avec les larmes de mes yeux le prix du sang de la séparation.

« Cette peine cruelle est telle, que de ma bouche, comme de celle de Hafiz, il sort, à cause de cette séparation, des gémissements pareils à ceux de l'oiseau de l'aurore (le rossignol). »

Lorsque les fées se furent assurées que l'amour avait fixé sa demeure dans le cœur de leur jeune maîtresse, elles allèrent annoncer à Firoz-Schâh que tous leurs efforts avaient été inutiles, et que leurs discours ne faisaient aucune impression sur l'esprit de Bakawali. « La sangsue, ajoutèrent-elles, ne saurait s'attacher à une pierre. Nous avons fait ce que nous avons pu. Ordonnez à présent ce que nous devons exécuter. »

Quand Firoz-Schâh eut appris le peu de succès des fées, il comprit que sa fille n'était plus sous sa puissance, et que les meilleurs conseils ne lui serviraient de rien; il l'enchaîna par des talismans, et il mit à ses pieds d'un blanc d'*argent* une chaîne de *fer*.

CHAPITRE XIV.

Nous avons laissé Taj-ulmuluk au moment où Jamila-hkatoun l'avait lancé dans l'air. Il tomba dans une mer inconnue, et par l'effet de la fluctuation des vagues, il se trouvait tour à tour au fond de l'eau comme la perle, ou au-dessus des vagues comme l'écume. Après être resté quelques jours dans cet état, il fut jeté sur le rivage avec un dernier souffle de vie, tant il est vrai que la main d'Izraïl, l'ange de la mort, ne tord pas tout de suite le cou de l'oiseau de l'âme des amants. Cependant le soleil réchauffa le corps de Taj-ulmuluk : il reprit de la force et put se lever et marcher. Il vit qu'il était dans une île où se trouvaient des arbres fruitiers en abondance. Il parcourut cette île dans tous les sens, et il finit par découvrir un jardin dont les arbres portaient des fruits qui ressemblaient à des têtes humaines. A mesure qu'il s'en approcha, ces têtes se mirent à ricaner et à rire, puis elles tombèrent toutes par terre. Environ une heure après, d'autres têtes semblables parurent sur les mêmes branches. Le prince fut stupéfait et troublé de cette merveille de la puissance divine, et il s'éloigna de ce lieu. Alors il se trouva dans un jardin de grenadiers dont les fruits ressemblaient à des pots de terre. Comme il en prit et qu'il les ouvrit, il en sortit des oiseaux des plus jolies couleurs qui s'envolèrent aussitôt. Cette autre merveille jeta le prince dans un nouvel étonnement. Il continua à voir pendant tout le jour des phénomènes du même genre : il s'en présentait toujours à lui de nouveaux. Il ne savait comment se sauver de cette île ; mais à la fin il ramasse péniblement des branches d'arbre, en fait un grand fagot, le lance à la mer, et invoquant le nom de Dieu, il monte sur cette espèce de bateau. Après quelques jours, il découvre un autre rivage, y descend, et se trouve au milieu d'un désert effrayant. A la nuit, dans la crainte des animaux féroces, il monte sur un arbre, mais une demi-heure ne s'était pas encore écoulée qu'il entend les vagues faire un grand bruit du côté du midi ; il ne vit rien d'abord, mais bientôt un énorme dragon s'offre à ses regards et vient précisément sous l'arbre dont les branches le soutenaient. Cette vue l'effraye : il perd le sentiment, et, hors de lui, il se serre contre les branches de l'arbre. Le dragon ne tarda pas à vomir de sa bouche un serpent, et celui-ci une pierre si brillante qu'elle éclairait jusqu'à cent kos les bois et les montagnes. Les animaux de la terre et les oiseaux du ciel vinrent s'agiter devant elle et finirent par tomber privés de sentiment. Alors le serpent les attira par la force de sa respiration et en avala la quantité nécessaire pour sa nourriture ; puis il fit rentrer dans sa bouche la pierre éclatante qu'il en avait fait sortir, et retourna dans la bouche du dragon, qui reprit le chemin par lequel il était venu. Le prince forma le dessein de s'emparer de ce joyau, et il réfléchissait aux moyens qu'il pourrait employer à cet effet, lorsqu'en passant au bord de la mer il voit une grosse motte de terre boueuse. Il la prend, l'emporte avec lui, et au soir il va se placer sur l'arbre où il était le jour d'auparavant. Le dragon arriva ponctuellement et répéta la scène de la veille. Le prince épiait ses mouvements ; quand il crut le moment favorable, il jeta la motte de terre sur la pierre qu'avait vomie le serpent, et l'ayant ainsi couverte, toute la forêt fut plongée dans les ténèbres, si bien que le serpent voulant se retirer se heurta la tête contre les pierres et périt.

Au matin, Taj-ulmuluk descendit de l'arbre sur lequel il était monté, et ayant retiré de dessous la motte de boue le précieux joyau, il le serra dans sa ceinture et se mit en marche, dans l'espoir de trouver un lieu habité. Il tint sans succès cette conduite pendant plusieurs jours, et à la nuit il dormait sur un arbre. Une nuit, il grimpa sur une branche où se trouvait le nid d'un geai qui possédait la faculté de parler. Ce geai contait des anecdotes et des histoires à ses petits et leur apprenait tout ce qui pouvait, à un jour donné, leur être utile. Cette nuit-là ses petits lui demandèrent des indications sur la forêt déserte qu'ils habitaient. Le geai leur dit: « Il y a çà et là des trésors précieux; mais en outre, en allant du côté du midi, on trouve au bord d'un bassin un grand arbre qui a la propriété singulière de rendre invisible celui qui se sert d'un chapeau fait de son écorce. Jusqu'à présent personne n'a pu y atteindre, parce que cet arbre a pour gardien un grand serpent que ni les épées ni les flèches ne sauraient blesser. — Ah! vraiment? répliquèrent les petits geais; et savez-vous comment on pourrait y arriver? — Si un homme courageux et prudent, répondit-il, allait au bord de ce bassin, il faudrait qu'il sautât dedans lorsque le serpent l'attaquerait; alors il se trouverait transformé en corbeau; mais, sans se mettre en peine de cette métamorphose, il devrait se poser sur la branche occidentale de l'arbre; il y trouverait des fruits verts et rouges; les rouges lui donneraient sa première forme, les verts le rendraient invulnérable, s'il en plaçait sur sa tête; et s'il en mettait dans sa ceinture, il pourrait voler dans l'air. Les feuilles de cet arbre guérissent les blessures, et son bois ouvre les serrures les plus fortes et brise les corps les plus solides. » Taj-ulmuluk ayant entendu l'explication de ces choses merveilleuses, fut tourmenté du désir d'éprouver la vertu de l'arbre miraculeux. Au matin, il se dirigea vers l'endroit signalé par le geai, et il n'eut pas de cesse qu'il n'eût trouvé le bassin au serpent. Lorsque ce reptile le vit, il s'élança pour l'attaquer; mais le prince ne se troubla pas: il sauta dans le bassin et fut changé en corbeau; puis il monta sur l'arbre, mangea un fruit rouge, reprit la forme humaine, cueillit des fruits verts, les mit dans sa ceinture, et d'une branche fit un bâton. Il prit aussi quelques feuilles de cet arbre, ainsi que l'écorce nécessaire pour en faire un bonnet, et il se mit en marche.

Après quelques jours il sortit de la forêt et aperçut un lieu habité. Alors, au moyen d'un bâton pointu, il se perça la cuisse, y plaça le joyau du serpent, guérit la blessure avec les feuilles de l'arbre merveilleux, et s'avança vers le lieu dont nous venons de parler.

CHAPITRE XV.

Après avoir fait quelques pas, Taj-ulmuluk se trouva au bord d'un bassin de marbre autour duquel croissaient des fleurs de toute espèce. Cet endroit charmant et ces frais ombrages excitèrent le prince au sommeil. Il ne tarda pas à s'endormir, et à son réveil, en considérant l'eau pure et limpide du bassin, il eut envie de se baigner : il posa son bonnet et son bâton sous un arbre et entra dans l'eau ; mais en sortant il ne vit plus ni le bassin ni le lieu où il était auparavant. Il se trouva dans une ville, et de plus il était métamorphosé en une jeune et jolie femme.

Taj-ulmuluk, vivement affecté de cette fâcheuse métamorphose, n'y trouva d'autre remède que la patience. Il était assis tout honteux, lorsqu'un jeune homme passa auprès de lui. En voyant cette femme qu'on aurait volontiers prise pour une houri ou au moins pour une fée, il en fut épris. « Par suite de quelle pénible circonstance, lui demanda-t-il, vous trouvez-vous dans ce désert? — Mon père était marchand, lui répondit le prince ; il avait l'habitude de me mener avec lui dans les courses qu'il faisait pour son négoce. Hier il vint dans ce bois avec une caravane : à minuit des voleurs nous attaquèrent, toutes nos richesses furent pillées, et mon père, ainsi que nos compagnons, périrent assassinés. Ceux qui furent épargnés se sauvèrent, moi seule je restai au milieu de cette solitude, sans abri, sans force pour marcher; je ne puis cependant demeurer ici. — Si tu m'acceptes pour époux, lui répond le jeune homme, je te conduirai dans ma maison et tu y commanderas en maîtresse. »

En prenant l'apparence du sexe féminin, Taj-ulmuluk en avait ressenti les inclinations; il éprouva donc en lui-même de l'amour pour ce jeune homme, le suivit et devint son épouse. Sur ces entrefaites, Taj-ulmuluk eut les symptômes d'une grossesse, et mit au monde un fils, après le temps ordinaire. Au quarantième jour, il alla se plonger dans un bassin qui était dans le voisinage de la maison de son époux. A mesure qu'il retira sa tête de l'eau, il ne vit plus rien de ce qui l'entourait il y avait un instant, et il se trouva transformé en un jeune Abyssin. « Loué soit Dieu, dit-il, de ce que bien que je n'aie pas repris mon corps primitif, je suis au moins redevenu homme! » Il se livrait à ses réflexions, lorsqu'une négresse dont la lèvre supérieure touchait au nez et l'inférieure au menton, dont les oreilles descendaient jusqu'aux épaules et le sein jusqu'au ventre, le saisit par la ceinture en lui disant: « Homme sans honneur, depuis trois jours tes enfants meurent de faim, et je n'ai cessé de te chercher. Où t'étais-tu donc caché? Ce qui est passé est passé; mais viens actuellement avec moi. — Grand Dieu, dit alors Taj-ulmuluk en regardant le ciel, jusqu'à quand me puniras-tu? Depuis le jour où la mère de Bakawali m'a lancé dans l'air, je n'ai pas respiré un seul instant loin de la griffe du malheur. »

Bon gré mal gré, Taj-ulmuluk suivit sa soi-disant épouse. Arrivé à la maison, ses prétendus enfants l'entourèrent en lui demandant ce qu'il leur avait apporté. Le prince les regardait stupéfait, lorsque la négresse lui mit en main une hache en lui disant d'aller couper du bois pour nourrir sa famille. Il partit; mais, se rappelant que c'était en plongeant dans un bassin qu'il avait deux fois changé de forme, il voulut le faire une troisième fois, pour voir ce qui en résulterait. Effectivement il entra dans le premier bassin qu'il rencontra, il s'enfonça dans l'eau, puis il releva la tête et se retrouva dans sa forme originelle, au bord du premier bassin où il s'était plongé, et il y vit le bâton et le chapeau au même endroit où il les avait placés. Il se prosterna pour rendre grâces au Très-Haut, et prit la résolution de ne plonger désormais dans aucun bassin; ensuite il mit sur sa tête le bonnet talismanique, prit en main son bâton et quitta ces lieux.

Ami lecteur, si tu prêtes attention, tu verras que Dieu a mis sur ta tête, comme à Taj-ulmuluk, le bonnet de sa grâce, et en ta main le bâton de sa protection. Il nous a placés dans le monde comme dans un talisman, sorte de camp ensemencé pour l'éternité, afin de travailler à notre perfection en vue de la vie future. Nous devons donc apprendre à connaître la rose et l'épine, l'eau et le mirage. Il ne faut pas sentir les fleurs de chaque jardin ni remplir sa cruche dans chaque ruisseau; car dans ce monde les épines paraissent souvent plus belles que la rose, et le mirage paraît être de l'eau véritable. Si, pour saisir la perle du plaisir, tu entres dans la fontaine du monde, tu perdras le bonnet et le bâton, c'est-à-dire les biens de la vie à venir; car il est dit dans les hadis : « Ceux qui recherchent le monde sont des efféminés. » Ta forme d'homme parfait qui annonce l'empire des choses spirituelles, deviendra celle d'une femme à l'esprit imparfait, et tu n'auras alors d'autre ressource que d'attendre patiemment le retour de la grâce de Dieu. Il peut se faire en effet que tu reviennes à toi et que tu plonges de nouveau dans l'océan du souvenir de Dieu. Alors, en relevant la tête, tu verras de nouveau le bonnet et le bâton figuratifs.

CHAPITRE XVI.

Le peintre du discours a ainsi tracé la suite de l'histoire de notre héros sur la page de l'explication :

Après que Taj-ulmuluk eut éprouvé ces coups du sort, il ne voulut plus poursuivre sa route en marchant; mais il prit son vol; et, se nourrissant de fruits, il traversa les airs. Un jour il passa au-dessus d'une montagne si élevée, qu'à côté d'elle le Caucase aurait paru un simple tertre, et d'un granit si dur que le mont Bésutûn aurait été réduit en poudre, comme une brique, par le choc d'une de ses roches. Il y avait au-dessus une belle maison bâtie en pierres, dans laquelle le prince entra par curiosité. Quelque recherche qu'il fît, il ne trouva personne; mais à la fin des cris plaintifs parvinrent à son oreille. Il alla vers le lieu d'où ils partaient, et il vit, étendue sur un lit, une femme d'une beauté ravissante qui pleurait en sanglotant. Le prince ôtant alors son chapeau et se rendant visible, lui adressa la parole en ces termes: « O toi dont la vue donne à l'âme le bien-être, comment un amant sans cœur a-t-il pu ainsi abandonner tant de jeunesse et de beauté? C'est en effet, je le vois, un poison pour toi que d'être privée de la thériaque de l'union. Comment a-t-il pu se séparer de toi et infliger la blessure de l'absence sur ce pauvre cœur plein d'amour? » La belle inconnue rougit en entendant ce discours galant; puis, ayant couvert de son voile son visage, elle dit à Taj-ulmuluk : « Qui es-tu? Tu cherches peut-être l'ange de la mort; fuis, si tu ne veux mourir! — Si tu veux ma vie, reprend le prince, je te l'offre volontiers; mais si tu crois m'épouvanter en me menaçant de quelque ennemi, sache que je ne crains rien.

Vers. — « Je ne crains pas de mourir; de qui aurais-je peur? car un insouciant libertin comme moi se joue facilement de la vie! Dans tous les cas, fais-moi savoir qui tu es, et raconte-moi ton histoire. »

Enfin cette belle, dont le visage était aussi admirable que la planète de Vénus, leva la tête et dit au prince : « Je suis une fée, et je me nomme Rûh-afzà; mon père se nomme Muzaffar-Schâh; il règne sur Jazirâ-i-Firdaus. Un jour, j'étais allée au jardin d'Iram pour visiter ma cousine Bakâwali, qui était malade; mais, à mon retour, un dive à figure noire m'enleva et m'amena ici. Actuellement il voudrait me faire céder à sa passion, mais je lui résiste, et à cause de ma résistance il me maltraite chaque jour de mille manières nouvelles. »

Taj-ulmuluk, avide de savoir des nouvelles de Bakâwali, s'empresse avant tout de demander à sa cousine quel genre de maladie elle avait : « Elle aime, lui répondit Rûh-afzâ, un être humain qu'elle était parvenue, après mille peines, à faire venir auprès d'elle ; mais elle en a été séparée. Actuellement elle fait honte, par sa folie d'amour, à Majnûn et à Laïla ; et elle veut renoncer à sa vie charmante *(schîrîn)* pour ce nouveau *Farhad*. C'est au point que mon oncle, désespéré, s'est vu forcé de l'enfermer. » A ces mots, Taj-ulmuluk ne put retenir ses soupirs ; sa tête fut troublée, les traits de son visage s'altérèrent. Rûh-afzâ lui demanda la raison de ce dont elle était témoin, et le prince fut ainsi obligé de lui avouer qu'il était le mortel qu'aimait Bakâwali. « Ah ! ajouta-t-il, pendant qu'elle s'agite dans sa prison, je me consume à errer à sa poursuite. »

Taj-ulmuluk raconta ensuite à Rûh-afzâ toute son histoire. Ce récit toucha la belle cousine ; elle donna des louanges à la constance de ces amants, et déclara qu'elle était disposée, si elle pouvait être délivrée des mains du dive, à mettre sur la blessure du cœur du prince le baume salutaire de la guérison. « Qui oserait te retenir ? lui dit Taj-ulmuluk ; quitte ces lieux, va où tu désires, et sois sans crainte de ton ennemi. Tu verras comment je le traiterai, et comment, d'un seul coup, je mettrai en pièces son corps grand comme une montagne, aussitôt que j'aurai une arme. » Alors Rûh-afzâ lui indiqua l'arsenal du dive. Il y entra et y prit une épée bien trempée ; puis il toucha avec son bâton magique les chaînes qui serraient les pieds de Rûh-afzâ, et elles se brisèrent.

Ils prirent alors la route de Jazirâ-i-Firdaus ; mais ils avaient à peine fait quelques pas, qu'un bruit terrible se fait entendre derrière eux. « Prends garde, dit Rûh-afzâ au prince, voici mon ennemi sanguinaire. » Taj-ulmuluk, sans se déconcerter, tira son chapeau de dessous son bras, le mit sur la tête de Rûh-afzâ, et alla lui-même à la rencontre du dive. « Garde-toi d'avancer, maudit, lui cria-t-il d'une voix forte, si tu ne veux recevoir de ma main un coup qui t'étende mort à mes pieds ! » Le dive ayant entendu ces mots, fut agité comme l'éclair, et répondit en montrant ses dents affreuses : « Depuis quand la fourmi blanche veut-elle se mesurer avec l'éléphant, et le faible passereau avec le simorg ? Je rougis de salir mes mains avec le sang d'une mouche et de frapper une poignée de terre, moi qui, d'un revers de main, peux renverser le Caucase. Rends-moi ma maîtresse, pour laquelle mon cœur brûle comme le papillon à la flamme de la bougie, et est en fusion comme le métal, et retire-toi. — Puant réprouvé, reprend le prince, veux-tu bien ne pas appeler Rûh-afzâ ta maîtresse ! Si je n'étais retenu par la crainte de Dieu, je t'aurais déjà coupé la langue. » A ces mots injurieux et à ce défi, le dive, ému de colère comme un chaudron en ébullition, soulève une pierre de cent livres et la jette contre le prince. Celui-ci, pour éviter le coup, fait usage des feuilles de l'arbre merveilleux, s'élève dans l'air, et du bâton fait avec le bois de cet arbre, il frappe le cou du dive de telle sorte, que ce méchant génie tremble de tout son corps, et lui dit : « Retire-toi, maudit ; je t'ai épargné cette fois ; car, si je l'eusse voulu, j'aurais, d'un coup de ma main, coupé ton corps en deux. »

Lorsque le dive vit qu'il avait affaire à un adversaire redoutable, il jeta des cris effrayants, et des milliers de dives, à têtes de bœuf, à corps d'éléphant, accoururent de tous côtés et entourèrent le prince, auquel ils livrèrent un combat, que Taj-ulmuluk soutint avec bravoure, et dont il sortit victorieux.

Vers. — « Il fit agir son épée ; la terre tressaillit, le ciel trembla.

« Le combat arrêta les pieds, tandis qu'il fut impossible aux mains de se joindre pour la paix.

« Notre héros combattit des milliers de dives impurs, et son glaive semblait dire ces mots du Coran : *Y en a-t-il-encore* (1) ?

« Ce mortel attaqua de telle façon les dives, que la planète de Mars trouva qu'il avait agi bravement.

« Des dives tombèrent en si grand nombre sur la terre, qu'elle en fut agitée au point de ressembler à la main atteinte d'un tremblement nerveux.

(1) Surate V, vers 29.

« Le sang coulait du corps de chacun d'eux ; il formait un ruisseau sur la montagne.

« Le dive finit par se sauver en s'enfuyant avec agilité, et Taj-ulmuluk resta maître du terrain. »

Toutefois, à force de s'être battu et d'avoir déployé son adresse, il ressentit de la fatigue et finit par tomber évanoui. La belle Rûh-afzâ accourut auprès de lui, mit sur ses genoux la tête du prince, appliqua sa main comme une feuille de rose sur sa poitrine, et avec son souffle embaumé elle rappela les sens engourdis de son ami. Elle lui rendit son bonnet talismanique et applaudit à son courage ; puis ils partirent pour Jazirâ-i-Firdaus ; et lorsqu'ils furent arrivés près de la ville capitale, Rûh-afzâ laissa Taj-ulmuluk dans un jardin qui lui appartenait et qui portait son nom, et elle alla d'abord trouver son père et sa mère, qui la reçurent avec empressement, et la couvrirent de baisers au front et aux yeux. Elle leur raconta tout ce qui lui était arrivé : mais elle leur laissa ignorer que son sauveur fût l'amant de Bakawali. Muzaffar-Schâh voulut aller remercier Taj-ulmuluk dans le jardin où il s'était arrêté, et il le combla de marques de déférence et d'honneur. Il le fit asseoir sur un élégant canapé, lui donna pour le servir un certain nombre de fées, et se retira dans son palais.

CHAPITRE XVII.

Le narrateur fidèle des aventures dont nous retraçons l'histoire nous fait savoir que Muzaffar écrivit alors une lettre à Firoz-Schâh pour lui annoncer le retour de Rûh-afzâ, et il envoya son message au jardin d'Iram. La lecture de cette lettre combla de joie le monarque, et il engagea aussitôt Jamila-khatûn à aller voir son aimable nièce. Bakawali voulut être de la partie, ce qui fit plaisir à sa mère, dans l'espoir que la distraction et la promenade enlèveraient du miroir d'acier) de son cœur la rouille du chagrin. Jamila ouvrit la chaîne qui retenait captifs les pieds de sa fille, et la conduisit avec elle à Jazirâ-i-Firdaus.

Muzaffar, instruit de leur arrivée, envoya à leur rencontre Rûh-afzâ, qui les embrassa tendrement, et s'empressa de dire à l'oreille de Bakawali, en souriant, que son amant était en ces lieux ; qu'elle pourrait ainsi lui serrer la main et s'abreuver à la coupe de l'amour. Bakawali n'osa rien répondre, dans la crainte de sa mère, et sa joie fut mêlée de souci. Cependant Rûh-afzâ fit les honneurs de la maison à Jamila et à Bakawali. Muzaffar et Husn-ara comblèrent d'amitié leur sœur et leur nièce. La porte du discours fut ouverte, et il fut fait surtout mention de la manière dont Rûh-afzâ avait été sauvée.

Jamila-khatûn passa ainsi la nuit. Le lendemain elle voulut prendre congé de sa nièce ; mais Rûh-afzâ la supplia de permettre que Bakawali restât quelques jours auprès d'elle pour faire pénétrer dans son esprit la lumière de la joie et en éloigner les ténèbres de la mélancolie. Jamila consentit à laisser Bakawali une semaine avec sa cousine, et elle retourna au jardin d'Iram. Rûh-afzâ, restée seule avec Bakawali, se mit à l'entretenir de ses amours et entra là-dessus dans de longues explications. Elle finit par lui parler en termes voilés de l'amour ardent de Taj-ulmuluk pour elle ; mais Bakawali fut toute honteuse et répandit des larmes ; puis, d'un air fâché et faisant la moue, elle dit à sa cousine : « O mon amie, cessez de rire et de me plaisanter ; car, pendant que vous me traitez ainsi, je m'aperçois bien que vous éprouvez dans votre cœur de l'amour pour le dive. On peut vous appliquer ce proverbe : *Elle a teint ses mains et ses pieds de henné, et elle veut que les autres en fassent autant.* Ne me vendez plus du poison pour du vin. J'en jure par Salomon, je retournerai en ma maison, et je ne reviendrai plus chez vous. Quel rapport y a-t-il entre la bougie qu'entoure la lanterne et le papillon ; entre le bouton resserré et le rossignol ? de même quel rapport peut-il y avoir entre une fée et un homme ? Est-ce que tel n'est pas votre sentiment ? »

Lorsque Rûh-afzâ vit qu'elle ne pouvait rien terminer et que Bakawali ne voulait pas parler de ce qui la concernait, elle la mena avec elle vers les allées où se promenait Taj-ulmuluk, et lui dit: « Ma sœur, je ne dis pas que tu sois amoureuse de personne, ni, à Dieu ne plaise, que tu souffres les peines cruelles de l'amour ; mais je dis que tu es la bougie de la lanterne. Si un papillon vient de lui-même s'y brûler, que t'importe ? de même que si des milliers de fleurs de nénuphar disparaissent dans l'étang, qu'importe à la lune ? » Par ces paroles et par d'autres du même genre, elle calma la colère de Bakawali ; et, usant de ruse, elle la prit par la main et la conduisit précisément dans l'allée même où se trouvait Taj-ulmuluk. Arrivée là, elle feignit de regarder, tout en marchant, la verdure environnante ; mais bientôt les accents plaintifs du prince malade d'amour parvinrent à l'oreille de Bakawali. Elle en fut vivement troublée, et, ne pouvant contenir son émotion, elle demanda à sa cousine quelle était cette voix. Celle-ci répondit que c'était une proie nouvellement prise qui déplorait sa captivité. « Viens, ajouta-t-elle, je te la montrerai et je te ferai entendre de près ses accents. »

Ayant ainsi trompé Bakawali, elle la conduisit en présence de Taj-ulmuluk. A cette vue, Bakawali laissa échapper de ses mains les rênes du libre arbitre et mettre au pillage la vertu de la patience et du calme. De son côté, le prince, consumé par le feu du désir, s'avança vers cette source de beauté avec un empressement dont il ne fut pas le maître. Bakawali, se dégageant de son côté de la robe de la pudeur, fit de ses bras un collier au cou du prince; puis ils pleurèrent de joie et effacèrent avec leurs larmes le cahier de la douleur que leur avait causée leur longue séparation. Cependant Rûh-afzâ, témoin de l'entrevue, se mit à rire aux éclats, et dit: « Quoi, ma sœur, tu as ignoré jusqu'ici les plaisirs du monde, tu n'avais pas encore vu le visage d'un étranger, et cependant tu tiens embrassé ce bout d'homme inconnu? Pourquoi donc pleures-tu amèrement, et détruis-tu par le chagrin ta petite existence? Tu as flétri le nom de mon oncle et jeté le déshonneur sur toute la famille. — Chère Rûh-afzâ, répond Bakawali, après avoir appliqué un liniment sur la plaie de mon cœur blessé, ne le déchire pas avec l'ongle de la calomnie ; et, après m'avoir abreuvée de la coupe de cette vue chérie, ne me donne pas le poison du blâme. Tu sais actuellement tout mon secret, le voile en est retiré pour toi, tu peux faire à mon égard ce que tu voudras. »

Pour conclure, ce rossignol amoureux et cette rose fraîche, riant et devisant dans le jardin de la joie, déployèrent le cahier de leur mutuelle tendresse. Ils passèrent ainsi plusieurs jours dans ces occupations délicieuses, et leur âme altérée se rafraîchit à la coupe du bonheur. Enfin ce temps heureux eut une fin, et le jour arriva où Bakawali devait aller retrouver ses parents. Alors Taj-ulmuluk retomba sur le lit de l'agitation et s'y roula comme un poisson hors de l'eau. Bakawali, oubliant les convenances de son sexe, voulait l'imiter ; mais Rûh-afzâ l'en empêcha en la menaçant de la déconsidération et des risées du monde. « Patiente donc quelques jours, lui dit-elle, et je pourrai te réunir, Dieu aidant, à ton amant chéri, et te faire boire à longs traits, jour et nuit, le vin de l'intimité. Les jours de la séparation sont courts désormais, et le tour de la réunion est proche. Calme-toi, sois soumise à la volonté de ton père et de ta mère, recommande-toi à Dieu, attends avec résignation ce qui se manifestera de derrière le voile du mystère et le résultat de mes peines et de mes soins. » Bakawali se rendit à cet avis et retourna dans la maison paternelle.

CHAPITRE XVIII.

Ce fut pendant ce temps que Rûh-afzâ raconta en détail à sa mère l'histoire des amours de sa cousine et de Taj-ulmuluk. Lorsqu'elle l'eut entendue, Husn-ara tint pendant longtemps la tête enfoncée dans le collet de la réflexion, puis elle dit à sa fille : « Quoique l'union d'un homme avec une fée soit une chose inusitée, toutefois, comme ce mortel t'a délivrée d'un dur esclavage, je dois, par reconnaissance, le délivrer de la prison du chagrin et de la douleur, et le faire parvenir à son but. » Elle dit et appela un peintre habile, lui fit tirer le portrait de Taj-ulmuluk, et alla ensuite au jardin d'Iram, où elle passa quelques jours avez Firoz-Schah et Jamila-Khatûn. Un jour, après avoir entretenu Jamila de choses indifférentes, elle en vint à ce qui la préoccupait, et elle lui tint ce discours: « Ma chère sœur, si un joli bouton s'entr'ouvre sur une branche, par l'effet des pluies du neuvième mois solaire, et qu'un rossignol ne voltige pas auprès de lui, ne perd-il pas toute sa valeur; et si une perle de belle eau ne figure pas dans un collier, ne devient-elle pas inutile? Pourquoi laisses-tu donc languir Bakawali dans le célibat? Ne vaudrait-il pas mieux mettre sous la protection d'un être vigoureux, à figure de lune, cette fée dont le front est pareil à la planète de Vénus, et laisser cette fleur de beauté s'entr'ouvrir au souffle du tendre zéphyr? — Mais, ma bonne amie, interrompit Jamila, tu as sans doute entendu dire que ma fille est éprise d'un simple mortel, et que cet amour l'occupe tout entière. Elle ne veut pas être unie à un être de son espèce, et c'est pour un homme qu'elle soupire jour et nuit. Que puis-je dans cette affaire? Faut-il que j'abandonne les pratiques de mes ancêtres, et que je brise, pour lui faire plaisir, la chaîne des usages? Dois-je laisser faire à ma fille un mariage qui n'eut jamais lieu parmi nous? — Il est bien vrai, répondit Husn-ara, qu'une union entre des individus d'une organisation grossière et des êtres aériens semble contraire aux règles de la sagesse; toutefois, si tu connaissais toutes les perfections de la nature humaine, tu abandonnerais tes préventions. Sache donc que l'homme est le plus parfait et le plus admirable des êtres de la création sans limite de Dieu. Ses qualités et ses excellences n'ont pas de bornes. Il est à la fois comme le crocodile qui boit dans la rivière, et comme la goutte d'eau qui devient l'océan de la vérité. Il réunit les perfections du monde temporel et du monde spirituel, du monde intellectuel et du monde physique; il sait obéir et commander.

Vers. — « L'essence de l'homme est placée entre le temps et l'éternité. L'ombre de Dieu et la forme humaine sont à la fois manifestes en elle.

« Sache encore que les sofis reconnaissent que tout être d'entre les classes du monde des esprits est une manifestation particulière différente de chaque nom et de chaque attribut de Dieu, et que le monde corporel est l'ombre de l'autre. Ainsi, chaque atome individuel de l'univers est lumineux par l'émanation de la splendeur éternelle, et humecté par une goutte de l'immortalité. »

Vers. — « Aux yeux des gens sensés, les feuilles verdoyantes des arbres sont des pages qui enseignent la connaissance du seigneur du monde (1). »

« L'homme, auquel toutes les créatures du monde extérieur obéissent, est l'image et la ressemblance du Créateur, l'échantillon de ses merveilles. Mais les perfections divines sont-elles l'essence de Dieu même, ou ne sont-elles pas cette essence? Les philosophes et les sofis ont établi, par des preuves raisonnables, que les perfections de Dieu sont son essence même, par cette considération que Dieu, sans avoir besoin des facultés particulières au moyen desquelles nous connaissons une chose, en a la perception entière. Par exemple, pour voir un objet, nous avons besoin de la faculté visuelle; pour entendre, de la faculté auditive, et pour acquérir les notions intellectuelles, de la faculté perceptible. Mais Dieu n'a pas besoin, pour atteindre à ces choses, des facultés précitées; bien plus, sans ces facultés, elles sont toutes présentes devant lui. D'après cela, ils assurent que les attributs de Dieu sont son essence même. Dès que tu te seras rendu compte de cette explication, tu comprendras qu'avant la création des choses possibles, c'était le temps de l'existence invisible, ou *du nom caché* (1). Alors Dieu existait en lui-même; le soleil lumineux de son essence était caché derrière le voile du mystère. Etant unique, il jouait au jeu de *tric-trac* de l'amour actif et passif avec lui-même. Mais lorsqu'il voulut se manifester au dehors pour prouver que *le nom est*

(1) Vers de Saadi, reproduit dans le texte hindoustani.
(2) Allusion à un terme de grammaire arabe.

aussi *manifeste* (1), soulever le voile qui cachait sa beauté qui orne le monde, faire connaître les coupes diverses du vin de son amour, d'après ce *hadis* sacré : J'étais un trésor caché, et j'ai voulu me faire connaître à toi; » alors il créa l'univers.

« La matière n'est pas le résultat de l'acte d'aucun agent; car, si on admettait cela, on pourrait dire que la chose opérée l'aurait été nécessairement, ce qui est faux, attendu qu'il est impossible de dire que l'essence a créé l'essence, et la substance la substance. Nous pouvons assurer que Dieu, qui est orné par la parure de l'éclat et de la beauté, ayant placé devant le miroir du néant son existence unique, y a jeté son reflet, et il a nommé ce reflet l'univers. Puis ce grand reflet, qui n'est pas composé, et qui a cependant des qualités et des propriétés divisibles, est devenu un lieu de pluralité. Or, cet être digne d'être aimé, en se mirant dans cette glace et en voyant sa beauté, qui comprend tous les genres d'excellence, fut épris de lui-même (2). L'univers est une manifestation particulière des attributs divins dans une existence pareille à l'ombre; mais l'homme, d'après ce verset du Coran : « J'ai créé l'homme en la forme la plus parfaite, » est en effet la plus excellente des créatures; et dans ce reflet de la Divinité, il est comme l'œil; car la partie la plus noble du corps c'est la tête, et dans la tête c'est l'œil. Toutes les créatures, atomes de ce monde, sont le reflet de cette éternelle beauté qui se mire dans cette glace. Elles sont agitées par son amour et recherchent son union, mais ne peuvent réussir qu'à obtenir le rayon particulier qui tombe sur elles. L'homme, qui est, disons-nous, comme l'œil dans ce reflet, a reçu dans son cœur, qui est comme la prunelle de cet œil, la figure de cette lune qui embellit ce miroir. « Dieu a créé l'homme à son image, » dit le texte sacré; c'est ce qui donne l'explication de cette prérogative. L'auteur du *Gulschan Raz* (Mahmud Chebestéri) fait aussi allusion en ces termes à la même idée :

VERS : « Le néant est le miroir, le monde est le reflet dont l'homme est l'œil où se cache encore (dans la prunelle) la figure humaine. »

(1) Autre allusion à un terme de grammaire arabe.
(2) Conf. *Genèse*, 1, 31.

Et il dit ailleurs :

Vers. — « Le cœur est quelque chose d'admirable ; car, malgré son exiguïté, le Créateur des deux mondes y a établi sa demeure. »

« Et la parole de Dieu (le Coran) offre un passage dont voici le sens, d'après quelques commentateurs : « Lorsque nous avons voulu confier le dépôt (de la foi) au ciel, à la terre et aux montagnes, ils l'ont refusé et n'ont pas voulu s'en charger, par crainte ; mais l'homme l'a accepté. » L'homme est, en effet, juste et intelligent, et un *hadis*, qui dit que celui qui se connaît lui-même connaît son Créateur, s'applique bien à l'homme, car il connaît et sa propre essence et celle de Dieu. La connaissance de soi-même est le plus sûr moyen de connaître l'Eternel, sans toutefois que la connaissance de sa propre essence soit la connaissance même de Dieu, comme l'ont cru quelques spiritualistes arrivés jusqu'aux illuminations de l'âme. L'œil de celui qui regarde ne peut fixer le soleil à cause de son éclat, il faut qu'il se borne d'abord à le voir réfléchi dans l'eau d'une coupe, et il le voit ainsi exactement ; car le reflet de la lumière n'est autre chose que la lumière elle-même. Après être arrivé à ce degré, il pourra se faire que l'œil parvienne à supporter la vue du soleil même.

« De là vient que des hommes religieux, enivrés de la coupe de la communion divine, se sont écriés : *Je suis Dieu*.

Vers. — « Il cherchait cet être, et il trouva que c'était lui-même en réalité. »

« Tu comprends donc que l'homme réunit en lui-même les qualités et les perfections divines ; que dis-je ? sa substance est celle de Dieu même. La seule différence, c'est qu'il n'est qu'un être casuel, tandis que Dieu seul est l'être nécessaire. »

Vers. — « Si on rejette loin de l'existence éphémère les broussailles de la possibilité, rien, si ce n'est ce qui est nécessaire, ne se manifeste. »

« O Hafiz, le voile n'est pas sur le visage de mon ami ; tu es toi-même ce voile pour toi-même. Sors du milieu de ce voile et avance. »

« Ce qu'on pourrait dire sur l'excellence de l'homme est un océan sans limite; son existence est essentielle, et la nôtre est parasite; il est le maître, et nous sommes le serviteur. Est-ce à celui qui est d'une condition plus relevée que nous à rechercher notre union, et au maître à se rapprocher du serviteur? »

Par ces paroles et par d'autres du même genre, Husn-ara tâchait d'éteindre dans le cœur de Jamila la haine qu'elle portait à l'espèce humaine. « Tout cela est fort beau, lui dit enfin Jamila, mais ne me parle pas du pervers qui a séduit ma fille, je ne la lui donnerai jamais, et il ne sera jamais mon gendre. » Husn-ara ne se déconcerte pas; elle montre à sa sœur le portrait de Taj-ulmuluk en lui disant : « Voilà l'image du prince du Scharquistan; vois si jamais le calam du destin a dessiné dans le monde une aussi heureuse physionomie. Hâte-toi donc d'unir ce délicieux jasmin à cette rose de beauté. »

A la fin, bon gré mal gré, Jamila consentit à donner sa fille à Taj-ulmuluk, en disant à sa sœur : « Mais où pourrons-nous le trouver, et comment l'amener ici? — Faites tranquillement, lui répond sa sœur, les préparatifs du mariage, car je ne tarderai pas à l'amener, accompagné du cortége nuptial.

Elle dit, et elle partit aussitôt pour Jazira-Firdaus, où elle fit connaître au prince le résultat de sa démarche.

CHAPITRE XIX.

Jamila alla faire part à Firoz de la conversation qu'elle avait eue avec Husn-ara, et lui remit le portrait du prince. Firoz l'envoya à Bakawali par l'entremise de Saman-rou, en lui faisant dire qu'on ne pouvait trouver, selon lui, une aussi heureuse physionomie, et que puisqu'elle était amoureuse un mortel au point d'en perdre la raison, et qu'elle voulait unir son existence aérienne avec de la terre grossière, il consentait à lui donner pour époux l'original de ce portrait.

Husn-ara s'empressa de porter à Bakawali le portrait du prince, et de lui faire connaître le message dont elle était chargée. Bakawali ayant considéré avec un regard attentif cette imparfaite manifestation de son bien-aimé, la trouva conforme à l'image qui était gravée sur la feuille de son cœur, au point qu'il n'y avait pas un poil et un point de différence ; et elle comprit tout de suite qu'elle devait cet heureux changement dans l'esprit de ses parents à la coquette Ruh-afza, qui connaissait les trente-six poses plastiques, mais qui avait été loyalement fidèle à sa parole. A la fin, elle dit, en souriant, à Saman-rou : « C'est bien là, en effet, l'être qui m'est cher, quoique je ne l'aie avoué à personne. L'automne du chagrin qu'il m'a causé avait flétri la rose de ma vie qui n'était pas encore épanouie, et fané son bouton à peine éclos. » Cependant Saman-rou, hors d'elle, se lève précipitamment, et regardant Bakawali, elle s'écrie : « Oui, ma princesse, voilà bien le portrait de Taj-ulmuluk. Allons, rions et réjouissons-nous, puisque Dieu a accompli l'objet de ton désir. » Elle dit, et retourna auprès de Firoz, à qui elle tint ce discours : « Sire, les enfants doivent obéir à leurs parents ; leur bonheur consiste à ne rien faire contrairement à la volonté paternelle, et à contenter les auteurs de leurs jours plutôt que de se satisfaire eux-mêmes. S'il leur plaisait de donner leur fille en mariage à un dive, elle devrait le considérer comme un ange du paradis ; et si c'était un nègre, il deviendrait pour elle aussi beau que Joseph, la lune de Canaan. »

Firoz-Schah, satisfait de ce discours, donna ordre aussitôt de faire les préparatifs des noces. On embellit à cette occasion tous les édifices de Jazira-Iram ; on étendit partout des tapis : la danse et la musique animèrent tous les lieux. Aux quatre points cardinaux, on entendit le retentissement de la joie ; on envoya partout des billets de part : des troupes de beautés à visage de fée arrivèrent en foule. On ouvrit l'assemblée du plaisir ; on fit circuler le vin à la ronde, et des assiettes de gâteaux et de sucreries que les invités mangeaient avec plaisir. Firoz recevait chacun selon son rang, et il avait même nommé des commissaires pour faire les honneurs et veiller à ce que tout se passât convenablement. Dans Jazira-Firdaus, Muzaffar tint la même conduite. Au jour fixé, on donna ordre aux ministres et aux grands officiers de se revêtir de leurs plus beaux habits, et aux chefs des troupes de se tenir prêts avec leurs soldats. Husn-ara voulut aussi que ses compagnes et ses dames eussent une toilette soignée; elle se para elle-même de riches vêtements et de joyaux précieux. Ensuite, au moment jugé favorable par les astrologues, on fit baigner le prince ; on le revêtit d'une robe royale et de tous les ornements propres à sa dignité et à la circonstance ; puis il monta sur un cheval bien enharnaché, et se mit en marche pour Jazira-Iram, accompagné de Muzaffar et d'autres princes et dignitaires. Les palanquins des femmes faisaient partie du cortége, et les suivantes de Bakawali avaient soin qu'on cheminât lentement.

Vers. — « Les esclaves avaient disposé pour elle un siége propre à montrer doublement sa beauté.

« Elles avaient employé avec tant d'habileté le peigne pour sa tête, que les cœurs en furent troublés au point de ressembler à des cheveux en désordre.

« En sentant la bonne odeur qui s'élevait de ses cheveux, celle du musc de Tartarie s'évaporait (par jalousie) comme le camphre.

« La jolie queue de cheveux de derrière sa tête était aussi bien tressée qu'une natte de feuilles de palmier, et tombait jusqu'aux reins.

« A cette tresse étaient attachés des rubis et des perles. S'ils avaient pu en voir tout l'éclat, les astres de la nuit, dans laquelle le soleil entre dans le signe du Capricorne (1), se seraient offerts en sacrifice.

« On lui mit ensuite un corset d'un rouge foncé et de la plus belle mousseline, dont chaque fil était un filet dressé pour la chasse des cœurs.

« Sur le corset, ses suivantes placèrent un vêtement d'une étoffe si fine qu'elle laissait voir la couleur du corps ; puis elles la couvrirent avec grâce et délicatesse d'une robe d'une étoffe plus épaisse qui avait une ampleur royale, et ensuite d'un pantalon de brocart

(1) C'est-à-dire la plus longue nuit de l'année.

enrichi de perles, et propre à asservir le monde (par l'admiration qu'il excitait).

« Elles ornèrent de perles la raie qui sépare les cheveux au milieu de la tête, si bien que les étoiles de la voie lactée en furent couvertes de confusion.

« Comme elles mirent à son front un brillant diadème, le bruit se répandit dans la lune qu'une nouvelle étoile avait paru.

« On mit à ses oreilles de telles boucles, que le nœud des Pléiades en noircit *de jalousie*.

« On mit à son cou un collier de *champa* à deux rangs, tel qu'il jeta dans l'étonnement les étoiles de la grande Ourse.

« Le balancement de sa boucle du nez, l'éclat de ses pendants d'oreilles et celui de son visage, bien que recouvert d'un voile, comme la lune derrière le nuage, tout cela rendait chacun immobile d'étonnement comme la peinture d'un mur ; que dis-je ? ce spectacle privait de la vue tous les êtres vivants.

« Au surplus, elle était tellement douce *(schirîn)* par les traits de son visage, que *Schirîn* (Irénée) elle-même doit être écartée (de sa comparaison).

« Ce n'étaient pas les diamants qui augmentaient sa beauté, c'était elle-même qui les embellissait. Mais comment pouvoir décrire ses parures et ses atours, et surtout sa grâce et sa beauté ? »

Lorsque la procession nuptiale fut arrivée proche du palais de Firoz-Schah, ce monarque envoya quelques-uns de ses officiers pour la recevoir, et il fit entrer ceux qui la composaient dans la salle où était réunie l'assemblée. Jamila et Husn-ara se présentèrent ensuite, la première en qualité de mère de la mariée, la seconde comme remplaçant celle du jeune homme. La danse et la musique se prolongèrent bien avant dans la nuit. Lorsqu'on unit cette perle unique à cet inappréciable rubis, les cris de *mubarak* (béni) et de *salamat* (santé) retentirent dans la salle et au dehors. On distribua des sorbets, des guirlandes de fleurs et du bétel ; on fit asseoir l'un à côté de l'autre sur un sofa magnifique les nouveaux mariés. Des femmes récitèrent les charmes usités en pareille circonstance, puis elles se tinrent à l'écart.

Vers.— « Lorsque deux nouveaux mariés sont ensemble, ils se donnent des témoignages de leur amour. Si le papillon aperçoit quelque part la bougie allumée, il ne peut se contenir et va s'y précipiter.

« Voit-on le rossignol s'éloigner de la rose, ne la serre-t-il pas au contraire contre lui, comme un objet bien-aimé ? Et lorsque la peruche aperçoit un miroir, peut-elle s'empêcher de parler ? »

Au matin, le coq fit entendre son chant, et le prince se dirigea vers le bain. Alors Ruh-afza vint dans la chambre nuptiale, elle y trouva Bakawali encore endormie, les cheveux en désordre, son collier détaché, ayant sur les joues les marques des dents de Taj-ulmuluk (1), et au cou la trace de ses mains teintes de menhdi.

Muzaffar et Husn-ara ne tardèrent pas à prendre congé de Firoz et de Jamila, et se retirèrent emmenant avec eux leur fille et laissant Taj-ulmuluk chez son beau-père.

CHAPITRE XX.

Quelque temps après, Taj-ulmuluk, d'accord avec Bakawali, demanda l'autorisation de quitter le palais de Firoz. En la lui accordant, le roi des fées lui donna une grande quantité d'esclaves des deux sexes, et outre la dot de Bakawali, il lui remit, pour son voyage, de l'argent monnayé, des effets et des ustensiles de tout genre, en si grande quantité, que si je voulais les décrire en détail, je remplirais un second volume pareil à celui-ci.

Enfin le prince, accompagné de Bakawali, en grande pompe et avec tout l'éclat que comportait son rang, arriva dans son pays et y trouva ses deux premières épouses, Lakkha et Mahmuda, qui revinrent à la vie en le voyant, la moisson de leur espérance qui s'était desséchée ayant reverdi. L'arrivée de Taj-ulmuluk produisit sur elles le même effet que celle du Messie auprès des malades ; toutefois, la beauté remarquable de Bakawali troubla un peu leur joie. Taj-ulmuluk les em-

---

(1) On lit aussi dans Horace, I, od. XIII :
 .... Sive puer furens
Impressit memorem dente labris notam

brassa tendrement et les engagea à n'être point jalouses de leur nouvelle compagne, en les assurant qu'il avait pour elles le même attachement qu'auparavant, et qu'il chercherait toujours à les contenter plutôt qu'à se satisfaire lui-même ; qu'elles devaient donc être unies ensemble comme le sucre avec le lait, et prendre garde de se faire l'une à l'autre des méchancetés. En conséquence, le prince passa son temps avec ces belles, dont la bouche rappelait le bouton de la rose entr'ouvert, et les jours et les nuits s'écoulèrent pour lui dans la joie et les délices.

CHAPITRE XXI.

Il y a, selon les ouvrages indiens, une ville nommée *Amarnagar*(1), dont les habitants sont immortels. Le souverain de ce lieu est Indra, qui n'a d'autre occupation, jour et nuit, que de se divertir avec ses houris, et d'autre nourriture que la danse et la musique. Le monde des génies dépend de lui, et toutes les fées vont chanter et danser en sa présence. Une nuit, Indra se plaignit que Bakawali, fille de Firoz, n'était pas venue depuis longtemps à sa cour, et il en demanda la cause : « C'est, répondit une des fées, qu'elle a été prise dans le filet de l'amour d'un homme. Pareille à un rossignol inquiet, elle ne cesse de faire entendre ses soupirs ; enivrée par la passion, elle reste constamment avec ce mortel, et n'a plus que de l'aversion pour ses semblables. Elle boit à longs traits à la coupe de l'union avec ce mortel et ne vit que par lui. » Cette nouvelle mit Indra en colère, et il ordonna aussitôt à quelques-unes de ses fées d'amener à l'instant la houri réfractaire. Celles-ci montèrent sur un char aérien, et se transportèrent au jardin de Taj-ulmuluk. Là, elles réveillè-

(1) Il s'agit ici du paradis d'Indra, le Jupiter indien. N'oublions pas que ce roman hindoustani est écrit par un musulman qui, de même que Camoens, a mêlé dans son récit poétique le sacré au profane, et amalgamé les idées musulmanes avec les idées indiennes.

rent Bakawali, lui apprirent la colère d'Indra, et lui intimèrent son ordre ; bon gré, mal gré, Bakawali fut conduite à Amar-nagar, où, toute tremblante, elle fut présentée à Indra, et debout, les mains jointes, lui rendit ses devoirs respectueux. Le souverain céleste jeta sur elle un regard de colère, et la réprimandant avec sévérité, il ordonna qu'on la jetât dans le feu, afin que son corps perdît l'odeur que lui avait laissée son contact avec un mortel, et qu'elle pût ainsi être réintégrée dans la compagnie de ses semblables. Les fées jetèrent alors dans une fournaise cette blanche rose du jardin de la grâce, ce jasmin du bosquet de la gentillesse, et Bakawali fut réduite en cendre.

Vers. — « Puisque l'amant est consumé par le feu de l'amour, qu'importe que son œil humide voie son amie dans une fournaise embrasée qui peut être changée, comme autrefois pour Abraham, en un parterre de fleurs? »

Puis on répandit sur cette cendre de l'eau enchantée, et aussitôt elle se ranima et reproduisit la forme première de Bakawali. Ainsi purifiée, la jeune fée se présenta dans l'assemblée d'Indra, et y dansa si parfaitement, qu'elle anéantit, pour ainsi dire, le cœur des assistants, et l'écrasa sous ses pas légers. Bref, elle réussit complétement dans la danse et le chant, et enleva les suffrages de toute l'assemblée, au point que chacun applaudit à son talent par des bravos répétés. Quand elle eut fini, elle salua l'assemblée, prit congé d'Indra, remonta sur le char qui l'avait amenée, et revint à son jardin. Après s'être baignée dans le bassin d'eau de rose, elle alla se coucher auprès de Taj-ulmuluk. Au matin, elle se leva selon sa coutume, et se conduisit comme elle le faisait habituellement. Toutes les nuits c'était la même répétition.

Vers. — « Elle se résigna à être continuellement brûlée, mais elle ne voulut pas renoncer à l'union avec son bien-aimé.

« Toutes les nuits on brûlait son corps et on le réduisait en cendre, mais elle ne quittait pas pour cela son ami, et elle ne se sépara pas de lui.

« Comme elle voulait brûler au point de mourir, elle savait bien ce que c'était que les pyrées.

« Le feu brûlant était agréable à son corps, mais elle ne pouvait supporter l'ardeur de l'absence.

« Celui-là seul qui aime les belles dont l'éclat ressemble à la flamme de la bougie, connaît le charme qu'on éprouve à être consumé. »

Taj-ulmuluk ne se doutait de rien; toutefois, une nuit il se réveilla pendant que Bakawali était à la cour d'Indra, et ne la trouvant pas à ses côtés, il alla la chercher en vain dans le palais et dans le jardin. Très-soucieux, et cependant accablé de fatigue, ses yeux devinrent pesants comme des pierres; il se recoucha et s'endormit de nouveau. Sur ces entrefaites, Bakawali revint se placer sur le lit conjugal.

Au matin, Taj-ulmuluk fut très-étonné de voir Bakawali auprès de lui; mais il feignit de ne rien savoir, et la nuit suivante, afin de découvrir ce secret, il se fendit un doigt et y mit du sel pour s'empêcher de dormir. Après minuit, le char aérien paraît; Bakawali se lève et se dispose à y monter, mais le prince vient tout doucement sans être aperçu, saisit un des pieds du char et s'y tient fortement attaché. Cependant le char s'éleva si haut que Taj-ulmuluk ne distinguait plus la terre. Bientôt il arrive à la porte d'Indra, Bakawali descend du char et va se placer où elle était attendue. Quant à Taj-ulmuluk, il se blottit dans un coin. Il vit alors des beautés ravissantes comme il n'en avait jamais vu, et il entendit des sons harmonieux comme il n'en avait jamais entendu; mais lorsqu'il fut témoin de la terrible purification de Bakawali, et qu'il la vit réduite en cendre, il ne put contenir son désespoir, et il se frappa la tête avec ses deux mains. « Plût à Dieu, disait-il en lui-même, qu'en ce moment où je suis agité comme le papillon, je pusse aussi, comme lui, brûler mon corps, le réduire en cendre, et m'unir avec ma bien-aimée! Hélas que faire? Je ne puis ni supporter ce malheur, ni m'en plaindre, ni en tirer vengeance. »

Mais quel ne fut pas son étonnement quand il vit sa bien-aimée renaître de ses cendres et s'avancer vers Indra! Il la suivit en tapinois, et comme il y avait une grande foule, personne ne fit attention à lui. Par hasard, le joueur de tambour chargé d'accompagner de son instrument la danse de Bakawali, était un vieillard qui n'avait pas la force de battre. Bakawali, obligée de s'arrêter de temps en temps, en paraissait vivement contrariée. Le prince, fâché de ce contre-temps, s'approche alors du musicien, et lui dit à l'oreille : « Si vous êtes fatigué de jouer, je m'offre pour vous remplacer pendant quelques instants, et je puis le faire d'autant mieux, que je suis habile à ce genre d'exercice. » Le vieillard accepta volontiers cette proposition, et remit à Taj-ulmuluk son instrument. Ce dernier, qui était à la fois habile musicien et violemment épris de la belle danseuse qu'il s'agissait d'accompagner avec son instrument, fit résonner son tambour avec tant d'expression, que la danse de Bakawali s'anima et devint tout à fait entraînante. Indra en fut tellement charmé, qu'il ôta de son cou le collier de neuf lakh qui l'ornait et le donna à Bakawali, qui, pour ne pas interrompre sa danse, le remit au musicien, qui n'était autre que son mari. Cependant l'assemblée se sépara, et Taj-ulmuluk revint au jardin de la même manière qu'il l'avait quitté.

Au matin, il raconta en riant à Bakawali son aventure de la nuit passée, comme si c'était un songe qu'il avait eu. En l'entendant, Bakawali craignit qu'il ne connût le secret qu'elle lui avait caché et qu'il ne l'eût même suivie. Elle finit par lui faire avouer ce qui s'était passé, et pour le lui prouver, il tira de dessous l'oreiller le collier royal qu'elle lui avait confié dans sa fougue chorégraphique. « Qu'as-tu fait ? s'écria alors Bakawali ; tu es devenu ton propre ennemi. Rappelle-toi tout ce que j'ai supporté pour toi de la part de mes parents et les milliers d'insultes auxquelles j'ai été en proie de la part des étrangers à ma famille. Je me suis enfin soumise même à brûler chaque nuit dans le feu pour ne pas te quitter et ne pas détourner ma face de ton amour : tu l'as vu de tes yeux, quoique je ne t'en aie pas parlé, et plût au ciel que tu ne fusses jamais allé à cette assemblée ! Il aurait mieux valu savoir supporter chaque nuit ma séparation. Je crains que la connaissance que tu as acquise n'ait un fâcheux résultat. Tu voudras me suivre désormais, et comment ferai-je pour te dérober toujours aux regards? Mais l'écrit du destin est indélébile. Je veux aujourd'hui éprouver mon horoscope en te menant avec moi, et il en sera ce que Dieu voudra. »

Effectivement, Bakawali conduisit avec elle Taj-ulmuluk à la cour d'Indra, et le lui présenta comme un habile joueur de tambour. Le souverain céleste l'agréa en cette qualité, et aussitôt Taj-ulmuluk se mit à jouer de son instrument, et Bakawali à danser de telle façon, que l'assemblée fut ravie d'étonnement, et qu'Indra, hors de lui, s'écria: « Demande-moi, chère Bakawali, ce que tu voudras, et je te l'accorderai. — Grand monarque, je ne te demande qu'une grâce, répondit Bakawali, c'est que tu me laisses aller avec ce musicien. » A ces mots, Indra, en colère, se tourna du côté du prince, et lui dit: « Tu demandes sans doute la même faveur, ô enfant d'Adam! mais tu ne jouiras pas de Bakawali comme tu t'en flattes. Ne crois pas que tu puisses sans difficulté emmener d'ici une fée telle que Bakawali pour en faire ta femme. Quant à toi, misérable courtisane, dit-il ensuite en se tournant vers la belle danseuse, puisque je t'ai donné ma parole, va, je te livre à cet homme; mais pendant douze années la moitié inférieure de ton corps sera de marbre. » Ces paroles n'étaient pas plutôt sorties de la bouche du dieu au cœur de pierre, que Bakawali prit cette forme et disparut de la cour d'Indra.

Vers. — « Hélas! dès le commencement des siècles la joie et la tristesse sont jumelles dans le monde! Le zéphyr printanier souffle un peu dans ce jardin, mais c'est le vent d'automne qui y règne constamment.

« Si un instant tu as la tête ceinte de la couronne royale, la terre t'offrira bientôt un lit de dégradation.

« Le cœur n'a jamais éprouvé de bonheur de la part de la rose, mais il a souvent ressenti la piqûre de ses épines. Si, un instant, il a joui du plaisir et du contentement, ce n'a été que comme une légère ivresse. »

CHAPITRE XXII.

Cependant Taj-ulmuluk, semblable au vif-argent, se roulait par terre dans son impatience ; mais les fées le soulevèrent et le jetèrent hors du paradis. Il tomba dans un bois et y resta sans connaissance pendant trois jours. Au quatrième, il ouvrit les yeux, et, au lieu de sa bien-aimée, il trouve des ronces à ses côtés. Il fait retentir l'air de ses plaintes et demande à chaque arbre des nouvelles de Bakawali. Un jour, il parvint à un grand bassin de marbre qui avait aux quatre côtés des degrés bien taillés et qui était entouré d'arbres fruitiers. Il prend haleine en cet endroit, puis, s'étant baigné, il se couche à l'ombre d'un de ces arbres, et s'y endort en pensant à sa bien-aimée. Sur ces entrefaites, des fées qui l'avaient vu à la cour d'Indra passent par là et le reconnaissent. « N'est-ce pas, dirent-elles, le joueur de tambour de Bakawali ? » Ces mots réveillent le prince, et il demande à ces fées, les yeux pleins de larmes, si elles ne pourraient pas lui donner des nouvelles de Bakawali : « Nous avons entendu dire, lui répondirent-elles, qu'elle est dans une pagode de Ceylan, et que son corps est de marbre du nombril aux pieds. La porte de cette pagode est fermée durant tout le jour ; on ne la tient ouverte que pendant la nuit jusqu'à l'aurore. — Le pays dont vous parlez, répliqua Taj-ulmuluk, est-il loin d'ici ? — Indépendamment des difficultés de la route, répondirent-elles, un homme marcherait sa vie entière qu'il ne pourrait y arriver. » Le prince, désespéré de ce qu'il venait d'entendre, prit des cailloux et s'en frappa la tête. Touchées de compassion, les fées se décidèrent à le conduire à Ceylan. Effectivement, en un instant elles l'y transportèrent. L'infortuné Taj-ulmuluk fut fort étonné de se trouver dans une ville magnifique dont tous les habitants, hommes et femmes, étaient beaux de visage. Il remarqua entre autres choses des arbres de haute futaie dont la vue excitait l'admiration. Il se dirigea du côté du bazar : là il rencontre un brahmane, et il lui demande s'il n'est pas le prêtre officiant d'une pagode. Le brahmane lui répond qu'il est le chapelain de la pagode de Chitr-saïn, roi du pays. Taj-ulmuluk lui demande alors des renseignements sur les principales divinités qu'on adorait en Ceylan et sur les temples qui leur étaient consacrés. Le brahmane se fit un plaisir de le satisfaire. Il lui dit même que depuis peu de temps on avait construit un nouveau temple sur le bord de la rivière du côté du midi, mais qu'il était constamment fermé pendant tout le jour, et qu'ainsi personne ne savait ce qu'il y avait.

Le prince, content de cette nouvelle, se met aussitôt en marche pour ce temple, et, arrivé là, il s'assied sur la porte. A la nuit, les battants s'ouvrent, Taj-ulmuluk entre et trouve sa chère Bakawali, dont la moitié du corps n'était plus qu'un marbre inanimé. Elle fut fort étonnée de le voir auprès d'elle. Taj-ulmuluk lui raconta tout ce qui lui était arrivé, et ils passèrent la nuit à causer ensemble. A l'aurore, Bakawali recommanda au prince de sortir avant que le soleil se montrât, dans la crainte d'éprouver son sort. Cependant elle lui donna une perle qu'elle détacha de ses boucles d'oreilles, en lui disant de la vendre et d'en appliquer le prix à ses besoins.

Taj-ulmuluk, en possession de cette perle précieuse, se rendit à la ville, et en ayant retiré quelques milliers de roupies, il achète d'abord une maison bâtie en briques cuites ; il la garnit de tous les objets nécessaires, et prend ensuite des domestiques. Il continua d'aller passer toutes les nuits avec Bakawali, et, dans la journée, des voisins avec qui il avait fait connaissance lui faisaient parcourir la ville. Un jour qu'il se promenait avec ses nouveaux amis, il aperçut une troupe de gens nu-tête et nu-pieds et dont l'apparence annonçait la désolation. Il demanda ce que ces gens pouvaient être : « Ils ont bien, dit-il, le costume des *faquirs*; mais leur tournure annonce des *émirs*. — Quelques-unes de ces personnes, lui répondit-on, sont en effet des princes ; mais tous sont consumés par le feu du désir et percés par les flèches d'un amour rebuté. Le fait est que Chitr-saïn a une fille qui est un fragment de la lune, bien plus, une étoile du ciel de la beauté. La femme la plus parfaite de cette contrée ne saurait lui être comparée.

Vers — « Sa taille symétrique est pleine de charme, une sorte d'ivresse semble régner sur ses yeux langoureux.

« Des centaines de personnes sont tuées par l'arc de ses sourcils, et des milliers sont prises dans les filets des boucles de ses cheveux. Ces cheveux surpassent tellement en noirceur la couleur de la nuit, que le malheureux à la noire fortune en est lui-même épris.

« Dans ses yeux se trouvent à la fois l'ambroisie et le poison ; en un instant, ils tuent et vivifient.

« Il faut renoncer à toute pudeur et à toute retenue avant de prendre la route de la rue qui conduit à la demeure de cette belle princesse.

« Bref, cette beauté féerique assassine par ses charmes Guèbres et Musulmans, et de plus, ses deux suivantes mettent aussi la religion au pillage. La première, nommée *Nirmala* (sans défaut), a soin de lui fournir du bétel, et la seconde, nommée *Chapla* (sémillante), la pourvoit de fleurs. Leurs noms indiquent assez leurs qualités respectives. L'amitié la plus parfaite les unit à la princesse, et la princesse de son côté les affectionne extrêmement. Elles dorment dans la même chambre, sont assises sur le même sofa, mangent et boivent ensemble. Elles ne se séparent ni jour ni nuit ; mais elles sont libres d'agir comme elles l'entendent relativement à leur mariage. Elles prendront qui leur plaira sans que personne s'en mêle ; toutefois, jusqu'à ce jour, aucun homme n'a attiré leurs regards et n'a fixé leur attention. »

Taj-ulmuluk connaissait ces détails, lorsqu'un jour, vagabond du désert de l'amour, il passa sous les fenêtres du palais de la princesse dont il vient d'être parlé. En cet instant elle était assise derrière une jalousie et elle regardait dans la rue. Une foule de curieux, comme des rossignols autour de la rose et comme de véritables fous, s'étaient arrêtés cherchant à l'entrevoir, et s'entretenaient de sa merveilleuse beauté. Chitrawat (tel était le nom de la belle princesse) ayant aperçu Taj-ulmuluk, la flèche de l'amour perça son cœur de part en part, les rênes de la raison s'échappèrent de ses mains, et elle tomba sans connaissance. Nirmala et Chapla accoururent pour la relever ; elles lui jetèrent de l'eau de rose sur le visage et lui en firent respirer de l'essence. Chitrawat se remit un peu ; mais elle ne put cacher son trouble. Néanmoins elle ne voulut donner aucune explication sur la cause de cet accident, et elle imposa sur ses lèvres le cachet du silence. Cependant Nirmala regarda sans être aperçue au-dessous de la fenêtre, et ayant vu le prince, elle comprit tout de suite qu'il était cause de ce qui s'était passé. « Chère princesse, dit-elle à Chitrawat, ton agitation nous tourmente et nous impatiente. Dis-nous donc la cause de ton trouble. Tu sais bien que le roi ton père te laisse maîtresse absolue de te choisir un époux. Ainsi tu n'as qu'à parler. Le jeune homme qui est à cheval sous tes fenêtres aurait-il causé ton émotion? S'il en est ainsi, serait-il un ange qu'il ne pourrait se tirer de ton filet et que personne ne pourrait l'en arracher. Je vais dresser mes embûches de telle sorte qu'il y tombera et sera pris à jamais. »

Nirmala n'eut pas plutôt dit ces mots, qu'elle envoya une vieille femme pour savoir quel était le jeune homme qui avait su charmer Chitrawat ; celle-ci, avec hardiesse et enjouement, s'approcha de Taj-ulmuluk, et prenant la bride de son cheval, lui dit : « Sais-tu bien que cette ville est malveillante envers les étrangers et qu'on y empale les amants? Les belles de ce pays-ci tiennent attachés les plus jolis oiseaux avec les fils de leurs cheveux et les précipitent par terre par l'effet de leurs œillades charmantes; et toi tu vas hardiment çà et là à la conquête des cœurs, et tu jettes même des regards indiscrets dans les appartements royaux. Peut-être qu'une étincelle de feu a pénétré les cœurs des beautés du gynécée et les a adoucis. D'où es-tu donc venu et où demeures-tu ? Dis-moi quelle est ta famille, ta condition et ton pays. »

Taj-ulmuluk comprit bien que cette femme s'acquittait envers lui d'une commission qu'on lui avait donnée : « Ma belle, lui dit-il, ne prolonge pas ton discours, ne cherche pas à enlever de la plaie de mon cœur la charpie qui la recouvre; va et guéris ta propre blessure. Ecoute, mon pays est aussi brillant que l'aurore, et mon nom est la couronne des personnes royales dont tu es la messagère. Retourne auprès de ceux qui t'ont envoyée, et dis-leur de ne pas songer à moi, voyageur misanthrope, et de ne compter jamais sur mon amour. »

Vers. — « Cherche quelqu'un qui réponde aux sentiments que tu voudrais lui inspirer, et si tu désires le décider, attire-le par des manières engageantes. »

La vieille femme comprit par cette réponse que l'étranger était prince du Scharquistan et se nommait Taj-ulmuluk, et elle fit son rapport en conséquence à Chitrawat. Cependant notre héros continua les jours suivants à s'arrêter sous les croisées de la princesse, toujours sous des costumes différents. Par l'effet de l'amour qu'elle éprouvait pour ce prince étranger, qui était pareil à la lune de la quatorzième nuit, la princesse décrut et déclina comme la lune. Elle dissimula d'abord, puis elle avoua qu'elle aimait ce prince, et on en fit part à son père et à sa mère. Ceux-ci envoyèrent à Taj-ulmuluk une autre femme plus habile que la première pour lui proposer l'alliance de la princesse et faire naître en son cœur de l'amour pour elle. La messagère s'acquitta parfaitement de sa commission, mais tous ses discours ne produisirent aucun effet sur l'esprit de Taj-ulmuluk. « Va, lui dit-il, saluer respectueusement le roi, père de la jeune princesse, dis-lui que vouloir fixer par un mariage celui qui a échangé le manteau royal et la couronne impériale contre les fatigues des voyages et le froc de la pauvreté, c'est vouloir imprimer des marques sur l'eau ou faire un nœud avec du vent. » Il parla ainsi, et la vieille alla faire part au roi de la réponse de Taj-ulmuluk. Chitr-saïn pensa qu'il fallait dissimuler, et consulta son vizir sur ce point : « Rien n'est si facile, répondit le ministre, que de se faire obéir par un étranger sans feu ni lieu. Voyez de votre côté ce que vous voulez faire ; quant à moi, je vais le prendre à un piége, et j'en aurai bon marché. » L'intention du vizir, méchant de son naturel, était d'accuser de vol Taj-ulmuluk, et d'obtenir par là le résultat qu'il désirait.

Le philosophe attentif à la considération des choses se convainc que tout a sa raison d'être et que de chaque mal résulte un bien. Ami lecteur, Dieu a établi un rapport intime entre l'âme et le corps; ainsi tout acte corporel provient en réalité de l'âme. Donc le mal qui se produit dans ce monde corrompu provient de l'âme; mais ne crois pas que ce qui paraît mauvais soit un mal réel, car souvent le bien est caché derrière le voile du mal.

Précisément Taj-ulmuluk eut quelques dépenses à faire, et il se souvint de la pierre précieuse qu'il avait cachée dans sa cuisse. Il fit venir un chirurgien qui ouvrit l'endroit où la pierre était placée, l'en retira, et appliqua sur la plaie un cataplasme lénitif. Lorsque le prince fut guéri, il porta cette pierre au bazar et l'offrit à acheter à des joailliers. Ceux-ci, qui n'avaient jamais vu une pierre aussi belle, allèrent avertir le vizir qu'un étranger voulait vendre une pierre dont le roi seul pouvait donner la valeur. Le vizir, pensant que cet étranger devait être Taj-ulmuluk, donna ordre de l'arrêter, et alla informer Chitr-saïn de cet événement. « Je viens, lui dit-il, de rattraper notre oiseau qui avait brisé son filet et s'était envolé. Soyez sûr qu'il fera actuellement ce que vous voudrez. »

CHAPITRE XXIII.

Chitr-saïn espérait, en effet, que la prison opérerait un heureux changement dans l'esprit de Taj-ulmuluk; toutefois, ce n'était pas la privation de sa liberté qui affectait l'infortuné prince, mais la séparation de Bakawali le mettait dans un tel désespoir, qu'il se frappait la tête contre la porte et les murs. Un jour, le geôlier alla exposer au roi que le nouveau détenu, pareil à un poulet à demi égorgé, se roulait par terre jour et nuit, et qu'il ne pourrait tarder de périr, si on ne le délivrait promptement.

Le roi ne donna sur-le-champ aucune réponse, mais il fit

appeler sa fille, et lui dit : « Va visiter cet étranger, fais-lui voir un rayon du flambeau de ta beauté, et peut-être la marchandise de son orgueil en sera consumée ». Chitrawat, contente de ce discours, fit avec soin sa toilette, et doubla ainsi sa beauté; ses suivantes, parées aussi, accompagnèrent cette lune, comme les planètes de Vénus et de Jupiter, et toutes les trois allèrent trouver Taj-ulmuluk dans sa prison.

Vers. — « Cette belle personne qui aurait excité la jalousie de Zalikha, alla à la prison, et comme elle y vit un autre Joseph, elle mit devant lui ce qu'elle avait apporté en présent, c'est à savoir : ses dents en guise de perles, et le rubis de ses lèvres, préférables à la feuille de la rose. Puis, elle lui montra ses bras d'une blancheur pareille à celle de l'argent, et tels que le clair de lune en aurait rougi de jalousie. Elle lui montra l'or de ses joues de rose, dont l'éclat enflammait le soleil ; elle lui fit sentir l'odeur embaumée de son haleine, supérieure à celle du musc de la Chine; puis, elle lui montra ses yeux, pareils à des amandes, et au lieu d'ambre, les boucles de ses cheveux qui en avaient la noirceur. Elle mit aussi devant lui la pomme de son menton, pour que ce visage de rose en goûtât la saveur. »

Taj-ulmuluk ne la regarda néanmoins qu'avec indifférence, aucun de ses charmes ne fit impression sur lui. En effet, quand le feu de l'amour ne vous atteint pas, tous ces avantages extérieurs ne produisent aucun effet. Écoute, ami lecteur, notre prophète ne jugeait pas que son service fût digne d'être agréé par le vrai souverain de l'univers : il disait humblement : « Je ne t'ai pas adoré comme tu mérites de l'être. » De même, pouvons-nous nous flatter de plaire par nos avances à un être chéri? Il faut donc se dissoudre dans le creuset de l'amour, au point d'être réduit en poussière, comme la poudre philosophale, que les rois apprécient plus que l'or même. Bref, lorsque Chitrawat vit que son regard magique et l'épée de ses sourcils ne produisaient aucun effet sur Taj-ulmuluk, elle ne put supporter cette humiliation, et elle tomba évanouie. Le prince la voyant se rouler par terre devant lui, éprouva une sensation violente ; il la releva en la prenant dans ses bras, et aussitôt qu'elle fut revenue à elle, il lui déclara qu'il consentait à l'épouser, et qu'il était résolu à tout faire pour lui être agréable. Nirmala instruisit tout de suite le roi de cette nouvelle : « Chitrawat, lui dit-elle, est revenue au palais le pan de sa robe plein des roses de son désir. » En conséquence, Chitr-saïn donna ordre de faire sortir Taj-ulmuluk de sa prison, de le conduire au bain, et de le revêtir ensuite d'une robe royale. Il assigna un beau palais pour la résidence de son futur gendre, et à une heure indiquée comme favorable par les astrologues, on unit, conformément au cérémonial d'usage, cette perle intacte à ce rubis inappréciable. Après les formalités, Taj-ulmuluk entra dans le boudoir de Chitrawat. Nirmala et Chapla y étaient aussi, comme l'exigeaient leurs fonctions, et elles lui firent mille agaceries ; mais le prince ne les regarda pas seulement, et tint constamment la tête baissée. Lorsque le premier quart de la nuit fut passé, il se leva et se rendit au temple de Bakawali, qui, tourmentée de n'avoir pas vu depuis plusieurs jours son amant fidèle que retenait le filet de l'amour, se frappait la tête de désespoir.

Bakawali se livra d'abord à la joie, mais lorsqu'elle eut vu les mains et les pieds du prince, rouges de henné, elle devint à son tour rouge de colère, car son cœur reçut un coup violent, et elle ne put s'empêcher de s'écrier : « O mon prince, tu es resté plusieurs jours sans paraître, mais tu es revenu porteur de belles couleurs ! Tu as donc fait périr le renom des amants, et tu as imprimé une tache sur ta fidélité ? Actuellement ne te flatte pas de savoir aimer, et ne parle plus d'amour à personne. »

Vers. — « O cœur de pierre, qu'as-tu fait ? Ah ! que ton cœur me rende au moins justice ! Mon corps rosé s'est pétrifié, tandis que tes mains par leur teinture de henné ont pris la couleur que j'ai perdue.

« Je reste ici couchée avec mon corps de pierre, tandis que tu es occupé des plaisirs de la vie.

« A cause de toi, une tache s'est formée sur le bouton de mon cœur, parce que tu as serré contre ta poitrine une autre rose.

« Hélas ! ton amie périt dans sa douleur, consumée qu'elle est jour et nuit par la violence de son chagrin ; tandis que tu te livres à la joie. Je suis assise dans le deuil, et si tu es plongé dans les délices du plaisir, n'abuse pas du nom d'amour, ô cruel! car, hélas! ton amour est assailli par des pierres (c'est-à-dire il est détruit).

« La douleur du chagrin se fait ressentir sans cesse dans mon cœur, et Taj-ulmuluk jouit du repos. »

« Taj-ulmuluk, en entendant ces paroles douloureuses, se mit à trembler comme le saule. Puis, ayant repris de l'assurance, il parla ainsi à la beauté féerique dont il était épris : « Où s'est donc portée aujourd'hui ta pensée? Ah! ma chère âme, ne mets pas dans ton esprit de telles idées! Quoique je sois un prince distingué, je n'en suis pas moins ton esclave dévoué, prêt à sacrifier pour toi ma vie. Sans doute, je suis possesseur (malik) du trône et du pouvoir, mais en réalité je suis ton esclave (mamluk), ô toi qui excites la jalousie de la lune! Ma chair et ma peau sont à toi, je t'ai tout vendu avec mon cœur; tu peux en disposer. Le déploiement de tes charmes m'a rendu fou et étranger à tous mes proches. Depuis le jour où tu as su plaire à mon cœur, et que ta vue a rempli mes yeux, personne ne me convient, et mes yeux ne peuvent s'arrêter sur personne.

« La face de la lune ne ressemble pas même à tes pieds. Que la rosée qui en provient te serve d'holocauste.

« De quelle autre que toi, ô voleuse de cœur, ton amant serait-il épris? et puisqu'il n'y a pas ton égale dans le monde, sur qui mes yeux pourraient-ils se porter.

« Ah! ne forme aucun mauvais soupçon sur moi, car je suis un amant dévoué : si tu me l'ordonnais, je me jetterais dans le feu; si tu le voulais, je me précipiterais dans un puits.

« Pourrais-je avoir un autre attachement, puisque ma vie et ma mort sont en tes mains? mais que dirais-je : c'est bien malgré moi que j'ai été l'esclave d'une dure pression. J'étais loin de vouloir me marier, mais il m'a été impossible de me délivrer d'un tel assujettissement. Si je ne m'y étais pas soumis, aurais-je pu venir te voir ici? je serais mort là dans ma prison et tu te serais vainement agitée ici dans cette pagode. Tu n'aurais pu recevoir de mes nouvelles, et je n'aurais rien su de ton affliction.

« Si tu pouvais apprécier la contrainte où j'ai été, ô toi, dont le sein a la blancheur de l'argent, tu n'aurais pas tenu le discours que tu viens de me faire entendre.

« Ma manière d'agir n'a pas été motivée par mon amour de la vie, mais parce que je ne voulais pas que tu éprouvasses aucun préjudice. J'avais la certitude que si je mourais, tu ne conserverais pas pour cela la vie.

« Tourmenté par cette idée, qu'avais-je autre chose à faire, si ce n'est d'accepter le mariage qu'on me proposait ? »

La belle Bakawali répondit avec colère à cette allocution : « Ah ! comment peux-tu mentir ainsi ? Peut-on forcer quelqu'un de se marier ? Fi donc, retire-toi de ma présence. Je sais à quoi m'en tenir sur ta fidélité et sur ton amour : je connais à présent cette passion de deux jours. Loué soit donc ton libertinage, ainsi que ma peine et mon tourment ! Mais dans la position pénible où je me trouve, que peux-tu faire pour moi ? Qui, si ce n'est Dieu, me reste-t-il à invoquer dans cette fâcheuse circonstance ? »

Lorsque Taj-ulmuluk eut entendu un tel discours, il soutint son cœur de ses deux mains. Il poussa de longs soupirs, il se mit à pleurer, et comme il avait déjà donné son cœur, il voulut donner aussi sa vie.

Bakawali le voyant en larmes, ne put s'empêcher de pleurer aussi. Ils se livrèrent librement ainsi pendant quelques instants à leurs sensations, et des deux côtés il y eut soupirs et gémissements.

A la fin Taj-ulmuluk ne pouvant contenir son agitation, tomba aux pieds de Bakawali en sanglotant. De son côté, Bakawali ne put résister à ces démonstrations d'amour ; elle lui souleva la tête, le serra contre sa poitrine, et lui dit : « Au fond je ne suis pas fâchée contre toi. Je ne me suis plainte que du bout des lèvres.

« Je n'ai que ton bonheur en vue, car toute fâchée que je suis, je me sacrifierais volontiers pour toi. Quant à la détermination que tu as prise, je suis femme, et que pourrais-je dire ? J'approuve tout ce que tu as fait, ne sois pas mécontent dans ton esprit. Quand même tu aurais auprès de toi des milliers de visages de rose, tu n'en serais pas moins pour moi le bien-aimé de mon cœur et de mon âme. »

Bref, Taj-ulmuluk et Bakawali s'agacèrent l'un l'autre. L'un se plaignait, l'autre s'excusait; enfin, Taj-ulmuluk déclara franchement tout ce qui s'était passé. Il raconta en détail sa mise en prison et son mariage, au point que la poussière qui ternissait le cœur de cette face de miroir se dissipa entièrement.

Sur ces entrefaites, l'aurore parut. Taj-ulmuluk revint à son palais et se coucha auprès de Chitrawat; il continua à passer ainsi toutes les nuits auprès de sa bien-aimée, et tous les jours il restait avec Chitrawat, à qui il contait d'intéressantes histoires. Mais cette façon d'agir la comblait d'étonnement: elle ne pouvait comprendre que le feu qui la dévorait ne se communiquât pas au prince et qu'il ne consumât pas la moisson de sa patience; qu'enfin, l'époux et l'épouse étant ensemble dans le même palais, il y eût en réalité entre eux la même séparation qu'entre le levant et le couchant.

Ami lecteur, tant que les yeux de ton esprit admireront les beautés étrangères, la face de l'ami véritable ne se manifestera pas à toi, bien qu'elle soit en réalité sans voile. Arrache d'abord du champ de ton cœur l'épine du désir envers les autres, tu apercevras facilement alors la rose de la face de l'ami, et tu pourras la cueillir. Si même tu considères avec le regard de l'attention le jardin de ton existence, tu n'y trouveras pas autre chose sinon la couleur et l'odeur de cet ami.

Un jour enfin, Chitrawat se plaignit amèrement à son père de l'indifférence de Taj-ulmuluk pour elle. Le roi fit épier ses démarches et apprit qu'il allait passer la nuit dans un temple qu'on lui indiqua. Alors ce monarque au cœur noir fit appeler des maçons et leur donna ordre d'aller détruire ce temple et d'en jeter les matériaux dans la rivière. Cet ordre fut exécuté; et la nuit suivante, lorsque Taj-ulmuluk se présenta pour entrer dans la pagode, il n'en trouva pas même la trace; alors, comme un insensé, il se roula dans la poussière, et récita ces vers.

« Je suis stupéfait, hélas ! qui interroger ? Personne ne se présente à qui je puisse parler. O ma chère âme, à qui demanderai-je de tes nouvelles ?

« Jour et nuit je soupire, car l'espoir de mon esprit est détruit. Hélas ! à qui m'adresserai-je, et comment pourrai-je chercher le lieu que tu as pris pour ton habitation ?

« O ma chère âme, je serai où tu as porté tes pas, je te suivrai, dussé-je mourir. Je ne puis aboutir à rien ; que ferai-je ? Ah ! plût à Dieu que la terre s'entr'ouvrît et que j'y fusse englouti. »

Taj-ulmuluk resta plusieurs jours dans une grande agitation, et poussant des soupirs et des cris. A la fin, voyant l'inutilité de ses pleurs, il prit sur sa poitrine la pierre de la patience, et il prêta l'oreille aux paroles artificieuses de Chitrawat. Il fut pour elle un zéphyr qui épanouit la rose de son espérance et une ondée printanière semblable à celle qui donne naissance aux perles.

CHAPITRE XXIV.

Sur ces entrefaites, un agriculteur laboura l'emplacement du temple de Bakawali, et y sema de la graine de moutarde. Taj-ulmuluk allait s'y promener de temps en temps pour se distraire de ses ennuis par la vue de cette moutarde, qui ne tarda pas à pousser. Lorsqu'elle fut en fleur, le prince alla deux fois par jour voir ses progrès, et il récita ce quatrain:

Rubaï : « O fleurs, expliquez-moi comment votre *couleur* peut produire en moi l'*odeur* de l'amour.

« Vous sortez de la terre, c'est pour cela que je vous demande si vous n'avez pas quelque nouvelle à me donner de mon jardin. »

La moutarde mûrit, le jardinier la récolta, la mit au pressoir, la fit bouillir, et en tira l'huile. Conformément à l'usage des agriculteurs, il en goûta d'abord lui et sa femme, et Dieu permit que celle-ci, qui était stérile, devînt aussitôt enceinte. Neuf mois après, elle mit au monde une fille belle comme une fée. La maison de ce cultivateur privé jusque-là d'enfant, et qui était ainsi comme dépourvue de lampe et obscure, fut éclairée par le rayon de ce flambeau. Le bruit se répandit partout que par l'effet de l'huile de moutarde une femme stérile avait mis au monde une fille plus belle que tout ce qu'on pouvait dire. En effet, lorsqu'elle eut *quatorze jours*, sa beauté effaça celle de la lune de *quatorze nuits*; ce qui faisait présager qu'à *quatorze ans* elle exciterait la jalousie du soleil. Taj-ulmuluk finit par en entendre parler, et par savoir que la naissance de cette enfant était le résultat de l'huile de moutarde. Il fit venir le laboureur et sa fille; mais quel ne fut pas son étonnement quand il reconnut en elle les traits de sa chère Bakawali. Dans sa joie, il se figura que sa bien-aimée lui était rendue, et qu'elle avait pris une nouvelle naissance. Il donna nombre de roupies au jardinier, et lui recommanda d'élever soigneusement cette merveilleuse jeune fille. Elle avait à peine sept ans qu'on la demanda de tous côtés en mariage au jardinier, mais celui-ci, par délicatesse pour Taj-ulmuluk qui la lui avait tant recommandée, refusa nettement de la marier, en prétextant que lorsqu'elle serait nubile elle choisirait elle-même son époux.

Elle n'eut pas plutôt mis le pied dans sa dixième année, que Taj-ulmuluk envoya une coiffeuse demander de sa part cette jeune fille en mariage au jardinier. Ce bon paysan se troubla quand il entendit cette proposition : « Quoi, dit-il, moi, pauvre malheureux, j'aurais pour beau-fils le gendre du roi! Il veut peut-être faire de mon enfant son esclave; mais à Dieu ne plaise qu'une beauté si parfaite soit la suivante de la princesse! » La jeune fille entendit ces paroles, et elle dit au jardinier : « Mon nom est Bakawali ; je suis une fée, ainsi ne vous mettez en peine de rien sur mon compte. La place de la rose colorée est sur la tête, et celle de la perle précieuse est sur la couronne des rois. Faites dire au prince d'attendre encore un peu. » Le jardinier se tut, et la coiffeuse alla rapporter fidèlement ce qu'elle avait entendu. Taj-ulmuluk plein de joie combla cette femme de présents.

Lorsque le temps du châtiment de Bakawali fut terminé, des centaines de fées accoururent des quatre côtés, Saman-ru à leur tête, conduisant le chariot d'or et portant les objets de toilette convenables à la circonstance. Bakawali se revêtit d'une robe magnifique et orna son corps des plus belles parures; puis elle prit la main de son père, le conduisit derrière sa maison, et lui indiqua un chaudron plein de pièces d'or et enfoui depuis longtemps en cet endroit, en lui disant de prendre cet or et de l'employer à ses besoins. Ensuite elle lui fit ses adieux, et elle monta sur le chariot. Les fées la soulevèrent sans retard dans l'air et la conduisirent à l'endroit où Taj-ulmuluk se trouvait avec Chitrawat, Nirmala et Chapla.

Bakawali laissa ses campagnes et entra toute seule, elle serra la main de Chitrawat et l'embrassa avec amitié, comme si elle eût été sa sœur, ce qui la toucha tellement qu'elle la fit mettre à sa place sur le sofa. Alors Bakawali, après avoir raconté au prince tout ce qui lui était arrivé et avoir entendu de lui ce qu'il avait à lui apprendre, dit à Chitrawat : « Si tu veux continuer à être la compagne de Taj-ulmuluk, je n'ai rien à dire, ceci est ta maison. — Ah! répondit Chitrawat, pourrais-je quitter celui qui fait le bonheur de ma vie? » Cependant Bakawali donna ordre aux fées de se montrer : elles obéirent et remplirent tout Ceylan. La capitale fut en émoi, et le roi se troubla et courut au palais de sa fille. Son gendre ayant appris sa venue alla au-devant de lui, le reçut avec distinction, le fit asseoir sur son canapé, et lui raconta ensuite son histoire et celle de Bakawali. Ce récit intéressa le roi; il prit la main de sa fille, la mit dans celle de Bakawali, et dit à celle-ci : « Voici ma fille unique ; je te la donne pour esclave, mais j'espère que tu la traiteras avec bienveillance. » Alors Taj-ulmuluk monta sur le chariot. Bakawali et Chitrawat se mirent l'une à sa droite et l'autre à sa gauche, et Nirmala et Chapla se placèrent respectueusement devant eux. En un instant les fées transportèrent le chariot et le conduisirent à la porte du palais de Taj-ulmuluk. Lorsque Bakawali et Chitrawat y furent entrées, le fils du ministre de Zaïn-ulmuluk, nommé Bahram, lequel était l'intendant du *Mulk-i nigarin*, vint présenter ses devoirs à Taj-ulmuluk et lui offrit un présent conformément à l'usage. Le prince l'accueillit avec bonté, et accepta son cadeau ; puis il fit son entrée dans son château. Lakkha et Mahmuda furent comblées de joie en le revoyant, et reçurent affectueusement Bakawali et Chitrawat.

CHAPITRE XXV.

Le peintre du salon de l'Amour a continué ainsi qu'il suit la représentation de cette histoire sur sa feuille de papier :

Taj-ulmuluk s'empressa d'écrire à Firoz, à Muzaffar et à Zaïn-ulmuluk pour leur annoncer son heureux retour. En lisant son message, leur cœur flétri reverdit. Firoz, accompagné de Jamila, se mit en route avec un grand appareil pour le Scharquistan. Muzaffar, Husn-ara et Ruh-afza firent de même. En peu de temps, il y eut dans le *Mulk-i nigarin* une telle quantité d'hommes et de fées qu'on n'aurait pu y placer un grain de sésame. Tous furent charmés de revoir Taj-ulmuluk et Bakawali, et la tristesse que leur absence avait occasionnée s'éloigna de tous les cœurs. Pendant trois jours on fêta leur retour. La danse et la musique eurent lieu jour et nuit. Au quatrième jour, chacun retourna dans son pays, plein de joie. Toutefois, Bakawali voulut que Ruh-afza restât encore un peu de temps avec elle, et elle lui donna la salle des Cornalines pour sa chambre à coucher. Les deux amies passaient à converser une bonne partie de la nuit, puis elles se livraient au sommeil. Un jour, Ruh-afza s'endormit sur la fenêtre, et la noire tresse de ses cheveux étant retombée en dehors, le rubis qui l'ornait brillait au clair de la lune. Bahram se promenait en cet instant pour prendre le frais ; il aperçut cette tresse de cheveux, et il crut d'abord que c'était un noir serpent qui se glissait en cet endroit, portant à sa bouche une pierre précieuse. Ensuite, en considérant mieux la chose, il se convainquit que c'était une tresse de cheveux serrée par un rubis éclatant. Toute la nuit il fut dans l'agitation. Au matin, il sut par Saman-ru que la fenêtre où il avait vu cette tresse de cheveux était celle de la chambre à coucher de Ruh-afza. Un violent amour pour la belle cousine de Bakawali naquit alors dans le cœur de Bahram. Le lendemain, à minuit, il jette une échelle de corde à cette fenêtre et y monte hardiment. Ruh-afza, dont la beauté faisait honte à la planète de Vénus, dormait avec tant de grâce sur un lit d'or, que Bahram, en la voyant, fut hors de lui comme un homme ivre. Il n'avait jamais goûté la boisson de l'amour, aussi ne put-il en supporter l'ivresse et s'avança-t-il comme un insensé vers le lit de Ruh-afza. Elle ouvrit aussitôt les yeux et reconnut Bahram. Quoique la pierre de ce violent amour eût réduit en pièces la fiole de son cœur, toutefois cette hardiesse ne plut pas à son naturel modeste. Elle se fâcha extrêmement contre l'audacieux jeune homme, lui donna deux ou trois soufflets bien appliqués, et le repoussa si fortement qu'il tomba du balcon en bas et s'en retourna chez lui en pleurant et en gémissant.

Au matin, Ruh-afza prit congé de Bakawali : celle-ci eut beau l'engager à rester encore quelques jours avec elle, Ruh-afza ne voulut pas y consentir, parce qu'elle craignait que Bakawali n'apprît l'aventure de la nuit passée et ne la plaisantât là-dessus. Bref, elle retourna à Jazira-Firdaus ; mais l'amour de Bahram l'y poursuivit et ne lui laissa aucun repos ni jour ni nuit. Que dis-je ? souvent elle pleurait en secret comme la bougie qui se cache dans la lanterne. D'heure en heure, elle se flétrissait comme une fleur par l'effet du simoum du chagrin, et les narcisses de ses yeux langoureux se remplissaient à chaque instant de larmes. En effet, celui qui considère attentivement le sentiment de l'amour peut s'apercevoir qu'il est plus impatient dans la maîtresse ; mais aussi elle possède mieux que l'amant le secret d'attirer le cœur. Elle sait jeter le filet de l'amour au cou de celui qu'elle aime, l'attirer auprès d'elle, et lancer même au loin la fronde de la séduction.

CHAPITRE XXVI.

De son côté, Bahram maigrissait à vue d'œil. Saman-ru, qui seule en savait la cause, lui donnait sans cesse le conseil de chasser de son cœur cet amour insensé et ce vain caprice. « L'arbre de l'amour d'une personne d'une autre espèce que soi, lui disait-elle, ne porte d'autre fruit que le malheur. Il faut renoncer à un amour qui ne peut avoir pour résultat que le trouble et la ruine, et ne pas aller inutilement à la poursuite d'une fée insouciante, pour n'obtenir que la peine et la douleur. L'exemple de l'union parfaite qui existe entre Taj-ulmuluk et Bakawali ne doit pas vous séduire : c'est une heureuse exception, mais il est contraire à la nature des choses de vouloir joindre une substance éthérée avec un être au corps opaque. »

Bahram écouta tout cela sans rien dire ; puis il récita ce vers :

VERS. — « C'est en vain que vous me donnez des avis ; la couleur du nègre ne s'efface pas. »

Lorsque Saman-ru vit que l'épine de l'amour était tellement enfoncée dans le cœur de Bahram qu'on ne pouvait l'en arracher, elle lui déclara que tout ce qu'elle pouvait faire pour lui, c'était de le conduire à *Jazira-Firdaus*. Bahram accepta l'offre avec empressement, et alors Saman-ru lui mit des vêtements de femme, ainsi que tous les ornements convenables, lesquels lui allaient d'autant mieux qu'il était imberbe, et lui donnaient tout à fait l'apparence d'une femme. Elle s'envola avec lui au travers des airs, et, le tenant par la main, elle le transporta à *Jazira-Firdaus*, dans la maison de sa sœur nommée Banafscha, qui était précisément la coiffeuse de Ruh-afza. Celle-ci fut charmée de voir Saman-ru, et elle lui demanda aussitôt quelle était cette jeune fille qu'elle avait amenée. « C'est une de mes amies, lui répondit-elle, qui désirerait visiter cette contrée. J'ai pris la liberté de la conduire auprès de toi pour que tu la lui fasses parcourir. — Bien, dit Banafscha, je suis disposée à faire tout ce qui peut t'être agréable. »

Après cette conversation, Saman-ru alla retrouver Bakawali, et Bahram resta dans la maison de Banafscha. Celle-ci le nourrissait délicatement, et, avec une affectueuse bienveillance, elle le conduisait chaque jour dans un jardin différent. Au soir, elle revenait à la maison et allait remplir ses fonctions de coiffeuse auprès de Ruh-afza. Quelques jours se passèrent ainsi. Un jour que Banafscha était absente, Bahram écrivit derrière le miroir qui servait pour coiffer Ruh-afza un gazal dont voici le sens :

GAZAL.

« La surface unie de ce miroir n'est pas brillante par elle-même ; mais elle l'est par le reflet de ton visage.

« Ta coiffeuse place cérémonieusement devant toi ce miroir sur son appui ; mais si elle n'écoutait que la voix de la jalousie, elle le mettrait en pièces, parce que tu t'es regardée, ô ma chère âme, dans ce miroir (et que tu as vu que tu étais plus belle que tes compagnes).

« Si ce miroir ami de la beauté était placé de telle façon qu'il ne pût réfléchir ta face chérie, on ne le regarderait plus ; mais il ne reste pas un seul instant inactif lorsqu'il est en ta présence ; ton reflet saisit sa surface. »

Banafscha prit la boîte à toilette et alla auprès de Ruh-afza. Après avoir passé le peigne dans ses cheveux, elle lui donna le miroir pour se voir. Ruh-afza s'aperçut sans peine qu'il y avait quelque chose d'écrit derrière, et elle s'empressa de le lire. Elle fut convaincue que Bahram seul pouvait avoir tracé ces vers ; mais, pour s'assurer cependant qu'il était réellement en ces lieux, elle s'imagina de proposer à Banafscha la solution d'une énigme : « Peux-tu m'indiquer, lui dit-elle, quelle est la chose qui existe toujours, et quelle est celle qu'accompagne toujours le chagrin ? » Banafscha convint qu'elle ne pouvait le dire tout de suite, mais elle la pria de lui donner à réfléchir jusqu'au lendemain. Comme Bahram la vit toute pensive, il lui demanda le motif de sa préoccupation ; elle lui fit part de l'énigme, et elle lui dit qu'il lui semblait que la seule réponse à faire était de dire que « la sagesse variée de l'être sage par excellence est éternelle ; et que la joie est toujours accompagnée de tristesse. » Bahram ne jugea pas cette réponse satisfaisante, et il proposa celle-ci : « L'amant qui a reçu un soufflet de la main de sa maîtresse en conserve le visage rouge, et il a toujours le gosier amer par l'effet du poison du mécontentement. Il a toujours sa maîtresse en vue et il croit la voir partout. On dit proverbialement qu'on demanda à Majnun quel était le successeur légitime du Prophète pour le khalifat, et qu'il répondit que c'était Laïla. »

Banafscha fit part de cette réponse à Ruh-afza, qui fut ainsi assurée de la venue de Bahram. « Confessez-moi la vérité, dit-elle à Banafscha, et dites-moi si cette réponse vient de vous. » Banafscha prétendit avoir eu cette idée pendant la nuit ; mais Ruh-afza ne voulut pas le croire, et Banafscha finit par avouer que la réponse venait d'une amie de Saman-ru qui avait été amenée par elle pour visiter ces lieux. Ruh-afza lui témoigna le désir de la voir et la pria de la lui amener. En effet, dès le soir même, après avoir paré la prétendue cousine, elle la conduisit auprès de Ruh-afza. Celle-ci reconnut tout de suite son amant ; mais elle dissimula si bien qu'il crut qu'elle ne le reconnaissait pas et qu'elle n'avait pas lu les vers qu'il avait tracés derrière le miroir.

Lorsque Banafscha eut terminé ses fonctions de coiffeuse, Ruh-afza demanda le miroir ; mais Bahram s'empressa de le lui présenter à l'envers, à cause des vers qui y étaient écrits. Elle sourit alors de sa bouche aussi fraîche qu'un bouton de rose et dit à Banafscha : « Votre amie est bien simple, puisqu'elle confond la face et le revers du miroir. Laissez-la passer la nuit ici, afin de m'en amuser un peu. » La proposition fut acceptée sans peine, et Bahram resta auprès de sa maîtresse.

Le sage doit conclure de là que si Bahram n'eût pas pris des vêtements de femme, il n'aurait pas été si promptement réuni à l'objet de son amour. En effet, l'amant doit chercher à ressembler à sa maîtresse. Le prophète de Dieu a dit : « Imitez les perfections divines, afin de pouvoir approcher de Dieu. »

Lorsque l'éternel ordonnateur des affaires du monde eut étendu le tapis lumineux du clair de la lune sur la surface de la terre, Ruh-afza prit à part Bahram dans son boudoir. « Quel est votre nom, madame ? » lui dit-elle d'abord. — Je n'en ai plus depuis longtemps, répondit Bahram. Je ne connais que le vôtre. — Pourquoi êtes-vous venue ici ? — Interrogez plutôt la bougie, elle vous dira pourquoi le papillon vient se précipiter sur sa flamme. »

Ruh-afza fut charmée des douces paroles de Bahram, mais, affectant un ton sévère, elle lui dit néanmoins : « Tu as voulu me tromper, car je reconnais à tes paroles que tu n'es pas une femme. Tu es entré ici par fraude, et tu as ainsi exposé mon honneur au vent. Vois toi-même quelle punition mérite une telle hardiesse. » Le pauvre Bahram, qui ignorait toutes les roueries de la coquetterie et qui avait en mémoire les soufflets de sa maîtresse, se persuada qu'elle allait encore le frapper et le chasser d'auprès d'elle. Tremblant de crainte, il récita un vers dont voici le sens :

Vers. — « Tue-moi, mais viens à moi ; car ne vaut-il pas mieux pour moi que je meure devant toi que de passer ma vie loin de toi ? »

Il dit ces mots, et tomba sans connaissance.

Alors Ruh-afza ne pouvant pousser plus loin sa sévérité factice, accourut auprès de lui, le releva, lui fit sentir les roses de ses joues, et cette douce odeur lui rendit l'usage de ses sens.

Ami lecteur, si, comme Bahram, tu ne quittes pas ton existence corporelle, qui n'est qu'illusion, comment atteindras-tu l'éternité bienheureuse ? Celui, en effet, qui dans la voie de l'amour ne s'est pas oublié lui-même pourra-t-il parvenir au but de son voyage ?

Lorsque Bahram ouvrit les yeux, il vit qu'il avait pris le rôle de la rose et Ruh-afza celui du rossignol ; aussi oubliat-il bientôt, dans son contentement, ses désagréments antérieurs. La fleur qu'il désirait s'épanouit pour lui, et Ruh-afza ne voulut plus qu'il la quittât. Pour le dérober aux regards de la malignité, elle lui mit au cou un talisman qui le métamorphosa en tourterelle. De cette manière, elle le tenait pendant le jour dans une cage d'or suspendue devant ses yeux, et à la nuit elle le faisait sortir de sa cage et lui rendait sa première forme. Ceci dura quelque temps ; mais, dit le proverbe hindoustani, « l'amour et le musc ne peuvent rester ignorés. » Husn-ara se douta de quelque chose, elle vint un jour, à l'aurore, auprès de sa fille, et elle comprit à ses cheveux en désordre, à son visage teint de henné, à ses yeux de narcisse languissants, que ses conjectures n'étaient que trop réelles.

Alors elle se mit en colère et la frappa avec violence, en lui disant : « Quoi ! tu n'as pas honte d'avoir reçu chez toi un étranger ! Malheur à toi ! Tu t'es noyée dans un vase plein d'eau ; tu as battu le tambour de ta honte ; tu as perdu le nom de ton père. Fais-moi connaître au moins ton audacieux complice, sans quoi je t'étranglerai de mes propres mains. » Ces mots peu rassurants firent trembler Ruh-afza. « Laissez là, ma mère, lui dit-elle, cette vaine idée. Je n'ai jamais vu un homme, même de loin. Est-ce d'une bonne mère de croire aux faux rapports des étrangers ? » Elle eut beau faire les serments les plus énergiques, sa mère ne voulut pas croire à ses paroles ; mais elle exigea que le *voleur* qui était dans cette maison fût saisi et puni comme il le méritait. D'après ses ordres, de nombreux et rusés espions cherchèrent Bahram sur la terre et dans les airs ; mais ils ne purent le trouver, car ils ignoraient le secret de la cage.

Mon ami, tu es aussi aveugle qu'eux ; tu vas chercher au fond des cieux l'être qui réside, sans que tu t'en doutes, dans l'habitation de ton cœur. Tu le cherches très-loin et il est bien proche (1).

VERS. — « Puisque tu ignores qui habite ta maison, comment peux-tu savoir qui est au faîte du ciel ? »

(1) Conf. Actes, XVII, 27.

Husn-ara, désespérée du peu de succès de ses perquisitions, gourmanda les suivantes de Ruh-afza et les menaça de la colère de Muzaffar. Alors une d'elles nommée Gulrukh s'approcha et dit : « Comment voulez-vous que les secrets du boudoir nous soient dévoilés ? Nous ne pouvons y pénétrer, ni même nous livrer à des conjectures raisonnables.

Vers. — « Pour voir ces secrets, il faut l'œil du cœur ; mais comment l'œil naturel pourrait-il les apercevoir ? »

« Toutefois, j'ai remarqué que ma maîtresse s'occupe beaucoup depuis quelque temps, matin et soir, de la tourterelle qui est renfermée dans cette cage, et qu'elle ne la perd jamais de vue. Il y a en cela quelque chose de mystérieux où ne peut voler l'oiseau de mon esprit, mais que vous pourrez atteindre. »

Ami lecteur, l'homme parcourt volontiers le jardin du monde, tant qu'il a à son cou le quadruple talisman des éléments et qu'il est resserré dans la cage de l'existence, et son œil corporel n'aperçoit qu'une poignée de terre ; mais, le jour où le talisman est brisé, il voit la réalité ; il apprend qui il est, et il sait qu'il était le jouet d'une vaine illusion. Le Prophète a dit que lorsqu'on meurt, on connaît alors véritablement le secret de sa nature. L'existence générale est un océan dont les êtres particuliers sont des bulles d'eau. Lorsqu'une de ces bulles s'évanouit, on n'aperçoit plus que l'océan lui-même. Considère donc que l'océan ne se compose que de bulles d'eau, mais qu'il y a cependant une différence positive entre ces deux choses. Personne ne donnera le nom d'océan à une bulle d'eau et de bulle à l'océan. Dira-t-on que quibla et caaba, pagode et église, géhenne et enfer, ciel et paradis, sont synonymes ?

Vers. — « Dans chaque catégorie, il y a un ordre différent d'existence. Tu es infidèle si tu ne fais pas attention à ces différences. »

Dans le fait, la question de l'unité de l'existence est la plus difficile des questions. La plupart de ceux qui ont voulu entrer dans cette mer profonde ont adopté les systèmes de la nécessité et ont été engloutis dans le tourbillon.

D'autres ont suivi le système du hasard et se sont aussi perdus dans l'abîme. Il n'y a que la grâce de Dieu qui puisse nous diriger dans une question si délicate, et que la faveur de Mahomet, l'asile de la prophétie, qui puisse nous venir en aide.

Mais, pour revenir à notre histoire, Husn-ara se rendit dans le boudoir de sa fille et se saisit de la cage. Ruh-afza, désespérée, crut voir son oiseau chéri dans les serres d'un faucon ; elle n'osa rien dire, mais l'oiseau de son âme palpita dans la cage de son corps, sans qu'elle pût entreprendre de le délivrer des mains du chasseur de la destinée. Tant il est vrai que l'homme ne saurait s'opposer à ce que le sort lui réserve. La vie lui était en ce moment à charge, mais elle ne pouvait mourir. Husn-ara porta la cage à Muzaffar, qui en retira l'oiseau et palpa les ailes et tout son plumage pour voir s'il n'y découvrirait pas quelque talisman. Enfin il trouva celui que l'oiseau avait au cou ; il le détacha, et aussitôt Bahram parut devant ses yeux sous sa forme naturelle. Les assistants furent fort étonnés, et Muzaffar, furieux, dit à Bahram : « Mauvais sujet, tu ne redoutes donc pas ma colère et tu n'as aucun souci de ta vie ? Dis-moi la vérité, qui t'a conduit ici ? Dans tous les cas, tu ne retireras de ta hardiesse et de ton insolence d'autre fruit que la mort.

« — Sire, répondit Bahram, l'amour est le seul guide des amants, et la peine qu'ils sont capables de supporter est indicible. La chaîne de l'amour n'est pas telle qu'on la mette soi-même à ses pieds et qu'on s'enchaîne soi-même. Les amants ne sont pas maîtres d'eux-mêmes ; ils perdent leur libre arbitre. Or, celui qui a lavé ses mains de la vie peut-il craindre la mort ? Mais je regretterai ma maîtresse en quittant la vie, et un ruisseau de sang coulera encore de mes yeux dans le tombeau.

Vers. — « Je ne crains pas la mort, et je n'en éprouve d'autre chagrin, si ce n'est d'être privé de la vue des belles au visage de roses. »

La colère de Muzaffar, loin de se calmer par ces paroles, s'accrut tellement qu'il ordonna à ses gens d'allumer un feu hors de la ville et d'y jeter Bahram. Par hasard, Taj-ulmuluk et Bakawali, qui, en cet instant, venaient se promener dans le jardin d'Iram, conçurent la pensée de visiter Ruh-afza. En y allant, ils passèrent précisément dans le lieu où Bahram allait être brûlé. Il était déjà sur le bûcher fatal et les flammes l'entouraient des quatre côtés. Bakawali ayant aperçu ce bûcher enflammé entouré d'une foule immense, en fit approcher son char et demanda ce que c'était. Quelqu'un lui répondit : « On brûle l'amant de Ruh-afza. » A ces mots, Bakawali descend précipitamment de son char, elle s'approche du bûcher et crie de toute sa force : « Eteignez tout de suite ce feu et retirez-en ce jeune homme. Si un seul cheveu de sa tête est brûlé, je ferai périr mille personnes ; que dis-je ! je ferai tomber leurs maisons dans la poussière. » Ces menaces émurent les assistants. On éteignit le feu, on en retira Bahram et on l'amena devant la princesse. Bakawali le fit monter sur son char, le conduisit dans un jardin écarté, et l'ayant laissé avec Taj-ulmuluk, elle alla trouver Muzaffar-Schah et Husn-ara qui la reçurent avec amitié, et, après l'avoir pressée contre leur poitrine, lui demandèrent le motif de sa venue. « Je n'avais pas l'intention de vous visiter, répondit Bakawali, mais j'ai vu sur ma route une chose qui m'a douloureusement surprise : des gens voulaient brûler le fils du vizir de mon beau-père, et si je n'étais accourue pour les empêcher, il aurait été réduit en cendres. Y pensiez-vous de donner un pareil ordre ? Sa mort changeait-elle quelque chose à ce qui s'était passé ? L'empreinte de la médisance se serait-elle effacée ? Supposons que cent personnes sussent l'aventure de Ruh-afza, actuellement mille la connaîtront. Ce que vous avez de mieux à faire, c'est de pardonner à Bahram sa faute et de le marier à votre fille ; car ce jeune homme est plein d'esprit et beau de visage. Si vous méprisez tant la nature humaine, pourquoi m'avez-vous mariée à Taj-ulmuluk? Y a-t-il quelque différence entre votre fille et moi?

Muzaffar baissa la tête après avoir entendu ces paroles, et dit qu'il y réfléchirait. Bakawali alla ensuite trouver Ruh-afza, qui était en pleurs et se frappait la tête de ses mains, et elle lui dit en souriant : « Tu t'es assez lamentée ; lève-toi, change de vêtements et sors de ta cellule. Je te ramènerai ton amant sain et sauf, et j'espère que vous serez bientôt réunis. »

Ruh-afza remercia Bakawali et l'embrassa tendrement. Bakawali passa la nuit auprès d'elle. Au matin, elle conduisit Ruh-afza auprès de Muzaffar et de Husn-ara pour faire la paix ; puis elle alla avec Taj-ulmuluk et Bahram à Jazira-Iram. Elle raconta en détail à son père et à sa mère tout ce qui s'était passé et les engagea à faire, sans perdre de temps, à l'égard de Bahram ce que son oncle et sa tante avaient fait pour Taj-ulmuluk. Conformément aux désirs de leur fille, ils revêtirent Bahram d'une robe royale, entourèrent sa tête de la couronne des nouveaux mariés, et s'acheminèrent joyeusement vers Jazira-Firdaus. Là aussi, on fit les préparatifs convenables pour recevoir le cortége nuptial, qui arriva bientôt au palais de Muzaffar, fut accueilli avec honneur par les parents de Husn-ara et conduit dans la salle de l'assemblée, où la danse et la musique eurent lieu toute la nuit. On tira aussi des artifices de différentes espèces ; ensuite on célébra le rite du mariage conformément aux usages de la famille de Ruh-afza. Après la cérémonie du collier et du bétel, on introduisit le nouveau marié dans l'intérieur du palais pour qu'il accomplît les formalités qui restaient encore à exécuter. Bakawali se conduisit envers Bahram comme si elle avait été sa sœur : elle lui tint le Coran et le miroir, et lui fit boire la coupe à demi vidée par Ruh-afza. Quand toutes ces cérémonies furent terminées, Muzaffar et Husn-ara donnèrent à leur fille, en se séparant d'elle, une dot considérable, tant en argent comptant qu'en effets et en esclaves. Firoz et Taj-ulmuluk, à la tête de la procession nuptiale, retournèrent à Jazira-Iram, où on continua pendant quelques jours de se livrer à la joie ; puis Bakawali et son fidèle époux conduisirent pompeusement Bahram et Ruh-afza au Mulk-i nigarîn. Aussitôt qu'ils furent arrivés, on s'empressa de le faire savoir au père et à la mère de Bahram, et on leur raconta tout ce qui s'était passé. La vue de ce fils bien-aimé et de son aimable femme leur causa la joie la plus vive, et ils témoignèrent leur reconnaissance à Bakawali, à qui était dû un aussi heureux résultat. En réjouissance, le ministre voulut donner une fête. Il y appela tous les musiciens de la ville ; il y conduisit le roi lui-même et y invita les émirs grands et petits. Cette fête, embellie par la danse et la musique, dura plusieurs jours ; chacun en fut enchanté. On offrit au roi et aux princes des centaines de plats couverts d'objets précieux et de pierreries ; on fit des présents à tout le monde ; on distribua de l'argent avec abondance ; ensuite on reconduisit le monarque à son palais et on invita les convives à se retirer. De son côté, Bakawali appela Hammala et lui ordonna de transporter son jardin en ce lieu. Dans deux ou quatre jours, ses désirs furent accomplis, et elle offrit ce jardin délicieux à Ruh-afza et à Bahram pour leur résidence. Ainsi se terminèrent les aventures de ces couples intéressants : chacun fut content et satisfait.

VERS. — « O Dieu ! inspire-moi ce que je dois faire, comme tu as inspiré les personnages dont j'ai raconté l'histoire. »

GUL O SANAUBAR

« ROSE & CYPRÈS »

INVOCATION.

Louange au Créateur qui a créé l'homme (1), la plus excellente des créatures, et qui a revêtu le monde de la robe de l'existence ! Par la pluie de sa bonté, les jardins de l'amour et de l'amitié sont humectés, et, par les ondées de sa miséricorde, les champs de la bonté et de la beauté sont verdoyants. Au firmament, le soleil est la lucarne du palais de sa gloire, et l'aurore est le flambeau de la salle nocturne de sa beauté. Le calam pourra-t-il avoir la fermeté nécessaire pour en faire la description, et le papier l'étendue convenable pour la contenir ? Le portefaix du ciel est fatigué par le poids de ses bienfaits, et l'oiseau doré du soleil prend chaque matin, de la moisson de sa miséricorde, le grain des étoiles (2). De

---

(1) Le conte musulman dont je donne ici la traduction est instructif sous le point de vue ethnographique et il offre aussi un exemple frappant de l'application pratique de la doctrine du fatalisme dans le singulier dénouement qui le termine.

Le mot *Sanaubar*, que je traduis par « cyprès », signifie plutôt « pin » ; mais l'expression étant générique, et s'appliquant à tous les arbres conifères, et entre autres au « sapin » j'ai dû le traduire ici par « cyprès », parce que, dans l'*Invocation*, il est question du *Sanaubar*, qui se tient « debout (droit) » dans la contemplation de Dieu, expression usitée et plus naturelle en parlant du cyprès.

(2) Métaphore pour signifier que l'éclat du soleil fait disparaître celui des étoiles.

la terre au ciel, les corps terrestres et célestes baissent le front de l'adoration à la cour de sa grandeur. Et, de la lune au poisson, grands et petits ont leurs désirs satisfaits. Lorsque le capitaine de sa générosité déploie les voiles de la bienveillance, il fait parvenir le navire de l'espérance au rivage désiré. Et lorsque l'océan de sa fureur est en agitation, il fait sombrer en un instant les navires des fautes. Ceux qui se livrent à la contemplation ont pour partage le royaume éternel ; et ceux qui ferment les yeux pour n'apercevoir que Dieu, voient tout dans le miroir de leur cœur. Dieu est un roi tel que les anges sont les gardiens du seuil de sa porte, et le soleil et la lune les chambellans du palais de sa gloire. Il a donné à l'homme fait de terre la lumière de l'intelligence, et sa sagesse a ouvert, pour affirmer sa souveraineté, le livre du témoignage (le *Coran*). L'éclat des quatre marchés des éléments existe par les soins de sa puissance ; et l'administration du pays de l'existence a lieu par les soins du lieutenant de sa sagesse. Avec de la terre, il a formé des êtres tellement purs qu'ils plaisent aux cœurs des anges. Le majordome de sa grâce a donné à chacun des vêtements variés : au soleil, la lumière ; à la lune, ses phases ; aux étoiles, la clarté ; au ver luisant, l'éclat ; aux arbres, une robe verte ; aux gens ivres, l'ombre des vignes, au ciel, un manteau de satin humide ; à la terre, un manteau de verdure brillante.

Sa miséricorde effective a départi à tous des bienfaits infinis : à la rose, le jardin ; à l'esprit, le corps ; à la mine, la pierre précieuse ; à l'huître, la perle ; au rubis, l'éclat ; au diamant, l'eau ; l'émeraude est revêtue de vert par sa grâce ; le saphir a sur ses épaules un manteau bleu qu'il tient du palais de ses bienfaits ; la rose, pour écouter le chant de l'unité, a ouvert l'oreille du désir ; et le rossignol fait entendre, en souvenir de Dieu, ses accents divers.

O Dieu, comment aurai-je la force d'écrire convenablement tes louanges ! Ta lumière paraît dans chaque atôme, ta dignité se montre à tous. La beauté des femmes aux joues de rose est la manifestation de ton éclat. Quelqu'un sait-il ce que tu es et où tu es? Si, dans le jardin, la rose sourit, le rossignol fait entendre ses accents. Tantôt Dieu a enflammé d'amour *les créatures*, tantôt il a manifesté sa beauté. Tantôt il a frappé d'affliction Majnûn, à cause de Laïla; tantôt Farhad a été amoureux de Schirin ; ici, un individu est tombé tué par l'épée; là, un autre meurt tué par un regard de sa maîtresse. Quelque part, la couleur de la rose brille, et sa grâce plaît au cœur le plus insensible. Le cyprès se tient debout dans la contemplation ; la tourterelle récite sans cesse ses louanges.

Tu as mis, dans le cœur de l'huître, la perle ; et le joyau au milieu de la pierre. Tu as créé le ciel et la terre, et, par là, tu as manifesté ta puissance. Les anges répètent ton nom, les archanges célèbrent tes louanges. Tantôt tu as fait pleurer Noë, tantôt tu as regardé Moïse et tu t'es manifesté à lui. Par toi les lèvres de Jésus ont donné la vie.

Mais comment pourrai-je exprimer les qualités de Mahomet. Les cieux n'atteignent pas le degré de sa gloire : c'est pour lui que *Laulak* (1) a été prononcé. Il est le lion du désert de la prophétie, le khalifat a été scellé sur lui dans le monde. Il n'est pas éloigné de sa bonté que mon service soit agréé par lui. Que la bénédiction de Dieu soit sur lui et sur sa famille! J'espère en ses mérites.

Actuellement, le pauvre et malheureux, qui est content du bon plaisir de Dieu, Nemchand écrit ceci:

Dans ce monde instable, rien ne dure, et le centre de tout, c'est le néant (la non-existence). A l'essence divine, qui est éternelle, appartient l'immortalité, et, à tout le reste, la destruction. Il y a, toutefois, le jardin de l'éloquence, dont les roses ne sont pas attaquées par l'automne du monde. Ses richesses ne sont pas enlevées par les filous ni par les voleurs de grand chemin. Ce jardin reste toujours frais et verdoyant, et l'eau limpide de la vie coule dans ses ruisseaux. Les fondements de l'édifice de l'éloquence ne craignent pas les tremblements de terre des événements ; et la lanterne de son palais n'éprouve aucun dommage de la part du souffle du néant. En dépensant ses richesses, le jour est doublé, la

(1) Voyez, dans la *Poésie philosophique et religieuse des Persans*, p. 23, l'explication de ce *hadis*.

nuit est quadruplée ; et le crédit des banquiers de cette maison s'accroît de jour en jour. C'est une source abondante qui ne fait jamais défaut. Si l'éloquence n'existait pas, la poussière (de l'ignorance) couvrirait le monde ; et si ce zéphyr qui ouvre le cœur ne soufflait, l'essence de la rose du désir ne répandrait jamais son odeur.

VERS. — « Depuis l'éternité *a priori* jusqu'à l'éternité *a posteriori*, on fait cas de l'éloquence. Quelque part que je tourne mes regards, je vois sa rose épanouie. »

Ce monde est une peinture sur l'eau, mais ne peut-on pas emprunter à cette peinture quelque chose qui reste comme souvenir à ses amis et à ses connaissances. J'ai donc préparé un jardin tel que, par l'odeur de ses fleurs, le désir de l'âme des gens éloquents est calmé. J'avais, depuis longtemps, cette intention, mais j'étais déconcerté par la simplicité de ce que je pourrais dire. Tout à coup, le ciel m'a favorisé, et mon vague désir a pu se réaliser. En effet, je me suis décidé à reproduire en *urdû* la légende de *Gul o Sanaubar*, qu'un auteur avait écrite en persan ; je l'ai fait d'après le désir du Babû Gur-charan Sen, habile dans les sciences et les arts, lumière des yeux du bonheur et de la fortune, et je l'ai présenté en don à l'assemblée de mes amis et à la réunion des appréciateurs de l'éloquence.

Voici quelques vers de ma composition, sur la dignité et l'éminence du Babû Gur-charan, vers que ma plume facile dépose sur la page du papier comme des perles brillantes devant les yeux perspicaces des connaisseurs.

VERS. — « Il est la perle unique de l'écrin de l'abondance : il est la source admirable des bonnes manières. Sa franchise est connue dans le monde, c'est ce qui a rendu son nom brillant. Pour la bravoure, il est l'unique du siècle. Sa réputation est parvenue à la Grèce et à la Syrie ; il répand la lumière comme la lune, il est élevé comme le soleil. Les voyageurs vers le lieu de sa résidence trouvent qu'elle est pareille à la Caaba. Ce jeune homme est l'arbrisseau du jardin du bonheur, par lui tout s'arrange pour le mieux. Il est distingué au milieu des gens les plus distingués. Je fais toujours des vœux pour lui, je lui offre ce livre en souvenir afin qu'il en fasse sa lecture soir et matin. »

Quoiqu'aux yeux de ceux qui connaissent les pierreries mon livre ait peu de valeur (car devant la perle de belle eau, quel est le rang de la coquille?), toutefois les jardiniers du jardin de la justice savent bien qu'il y a des épines avec la rose; et qu'en face du soleil s'élèvent souvent de noirs nuages. C'est pourquoi j'espère que les gens sages ne regarderont pas avec des yeux scrutateurs ce modeste travail, mais qu'au contraire, s'ils y voient quelque part une erreur ou une faute, ils voudront bien la corriger, car il n'y a rien de parfait, si ce n'est l'essence unique.

Vers. — « O Dieu, je suis un serviteur coupable, je suis accablé sous le poids de mes péchés, mais ce n'est pas pour toi une peine de déployer ta bienveillance, et celui qui espère ne désespère pas de toi. »

Je me flatte que la lecture de cette histoire satisfera les gens distingués et le vulgaire, et que l'humble auteur sera mentionné en bons termes.

RÉCIT.

I. — Les savants honorables qui ont su ouvrir le magasin de leur cœur et les gens parfaits qui mettent en circulation le discours ayant pesé dans la balance de l'éloquence et placé dans le navire de l'élocution cette histoire, qui est semblable à la perle de belle eau et aux diamants éclatants qui éclairent l'œil de la justice, ont ainsi arrangé dans le fil de la diction ce récit. C'est à savoir que dans un des royaumes de l'Orient, il y avait un roi nommé Schamschâd Lal-posch (c'est-à-dire : « le buis revêtu de rubis »). La fortune était sa servante et le bonheur son domestique. Par son intelligence et sa science il était le Platon du siècle, et par sa justice et son équité le Nuschirwân du temps; par ses vues élevées il était comme Hâtim Taï et par sa générosité comme Mân (1). Ses pas étaient

(1) Hâtim Taï et Mân sont des Arabes célèbres par leur générosité.

heureux; et ce grand roi était tellement fortuné que le trône de Salomon lui aurait convenu. Il était en réalité tellement célèbre que Darius aurait pu être le concierge de son palais. Par sa bravoure, son cœur était tellement intrépide que le lion prenait la fuite par la crainte, qu'il lui inspirait. Sa lampe était lumineuse par la générosité. Le cœur de ses amis était satisfait de lui. Quand on apercevait son front serein, on croyait voir l'astre lumineux de la lune. Comme il était en possession d'un tel bonheur et d'une telle fortune, il donnait constamment aux pauvres de l'or et de l'argent. Bref, sa fortune était immense et ses armées nombreuses. Il avait sept fils très-braves qui étaient uniques dans toute science et dans chaque art, et qui excitaient la jalousie dans les horizons quant à l'administration royale et à l'art militaire. Un jour, son plus jeune fils vint en la présence de son père, et après lui avoir rendu ses devoirs il lui dit: « Votre dévoué est fort triste de vivre dans la ville. Si j'obtenais la permission de V. M., j'irais passer quelques jours à la promenade et à la chasse, et je récréerais mon esprit par cet exercice. Il peut se faire qu'ainsi l'indécision de l'ennui soit éloignée de mon cœur et que je revienne à mon état normal.

Vers de l'auteur: « Mon cœur ne s'attache à rien, comment expliquer pourquoi? je n'ai plus qu'à déchirer mon vêtement jusqu'au bord. »

Le roi agréa la demande du prince, et donna les ordres convenables pour la chasse. Le prince ordonna donc aux veneurs et aux directeurs des chasses de préparer les faucons, les lynx, les panthères, les chevaux arabes et de montagne, enfin tous les animaux dont on se sert pour chasser. Ensuite, ayant pris avec lui nombre de jeunes gens de forte complexion, amis de cet exercice, il se dirigea vers l'endroit où il voulait chasser. Bref, il finit par arriver au pied d'une montagne qui égalait le ciel en hauteur. Là, par hasard, un magnifique daim se présenta à sa vue. En le voyant, le prince en fut tellement ravi, qu'il devint comme la proie de cette proie. Alors il recommanda aux gens de sa suite de bien prendre garde de ne pas blesser ce bel animal, mais d'avoir soin de le prendre vivant dans un filet ou dans un nœud coulant et de le lui amener sain et sauf, auquel cas il donnerait une grande récompense. D'ailleurs, il s'appliqua lui-même à s'en saisir.

Lorsque le daim vit qu'il ne pouvait s'échapper, et que sa faiblesse lui faisait perdre la vie, il fit un détour en sorte qu'il se trouva seul, et qu'en sautant et en gambadant il arriva dans une plaine. Le prince lança son cheval à sa poursuite et prit le chemin du désert, de manière qu'il se trouva séparé de son armée en suivant la trace du daim. Cependant il était midi : le prince était en sueur, il perdait haleine, et son cheval altéré laissait pendre sa langue desséchée. Le prince désespéré mit pied à terre, et continua sa marche tenant son cheval par la bride et se recommandant à Dieu. Le pauvre animal, par l'excès de la chaleur, de la faim et de la soif, tomba par terre et livra l'argent comptant de la vie au caissier de l'ange de la mort.

Alors le prince tout en pleurant poursuivit son chemin dans le désert où ne se trouvait ni le nom ni la trace d'un fils d'Adam. Il était arrivé à une petite distance lorsqu'une colline se présenta à ses regards. Il monta et vit un grand arbre dont les racines s'étendaient jusqu'à l'enfer et dont les branches atteignaient le ciel. Au dessous, il y avait une source d'eau meilleure par sa pureté que l'eau de la vie, et par sa douceur que le sorbet sucré. On voyait de tous côtés de la verdure relevée par la beauté de nouvelles fleurs. Il y avait des bandes de tulipes et de lys qui représentaient le crépuscule du matin et du soir. C'était un espace qui dilatait l'âme et épanouissait le cœur. Bref, ce jardin était deux fois plus beau que celui de Rizwân (1) en splendeur et en magnificence. Lorsque le prince eut vu cet endroit, il fut très-content et se mit à contempler l'œuvre admirable de Dieu. Enfin, en tombant et se redressant, il arriva à la source dont il a été parlé, prit haleine et but de l'eau dans le creux de sa main. Puis il rendit grâce au créateur, et se mit à regarder

(1) C'est-à-dire *le paradis* dont l'ange Rizwân est le gardien.

çà et là lorsque tout à coup il fut étonné d'apercevoir un trône qui semblait préparé pour un roi. Il réfléchissait à ce qui se présentait à ses regards, quand un fou, tête et pieds nus, jetant des cris, sortit des *jangles* et alla du côté de l'arbre. Lorsqu'il fut arrivé tout près, le prince reconnut par son apparence que c'était quelque grand personnage. Le fou vit aussi le prince, et étant venu auprès de lui il lui demanda qui il était et d'où il était venu? « Pourquoi es-tu venu, lui dit-il, dans ce désert sanguinaire, où l'oiseau ne peut agiter ses ailes, et où le fiel des bêtes féroces se change en eau par l'effet de la crainte? » Alors le prince raconta au fou son aventure du commencement à la fin, et lui demanda qui il était, et comment il se faisait qu'il s'était fixé dans ce désert sans limites. « Jeune homme, lui répondit le fou, il vaut mieux que tu renonces à entendre ce récit, car mon histoire n'est susceptible ni d'être contée ni d'être entendue, parce que si je manifeste sur le trône de la langue l'épouse du récit du chagrin, il est certain que, découvrant son sein comme l'huître, elle répandra les perles roulantes des larmes. »

Le prince ayant néanmoins insisté pour connaître l'histoire de l'inconnu, celui-ci ne put se dispenser d'obtempérer à son désir. « Écoute donc, lui dit-il, les paroles qui vont sortir de la coquille de mon cœur, paroles qui sont comme des perles qui n'ont pas été percées; recueille-les et mets-les dans le pan de ta robe.

« J'étais, ô jeune homme, le roi du pays de Babylone et je me nomme Jahânguir Schâh (1). J'avais des armées, des trésors, des richesses sans nombre, et Dieu très-haut m'avait donné sept fils, tous animés de sentiments élevés et jouissant de la considération. Je régnais joyeusement et paisiblement lorsqu'un jour mon fils aîné apprit de la bouche d'un voyageur que, dans le pays de Turquestan et dans les contrées du Chin et du Machin, il y avait un roi nommé Quîmûs Schâh, fils de Timûs Schâh, dont la fille nommée Mihr-anguez (excitant l'amour) n'avait pas sa pareille dans le monde en-

(1) C'est-à-dire le Roi conquérant du monde.

tier. La jalousie de sa beauté parfaite fait au cœur de la pleine lune la blessure du dépit ; et le soleil qui éclaire le monde a nuit et jour le vertige par l'effet de l'envie au firmament du ciel. Devant sa beauté, Joseph a l'oreille percée par la boucle de l'esclavage. Le bouton de rose aurait-il le front de montrer sa face devant cette jolie figure, et la tulipe, en voyant sa joue rouge comme du feu, ne ressentirait-elle pas sur son cœur la blessure du dépit ?

Vers de l'auteur : « Cette beauté voleuse de cœur est si merveilleuse qu'elle brille dans le monde comme le clair de lune.

« Les boucles de ses noirs cheveux sont le nard (*sumbul*) du jardin de la beauté ; son visage est comme la rose du jardin de l'excellence.

« Sa joue ressemble à la rose épanouie : quiconque la voit est comme effacé du monde.

« La pureté de ses dents entourées de missi est étonnante : la plus grande colère se traduit chez elle en sourire.

« Ses lèvres de rubis sont une feuille de rose et du sucre candi, la langue se colle pour les louer. »

« Quîmûs n'a pas d'autre enfant que cette fille. Lorsque ce rejeton du jardin de la beauté arriva au printemps de la jeunesse, et que les abeilles vinrent se grouper auprès de son corps, pareil au lotus, il devint nécessaire, conformément à l'usage ancien, de réunir, pour qu'elle choisît un époux, de toutes les contrées et pays, les princes qui pourraient ambitionner son union. Toutefois, il a été établi pour condition qu'on devait répondre à la question : « Qu'a fait Gul (rose) à Sanaubar (cyprès) ? » en guise de douaire, et qu'alors on serait accepté pour époux de Mihr-anguez, à laquelle son père donnerait beaucoup d'or et d'argent ; mais que quiconque ne pourrait répondre pertinemment à cette question aurait sa tête retranchée du pays de l'existence, et accrochée au pinacle de son château.

« Dès que mon fils eut appris ces choses de la bouche du voyageur, il devint amoureux, son cœur brûla comme de la viande grillée, et ses yeux versèrent des pleurs comme le nuage. Il vint auprès de moi ; il se mit à pousser des gémissements et à jeter des cris, et il demanda que je lui permisse de s'en aller pour obtenir la fille du roi de Grèce. J'eus beau lui donner de bons conseils, toutefois il ne les suivit pas : la médecine de l'avis fut sans utilité, et l'amour manifesta sa force. Alors je lui dis : « O lumière de mes yeux, si tu veux absolument avoir en mariage cette jeune princesse, j'irai à la tête d'une armée auprès du roi Quîmûs : s'il m'accorde de bonne grâce sa fille, c'est bien ; sinon, je jetterai au vent son royaume et j'emmènerai de force la jeune princesse. » Mon fils n'agréa pas ce langage, mais il dit : « Il n'est pas convenable de mettre à feu et à sang un royaume pour satisfaire le désir d'un individu. J'irai moi-même, je donnerai la réponse exigée à la demande dont il s'agit, et j'emmènerai la princesse. »

« *On ne peut effacer l'écrit du destin,* dit le proverbe. Quelqu'un peut-il, en effet, changer l'extrémité d'un cheveu des caractères que le munschi du destin a tracés dans le livre du sort *des mortels.* La chose était ainsi décrétée dans la destinée de mon fils; comment donc l'annuler ? A la fin, je lui permis de partir. Le prince prit en conséquence congé de moi et arriva au royaume de Quîmûs Schâh. Il ne put répondre à la question qui lui fut faite, et alors Mihr-anguez lui fit trancher la tête, et la fit accrocher au pinacle de son palais. Lorsque cette triste nouvelle me fut parvenue, je me revêtis d'habits noirs, et je restai pendant quarante jours sans sortir, pour observer le deuil. Je pleurai de chagrin, et, à cause de mon deuil, mes palais retentirent d'un bruit pareil à celui de la résurrection. Mes amis déchirèrent à cette occasion le vêtement de la patience, et mes intimes et mes frères couvrirent leur tête de poussière.

« Mon second fils, qui avait le cœur serré à cause du chagrin qu'il éprouvait de la perte de son frère, voulut néanmoins obtenir aussi Mihr-anguez; et, comme son frère, il avala la boisson de la mort de la coupe de la vie, et remit son âme à Dieu. Il appliqua ainsi de nouveau sur mon cœur la blessure du chagrin. Bref, chacun de mes enfants, l'un après l'autre, et de la même manière, se mirent en route vers le chemin du trépas. Tous furent martyrs du sentiment de l'amour. Depuis lors, attristé cruellement par la privation de mes enfants, j'ai abandonné la royauté, et je reste dans un angle de ce désert, qui est pareil au désert de la mort. Je m'y consume dans le feu du chagrin, et, jour et nuit, je tire de mon cœur plein de douleur des soupirs qui jettent des étincelles. »

Lorsque le prince eut entendu ce récit de la bouche du fou, il fut blessé à l'instant par la flèche de l'amour de Mihr-anguez, et tué par l'attaque de l'amour. Un poëte a dit :

Vers. — « L'amour s'est produit en moi sans en avoir vu l'objet, mais seulement par ouï dire. J'ignore ce qui s'est passé entre cette amie inconnue et mon cœur. »

II.

Sur ces entrefaites, les soldats qui accompagnaient le prince, et qui, pendant le temps de la chasse, s'en étaient séparés, vinrent de tous côtés, l'entourèrent et s'offrirent à lui en sacrifice comme le papillon. En même temps, ils lui présentèrent un cheval rapide de course qui, léger comme le zéphyr, allait plus vite que l'imagination, avec une selle dorée et une bride enrichie de perles. Le prince étant monté sur ce cheval arriva bientôt à son palais. Mais, à cause de la chaleur de son amour pour Mihr-anguez, amour qui avait pénétré jusqu'à ses os, le prince devint de jour en jour faible et sans force.

Vers de l'auteur. — « La chaleur de l'amour s'empara de lui ; son cœur et son foie en étaient consumés. »

A la fin, le voile fut écarté de ce chemin caché, et cette chose fut dévoilée à tout le monde.

Les gens qui étaient au service du prince firent donc savoir au roi que le prince était plongé dans l'océan de l'amour de Mihr-anguez, fille du Schâh Quîmûs. Alors, le roi manifesta l'intention d'adresser à Quîmûs, par l'entremise d'un ambassadeur, une lettre pour lui demander en mariage sa fille

Mihr-anguez, et de lui faire parvenir sur des chameaux des robes de prix, des joyaux de valeur et des présents de différents genres et espèces, dignes des rois. Que s'il n'agréait pas sa demande, il enverrait contre ce roi, devenu capital de chagrin, une armée forte et sanguinaire, et des troupes innombrables dévaster son trône et sa couronne, et emmener honorablement cette belle aux manières charmantes. »

Le jeune prince ne voulut pas entendre parler de cet arrangement. « Cela ne peut se faire, dit-il, j'irai moi-même; je donnerai la réponse exigée, et j'emmènerai la belle princesse. »

De leur côté, tous les ulémas et les gens de mérite donnèrent ce conseil au roi : « Dans une affaire si difficile, lui dirent-ils, il ne convient pas et il n'est pas d'une bonne administration d'envoyer le prince tout seul; mais, pour lui porter aide et secours, il faut envoyer avec lui une armée. Probablement Quîmûs étant vaincu, saisi de crainte et de terreur, éprouvera du repentir (au sujet de la condition inouïe qu'il a mise au don de la main de sa fille), et il accomplira sans retard le désir cordial du prince. »

Le prince Thâmâs, qui était le fils aîné du roi, ayant fait ses préparatifs du voyage, partit pour le royaume de Quîmûs. Il était monté sur un cheval beau comme un animal féerique, et suivi de chameaux chargés de rubis et d'autres pierreries de grand prix; marchant d'étape en étape, il finit par arriver à la capitale du roi Quîmûs. Là, il vit qu'il y avait un château plus haut qu'une montagne, et qu'à ses pinacles était accrochées des milliers de têtes de rois et de princes. A cette vue, les compagnons du prince tremblèrent et l'engagèrent de toute manière à se désister de son entreprise : « O prince, lui dirent-ils, renonce actuellement à cette idée extravagante, et ne perds pas la tête dans cet amour. » Toutefois, il n'écouta rien de personne. Désespérés, ses compagnons se frottèrent les mains de désespoir. A la fin, le prince entra dans la ville et la trouva bien parée et ornée. Ses rues étaient aussi agréables que le jardin d'Irem : des ruisseaux les sillonnaient. Là où on jetait les yeux, on voyait un jardin. La beauté des fleurs se trouvait partout. Les boutiques était l'une contre l'autre, comme amant et maîtresse. Il trouva les gens de ce pays pleins de tact et d'intelligence. Sur les places étaient dressées des tentes de tissus d'or et de satin de Khataï (1). Des rideaux de mousseline dorée étaient accrochés aux portes sur des bâtons enrichis de pierreries.

Le prince arriva en se promenant à la porte du roi Quîmûs, et il vit qu'on y avait placé un tambour enrichi de pierreries ainsi que sa baguette; et qu'il était écrit en lettres d'or sur ce tambour: « Quiconque vient dans cette ville et désire voir Mihr-anguez doit faire résonner ce tambour au moyen de cette baguette. Aussitôt que la princesse entend le son du tambour, elle appelle l'étranger auprès d'elle. » Quand le prince fut instruit de ces circonstances, le feu de l'amour devint plus ardent dans son cœur. Il descendit de son cheval, et alla battre le tambour. Ses compagnons voulurent l'en empêcher, craignant qu'il ne fût pas accepté et qu'il ne pût sauver sa vie: « O prince, lui dirent-ils, il faut d'abord se loger quelque part et serrer vos bagages, ensuite nous nous occuperons des dispositions à prendre pour le succès de l'affaire qui vous occupe. » — « Je n'ai qu'une chose en vue, répondit le prince, il faut donc que je fasse d'abord résonner le tambour, afin que les habitants du palais apprennent mon arrivée, et me conduisent auprès du roi Quîmûs. » Le prince alla donc en avant; il souleva la baguette enrichie de pierreries, et frappa le tambour avec une telle force que le son qu'il en tira fit trembler la terre et le ciel, et se fit entendre dans toute la ville. A ce son, les gens du château se présentèrent et conduisirent le prince auprès du roi Quîmûs. Comme le prince était fort beau, le roi l'ayant vu fut fâché de ce qui allait lui arriver, et il lui dit: « O prince, tu es bien jeune, et tu n'as pas vu le monde. Renonce à l'idée extravagante que tu as conçue. Personne n'a pu encore répondre d'une manière satisfaisante à la demande que ma fille, inexpérimentée et fière de sa beauté, a posée. Plusieurs princes ont ainsi perdu la vie. Il faut donc que tu renonces à cette vaine pensée, que tu n'y

(1) Chine du Nord.

persistes pas comme un enfant, et que tu aies compassion de toi-même. »

Le roi Quîmûs donna beaucoup d'avis de ce genre au jeune prince, mais ils ne produisirent aucun effet. A la fin, le roi lui dit : « Je veux d'abord vous rendre les devoirs de l'hospitalité, puis vous exécuterez tout ce qui est à dire et à faire. » Le prince accepta, et le roi Quîmûs prépara tout ce qui était nécessaire pour la réception du prince ; il prit ensuite avec lui la Bégam Gulrukh, c'est-à-dire « joue de rose » (sa femme), il alla auprès de Mihr-anguez et lui dit : « O méchante et perverse, sanguinaire et perfide, quelle est cette idée absurde que tu as mise dans ton cœur de charger ton cou du sang des serviteurs de Dieu ? Quel sera le résultat de ces actes ? Ne vaut-il pas mieux renoncer à ces pensées iniques, et épargner le sang innocent ? Vois, actuellement, un prince des contrées orientales, muni de beaucoup d'or et de pierreries, est arrivé ici dans le désir de s'unir à toi. Si tu l'acceptes pour ton mari, c'est bien. Nous sommes tes père et mère ; c'est une grande faute à toi de te détourner de nos ordres. Tu poursuivrais, en effet, pendant mille ans la condition que tu as mise au don de ta main, et tu ferais périr des milliers de serviteurs de Dieu, que tu n'obtiendrais pas la réponse que tu demandes. »

Le roi et la reine continuèrent à prêcher leur fille de cette manière, mais ce cœur de roche n'abandonna jamais son obstination, et elle dit : « Si, pendant mille ans, personne ne répond à ma question, je ne me marierai jamais, et il n'y aura pas d'époux pour moi dans le monde. »

Lorsque le soleil lumineux alla se cacher derrière le voile de l'occident, Mihr-anguez fit venir le prince dans ses appartements, et lui dit : « O prince, voici ma demande : Qu'a fait Gul à Sanaubar ? Personne, si ce n'est Dieu, ne connaît les mystères, répondit le prince, on ne peut donc pas expliquer les idées fantasques qu'il peut plaire à quelqu'un de faire deviner. » La princesse sanguinaire n'ayant pas obtenu la réponse qu'elle demandait, elle appela l'impur bourreau, et lui donna l'ordre de faire périr cet innocent. Le bourreau sépara la tête du prince du royaume du corps, et l'accrocha au pinacle du palais.

Lorsque cette nouvelle parvint à Schamschâd Lal-posch, il se revêtit de vêtements noirs, et resta dans la maison du deuil pendant quarante jours, en poussant des cris et des gémissements. Puis, quelques jours après, le prince Cahman, frère du défunt, envieux à son tour, de tenter l'aventure, demanda congé à son père, alla auprès de Mihr-anguez, et périt de la même manière.

III.

Six fils de Schamschâd Lal-posch périrent de cette façon. Le septième, qu'on appelait Almâs rûh-bakhsch (le diamant vivifiant), resta seul. Il avait un bon naturel, il était éloquent, savant en toute chose, réfléchi et de manières exquises. Un jour, il vit que son père, assis sur son trône doré, avait les yeux mouillés de larmes, et tirait, de son cœur blessé, des soupirs, par l'effet du chagrin dans lequel il était plongé à cause des fils qu'il avait perdus. Almâs lui dit : « O roi, mon père, la fille de Quîmûs a fait périr mes frères, mais, actuellement, je veux aller auprès d'elle et venger leur sang. »

Lorsque le roi eut entendu ces mots, il se mit à pousser de nouveaux gémissements et dit : « O âme de ton père, j'ai conservé jusqu'ici, à cause de toi, la clarté de mes yeux et la vie de mon corps, car je n'ai plus d'autre enfant pour consoler mon cœur et trouver, par sa main, un soutien à la lune de la royauté. Quoi, toi aussi, en pleine connaissance de cause, tu veux périr? » — « O asile du monde, répliqua le prince, que voulez-vous? Tant que je ne serai pas allé auprès de cette sanguinaire, et que je n'aurai pu m'emparer d'elle, je n'aurai ni repos ni tranquillité. »

Le prince finit, à force de ruses et de tromperies, d'obtenir la permission désirée. Il partit alors pour la ville de

Mihr-anguez et y arriva en peu de jours. Lorsqu'il fut parvenu au château, il vit, accrochées aux pinacles, beaucoup de têtes de princes, et, ayant reconnu celles de ses frères, il pleura. A la fin, il se mit à se promener de tous côtés et à parcourir le bazar. Puis il sortit de la ville, et alla dans un village auprès d'un vieux cultivateur. La femme de ce dernier, qui était âgée de cent vingt ans et qui n'avait jamais vu le visage d'un enfant (1), fut très-contente, et traita le prince comme s'il eût été son fils. Le prince s'arrêta en cet endroit, il attacha son cheval dans l'écurie, il donna à ces bonnes gens quelque chose des richesses et des pierreries sans nombre qu'il avait, et il leur recommanda de ne rien dire à personne de ce qui le concernait. Puis, le prince, ayant changé de vêtements, alla, au matin, se promener, tout en se demandant comment il pourrait connaître le secret de Mihr-anguîz, pour répondre à la fatale demande et venger ensuite ses frères. Il eut beau faire des recherches et des perquisitions, personne ne put lui indiquer le nœud de la difficulté. Désespéré, interdit et stupéfait, il passait son temps à se promener ; mais, un jour, il résolut de voir le château de Quîmûs et cette *tonduc* (Kéçû-burîdah) appelée Mihr-anguez, à laquelle tant de rois et de princes avaient livré leur vie en emportant dans leur cœur la blessure du désespoir. Ayant donc formé ce dessein, il alla auprès de la porte du palais où demeurait Mihr-anguez, et il vit qu'il y avait là un grand arbre, que la porte était ornée de belles peintures, et que plusieurs portiers étaient assis sur le seuil. Le prince aurait bien voulu entrer en ce lieu ; toutefois, il fut dans l'impossibilité de le faire. Alors il pensa que, s'il pouvait s'introduire dans le jardin, il viendrait probablement à bout de satisfaire son désir. Il continua donc à se promener, espérant que quelqu'un viendrait peut-être lui fournir les moyens d'entrer dans ce jardin. Ce fut ainsi qu'il se mit à adresser cette prière à la cour du Créateur : « O guide des égarés, montre-moi le chemin par lequel je puisse arriver au but de mon désir. »

(1) C'est-à-dire qui n'avait jamais eu d'enfants.

Tout à coup le prince aperçoit un ruisseau dont l'eau se déchargeait dans le jardin qu'il avait devant les yeux. Il y plonge alors et entre ainsi dans ce jardin. Il s'asseoit un instant dans un coin, sèche ses vêtements, et se met ensuite à se promener. Ce jardin que baignait l'eau du ruisseau était verdoyant ; des rossignols y gazouillaient et des roses s'y épanouissaient. Sur les lits de fleurs des parterres se manifestait une nouvelle beauté ; sur chaque bande de roses, les oiseaux, ivres de joie, faisaient entendre leur chant, et les tourterelles, qui ont leur cou orné du collier de l'obéissance, leur roucoulement. Bref, ce jardin était orné avec un tel soin, qu'à son prix le jardin d'Irem n'était pas même un buisson d'épines.

VERS. — « Ce jardin frais et verdoyant était admirable, les anges le contemplaient et le désiraient. Là, les cyprès sont droits sur le bord du ruisseau, et les tourterelles y roucoulent. Ici, le rossignol et la rose se livrent à leurs amours, là brille l'éclat de la rose blanche. »

Tout en marchant, Almâs arriva au château où résidait Mihr-anguez. Il y avait auprès une dalle de marbre, dont la pureté était en dehors de toute description, et un bassin rempli d'eau limpide, brillant comme un miroir. Le prince se reposa un instant, puis il se mit à parcourir le jardin, et s'étant caché des jardiniers il y passa la nuit. Lorsque le jour parut, le prince, prenant l'apparence d'un insensé, reprit sa promenade. Tout à coup il vit que, sur un tapis de soie, était placé un trône enrichi de pierreries, où était assise une belle aux mouvements gracieux, et par l'éclat de laquelle tout le jardin brillait. L'odeur des boucles de ses cheveux allait jusqu'au ciel parfumer d'ambre le cerveau des anges.

Le prince comprit par induction que cette personne était vraiment Mihr-anguez, à qui Dieu avait départi une beauté si éclatante, que des millions d'âmes s'y sacrifiaient comme les papillons à la bougie.

Alors il récita ces vers de Sauda :

« C'est une beauté telle que si la lune de quatorze nuits la voyait un instant, elle en serait stupéfaite.

« Une telle chaleur rougissait son visage que, jour et nuit, le pan de la robe de ses sourcils lui faisait du vent en guise d'éventail.

« Les boucles tortillées des cheveux qui ornaient son visage se disputaient les cœurs comme les enfants se disputent un jouet.

« En les voyant, la femelle du serpent se tordait de jalousie et mourait sans demander de l'eau (1), tandis que son noir mâle jouait et la mordait.

« Celui qui voyait ses cheveux bouclés avait la certitude que l'armée de la beauté était descendue là et y avait dressé ses tentes.

« Je n'ai pas assez bien vu sa taille pour pouvoir la décrire ; je puis dire cependant qu'elle est comme celle du daim ou plutôt de la panthère lorsqu'elle s'élance.

« Ses vêtements ont un tel éclat que je puis les comparer à celui de l'éclair ou de la flamme. »

Le prince récitait ses vers lorsqu'une jeune fille, nommée Dilârâm (2), une coupe d'or à la main, arriva au bord du ruisseau pour prendre de l'eau dans cette coupe. Tout à coup, ayant vu dans l'eau la réflexion du prince qui, caché à l'abri de l'arbre, regardait ce qui se passait, elle eut peur, et, ayant rempli la coupe de son cœur du vin du délire, elle laissa tomber dans l'eau sa coupe d'or et se mit à dire à elle-même : « Cette figure est-elle celle d'un dive, d'un parîzâd (3), ou d'un homme ? » Elle retourna ensuite tremblant et pleurant. Lorsque ses compagnes l'eurent vue dans cet état, elles la conduisirent auprès de Mihr-anguez. « Ma charmante, lui dit la princesse, que t'est-il donc arrivé ? »

« — Madame, répondit-elle, j'étais allée au bassin pour prendre de l'eau lorsque j'y ai, je crois, vu la réflexion d'un homme. J'ai eu peur au point que je suis tombée, et de ma main est tombée dans l'eau la coupe d'or. » Alors Mihr-anguez ordonna que, pour vérifier la chose, une autre de ses compagnes allât promptement s'assurer de la réalité et la lui rapporter. Conformément à cet ordre, une autre compagne alla, vit aussi dans l'eau la figure du prince, et,

(1) C'est-à-dire « subitement. »
(2) C'est-à-dire « le repos du cœur. »
(3) A la lettre fils de fée ; c'est-à-dire « fée du sexe masculin. »

ayant aussi brûlé son cœur par le feu de l'amour, gémissant et poussant des soupirs, elle arriva auprès de Mihr-anguez en lui disant : « O princesse, j'ignore si cette image est celle d'un ange, d'un fils de fée ou d'un homme ; si la lune est descendue du firmament sur la terre, ou si quelque étoile s'est brisée et est tombée. »

En entendant ces paroles, l'âme de Mihr-anguez s'en alla de sa main, et le désir de voir par elle-même la chose surgit dans son cœur. S'étant levée au plus vite, marchant orgueilleusement à la manière du paon, elle alla jusqu'au bord du bassin, et, ayant vu la réflexion du prince dans l'eau, l'amour qu'elle ressentit pour lui lui fit perdre la marchandise de son cœur. Dans son agitation, elle dit à sa nourrice : « Va, amène-moi celui dont le visage se réfléchit dans l'eau, afin que, par sa vue, je donne le calme à mon cœur. Conformément à cet ordre, la nourrice alla regardant de tous côtés, et, à la fin, son regard tomba sur l'angle du jardin où le prince était caché. Elle s'assura alors qu'un jeune homme à face de soleil, au corps charmant qui étonnait les astres eux-mêmes, se tenait caché à l'abri des arbres. De son côté, le prince ayant vu la nourrice voulait fuir ; mais, ne pouvant réussir, il feignit d'être insensé. Alors la nourrice s'étant approchée de lui : « Pourquoi fuir? lui dit-elle ; apprends que ma maîtresse éprouve de la bienveillance pour toi. » Il balbutia une réponse ; mais la nourrice l'ayant pris par la main le conduisit à sa maîtresse. Mihr-anguez eut beau lui demander de ses nouvelles, le prince parut rire malgré lui à la manière des insensés, et donna des réponses sans tête ni queue. Voulait-elle s'informer de son état, il disait : « Je suis affamé, qu'ai-je affaire avec n'importe qui, et que puis-je dire ? Le daim est devenu chèvre, et la mouche s'est changée en buffle ; une montagne de coton est devenue de l'argile par l'invasion de l'eau ; et, par la neige qui est tombée, la cire s'est fondue. Le chameau a mangé le charbon ; le rat a dévoré le chat. »

Après avoir entendu de telles paroles devant-derrière, Mihr-anguez dit en souriant : « Hélas ! quel dommage qu'un pareil jeune homme soit insensé ! »

Mihr-anguez, en voyant la beauté du prince, en était devenue folle. Blessée qu'elle était par le poignard de ses regards, elle était agitée comme le poulet à demi tué. — « Cet homme est fou, dit-elle à ses gens; que personne ne l'empêche de faire ce qu'il voudra, et qu'on lui donne ce qu'il demandera. » Elle dit, et, ayant pris avec elle celui qu'elle considérait comme un fou, elle se dirigea du côté du château et lui dit : « Ne va pas ailleurs; tu auras ici tout ce qui t'est nécessaire. »

Par hasard, Dilârâm ayant un jour trouvé le prince seul, elle alla auprès de lui, plaça sa tête à ses pieds et se mit à lui dire humblement et avec des gémissements exprimant l'impatience et l'agitation : « O jeune homme, Dieu très-haut, auteur de la beauté qui te distingue, fera pour toi davantage. Mon cœur tremble pour toi et est attristé. Dis-moi ton secret. Qui es-tu et comment es-tu arrivé ici? Si je m'informe de ces circonstances, c'est que l'ardeur de l'amour a dissous mon cœur comme la cire, et que les flèches de tes regards l'ont percé. Elles ont mis en fuite le daim de mon cœur, déjà blessé par le dard de l'amour. Si tu m'emmènes d'ici avec toi, j'emporterai plus d'or et de pierreries que Coré lui-même n'en amassa jamais ? »

Dilârâm eut beau tenir ce langage, le prince continua à s'exprimer comme un fou, en considérant que si son secret était divulgué, il éprouverait peut-être une inutile confusion. Comme Dilârâm n'obtint pas la réponse qu'elle désirait, et que ses cajoleries ne servirent à rien, elle se retira dans son habitation, pleurant et sanglotant, et continua à se lamenter sur la folie présumée du prince. Elle passa toute la nuit dans les pleurs et les gémissements, et, le jour suivant, lorsque la vraie aurore se montra, elle alla de nouveau auprès d'Almâs, et se mit à circuler autour de lui, comme le papillon autour de la bougie. Sur ces entrefaites, Mihr-anguez fit venir le prince, et se mit à s'entretenir avec lui, tandis que Dilârâm regardait en cachette ce qui se passait. Mihr-anguez, qui avait vu la propension de Dilârâm pour le prince, pensa qu'elle pouvait compter sur son dévouement. L'ayant donc appelée, elle lui dit : « Dès aujourd'hui, je te confie le soin de mon fou. Fais attention à ce qu'il ne manque de rien, et reste attachée à son service de cœur et d'âme ! »

A cet ordre, Dilârâm ne se tint pas de joie, et elle fut tout attentive en effet au service du prince. Un jour qu'elle était seule avec lui, après avoir parlé de différentes choses, elle l'adjura, au nom de Dieu et du Prophète, de lui ouvrir son cœur, et de lui dire son secret. Alors le prince se convainquit que l'odeur de l'amour se faisait sentir par ses paroles, et qu'ainsi il n'y avait pas d'inconvénient à lui expliquer sa position. Il lui ouvrit donc son cœur et lui dit : « O ma charmante, c'est pour chercher la réponse à la demande énigmatique: « Qu'est-ce que Gul a fait à Sanaubar? » que j'ai supporté mille peines, et que j'ai fini par arriver ici, où Mihranguez, après avoir fait trancher les têtes de tant de rois et de princes, les a fait accrocher aux tourelles de son palais. Si tu sais la véritable réponse à cette question, indique-la moi. » — « Si tu m'épouses et que tu me mettes à la tête de toutes les dames de ton palais, répondit Dilârâm, je te dirai ce que je sais de ce secret. » — « Fidèle amie, répliqua le prince, amie compatissante, si, par ton aide, j'obtiens la réalisation de mon dessein, et que je parvienne à l'objet de mon désir, je ferai de cœur et d'âme tout ce que tu voudras et, dans toutes circonstances, je t'obéirai. »

Lorsque Dilârâm eut positivement obtenu cette promesse et cette assurance du prince, elle dit : « O capital de ma vie je ne sais pas, moi, ce que Gul a fait à Sanaubar; mais ce que je sais, c'est que, sous le trône de Mihr-anguez, il y a un nègre qui lui a fait connaître ce secret. Ce nègre est venu ici, après avoir fui de la ville de Wâcâf. Il faudrait donc que tu ailles, toi aussi, à cette ville de Wâcâf. Sinon, ce secret ne pourra t'être dévoilé d'aucune manière. »

Lorsque le prince eut entendu ces paroles de la bouche de Dilârâm, il se dit en lui-même : « O mon cœur, il faut patienter un peu, pour voir quelle clarté se fera jour de derrière le rideau du mystère. A présent, beaucoup de difficultés se présentent à toi, et tu auras à éprouver bien des choses fâcheuses qui t'ensanglanteront. »

Vers de l'auteur. — « Si j'arrive là, même après avoir dévoré le sang de mon cœur, n'importe, je serai parvenu à mon but.

« Je n'éprouve pas la crainte de tomber dans le désespoir ; car j'ai pour appui les paroles du Coran : *Ne désespérez pas.*

« Les braves jouent leur vie par une noble ambition ; s'ils sont malheureux, ils se résignent avec joie. »

Le prince se consolait en récitant des vers dans ce sens, lorsque, sur ces entrefaites, Dilârâm, l'ayant vu dans une grande anxiété, lui dit : « O toi qui compatis à ma peine, toi, mon ami fidèle, ne laisse pas ton cœur se livrer au trouble. Si tu désires faire mourir Mihr-anguez, je lui ferai boire, un jour, dans un banquet, une coupe de poison au lieu d'une coupe de vin, si bien qu'elle ne lèvera plus la tête jusqu'au jour de la résurrection. »

« O amie compatissante, répliqua le prince, il ne serait pas généreux de se venger de Mihr-anguez en la faisant périr de cette manière perfide. Tant que je ne serai pas allé à la ville de Wâcâf, et que je ne pénétrerai pas le mystère dont il s'agit, je considère le repos comme m'étant interdit. Si Dieu me permet d'obtenir ce résultat, j'accomplirai alors ton désir. Je t'en donne l'assurance. »

Après qu'il eut ainsi parlé, il prit congé de Dilârâm, et alla auprès du vieux villageois, à qui il dit : « Père bienveillant, je vais en voyage, ne vous mettez en peine de rien. »

IV.

Les conteurs d'histoire et ceux qui mettent en lumière les légendes racontent ainsi la suite de la nôtre :

Le prince monta alors sur son coursier, et sortit de la ville ; mais comme il ignorait de quel côté était située la ville de Wâcâf, et le chemin qu'il fallait prendre pour y parvenir, il se laissa aller au découragement, troublé qu'il était au sujet de la détermination qu'il avait prise. En peu de jours, il devint si faible qu'il n'avait pas la force de se tenir à cheval. Tout à coup un pîr (derviche), l'esprit éclairé (sur les choses divines), au visage céleste, revêtu d'une robe verte, un bâton à la main, et pareil à Khizr, se présenta à ses regards. En le voyant, le prince offrit à la cour du vrai guide des voyageurs l'adoration de l'action de grâces ; et, les mains jointes, il vint auprès de ce pîr vénérable. Le pîr répondit à son salut, et lui demanda qui il était et d'où il venait. « O vieillard, répondit le prince, le voyageur que tu vois a l'intention de se rendre à la ville de Wâcâf ; mais il n'en connaît pas le chemin ; à savoir de quel côté est située cette ville, et par où il faut passer pour y arriver. » Le pîr, après avoir bien regardé le prince, lui dit : « Abstiens-toi de t'engager dans ce chemin interminable. Cette route est effrayante. Renonce à ton idée, et occupe-toi de tout autre soin, parce que, si tu restais toute ta vie à tourner la tête à la recherche de ce chemin, tu n'en trouverais pas la trace. » Bref, le pîr donna au prince toutes sortes d'utiles conseils, mais ils ne produisirent aucun effet. Le pîr lui dit alors : « Quel est donc ton but, en voulant te rendre à la ville de Wâcâf, en sorte que tu livres au vent ton existence et ta vie chérie ? » — « Vieillard, répondit le prince, j'ai en vue une affaire très-difficile et une chose fort importante. Ainsi, si tu connais quelque chose de ce chemin, sois mon guide comme Khizr. »

Quand le pîr vit que le prince ne se désistait en aucune façon de son idée, il lui dit : « Jeune homme, la ville de Wâcâf est dans le Caucase, et c'est là que les dives et les jinns habitent en dedans et en dehors. Il y a deux chemins pour y arriver ; mais il faut aller par le chemin de droite, et non par celui de gauche. Il ne faut pas essayer non plus de tenir le milieu. Au surplus, lorsque vous aurez voyagé un jour et une nuit, et que la vraie aurore se montrera, vous verrez alors un minaret sur lequel se trouve une dalle de marbre, avec une inscription en lettres coufiques. Il faut lire cette inscription, et faire tout ce qui y est indiqué. »

Le prince reçut volontiers ces avis, et baisa les pieds du pîr ; puis il en prit congé, et le derviche lui exprima les bons souhaits qu'il formait pour lui. Alors Almâs monta sur son cheval, et se dirigea vers la ville de Wâcâf. Il avait marché un jour et une nuit, lorsqu'il arriva auprès du minaret dont le pîr lui avait parlé : il vit qu'il était aussi haut que le firmament azuré, et qu'on y avait enchâssé une dalle de marbre sculpté en écriture coufique, afin que le voyageur fût fixé sur son itinéraire. Le sens de cet écrit était: « Le voyageur doit aller à main droite. S'il prend à gauche, il éprouvera quelques vexations, mais il arrivera à son but. Quant au chemin du milieu, il est tellement dangereux que si on y exposait mille vies, on n'en sauverait pas une seule. Ces chemins conduisent tous au pays de Wâcâf. »

Après avoir lu cette inscription, le prince, tête et pieds nus, éleva les mains du désir vers la cour de l'être qui n'a besoin de rien, et dit: « O toi qui fais parvenir à leur but ceux qui ont perdu leur chemin, ô toi qui diriges les égarés, je demande ton secours, car j'ai l'ambition d'aller au pays de Wâcâf. Conduis-moi donc dans ce chemin périlleux. »

Vers. — « Je suis tombé dans un désert étranger, ô mon Dieu; qui, si ce n'est toi, me montrera le vrai chemin?

« Je n'ai pas ici d'ami intime ni de compagnon de voyage; que dis-je? si j'en avais, ce serait pour moi un sujet de lamentation.

« A qui dirai-je la douleur de mon chagrin? Mon âme affaiblie est venue sur mes lèvres.

« Ce désert est tout plein d'épines, mes pieds sont déjà couverts de pustules.

« A chaque pas, il y a mille dangers à courir; mais, ô mon créateur, je m'en sauverai si tu le veux. »

Puis, ayant pris une poignée de terre, et l'ayant jetée à son collet et à l'ouverture de son vêtement, il dit: « O terre, tu remplaces mon froc. » Il monta ensuite à cheval, et prit la route du milieu. Après avoir marché une nuit et un jour, le chemin tracé se présenta à ses regards, et le prince s'y engagea en priant. Un jour, lorsque le soleil se leva pour éclairer le monde, un emplacement immense et désert s'offrit à sa vue. Les branches des arbres qui le couvraient allaient jusqu'au ciel. On y découvrait un jardin verdoyant, vers lequel le prince se dirigea. Quand il fut arrivé à la porte de ce jardin, il s'aperçut qu'elle était formée d'une dalle de marbre, et qu'il y avait pour la garder un nègre dont le noir visage donnait une teinte sombre à tout le jardin ; bien plus, la nuit sans lune lui empruntait son noir reflet ; sa lèvre supérieure s'élevait au-dessus de ses narines, et celle de dessous descendait jusqu'à son cou.

Vers. — « Comment décrire une telle figure ? quel individu dans le monde a un visage pareil ?

« Sa couleur était noire et obscure. Son visage de charbon était comme le chaudron (noirci par le feu). »

A un grenadier était suspendu, en forme de bouclier, une pierre ronde comme une meule de moulin, et pesant cent manns ; et une épée de fer qui ne pesait pas moins de cinquante manns était attachée à un arbre de buis. Ce nègre avait réuni quelques peaux d'animaux, et s'en était servi de *lung* (pagne) ; il avait pris en guise de ceinture une chaîne de fer tellement grosse que, par chacun de ses anneaux, un éléphant aurait pu passer. Ce nègre était à la porte de ce harem (jardin réservé), dormant sur une pierre qui lui servait d'oreiller. Le prince s'étant approché attacha la bride de son cheval près de la tête du nègre, et, après avoir prononcé le nom de Dieu, il mit le pied dans le jardin. Il en trouva l'air excellent ; les arbres qui l'ornaient étaient d'une grande beauté, leurs branches se touchaient en se balançant comme des gens ivres, et elles étaient tellement élevées qu'elles portaient leur cîme jusqu'au ciel. Beaucoup de daims paissaient en cet endroit : ils avaient des ornements de métal garnis de pierreries attachés à leurs cornes. Un vêtement brodé ornait leur dos, et des mouchoirs de brocart étaient attachés à leur cou. Le prince, en le voyant, fut étonné de ce spectacle.

Tous ces daims, avec leurs pattes de devant et de derrière, leurs yeux et leurs sourcils, faisaient signe au prince de ne pas entrer ; mais il n'y fit pas attention. Bien plus, il pensa que ces daims n'agitaient leurs yeux et leurs sourcils que pour lui témoigner le plaisir qu'ils avaient de le voir. A force de marcher, le prince arriva à un palais que n'aurait pas égalé celui de César. Tout y resplendissait comme l'or et l'argent ; et l'odeur des fleurs parfumait tous les côtés. Dans ce palais, il y avait un trône de marbre recouvert d'un élégant tapis. La porte était ouverte comme l'œil de l'amant. Le prince entra, et il fut étonné de voir qu'une femme charmante, à face de fée, dont la vue aurait fait tordre de jalousie la lune, et dont les yeux malins auraient châtié sur la terre de la honte ceux du narcisse, montrant sa tête par une petite porte, regardait de côté et d'autre. Aussitôt que sa vue fut tombée sur le prince, elle devint amoureuse de sa beauté, et, se laissant aller à sa passion, elle appela sa nourrice, et lui dit: « Ma chère amie, amène-moi ce jeune homme, afin que que je lui demande qui il est, d'où il est venu et comment il a pu entrer dans ce jardin, où les oiseaux n'osent agiter leurs ailes, et où les tigres et les loups ne sauraient se montrer. » En conformité de cet ordre, la nourrice s'avança pour amener le prince; et elle arriva bientôt auprès de lui. Lorsqu'elle eut vu son visage de lune, elle resta stupéfaite. Après quelques instants, néanmoins, elle le salua et lui dit: « Votre arrivée ici est très-heureuse, car ma maîtresse veut vous voir. » Le prince suivit aussitôt la nourrice vers l'endroit qu'il considéra comme le jardin de Rizwân. Il y avait dans ce lieu un trône, et de tous côtés étaient étendus des tapis de velours et de brocart. Des rideaux de drap d'or étaient tendus, et cette sédition du temps (1), c'est-à-dire *Latifa* (charmante), car tel était son nom, était assise sur ce trône. En voyant ces merveilles, Almâs fut étonné et stupéfait. Dès qu'elle eut aperçu le prince, Latifa, s'étant levée avec empressement, le prit par la main, le fit asseoir auprès d'elle sur son trône, et, employant de douces paroles pour le captiver, elle lui dit: « Jeune homme, qui es-tu ? d'où es-tu venu et où vas-tu ? » Le prince lui apprit alors toute son histoire du commencement à la fin. « Quelle idée fâcheuse, quel projet difficile d'exécution ! lui dit alors Latifa ! Il faut y renoncer. Personne n'est, jusqu'à ce jour, allé

---

(1) C'est-à-dire cette femme qui excitait la sédition par l'effet de sa beauté.

dans ce chemin ; il vaut mieux que votre main bénie s'attache au cou de mon désir, que vous rendiez grâce à Dieu, le créateur, de ce que vous êtes à l'abri de mon trône, et que, parvenu jusqu'ici, l'union d'une belle à figure de fée comme moi vous soit devenue facile. Quant à la résolution que vous avez formée dans votre esprit, je la ferai réussir aussi, car je ferai venir auprès de vous le roi Quîmûs et sa fille Mihranguez. » Latifa tâchait ainsi de cajoler le prince par ces paroles insinuantes ; mais celui-ci lui dit : « Tant que je ne serai pas allé à la ville de Wâcâf, que je n'aurai pas fait prisonnier le roi Quîmûs, et que je ne me serai pas emparé de sa fille Mihr-anguez, que je ne lui aurai pas coupé les cheveux, que je ne l'aurai pas foulée ensuite aux pieds de mon cheval, et que je n'aurai pas donné sa chair à dévorer aux chiens, les plaisirs et le bonheur du monde me sont interdits. Lorsque j'aurai exécuté tout cela, je t'épouserai, et je mettrai ainsi au cou de ton désir le collier de l'union. »

Quelque effort que fit Latifa pour retenir le prince, elle ne put le persuader. Elle résolut donc dans son esprit de l'inviter à un festin, afin de troubler son cerveau par la boisson, et de lui faire perdre la raison et l'intelligence. « Alors, se dit-elle, la colère qu'il a conçue contre Mihr-anguez se calmera ; il agréera tout ce que je lui dirai, et la coupe de l'union éteindra la soif de mon cœur abandonné. » Elle fit donc signe à des échansons, à face de fée, à joues de rose, de s'avancer. Ceux-ci obéirent, et apportèrent une coupe d'or et un flacon d'un vin agréable de goût et de couleur. Latifa remplit la coupe, et la mit entre les mains du prince. « O amie bienveillante, lui dit-il, il faut que l'hôte boive d'abord, puis le convive. » Pour complaire au prince, Latifa appliqua alors la coupe à ses lèvres, et, après l'avoir remplie une seconde fois, elle la donna au prince, qui la prit sans défiance de la main de cette femme, qui paraissait si charmante, mais dont la nature contenait le levain de l'infidélité. Latifa ne se contenta pas d'échauffer le banquet par la boisson du vin, elle l'égaya en faisant chanter et résonner des instruments de musique. Elle fit venir, à cet effet, des filles de fée, dont la vue étonnait le soleil et la lune, et dont les cheveux ondoyants faisaient éprouver une torsion involontaire aux cœurs des amants. Ayant uni les sons du tambourin et de la harpe à ceux du *rabâb* et du *mirdang*, elles se mirent à chanter d'un ton séduisant. En cet instant, si Tan-Sen avait été là, il aurait oublié ses airs, et Baïjû Bâwarâ (1) en aurait été déconcerté au point de devenir fou. Bref, le chant et la musique y furent si parfaits que tout le monde se mit à danser et qu'on crut être à la cour d'Indra.

VERS. — « La musique eut lieu en ce moment de telle façon que jeunes et vieux en étaient ivres. Des femmes délicieuses séduisaient et enlevaient le cœur, qu'il fût ouvert ou fermé. Elles faisaient entendre des sons si agréables qu'ils exprimaient bien l'excellence du chant. »

Cependant, le feu de l'amour doubla d'intensité dans le cœur de Latifa; mais, désespérée de l'insouciance du prince, elle tomba dans le découragement. Pendant trois jours, le banquet de la joie et du plaisir se renouvela. Au quatrième jour, le prince ayant donné des louanges à Latifa et exprimé ses vœux, lui dit: « O princesse du monde, je désire actuellement obtenir congé de toi; car le chemin que j'ai à parcourir est long, et le feu de ton amour jette des flammes dans la moisson de mon âme. Si Dieu veut, après la réussite de mon dessein, je reviendrai promptement auprès de toi, je cueillerai la rose du désir dans le jardin de l'union, et j'éteindrai avec l'eau limpide de la rencontre la soif de mon cœur altéré. »

Lorsque Latifa vit que le prince ne se laissait prendre en aucune façon dans son filet, elle ordonna à sa nourrice de lui apporter l'électuaire qui était placé dans une niche. La nourrice obéit, et Latifa en donna un peu au prince. A mesure que la chose descendit dans sa gorge, le prince perdit le sentiment, et il ne lui resta pas trace de ses sens. Alors cette magicienne, ayant pris un bâton qui avait la forme d'un serpent, et ayant récité dessus des paroles magiques, en frap-

(1) Sur ces musiciens et poëtes célèbres, voyez mon *Histoire de la littérature hindoustanie*, t. III, p. 215, et t. I, p. 283.

pa un tel coup sur l'épaule du prince que ce dernier jeta un cri et pirouettant tomba par terre. En même temps, il fut changé en daim. Lorsque le prince s'aperçut qu'il était ainsi transformé, il dit en lui-même : « Hélas, dans un clin d'œil, pour avoir pris part à ce banquet, j'ai attiré sur moi ce malheur, et il me sera actuellement difficile de me sauver des mains de cette odieuse magicienne. » Cependant Latifa appela un orfèvre ; elle fit mettre des ornements aux cornes qui avaient poussé sur la tête du prince, et elle lui serra le cou avec un mouchoir, après avoir récité des paroles magiques. Bien que le prince eût la forme d'un daim, il n'y avait pas en lui de différence, quant aux qualités et aux sensations, ce dont il remercia Dieu. Quant à Latifa, après avoir paré le prince avec beaucoup de soin, elle le laissa aller avec les autres daims, qui étaient aussi des hommes métamorphosés comme lui. Lorsque le prince fut délivré des mains de cette infidèle, il chercha, tout en se promenant, le chemin de la fuite, pensant en lui-même à la manière dont il pourrait se sauver de ce jardin sans être la proie des tigres et des panthères, et pour que sa vie ne disparût pas ainsi en vain.

V.

Le prince-daim se livrait à ses réflexions, et paissait dans le jardin. Quand dix à douze jours se furent passés de cette manière, il arriva tout en rôdant à un angle du jardin, où le mur était très-bas. Après s'être recommandé à Dieu, il s'élança de telle façon qu'il franchit le mur ; mais il ne tarda pas de s'apercevoir qu'il se trouvait dans le même jardin, et alors il se convainquit que c'était un effet de magie et d'enchantement. Bref, il sortit pendant sept fois de la même manière de ce jardin, mais il se trouva toujours au même lieu. A la fin, tout en continuant d'aller et de venir, il arriva un jour à un endroit où il vit une ouverture en forme de fenêtre. Il sortit par là avec mille peines, et il se trouva cette fois dans un autre jardin dont la bonne odeur parfumait le cerveau. Il finit par découvrir un grand palais, où il y avait quantité de portes et de fenêtres fermées. « Voyons, dit le prince, à cette vue, ce qui se montrera ici de derrière le voile du mystère. » Tout à coup, une fenêtre de ce palais s'ouvre ; il regarde, et voit une charmante figure de fée, dont la joue était colorée comme la rouge tulipe ; et dont la prunelle trompeuse excitait la jalousie de la gazelle de Chine. Ses cheveux, couleur d'ambre gris, ressemblaient au nard du jardin de la beauté, et ses boucles de cheveux, qui ressemblaient à des chaînes, jetaient dans l'impatience l'âme des gens troublés par l'amour. Cette femme était assise sur une sorte de trône doré, et enrichi de pierreries. Elle dressait la tête et regardait fixement. Tout le jardin était éclairé par la splendeur de sa beauté, et le cerveau des esprits célestes était parfumé par la bonne odeur qui sortait de son corps. Tout à coup, le regard de cette gazelle du désert de l'amabilité tomba sur ce vagabond du désert du malheur et de la peine. « O mon Dieu, dit en lui-même le prince, voici une nouvelle épreuve. Que ce ne soit pas un chien jaune ou un chacal qui ait fait sa demeure en ce lieu ! » Séduit par la beauté de cette personne, le prince était occupé à l'admirer, lorsque, tout à coup, les yeux de cette belle se rencontrèrent avec les siens. En voyant ce beau daim, dont les cornes étaient ornées de pierreries, elle fut étonnée et elle pensa en elle-même que cet animal avait été privé par une princesse, et qu'il s'était échappé. Elle éprouva un vif désir de s'en emparer, et elle en chargea sa nourrice. « Je te donnerai, dit-elle, le collier de perles qui orne mon cou, si tu te rends maîtresse de ce daim. « Alors la nourrice prit un peu d'herbe à sa main, et la montra de loin au prince. Celui-ci, qui désirait revenir à son état premier, et, avec l'aide de Dieu, se sauver de sa situation malheureuse, accourut à la manière des animaux affamés. Lorsque la nourrice vit que ce daim était très-hardi, et qu'il venait auprès d'elle pour manger, elle s'approcha tout à fait de lui, et saisit le cordon de soie magique qui était à son cou. Jamîla (belle), car tel était le nom de la princesse, voyant ce qui se passait, descendit de son château et elle finit par prendre le daim par la laisse, et l'emmener avec elle. Puis elle remplit le pan de sa robe des meilleurs fruits pour les donner au daim. Comme le jeune prince était affamé, il mangea et but. Lorsqu'il fut rassasié, il se reposa en plaçant sa tête sur l'épaule de Jamîla, qui, de son côté, fut très-satisfaite de sa hardiesse, et le caressa délicatement de sa douce main. Puis elle dit à sa nourrice de lui préparer un cordon de fil d'or et de lui apporter. Sa nourrice obtempéra à cet ordre, et Jamîla attacha par ce moyen le prince à un pied de son trône, de telle façon qu'il pouvait y monter et s'y reposer avec elle.

Sur ces entrefaites, des larmes coulèrent des yeux du daim. La nourrice s'en aperçut, et le dit à Jamîla, en lui faisant remarquer que c'était une chose étonnante qu'un animal pleurât ainsi. Jamîla en fut en effet fort surprise, et elle s'approcha du daim. Celui-ci posa alors sa tête à ses pieds, et se mit à pleurer encore plus. La princesse l'ayant caressé de sa main tâcha de le consoler et lui dit : « Mon chéri, pourquoi pleures-tu ? Je t'aime mieux que moi-même. » Mais le daim ne cessa pas de pleurer, et il frotta sa tête contre les pieds de Jamîla. Celle-ci, qui était la sœur de Latifa, et magicienne comme elle, comprit alors que cet intelligent animal devait être un homme métamorphosé en daim par sa sœur, qu'elle savait aimer à changer les hommes en animaux et les garder auprès d'elle. « Tranquillise-toi, dit-elle alors au prince, et je te rendrai à ta forme première. » Elle dit ensuite à sa nourrice : « Apporte-moi la boîte enrichie de pierreries qui est placée dans cet enfoncement au mur. » La nourrice obéit, et alors la magicienne, après avoir fait l'ablution, s'être revêtue de vêtements nouvellement blanchis, et avoir fait laver et baigner le daim, prit dans cette boîte un peu d'électuaire, en fit manger au daim ; puis elle tira de dessous son trône un bâton, et, après avoir récité des paroles magiques, elle en donna un coup sur la tête du daim qui tomba par terre et, en s'y roulant, reprit la forme humaine. Alors le prince accomplit à la cour du sage ordonnateur de toutes choses des milliers de prosternations et d'actions de grâces. Puis il dit : « Belle princesse, tu m'as sauvé de la griffe du malheur, et tu m'as doublement rendu la vie. Comment pouvoir avec ma langue te remercier dignement d'un tel bienfait ? Tous les poils de mon corps célèbrent les louanges de ta faveur et de ta bienveillance. »

Cependant Jamîla revêtit le prince de vêtements royaux ; en ce moment, sa beauté jeta tant d'éclat qu'on aurait dit que la lune était tombée sur la terre. La blancheur de son corps se manifestait à travers ses vêtements. Jamîla en devint amoureuse à son tour, et elle lui dit : « O cyprès ambulant du jardin de la beauté, ô rejeton du jardin de l'amabilité, dites la vérité. Qui êtes-vous, et quel est votre nom ? Pourquoi avez-vous honoré cet endroit de votre venue, et comment avez-vous été pris dans le filet de Latifa ? » Alors le prince fit entendre à Jamîla le récit de ses aventures du commencement à la fin. « Renonce, lui dit-elle, après les avoir entendues, à la pensée absurde et à l'idée vaine qui t'occupe, et ne va pas sans nécessité, si jeune encore, livrer ta vie précieuse aux mains des dives. Obtempère à mes observations ; car il est en dehors de la sagesse de s'exposer à périr sans motif. Reste ici ; considère mon humble habitation comme ta propre demeure, et remplis la coupe de ta vie du vin du plaisir et de la volupté ; car, pour moi, je suis prête à te servir de cœur et d'âme. Je ferai passer ton bien-être avant le mien, et je t'obéirai en tout. » — « Il est vrai, répondit le prince, que les obligations que je vous ai sont d'un tel poids sur le cou de mon âme qu'il serait à propos que je fisse des souliers de ma peau, et que vous les mettiez. Vous m'avez, en effet, délivré des mains de la sorcière Latifa, et vous m'avez revêtu une seconde fois du vêtement de la forme humaine. Toutefois, j'espère que vous me donnerez un congé de quelques jours, et quand, après être parvenu à mon désir, je serai de retour de la ville de Wâcâf, j'agirai selon votre bon plaisir. Maintenant, prenez pour moi les dispositions nécessaires, afin que je puisse parvenir à Wâcâf. Si Dieu veut que j'en revienne vivant, je reverrai vos pieds et j'exécuterai les devoirs de la reconnaissance. Je vous conduirai dans mon royaume, je vengerai le sang de mes frères sur Mihr-anguez, puis je passerai le restant de ma vie dans le plaisir, en votre compagnie. »

Lorsque Jamîla vit que le prince n'agréait pas ce qu'elle lui proposait, et qu'il restait attaché à son idée désespérée, elle lui permit de partir, et elle lui dit : « Eh bien, je vais vous donner trois choses qui vous seront très-utiles pour votre entreprise : 1° l'arc et les flèches de S. S. le prophète Sâlih (sur qui soit la paix) ; 2° une épée, qu'on nomme *le scorpion de Salomon*, et qui est si excellente que si on en frappait une montagne elle la fendrait comme du savon ; 3° un poignard artistement fabriqué par le sage Taïmûs, lequel préserve de toute attaque celui qui le possède, et dont la valeur est ainsi inappréciable. Toutefois vous ne pourrez parvenir à Wâcâf que par l'aide du Simorg. Sur le chemin qui conduit à ce royaume, il y a sept océans à traverser. Si tous les rois de la face de la terre étaient réunis, ils ne pourraient d'eux-mêmes franchir un seul de ces océans, y mettraient-ils des milliers d'années. »

Jamîla ouvrit ensuite une boîte, en retira les objets dont elle avait parlé ; elle les plaça devant le prince et elle lui dit : « Applique ton oreille, et écoute à cette heure mes instructions : à une étape d'ici, il y a un endroit qu'on nomme *safha-zamîn* (surface de la terre), où se trouve une fontaine. Là, tu t'arrêteras. Un lion haut de quatre-vingts coudées lequel est le roi de tous les animaux du bois (jangle) s'avancera vers toi ; va sans crainte et hardiment auprès de lui ; salue-le respectueusement, et place devant lui un animal que tu auras pris à la chasse. Ce lion sera très-content de toi, et te traitera avec bienveillance. Par considération pour lui, aucun animal ne te tourmentera. Le reste de la nuit se passera avec joie et gaité. Après deux ou trois étapes, deux chemins se présenteront à toi. Fais attention de ne pas prendre celui de gauche, mais prends celui de droite. Devant toi, tu trouveras le château de Khamâschah, habité par des nègres. Quarante Abyssins sanguinaires, dont chacun commande à cinq mille nègres, en gardent les portes. Leur chef, qui se nomme Taram Tâc, sera bienveillant envers toi à cause des objets que je te remets, et il te fera même beaucoup d'amitié. Après être resté deux jours avec lui, tu iras en avant, puis tu parviendras au château du Simorg qui se trouve plus loin, et si Dieu veut, le Simorg aussi, par l'effet béni des mêmes objets, obtempérera à tes désirs, et par son entremise tu parviendras au royaume de Wâcâf. Mais prends garde de ne pas agir autrement de ce que je te dis de la différence d'un cheveu. »

Jamîla fit ensuite sortir de ses écuries un cheval féerique, et le donna au prince qui monta dessus, et partit pour le royaume de Wâcâf. Lorsqu'il eut fait trois kos du chemin, il fut surpris de voir que Jamîla, n'ayant pu supporter son absence, marchait à sa suite. Il s'arrêta, l'assura de son amour, et reprit le chemin de son but. Jamîla fut tellement agitée que le mercure, en voyant son émotion, se changea en eau, et que l'éclair fut sans force.

Vers. — « A cause du départ de son ami, elle pleura tellement qu'une rivière coula de ses yeux ensanglantés.

« Son état fut tel, par l'effet du chagrin de l'absence, que sa vie était un malheur pour son cœur.

« Le manger et le dormir lui étaient interdits ; elle ne s'occupait d'autre chose que de gémir.

« Dans cette situation, elle se fana comme la rose ; la séparation qui l'affectait produisait seule cet effet.

« Elle ne souriait plus, elle ne parlait plus, elle ouvrait sans cesse la porte de la tristesse. Elle n'avait pas de nouvelles de son corps. Des soupirs s'élevaient constamment de son cœur.

« Son corps sans force n'était désormais que le mirage de son âme. »

Ici donc, Jamîla était arrivée par l'absence du prince en cet état désolé ; et là, le prince continuait sa route d'étape en étape. Enfin, il parvint à l'emplacement appelé *safha-Zamîn* (dont il a été parlé). Là, il vit deux chemins ; et, se rappelant les avis de Jamîla, il s'arrêta et étendit son filet. A peine un pahar de la nuit était-il passé que des animaux de toute espèce arrivèrent, et le prince en prit quelques-uns. Au second pahar de la nuit parut le lion, dont la taille était de quatre-vingts coudées, et dont la belle forme était telle que personne n'en vit jamais de semblable. Le prince s'approcha hardiment du lion, il plaça devant lui les animaux qu'il avait pris à la chasse, et les dépéça avec son couteau. Le lion se mit à manger, tandis que les autres lions s'étaient formés en carré autour de lui, et que le prince était debout les mains jointes. Après avoir pris son repas, le roi des animaux chargea un lion de garder Almâs, et il reprit le chemin des jangles.

VI.

Le prince rendit grâce à Dieu, monta sur son cheval et partit. Lorsqu'il fut arrivé à la bifurcation de la route, il se mit à réfléchir sur celle qu'il devait prendre. Comme, à celle de gauche, il y avait beaucoup de dangers à courir, il se décida à prendre la droite. Lorsqu'il eut fait deux étapes, il vit un château élevé, dont les tourelles étaient garnies de canons. Il voulait s'éloigner de là; mais il pensa que ce serait de la lâcheté, et il s'avança vers la porte de ce château qui lui parut très-beau, et tel que les rois de la terre n'en avaient jamais vu de pareil, même en songe. Sa hauteur égalait celle du ciel, et il était aussi grand qu'une montagne. Auprès de ce château, il y avait un grand arbre qui donnait beaucoup d'ombre. Le prince attacha son cheval sous cet arbre, il en étala la selle, s'y assit pour se reposer et il considérait les alentours du château lorsque, tout à coup, quelques nègres parurent, et se mirent à discourir entre eux en ces termes : « Aujourd'hui, après bien du temps, un être humain est enfin venu. Notre roi Taram Tâc aime beaucoup la chair humaine : emparons-nous de ce jeune homme, et amenons-le lui. » En conséquence, dix à douze Abyssins vinrent auprès du prince pour se saisir de lui. Almâs, voyant que le tour de sa vie était venu, tira de sa ceinture l'épée de Salomon, mit en fuite en un instant les nègres, et en fit partir un grand nombre pour la plaine de la mort. Lorsqu'ils furent arrivés en enfer, la nouvelle en parvint à Taram Tâc, qui envoya Chalmâc, général de son armée, avec ordre de s'emparer du prince. Celui-ci, à la tête de l'armée des nègres, arriva comme l'irruption d'un essaim d'abeilles et comme l'ange de la mort. Cependant le prince s'élança, avec l'épée de Salomon, contre le général abyssin qui, aussi méchant qu'un dive, brandit sa massue de telle façon que la terre en trembla. Puis, comme il voulut se saisir du prince pour le conduire auprès de son maître, Almâs lui donna un tel coup avec le poignard de Taïmûs que Chalmâc tomba par terre. Lorsque Taram Tâc eut appris la déconfiture de Chalmâc, il se mit à la tête d'une grande troupe de nègres, avec l'intention de s'emparer du prince et de l'emmener à son château. Ces nègres l'entourèrent semblables aux flots de la mer. S'il en tuait un, il en renaissait dix, et ainsi Almâs n'obtenait aucun résultat malgré ses armes magiques. Heureusement le lion extraordinaire à qui il avait rendu service sortit tout à coup des jangles, suivi de milliers de lions, et s'avança du côté des nègres. Lorsque Taram Tâc vit la chose, il voulut rentrer dans son château ; mais le prince, pareil à Rustam, s'étant arraché aux nègres qui l'entouraient et les ayant fait tomber dans la poussière, fit couler leur sang comme une rivière. Tout à coup, la vue du prince tomba sur Taram Tâc, qui ressemblait à une colonne à cause de sa haute stature. Il avait sur son épaule une massue d'acier, des pierres à sa main, et il était sur le point de rentrer dans son château, lorsque le prince lui cria de s'arrêter. « Avance, si tu l'oses, fils d'homme, lui cria le nègre, et d'un coup de mon assommoir j'écraserai en un instant tes os et je te briserai les côtes. » Il dit, et voulut frapper le prince de sa massue ; mais ce dernier poussa son cheval et esquiva le coup : puis, profitant de l'occasion, Almâs tira du fourreau l'épée de Salomon, et en trancha d'un seul coup la tête de ce *noir malheur* qui partit ainsi pour l'enfer.

 Le roi des lions, qui était venu au secours du prince, entra avec lui dans le château. Là se trouvait la fille de Taram-Tâc, dont la figure piquante répandait du sel sur la blessure du cœur des amants. A la vue du prince accompagné du lion, elle se leva, le félicita de ses succès, le fit asseoir sur le trône et lui donna à boire et à manger. Puis elle apprit du prince la profession de foi musulmane, et accepta la religion islamique. Elle lui dit ensuite : « Prince, je suis disposée à te servir; et même je ne veux plus me séparer de toi, j'irai désormais où tu iras. » — « J'ai en vue, lui dit alors le prince, une affaire plus importante que ma vie. Lorsque je serai de retour de la ville de Wâcâf, je t'emmènerai dans mon pays. En attendant, règne sur le trône de ton père, et reste occupée des affaires de ton royaume. »

VII.

Le prince avait continué d'avancer dans sa route pendant deux ou trois mois, lorsqu'une plaine, véritable jardin pareil au paradis, se présenta à ses regards. Des roses de différentes sortes s'y épanouissaient; le zéphir qui passait sur ces roses parfumait l'odorat, et le vent qui semblait cribler le musc embaumait le cerveau. La verdure se distinguait par sa fraîcheur, la tulipe s'entr'ouvrait; le cyprès s'agitait comme pour louer le gémissement cadencé de la tourterelle, et, avec le chant mesuré du rossignol, s'accordaient les roses et leurs boutons. Les ruisseaux étaient alimentés d'eau limpide comme celle du Kauçar, et de ses fontaines sortait l'eau la plus pure.

En voyant cette plaine, le prince étonné s'assit sous un arbre très-élevé. Cet arbre portait des fleurs et des fruits, et auprès était un bassin de marbre élégamment construit. L'eau y arrivait d'un côté et sortait de l'autre. Le prince se souvint alors que Jamîla lui avait annoncé ces choses comme l'indice de l'habitation du Simorg. Il descendit donc de son cheval, et le laissa paître. Il entra dans le bassin, s'y lava pour accomplir l'ablution, mangea quelques fruits, et, après s'être tranquillement reposé à l'ombre de l'arbre, il s'endormit de fatigue. Tout à coup le cheval du prince se mit à hennir et à piaffer, ce qui réveilla le prince, qui vit alors qu'un dragon pareil à une montagne venait vers lui, broyant les grandes pierres sur lesquelles il se roulait au point d'en faire du *surma* (1). Alors, saisi de crainte, Almâs se leva, tira de la boîte qu'il avait avec lui l'arc de Sâlih le prophète, y prit une flèche, la plaça sans bruit sur la corde de l'arc et visa. Lorsque le dragon fut arrivé auprès de l'arbre, et voulut y monter, le prince lui lança la flèche et le blessa sérieusement. Alors, le dragon en colère frappa sa tête contre la terre, et, peu de temps après, il sortit de sa bouche une flamme de feu qui éclaira à la fois et échauffa la plaine.

Le dragon se retourna du côté du prince, et voulait l'attirer à lui par son souffle (2). Mais le prince se tenait sur ses gardes, et bravement il lui lança une autre flèche; puis il tira son épée, et ayant crié *Allah akbar* (Dieu est grand), il termina d'un coup l'affaire de ce monstre; mais il perdit connaissance par l'effet de la violence du poison que répandait le corps du dragon. Après deux à quatre heures, il revint à lui, et, voyant son corps souillé de sang, mais sans blessure, il exécuta les génuflexions de la reconnaissance à la cour du créateur. Il descendit ensuite dans le bassin, et il y fit l'ablution. Après avoir ainsi lavé son corps du sang qui le couvrait et avoir déjeuné, il s'assit au bord du bassin, et il vit qu'il y avait sur l'arbre dont il a été question le nid du Simorg. Ses petits avaient été témoins du combat avec le dragon; mais, pressés par la faim, ils criaient et faisaient du bruit. Le prince leur fit manger par morceaux, pour les rassasier, toute la chair du dragon. Les oiseaux se tinrent alors tranquilles, et le prince aussi, à cause de la fatigue qu'il avait supportée, s'endormit négligemment au bord du bassin.

Sur ces entrefaites, le Simorg et sa femelle, qui étaient allés à la recherche de la nourriture pour leurs petits, arrivèrent. Comme ils ne les entendirent pas crier, le mâle pensa que le jeune homme qui dormait les avait tués, et il

---

(1) Collyre pour les yeux, composé simplement dans l'Inde de charbon de bois pilé.

(2) Conf. Sindbad le marin.

résolut de le faire périr. Il prit donc une pierre de plusieurs milliers de *manns*, et il allait la jeter sur le prince; mais sa femelle lui dit : « Voyons d'abord nos petits, puis tu songeras, s'il le faut, à tuer ce jeune homme. Faire périr un innocent, c'est se condamner aux tourments au jour de la résurrection. » Le Simorg agréa ce sage discours; il alla à son nid, et il vit que tous ses petits dormaient paisiblement. Toutefois, ils se réveillèrent à son approche et ils lui racontèrent toutes les circonstances du combat avec le dragon, comment le prince leur avait donné à manger, et leur avait sauvé la vie. Lorsque le Simorg eut entendu le récit de la conduite du prince, il loua et célébra sa générosité et sa bravoure, et dit en lui-même : « Ce jeune homme m'a rendu un grand service : il est convenable qu'en récompense je lui fasse du bien. » Il vint donc auprès de lui, l'ombragea de ses ailes, et, lorsque le prince se fut réveillé de son sommeil, il lui dit avec bienveillance : « Quelle importante affaire vous occupe donc, pour que vous soyez venu jusqu'en ce lieu où ne peuvent parvenir ni hommes ni animaux, et comment se fait-il que vous m'ayez rendu le grand service de délivrer des mains de cet ennemi sanguinaire mes petits ? Expliquez-vous, afin que je puisse agir pour faire réussir votre entreprise. »

Le prince expliqua alors au Simorg toute son histoire, et le but qu'il se proposait. « Prince, lui dit l'animal merveilleux, il faut t'arrêter ici quelques jours pour faire, d'après mes indications, tes préparatifs de voyage. Il y a ici beaucoup d'ânes sauvages ; prends-en quelques-uns à la chasse, fais des *Kababs* (bifteks) de leur chair et des outres de leur peau, pour les remplir d'eau. Munis-toi de ces choses, puis tu te mettras sur mon bras comme sur un cheval, je te ferai ainsi passer les sept mers, et quand je serai affaibli par la fatigue, tu me donneras des kababs et de l'eau, jusqu'à ce que nous soyons arrivés à la ville de Wâcâf. »

Conformément au discours du Simorg, le prince prit à la chasse sept ânes sauvages, et fit les préparatifs qui lui avaient été indiqués. Alors l'oiseau merveilleux le fit monter sur son bras avec ses provisions et partit pour la ville de

Wâcâf. Lorsqu'il avait franchi un océan, et qu'il était arrivé sur la terre ferme, il faisait manger au Simorg des kababs d'âne sauvage, et boire de l'eau des outres. Bref, en peu de jours, il traversa ainsi les sept mers, et arriva au royaume de Wâcâf. Alors le Simorg dit au prince : « Tu m'as rendu un tel service que, quelque chose que je fasse, je ne pourrai m'acquitter envers toi. Je te considère comme mon fils. C'est pour cela que je me suis soumis à tant de fatigues pour venir jusqu'ici. Prends actuellement quelques-unes de mes plumes pour les garder avec toi. Lorsque quelque affaire pénible t'arrivera, mets ces plumes sur le feu, brûle-les, et aussitôt je me présenterai à toi, à la tête de mon armée. »

VIII.

Le prince prit donc le chemin de la ville de Wâcâf. Lorsqu'il eut fini une longue journée de marche, une grande forteresse se présenta à sa vue. Arrivé à la porte de cette forteresse, il invoqua le nom de Dieu et y entra. Il en parcourut les rues et les marchés et en contempla la bonne disposition. « Mais à qui demander, se dit-il, la solution de la question de Mihr-anguez, solution qui semble appartenir au monde invisible ? et comment ce secret me sera-t-il dévoilé ? » Il se livrait à ces pensées lorsque, tout à coup, il rencontra un jeune homme qui se nommait Farrukh-Fâl (heureux augure). Il entra en conversation avec lui et finit par gagner son amitié. Un jour, il lui dit tout en causant : « Mon ami, sais-tu par hasard ce qu'a fait Gul à Sanaubar ? » A ces mots, Farrukh-Fâl fut en sueur de colère, et regardant le prince d'un air furieux il lui dit : « Si je n'étais lié d'amitié avec toi, je séparerais à l'instant ta tête de ton corps. » Le prince, en entendant ces mots, éprouva une grande crainte, et comprit que ce jeune homme connaissait ce secret caché. « Mon ami, lui dit-il, de quelle utilité te serait-il de me tuer ? Mais fais-moi périr, si tu le veux, pourvu qu'auparavant tu m'instruises du secret que je désire savoir;

» — « Eh bien, répliqua Farrukh-Fâl, je te dirai quelque jour ce que je sais. » Une fois, en effet, ayant vu que le prince était toujours plus désireux de savoir le mot de l'énigme, il lui dit : « Sanaubar (cyprès) est le nom du roi de ce pays, et Gul (rose) est celui de sa femme. Voilà tout ce que je sais ; mais quant à ce que Gul a fait à Sanaubar, je l'ignore. Le roi a ordonné de faire mourir tout voyageur qui prononcera le nom de Gul, et s'informera d'elle. J'ai voulu te complaire à cause de mon amitié pour toi, mais nul autre que le roi lui-même ne connaît ce secret caché. Si Dieu veut, je te mettrai en présence du roi et tu pourras peut-être alors dénouer toi-même ce nœud difficile. »

Farrukh-Fâl, qui était élevé en dignité auprès du roi, prit donc un jour avec lui le prince et le conduisit auprès de son maître, à qui il dit : « Asile du monde, ce voyageur, arrivé d'un pays lointain, sur la renommée de votre bienveillance envers les étrangers, est venu en votre présence espérant être accueilli avec bonté. » Quand le roi eut vu la figure et l'air de dignité du prince, il en fut très-content et lui ordonna d'approcher. Alors Almâs offrit en présent au roi une perle que lui avait donnée le Simorg. Sanaubar, satisfait d'avoir obtenu une perle si précieuse que tout son royaume n'aurait pu en payer la valeur, et que les plus grands rois n'auraient pu se la procurer, demanda au prince de qui il la tenait. Celui-ci crut devoir le tromper et lui dit : « Sire, je suis marchand de mon état, et c'est ainsi que j'ai apporté de mon pays beaucoup de perles que je voulais venir vous montrer, lorsque, dans mon chemin, un château de nègres s'est présenté à mes yeux. J'y suis entré, et ces maudits nègres ont pillé tout mon argent et mes marchandises, au point qu'ils ne m'ont pas laissé une coupe pour boire de l'eau, si ce n'est cette perle que votre dévoué vous a offerte. Je l'avais attachée à mon bras et c'est ainsi qu'ils ne la virent pas, et que j'ai pu la conserver. »

Sanaubar fut alors encore plus empressé auprès d'Almâs, il le fit boire et manger, il accomplit convenablement les règles de l'hospitalité et de la bienveillance envers les étrangers, et fit du prince son ami, au point que s'il restait un seul jour sans le voir, il était mécontent et sans repos.

Un jour que le roi était en conversation intime avec le prince, il lui dit qu'il était disposé à lui accorder la grâce qu'il lui demanderait. « Si vous m'accordez la vie sauve, répondit le prince, je vous dirai ce que j'ai sur le cœur. — « Parle, lui dit le roi, ta vie est en sûreté. » — Asile du monde, dit alors Almâs, depuis le jour où, pour avoir ouï mentionné par hasard la chose, j'ai voulu savoir ce que Gul a fait à Sanaubar, j'ai éprouvé toutes sortes de malheurs et d'infortunes, jusqu'à ce que je sois parvenu ici et que j'aie été gratifié de la vue de votre présence lumineuse. Maintenant, j'espère que vous daignerez m'apprendre ce qui a fait l'objet de mes démarches. » Sanaubar devint alors comme une flamme et dit : « Je devrais à l'instant même séparer ta tête de ton corps ; mais que puis-je faire, puisque je t'ai accordé la vie, et que je suis obligé de tenir ma parole. Toutefois, il faut que tu renonces à ton désir absurde, car ce secret caché ne peut être révélé. » — « Si la bienveillance du roi, réplique le prince, m'est dévolue à moi, pauvre voyageur, veuillez bien, sire, me révéler ce secret, car vous m'avez dit de vous demander ce que je voudrais, et cette chose est la seule qui me touche. »

Sanaubar, désespéré par le discours du prince, resta silencieux. Par hasard, une fête eut lieu sur ces entrefaites ; on chanta, on joua des instruments de musique et on but du vin. Des échansons à visage de rose ayant rempli de vin des coupes de cristal, se mirent à les faire circuler ; et des musiciens à faire entendre des chants agréables au cœur. Le roi, déjà troublé par l'effet du vin, remplit une coupe et la donna au prince. Celui-ci prit respectueusement la coupe de la main royale, et en but le contenu. Le roi et lui se mirent alors à boire à l'envi, et à voir qui des deux boirait davantage. Lorsque l'ivresse se fut positivement manifestée, le prince, perdant tout sentiment de convenance, prit un instrument de musique et en fit résonner les cordes de telle façon que les gens de l'assemblée en furent hors d'eux-mêmes. Il chanta aussi un *Gazal*, qui fit tomber évanouis de plaisir les auditeurs. Alors le roi l'appela auprès de lui, et il témoigna sa grande satisfaction au sujet de la musique et du chant. Almâs saisit l'occasion de lui renouveler sa demande : « Voyageur, je consens à te satisfaire, dit le roi ; mais sache que, quand tu auras appris ce que tu veux savoir, je te ferai trancher la tête. » — « J'accepte de cœur et d'âme cette condition, » répondit le prince.

IX

Cependant Sanaubar Schâh dit encore au prince : « Mon ami, pourquoi veux-tu livrer inutilement ta vie au vent? Ne vaut-il pas mieux renoncer à l'idée absurde qui te préoccupe ? » Mais le prince insista, et, pour se conformer à son désir, Sanaubar donna ordre à ses gens de lui amener son chien, au cou duquel était un collier de joyaux. Les gardiens qui étaient constamment attachés au service de l'animal étendirent en grande cérémonie un tapis de brocart, puis vinrent aussi quelques femmes esclaves, et une belle femme au corps délicat, pieds et mains liés, et chargée de chaînes, que surveillaient douze Abyssins. Les esclaves mirent devant cette femme un plat sur lequel était placée la tête d'un nègre, spectacle si dégoûtant que le cœur en tournait. Ensuite le roi donna ordre de servir le déjeuner. Le chef d'office de la cuisine royale apporta alors toutes sortes de mets agréables et savoureux, et les plaça sur une nappe devant le chien. Quand l'animal eut bien mangé, on plaça ses restes devant la jeune femme dans une assiette sale. La femme se mit à pleurer, et les larmes qui tombaient de ses yeux se changeaient en perles. Les esclaves les ramassaient et les donnaient au roi. Après quelques instants, elle se mit à sourire, et alors des fleurs tombèrent de sa bouche et furent ramassées et portées au roi, qui ordonna de conserver le tout avec soin. Cependant le roi fit signe de faire mourir le prince ; mais celui-ci dit : « Expliquez-moi d'abord, sire, ce que je viens de voir, et je me soumettrai ensuite à ce qu'il plaira à Votre Majesté d'ordonner à mon égard. » Alors le roi finit par se décider à donner complétement l'explication demandée. « Voyageur, dit-il au prince, sache donc que, cette femme qui est chargée de chaînes s'appelle Gul, et que je m'appelle Sanaubar, et suis roi de ce pays. J'étais, un jour, sorti de la ville pour chasser, lorsque je fus atteint dans la plaine d'une soif ardente. J'allai de tous côtés pour chercher de l'eau, et à la fin je découvris, après mille peines, un puits obscur et ténébreux. Je rendis grâce à Dieu, mais j'étais tellement altéré et affamé que je n'avais plus la force de me mouvoir. Or, ce puits se trouvait dans les jangles, et il était difficile d'y arriver. Toutefois, je parvins au bord, et, m'étant servi de mon bonnet comme d'un seau et de ma ceinture comme d'une corde, je fis descendre mon bonnet dans le puits avec l'espoir d'y trouver de l'eau ; mais voilà qu'il s'arrêta. Je pris mille peines pour écarter l'obstacle sans pouvoir y réussir. Désespéré, et ne pouvant supporter la soif qui me dévorait : « Au nom de Dieu, m'écriai-je, que l'être qui a établi dans ce puits sa résidence ait pitié d'un pauvre voyageur altéré, et laisse monter mon seau, car, à cause de la soif que j'éprouve, mon haleine est suspendue, et mon souffle s'arrête sur ma bouche. »

« Après avoir beaucoup gémi et crié, il parvint du puits à mon oreille une voix qui fit entendre ces mots : « Serviteur de Dieu, nous sommes depuis longtemps dans ce puits, et nous y mourrons si tu ne nous en retires. Dans ce cas, nous te récompenserons de ton action, car la vie vaut mieux que la mort. » Je m'évertuai donc et vins à bout de tirer du puits les personnes qui m'avaient interpellé. Je vis alors que c'étaient deux pauvres femmes aveugles, dont la taille était courbée comme l'arc, et tellement maigres de la tête aux pieds qu'elles ressemblaient à une flèche. Leurs yeux étaient enfoncés dans leur tête, et leurs dents étaient tombées ; leur tête branlait, leurs pieds tremblaient quand elles les relevaient ; tous les cheveux de leur tête étaient blancs comme du coton cardé. Elles étaient tellement faibles et débiles que tout espoir de vivre semblait être perdu pour elles, et que la peau de leur corps était même tombée. Elles s'offrirent en cet état à mes regards. Je leur demandai quelle était la cause pour laquelle elles avaient été mises dans ce puits. « Jeune voyageur, dirent-elles, le roi de ce pays s'étant mis en colère contre nous, nous priva de la vue et nous fit jeter dans ce puits. Maintenant que Dieu t'a envoyé pour notre délivrance, nous t'indiquerons le moyen de rendre à nos yeux la clarté. Quand nous aurons été guéries, nous nous dévouerons à ton service, et nous te ferons obtenir ce que tu peux désirer. »

« A une petite distance d'ici, continuèrent-elles, il y a une large rivière, sur les bords de laquelle une vache vient paître ordinairement. Va chercher de la bouse de cette vache, appliques-en à nos yeux, et nous recouvrerons la vue à l'instant même. Mais, au moment que cette vache paraîtra, il faut te cacher d'elle, car si elle te voit, elle te tuera. »

« Conformément à ce discours, j'allai du côté de la rivière, et j'arrivai en peu de temps à l'endroit indiqué. Je vis qu'en réalité une vache blanche comme l'argent, aussi grande qu'une montagne, et d'une forme telle que le lion aurait tremblé en la voyant et aurait été en eau, sortit de la rivière (1). J'évitai ses regards, et, au moment où elle rentrait dans la rivière, après avoir brouté l'herbe, je pris de sa fiente, et l'allai porter auprès du puits. Je l'appliquai aux yeux de ces femmes, et aussitôt elles furent clairvoyantes et regardèrent de tous côtés. Puis elles rendirent grâces à Dieu, et louèrent mon courage. Elles me dirent ensuite: « Voyageur, ce lieu est la résidence du roi des fées: il a une fille fort belle et d'un heureux naturel. Le soleil est abattu par la vue de son visage, et son cœur défaillit; la lune brûle en la voyant comme la tranche de viande sur le feu. Ses douces lèvres sont comme des rubis ou des grains de grenade, ou comme la riante feuille de rose du jardin. Un de ses baisers calme mille peines et mille chagrins. Ses yeux sont languissants comme ceux d'une personne ivre; la beauté de ses joues est pareille à celle de la rose, soit cultivée, soit sauvage. Ses parents l'affectionnent extrême-

---

(1) Il s'agit probablement d'un veau marin.

ment; ils l'appliquent à chaque instant à leur poitrine, et ne la perdent jamais de vue. Ils se lèvent tous les matins à l'aurore, et ils commencent leur journée par admirer sa beauté. Nous te conduirons auprès d'elle, et vous ferez joyeuse vie ensemble; mais si, ce qu'à Dieu ne plaise, ses parents viennent à être instruits de la chose, ils voudront te jeter tout de suite dans le feu. Tu devras leur dire alors: « Quoique ce serviteur coupable mérite ce châtiment, j'espère cependant que vous ferez frotter mon corps d'huile avant de le jeter dans le feu, afin que je brûle plus promptement et que je sois ainsi délivré des peines du monde. » Le roi des fées t'accordera ta requête, nous aurons alors soin d'enduire ton corps de telle façon que, si tu séjournais mille ans dans le feu, ton corps n'éprouverait pas le moindre mal, et que le feu serait pour toi comme de l'eau, à l'instar du jardin d'Abraham (1). »

« Bref, lorsque ces deux femmes m'eurent ainsi parlé, et m'eurent ensuite conduit dans le palais en question, tout à coup, je crus que j'étais transporté dans le paradis sublime; car j'y vis une femme à face de lune, dont le visage, éclatant de beauté, illuminait le palais. Elle était endormie sur un trône splendide, appuyée sur un oreiller charmant. Le soleil lui-même était tout honteux de l'éclat de ses joues.

X

« En voyant de loin cette beauté parfaite, je fus étonné et hors de moi. Après un peu de temps, lorsque j'eus recouvré mes sens, je me demandai si c'était un songe ou une réalité. Je pris néanmoins de l'assurance; mais je pensai que si je m'oubliais, je laverais mes mains de la vie. Je me tins cependant devant cette belle personne, et lorsqu'elle se réveilla, et que sa vue tomba sur moi, tout aussitôt la flèche

(1) C'est-à-dire de la fournaise où, selon les Musulmans, Abraham fut jeté, dont le feu se changea en eau, et le sol en un jardin.

perçante du désir de son union agit tellement sur mon cœur qu'en un moment il perdit son énergie. Cependant cette femme charmante fronça le sourcil, et me dit avec colère : « Petit homme, d'où es-tu venu, et qui t'a fait parvenir ici ? Tu ne crains donc pas de perdre la vie ? » Bien qu'en apparence la belle eût pris ce ton menaçant, elle me parut en réalité éprise de moi. Je lui dis alors : « Femme délicieuse, je suis venu ici précisément pour toi, et je ne crains rien pour ma vie. » Je continuai à faire tous mes efforts pour plaire à cette belle, qui comprit que je ne craignais effectivement rien, et qui, alors, me prit par la main avec une grande affection, et me fit asseoir sur le sofa auprès d'elle. Elle m'embrassa et alors un plaisir indicible me pénétra. Puis cette beauté au front de lune demanda du vin de raisin, et se mit à en remplir une coupe. J'étais libre de l'inconvénient de rivaux, mon esprit ému ne fit plus attention qu'à la jouissance actuelle. Quelques jours se passèrent ainsi dans le plaisir et la joie ; mais cette belle restait en grande appréhension de son père et de sa mère, craignant qu'ils ne découvrissent ce secret caché, que l'heure de la séparation n'arrivât, et que nous ne fussions mis à mort l'un et l'autre. A cause de ce chagrin, le cœur était arraché du cœur. La chose resta toutefois ignorée pendant deux mois ; mais, d'après le proverbe, *peut-on cacher le feu* ? Un jour enfin, le père de la belle, qui était le roi des fées, étonné de voir que la beauté lunaire de sa fille avait décru, se mit à tirer de froids soupirs de son cœur ; et, à l'instant, ayant appelé sa mère, il lui dit : « Pourquoi la couleur du visage de notre fille est-elle changée, et pourquoi le vent de l'automne a-t-il attaqué les roses de ses joues ? »

« La mère vint alors auprès de sa fille, et lui parla en ces termes : « O prunelle de mes yeux, pourquoi es-tu dans cet état ? Si tu ne dis pas la vérité, je te ferai périr. « La fille ne répondit que par le silence et en baissant la tête. Ainsi le rideau qui cachait le secret s'ouvrit pour le père, il acquit la certitude que la flèche de l'amour avait percé le cœur de sa fille, avait mis au pillage sa pudeur et son honneur, avait rempli de taches le vêtement de sa chasteté. Alors le roi des fées, en colère, appela les dives, leur donna ordre de me prendre et de me placer sur un bûcher ardent, pour y être brûlé et réduit en cendres. En conséquence de cet ordre, les dives me prirent par la main, me firent sortir du harem et du palais, et ayant réuni beaucoup de bois, allumèrent un feu tel que celui de l'enfer était faible auprès de sa violence, et ils voulurent m'y jeter. En ce moment, je me souvins de ce que m'avaient dit les vieilles femmes, et je dis à haute voix : « Sire, je reconnais la justice de la punition que vous voulez infliger à ce coupable. Toutefois, au nom de Dieu et par pitié de la part de Votre Majesté, faites frotter mon corps d'huile avant de me jeter dans le feu, afin que je sois brûlé plus aisément et que je sois délivré du chagrin du monde. »

« Le roi des fées agréa ma demande : ces vieilles femmes frottèrent mon corps d'une huile faite, Dieu sait de quoi, en sorte que pendant sept jours que je restai sur le bûcher le feu ne produisit aucun effet sur mon corps, et que par la faveur céleste un seul de mes poils ne fut pas même atteint. Les dives qui me gardaient crurent que j'étais réduit en cendre et allèrent l'annoncer au roi, qui leur ordonna de prendre cette cendre et de la jeter de nouveau dans le feu. Les dives m'ayant alors trouvé vivant en furent fort étonnés, et pensèrent dans leur esprit que j'étais sans doute un personnage éminent, et que Dieu m'avait destiné cette princesse. Alors les dives et les fées firent entendre à leur roi qu'il était convenable de marier sa fille avec moi. Le roi se rendit à leur manière de voir, et, après avoir fixé une heure et un moment favorables, il donna ordre de faire les préparatifs du mariage, en conséquence de quoi, le salon de la noce fut arrangé avec pompe et apparat. On me fit ensuite venir en présence du roi, et on me demanda des explications sur ma condition et ma parenté.

« Quand le roi des fées sut que j'étais le fils du roi de Wâcâf, il me prit la main de sa main bénie, il s'excusa de sa conduite envers moi et me traita avec beaucoup d'honneur. De mon côté, je lui présentai mes respects, et lui baisai les pieds. Bref, après deux ou trois jours, à l'heure et à l'instant favorables qui avaient été indiqués, se fit le mariage de cette belle au corps de rose. Pendant plusieurs jours, la ville fut en joie et en fête. Après être resté quelque temps auprès de mon beau-père, j'éprouvai le désir de retourner dans mon pays, et j'en demandai la permission au roi. Celui-ci, en guise de douaire, me donna beaucoup de joyaux et d'objets d'or et d'argent, et me permit de m'en aller et d'emmener sa fille. Il me confia à quelques *péris*, qui nous placèrent tous les deux sur un char ; et nous transportèrent dans l'air, si bien qu'en un moment j'arrivai dans mon pays.

« Cette princesse, qui s'appelait Gul (rose) est celle-là même que tu vois ici chargée de chaînes, et dont je vais te raconter l'infidélité.

XI

« Une nuit, pendant que j'étais endormi dans ma chambre à coucher, et que Gul était auprès de moi, je me réveillai par hasard, et je m'aperçus que les pieds et les mains de Gul étaient plus froids que la neige. Je pensai que la chose était due à un accident, et je lui dis : « Pourquoi, ma charmante, ton corps est-il ainsi froid ? Quelle est la cause de ce phénomène ? » — « J'avais satisfait, répondit-elle, un besoin naturel, et c'est à cause de l'ablution que j'ai faite ensuite que mes pieds et mes mains sont froids. » Je ne dis mot, et je crus son discours véridique. Quelques jours après, la même chose eut lieu, et elle me donna la même explication. J'eus alors de vilains soupçons à son égard, et je pensai qu'elle allait quelque part pendant la nuit. Toutefois, je serrai ce soupçon comme des perles dans le coffret de mon cœur, et j'appliquai la serrure du silence à la porte de ma langue, parce que, si la certitude n'avait pu être acquise, j'aurais été, sans avantage pour moi, un objet de moquerie, au dehors et au dedans, et je n'aurais retiré que de la honte. Afin donc de m'assurer de la chose, et de parvenir à connaître la vérité, j'allai à mes écuries, et je vis que les chevaux que je montais spécialement, lesquels, à cause de leur vitesse et de leur agilité, dépassaient le vent, je vis, dis-je, qu'ils étaient très-maigres et exténués. Le dos de quelques-uns était écorché, et d'autres ne pouvaient pas même se mouvoir. Alors, je fis venir en ma présence les palefreniers, et je leur adressai de violents reproches. « Sire, me dit un d'eux, si vous me faites grâce de la vie, je vous dirai quelque chose en secret. » — « Parle, lui dis-je, je t'accorde la vie ; dis-moi la vérité sur ce qui s'est passé. » Celui-ci me dit alors : « Toutes les nuits, sans y manquer, la reine Gul, revêtue de ses habits royaux, ornée de ses parures et de ses joyaux, vient à l'écurie, monte un de vos chevaux particuliers, va se promener, puis, vers la fin de la nuit, elle revient, quitte le cheval à l'écurie et rentre au palais.

« Ce récit me troubla, mes sens en furent agités. J'étais dans cette situation lorsque la fiancée du soleil (1), s'en alla derrière le rideau de l'occident, et l'époux de la lune (2), se montra dans ses atours sur le toit de mon palais. Je pris un petit repas, et je me couchai sur mon lit. Gul s'y coucha aussi à côté de moi, et me dit : « Le sommeil se répand sur mes yeux, dormons donc. » Je dissimulai, en effet, et quoique je fusse bien réveillé, je me mis à respirer comme les gens qui dorment et à ronfler. Le sommeil finit cependant par s'emparer de moi : mais je me tins réveillé. Bientôt cette femme à mauvaise fortune, croyant que j'étais réellement endormi, quitta le lit, mit du *missi* à ses dents et du *surma* à ses yeux, se parfuma d'eau de rose, se serra d'un corset, se couvrit de bijoux, et se mit en marche comme si elle était ivre. De mon côté, je la suivis à pas dérobés. Lorsqu'elle fut arrivée à l'écurie, elle monta sur un joli cheval, aussi léger que celui de Schîrîn, maîtresse de Farhâd, et elle partit. Je voulais la suivre monté aussi à cheval : mais

---

(1) C'est-à-dire le soleil.

(2) C'est-à-dire la lune.

je pensai que le bruit des sabots arriverait peut-être à l'oreille de Gul, qu'elle serait ainsi instruite de mon action, et que je ne pourrais parvenir à mon but. Désespéré, je serrai ma ceinture à la manière des messagers, et, d'un pas léger, je me mis à courir à la suite du cheval de Gul ; et, tombant et me relevant, je continuai ma course. Ce chien qui est orné d'un collier d'or me suivait. Bref, Gul arriva dans une plaine où les nègres, qui sont ici debout devant toi, avaient leur maison. Lorsqu'elle fut arrivée auprès d'eux, et qu'elle fut descendue de cheval, elle entra dans la maison des nègres. Alors, ceux-ci l'en firent sortir, et la frappèrent au point que son dos et ses épaules en furent tout meurtris. Je crus ses os brisés, et qu'elle avait rendu son âme à Dieu. Toutefois, pendant tout ce temps, cette infidèle n'avait fait aucune résistance, blessée qu'elle était par l'amour de ces nègres, et elle n'avait pas même fait entendre un soupir. Bien plus, elle leur fit des excuses et leur demanda pardon. Elle leur dit : « Aujourd'hui, le roi (dont la bonne fortune est endormie) est resté réveillé très-tard : sans cela, aurais-je attendu cette heure pour venir et pour faire jouir mon âme de la boisson de l'union ? »

« Lorsque j'eus été témoin d'une telle chose, je fus fort étonné, et je dis en moi-même : « O mon Dieu, je n'ai jamais frappé Gul *(rose)*, même avec une *rose* ; comment se fait-il qu'elle ait supporté de tels coups, qui lui ont brisé les os ? A la fin, les nègres la firent rentrer dans leur maison et jouèrent et se divertirent avec elle. Mon cœur était agité par la colère, et des étincelles sortaient de mes yeux. Ne pouvant supporter cette vue, j'entrai au milieu de cette réunion insensée ; mais les nègres m'entourèrent pareils aux abeilles noires qui attaquent les chevaux. Comme je suis très-courageux et très-fort, je n'eus pas peur de ces méchants et je me mis à les combattre. Lorsque les nègres virent que j'agissais ainsi, ils reculèrent et s'enfuirent. J'avais saisi le nègre que tu vois, pieds et poings liés, et je voulais l'emmener enchaîné, lorsque, sur ces entrefaites, Gul, ce malheur de la vie, qui était là, accourut par derrière, et me poussa avec une telle force que je tombai par terre. Alors ce misérable ayant profité de l'occasion, monta sur ma poitrine, et cette femme sans pudeur tira un poignard de sa ceinture, et le donna au nègre pour me tuer. En ce moment, je lavai mes mains de la vie et je me réfugiai à la cour de celui qui peut seul résoudre les difficultés. Le nègre s'apprêtait à placer le poignard sur mon cou et à terminer mon affaire en un seul coup, lorsque, soudain, ce chien fidèle sauta derrière lui, le blessa de ses griffes et le saisit par la gorge. Je profitai de ce moment favorable, et, m'étant tiré de dessous le nègre, je lui attachai les bras. Je liai aussi Gul, et je les conduisis tous les deux à mon palais. Des autres quatre nègres qui, par crainte, avaient pris la fuite, j'en fis trois prisonniers ; et le quatrième alla se cacher sous le trône de la fille du roi Quîmûs, laquelle s'appelle Mihr-anguez.

« Voyageur, maintenant que je t'ai appris l'histoire de Gul, soumets-toi à nos conditions. »

Le prince répondit : « Si l'intention de Votre Majesté de me faire périr est fixée dans votre esprit, je suis prêt à y obtempérer. Mais, jusqu'à présent, l'ensemble de l'histoire ne m'est pas encore connu, à savoir : pourquoi un des nègres est allé se réfugier sous le trône de Mihr-anguez, et comment il s'est fait que cette princesse ait consenti à le cacher ? Faites-moi donc savoir comment la chose s'est passée, puis, faites-moi mettre à mort si vous voulez. »

Sanaubar ignorait l'histoire de Mihr-anguez, c'est ainsi qu'il ne put la faire connaître au prince. Il renonça donc à le faire mourir, et il lui dit : « Voyageur, je loue ta science et ta bravoure, et avec quelle sagesse et quelle adresse tu as sauvé ta vie. »

Lorsque le prince, après avoir surmonté tant de difficultés, eut été instruit de l'histoire de Gul et de Sanaubar, tout en conservant sa vie, il se prosterna devant Dieu et lui offrit ses actions de grâces. Puis, comme il désira retourner dans son pays, il alla auprès de la rivière, fit son ablution et brûla la plume qu'il possédait du Simorg. Tout à coup, Simorg lui-même se présenta devant lui ; il le prit sur son dos, lui fit traverser les sept océans et le fit entrer avec cordialité et bienveillance dans son habitation. Il resta là quelques jours, puis il prit congé de l'oiseau merveilleux et alla au château des nègres. Il emmena avec lui la fille de leur chef, il se remit en route, et ne tarda pas d'arriver à la plaine dans laquelle il avait rencontré le lion monstrueux.

XII

Lorsque Almâs, après avoir marché de station en station, fut arrivé auprès du palais de Jamîla, cette princesse, en ayant appris la nouvelle, vint affectueusement à sa rencontre; elle le conduisit dans son jardin et elle accomplit à son égard les règles de l'hospitalité. Le prince, conformément à sa promesse, l'épousa, et resta occupé, pendant quelques jours, de plaisirs et de divertissements. Puis il la prit avec lui et se dirigea vers la ville de Latifa. En quelques jours, il y arriva, et, accompagné de son armée, il entra dans le jardin de Latifa et y dressa sa tente de brocard ornée de pierreries. Il donna ordre à quelques jeunes gens au corps de Rustam [1] de lier les bras de Latifa derrière son dos et de la lui amener. Ils agirent en conséquence de cet ordre. Il voulait faire pendre, la tête en bas, cette malheureuse sans pudeur, et l'empailler ensuite, ou bien la tuer et donner sa chair à manger aux chiens et aux vautours. Mais Jamîla, qui était la sœur de lait de Latifa, l'excusa, et demanda pardon pour elle. Pour l'obliger, le prince fit grâce à Latifa; elle récita la formule sacramentelle de la foi musulmane et fut admise dans la religion de Mahomet. Elle abjura la pratique de la magie, et rendit à leur forme première les princes et les autres individus qu'elle avait, par ses sorcelleries, changés en daims. Le prince leur donna à manger et à se vêtir et les congédia. Ceux-ci, après avoir exprimé leur reconnaissance, s'en allèrent à leurs pays respectifs. Quelques jours après, Almâs partit lui-même et arriva, au bout d'un mois, à la ville du roi Quîmûs, père de Mihr-anguez. Il

[1] C'est-à-dire forts comme ce héros persan.

dressa ses tentes hors de la ville, y laissa Jamîla et les autres personnes de son harem et de sa suite, et alla faire résonner le tambour pour annoncer qu'il était prêt à donner à Mihr-anguez la réponse à sa demande énigmatique. Tout aussitôt le portier amena le prince auprès de Quîmûs qui, conformément à son constant usage, lui tint ce discours : « Jeune homme, renonce à ton idée absurde, elle n'aboutirait qu'à ta perte. Personne n'a, jusqu'ici, donné une réponse satisfaisante à la question proposée, et n'a pu se tirer la vie sauve des mains de Mihr-anguez. — Sire, lui répondit le prince, ce secret que ta fille a caché dans son cœur et dont elle demande la solution, personne ne le connaît ; mais moi je viens le lui dire. »

Lorsque cette nouvelle parvint à Mihr-anguez, elle fit venir le prince, et celui-ci, après avoir entendu la demande : « Qu'a fait Gul à Sanaubar ? » répondit : « Gul a trouvé la juste rétribution de ce qu'elle a fait. Repents-toi de ton côté, si tu ne veux pas être traitée de la même manière. » Bien que, par l'effet de cette réponse, la crainte se fût emparée du cœur de Mihr-anguez, toutefois, à cause de sa folie et de son impudeur, elle dit : « Prince, lorsque tu auras expliqué catégoriquement les circonstances de la chose, je saurai si tu dis la vérité, ou si tu mens. »

Lorsque le prince vit que cette femme déhontée feignait l'ignorance, et ne se repentait pas de ses crimes, il lui dit : « Mirh-anguez, si tu désires entendre l'histoire de Gul et de Sanaubar, dis à ton père de venir avec les principaux officiers de la couronne, et de tenir ici une assemblée devant laquelle je m'expliquerai. » Mihr-anguez acquiesça à son désir : et, lorsque l'assemblée fut réunie, et que le roi Quîmûs eut orné par sa présence le trône royal, le prince dit : Seigneur, sachez que jusqu'ici la véritable réponse à la question de la princesse n'a été découverte à personne, pas plus que n'a été levé le rideau qui nous voile le firmament. Mais, avant tout, il faut savoir de la princesse Mihr-anguez de qui elle a appris le secret à cause duquel elle a fait périr injustement tant de serviteurs de Dieu. »

Mihr-anguez garda le silence. Le prince insista. « Il faut,

dit-il à Mihr-anguez, que vous fassiez venir ici la personne de qui vous tenez le secret, afin qu'elle rende témoignage à la vérité de mon discours. Mihr-anguez hésitant, le prince prit le roi Quîmûs par la main, l'amena auprès du trône de Mihr-anguez, et dit au chambellan de le déplacer. A peine eut-on enlevé le trône, que la fiole du secret de Mihr-anguez étant tombée sur la pierre de l'ignominie, elle se brisa en morceaux ; c'est-à-dire que le nègre que Mihr-anguez cachait parut de dessous son trône, et fut saisi par le prince. A cette vue, le roi Quîmûs et tous les assistants furent plongés dans l'étonnement et dans la stupéfaction ; ils baissèrent la tête de honte, et leur corps fut couvert de sueur. En ce moment même, Mihr-anguez oubliant toute pudeur disait encore : « Prince, dis-moi donc ce que Gul a fait ? » — « Il faut que vous soyez bien déhontée pour renouveler cette question, lui répondit Almâs, et persister à demander ce qui s'est passé. »

Alors, le prince fit venir le nègre au milieu de l'assemblée, il raconta en sa présence l'histoire de Gul et de Sanaubar du commencement à la fin, et le nègre appuyait de son témoignage chaque partie du récit. Lorsque le prince l'eut terminé, le roi Quîmûs et les assistants donnèrent des louanges et des félicitations à sa bravoure et à sa sagesse. Quîmûs lui fit des présents considérables, et lui remit sa fille entre les mains, pour en disposer à son gré.

XIII

Le prince, après être resté quelque temps auprès de Quîmûs, partit pour son pays, et, par la grâce de Dieu, il arriva sain et sauf dans sa ville, avec les gens de sa suite, aussi bien que Jamîla et Mihr-anguez. Lorsque cette nouvelle arriva à son vieux père, Schamschâd, le soir du chagrin fut changé pour lui en matin de la joie ; lui qui avait fait de ses yeux une fontaine par les pleurs que la privation de son fils lui avait fait répandre, et au corps duquel il ne restait, à cause de la maladie de l'absence, que le souffle, trouva, en entendant cette bonne nouvelle, sa vie doublée. La proclamation de la joie se répandit dans toute la ville, et l'allégresse se manifesta dans toutes les maisons. Le roi fit tant d'aumônes et de dons que les malheureux furent heureux et les pauvres riches. Cependant le prince se présenta devant le roi. Ce dernier, à cause de sa vieillesse et du chagrin de l'absence du prince, était devenu faible et impuissant. Il s'approcha tremblant par l'émotion que son affection lui faisait éprouver ; il appliqua le prince contre sa poitrine, il lui baisa la bouche et les mains, et pleura beaucoup en criant. De son côté, le prince lui ayant baisé les pieds le consola, tenant ses mains jointes, et tâcha d'arrêter ses pleurs et ses soupirs. Comme, par suite de ses pleurs, la vue du roi était devenue très-faible, le prince appliqua à ses yeux le *Surma* de Salomon, qu'il avait reçu du Simorg. A l'instant même, ses yeux furent guéris, et la vue lui revint. Il est vrai de dire que le prince était en réalité l'œil et la lampe de la maison de son père. Il raconta au roi en détail l'histoire de son voyage à Wâcâf par l'entremise du Simorg, l'aventure de la fille du nègre, l'amour de Jamîla, comment il fit rougir le père de Mihr-anguez, et la manière dont il fut délivré de Latifa. Puis, il lui présenta Mihr-anguez, pieds et mains liés, en disant : « Cette assassine a fait périr les fils de Votre Majesté, et votre serviteur l'a amenée ici avec beaucoup de peine et de difficulté. Maintenant, ordonnez à son sujet ce qu'il vous plaira. »

Le roi pensa dans son esprit que son fils devait aimer cette femme, puisqu'à cause d'elle il avait supporté tant de peines et de fatigues, et l'avait amenée en sa présence ; que s'il donnait un jugement sévère il l'affligerait sans doute. D'après ces réflexions, il lui dit : « Cette femme t'appartient, tu peux agir à son égard comme tu l'entendras. » Alors, le prince fit sortir quatre chevaux alertes et forts des écuries royales, et, ayant fait attacher à leurs pieds le nègre, les mains liées derrière le dos, il se mit à le frapper avec un fouet qui mit son ventre en pièces, tandis que, par les coups de pied des chevaux, ses mains et ses pieds furent réduits en miettes. Mihr-anguez, saisie de crainte, tremblait et se mit à pousser des cris et des gémissements, en pensant que le prince allait la traiter de la même manière. Puis se remettant un peu, elle lui dit adroitement: « Prince, celui qui, après beaucoup de peine et de difficulté, obtient une perle sans prix doit la garder soigneusement. Je me suis rendue coupable d'actions criminelles: mais il faut les considérer comme ayant été faites par la volonté de Dieu. Si tes frères et d'autres personnes ont été privées de la vie par mes mains, c'est que l'écrivain du destin l'avait ainsi écrit dans le livre de leur destinée. Mon sort a été mauvais, relativement à toi; sans cela, comment serais-tu arrivé au lieu où tu es arrivé, et quelque autre aurait-il pu connaître mon secret? Jusqu'à présent, la main du désir de personne n'a atteint le fruit du jeune arbrisseau de mon être, et personne n'a savouré le goût de la pomme de mon menton ni de la pistache de mes lèvres. »

Le prince fut sensible aux touchantes paroles de ce doux langage et aux charmantes manières qui l'accompagnaient. Ayant donc choisi un jour et un moment favorables, il contracta mariage avec Mihr-anguez, et passa avec elle le restant de sa vie dans un bonheur parfait.

EPILOGUE.

Telle est l'histoire de Gul et de Sanaubar. Que ceux qui la liront ou en entendront la lecture sachent que le but que l'auteur a eu en vue a été de prouver que, dans ce monde, la peine et le plaisir, la joie et la tristesse vont de pair. Pour trouver un trésor, il faut se donner de la peine. Le serpent est auprès du trésor, et l'épine à côté de la rose. Bien que cette histoire soit écrite pour amuser le lecteur, toutefois il y a des passages qui doivent servir d'instruction et d'exemple, et par lesquels les gens intelligents apprendront la sagesse. Maintenant, l'auteur espère que ceux qui liront cette nouvelle se rappelleront de lui en bon souvenir, et que là où ils trouveront des fautes ils les corrigeront ; car la nature de l'homme est entachée d'erreur. Le proverbe dit : « L'homme n'est pas un ange. »

Grâce à Dieu, cette histoire agréable et attachante, propre à récréer l'esprit chagrin et triste, a été imprimée par le serviteur des savants Hidâyat Ali d'Islâm-abad, en 1845 de Jésus-Christ, à l'imprimerie Mazhari, par les soins du munschi Abdulhalîm Sâbib.

HIR & RANJHAN

PRÉLIMINAIRES.

Parmi les œuvres littéraires récemment publiées à Dehli et accueillies avec le plus d'intérêt par les lecteurs indiens, on distingue la singulière légende penjabienne de *Hir o Ranjhan* (1), écrite en prose entremêlée de vers par Macbûl écrivain musulman. Ce n'est pas que cette légende, qui, par le nom de l'héroïne, nous rappelle celle de Héro et de Léandre, avec laquelle elle n'a cependant aucun rapport, soit remarquable par d'intéressantes aventures, par des incidents inattendus et de singulières conjonctures. Le récit est de la dernière simplicité, ainsi qu'on en jugera facilement par ma traduction, abrégée par des coupures et des analyses; mais il a une véritable valeur littéraire et ethnologique, à cause des descriptions détaillées qu'on y trouve revêtues du costume de l'Orient, tantôt avec la rime, tantôt avec le rhythme, quoiqu'en prose, et par le luxe des citations arabes, persanes, urdues et hindies. Ces dernières citations sont à remarquer, car, rarement, les écrivains musulmans emploient, même en citation, le dialecte hindi qui est spécialement celui des Hindous, quoique ces derniers, à la vérité, se servent aujourd'hui le plus souvent dans leurs écrits du dialecte urdu ou musulman. Il n'en est pas de même des uMsulmans: on n'en

(1) Il y en a au surplus d'autres rédactions, entre autres celle en vers qui est signalée au n° 77 du Catal. Sprenger; car les légendes populaires de l'Orient ont souvent eu de nombreux interprètes, qui les ont présentées avec plus ou moins de talent, tantôt en vers, tantôt en prose.

cite qu'un très-petit nombre qui aient écrit en pur hindi ; et il n'y a que ceux qui se piquent d'une grande érudition qui intercalent, comme notre auteur, des citations hindies dans leurs ouvrages urdus. Ces citations, il est vrai, ont un grand inconvénient à cause de l'écriture qui est différente selon ces dialectes. En effet, l'urdu s'écrit en caractères persans, et le hindi en caractères dévanagaris : or, les Musulmans, fidèles aux caractères sacrés du Coran, écrivent le hindi en caractères persans modifiés des caractères arabes ; mais la lecture en est alors difficile et souvent incertaine, à cause de l'absence des voyelles brèves et des lettres spéciales au hindi comme au sanscrit.

La légende de Hir et Ranjhan a de plus un autre intérêt : elle appartient à la classe des écrits spiritualistes des sofis.

Voici comment l'auteur s'explique sur l'amour au commencement de son livre :

« Celui qui n'a pas l'amour n'a pas la foi... d'après la sentence d'Ali : « La métaphore c'est le pont de la vérité. » Le célèbre Jami a dit :

VERS. — « Ne te détourne pas de l'amour, marches-y quoiqu'il soit allégorique, car il sert pour le véritable. »

« Oh ! qu'a bien dit un saint personnage : « On peut servir Dieu pendant mille ans et n'être pas dévot : car Dieu n'agrée pas celui qui n'a pas l'amour. »

« Lorsque rien n'existait, l'amour existait, et lorsqu'il ne restera plus rien, l'amour restera. Il est le premier et le dernier. L'amour, selon l'école des contemplatifs, est une expression métaphorique pour exprimer le bonheur. C'est pour cela que les faquirs, au lieu de dire *salâm* (*salut*), disent *l'amour de Dieu*. Dieu déploya quatre fois sa force pour produire les quatre catégories d'êtres. La première fois les minéraux, la seconde fois les végétaux, la troisième fois les animaux, et la quatrième fois l'homme, parurent sur le théâtre de la manifestation et sur l'emplacement de l'existence. Il y eut quelques créatures intermédiaires qui représentent la perfection d'une catégorie et les rudiments d'une autre. Tel est le corail qui se place entre la fin de la force minérale et le commencement de la force végétale, parce qu'il est à la fois une pierre et un arbre. Tel est encore le dattier, qui est entre le végétal et l'animal, puisqu'on y trouve la distinction du mâle et de la femelle, l'inclination de l'un pour l'autre, et l'impossibilité de produire du fruit sans leur contact. Puis furent créés le perroquet, le rossignol, le lièvre, l'hirondelle, après la force animale qui était l'essence du commencement de la force humaine; car ces animaux participent à quelques qualités de la nature de l'homme. Or, dans ces quatre catégories il y a des traces de l'amour, mais elles sont plus évidentes dans les unes que dans les autres... et la perfection de sa manifestation a lieu dans l'homme...

Vers — « L'amour est au-dessus de tout ce que je puis dire : c'est par l'amour que l'émir des croyants (Ali) devint un lion. (1) »

« Le vénérable schaïkh Saad et le vénérable schaïkh Mina (que Dieu sanctifie leurs tombeaux!) ont écrit ceci dans le *Majma-i Sulûk* Collection relative à la voie religieuse : « Le mot *ischc* (amour) dérive de *ischqua*, qui est le nom du *lierre* en arabe. Or, la propriété de cette plante, c'est de dessécher l'arbre auquel elle s'attache, comme l'amour dévore le cœur de celui qui le ressent... Quant à l'amour des femmes, il y en a deux espèces : celui qui a lieu par l'audition et celui qui a lieu par la vue. Le premier est louable et le second est blâmable, parce qu'il n'est pas exempt de la concupiscence de la chair et de l'inclination passionnée. Ainsi, l'amour de sa majesté David pour la négresse de son général (2), amour qui fut le résultat de la concupiscence des yeux, fut l'objet des reproches de Dieu; mais il n'en fut pas ainsi de l'amitié de sa majesté Salomon pour la reine de Saba, Balkis, lequel eut lieu par l'audition des belles qualités et des charmes séduisants de cette princesse.

(1) Allusion à son surnom de « Lion de Dieu » *Açad ullah*, et simplement « Lion » *Haïdar* ou *Scher*.

(2) Il est question sans doute ici, de la femme d'Urie, qui, d'après la tradition, aurait été négresse.

« Ainsi, le signe de la vérité ou de la fausseté de l'amour consiste en ce qui suit : Il est véritable, si l'amant a pour sa maîtresse une inclination naturelle par l'effet de ses manières douces, de ses gentillesses engageantes, de ses charmes variés, de ses perfections attachantes ; mais si c'est à cause de la forme et de l'apparence extérieure des membres, de leur teint et de leur couleur, alors il est faux. »

L'épilogue indique clairement l'esprit qui anime l'écrivain. Voici en effet comment il s'y exprime en parlant à Dieu :

« O Seigneur, je te demande actuellement d'imiter Hir et Ranjhan. Rends-moi tellement oublieux de moi-même, que je n'existe qu'en toi. Sépare-moi de la ville de l'existence à tel point que je sois comme un voyageur du royaume du néant. Mets un lakh de parasanges entre moi et l'amour désordonné des créatures, et aussi de la cupidité. Mets sur ma poitrine la pierre du contentement. Que j'aime le souvenir de l'immortalité, et séparé de mes proches et de mes connaissances, je mettrai sur ma tête la couronne glorieuse de la mort et j'obtiendrai la souveraineté du royaume de l'éternité. Je suis tellement plongé dans le tourbillon de l'amour (divin), que son eau efface les traces de la concupiscence. Je suis comme anéanti jour et nuit dans ta pensée et absorbé dans ta méditation matin et soir. Que l'amour soit mon compagnon dans l'angle du tombeau ; que la pierre du malheur ne brise pas la fiole de la patience ! L'éclair de ta familiarité a brûlé le vétyver de l'existence ; mon âme agitée a dissous la neige de la mort. »

L'auteur de l'écrit dont je parle, Macbûl Ahmad ou Ahmad Mâcbûl, est un maulawi qui habite Dehli, où il a publié sa nouvelle légendaire, en 1265 (1848-49). Il y a joint, dans le même volume, « les Aventures de Saci et de Panûn » amants plus malheureux encore que les premiers, et aussi célèbres dans l'Inde. J'ai fait connaître cette dernière légende dans mon *Histoire de la littérature hindoustanie* (t. Ier, p. 357 et suiv.) ; car elle a été mise en lumière, entre autres en vers urdus, par un homme distingué de naissance et de talent, le nabab Muhabbat ullah Khân, fils de Rahmat Khân, souverain du Rohil-Khand, fameux par sa guerre contre les Anglais, lequel a donné à sa relation, par allusion à son nom, le titre de *Asrâr-i Muhabbat* « les Secrets de l'amour » ou « de *Muhabbat* », — et en vers persans par Jot Prakasch, sous le titre de *Dastûr-i Ischc* « la Loi de l'amour », et par le munschî Jeswant Singh Anderjit, sous le simple titre de *Saci Panûn* (1). Quant à la légende de *Hir o Ranjhan,* qui nous occupe, voici ce qu'en dit Macbûl dans sa préface :

« L'histoire de Hir et de Ranjhan est considérée dans l'Inde comme étonnante, attachante, piquante, intéressante et singulière, quoique vraie. En effet, d'après cette histoire, c'est en voyant en songe un jeune homme qu'une femme en devient amoureuse, et c'est pour avoir entendu l'exposition des belles qualités de celle-ci que le jeune homme est fou d'amour. »

Puis l'auteur explique pourquoi il a écrit cette histoire en hindoustani plutôt qu'en persan. « J'avais, dit-il, conçu d'abord l'idée d'écrire cette nouvelle en vers persans et j'avais même composé déjà quelques vers : mais j'ai réfléchi ensuite qu'actuellement l'usage de l'*urdû* (hindoustani) a prévalu, et j'ai pensé aussi qu'il est plus facile d'écrire en prose qu'en vers. Je me suis donc décidé d'écrire simplement mon ouvrage en prose hindoustanie mesurée. »

Macbûl Ahmad n'est pas seulement auteur des récits légendaires dont il s'agit ici, on lui doit en outre l'*Arkân arba* « les Quatre piliers », ouvrage qui traite de la pratique des devoirs de la religion musulmane, imprimé à Lakhnau en 1262 (1845-46), et je crois aussi, le *Dard-i Ulfat* « le Chagrin d'amour », roman en vers urdus, rédigé en 1250 (1821-22)., dédié au roi d'Aoude Nacîr uddin Haïdar, et dont on conserve le manuscrit original à la bibliothèque du *Moti Mahal* (Palais des perles) de Lakhnau.

Macbûl est né, à ce qu'il paraît, dans le Penjab, car voici comment il s'exprime, dans sa préface déjà citée, sur l'Inde et en particulier sur le Penjab :

« Les sages qui connaissent les mathématiques, d'après le dire des gens d'esprit qui ont mesuré le ciel, ont fixé à

---

(1) Sprenger, *Catal.* p. 507, 508.

l'espace du quart habité de l'univers vingt *dàng*, à savoir quatre à l'Hindoustan et seize pour les autres pays. Mais la contrée de l'Inde, qui est à elle seule un monde entier, a emporté sur tous les autres pays la boule de la prééminence quant à la grandeur et à l'étendue ; et les perfections sans nombre et parfaites d'air et d'eau sont bien autres dans ce pays qu'ailleurs. Quant à la science, l'excellence, l'esprit, la justice, l'art, le langage, l'habileté, la perspicacité, l'intelligence, le discernement, la véracité, la pureté, la finesse, la pénétration, ce pays est la niche de la célébrité des horizons. Quoique dans les autres contrées il y ait aussi ces qualités, si on les y cherche bien, cependant leur différence est celle du soleil et de l'étoile obscure de la Grande-Ourse ; que dis-je ? de la terre et du ciel. Ceux qui, dans l'Inde, veulent imiter les choses des autres pays, sont comme des inventeurs, et ils apprennent si bien toutes les langues, qu'ils y sont plus habiles que ceux à qui ces langues sont propres ; tandis que les Turcs et les Arabes, les Éthiopiens, les Persans, les Européens, qui demeurent de longues années dans ce pays, ne peuvent en apprendre la langue convenablement et brûlent du feu de la jalousie ; car les mots ne sortent pas comme il faut de leur bouche... Particulièrement la fraîche contrée du Penjab est dans l'Inde comme l'âme, et quant à la fraîcheur, elle est enviée par le jardin des jinns.

VERS. — « Le Penjab n'est-il pas l'abrégé des sept climats ? Sa terre fournit toute espèce de nourriture ; son eau est celle du Kauçar céleste. »

La ville du Penjab qui a obtenu la célébrité dans le monde, c'est la capitale des Hazâra, qui fait la jalousie des cent parterres du jardin (paradis). Là, la terre produit la beauté, l'air excite à l'amour ; chaque fleur prend le tribut de mille joues des belles ; l'épine ressemble à leurs cils ; le frais sumbul est pareil à leurs noirs cheveux et est plus entortillé encore ; la rouge tulipe est blessée comme le cœur ensanglanté des amants. A l'exception des rossignols du temps, aux langues éloquentes, les tourterelles du monde, qui chantent les louanges de Dieu, ont la prééminence dans leur éloquent langage et sont plus excellentes qu'ailleurs. Les belles à la taille droite l'emportent par leur port élégant sur l'esclave (de Dieu) le libre cyprès. Le saule jaune est le modèle du corps de Majnun et de Farhad ; le narcisse à l'œil agaçant représente l'œil de ceux qui attendent un regard plein de bienveillance. Le bouton de l'iris représente les lèvres teintes de vin des belles. Tout ce spectacle lumineux des végétaux du monde, qui louent l'Etre incompréhensible, qui est-ce qui pourra le décrire ? »

RÉCIT.

I. — COMMENCEMENT DE L'HISTOIRE.

Dans la capitale du Penjab, ville agréable et pareille au paradis, il y avait un chef nommé Aftâb Râê qui ornait l'assemblée, qui embellissait le combat, dont le cœur était comme l'Océan, fortuné tout en méprisant les richesses, dont le trône était élevé, dont l'esprit était pareil à celui de Platon, qui avait la même étoile heureuse qu'Alexandre, dont le naturel était celui d'Aristote, la gloire celle de Faridoun, le bonheur de Khoroës. Il avait sept fils pareils aux sept étoiles de la Grande-Ourse. Il était pourvu de toutes les richesses du monde. Eléphants, chevaux, honneurs et dignités étaient à lui ; des courtisans et des serviteurs aussi nombreux que les étoiles l'entouraient. Il possédait entre autres un innombrable troupeau de buffles, de la garde duquel était chargé son septième fils. Ce dernier était blanc et rose comme le lis et la rose : on le nommait Dîdhû, et il était surnommé Ranjhan (1). Or, d'après ce vers persan :

« L'amour ne vient pas seulement par la vue : souvent il vient aussi par l'effet des discours. »

(1) L'auteur fait observer qu'en dialecte hindoustani du Penjab, le mot *ranjhan* signifie *séduit, amoureux*, etc.

Voici ce qui se passa un jour. La maison et l'habitation de Ranjhan, qui avait le cœur blessé par l'amour comme la tulipe, était dans le désert et les lieux inhabités. Cependant quelques faquirs vénérables arrivèrent et le prièrent de leur traire du lait. Il leur répondit : « J'ai trait mes buffles ce matin, et, quoi qu'il m'en coûte de ne pas obtempérer à votre désir, je ne puis le faire encore en ce moment. » — Les faquirs insistèrent : « Ne temporise pas, lui dirent-ils, et crains notre colère. » A ces mots, le jeune Ranjhan, qui était pareil au narcisse et tremblant comme le saule, se leva, prêt à obéir ; mais quelque effort qu'il fît, et bien que les pis des buffles fussent pleins de lait, le vase ne se remplissait pas. Ranjhan dit à ces voyageurs du chemin de la connaissance de Dieu : « Quel est ce secret caché ? Votre serviteur est étonné ; mais il en espère la manifestation. » — « C'est, lui dirent les faquirs, que tu n'as pas invoqué le nom de Dieu. Commence par là, et tu trouveras l'éclaircissement du secret que tu demandes. » Ranjhan obéit ; le pot au lait se remplit, et il le plaça devant les faquirs, en faisant des vœux pour leur bonheur.

Ils lui dirent : « Rien n'est plus avantageux pour toi que ce qui vient de se passer, et, sans que tu t'en sois douté, nous n'avions pas d'autre but en te faisant notre demande. Pars au plus tôt d'ici, car tu es attendu par une charmante jeune fille, honte de la lune, au visage de fée, à la chevelure de sumbul, houri de race, d'excellent naturel, à la taille de buis, aux joues de soleil, aux yeux séduisants, aux sourcils d'arc, semblable à la lune, d'un port de soleil, aux lèvres de rubis, aux dents de perles, au menton de pomme, à la taille de cheveu, au foie grillé (cœur ardent), au corps délicat couleur d'argent, charmante personne asile de l'amour, niche de beauté, sémillante, aux bonnes manières, aux façons gentilles et agaçantes, à la démarche de perdrix, au langage de perroquet, à la forme de Laïla, aux manières de Majnûn, au discours agréable, *Hir* de nom, pareille au narcisse et désolée comme le sumbul. Sur sa poitrine, en effet, il y a une montagne de chagrin et dans son cœur une douleur qui fend le cœur ; des gémissements et des soupirs sont sans cesse sur ses lèvres ; son cœur est serré par la misanthropie, la fièvre la brûle, mais sans résultat, car la pudeur, comme l'épine de la route, l'arrête. »

Par la seule audition de ce discours, et en apprenant les qualités de cette femme charmante, le cœur de Ranjhan fut ensanglanté. L'impression qu'il ressentit changea son état. Ayant entendu ce doux langage au sujet de cette femme, jalousie de Laïla, il tomba évanoui ; et, comme Majnûn, s'étant déchiré le collet jusqu'à la ceinture, ayant comme Farhad une montagne de chagrin au-dessus de sa tête, jetant des cris, il abandonna sa maison, laissa ses parents et ses proches, et alla, comme les animaux, habiter les déserts et les plaines désertes.

II. — SAGES CONSEILS QUE RANJHAN NE SUIT PAS.

Lorsque la flèche de l'amour eut atteint le cœur de Ranjhan et qu'il eut été pris dans les cheveux bouclés de Hir et esclave de ses lèvres charmantes, ses parents et ses proches furent pleins de tristesse, et au moyen de la médecine de l'avis et des conseils ils tâchèrent de remédier à la chose, mais :

Vers. — « L'arc de l'amour lance partout des flèches, et le bouclier de la sagesse ne peut en garantir. »

Ainsi la *flèche* de leur avis resta éloignée de plusieurs *flèches* du but de l'effet ; et Ranjhan, le cœur blessé, plein de tristesse, ivre du vin d'une inguérissable folie, resta silencieux, oubliant le sommeil et le manger et attendant en patience. Les choses se passèrent ainsi pendant plusieurs années ; mais cette conduite ne plut pas à ses frères. Ils prirent chaudement la lance dans le champ de la haine, et à l'imitation du ciel (destin) qui jette partout la confusion, s'étant levés pleins de colère, ils privèrent de l'héritage paternel cet affligé, et ils effacèrent d'un trait de plume de la tablette de l'esprit la lettre de la concorde. Ranjhan hors de lui s'abandonna à Dieu. De tous les biens et les troupeaux qu'il possédait, on ne laissa à ce jeune homme dont la tête était troublée et le cœur brisé qu'un bout de terre aride et deux bœufs maigres. Ce malheureux s'occupait de travaux manuels, et semblable à Farhad, il taillait les montagnes. Après un certain temps, un brahmane qui avait serré ses reins avec la ceinture du renoncement à la vie, agile comme le zéphyr matinal, au souffle du Messie, aux pas de Khizr, faisant le parcours *(taï)* du désert comme Hatin *Taï*, un brahmane, dis-je, vint apporter à ce jeune homme tourmenté par la blessure de la vexation une lettre affectueuse de la part de Hir le flambeau de l'assemblée. Alors quelque espoir d'union avec la charmante rose se fit sentir au cœur du rossignol plaintif. La vie revint à son âme, l'esprit s'épanouit dans son corps et ne put y être contenu. Un poëte a dit avec raison :

Vers. — « L'amour se manifeste d'abord dans le cœur de la maîtresse, car le papillon ne serait pas amoureux si la bougie ne brûlait pas. »

III. -- HIR EST AMOUREUSE DE RANJHAN.

Il y avait dans la ville de Jang-Siyâl (1) une des provinces bien gardées du Penjab, sur le plateau du pays des Hazâra, un homme parfait, riche et puissant, qui se nommait Chûchak, et qui était le chef de l'endroit. Il avait une jeune fille pareille à Vénus et qui méritait d'être unie à Jupiter.

Vers. — « Ce n'était pas une fille (*dukhtar*) mais un astre (*akhtar*) du firmament de la beauté, c'était une perle brillante dans l'écrin de l'excellence....

« Sa joue était comme dans le Coran le verset de la beauté, et sa taille élégante comme l'étendard élevé de la perfection.

(1) Voir W. Hamilton, *East-India Gazetteer*, t. II, p. 61.

« Si on voulait décrire son nez et son sourcil recourbé, on pourrait se servir de la surate du *noun* (Jonas) et de celle du calam (1).

« L'anneau de son nez est le collier qui serre le cou de l'intelligence et oblige la pleine lune à mettre à son oreille la boucle de l'esclavage (2).

« Ses yeux séduisants et agaçants auraient mis en défaut dans sa fuite le daim lui-même.

« Cet œil humide et cependant pourvu de surma est comme le sabre d'Ispahan. La noire lentille de son brillant visage ressemble à la pierre noire de la Mecque et au corbeau. Sa joue est d'une incomparable excellence, le grain de beauté qu'on y voit est le remède contre le mauvais œil. Sa bouche étonnante est un écrin rempli des perles des dents et des rubis des lèvres. Les lèvres sont aussi pures que les dents : le rubis embellit les perles et les perles le rubis.

« Son menton ressemble au puits de Chanaan, et des milliers de cœurs pareils à celui de Joseph viennent s'y précipiter. Ses oreilles ne sont pas des oreilles (*kân*), mais des mines (*kân*) de gentillesse. Si quelqu'un voyait les pendants d'oreilles de cette inhumaine, il deviendrait par amour son pendant d'oreille.

« La plante de ses pieds était tout à fait charmante ; elle provoquait les baisers. Son air délicieux était comme l'éclair du malheur ; sa gentille démarche rappelait le tumulte de la résurrection. »

Comme cette lune de la nuit qui détruit le chagrin, ce printemps parfait de la gentillesse, ce zéphir qui augmente la joie, dormait sur le toit de sa maison, au clair de la lune ; tout à coup, elle vit un jeune homme à la taille de cyprès, au visage de tulipe, aux cheveux de violette, au teint d'ambre (jaune, c'est-à-dire blond), aux sourcils d'arc, aux cils longs comme des dards, aux lèvres de pistache, aux dents d'émeraude ; le repos de l'esprit, la force de l'âme, dont les douces et agréables paroles faisaient oublier la canne à sucre, et qui arrachait du joyau de l'âme le fil de la liaison (avec toute autre personne). Son front éclatant barbouillait de bleu le visage de la pleine lune (tant il lui était supérieur), et les boucles de ses cheveux musqués (noirs) étaient

(1) Allusions à la forme de la lettre *n* en arabe, à celle du calam, et aux chapitres X et XCVI du Coran.

(2) L'esclavage est désigné en Orient par le pendant d'oreille. Voyez le Deutéronome, ch. XV; et le psaume XL, traduct. de M. l'abbé Bertrand.

un échantillon de mille nuits obscures. Ce beau jeune homme était sémillant, folâtre, hardi, agile dans toute sa personne ; il ne respirait qu'élégance ; son port était gracieux ; il semblait avoir été jeté dans un moule enchanteur ; il était enfin une idole de séduction.

Vers. — « C'était ou un ange, ou une fée, ou une houri, ou mieux encore la lumière de l'œil des amants. »

Ce jeune homme se manifesta donc à Hir dans un songe pareil à celui de Joseph. A mesure qu'elle le vit, le cœur sans souci de cette jeune fille glissa de sa main, et cette lune éclatante du firmament de la beauté fut prisonnière dans le filet des boucles entortillées de ce jeune homme. Agitation fut à son cœur ; la couleur de son visage fut altérée ; l'oiseau de son intelligence s'envola, la misanthropie la quitta. Après avoir vu dans son sommeil cette rose, elle se leva, jetant des cris comme le rossignol, et se mit à pleurer et à laver son visage avec ses larmes. Ses servantes et ses dames de compagnie se réunirent, elles vinrent avec étonnement et en grand émoi, et dirent : « O Dieu, quel est ce malheur qui est survenu ? Que s'est-il passé dans le cœur de Hir pendant son sommeil ? »

Jusqu'au matin, une telle agitation troubla le cerveau de Hir, que le sommeil ne lui revint pas, et que la nuit se passa dans la peine et dans l'affliction. A l'aurore, son père et sa mère furent instruits de ce qui se passait. Des gémissements et des soupirs eurent lieu. Tout en pleurant, brûlés qu'ils étaient dans leur cœur, ils regardèrent et virent que leur fille avait une apparence extraordinaire et un état singulier. Elle était assise, les cheveux et les vêtements en désordre et le visage décomposé. Des traces de folie s'apercevaient sur son visage et des vestiges de déraison sur son front. Son intelligence n'était pas saine et ses sens n'étaient pas dans leur assiette. Sans nouvelles de son corps, sans attention pour son cœur, toujours ivre et toujours altérée de la vue de son bien-aimé, elle était hors d'elle et cachait néanmoins on secret. Bien qu'on lui demandât le motif de son trouble, on ne trouva d'autre réponse que le silence. Elle branla la tête avec pudeur, et répandit ainsi sur l'âme de ses parents l'agitation et le trouble. On amena des médecins et des exorcistes ; tous déployèrent leur esprit afin d'obtenir une disposition avantageuse ; ils mirent tout en œuvre, mais ils n'obtinrent aucun résultat heureux ; bien plus, ce fut le contraire qui arriva.

Vers. — « Par l'effet du destin, l'oxymel augmenta la jaunisse et l'huile d'amandes douces produisit la sécheresse. »

Ayant considéré l'effervescence du sang de Hir et le vin de sa folie, on appela un chirurgien, qui, lui ayant bandé le bras, appliqua la lancette. On pouvait dire alors de cette jeune fille :

Vers. — « Quand on ignore la fièvre de l'intérieur, pourquoi percer la veine extérieure avec la lancette ? »

Il ne sortit pas une goutte de sang, et chacun se retira confus.

IV. — HIR ÉCRIT A RANJHAN.

Comme le cerveau de Hir était affecté de la maladie chronique de l'amour, et qu'elle était privée de sentiment et de mouvement, son père, sa mère et ses proches, renonçant à l'espoir de la guérir, retirèrent la main de son traitement et dirent :

Hémistiche. — « Abandonnons-la à Dieu : il en sera ce que Dieu voudra. »

Quelques jours se passèrent dans cette situation pénible. Un jour que cette malade d'amour, en proie au trouble, était plus agitée que de coutume, ses amies la conduisirent, pour la distraire, dans un jardin.

Vers. — « Que celui qui est libre de peines et de soucis aille se promener dans un jardin ; mais quel besoin a d'un parterre de tulipes celui dont le cœur est blessé (comme la tulipe)? »

D'après cette idée qu'il y a trois obstinations célèbres : celle des femmes, celle des rois et celle des enfants, les amies de Hir insistèrent et persistèrent à dire : « Quoique ton cœur y répugne, cède à nos instances, et ne diffère pas à nous fournir les preuves et les témoignages que nous désirons de ta bonne volonté. »

Vaincue par ces importunités, Hir, de gré ou de force, alla dans ce jardin, le cœur blessé. Quel jardin était-ce donc? C'était le capital du bien-vivre et du loisir : il était tout printemps et la honte du jardin de Farkhar (1). Ses allées étaient belles, ses bassins agréables, les clairières de la campagne étaient comme un miroir transparent. Il n'y avait ni les herbes sauvages de la peine ni les épines de la douleur ni la poussière du trouble. Ses fontaines donnaient agréablement de l'eau en abondance. Le zéphyr matinal relevait le cœur flétri et l'esprit abattu. La vue des roses produisait sur le cœur affligé l'effet du souffle du Messie. Toutefois, là où cette belle au cœur calciné portait les yeux, elle ne voyait que la face de son bien-aimé, et dans son ivresse, elle récitait ces vers d'un ton plaintif :

Vers. — « Comme tu es dans mon âme désolée et dans mon œil que le sommeil n'atteint pas, je te vois dans tout ce qui se manifeste à moi de proche et de loin. »

Tantôt elle embrassait un cyprès, croyant tenir son amant ; tantôt elle contemplait le narcisse, croyant que c'étaient ses yeux. Les roses lui offraient sa couleur et l'odeur de ses vêtements. Elle croyait voir ses cils dans les épines et les mettait dans son cœur. Elle trouvait dans les chants éloquents du rossignol et de la tourterelle ses accents séduisants, et elle faisait couler la pluie de ses larmes. Par la vue de la verdure du jardin, son cœur reverdit, et l'eau courante

(1) Ville fabuleuse mentionnée par les poëtes persans.

ou jaillissante dont elle s'abreuva diminua la sécheresse de son cerveau. Alors elle s'assit sur le bord d'un bassin, et chanta un *tappa* dans le mode musical nommé *bhaïrau* (1).

Les jeunes filles de même âge, qui entouraient cette beauté au visage de lune, étaient semblables à des étoiles en cercle autour de la lune. Par de jolies histoires et des discours agréables, assaisonnés du sel qui rouvre les anciens ulcères, et avec la lancette de la langue qui produit des étincelles, elles recherchaient les noires fentes des carrières du chagrin. Celle-ci qui était petite d'âge, mais grande d'intelligence, comprenait les allusions et appréciait l'amitié. Elle apprit donc qu'il y avait dans la ville capitale des Hazara un jeune homme charmant nommé Dîdhû et surnommé Ranjhan, dont la voix mélodieuse excitait la jalousie du rossignol, qui était le Joseph de la terre de Chanaan de la beauté, l'objet aimé du Penjab, qu'il faisait si bien résonner sa flûte, qu'il amenait dans ses filets l'oiseau de la raison, qu'il arrêtait l'eau qui coule et l'hirondelle qui vole.

Hir comprit par là le songe qu'elle avait eu, et de nouveau le feu de l'amour s'empara de son corps délicat. Ainsi enivrée à deux reprises par le vin de l'amour, et préparée à aimer, hors d'elle, mais voulant cacher le sentiment qu'elle éprouvait, elle se confia au fils d'un brahmane qui, depuis son enfance, était son serviteur et en même temps son compagnon fidèle et le confident de ses secrets. Elle écrivit une lettre en cachette, et promettant à cet homme une récompense, elle lui recommanda de lui rapporter promptement la réponse à sa lettre, et surtout de garder un inviolable secret.

V. — LETTRE DE HIR A RANJHAN.

Vers. — Louange à celui qui sans calam a tracé l'existence et qui est la plante du jardin de la bonté. Louange aussi au prophète de Dieu

(1) C'est un mode qui exprime la terreur. Quant au *tappa*, c'est un petit poëme hindi dont j'ai parlé dans mon *Histoire de la littérature hindoustanie*, et dont j'ai traduit plusieurs spécimens dans mes *Chants populaires de l'Inde*.

qui est devenu le cyprès du ruisseau de la pureté, à sa famille et à ses compagnons. Cette louange que j'écris sur la page du papier l'a rendue la jalousie de la lune.

« Salut aussi à cette rose qui a rendu le rossignol plaintif.

« Comme j'ai entendu la mention de ta beauté, mon cœur a glissé de ma main. Hir est amoureuse de ton charmant visage ; la lune est folle à cause de ce soleil excellent. Tu m'as montré ta face en songe, et elle a fait impression sur mon cœur. Je n'ai plus ressenti d'amitié pour mon père ni pour ma mère ; je suis étrangère à mes frères et à mes sœurs. Qu'a-t-on affaire avec sa famille lorsqu'on est étranger à soi-même ? Tu es dans mes yeux, tu es dans mon cœur ; tu es l'eau et l'argile de mon essence. Les belles sont balayées comme un torrent devant toi, et moi je suis maintenant la poussière de tes pieds. O mon bien-aimé ! si tu es instruit des signes de l'amour, tu dois savoir que le vrai chemin du cœur, c'est le cœur, sinon, n'es-tu pas une honte pour moi ? Viens donc ici pour que je parvienne à mon but, comme tu me l'as promis en songe. Montre-moi ta forme dans le réveil. Les flèches de tes cils ont percé mon cœur de part en part ; les roses de mon lit se sont changées en épines. Le sommeil et le manger me sont interdits ; le cachet du silence est sur mes lèvres, et j'ai renoncé à me promener nonchalamment... »

On rapporte que lorsque le brahmane chargé de la lettre de Hir fut arrivé dans le bois où était Ranjhan, et qu'il l'eut trouvé, ce dernier lut la lettre de cette belle du Kachan, puis après avoir baisé les mains et les pieds du brahmane, il le conduisit en sa maison, et l'ayant fait reposer en un lieu convenable, il exerça envers lui les lois de l'hospitalité. La nuit se passa paisiblement jusqu'au matin, et lorsque le soleil ayant revêtu la robe dorée de l'Orient, eut montré son visage de derrière le voile de l'Occident dans le boudoir de la manifestation, Ranjhan alla auprès de sa mère, lui rendit ses devoirs, lui demanda congé pour se mettre en voyage, et lui en expliqua les motifs en ces termes : « Hier et aujourd'hui, j'ai parcouru en entier une copie du *Jazb ulculûb ila dàr ulmahbûb* (1), je suis impatient ; bien plus je suis mourant, ainsi qu'il y est dit :

Vers. — « Je suis allé dans l'école de l'amour et j'y ai appris la leçon convenable pour ce monde qui passe ; mais j'ai oublié en un instant tout ce qui était écrit. »

« Je suis peu au courant de l'agriculture, quoique je sois forcé et obligé de m'en occuper. Jusqu'à présent je vous ai obéi autant que je l'ai pu ; mais aujourd'hui, malgré ce qu'il y a de répréhensible dans ma conduite, j'espère de la bonté maternelle que vous me laisserez aller voir avec les yeux de ma tête la princesse des belles que je vois depuis longtemps de la vue du cœur et me repaître de son haleine... »

La mère consentit en pleurant, bon gré mal gré, et Ranjhan lui baisa les pieds. L'ayant soulevé avec ses deux mains, elle le serra contre sa poitrine et elle exprima ainsi les vœux qu'elle faisait pour lui.

Vers. — « Sois béni à l'occasion de ce voyage ; va en paix et reviens de même. »

VI. — DÉPART DE RANJHAN POUR ALLER TROUVER HIR

En partant pour aller trouver Hir, Ranjhan récita ce gazal :

Gazal. — « Comment l'eau de la mer n'éprouverait-elle pas de la jalousie, car mes yeux sans sommeil sont devenus un océan de larmes ?

« La clef du chagrin a ouvert la serrure des plaintes ; ce qui oppressait ma poitrine a enfoncé la porte de l'océan des larmes.

« De la fournaise du cœur provient l'orage impétueux qui forme les rivières du Penjab.

« Ce monde d'eau a été contenu dans mon cœur, tellement que la mer elle-même ne peut donner une idée de sa force.

(1) C'est-à-dire « l'attraction de l'amour vers la demeure du bien-aimé, » ouvrage mystique mentionné dans Hadji Khalfa. Voy. Fluegel, t. II, p. 588.

« Que dirai-je en voyant mon cœur ? C'est le nuage, l'éclair, le mercure et l'Océan.

« L'œil est l'huître, et les larmes les perles de l'huître ; le mois d'avril (qui produit les perles) en est vexé (parce que mes larmes sont plus abondantes que ses perles), et la mer en est ensanglantée.

« La nuit de l'absence sera un jour terminée. Nous serons réunis ensemble, comme le cygne à la rivière. Mon désir a été agréé, mais ce n'est qu'une goutte d'eau de la rivière.

Lorsque, par l'effet de la bienveillance de sa mère, Ranjhan eut obtenu l'argent comptant du congé, il alla du côté de sa bien-aimée. En butte au chagrin et à la tristesse qui ravage le cœur, il arriva auprès de la rivière de Chinab : c'était une rivière sans bords et dont les flots étaient tellement agités que la crainte qu'ils inspiraient changeait en eau le cœur de ceux mêmes qui savent nager dans l'Océan et des tigres de l'art de la bravoure, et que les poules d'eau et les canards en avaient le vertige et éprouvaient mille étonnements.

Vers. — « C'était une eau effrayante dans laquelle le cygne lui-même n'était pas en sûreté. La plus petite de ses vagues aurait enlevé du bord de la rivière une meule de moulin. »

Les flots s'élevaient avec tant de force et de bruit qu'ils produisaient des perles dans les huîtres des pléiades. Le *poisson* du ciel (zodiaque) en voulant nager dans ce monde d'eau aurait été grillé de peur, et le *poisson* de la terre aurait été troublé lui-même et saisi de terreur.

Tel était ici l'état orageux de la rivière, et là avait lieu le déluge dans l'œil humide de Ranjhan.

Vers. — « Là où manque la pluie, dites au villageois d'amener en son champ mon œil plein de larmes. »

Il était difficile de traverser une telle rivière ; toutefois, comme Ranjhan était ivre du vin de l'attraction de l'amour de Hir, hors de lui et le cœur blessé, il pleurait en gémissant ; et ayant aperçu ce passage difficile, pensant qu'il ne pouvait atteindre à la perle du but, il était agité comme un poisson hors de l'eau, et ses mouvements étaient désespérés. Enfin, il lava ses mains de la vie, et ayant dit : « Au nom de Dieu, » il entra dans la rivière.

Vers. — « Il n'y a rien de difficile qui ne devienne facile, lorsqu'on a la hardiesse en partage (1). »

Il plongea donc, et sur le point d'aborder à l'autre rive, il en ressentit de la fierté ; mais il pensa que c'est Dieu qui donne à l'homme le pouvoir et la force de mesurer la mer, et que s'enorgueillir déplaît à l'être puissant par excellence. En effet, l'orgueil de la part d'un homme convient-il à la cour de Celui qui seul a le droit d'être fier ?

Vers. — « La hauteur et l'orgueil appartiennent à Celui-là seul dont le royaume est de toute éternité et dont l'essence est féconde. »

Au milieu de ces réflexions, il fut pris dans le filet des flots et conduit au fond de la rivière ; il éprouva un tel plongement que la vie lui devint amère, et qu'il perdit tout sentiment. Son cou fut enveloppé par le collier du tourbillon, et ses pieds par la chaîne des flots. Il marchait vers la prison de la mort, lorsque la grâce éternelle lui tendit la main ; il se tourna vers Dieu, et, avec supplication et gémissement, il chercha le remède à sa peine et à son agitation.

Vers. — « Lorsque Dieu le veut, il nous aide ; il nous pousse à faire des gémissements et des soupirs (2). »

Sa prière fut exaucée, et il fut délivré de ce gouffre ; car un marin, le voyant se noyer, en eut pitié ; il sauta dans la rivière, et l'ayant pris par la main, il l'en tira. Comme le bel air de Ranjhan le toucha, il le conduisit dans sa maison et fit tout ce qu'il put pour lui être agréable.

(1) Audaces fortuna juvat.
(2) Conf. Galates, IV, 6.

VII. — RANJHAN ARRIVE A LA VILLE DE SIYALAN ET DEMEURE DANS LE JARDIN DE HIR.

On rapporte que le pays du marin qui sauva Ranjhan était un village dans les environs de Siyalan, et qu'il y avait là un jardin que les lis et les roses rendaient un échantillon du paradis élevé. Ce jardin, fréquenté par les rossignols, où les cœurs désolés de Majnûn et de Farhad se seraient volontiers reposés, était planté d'arbres de différentes espèces chargés de fruits vermeils. Quelquefois Hir allait s'y promener pour y réjouir son cœur agité. Ce fut là que, par une heureuse rencontre, Ranjhan vint fixer son séjour. Lui qui avait renoncé au boire et au manger, et qui s'était interdit le calme et la tranquillité, à la bonne nouvelle qu'il allait en cet endroit, espéra du saint Créateur le don de la satisfaction et du contentement. Alors, le son de sa flûte déploya ses ailes au point que les passants s'arrêtaient et qu'il acquit une réputation telle qu'on disait partout qu'il était arrivé dans cette ville un joueur de flûte distingué dont les airs mélodieux produisaient un effet magique. Tout le monde venait l'entendre et trouvait qu'il répondait à sa renommée. On semait dans le champ du cœur la semence de l'amitié envers lui, tandis que le pan de sa robe se remplissait des graines des pleurs. Hir finit par être instruite de ce qui se passait, et elle qui était vide (maigre) comme la flûte par l'effet du chagrin et de la tristesse, fut remplie de joie et de contentement. Elle alla voir de loin le musicien et reconnut celui qu'elle aimait. De plus, l'ange de l'union fit appel à l'oreille de son intelligence, et elle se dit à elle-même : « Celui-ci est bien l'amant affectueux qui joue pour moi sa vie. C'est l'amour qui l'a attiré et l'a amené jusqu'ici. »

Hir, hors d'elle, alla trouver Ranjhan. Ce dernier la serra dans ses bras et lui raconta tout ce qui s'était passé, c'est à savoir comment il avait entendu parler d'elle par les vertueux sofis, et comment ce qu'il avait appris de ses qualités l'avait rendu amoureux ; les obstacles de ses parents qui l'avaient tourmenté comme des scorpions ; l'histoire de l'arrivée du brahmane porteur de sa lettre, la permission qu'il avait obtenue de sa mère, la peine de l'absence et les fatigues du voyage, sa chute dans la rivière et le courage du bon marin.

Vers.— « Mais bien que l'amour excitât le trouble dans le cœur de Hirl, la pudeur mit le doigt sur ses lèvres et lui ordonna de garder le silence. »

En effet, quoique le vent du désir eût souhaité un endroit désert, loin du préfet de police et de la sentinelle, afin que le navire de la loi fût submergé et vînt échouer à l'écueil de la transgression, toutefois Ranjhan avait la crainte du véritable gardien et du vrai capitaine de la barque, et il n'abandonna pas le rivage de la chasteté. La corde solide de l'amitié réelle et du dévouement sincère ne se brisa pas, et tous les deux pleins d'amour allèrent avec la vitesse du torrent à la ville de Jangsiyâl ou Siyalan. Hir fit descendre Ranjhan en lieu sûr et remplit envers lui les devoirs de l'hospitalité et du service.

VIII. — RANJHAN EST CHARGÉ DE LA GARDE DES TROUPEAUX DU PÈRE DE HIR.

Après que Ranjhan fut resté quelques jours à Siyalan, l'eau de l'amitié calma le feu de son agitation ; l'aiguillon de l'abeille de la séparation fut changé au miel de la réunion ; le poisson de son cœur, qui n'avait eu pour se repaître que le cadavre de l'absence, connut alors l'océan de la vie en s'abreuvant à la fontaine de Jouvence des lèvres de sa bien-aimée. De son côté, Hir ayant considéré la compagnie de Ranjhan comme un bonheur inattendu et un bienfait accidentel, elle rendit grâce à la cour de Celui qui réunit ce qui est dispersé. Du jour elle fit l'*íd* (1) et de la nuit le *schab barât* (2). Elle se livra à la joie, tout en craignant le firmament tyrannique qui fait pleuvoir la pierre du trouble et qui déchire la couture de la réunion.

VERS. — « Il ne peut laisser paisiblement ensemble deux cœurs dans un même lieu : il ne peut tolérer une aimable réunion. »

Pour se mettre désormais à l'abri du poison de la séparation, nos deux amants pensèrent qu'il fallait s'adresser au père de Hir. Celle-ci alla donc trouver son père, et, les mains jointes, elle lui dit : « O Quibla des deux mondes, ta servante vient te faire une demande..... » — « Je suis prêt à te l'accorder, répondit le père, si c'est une chose sensée et susceptible d'être agréée. Explique-toi donc sans crainte. »

Hir commença par remarquer que c'est une obligation essentielle, sur la tête et sur les yeux, d'obéir aux parents ; que les enfants doivent désirer ce qu'ils désirent et chercher leur bon plaisir ; que c'est aussi essentiel pour eux que de suivre les préceptes de la religion. « Or, vos troupeaux de bœufs et de brebis, ajouta-t-elle, sont mal soignés et négligemment tenus. Je pensais depuis quelque temps, moi, votre fille dévouée, que s'il se présentait un serviteur digne de confiance et actif, je vous le présenterais. Par une heureuse rencontre, j'ai trouvé aujourd'hui cet homme fidèle et dispos. Il est bien intentionné, il est propre à tout ; il ne regrette aucune peine ni soin. La paresse et la nonchalance sont à des lieues loin de lui. Chargez-le donc de vos bœufs et de vos brebis. »

En voyant Ranjhan, que lui présenta sa fille, le père de Hir, s'aperçut facilement qu'il n'était pas fait pour garder les bestiaux ; mais Hir lui dit : « Le proverbe arabe, *l'extérieur est l'indice de l'intérieur*, n'est pas toujours exact. Je

(1) Ce mot qui signifie *fête* se prend surtout pour exprimer la principale fête du culte musulman, qui équivaut à notre jour de Pâques, car elle termine le jeûne du ramadan.

(2) Autre fête musulmane consacrée à la commémoration des trépassés.

vous assure que ce jeune homme est propre à l'emploi que je demande pour lui. Ordonnez, et il agira. » Bon gré mal gré le père de Hir, pour contenter son aimable fille, mit sur son œil le doigt du consentement et confia à Ranjhan la garde de ses bœufs et de ses brebis.

IX. — HIR PORTE DES FRIANDISES A RANJHAN, ET KIDUN, ONCLE DE HIR, LES DEMANDE.

Ranjhan exerça donc extérieurement la profession de berger, et intérieurement il s'occupait d'amour. Il menait paître les bœufs et les brebis jusqu'à trois kos, et lorsque le soir arrivait il les rassemblait au moyen des sons de sa flûte et les ramenait à la ville.... Telle était son occupation constante, et chaque jour Hir lui faisait parvenir dans le bois l'eau et la nourriture nécessaires. Un jour elle lui porta elle-même un plateau de friandises plus douces que ses lèvres de sucre, et des pommes préférables aux mentons des belles quant à l'odeur et à la saveur ; des noix de coco, des pistaches, des amandes, le tout artistement arrangé sur des feuilles d'argent. Elle lui dit en lui offrant ces choses : « Ma chère âme, ceci est comme un sacrifice que t'offre Hir ; accepte-le, car c'est une nourriture douce et de facile digestion qui convient à toi, perroquet au doux langage et qui ne devrais croquer que du sucre. » Elle dit, et disparut comme le camphre. Ranjhan n'avait pas encore touché au plateau, lorsque arriva Kidûn, couvert du vêtement des faquirs et mendiant comme les mendiants ; car il savait que Ranjhan était ami des derviches, et qu'il était comme une amande sans peau dans le chemin de la vérité et de la pauvreté. En effet, ce cœur de cire, sans méfiance contre le vent violent de la ruse, ouvrit son cœur comme la rose de l'automne et lui fit don de tout le plateau de friandises. Or, Kidûn n'était pas en réalité un faquir, mais un espion, et il se retira aussitôt pour aller montrer ces friandises au père de Hir, qui était son propre frère. Hir vit la chose du chemin, et, se saisissant du plateau, elle reprocha à Kidûn son astuce et sa méchanceté, et alla rendre à Ranjhan son offrande en lui faisant connaître le piége où il était tombé. Ranjhan répondit : « C'est pour Dieu que l'homme doit agir. On fait son devoir et Dieu est gardien. » — « Cela est vrai, dit Hir, mais il ne faut pas que l'homme agisse contre la raison, à défaut il doit craindre la colère de Dieu. »

Vers. — « Quoiqu'on ne puisse pas mourir hors de l'heure fixée par le destin divin, on périt cependant lorsqu'on s'expose à la gueule des dragons. »

Cependant Kidûn alla trouver son frère ; il lui raconta tout ce qui s'était passé et tira de son turban, où il l'avait cachée, une bouchée des sucreries de Hir pour la lui montrer. Le père de Hir se mit alors en colère, et faisant venir sa fille : « Petite sotte, lui dit-il, honte de tes pères, tu as jeté l'opprobre sur ma tribu! Jusqu'à ce jour, notre maison était libre des mauvaises herbes et des épines des fentes de la honte. Mais toi, impure, tu as jeté le nœud coulant de la fourberie, et tu m'y as pris. Tu as manifesté une telle affection envers moi, que tu as éteint la lampe de mon intelligence. On a dit à bon droit : Dieu nous garde de la vue des femmes, car on ne peut s'en sauver ; et le Prophète a dit d'elles avec raison : *Elles sont défectueuses quant à la raison et quant à la religion.* Que faire actuellement que j'ai donné un coup de bêche à mes pieds? Si tu avais l'âge convenable et que tu désirasses te marier, je te dirais qu'il ne faut le faire qu'entre égaux et pairs ; mais maintenant tu as joué au trictrac de la convenance avec un étranger dont l'union ne peut te convenir. Y a-t-il en cela autre chose que l'ignominie et le déshonneur? Dois-je par un coup d'épée faire voler la tête de vous deux et brûler les copeaux de votre existence dans le feu de la mort? Tu as entendu, retire-toi, et ne sors plus hors du rideau du gynécée sans ma permission.

X. — LES FRÈRES DE HIR PRENNENT EN HAINE RANJHAN ET L'ENVOIENT DANS LA FORÊT AUX LIONS.

On dit qu'il y avait auprès de Jang-Siyâl un bois terrible, séjour des bêtes féroces: des lions, des loups, des panthères, des buffles, des léopards, des ours, des rhinocéros, des cochons-daims, et où, par conséquent, on ne pouvait mener paître des brebis et des chèvres, car les hommes les plus braves, saisis de crainte en entendant prononcer le nom de cette forêt, restaient paralysés et les cheveux hérissés. Là, le matin paraissait être le soir par l'effet de la noirceur, et le soir était pareil au jour sinistre de la résurrection. Il y avait entre autres deux lions terribles qui étaient l'effroi des quadrupèdes et des oiseaux, et qui venaient même quelquefois porter la dévastation dans la ville.

Les frères de Hir, avec l'intention de faire périr Ranjhan, envoyèrent cet infortuné dans cet emplacement de malheur. Au matin donc, lorsque le dragon du ciel eut fait sortir du sceau de sa bouche le bézoard du serpent (le soleil), et que le lion de l'aurore eut chassé le chamois de la nuit obscure et l'eut jeté dans les entrailles du néant ; lorsque la lune, reine des cieux, se fut couvert la face et se fut retirée avec l'armée des étoiles, le feu du soleil s'alluma et la lampe de la lune s'éteignit ; l'astre aux deux cornes parut, et l'Éthiopien de la nuit tourna le visage vers la fuite.

Conformément à l'indication des frères de l'inimitié, Ranjhan conduisit ses brebis et ses vaches dans cette forêt du malheur et les y laissa paître à leur gré. Armé d'un fort bâton, il s'assit sur une peau de panthère, qu'il avait étendue par terre. Les deux lions sanguinaires, guidés par l'odorat, arrivèrent à la clairière où reposait Ranjhan, en criant *hû, hû* ; et rugissant à l'imitation du nuage chargé de pluie, ils tombèrent sur lui comme l'éclair.

Ranjhan, que Dieu avait doué de la force d'un lion noir,

récita d'abord les paroles sacramentelles de la profession de foi *lâ ilâh*, et de son bâton il frappa d'un tel coup un des deux lions, qu'il lui brisa la tête, en écrasa les os qui semblèrent s'évanouir comme du camphre, et le priva de la vie. L'autre eut peur et se retira en arrière, mais Ranjhan le poursuivit, le renversa et lutta avec lui pendant quelque temps : enfin, il l'étendit mort par terre et en rendit grâce à Dieu. Il coupa la queue et les oreilles de ces deux lions pour s'en faire un trophée : il les mit sous sa tête en guise d'oreiller et se reposa. Des bergers, qui passèrent par là ayant vu les cadavres des lions, les lièrent avec une corde, et, contents, allèrent à la ville les porter à Chûchak, à qui ils dirent hardiment que les lions avaient dévoré son berger Ranjhan, mais qu'après mille peines, ils étaient venus à bout de les tuer et qu'ils les lui avaient apportés. Chûchak fut très-satisfait ; il donna aux bergers des éloges et des louanges, et les combla de présents.

En apprenant cette nouvelle cruelle, Hir tomba dans la prison du chagrin et de la douleur. Elle enleva de son front son voile d'or, elle s'arracha les cheveux, et, désolée, elle mit de la terre sur sa tête, elle déchira sa poitrine avec l'ongle du deuil, brûla ses joues par le feu de la douleur, inonda son visage de larmes, troubla le ciel par le tonnerre de ses cris, et brûla la moisson de sa vie avec l'éclair du désespoir. Le monde devint noir à ses yeux et elle fit entendre ses plaintes par les paroles suivantes :

Gazal. — « Mon ami s'est mis en route pour le royaume de la mort ; aussi le domaine de ma vie est-il au pillage.

« Le pan de ma robe est désormais privé de la perle de mon but ; comment mon cœur ne serait-il pas déchiré et propre à être donné comme un étonnant exemple des vicissitudes du temps ?

« Je ne détournerai pas mon visage du dévouement, quand même je devrais y perdre la vie. Voilà la place, voilà ma boule et mon maillet.

« Puisque le vent de la mort a éteint la bougie de la vie de mon bien-aimé, comment ma chambre à coucher ne deviendrait-elle pas aussi obscure que la nuit la plus noire ?

« Lorsque par l'effet du vent impétueux des événements, cette rose s'est fermée, mets alors dans le nid de la terre ton rossignol plaintif (c'est-à-dire, meurs).

« Le feu qui dans un instant s'élève de la terre noire jusqu'au ciel, c'est la plainte qui provient de l'agitation de mon cœur.

« Je suis ce Farhad dont le ciseau n'est autr chose que l'ongle dur, et la montagne de ma poitrine est sans appui (*bésutún*) (1).

« Pourquoi me tourmenter ? Si le loup du chagrin songe à la brebis de mon cœur, la faveur d'Ahmad (Mahomet) l'élu *Macbûl*) (2) me sert de berger. »

XI. — HIR REVIENT A ELLE-MÊME, RANJHAN REPARAIT.

Lorsque le roi du pays de Nimroz (le soleil), qui avait placé sur sa tête sa couronne aux rayons dorés et revêtu son manteau enrichi de pierreries et qui était monté sur le char du ciel, alla se livrer au repos dans la chambre à coucher de l'Occident, lorsque la *Laïla* de la nuit (*Laïl*), étant descendue du palanquin de l'absence, vint dans la noire tente des ténèbres, et que le *Majnûn* de la lune, blessé par l'amour, chemina dans le désert des cieux pour se rendre aussi dans le pays du soir, Hir revint peu à peu à elle-même et finit par reprendre ses sens... Cependant le son de la flûte de Ranjhan parvint à son oreille et il produisit sur elle l'effet du souffle du Messie : la force revint à son faible corps et l'espoir à son esprit. Enfin, Ranjhan, le tueur de lions, retourna sain et sauf de la forêt aux lions, et cette soirée fatale fut changée au matin du bonheur. Pendant quelque temps, Hir, semblable au halo, entoura de ses bras ce visage de lune, oubliant toute retenue. En signe de joie, elle répandit même sur lui tant de roupies et de païças, que l'espace de terre que couvraient ces monnaies fut envié par l'emplacement du ciel des étoiles fixes. « O toi, lui dit-elle,

(1) Allusion à la signification du nom de la montagne, où selon les Musulmans, Farhad grava des inscriptions expliquées de nos jours. Je dois faire seulement observer que le nom de Béhistûm que donnent à ce mont les cunéiformistes détruit l'étymologie persane.

(2) Allusion au nom du poëte, qui doit se trouver, selon l'usage, dans la dernière strophe du gazal.

qui partages les peines de mon cœur affligé, explique-moi actuellement ce qui t'est arrivé, à savoir, comment tu t'es sauvé de la griffe des lions sanguinaires. » — « Le sort m'a aidé, répondit-il, mon astre m'a secondé. J'ai terrassé ces méchants animaux, et je leur ai coupé la queue et les oreilles, que je rapporte en triomphe. Dieu a rendu facile ce qui était si difficile: il est le trancheur des difficultés. »

Hir s'empressa de communiquer à son père cette histoire étonnante et ce discours merveilleux. Chûchak fit alors venir Ranjhan devant lui; il apprit de la bouche de Ranjhan le récit de son exploit, et il vit de ses propres yeux les queues et les oreilles des lions. Il combla généreusement de présents cet homme fort comme un lion, et lui donna les louanges qu'il méritait si bien.

Cependant la poussière de l'envie séjourna de plus en plus sur le pan de la robe des frères de Hir, et la flamme de leur malice s'éleva à une grande hauteur. Le mariage de Hir fut décidé avec un jeune homme charmant, de bonne famille et de condition élevée.

Vers. — « Le cœur de l'ennemi est disposé à faire périr, mais le cœur de celui qui est tyrannisé, se tourne vers Dieu. »

XII. — INAYAT KHAN ENLÈVE LES VACHES ET LES BREBIS QUE GARDAIT RANJHAN.

Inâyat Khân, fameux chef de pillards qui pratiquait le brigandage sur les routes et les chemins, tomba un jour comme un malheur imprévu sur la tête de Ranjhan, et s'empara de son troupeau. Ranjhan, qui était sans armes, n'était pas en mesure de se défendre, et s'enfuit; mais il y a trente-six artifices de guerre:

Vers. — « On ne peut aller partout avec son cheval et il faut quelquefois jeter son bouclier. »

Ranjhan, prompt comme le vent, alla auprès de Hir, couvert de sueur, dans une agitation extraordinaire, la pâleur sur le front, de froids soupirs sur les lèvres, et se cachant les yeux de honte. Il lui apprit ce qui s'était passé. « Excusez, lui dit-il, la faute de votre esclave : une chose bien fâcheuse m'est arrivée ; mais si j'avais un cheval vif, agile et intrépide, je sens que je pourrais ravoir mes brebis. » A ces mots, Hir va auprès de son oncle, lui raconte la chose, et le prie de lui prêter son cheval, qui avait toutes les qualités que demandait Ranjhan. L'oncle refusa le service. « Tu es une petite sotte, dit-il à Hir ; ce que tu avances est une menterie. De quel vol parles-tu ? Où est le berger, où est la plaine qui a été le théâtre du fait ? Ne vois-tu pas que celui dont tu parles a formé le dessein d'emporter mon cheval, et a préparé à ce sujet le nœud coulant de la tromperie ? Rends droite ton intelligence, ne triche pas au jeu et ne me vexe pas inutilement. Tu ignores sans doute la valeur de mon cheval : il est incomparable et sans prix.

Hir n'insista pas, mais se retirant en colère, elle alla vendre ses bijoux et donna à son oncle le prix qu'elle en retira pour avoir le cheval en question, c'est à savoir, quatorze cents roupies, tandis que le cheval n'en valait que mille. L'oncle accepta ce marché avantageux, et Hir fit monter Ranjhan sur ce cheval. Le jeune homme, l'épée à la ceinture, le bouclier sur le dos, la lance au bras, une paire de pistolets à la selle du cheval, l'arc et le carquois au cou, le casque en tête et revêtu de la cuirasse et de la cotte de maille, se prépara pour l'action. Mars se serait arrêté d'étonnement en voyant son air intrépide et son épée moirée qui faisait voler deux têtes d'un seul coup. Une rivière de sang se mit à couler, et pendant plusieurs heures Ranjhan fit face à l'ennemi. Des quatre côtés, des flèches altérées de carnage pleuvaient sur lui, et il les évitait en faisant caracoler son cheval, protégé qu'il était de Dieu. Un seul individu restait sur pied ; alors Ranjhan ayant invoqué le nom de Dieu et celui de Mahomet (qui arriva à deux *arcs* de distance de Dieu), tira jusqu'à ses oreilles la corde de son *arc*, et y ayant ajusté une flèche, il visa si bien ce *cosaque*, que, l'ayant blessé mortellement, il tomba du dos de son cheval et alla s'asseoir sur le dos du taureau de la terre. Alors

Ranjhan tira son épée du fourreau et sépara du corps la tête de ce chien hostile. Il remporta ainsi une victoire complète, et fit cadeau à Chûchak du cheval d'Inâyat Khân... Les cris de *bravo* s'élevèrent de toutes parts, et la graine du cœur de l'envieux fut consumée comme le *sipand* qu'on brûle dans la chambre de la mariée (1) pour en éloigner les mauvaises influences. L'oncle de Hir fut touché de la valeur de Ranjhan ; mais le mariage de sa nièce avec un autre jeune homme était résolu. Hir, qui l'apprit, entra en grand courroux et s'en plaignit amèrement à son oncle. Celui-ci resta silencieux comme l'idole.

XIII. — MARIAGE DE HIR.

Les frères de Hir s'étaient convaincus que Hir était amoureuse, et c'était pour l'empêcher de satisfaire sa passion, que, pareils à un vieux serpent, ils avaient imaginé de la marier. « A cette folle, dirent-ils, il faut lier le pied avec la chaîne du mariage, et alors elle oubliera son amour insensé. Elle sera empressée pour son mari ; il sera attentif pour elle ; il sera son ami dans l'honneur et l'ignominie, et il ne supportera pas l'amour des rivaux. » Ils envoyèrent donc un message à la ville de Bazaran où habitaient les parents de celui qu'ils lui destinaient, et firent partir la procession nuptiale. Ici donc on faisait de la musique et on se livrait aux divertissements, et là, dans le cœur de Hir, il se passait tout autre chose. Elle se revêtit du collier des larmes, la fumée de ses soupirs produisit sur ses dents l'effet du *missi*, et la flamme de son cœur donna à ses lèvres la couleur du bétel.

Ici avait lieu la danse des bayadères, et là le cœur palpitait comme celui du coq qu'on égorge. Ici le chant, et là les gémissements de la douleur. Ici la poudre rouge et jaune du carnaval semblait couvrir les femmes d'un vêtement de crépuscule ; là, le chagrin de l'absence aurait pu briser la pierre.

(1) Conf. Tobie, VIII, 2.

Bref, ici se trouvait le fiancé qui désirait la nuit lumineuse de l'union, là la fiancée qui se cachait comme le croissant de la lune au mont Caf des peines. Enfin, la procession nuptiale arriva pompeusement à la porte de la mariée. La joie brillait sur tous les visages ; on chantait des poëmes de toutes les mesures et sur tous les tons, on faisait résonner toutes les espèces d'instruments. On tirait des feux d'artifice qui faisaient honte aux feux du ciel et qui semblaient les atteindre. Chacun était enivré du vin du plaisir. On but, on mangea, on prit du café, du thé ; on fuma, on mâcha du bétel, on se parfuma d'eau de rose ; enfin, conformément aux usages, on fit asseoir dans un palanquin la nouvelle mariée, et chacun fut joyeusement congédié, tandis que Hir, engagée forcément, quoique librement en apparence, dans les liens du mariage, morte dans la main d'un vivant, pleurait la séparation de son bien-aimé. Son cœur était grillé par l'effet du chagrin, son sein déchiré par l'ongle de la douleur. La pensée qu'elle était avec des personnes qui ne lui convenaient pas répandait du sel sur tous ses sens. En proie à cent regrets, désespérée au sujet de Ranjhan, enfermée dans la prison du malheur de son désir, elle paraissait tranquille à l'extérieur, mais intérieurement elle était désolée et elle murmurait ces vers :

Vers. — « O mon Dieu, quel est le motif de ta colère envers moi ? pourquoi un corbeau d'argile est-il devenu mon compagnon de lit ?

« A qui donc mon trésor a-t-il été confié, si ce n'est à la garde du serpent de la trahison ?

« C'est de toi seul, ô mon Dieu, que je puis espérer d'être unie à mon bien-aimé, tandis que du ciel de l'absence il ne pleut que des pierres.

« Tu es celui qui accomplis le désir des désireux ; aussi t'exposé-je mon désir et le tourment de mon âme.

« Heureuse ou malheureuse, je suis toujours la servante du Tout-Puissant. Accorde-moi les deux choses dont j'ai besoin, par les mérites de Mahomet.

« La première, c'est qu'à cette serrure qui n'est qu'en dépôt il ne soit pas appliqué la clef de la trahison ; la seconde, c'est qu'au jour de la rétribution Ranjhan soit uni à moi dans le séjour de l'immortalité.

« Que ma résurrection ait lieu avec lui et non avec mon mari (légal). Que mon vœu soit enfin agréé (macbûl), et que je sois mystiquement unie à lui ! »

XIV. — RÉUNION SECRÈTE DE RANJHAN AVEC HIR.

Comme le mari de Hir et les membres de sa famille la trouvèrent triste, irritée et folle, ils la renfermèrent et la firent garder par quelques femmes. De son côté, Ranjhan, à cause de sa séparation d'avec Hir, avait laissé le sommeil, le manger, le repos, avait renoncé au monde et s'était fait faquir. Jour et nuit, il errait de village en village et de ville en ville, vagabond et sans savoir où il allait. Quelquefois il récitait ces vers de Sauda :

Vers. — « Sans l'odeur de tes cheveux, ne resterais-je pas cent fois fendu comme le peigne ? Sans cette rose, le bouton de mon cœur ne se flétrirait-il pas ? Je boirai le sang de mon cœur, mais quand marquerai-je mon sein d'un fer chaud pour te prouver mon amour ?

« L'effervescence de la folie s'est levée, comment donc comprendre les discours des hommes ? Ceci est le commencement, quelle est la fin, si ce n'est d'exécuter ce qui était dans mon cœur ?

« Je suis sorti le collet déchiré et j'ai quitté tristement la maison, puis, frappé de folie (Sauda), je me suis arrêté sans savoir ce que je faisais, ayant perdu la raison par l'amour des belles. »

Enfin, Ranjhan arriva là où était Hir, et étant allé, à la manière des mendiants, auprès de son mari, il jeta un cri de détresse. Celui-ci lui envoya tout de suite de quoi satisfaire sa faim. Cependant le faux faquir aperçut Hir sur un lit élégant recouvert d'un drap broché d'or avec garniture de brocart. Elle était chargée d'ornements d'or et de perles qui annonçaient une nouvelle mariée ; mais la tristesse et l'abattement étaient peints sur ses traits. Ranjhan éprouva d'abord un état pareil à celui de l'évanouissement ; puis il trembla de chacun de ses membres, et cependant la joie se répandit dans son cœur, et ayant recouvré plus d'assurance, il chassa la crainte de son esprit, fit entendre ses soupirs et chercha de ses regards à rencontrer ceux de Hir.

Vers. — « Par de simples regards, les amants peuvent se dire vingt choses dont personne n'a la moindre idée. »

Sur ces entrefaites, arriva la belle-sœur du mari de Hir, qui tenait de temps en temps compagnie à cette lune. Croyant avoir affaire à un véritable faquir, elle lui apporta de quoi manger en l'invitant à l'accepter. « Je n'ai pas besoin d'aumône, répondit Ranjhan, je ne veux que continuer ma marche. » La belle-sœur s'en alla répéter à Hir le discours de ce derviche en apparence, amoureux en réalité. « Allez, lui dit-elle, porter de nouveau un plateau chargé de nourriture, non comme aumône, mais comme cadeau, à ce faquir qui connaît Dieu. » Elle agit ainsi, et Ranjhan accepta ce qu'on lui offrait. Toutefois, comme sa main tremblait pendant que son œil regardait du côté de Hir, et que son désir l'entraînait vers le rideau qui cachait sa bien-aimée, il fit tomber par terre ce qu'on lui présentait, mais il eut connaissance de ce qui se passait dans le cœur de son amie. En effet, elle descendit de son lit et vint auprès de lui. Elle trouva des étincelles sous la cendre, et elle vit le soleil couvert du rideau des nuages, brillant quoique caché. Ranjhan put lui dire secrètement qu'il habitait le désert, où il était en embuscade dans l'attente de la chasse de son désir.

Comme cet amant blessé de cœur obtint de son amie un agréable encouragement, il se retira dans les bois, et s'assit par pénitence sur un feu éteint. Bientôt la nouvelle se répandit qu'il était arrivé en ces lieux un possesseur de perfection, un saule pareil à Majnûn, libre des liens (terrestres), un Farhad Tranche-Montagne, et aux pénitences pénibles, qui avait oublié le soi et embrassé le toi ; tout entier (jusqu'à chacun de ses poils) dans le souvenir de Dieu ; ayant, comme la fleur sur l'arbrisseau le cachet du mutisme sur les lèvres, silencieux comme le lis. Chacun désirait le visiter et avoir le bonheur de le voir. Des troupes d'hommes et de femmes se rendaient auprès de lui. Celui qui désirait obtenir quelque grâce s'adressait à Ranjhan, qui la demandait à la cour du Créateur, et la flèche de la demande arrivait au but de l'effet. On aurait dit qu'il était dans la main de la puissance de Ranjhan d'être exaucé par le Très-Haut.

Une fois, la compagne de Hir alla trouver le mari de cette dernière, et afin d'amener une rencontre entre Hir et Ranjhan, elle lui dit : « Il y a tout près d'ici, depuis plusieurs jours, dans une plaine déserte, un faquir parfait, consommé dans l'amour de Dieu. Il repousse la magie et les maléfices, les fées et les jinns ; il éloigne la folie. Les rois eux-mêmes s'adressent à lui dans leurs besoins. Si vous le permettez, je conduirai Hir auprès de cet homme de Dieu et je lui demanderai la guérison de sa tristesse. » Le mari répondit : « Rien de mieux, hâtez-vous. » En conséquence, ces deux femmes adroites se disposèrent à partir. Elles se mirent en route, et au milieu de la nuit, elles se trouvèrent auprès de Ranjhan. Hir renvoya sa compagne et prit la fuite avec Ranjhan.

VERS. — « Le passereau qui, de sa cage, voit le faucon, n'a pas un instant de repos. »

Ils franchirent les limites du domaine du rival de Ranjhan et continuèrent leur course avec une telle vitesse, que le zéphyr rosé ne pouvait les suivre. Ranjhan ne trouvait pas le temps d'extraire de ses pieds les épines. Il agissait conformément au proverbe exprimé dans ce vers :

VERS. — « Quel est ce repos duquel dérive un dommage pour le prochain ? C'est pour cela que je n'arracherai pas l'épine de mon pied. »

Lorsque Ranjhan fut parvenu au delà des limites du domaine de son rival, comme il était harassé de fatigue, il se reposa à l'ombre d'un arbre. Bien que Hir l'excitât à continuer sa marche en l'engageant à ne pas se croire en sûreté, puisque son ennemi était à sa poursuite, Ranjhan n'obtempéra pas à ce conseil : le célèbre spiritualiste Rûmî a dit :

Hémistiche. — « Lorsque le destin se présente, le médecin perd la raison. »

Tout à coup les cavaliers qui étaient à leurs trousses se montrèrent de loin. Hir, qui veillait, aperçut la poussière qu'ils excitaient. Elle réveilla Ranjhan qui était endormi et dont la fortune était aussi endormie ; ils se levèrent et furent chauds de marche et prompts de course. Sur ces entrefaites, une troupe de calandars, nu-tête et nu-pieds, arrivèrent et s'approchèrent des fugitifs. Les cavaliers, qui les virent de loin, pensèrent que ceux qu'ils poursuivaient faisaient partie de cette bande, ils se ruèrent sur eux, et le mari de Hir leur dit : « Une esclave, qui a fui avec ses joyaux en compagnie d'un faquir, s'est cachée parmi vous, rendez-la-moi promptement. » Sans entendre ce qu'on leur disait, les calandars repoussèrent les cavaliers à coups de bâton. Alors le mari de Hir alla auprès du raja se plaindre, en jetant les hauts cris, de l'enlèvement de Hir et de l'échauffourée des calandars. « Seigneur, dit-il, un *faquir* sans *pir* (sans directeur, c'est-à-dire sans aveu) a enlevé une mienne esclave avec beaucoup d'or et de bijoux, et l'a cachée parmi de méchants calandars de son espèce. Ils répondent à nos prières par des injures, et à nos instances par des coups. Vous, seigneur, qui êtes l'arbitre équitable du siècle et le Nouschirwan du temps, rendez-moi justice et défendez mon honneur, sinon ma tête ne quittera pas la pierre du seuil de votre porte. » En conséquence, le raja ordonna de faire comparaître les calandars et les deux personnes occupées au jeu de l'amour. Hir était semblable à un daim qui est tombé sous les griffes des chiens. En ce moment un incendie éclata dans la ville. Quelque soin qu'on prît à l'éteindre, bien loin d'y parvenir, on en augmenta l'intensité. Maulawi Ma'nawi dit à ce sujet :

Vers.— « Des gens de précaution répandirent sur le feu des outres d'eau et de vinaigre ; mais le feu était plus fort que ces contrastes, les matières combustibles lui fournissant un aliment illimité. »

On annonça cette nouvelle au raja. « Le feu des froids soupirs de Hir, lui dit-on, et les étincelles de la vapeur de son cœur ulcéré parviennent au moyen d'un incendie jusqu'à la porte de votre bonheur. » Le vizir, qui se trouvait au pied du trône pareil au firmament, ajouta cette remarque : « Sire, lui dit-il, ce n'est pas du feu ordinaire, mais la flamme dévorante du siècle, qui est produite par des soupirs de feu.

Vers. — « Si celui qui souffre l'injustice tire un soupir de son cœur, l'effet s'en fera ressentir à l'eau et à la terre. »

Alors le raja prit la main de Hir et la mit dans celle de Ranjhan, en lui faisant des excuses sur ce qui s'était passé. Il gourmanda les cavaliers agresseurs et leur donna ordre de se retirer hors de la ville.

Quant à Hir et à Ranjhan, ils remercièrent le raja et partirent; mais personne ne sut où ils étaient allés, ni ce qu'ils étaient devenus. On ignore s'ils furent engloutis sous la terre ou enlevés au ciel. Ils furent cachés à l'œil de l'homme comme la tache du péché originel et comme le Simorg dans le Caucase de la disparition. Chacun, jusqu'à ce jour, s'informe inutilement de ces amants perdus, et les langues discourent sans résultat au sujet de cet événement.

Vers. — « Ils s'évanouirent, et il ne resta d'eux que le nom; mais leur mention est toujours sur la langue. Celui qui a donné sa vie, consumé par l'amour, obtient la vie du monde invisible. »

LA LÉGENDE DE SAKUNTALA

Le célèbre drame de Sakuntalâ, publié en sanscrit et habilement traduit en français, par de Chézy, sous le titre malheureusement amphibologique de *la Reconnaissance de Sakuntalâ*, a pour base une légende qui est développée dans le Mahâbhârata. Quoique la traduction anglaise de cet intéressant épisode, donnée à la fin du siècle dernier, par Ch. Wilkins, ait été reproduite en français dans le *Journal Asiatique* dès 1818; nous croyons être agréable à nos lecteurs en leur faisant connaître ce même épisode d'après la version hindouie du Mahâbhârata de Gokulnâth, excellente quoiqu'un peu abrégée. Nous nous flattons même que notre traduction, qui est littérale et que nous croyons fidèle, servira à éclaircir quelques passages obscurs du texte original, mal compris par les traducteurs.

Il y avait dans la race des Pauravas un grand roi nommé Duschwanta, qui exerçait jusqu'à l'Océan sa puissance et rendait heureuse toute la terre. Il n'y avait pas de mélange entre les castes : on ne faisait aucun péché. Duschwanta gouvernait légalement ses sujets, et sa gloire excellente était dans sa plénitude. Dans son royaume, les sujets vertueux trouvaient avantage à pratiquer la vertu; on n'avait à redouter ni les voleurs ni la faim.

Les castes se livraient sans crainte à leurs devoirs respectifs : au temps favorable, le nuage versait de la pluie et il en provenait des fruits excellents et abondants. La terre était riche de pierreries et les gens de toutes les classes étaient heureux. Les Brahmanes observaient leurs devoirs et ils ne disaient pas de mensonges. Le roi, comme la foudre, jeune de corps et très-intelligent, était comme un brave qui marcherait en portant sur ses bras une montagne couverte d'arbres. Il savait combattre avec les quatre espèces de massues et avec différentes autres armes. Il était fort habile en ce genre; en un mot, il était très-vaillant. Sur les ennemis éloignés il lançait sa massue, et il s'en servait pour ceux qui étaient proches, de telle façon qu'il faisait des millions de meurtres. Lorsqu'il brandissait avec colère sa massue, des quatre côtés, au milieu de nombreux ennemis, le massacre qui en résultait pouvait s'appeler : « Une grande destruction. » Et quant au carnage qui provenait des coups mêmes de sa massue, tous les sages le nomment « la Victoire du Destin. » Enfin le roi Duschwanta était habile à monter sur les éléphants et à cheval : il était fort comme Krischna, plein de gloire comme le soleil; il ressemblait à l'Océan quand il est calme et il était patient comme la terre.

Un jour après avoir arrangé les quatre corps de son armée, le vaillant Duschwanta se dirigea vers la forêt pour y chasser, lui brave dans le combat. Le ciel et la terre furent remplis, des quatre côtés, des cris des éléphants, du bruit des chars, du hennissement terrible des chevaux et des vociférations des guerriers. Les femmes de la ville, montées sur les maisons, regardaient le roi pareil à Sakra (1), et elles répandaient joyeusement sur lui une pluie de fleurs. Elles faisaient entendre des excellents chants de réjouissance de différentes sortes. Le roi marchait à la tête des quatre castes qui s'écriaient: « Bravo, le Sage! » Arrivé aux portes de Hari (2), il dit à ceux qui le suivaient: « Retournez en paix à vos maisons respectives. »

Duschwanta semblait monté sur Suparna (3). Son char alla bientôt au delà de la plaine. Les tambours et les timbales

---

(1) Un des noms d'Indra.

(2) C'est-à-dire de la ville.

(3) Oiseau merveilleux qui sert de monture à Wischnu. On le nomme plus ordinairement Garura.

résonnèrent, un grand bruit remplit l'air. Il aperçut alors la forêt qui était comme le paradis d'Indra et entourée de nuages. Il l'enveloppa pour y chasser. Il tua des lions, des tigres, et une grande quantité de daims. Ses braves guerriers l'aidèrent dans ce carnage. Les animaux de la forêt qui ne purent fuir furent atteints par les flèches; mais il y eut des lions, des tigres et des sangliers qui s'échappèrent franchissant les limites de la forêt. Des flèches percèrent les daims qui étaient éloignés, et quant à ceux qui s'approchaient on les terrassait et on les tuait par l'épée. On fit ainsi périr, au moyen de différentes sortes d'armes, les innombrables animaux qu'on put atteindre, et Duschwanta devint, par cette chasse, le chéri de la terre.

Ceux des animaux habitants de la forêt qui se sauvèrent, arrivèrent altérés auprès d'un étang : ils n'y trouvèrent pas d'eau et ils tombèrent évanouis, épuisés qu'ils étaient de fatigue. Tandis que des guerriers affamés mangeaient de la chair de daim, des éléphants blessés fuyaient tordant leurs trompes. Ces éléphants, devenus furieux, renversaient avec leurs trompes ceux qu'ils rencontraient et tuaient ainsi beaucoup de gens.

Le roi tout-puissant ayant donc fait périr ces animaux nuisibles, rendit cette forêt digne d'être le lieu de la retraite des Munis (1). Il prit ainsi le divertissement de la chasse et tua beaucoup de daims. Puis il alla à une autre forêt très-épaisse et incomparable. Ce héros, plus excellent que tous ceux qui l'accompagnaient, tourmenté par la faim et par la soif, quitta donc la forêt dont il vient d'être parlé et se dirigea vers une autre. Là, le sol couvert de gazon verdoyant resplendissait agréablement. Les arbres étaient chargés de fleurs nombreuses et des vignes s'y élevaient en grimpant. Des tourterelles perchées sur ces mêmes arbres faisaient entendre leur roucoulement, et des groupes d'abeilles bourdonnaient. Elles laissaient couler en fuyant, lorsqu'elles voyaient le bâton, un torrent de miel.

Le frais zéphyr était chargé du poids du parfum des fleurs

(1) Nom qu'on donne aux anachorètes, voués à la contemplation.

dont on voyait briller l'épais pollen semblable au brouillard. La joie la plus pure régnait. Les grillons poussaient leurs petits cris et les perroquets leurs clameurs réjouissantes. Le roi fut plein de joie en voyant cette heureuse forêt. Il y avait quantité de fleurs propres aux bosquets et la noire abeille y bourdonnait. Le printemps y régnait brillant de beauté comme la joue. Il y avait une ombre agréable formée par les arbres touffus pleins de fleurs amoncelées où s'accouplaient des oiseaux de différentes espèces. Ces beaux arbres, sans épines, qui fleurissaient et fructifiaient, étaient chargés de fleurs de toutes couleurs qui représentaient l'étendard de l'amour. En voyant cette parure on reconnaît le printemps, roi des saisons. A mesure que le zéphyr souffle, ces arbres magnifiques font pleuvoir des fleurs.

Le roi Duschwanta, après avoir admiré cette forêt, alla au bord d'une rivière. Là, il trouva l'ermitage d'un anachorète dont l'austère pénitence avait de l'éclat: il vit luire au milieu d'arbres divers des feux allumés pour le sacrifice. L'excellent monarque se rendit auprès de cet ermitage. Dans cet asile de la pénitence on voyait des balkhilys, des yatis, des munis (1). Le feu brillait dans différentes maisons belles et agréables. Là où coule cette rivière pure nommée Malinî, on voit les charmantes demeures des habitants de la forêt.

Le roi étant donc allé auprès de cet ermitage, qui était pareil au ciel, il gratifia du repos son esprit en voyant ce pur asile. Ce bel ermitage, délicieusement entouré par la rivière, était un asile de pureté comme l'ermitage de Badri (2) et comme le Gange. Le roi, source de bonheur, laissa les guerriers de son armée avec les chars et s'approcha de l'excellent ermitage du grand Kanwa-Kâcyapa. Il prit seulement avec lui, pour compagnon, son purohit (3), et étant descendu de

(1) Différentes classes de religieux.

(2) Lieu célèbre de pèlerinage dans la province de Srinagar ou Cachemyre.

(3) Sorte de prêtre particulier à une famille: chapelain, aumônier.

son char il s'avança pour visiter le rischi(1), qui était resplendissant comme du feu. Le roi fut charmé quand il vit cet admirable ermitage beau comme le ciel et d'un magnifique éclat. Des brahmanes y lisaient les quatre védas avec régularité, d'autres brahmanes prédestinés faisaient des sacrifices de différentes espèces. Des sages ayant médité sur tous les schastars (2) en acquéraient la démonstration pour leur esprit. Des troupes de munis brillaient, et çà et là étaient assis des abstinents.

L'incomparable roi Duschwanta, ayant vu cette multitude de solitaires, crut avoir obtenu le ciel, et le bonheur se peignit sur sa physionomie. Il s'approcha donc de l'ermitage de Kanwa-Kâcyapa, aux quatre côtés duquel se tenaient des troupes de munis comme un chapelet de perles. Ensuite, ayant laissé son compagnon le purohit, il s'avança tout seul; mais il ne trouva pas le muni Kanwa: l'ermitage était vide. Comme le roi dit à basse et à haute voix: « Y a-t-il quelqu'un ici? » une jeune fille, dont le corps était pareil à celui de Sri (3), accourut à sa voix. Elle était blanche comme du lait: ses beaux yeux étaient purs et vifs. Sakuntalâ, *car c'était elle*, étant donc sortie de l'intérieur de l'ermitage, s'avança comme la lune, mais couverte du costume des pénitents. Elle présenta ses devoirs au roi, lui demanda des nouvelles de sa santé et fit gracieusement le pûjâ (4) en son honneur. Puis elle lui dit en souriant: « Pour quelle cause êtes-vous venu ici, Sire; dites-le, et je ferai tout ce qui vous sera agréable. » — « J'ai désiré visiter le grand muni, répondit le roi, et c'est pour cela que je suis venu. Dites-lui que lorsque je l'aurai vu mon esprit sera plein de joie; mais faites-moi savoir, ma belle, où est allé ce grand et excellent

---

(1) Nom qu'on donne à certains personnages distingués par leur sainteté et par leurs actions merveilleuses.

(2) Livres qui occupent le second ordre dans la littérature sacrée des Indiens.

(3) Ce nom, qui nous rappelle de celui *Cérès*, est celui de la Vénus indienne, appelée aussi Lakschmi.

(4) On nomme ainsi une espèce de sacrifice exécuté habituellement par les Indiens, non-seulement à l'égard de leurs idoles, mais des personnages vivants.

muni. » — « Le muni mon père, répliqua Sakuntalâ, est allé à la forêt pour prendre du fruit. »

Pendant les deux gharis (1) que l'incomparable muni mit à revenir, le roi dit à cette jeune fille, en qui brillait l'éclat de la pénitence : « Qui es-tu, de qui es-tu fille, toi dont la beauté est si parfaite ? Comment se fait-il que tu habites cet ermitage au milieu de la troupe des munis ? En te voyant, ô fortunée ! mon esprit est dans le ravissement. Je désire savoir qui tu es ; ainsi dis-moi toute ton histoire. »

Sakuntalâ, après avoir entendu de telles paroles du roi, sourit avec douceur et se mit à raconter tout au long ce qui la concernait : « Sachez, Sire, lui dit-elle, que je suis la fille de Kanwa, qui est distingué par sa science en tout genre et par la pratique de la pénitence. » — « Mais, lui dit Duschwanta, le muni passe dans le monde pour avoir toujours été chaste ; comment donc peux-tu être sa fille ? Dis-le moi, charmante enfant ! » — « Ecoutez, Sire, dit Sakuntalâ, comment a eu lieu ma naissance et comment je suis devenue la fille adoptive du grand muni. Voici, en effet, ce que le rischi Kanwa a dit à un muni intelligent qui était venu auprès de lui. Ecoutez tout ce récit :

« Indra (2) ayant vu la grande pénitence du muni Viswamitra (autrement dit Kaucika), Indra, dit-il, en éprouva de la crainte dans son esprit. Il pensa que Kanwa pourrait, par ses brillantes austérités, obtenir le pouvoir de le précipiter de sa dignité. Alors il tint à Ménakâ le discours suivant : Sache que le roi des Suras est tourmenté et plein de crainte. Toi, la plus belle des apsarâs (3), charge-toi de mon affaire. La rupture éclatante de la pénitence du grand Viswamitra serait pour moi un grand avantage ? Fais comme tu le pourras ; pars, Ménakâ, tu me donneras le repos. »

« Lorsque Ménakâ eut entendu les paroles solennelles d'Indra, elle réfléchit et lui dit : « Ce pénitent est très-colère ;

---

(1) On nomme ainsi l'espace de 24 minutes. C'est la subdivision du *pahar*, dont quatre forment le jour et quatre la nuit.

(2) Le Jupiter Indien.

(3) Nymphe céleste, danseuse du ciel d'Indra.

il est glorieux comme une montagne. Vous craignez vous-même, ô Indra! sa pénitence entachée de colère. Comment donc oserai-je aller auprès de lui ? certainement il me fera périr. C'est par l'effet de sa colère qu'il n'a pas laissé subsister un seul des fils nombreux du muni Vacischta (1). Quoique né dans la caste des kschatryas, il devint brahmane et produisit ainsi en lui une nouvelle création. Par la force de ses austérités il fit couler une étonnante rivière, à savoir la Kaucikî (2), pure et large. Viswamitra devint grand par sa pénitence. Par lui plusieurs décès eurent lieu en peu de jours. Le rischi Matanga (3) nourrissait sa famille en tuant ses bestiaux, et Viswamitra étant venu auprès de lui connut son heureux état. Quant à vous, vous fîtes un sacrifice avec Matanga ; vous bûtes du soma (4) par crainte. Lorsque Matanga prit la fuite après avoir fait une faute contre son gurû (5), Viswamitra lui donna asile sans en être empêché. Pourquoi Indra ne réduit-il pas en cendre celui dont tels sont les actes? Il peut, à la vérité, détruire la nature ; mais la gloire de Viswamitra est invincible. Comment donc cet ascète voudrait-il toucher une femme comme moi ? Lui que tous les Suras (6) craignent, comment le vaincrai-je ? Toutefois, je courbe ma tête sous tes ordres, ô roi des Suras ! J'irai certainement au pays dont tu me parles. Cependant pense à me protéger, ô roi des Suras ! Pour cela je dois aller en compagnie du vent qui, excitant le plaisir et déployant l'artifice, devra faire soulever ma robe. L'amour devra aussi me seconder dans cette grande affaire, et répandre avec bienveillance le contentement autour de moi. »

« D'après l'ordre du roi des Suras le vent se mit donc à

---

(1) Ce saint personnage est un des sept principaux rischis.

(2) Rivière de Bihâr.

(3) Ce personnage est aussi nommé dans le texte Triçanku.

(4) Jus de *asclepias acida*, dont on fait un breuvage qui joue un grand rôle entre autres dans le *Rig-Véda*. Voyez à ce sujet la traduction de M. Langlois *passim*.

(5) Ou *directeur spirituel*.

(6) *Sura* équivaut à *Déva* ou « Dieu ».

souffler de trois manières. L'Amour étant aussi venu avec le printemps, il se tint tout prêt, une flèche posée sur son arc.

« Ménakâ, l'asile de la beauté, s'en alla auprès de Viswamitra et le salua d'abord. Puis elle déploya timidement ses manières voluptueuses et agita coquettement ses mains. Le vent soulevait sa robe (1), et elle la retenait en souriant et en rougissant. Elle cueillit des fleurs en élevant le bras pour montrer sa poitrine arrondie. Elle lançait des œillades du côté du muni et tout en retenant son vêtement elle le laissait flotter. Elle regardait, en faisant rouler ses yeux, vers le lieu où était assis le grand muni qui la voyait. Cette femme admirable de forme et pleine de charmes fit ainsi divers actes gracieux. Le muni les vit et la passion s'empare de son cœur. L'amour saisissant l'occasion décocha sa flèche. Alors le muni appela Ménakâ auprès de lui, et elle obéit avec un doux sourire. Ils se mirent à prendre ensemble les divertissements de l'amour et beaucoup de temps s'écoula dans ces plaisirs. Le muni était si satisfait de se trouver avec Ménakâ qu'il crut que ce n'était qu'un jour. Ce fut ainsi qu'il engendra une fille belle et douée des meilleures qualités et que Ménakâ mit au monde auprès de l'Himâlaya dans un pays très-pur, sur le bord gracieux de la rivière Malinî.

« Ménakâ, après avoir rempli sa commission, abandonna sa jolie fille et retourna à l'habitation d'Indra. Des oiseaux compatissants ayant vu cet enfant dans ce lieu désert l'entourèrent. Ils la sauvèrent des animaux carnassiers et empêchèrent les insectes d'en approcher.

« Comme j'allais au bord de la rivière pour faire le sandhya (2), mon esprit étant sous la puissance du devoir, je trouvai cette petite fille entourée de sakuntas (3) et je la pris avec moi. Voilà comment la chose s'est passée.

« Les Schastars nomment *père* celui qui donne la naissan-

---

(1) La robe dont il s'agit ici est sans doute le *sâri*, c'est-à-dire la pièce d'étoffe que les Indiennes roulent autour de leur corps.

(2) C'est-à-dire la prière du soir.

(3) On a généralement traduit ce mot par *vautour*, mais feu Eichhoff pensait qu'il vaudrait mieux le traduire par *milan*.

ce, celui qui donne la vie spirituelle et celui qui donne la nourriture. Il y a ainsi trois sortes de pères.

« Comme des sakuntas avaient été, dans la forêt, les gardiens de cet enfant, je lui donnai le nom de Sakuntalâ. »

« Telle est l'histoire que l'excellent muni m'a dite: c'est moi qui suis Sakuntalâ. Je reconnais Kanwa pour mon père, car j'ignore quel est mon véritable père. Je vous ai raconté, sire, le récit de ma naissance, tel que je l'ai entendu. Considérez-moi donc comme fille de Kanwa, ô roi des hommes, n'admettez pas autre chose. »

« Il est évident, dit Duschwanta, que tu es de race royale. Sois donc ma femme, toi qui es l'asile des excellentes qualités. Je te donnerai différentes pierreries, des vêtements très-beaux ; des ornements divins et des colliers dignes de Srî. Je te donnerai tout cela et, si tu le veux, tu posséderas mon royaume. Tu dois savoir que le mariage des gandharbas (1) est le meilleur, agrée donc que je le fasse avec toi. »

« Mon père, dit Sakuntâla, est allé prendre du fruit ; il va venir dans une ghârî. Il consentira peut-être à notre union ; ainsi patientez. Rendez-vous à mes paroles. »

« Je veux t'adorer, dit Duschwanta, ô ma bien-aimée, toi seule peux me donner le repos. Je t'ai reconnue pour ma véritable amie et ma volonté est formelle. Le don de l'âme doit répondre à celui de l'âme. Ecoute plutôt la loi de Srî. Celui qui connaît cette loi admet huit sortes de mariages, le brahmy, le daïb, l'arsch, le prajâpaty, l'âçur, le gandharb, le râkschas, et enfin le païçâch. Les quatre premiers conviennent aux brahmanes et les six premiers sont bons pour les kschatryas. Quant à l'âçur, sache qu'il est propre aux vaïcyas et aux sudras. Le rakschas et le gandharb sont les mariages des kschatryas; mais il n'est pas bon de se marier d'après les modes âçur et païçâch.

« On nomme *brahmy* (2) le don d'une vierge couverte d'ornements; *daïb* (3) celui qui se fait avec accompagnement

(1) Musiciens du paradis d'Indra.
(2) C'est le premier mode, celui des brahmanes.
(3) Ou le second mode, celui des *dévas* ou dieux.

du sacrifice nommé *yajn* et d'aumônes. Si le père donne sa fille à celui qui doit être son mari et qu'il dise à l'un et à l'autre : « Vivez ensemble en remplissant les devoirs de la loi ; » c'est alors le beau *prâjâpaty* (1). Lorsque le père reçoit deux vaches en donnant sa fille, alors c'est le mode nommé *arsch* (2). Ces quatre mariages sont établis pour les brahmanes asiles des bonnes qualités.

« Quand on ne donne sa fille qu'après avoir reçu beaucoup de richesses, c'est le véritable mode *âçur* (3). Enlever une femme endormie ou qui est privée de sa raison, c'est le mariage nommé *païçâch* (4). Le mariage des râkschas (5), c'est lorsqu'on enlève une jeune fille en pleurs, après avoir tué ses parents. Ce mariage est légal pour les Kschatryas ; mais ce ne sont que des insensés qui peuvent agir ainsi.

« Lorsqu'on s'est fait aimer d'une vierge et qu'on la trouve toute seule, la loi vous autorise à lui prendre les mains et à contracter ainsi avec elle le mariage nommé *gandharb* (6) dont Dieu est le témoin suprême. Or, puisque je t'aime et que tu m'aimes, unis-toi à moi par ce genre de mariage et sois ma charmante femme. »

« Puisque mon seigneur assure, répliqua Sakuntalâ, que la loi autorise ce mariage, je lui dirai, s'il veut bien m'entendre, la condition à laquelle je lui donne ma main. Je veux, si j'ai un fils, qu'il soit votre successeur, et si vous me donnez votre parole, sire, elle devra être un véritable et légal serment. A cette condition, unissez-vous à moi ; écoutez, vous êtes devenu mon maître, vous qui êtes vertueux. »

« Ainsi soit-il, » lui dit le roi, qui trouva ainsi le bonheur. Il se maria alors avec Sakuntalâ en lui prenant les mains.

(1) C'est-à-dire le quatrième mode, celui des brahmâdikas ou premiers brahmanes, créés directement par Brahma.

(2) C'est le troisième mode, celui des rischis.

(3) C'est-à-dire le cinquième, celui des açurs ou mauvais génies.

(4) C'est-à-dire le huitième, celui des vampires.

(5) C'est-à-dire le septième mode, celui des *râkschas* (vulgairement *râkas*) ou des ogres.

(6) C'est le sixième, il en a été question plus haut.

Puis il lui dit, pour exciter sa confiance, ces agréables paroles : « Je prends congé de toi, mais écoute, ma chérie, mon discours : je t'enverrai chercher, et mon palanquin t'indiquera qu'on vient de ma part. En attendant, charmante femme, rentre joyeusement en ta maison. » Après avoir ainsi parlé, le roi s'en alla, par la crainte du muni.

Deux gharis s'étaient passées lorsque Kanwa arriva à son ermitage. Sakuntalâ était tellement honteuse qu'elle n'alla pas au-devant de son père; mais celui-ci ayant connu par son regard divin ce qui s'était passé, lui dit : « Elle est grande cette chose que tu as faite sans mon assentiment. Le mariage que tu as contracté avec le roi n'est pas contraire à la loi. C'est celui que font solitairement deux personnes qui s'aiment. Le juste roi Duschwanta est d'une noble race, et toi, Sakuntalâ, aujourd'hui son épouse, tu trouveras en lui un mari excellent. Ton fils sera très-puissant et très-célèbre ; il asservira la terre entourée par l'océan. »

Alors Sakuntalâ s'avança et lava les pieds du muni, conformément à l'usage ; puis elle prit son fardeau et elle serra le fruit pur et bon qu'il avait apporté. « Oh, mon père, dit-elle ensuite, puisque j'ai reconnu le vertueux roi Duschwanta pour mon époux, déployez, ô excellent muni, une affectueuse bienveillance envers lui et envers son ministre. » — « Je suis content, dit Kanwa, en voyant ton attachement à ton mari. Reçois actuellement la grande bénédiction que tu demandes. Les rois de la race des Pauravas seront vertueux et impérissables. »

Sakuntalâ obtint donc cette bénédiction qu'elle avait demandée à l'égard de l'excellent Duschwanta. Après trois ans accomplis, elle accoucha d'un enfant très-fort. Le fils de Sakuntalâ fut plein d'éclat. Le muni Kanwa fit toutes les belles cérémonies usitées à la naissance d'un enfant. Il voyait croître cet enfant asile de grande force. Ses dents étaient blanches et belles, et son corps parfait comme celui du lion. La conque, le disque et la massue de Wischnu étaient à ses mains excellentes, et ses pieds avaient l'empreinte du poisson. Il avait une grande tête : il était fort comme le fils d'un Dieu. Il demeura pendant six ans dans l'ermitage du muni

Kanwa. Il prenait des lions, des tigres, des sangliers, des buffles et des éléphants, et il les attachait fortement aux arbres de l'ermitage. Comme ce héros-enfant domptait et montait ces animaux, la troupe des munis lui donna le nom de « Grand Dompteur de tout. »

L'excellent et patient muni Kanwa ayant vu le grand éclat de la conduite du fils de Sakuntalâ, et ayant reconnu qu'il était temps que ce jeune prince fût déclaré l'héritier présomptif du trône, il appela ses disciples et leur dit: « Conduisez Sakuntalâ au palais de son mari, aussi bien que son brave fils. Il est très-convenable que les femmes restent avec leur famille, ainsi emmenez cet enfant avec Sakuntalâ. »

Ils allèrent donc à Hastin-nagar (1) à la porte de Duschwanta; et les portiers lui firent savoir le moment de leur arrivée. Après avoir fait le pujâ du monarque, ils lui annoncèrent l'arrivée de Sakuntalâ et de son fils. Puis étant congédiés, ils se retirèrent et laissèrent Sakuntalâ et son fils avec le roi. Celle-ci dit alors : » Sire, proclamez votre fils, ici présent, votre héritier présomptif. Il a été engendré par vous en moi; veuillez le prendre avec vous, lui qui est comme un *sura*. Réalisez loyalement, sire, la faveur que vous m'avez accordée, car lorsque vous vous êtes uni à moi, vous m'avez fait cette promesse. Souvenez-vous des paroles que vous m'avez dites dans l'ermitage de Kanwa; accomplissez-les à présent, écoutez-moi, sire. »

Le roi entendit et comprit dans son esprit, puis après être resté un moment en silence, il dit: « Que me veux-tu, malheureuse pénitente (2)? Va-t-en ou reste, si cela te convient, mais je ne me souviens pas de l'ancienne liaison entre toi et moi dont tu parles. »

En entendant de telles paroles du roi, Sakuntalâ reste immobile; ses lèvres sont agitées et ses yeux extraordinairement rouges. Elle regarde de travers du côté du roi, comme si elle avait voulu le réduire en cendre. Ainsi la très-belle Sakuntalâ manifeste une terrible colère. Toutefois elle mo-

(1) Ou Hastinapur, l'ancienne Dehli.
(2) On se souvient qu'elle avait le costume des pénitents.

dère l'ardeur du feu de son courroux, et elle dit ces mots au roi : « Vous savez bien ce qui en est, et vous parlez cependant ainsi. C'est indigne de vous, sire. Comme toute personne distingue la vérité du mensonge, ainsi celui qui ment fait un grand péché. Il demeure en nous quelque chose que vous ne connaissez pas. C'est le témoin des actions pour les créatures, dans tout ce qui est convenable et tout ce qui ne l'est pas. Ecoutez, sire, il y a auprès de Dieu, comme témoins de nos actions, le soleil et la lune, le feu, l'air, la terre et le ciel ; l'eau, le jour, la nuit. La vertu, la justice et Yama (1) sont aussi ses témoins. On donne à l'homme, sire, le fruit de son action. Puisque je suis venue ici spontanément, que le roi me rende justice avec calme. O héros, ne me méprisez pas, moi qui suis digne de respect. Parmi ceux qui sont ici, tous me traitent avec honneur, même les gens les plus grossiers. Laissez-vous attendrir ; écoutez mes gémissements, ô roi sage ! Si vous ne tenez pas cette parole, dont je vous demande l'accomplissement, votre tête mérite cent fois de se briser. C'est parce que le mari s'identifie avec sa femme et la considère comme un autre soi-même, que les savants dans les védas l'appellent *jâyâ* (produite). Elle est l'âme de son mari, et elle met au monde un fils charmant qui délivre de l'enfer tous ses pères. C'est parce qu'il délivre tous ses pères du grand enfer nommé *Pun* que les sages, instruits dans les védas, le nomment *putr* (fils). La même femme, qui est habile dans les affaires de la maison, met au monde des fils. Cette femme, dont le mari est l'âme, s'applique à la chasteté. Elle est la moitié du corps de son mari ; elle, son aimable compagne. Elle est le capital des trois choses les plus appréciables (le plaisir, le devoir, la richesse) ; elle donne la joie. Sans la femme le sacrifice ne peut avoir lieu, non plus que les bonnes œuvres ; sans elle on ne peut être chef de maison. Au contraire, considérez, sire, comme riche celui qui a une femme. La femme qui parle avec douceur est pour son mari une amie. Elle est comme un père pour l'observation des devoirs et une mère dans l'affliction. Elle rend aisées les cho-

(1) Le Dieu de l'enfer qui est à la fois Minos et Pluton.

ses difficiles. Qui est-ce qui est digne de la confiance d'un homme, si ce n'est sa femme? Lorsque son mari quitte le monde, elle est sa compagne dans le chemin des esprits; car elle se résigne à mourir avec lui (1). D'après cela les hommes qui sont intelligents se marient; car la femme qui a trouvé un mari le rend heureux des deux côtés (en ce monde et en l'autre).

« Comme l'homme donne sa propre forme à l'enfant qu'il engendre, la mère de son enfant est, pour ainsi dire, sire, comme sa propre mère. Lorsqu'il regarde l'enfant, mis au monde par sa femme, il est aussi content que lorsqu'il voit par hasard dans le miroir sa propre image. La femme donne le repos à celui qui est affligé par la peine ou la maladie, elle est comme l'eau rafraîchissante pour celui qui est incommodé par la chaleur. L'homme ne doit pas dans la colère mépriser sa femme, car c'est en elle qu'est souverainement la justice, l'amour et l'amitié.

« Le père, en voyant à son fils de la poussière grise (2), l'applique néanmoins contre sa poitrine et trouve en cela un indicible bonheur. Ton fils déjà grand et beau est venu de lui-même auprès de toi; et tu le méprises: tu jettes à peine un regard sur lui. La petite fourmi, quoique ignorante de ses devoirs, dépose ses œufs et ne s'en sépare pas; et vous, si instruit en toutes choses, pourquoi ne satisferez-vous pas votre fils? L'attouchement d'une femme, d'un vêtement et de l'eau n'est pas aussi agréable que ce qu'éprouve un père qui serre son fils contre son cœur. Lorsqu'à la première cérémonie, après la naissance, on baise le front de son enfant, le savant (brahmane) récite ce mantra qui est écrit dans le Véda:

« C'est de mon corps que tu proviens, tu es né de mon cœur; ô mon fils, tu es un autre moi-même, puisses-tu vivre cent étés. C'est de toi que dépend mon existence, car ma race

---

(1) En devenant *sati*, c'est-à-dire en se brûlant avec le corps de son mari.

(2) C'est-à-dire en voyant revenir de voyage son fils couvert de poussière.

ne peut durer que par toi. Ainsi, vis heureux, ô mon fils, pendant cent étés. »

« Cet homme est né de l'homme, sire, c'est un corps de votre corps. C'est ainsi que, dans une eau pure, l'image est pareille et identique. De même qu'on prend le feu du foyer pour le sacrifice, ainsi ce fils provient de vous, il est comme la seconde partie de votre propre forme.

« Sire, c'est lorsque vous alliez, en courant, chasser au daim, que vous m'avez trouvée, moi, jeune fille, dans l'ermitage de mon père. Ménakâ la plus belle de toutes les apsarâs, laquelle est une production de Brahma, vint sur la terre trouver Kaucika. Elle m'enfanta, sire ; puis elle m'abandonna auprès du mont Himâlaya, et s'en alla comme aurait fait une femme infidèle à son mari. Il n'est pas certain cependant que j'aie commis des fautes dans les actes de ma vie antérieure. J'ai été délaissée dans mon enfance par mon père et par ma mère, et actuellement je le suis par vous, sire. Je veux bien retourner dans mon ermitage ; mais n'abandonnez pas notre fils merveilleux. »

« O Sakuntalâ! dit Duschwanta, j'ignore quand est-ce que tu as eu un fils. Les femmes disent de douces paroles, mais qui est-ce qui les croit? Ménakâ est une prostituée si en effet elle t'a abandonnée auprès de la montagne après t'avoir mise au monde et que, sans pitié, elle s'en soit allée. Ton père, colère, issu de Kschatrya, a aussi été impitoyable, lui, ce Viswamitra qui voulut être un brahmane libertin. Si ton père et ta mère sont excellents tous les deux, le premier dans la pénitence, l'autre dans les qualités de la forme, est-ce d'eux que vient ce discours de courtisane que tu tiens? Tes paroles ne méritent pas d'être entendues, car la honte demeure, mauvaise pénitente, à l'égard de ce que tu me dis. Ainsi, pars de ton plein gré.

« Qu'ai-je affaire avec Kaucika, la couronne des munis, et avec Ménakâ, le trésor des qualités? Pourquoi es-tu revêtue de ces misérables vêtements de femme pénitente? Ton fils est de haute taille très-fort et terrible de corps; il est devenu tel en peu de temps. Comment peux-tu dire ce mensonge? Ta naissance a eu lieu par le moyen d'une femme vile et toi tu tiens le discours d'une prostituée ; car tu avoues que Ménakâ a été, par caprice, sous la puissance de l'amour. Ce que tu dis comme étant arrivé, je l'ignore. Je ne te connais pas. Va où tu voudras. »

« Vous voyez, Sire, reprit Sakuntalâ, les fautes des autres seraient-elles aussi petites que le grain de moutarde (1), et vous n'apercevez pas les vôtres qui ont la forme du fruit de *bilwa* (2). Ménakâ fait partie de la milice céleste. Les dieux eux-mêmes ne viennent qu'après elle. Ainsi ma naissance est au-dessus de la vôtre. Vous marchez sur la terre, tandis que moi je marche dans le ciel. La différence entre nous est celle du grain de moutarde et du mont Mérou. Ce que je vous ai dit est vrai ; écoutez donc patiemment l'information que je vous donne. Tant qu'un homme laid ne regarde pas son visage dans un miroir il se considère comme merveilleusement beau. Mais lorsqu'il voit son visage dans le miroir il applique son esprit et raisonne. Alors il reconnaît la différence qu'il y a entre son visage et celui des autres. D'ailleurs celui qui est beau ne doit jamais mépriser les autres. Ce ne sont que les gens bas qui tiennent de mauvais discours; écoutez cela, vous qui êtes sage. L'insensé seul écoute l'avis des grands parleurs. Il prend ce qui est mauvais comme le sanglier qui recherche les ordures. Les gens de mérite écoutent les bons et les mauvais discours de ceux qui leur parlent; car l'homme vertueux fait son profit de ce qu'il entend, comme l'oie boit du lait dans l'eau. Si l'homme vertueux dit quelque chose de cruel à un autre, il en éprouve des regrets; mais si le méchant dit quelque chose de cruel, il en est joyeux. Comme le sâdh (3) trouve la joie lorsqu'il dit devant les grands de douces paroles, ainsi les méchants trouvent du repos à dire de mauvaises paroles aux sâdhs. Ceux qui ne connaissent pas les fautes des autres sont en possession d'un grand bonheur. Quant à ceux qui s'occupent des fautes de

(1) Ou de sénevé. Conf. Math. XIII, 32.
(2) Ægle marmelos.
(3) Nom que prennent les membres d'une société particulière de Waïschnavas. J'ai déjà fait remarquer que ce mot, qui signifie *pu* équivaut au nom de *puritain*.

autres, le monde lui-même les considère comme parents aux insensés.

« Ecoutez, qu'y a-t-il de plus absurde dans le monde que de voir les méchants appeler partout *méchants* les bons? L'impie craint celui qui a quitté la justice. Quelle ne doit donc pas être à ce sujet la sensation de l'homme religieux? De même, dites, qui ne craindrait pas un serpent furieux qu'il verrait? Le méchant qui abandonne l'enfant qui est sa propre image, ayant fait ainsi tort à lui-même, les dieux le font périr; et il ne voit pas le paradis.

« Les anciens disent que les fils sont les soutiens de la famille et de la race. Tous les fils sont excellents pour l'exercice du devoir, ainsi il n'est pas bon de les abandonner. Outre les quatre sortes de fils, savoir : celui qui est né par vous de votre femme, celui qu'on trouve, qu'on achète ou qu'on adopte, il y en a un cinquième, c'est celui qui est né par procuration de votre femme. Sachez qu'on le considère aussi comme fils.

« Le fils, c'est la réputation et la justice. Il est agréable et excellent. Il est comme un heureux radeau pour son père qui est plongé dans l'océan de l'enfer. Ainsi n'abandonnez pas votre fils, sire; songez à la vérité et à la justice. Chassez, ô grand roi, de votre esprit l'astuce que vous y avez injustement placée. Un grand puits à degrés vaut mieux que cent puits ordinaires; et un sacrifice vaut mieux que cent grands puits. Un fils vaut mieux que cent sacrifices; et la vérité vaut mieux que cent fils. Si vous mettez dans la balance la vertu avec mille *asva-médha* (1), la vérité sera plus lourde. Sachez-le bien, sire! Toute la lecture des Védas et le bain dans tous les *tîrths* (2) n'a pas la valeur de la vérité. Ecoutez cela, sire! La loi (dharma) ne vaut pas la vérité. Ainsi disent les sages. Il n'y a pas de péché plus grand que le mensonge. Ainsi dit le Véda. Sire, la forme de la vérité

(1) Ou « le sacrifice du cheval » qui est le plus excellent des sacrifices. L'abbé Dubois, célèbre missionnaire catholique dans l'Inde, a traduit un traité spécial sur cette grande cérémonie.

(2) Lieu de pèlerinage, spécialement aux rivières consacrées.

est Brahma (1), ne manquez donc pas à l'engagement véritable que vous avez contracté avec moi; car la vérité est la chose la plus avantageuse.

« L'affection que vous m'avez témoignée était donc fausse; mais si mes paroles vous déplaisent, je ne resterai pas, ô roi tout-puissant, en votre compagnie. Sachez toutefois que mon brave fils, ici présent, gouvernera après vous heureusement les quatre points cardinaux de la terre jusqu'à l'océan. »

Lorsque Sakuntalâ, après avoir ainsi parlé au roi, s'en allait en se livrant à la douleur, alors une voix agréable venant du ciel se fit entendre à Duschwanta. Le roi, son rityak (2), son purohit et son ministre entendirent ce qui fut dit, à savoir : « La grossesse d'une mère entraîne l'existence d'un père et d'un fils. Chargez-vous donc de votre fils et respectez Sakuntalâ. Le fils de l'homme, formé purement, sauve de l'enfer. Sakuntalâ dit la vérité, ô roi, et cet enfant qu'elle a porté dans son sein est digne de vous. La femme, en mettant un fils au monde, produit un second corps du père. Ainsi garde, ô roi, ce fils né de Sakuntalâ. Si tu abandonnais cet enfant courageux, ta vie serait une grande infortune. Ce vaillant enfant est le fils de Duschwanta et de Sakuntalâ. O roi, vous êtes son père, exécutez, en l'acceptant pour votre fils, l'ordre de la voix céleste. D'après cela, donnez à votre fils le beau nom de *Bharata* (3). Appelez ainsi votre fils, ô excellent monarque, parce qu'il sera élevé par vous. »

Après avoir entendu la voix céleste, le roi, rempli de joie, dit à son ministre ces douces paroles : « Vous venez d'entendre les paroles du messager des dieux. Le ciel a parlé et je suis satisfait. Je savais bien que cet enfant était mon vrai fils ; mais la crainte de mes sujets m'avait empêché de le

---

(1) C'est-à-dire Brahma est la vérité. En arabe, le mot *hacc*, qui signifie proprement la vérité, s'emploie pour signifier Dieu.

(2) Sorte de maître des cérémonies du culte, ainsi que son nom l'indique.

(3) Ce mot, qui signifie *chéri*, dérive de la racine *bhar* (sansc. *bhri* « nourrir, élever » laquelle est employée dans ce sens dans le second hémistiche de ce vers, et qui fournit ainsi à l'auteur l'occasion d'un jeu de mots.

reconnaître. Actuellement tous le considéreront comme légitime ; mais sans ce qui s'est passé on aurait éprouvé des doutes. »

Le roi ayant donc reconnu la légitimité de son fils d'après la voix du ciel, il l'embrassa. Ensuite il exécuta plein de grande joie toutes les cérémonies qu'il aurait dû faire à sa naissance. Il le baisa sur le front et les bardes chantèrent son glorieux bonheur. En touchant son fils. le roi éprouva une vive satisfaction et il ressentit le bonheur lorsqu'il traita avec respect Sakuntalâ à qui il dit ces douces paroles : « Mon union avec toi m'a procuré le bonheur ; mais lorsque j'ai pensé à la légitimer j'ai craint le peuple. Pardonne-moi donc, toi l'asile des qualités, pour les paroles inconvenantes et fâcheuses que j'ai dites. »

Le roi ayant donc reconnu Sakuntâla pour sa reine chérie, lui donna des ornements et des vêtements splendides. Ensuite, assisté de son ministre et en présence du peuple, il institua son fils Bharata son héritier présomptif (1).

Bharata gouverna le royaume, il remplit de joie tous ses sujets. Ce grand roi ayant vaincu tout le monde le réduisit à son pouvoir ; il marcha étonnamment dans les préceptes de la justice. Il devint monarque universel ; il fit de nombreux sacrifices et fut pareil à Indra. Il fit faire les sacrifices par Kanwa, le chef des munis, et il distribua de grandes aumônes.

Les rois de la race de Bharata furent grands comme les dieux : ils pratiquèrent les bonnes œuvres comme des brahmanes ; mais il serait trop long de citer leurs noms. On a proclamé l'excellence de ceux qui devinrent célèbres parmi eux. Ils produisirent une belle race qu'on a magnifiquement louée.

(1) A la lettre « jeune Roi » (yuva-râja).

CHANTS POPULAIRES
DE L'INDE

I

PRÉLIMINAIRES.

Les seuls monuments littéraires qui obtiennent une grande popularité sont les ouvrages en vers, mais surtout les courts poèmes qu'une énergique simplicité a rendus remarquables et que des airs chantants ont fixés dans la mémoire des peuples. Aussi les nomme-t-on spécialement chants populaires. Ces poésies, qui n'ont pas eu besoin d'être écrites, ou que l'écriture et la tradition nous ont à la fois conservées, ont pu seules être appréciées par la masse du peuple. Elles offrent donc nécessairement le reflet de ses croyances, de ses mœurs, de son langage, et, sous ce triple point de vue, elles sont bien dignes d'attirer l'attention du philosophe et du savant. Les chants populaires indiens, c'est-à-dire hindouïs et hindoustanis, n'ont pas moins d'intérêt que ceux des autres nations, et ils ne leur sont pas inférieurs sous le rapport poétique. Les uns se font entendre dans les réunions brahmaniques ou musulmanes, les autres dans les harems ou zanânas, ceux-là dans les marchés et les places publiques. Il y en a pour tous les temps de l'année ; il y en a pour les différentes occupations, et ceux-là contiennent souvent des espèces d'onomatopées qui annoncent le genre de travail auquel se livrent les individus qui les chantent. Il n'est pas jusqu'aux redoutables voleurs de l'Inde nommés *thags* ou *phanségars* qui n'aient des chants particuliers (1). Ces chants occupent

(1) Toutefois, le capitaine Sleeman, dans l'histoire qu'il a écrite de cette corporation redoutable, ne nous fait connaître d'eux que

une grande place dans la littérature indienne. Parmi ceux qui sont parvenus à ma connaissance, j'ai eu soin de faire un choix (1) qui en a exclu un grand nombre : les uns, en effet, m'ont paru trop libres (2) ou trop insignifiants (3) ; d'autres m'ont semblé intraduisibles, à cause des jeux de mots et des altérations, ou de leur obscurité provenant, surtout dans les chants musulmans, de la multiplicité des métaphores exagérées ou ridicules. J'ai dû laisser aussi plusieurs chants relatifs à des jeux particuliers à l'Orient (4). Au surplus, le principal mérite de ma collection c'est qu'elle n'est

l'invocation suivante : « O Kali, protectrice de Calcutta, que ta promesse ne soit pas vaine ! « *Kali, Kalkatta wáli, térá bacha na jáwè kháli* !

(1) J'ai puisé surtout dans les deux recueils originaux de W. Price, hindî et urdû, lesquels font partie du « Hindee and hindoostanee. selections ». Feu Brougthon, dans son » Popular Poetry of the Hindoos, » a donné la transcription en caractères latins et la traduction libre en vers anglais de cinquante-neuf chants populaires hindouïs, dont quelques-uns sont fort beaux. Malheureusement, comme sa transcription n'est pas du tout systématique, et que beaucoup de fautes typographiques se sont glissées dans le texte, il est difficile de se rendre raison de tous les mots. Pour donner un exemple de l'irrégularité de l'orthographe des mots indiens, je citerai le nom du célèbre poète Kéçava ou Kéçava-dàs, que Broughton a écrit de quatre manières différentes, toutes fautives : Kesub, Keshao, Kesheodas et Kesoodas.

(2) Ainsi sont ceux qu'on nomme *gali* ou *injure*, et qu'on chante entre autres aux mariages et à l'époque du *holi* ou carnaval indien.

(3) Tel, par exemple, que celui que Hadley a cité dans sa *Grammaire hindoustanie*, p. 75. Souvent, du reste, des poésies qui dans une traduction n'offrent aucun intérêt ne laissent pas d'être pleines de charme dans l'original, tant à cause des rimes et des heureuses répétitions de mots qu'à cause de la musique gracieuse et chantante qui relève la simplicité de l'expression. Telle est notre chanson du « Clair de la lune, » dont la beauté musicale a été habilement relevée par l'auteur des « Voitures versées, » et n'a pas échappé aux Arabes lors de l'expédition d'Égypte, car ils l'ont traduite en leur langue, et des voyageurs l'ont entendu chanter jusqu'en Syrie.

(4) Tels que le chauçar, le nard et autres. J'ai omis, dans quelques-uns de ceux que j'ai traduits, les allusions passagères qu'on y trouve sur ces jeux, dont les règles ne sont pas suffisamment connues.

composée, à l'exception d'un très petit nombre de pièces, que de morceaux traduits de l'original pour la première fois.

On a remarqué que les auteurs des chants populaires sont généralement inconnus. Il n'en est pas tout à fait ainsi dans l'Inde (1) : un bon nombre de ceux que j'ai traduits sont dus à des écrivains célèbres et dont les noms sont plus populaires encore que les écrits. Ce sont entre autres les réformateurs hindous Kabîr et Nânak, l'aveugle Surdâs (2) les musulmans Khusrau, Walî et Saudâ; le musicien Tân-Sen qui, non-seulement a contribué à populariser les autres, mais qui est lui-même auteur de quelques poésies répétées encore de nos jours (3). Khusrau écrivait dans le treizième siècle; quant aux autres écrivains, plusieurs sont du seizième siècle. Ces noms fixent naturellement l'époque de quelques-uns des

(1) Dans quelques chants hindous et dans la plupart des chants musulmans, le nom du poète se trouve, d'après l'usage, dans le dernier vers ou dans la dernière strophe.

(2) Quoique les poésies de Surdâs aient une grande réputation chez les Indiens, et que beaucoup de ses bischan-pad et autres hymnes soient encore chantés de nos jours, je les trouve néanmoins assez insignifiantes. Elles contiennent généralement les louanges de Wischnu ou de Krischna, exprimées d'une manière fort obscure, et par des mots tombés en désuétude et qu'on ne trouve pas dans les dictionnaires. Aussi ai-je dû me borner à faire connaître un très petit nombre de ces chants. Ce qui contribue à les rendre difficiles à entendre, c'est que l'auteur a employé pour les écrire les caractères persans, quoiqu'il se soit servi très rarement de mots persans ou arabes. Or, rien n'est si peu intelligible que des pièces composées presque entièrement de mots indiens et écrites en caractères persans. On y confond la classe des lettres cérébrales avec celle des dentales, le *sa* palatal, dental et même cérébral, le *kscha* et le *chha*, le *jnya* et le *guya*, etc. Comme les Indiens ont la faculté de pouvoir se servir des deux alphabets dévanagari et persan pour écrire l'hindoustani, ils ont généralement soin d'adopter le persan lorsqu'ils emploient beaucoup de mots persans et arabes, comme c'est le cas dans l'urdû et le dakhni; et le dévanagari, lorsque ces derniers mots y sont en très petit nombre, comme dans l'hindouï.

(3) J'ai fait connaître, dans mon *Histoire de la littérature hindouï et hindoustani*, plusieurs de ces chants qui sont dûs à des auteurs connus. On les trouvera aux articles sur Abrû, Inschâ, Jauhar, Khusrau, Lâla, Scharar, Sultân.

chants que je vais citer. Nombre de ces chants sont plus modernes, mais il y en a aussi de plus anciens. En effet, parmi les tribus rajpoutes, il existe des chants hindîs qui remontent sans doute au delà du douzième siècle, c'est-à-dire de l'époque où Chand, l'Homère du Rajasthân, écrivait ses poèmes historiques, dont on considère le dialecte comme ayant servi de transition entre le sanscrit et l'indouï plus moderne ; mais malheureusement nous ne connaissons de ces chants anciens que quelques vers isolés (1).

Les chants historiques sont, sans aucun doute, les plus importants de tous ; mais c'est précisément sous ce point de vue que ma collection est défectueuse (2); ce n'est pas qu'il n'en existe un grand nombre, surtout dans l'Inde centrale. En effet, Tod nous l'assure dans ses curieuses *Annales du Rajasthân;* et dans son voyage il parle d'un ménestrel qui chanta devant lui plusieurs stances des *bardaïs* ou bardes des temps anciens (3). Ces bardes faisaient entendre, au moment du combat, des hymnes guerriers nommés *kar-khâ* (4). Pour cela, ils se mettaient à une place particulière et, pendant les évolutions des troupes, ils les animaient par leurs chants énergiques. On trouve encore quelquefois actuellement de ces poètes dans les armées des natifs (5). Semblables aux muezzins des mosquées, ils ont la voix tellement forte,

(1) Cités par Tod dans ses « Annals of Rajasthan. »

(2) En fait le chants historiques, je pourrais citer deux stances prises parmi celles que Tod a données dans ses « Annals of Rajasthan, » t. 1er, p. 761, et t. II. p. 476. La première se rapporte à la victoire de Patan, remportée sur les Rahtores par les Mahrattes, commandés par le célèbre général comte de Boigne ; la voici :

« Chevaux, chaussures, turbans, moustaches, épées de Marwâr, ces cinq choses furent laissées à Patan par les Rahtores. »

Et celle-ci, qui fut composée lors de la conspiration du prince Khurram (qui monta plus tard sur le trône de Dehli, sous le nom de Schâh Jahân) contre son père Jahânguir.

« Le lac déborde, les eaux font irruption. Où est le remède à cela? La maison de Jahânguir croule, Râo-Ratan seul la soutient.

(3) *Travels in western India*, p. 293.

(4) De là on les nomme aussi *kar-khaït*.

(5) *Asiatic Journal*, n° 5, t. XXII, p. 28.

qu'elle se fait entendre malgré le bruit du galop des chevaux. Ils produisent, dit-on, sur les soldats un effet tel, qu'après les avoir entendus ceux-ci se ruent sur l'ennemi avec une ardeur sans pareille.

Je range en trois classes distinctes les chants hindouïs et hindoustanis, brahmaniques et musulmans: chants religieux et mythologiques, chants érotiques et érotico-mystiques, chants ethnologiques, c'est-à-dire qui ont rapport à quelque usage particulier à l'Inde.

Les genres particuliers de poésie employés dans les chants que je vais faire connaître sont, d'abord pour les pièces proprement hindoues, le *Pad*, qui équivaut au *Gazal* musulman. Or, le gazal est un court poème, sur une même rime, de douze vers au plus, dont le dernier doit contenir le nom du poète. Si le pad est à la louange de Wischnu, on l'appelle *Wischnupad*; s'il est en l'honneur de l'incarnation de ce dieu sous le nom de Râma, ou le nomme *Râmpad*.

Le *Tappâ*, petit poème érotique en vers de deux hémistiches, dont le premier est répété, à la fin, en ritournelle.

Le *Kabit*, autre poème de quatre vers, fort usité pour les chants religieux.

Le *Thumri*, poème composé d'un petit nombre d'hémistiches, et qu'on chante surtout dans les *zanânas* ou gynécées.

Le *Dhurpad*, autre poème composé de cinq hémistiches sur une même rime et dont le sujet n'est pas déterminé.

Il n'en est pas de même du *Malâr*, dont le sujet roule toujours sur la saison des pluies ; du *Domrâ* et du *Kahrwâ*, dont le chant est approprié aux danses qui en prennent le nom, et de l'*Hindolâ*, dont on accompagne le balancement de l'escarpolette, jeu pour lequel les Indiennes sont passionnées.

Les chants particuliers aux musulmans sont le gazal, dont j'ai déjà parlé, et le *Marciya*, ou complainte sur les martyrs musulmans et, spécialement pour les dissidents, sur Huçaïn, fils d'Ali et petit-fils de Mahomet, leur saint de prédilection et qui est, chez eux, l'objet d'un culte spécial.

Enfin, les chants mixtes, également usités chez les Hindous et chez les musulmans, sont le *Horî* ou *Holî*, chant du carnaval indien, dont il emprunte le nom ; le *Khiyâl,* poème érotique à refrain mis dans la bouche d'une femme, et le poème qu'on nomme en hindouï *Badhawâ* et en persan *Mubârak-Bâd,* c'est-à-dire des vers de félicitation qu'on chante à la cérémonie du mariage, à la naissance des enfants et dans d'autres circonstances heureuses.

Quand aux auteurs connus des chants populaires que j'ai traduits, outre ceux que j'ai mentionnés, on en trouvera nombre d'autres dont les plus distingués sont: Tulcîdâs, l'auteur d'un *Râmâyana,* aussi estimé que celui de Valmiki et plus populaire que le sien ; Rasrang, rival de Tân-Sen comme musicien et un des auteurs des chants populaires les plus répandus chez les peuples de l'Inde ; Râm-Praçad, auteur d'un ouvrage religieux qu'admirent les dissidents hindous, et dont les poésies sont surtout chantées par eux.

Parmi les musulmans, on trouvera entre autres les noms de Jawân, l'auteur d'un « Poème des douze mois, » qu'on a comparé avec raison aux « Fastes » d'Ovide ; d'Aftâb, qui n'est autre que le grand-mogol Schâh-Alam II ; d'Açaf-Uddaula, le nabâb d'Aoude, qui régnait à la fin du siècle dernier ; de Dard et de Hasrat, célèbres contemplatifs, et poètes très féconds et très considérés ; enfin, d'Inschâ, qui a nonseulement écrit en hindoustani, sa langue maternelle, mais en turc, langue de ses ancêtres, et en persan et en arabe, langues qui sont pour les musulmans de l'Inde à peu près comme pour nous le latin et le grec.

II.

CHANTS RELIGIEUX HINDOUIS.

Les chants religieux qui ne contiennent rien de mythologique sont des hymnes que chantent dans leurs réunions les kabîr-panthîs, les sikhs et les autres sectaires. Je vais traduire d'abord un pad empreint de la doctrine du védanta, qui n'est autre chose que le panthéisme:

Cette doctrine enseigne l'unité des êtres. On y compare le rapport qui existe entre la créature et Dieu à celui du vase de terre et de l'argile, des vagues et de l'Océan, de la lumières et du soleil. Mais on peut croire que ce sont des manières de parler qu'on ne doit pas prendre à la lettre ; car alors il n'y aurait réellement pour l'homme rien à attendre après cette vie, puisque son individualité disparaîtrait complétement. Ne peut-on pas penser qu'en annonçant cette sorte d'anéantissement les védantistes et les sofis pensent cependant avec les chrétiens, les juifs et les musulmans, que l'homme jouira comme individu du bonheur éternel ?

PAD.

Tu es le nuage et la pluie, et je suis le paon. Tu es la lune et je suis le chakor (1). Tu es la lampe et je suis la mèche. Tu es le lieu du pèlerinage et je suis le pèlerin (2) Tu es l'or et je suis le borax. (3) Tu es l'arbre et je suis l'oiseau. Tu es l'étang et je suis le poisson (4).

Voici maintenant un chant moral de Tulcîdâs, chant où respirent malheureusement aussi les funestes doctrines du panthéisme.

RAMPAD.

O insensé, invoque Râma ! Il est l'essence de Siva ; son nom est l'Océan. Étudie d'une étude convenable tous ses attributs et ses perfections.

Souviens-toi que le temps dévore le malheur et le bonheur : observe donc le détachement de tout.

Le temps dévore ce qui est bon et ce qui est mauvais, ce qui est à droite et ce qui est à gauche. En résumé, tout est absorbé dans Râma.

(1) Sorte de perdrix que les Indiens disent être amoureuse de la lune.

(2) Il y a de plus dans le texte : « Tu es l'aiguille et je suis le fil. »

(3) Ce sel cristallin est propre à faciliter la fonte des métaux.

(4) Collection W. Price, Chants hindî, n° 12. Cette dernière pensée est à peu près celle qu'on trouve dans le dix-neuvième livre de *Télémaque*: « Ils (les bienheureux) sont plongés dans cet abîme de délices comme les poissons dans la mer. »

Le monde est comme un jardin au mois de sâwan (1), lorsqu'il y a en même temps des fleurs et des fruits. Considère tout cela comme de la fumée ; n'oublie pas mon discours.

O Tulcî, celui qui laisse le nom de Râma et qui met son espoir en un autre est pareil à l'homme qui dédaigne un mets succulent pour demander une bouchée de riz bouilli (2).

Voici un chant philosophique sur la métempsycose:

PAD.

Quoi ! n'as-tu pas déjà vécu plusieurs fois dans le monde?

L'esclavage a été le partage de ta famille, de ta mère et de tes fils, de tous les membres de ta maison. Quelqu'un ne viendra-t-il pas vous délivrer à la fin ?......

Emploie ta vie à des occupations utiles et non à perdre ou à gagner au jeu de dés.....

De l'océan terrible du monde il est bon de jeter les yeux sur la rive...

Fais attention à ce qu'on dit dans la compagnie des bons, et alors tu pourras aller au-delà de l'existence visible. Je n'ai avec moi ni ami ni compagnon. Peu m'importe ; la vie est multiple.

Ne sais-tu pas que tu as vécu plusieurs fois dans le monde (3)?

Je vais citer trois pads ou hymnes du célèbre réformateur Kabîr, dont les principes enseignés aussi par Nânak ont été adoptés par les sikhs :

1er PAD.

Venez avec moi dans la voie étroite, vous qui êtes sages.

Par la faveur de mon gurû j'ai cherché la compagnie (4) des fidèles, et elle a détruit mon ignorance. L'amour de Dieu est contenu dans mon cœur ; il a anéanti l'attachement à la vie extérieure. O mon frère, il faut recevoir le malheur comme le bonheur.

La concupiscence et la colère sont semblables à deux corbeaux altérés qu'il faut chasser à tout prix. Les bonnes œuvres et les pé-

---

(1) Le mois de sâwan répond à juillet et à août.
(2) W. Price, n° 1 des Chants hindî.
(3) Collect. Price, n° 36.
(4) Le mot que je rends ici par *Compagnie* est *sangat*. Il signifie aussi le lieu où les kabir-panthis et les sikhs se réunissent. Le *sikh-Sangat* de Bénarès est célèbre. On y chante les hymnes de Nânak.

chés sont des voisins qui se dévorent. L'orgueil et la convoitise sont nos deux mères.

Le chef de la ville a goûté le charme de ma doctrine, et les gens des villages se sont assis pour l'entendre... Entonnez un chant joyeux de congratulation, un heureux chant de joie ; mais, ô mes chers petits fils, la grandeur de l'enfant Krischna ne saurait être dignement célébrée. Kabîr a dit : Ecoutez, mes frères, l'esprit doit être rempli (des bonnes doctrines). Venez avec moi dans la voie étroite (1).

2ᵉ PAD.

O maître véritable, souverainement parfait, délivre celui qui est tombé soit par ignorance, soit avec connaissance de cause (2).

Dans un instant tu triomphes du monde, dans un instant tu l'embellis. Wischnu répand son mâyâ (illusion). Il fait agir le mâya, lui maître du monde.

Siva et Brahma méditent toujours sur lui. Ils trouvent en lui le terme de la méditation des Védas. C'est lui qui crée ce qui est bas de ce qui est élevé, et ce qui est élevé de ce qui est bas.

Il est le maître de tous. Ayez pitié d'Indra et des autres dieux, vous, ô Seigneur créateur !

Lorsque le mal tombe sur les dieux, alors Hari s'incarne... ayant pris dans sa belle main l'arme nommée *sudarsan*. Il habite constamment dans chaque esprit ; l'explication des six schastars est comme la vapeur.

Kabîr a dit : Ecoutez, ô hommes, appliquez votre esprit et apprenez que Dieu a fait le monde (3).

3ᵉ PAD.

O toi, dont l'esprit est égaré, adore Dieu ; invoque son nom à l'aurore.

O Dieu, si vous me traitez avec bienveillance, je pourrai me sauver de l'océan de l'existence (extérieure).

Tout se réduit dans le monde à méditer sur le bien et sur le mal, sur celui qui est infirme et sur celui qui est sain.

Par cela même que tu sentiras le besoin de la faveur de ton gurû le désir de ton cœur sera accompli.

Si le nom de Râma (Dieu) remplit ton esprit, tu obtiendras la

---

(1) Collect. Price, Chants hindî, nᵒ 110.

(2) Et ignorantias meas ne memineris, Domine, ps. XXIV, 7.

(3) Nᵒ 105. Le dernier de la collection hindî de W. Price.

réussite dans le monde et de grands avantages. Si tu te livres au découragement, dès lors la mort a entouré ta vie...

Aime la mention du nom de Râma, l'esprit droit et la sagesse des sâdhs (1).

O esprit égaré, adore Dieu ; invoque son nom à l'aurore (2).

Ecoutons actuellement un chant de Nânak, le législateur des Sikhs (3).

Mon saint précepteur est celui qui enseigne la clémence. Le cœur se réveille à sa doctrine...

Le chapelet dont chaque grain est un soupir est admirable...

Le sage est compatissant. L'homme sans compassion est un boucher.

Tu tiens le couteau et tu cries sans pitié : Qu'est-ce qu'une chèvre ? Qu'est-qu'une vache ? Que sont les autres animaux (4) ?

Or, le maître (Nânak) déclare qu'il n'y a pas de différence entre les différents meurtres...

O Nânak, ne détruis pas l'esprit pour conserver le corps. Réprime, ô mon frère, ce désir de la vie qui est dans ton cœur. Nânak s'écrie : Réfugie-toi en Hari.

Passons aux chants mythologiques, qui sont plus répandus que tous les autres parmi le peuple hindou. On y célèbre surtout Krischna, dernière manifestation de Wischnu, et l'amour pour lui des gopies, qui semblent être la personnification de l'humanité entière, sauvée par ce dieu incarné.

Commençons par une invocation à Ganescha, le dieu de la sagesse (5).

PAD.

Je chante Ganpati (Ganescha) qui procure le bonheur, le fils de Siva et de Gauri, Binâyak (Ganescha).

(1) C'est-à-dire *sage* ; mais ici ce mot est pris dans le sens d'adepte, c'est-à-dire de *kabir-panthi* ou de sectateur de Kabîr. On donne aussi ce nom aux membres d'une secte particulière.

(2) Collect. hindî, n° 191.

(3) Je le cite comme un échantillon du style de Nânak, quoique M. Wilson l'ait déjà fait connaître dans son Mémoire sur les sectes religieuses de l'Inde, *As Res*, t. XVII, p. 234. On trouvera *loco citato* deux autres hymnes du même législateur.

(4) Ceci paraît s'adresser aux musulmans.

(5) C'est par l'invocation à ce dieu que commencent toutes les cérémonies civiles et religieuses.

Ganescha qui a une face et des dents d'éléphant, qui est la racine de la joie et qui donne la faveur de l'intelligence. Il apporte la délivrance des vexations, la destruction du mal, l'éloignement de l'homme vil.

Oh ! permets à moi, Tandhîrâm, qui suis officier de Kiçan-Chand, d'éprouver de la satisfaction.

Je chante Ganescha qui donne le repos (1).

Cet hymne, dont M. Price nous a fait connaître le texte, est analogue à l'invocation qu'on lit en tête du *Prem-Sâgar* et dont je joins ici la traduction afin qu'on puisse comparer les deux morceaux.

O toi qui es distingué par une tête d'éléphant (Ganescha), toi qui effaces les fautes, qui es célèbre par ta renommée et qui es resplendissant, accorde-moi ta grande bénédiction, en sorte que mon langage soit pur, que mon intelligence s'étende et que ma joie augmente.

Et toi que le monde prie nuit et jour, les yeux fixés sur tes deux pieds, ô Saraswati, mère de l'univers, accorde-moi la mémoire, l'habileté (nécessaire) et le langage convenable.

Voici des hymnes à Krischna.

PAD.

Celui qui connaît Hari n'aura-t-il pas l'intelligence de toute chose ?...

Pourquoi ne pas invoquer ce dieu et s'assurer du bonheur qui est la vraie richesse ? Sans cet être compatissant envers le pauvre qui en aurait pitié ?

Maintenant mon esprit est désolé. Qui est digne de toi dans le monde ? Si on comptait sur l'aide de quelqu'un autre on se ferait illusion.

Tu es l'origine de tout ; pour tous tu es mère, père et fils.

Si on médite en son esprit sur la divinité, on se convaincra qu'aucun être n'est semblable à Hari.

Celui qui connaît Hari n'aurait-il pas l'intelligence de toute chose (2) ?

PAD DE WICHNUDAS.

Toi seul tu pourras satisfaire mon désir. Je méditerai sur toi.

(1) N° 55 de la Collection hindî de W. Price, Hindee and hindoost select.
(2) N° 14 de la Collection hindî de W. Price.

J'offrirai à tes pieds des fleurs des huit odeurs (1), des noix de coco, des parfums, des lampes et d'autres objets.

Ecoutons toujours dès le commencement jusqu'à la fin la gloire de saints qui sont nos aides.

Si on comtemple les trois personnes (du trimûrti) ou une seule personne en particulier, on trouve le fruit de sa méditation et on obtiendra l'abondance.

O Krischna! accorde à Wischnudâs quelque faveur ; toi devant qui se courbe ta servante Rukminî, toi seul pourras satisfaire mon désir (2).

PAD DE SURDAS.

Lorsque le fils de Nand se réveille de son sommeil, celui qui voit la beauté de son visage peut-il n'être pas agité dans son esprit ? Ayant ouvert les yeux comme le lotus, les fermera-t-il ensuite ?

L'excellence de Krischna ne saurait être décrite, qui est-ce qui sait l'apprécier dignement ? Lorsqu'il sourit, son éclatante beauté se développe.

On dirait que ses dents sont une rangée de perles, ou que ce sont des fleurs de la plante nommée *poé* (3).

Le bel habitant de la ville de Braj, le jeune prince, le maître qui est notre voie se manifeste, lui qui charme l'esprit.

Surdâs reconnaît le Seigneur à cette apparence enchanteresse. C'est en lui qu'il espère (4).

WISCHNUPAD.

Donne-moi ma flûte, ô ma chère Radhâ.

Cette flûte en qui mon âme habite, cette flûte m'a été dérobée.

O ma chère Radhâ! donne-moi ma flûte.

Je l'ai cherchée avec soin dans chaque angle de Brindaban. Ainsi dit Narâyan (Krischna) jouant sous le *bancî-bat* (arbre) ; ô belle et jeune fille !

O ma chère Radhâ! donne-moi donc ma flûte (5).

WISCHUPAD DE SURDAS, EN DIALOGUE.

Radhâ. Où avez-vous veillé cette nuit, ô fils de Nand (Krischna)? où avez-vous donc veillé cette nuit?

---

(1) Les Indiens distinguent huit principales odeurs ainsi que huit saveurs différentes.
(2) N° 6 de la Collection hindî de W. Price.
(3) *Basella alba*.
(4) N° 16 de la Collect. hindî de W. Price.
(5) Collect. hindî de Price, n° 56.

Krischna. Pendant cette nuit, l'insomnie et le sommeil se sont tour à tour emparés de mes yeux. Au matin, je suis allé te chercher.

Radhâ. O fils de Nand, où avez-vous veillé pendant cette nuit ?

Krischna. Le seigneur Krischna lui-même se sacrifierait pour admirer tes pieds de lotus : c'est Surdâs qui l'assure.

Radhâ. O fils de Nand, où avez-vous veillé cette nuit (1) ?

PAD A SIVA.

Il a un corps humain, couvert de poussière, mais sans vêtement. Il s'avance dans cet appareil.

J'ignore à quel pays appartient ce costume. J'ignore pour quelle belle il s'est ainsi ajusté.

Sur sa tête sont des cheveux embrouillés, de la couleur des nuages. On dirait le Gange lorsque l'eau des cieux augmente sa fluctuation.

A sa main gauche est le *triçûl* (trident), à sa droite un *damra* (petit tambour) dont il tire des sons ; il conduit (avec lui) les esprits et les revenants (pisâch), munis de tambours et de peaux de tigre.

Les huit sidhîs (pouvoirs de la nature), les neuf trésors (de Kuvéra) sont devant lui, il en dispose à son gré.

Quand les gens de Braj virent devant eux cette forme effrayante, ils jetèrent des cris.

Partout les vaches bondirent, partout les jeunes filles et les jeunes bergers allèrent se cacher.

Ainsi se manifeste l'insouciant Sivâ avec les surâs, les hommes et les munîs : il est cependant agréable au cœur.

O mon esprit ! adore-le. J'ai chanté sa louange au matin sur le râg du badron (2).

PAD DE PARAMANAND-DAS.

Je demande, ô héros Bala-Râm ! d'affectionner constamment les pieds de lotus de Krischna et aussi d'aimer les dévots à Hari.

Accorde à ces dévots l'union, fais qu'ils méditent sur le corps noir de l'objet de leur culte.

Je n'ai cessé ni jour ni nuit de souhaiter d'exécuter mon ablution dans l'onde agitée.

Il est agréable à l'esprit d'entendre l'histoire de Krischna.

---

(1) Ibid., n° 57.

(2) Nom d'un mode musical. Voyez le texte de ce morceau dans les Hindee and hindoostanee selections, n° 186 de la Collect. hindi.

Donnez-moi une habitation conforme à mon désir sur le bord de la Jamuna (1).

Pour Paramânand-dâs, le maître de Gokul (Krischna) aura toujours de la longanimité (2).

PAD DE SURDAS.

Jaçoda répète ceci à plusieurs reprises : Y a-t-il un de mes amis en Braj qui puisse empêcher Gopal (Krischna) de s'en aller ?

Il a dit que ses affaires l'ont appelé à Mathura.... Suphalak est venu, comme la mort, prendre mes fils qui me sont aussi chers que la vie.

Mes deux fils Hari et Bal connaissent le sacrifice de l'arc (3).

Comme la fourmi, nous éviterons l'éléphant (disent-ils); mais quelle confiance peut concevoir mon esprit ?

Si tu me jettes dans la douleur (ô Krischna), diras-tu que tu agis convenablement ?

N'y a-t-il personne qui aille faire entendre raison au ministre de Kans ?

Moi, sachant ce qui se passe, je suis venue en Brindaban dans ce mois aux mauvais jours.

A cause de ce roi de la mort (Kans), au milieu du bonheur de l'âme dont je jouissais, j'ai ressenti de la douleur.

Je ne fais que tomber et me relever ; mon corps de lotus se flétrit.

O Surdâs, de même que sans eau la nature est languissante, telle est (sans Krischna) l'épouse de Nand.

Oui, Jaçoda répète ces mots : Y a-t-il quelqu'un de mes amis qui puisse empêcher Gopal de s'en aller (4).

PAD D'HARIWA.

Harivâ (5) dit : Craignez, craignez ! L'être à qui Siva et Brahma pensent (Wischnu) c'est celui qui est annoncé dans le Véda (6).

Pourquoi oublierais-tu le nom de Hari, toi qui célèbres les louanges de la divinité ? Craignez, craignez !

Près du gouffre de Kalidah, ô Krischna, tu as percé le sein de Pâtna qui avait pris l'apparence de ta mère.

(1) Où Wischnu se baigna si souvent.
(2) Hindee and hind. select., n° 192.
(3) Allusion, je crois, à l'aventure des lutteurs que Kans excita contre Krischna et Bal Sen. Voyez les extraits du Prem Sâgar, dans mon *Hist. de la Littér. hind.* t. II, p. 171, 1re édition.
(4) N° 195. Ce pad est très célèbre. On rapporte que le fameux Miyân Tân Sen le chanta un jour devant le sultan Akbar, et que la première strophe (pad arthâi) fut expliquée de cinq manières différentes par le kalawant Tân, le ministre Birbhal, l'ingénieur Toral-Mal, le poète Faïzi, et le nabâb Khân-Khânân, à cause du mot *bâr*, qui a en effet en hindoustani plusieurs significations.
(5) Un des noms d'Indra.
(6) Bâni ; ce mot désigne aussi la déesse de l'éloquence, Saraswati.

Tu as tué Kans ton parent maternel après l'avoir saisi par les cheveux. Craignez, craignez! ainsi dit Hariwâ (1).

PAD A LA LOUANGE DU GANGE (QU'ON CHANTE AVANT DE S'Y BAIGNER).

Bénie soit la respectable rivière du Gange!
Elle est comme un instrument tranchant pour enlever les péchés. Oui, c'est un instrument pour enlever les péchés.
Bénie soit la respectable rivière du Gange!
Celui qui méditera sur les trois dieux (les trois personnes de la trinité hindoue), obtiendra le (fruit de la méditation), sans avoir besoin d'offrir de sacrifice.
Bénie soit, etc., (2).

Voici maintenant des chants mythologiques qui peuvent en même temps être considérés comme érotiques. Ce sont ceux qui célèbrent les jeux des gopies avec Krischna et que des poètes ont en même temps mis dans la bouche de ces bergères qui furent les compagnes de ce dieu incarné. Le peuple les chante fréquemment, surtout les laitières, qui dansent en même temps avec leurs pots à lait (3) sur la tête, rappelant ainsi les anciens jeux des gopies (4). S'il était permis de comparer le sacré au profane, on pourrait dire que ces chants sont pour les Indiens ce qu'est pour les Juifs et pour nous le Cantique des Cantiques.

1ᵉʳ PAD D'ANAND.

Dites, quand serons-nous unis? ô charmant ami, ô Krischna, quand serons-nous unis?
Oui, le récit de mon secret sera compris, tout le monde le saura. Les gens de la ville en feront l'objet de leur entretien, et surtout le gurû. Hélas! mon âme est troublée actuellement!
Dites, etc. (le refrain).
Lorsque tu parcours le chemin, tes regards agaçants séduisent le

(1) Collect. W. Price N° 198.
(2) N° 60.
(3) Ces vases, qui sont fort grands ont la forme de nos pots à miel.
(4) On peut lire dans la relation du voyage de l'évêque Heber, la description d'une de ces danses singulières; t. II, p. 326.

cœur. Tu jettes le filet de tes regards, tu prends toutes les âmes et tu les attires à toi. J'ai perdu l'intelligence et la sagesse, et jusqu'au sentiment de mon existence. Depuis que je me suis ainsi évanouie, je suis troublée par la crainte ; mais j'éprouve de la satisfaction quand je me plonge dans l'eau.

Dites, etc.

Ses lèvres ayant tiré des sons de la flûte, il a fait entendre des mantras (charmes) de toute espèce. Dès ce moment j'ai peur comme une folle, mais qui me comprendra ?

Dites, etc.

Quand je me suis réveillée j'ai trouvé que tous les ornements dont je m'étais parée avaient été gâtés ; est-ce à Krischna, est-ce à moi-même qu'est dû tout ce désordre ? Je l'ignore entièrement, et maintenant qui dira que ma toilette est faite ?

Dites, etc.

O Anand, ainsi parlait la belle affligée: Je parviendrai bien, disait-elle, à m'unir à Krischna.

Dites, etc. (1).

2ᵉ PAD.

O toi qui es ivre de sommeil, réveille-toi ! (On chante ces mots trois fois).

Toute la nuit s'est passée pour moi dans l'agitation, ô mon bien-aimé ! Déjà l'aurore paraît, serre-moi contre ton cou. O toi qui es ivre de sommeil, réveille-toi !

C'est par l'accomplissement d'une bonne œuvre que j'ai obtenu la faveur de ta société. Oh! ma fortune est grande ! Réveille-toi donc, ô toi qui es ivre de sommeil.

Déjà la pensée de ta prochaine absence agit sur moi, elle détruit tout sentiment en mon esprit et en mon corps. Jour et nuit le feu de l'amour se manifeste en moi (2).

3ᵉ PAD.

Je me suis réveillée en pensant à toi. (Trois fois).

Sans toi pas de contentement pour moi. Ton amour a enflammé mon cœur. Moi avec toi (tel est mon désir).

Jour et nuit la tristesse m'accable. Mon esprit reste agité. Rien ne plaît à mon cœur.

(1) Collect. de W. Price, n° 2.
(2) Ibid., n° 27.

Place ici tes pieds (1) avec confiance, et que je t'applique, ô Krischna! sur ma poitrine.

O mon bien-aimé! je me suis réveillée en pensant à toi (2).

4ᵉ PAD, DE SURDAS.

O mon amie, je te l'ai amené, selon ton désir. Je t'ai amené le maître de la vie (Krischna), celui qui donne le repos. Offre-lui en sacrifice ton corps, ton esprit, tes richesses. Reste attachée à ses pieds.

Si tu es dans ces sentiments, comment ne demeureras-tu pas avec le roi des gopies, pour être sa fidèle servante ?

Ta bonne fortune s'est aujourd'hui réveillée, puisque tu as une entrevue avec le roi des Yadus.

Le noir (Krischna) qui donne le bien-être s'est rendu aux prières que je lui ai faites de ta part. Je l'ai conduit auprès de toi.

Es-tu contente de ce que j'ai fait, ô belle gopie, reconnais-tu le service que je t'ai rendu ?

Dis-lui : O toi dont le visage ressemble à la lune (Krischna), regarde de mon côté !

Je suis disposée à prendre sur moi les malheurs qui pourraient te survenir, ô toi qui fais mon bonheur.

Oui, Surdâs s'offrira en holocauste sanglant pour le beau Krischna, sans la rédemption duquel il n'y a pas de maison fortunée (3).

5ᵉ PAD, DE SURDAS.

L'absence de (Krischna) m'afflige extrêmement.

Je suis dans la désolation. La flamme de l'amour s'agite *dans mon cœur* ; elle consume mon esprit et le met dans la désolation...

La flamme de l'amour me consumerait quand même je n'aurais pas de corps. En s'attachant à moi elle me pénètre des vraies doctrines de l'amour. Ma vie a été réduite en cendre par cette flamme.

Hari, Hari, Hari, toi qui charmes mon être ! ah ! viens au plus tôt savoir de mes nouvelles ! Si tu le refuses, malgré ma jeunesse je me ferai *sati* (4), et je me brûlerai en célébrant mon amour. Ainsi, ô Surdas ! la gopie tourmentée par les peines de l'absence se rend Hari propice.

(1) Manière respectueuse de parler pour dire « viens ici. »
(2) N° 29 de la Collect. W. Price.
(3) Collect. W. Price, n° 33.
(4) C'est le nom qu'on donne aux veuves indiennes qui se brûlent avec le cadavre de leurs maris.

6ᵉ PAD.

Veillez, soyez attentives, ô mes compagnes ! mon bien-aimé s'avance.

O mes amis, l'éclair qui brille en différents endroits jette mon esprit dans un trouble extrême.

Tandis que le papiha fait entendre son chant, ô mes compagnes, mon aimable ami est dans un pays étranger, et cependant la saison de la pluie est venue (1).

Nous disons toutes: « Que Hari paraisse, autrement nous nous abandonnerons à une excessive douleur. » Quand trouverons-nous la joie et le bonheur ? O beau, brun, noir Krischna !

Veillez, veillez, il vient (2).

7ᵉ PAD, DE RASRANG.

Oh ! comme est aujourd'hui artistement orné le front de mon bien-aimé (Krischna) ! Un beau turban embellit sa tête.

La flûte brille sur ses lèvres, et elle est fixée à sa belle main qui a l'agréable couleur d'or.

O Rasrang ! le gurû a beau être bienveillant; sans la grâce on ne saurait voir ces choses.

Mon amie, oh ! comme est aujourd'hui artistement orné le front de mon bien-aimé (Krischna) ! Un beau turban embellit sa tête (3).

8ᵉ PAD, DE SURDAS.

O Hari aux yeux de lotus, goûtez du beurre et du pain, prenez une coupe d'eau de chanvre, du lait aigre et des fruits de toute espèce, des pistaches, du raisin, de beaux cocos, des pommes, des jujubes et du lait de vache dont de jolis enfants rempliront pour vous des tasses.

Tous sont venus et ont placé devant vous du riz cuit, des sauces et des mets des six saveurs.

O Surdâs ! le maître, le noir et intelligent Krischna prend un peu de nourriture et il en est charmé (4).

(1) C'est celle que les Indiens considèrent comme la saison de l'amour.
(2) W. Price, Collection hindî, Nº 109.
(3) Nº 111.
(4) Nº 187.

9ᵉ PAD.

Quelqu'un vous comprend-il, adolescent Krischna ?

Une jeune fille simple à l'âge le plus tendre de l'adolescence, le corps couvert d'une étoffe bleue, sage et spirituelle... Comment dirai-je la beauté de ce visage semblable au soleil quand il se lève ? Lorsqu'elle va du côté de l'arbre de Krischna, le bosquet se réjouit. Elle dit à Krischna: « Si vous allez là je m'y rendrai ; faites aujourd'hui une nouvelle connaissance. » Quelqu'un vous comprend-il, ô jeune Krischna (1) ? »

10ᵉ PAD, DE SURDAS.

J'ai trouvé, ô mon amie, le voleur de mon cœur.

Pendant longtemps j'ai cherché jour et nuit et tous mes soins ont été sans résultat. Alors, j'ai dit : Ceci est étonnant. Dans quel endroit mon bien-aimé est-il donc allé ?

J'observe toujours le rit de l'amour. Je frémis en y appliquant mon esprit...

J'ai fait bien des recherches, et enfin une amie m'a indiqué *où il était*.

J'ai trouvé le voleur de mon cœur à Kalidah, lorsqu'il allait auprès de Jaçoda.

O Surdâs, la terre appartient à celui qui est appelé *voleur de cœur*. O mon amie, c'est le voleur de mon cœur (2).

1ᵉʳ TAPPA.

Des cloches se sont formées à mes pieds par la fatigue que m'a occasionnée la recherche de cet enchanteur (Krischna). J'ai erré çà et là, et des cloches se sont formées à mes pieds.

J'ai cherché dans une forêt, j'ai cherché dans toutes les forêts, là où coulent des ruisseaux et des rivières.

A mes pieds se sont formées des cloches (3).

2ᵉ TAPPA.

Oh! fixe tes yeux *sur nous*, sinon retire-toi et rends-nous la vie. Ô beau (Krischna) qui ravis les cœurs. Tiens tes yeux fixés *sur nous*.

(1) Nº 190.
(2) Nº 137.
(3) Nº 124.

Toi dont le visage riant donne au cœur une excessive joie, ne sois pas retenu dans ton cœur par une funeste hésitation.

Oh! fixe tes yeux sur nous (1)!

3ᵉ TAPPA (en dialogue).

La Gopie. Dresse une escarpolette, ô charpentier !
Le Charpentier. Si je fais cette escarpolette avec du bois de sandal, je voudrais savoir laquelle d'entre vous Krichna balancera.

Dresse une escarpolette, ô charpentier (2).

HORI.

Je vais vendre du dahî (lait caillé). Krischna a relevé mon voile. Je vais vendre du dahî.

Si vous désirez, ô Krischna, avoir du dahî, apportez une feuille d'arbre et je vous y mettrai du dahî.

J'ai un collier de perles de la valeur d'un lakh de roupies, mais une rangée s'est brisée.

Krischna a soulevé mon voile quand j'allais vendre du dahî (3).

KABIT DE RAM-PRAÇAD.

Je sacrifierais des millions d'individus pour ce beau corps qui a la couleur du coucou. Je donnerais des millions de lunes pour le soleil brillant de ta face, et des millions de soleils pour ton aimable douceur. Oui, des millions de soleils pour tes yeux bleus comme le lotus.

Ah! viens habiter dans l'âme de Râm-Praçad ! Je sacrifierais volontiers les quatre Védas, les six Shastars, les dix-huit Purânas. Que dis-je? les trois mondes, ô Krischna, pour un seul instant de méditation sur toi (4).

Pour terminer les chants des gopies, je vais en donner quelques-uns qui sont relatifs au message que Krischna absent leur avait envoyé par l'entremise d'Udho, pour les

(1) Nº 161.
(2) Nº 159.
(3) Nº 71.
(4) Nº 73.

consoler et les engager à la pénitence et à la prière, afin que son esprit fût toujours au milieu d'elles (1).

1ᵉʳ PAD.

Oui, Krischna n'éprouve aucun sentiment d'amour pour nous. O Udho! Krischna est un enchanteur, mais il ne se laisse pas fasciner lui-même.

Fais entendre nos paroles à l'être qui est sans défaut et qui a toutes les qualités, afin qu'il fasse venir auprès de lui celle de nous qu'il voudra. Le chemin pour se rendre à la ville de notre amant est difficile comme le tranchant du sabre.

O Udho! Krischna n'éprouve aucun sentiment d'amour pour nous (2)!

2ᵉ PAD.

Marchons, mes amies, parées de nos ornements. Allons là où est le beau Krischna.

Je vais tandis que les autres reviennent, m'étant couverte d'une robe jaune.

En riant et souriant il s'est emparé de notre esprit; tout en récitant des charmes il m'enchante. Je ne laisse pas que d'être effrayée.

Peut-être ne reviendra-t-il pas ici, et je serai le jouet des voleurs et des voleuses.

Mon amie s'en est allée après avoir pris le dessin que j'avais à la main. Pourquoi s'amuserait-elle à m'interroger? Je suis fatiguée à force d'attendre sous l'arbre de Krischna (bancî-bat). Ma raison m'a quittée, j'ai oublié mes résolutions (3).

3ᵉ PAD.

O fils de Nand! mes yeux sont pleins de ton éclat.

Je suis allée sur la rive de la Jamuna. Tout à coup sa vue a pénétré dans mon cœur; lorsque cette idole s'est montrée à mes regards, toute pudeur et toute honte envers mes compagnes et ma famille a disparu. Sur sa belle joue, ses boucles de cheveux luisants semblent des serpents qui entoureraient la lune dans la saison nommée *sarad*

---

(1) Voyez les Extraits du Prem. Sâgar. Hist. de la littér. hind., t. II. p. 123 et suiv., 1ʳᵉ éd.

(2) W. Price, Collect. hindî, n° 5.

(3) Ibid., n° 18.

(l'été). Son cou est admirable, sa beauté agaçante; un collier de perles orne sa poitrine. Ses noirs cheveux sont dignes d'attirer l'attention, ses yeux expriment le plus agréable sourire (1).

Passons actuellement aux chants philosophiques et religieux musulmans, et, pour suivre un ordre conforme à celui que j'ai suivi dans les chants hindous, commençons par les morceaux philosophiques:

GAZAL DE SAUDA.

La chaleur de mon discours guérit la blessure du cœur, comme les mouchettes poudreuses ravivent la mèche de la bougie.
La tyrannie ne produit ni fleurs ni fruit. Vit-on jamais que le champ dévasté par l'épée fût verdoyant?
O schaïkh, tu détruis la pagode et tu bâtis ta mosquée; mais le brahmane saura bien reconstruire son temple. Apprends de Saudâ que l'homme ne peut rien contre l'or et l'argent. Il aurait mieux valu laisser dans la terre cette pierre philosophale.

GAZAL DE JAWAN.

Les jours de la jeunesse sont comme le printemps; lorsque la vieillesse arrive, c'est alors la saison de l'automne.
Ne te laisse pas aller à la négligence; considère le temps actuel comme une proie que tu dois saisir. Si tu es sage, écoute de l'oreille de ton âme mon avis.
Lorsque tes cheveux blanchis te porteront le message de la mort, ce ne sera plus le temps d'agir; maintenant que tu en as encore le pouvoir, fais tes préparatifs.
Si tu as la moindre intelligence, mets une différence, ô mon ami, entre le blanc et le noir, entre les révolutions du jour et celles de la nuit.
Acquiers la science, et fais de bonnes œuvres. Le véritable honneur de l'homme en ce monde consiste en ces deux choses...
La langue des lâches qui l'allongent pour la faire servir à leur haine, et la plume de ceux qui l'emploient à calomnier sont pareilles à l'épée tranchante.
Les hommes tuent la bonne réputation avec le souffle de l'envie, et ces assassins ne sont eux-mêmes propres à rien.
Que reste-t-il aujourd'hui de Nourschirwân, de Hâtim et de Rus-

(1) Ibid., n° 22.

tam, sinon leur bonne réputation dont on se souviendra toujours?

Sois juste, brave et généreux, tu pratiqueras ainsi trois vertus dont l'appréciation est bien établie dans le monde.

Je ne reconnais comme réellement beau que ce qui est impérissable. Pourquoi ton cœur est-il agité pour une beauté accidentelle?

Ne te laisse pas enivrer par le vin de l'orgueil; cette fatale ivresse n'aurait pour toi d'autre résultat qu'un vertige passager.

Jawân, heureux celui qui n'éprouve de trouble de la part de personne; son cœur, comme le miroir d'acier soigneusement recouvert, ne sera pas souillé par la poussière du chagrin (1).

Les chants religieux musulmans proprement dits consistent surtout en marsiyas ou complaintes sur Haçan, Huçaïn et autres martyrs de Karbala. J'ai donné ailleurs (2) la traduction du marsiya de Miskîn, un des poèmes les plus célèbres en ce genre. En voici quelques fragments :

Huçaïn s'adressant à ses compagnons, leur dit : O mes frères, mon général, Muslim, est mort, demain j'aurai moi-même la tête tranchée. Prenez vos épées et vos piques, quittez ces lieux, l'ennemi est encore éloigné.

Ses compagnons répondirent : Nous t'accompagnerons. Crois-tu que pour avoir entendu retentir le mot de *mort* à nos oreilles nous t'abandonnions? Comment oserions-nous montrer *demain* (3) notre visage au Prophète et à Ali? Mon frère nous boirons avec toi le coupe du trépas.

Lorsque la princesse femme de Huçaïn fut informée des dispositions qu'on prenait, elle s'écria : O mon Roi, que ferai-je si je te survis?... Qui me recevra dans sa maison pour que je puisse vivre dans un veuvage conforme à mes désirs?

S'il est décidé que tu doives mourir par l'épée, dis-moi où tu as fait préparer mon propre tombeau. Si on se sert pour toi du poignard, emploie la bêche pour creuser la fosse qui recevra mon corps...

Zuleïkha put-elle se résigner à être privée de Joseph, elle qui l'aurait pleuré jusqu'au jour de la résurrection? En apprenant qu'il n'était plus, elle mourut de chagrin. Quant à moi, je mourrai à l'instant où je te perdrai, ô mon prince!

Le roi Huçaïn ayant entendu tout ce qu'avait dit la reine, dont

---

(1) Gilchrist's East-India guide, p. 279.

(2) A la suite des Séances de Haïdarî, traduites par M. l'abbé Bertrand.

(3) Expression métaphorique pour signifier le jour de la résurrection.

le cœur était consumé par la douleur, lui répondit : Je n'ai pas la force d'écouter tes plaintes. Dieu est le gardien de ton honneur et du mien. Soumettons-nous à notre sort, et cesse de faire entendre des gémissements et des lamentations.

Pendant ces pourparlers, le jour arriva et les nuées du destin entourèrent le Roi de tous côtés. Il voulut boire de l'eau, et il n'en obtint pas une goutte. A son gosier altéré le sort n'offrit qu'un poignard.

Les compagnons chéris de Huçaïn ayant été massacrés en masse, leurs têtes, séparées du corps, furent placées sur des piques. On fit sortir en désordre de leurs tentes toutes les dames du harem, sans voile qui leur couvrît le visage.

On mit en avant des prisonniers, pour faire les fonctions de chamelier, Abid, qui était malade et languissant. Tout faible qu'il était il lui fallut marcher sans chaussure sur les épines de la route...

La reine, qui pleurait amèrement auprès du cadavre de son époux, sortit désolée de sa tente devant l'armée des Syriens. Et celui qui avait massacré Huçaïn la conduisit (avec Abid et ses compagnes d'infortune) auprès de cet homme au noir visage qui avait anéanti la maison de Muslim en faisant périr jusqu'à ses orphelins.

Ce meurtrier donna ordre d'appeler au plus tôt le bourreau, et il lui dit : Tranchez la tête à l'enfant (Abid) qui est ici présent. Quant aux femmes, faites-les périr de faim, ou bien donnez-leur à boire de l'eau salée brûlante....

Mais *Miskin* n'a plus la force de continuer le récit de ces funestes événements, ni de parler encore de l'extrême douleur de ceux qui pleuraient sur le corps de Huçaïn. Toutefois, il ajoutera un dernier hémistiche propre à être répété chaque jour à l'aurore : *Maudits soient les Syriens, béni soit Huçaïn !*

III

CHANTS ÉROTIQUES.

Nous voici arrivés aux chants érotiques, aux chants des gynécées, aux chants érotico-mystiques des poètes musulmans.

DHURPAD.

Une femme gracieuse est debout à une fenêtre de sa maison : elle est revêtue d'une robe bleue bordée d'une frange de perles.

Ses joues vermeilles sont pareilles au fruit du *bimb* (1) ; son nez, d'une forme parfaite, est orné de l'anneau nommé *béçar*.

Une femme gracieuse est debout, etc.

Les noires et nombreuses tresses de ses cheveux, pareilles à des serpents, se détachent de sa tête et l'entourent de leurs sinuosités.

Elle a eu soin de teindre d'un noir collyre le bord de ses yeux pour en relever la beauté. Comment le voyageur qui passe dans la rue où est située cette fenêtre du harem n'admirera-t-il pas cet étonnant spectacle ?

Une femme gracieuse est debout (2), etc.

1ᵉʳ TAPPA.

Le bonheur parfait de la vie est certainement de se mettre au service d'une belle.

Rester uni avec cette idole chérie, rire et jouer, supporter ses injures, demeurer content : tel doit être mon sort, ô ma bien-aimée !

Le bonheur parfait de la vie est certainement de se mettre au service d'une belle (3).

2ᵉ TAPPA.

La douleur de l'amour est un plaisir.

On passe avec une excessive satisfaction sa vie lorsque la compagnie d'une belle vous la rend douce et agréable.

La douleur de l'amour est un plaisir (4).

Nous allons placer ici des chants érotiques musulmans. Commençons par deux gazals du célèbre et malheureux Schâh-Alam, qui occupe un rang distingué parmi les poètes ourdous.

GAZAL D'AFTAB (Schâh-Alam).

Je ne puis te résister, que ferai-je ? Je déchirerai mon collet et t'adresserai des injures. Quoique tu dusses me mettre en fuite par ton mauvais caractère, vois néanmoins que je t'obéis.

(1) Le *bryonia grandis* de Linnée.
(2) W. Price, Collect. hindî, n° 26.
(3) Ibid., n° 112.
(4) Ibid., n° 117.

Pendant que le monde suit son cours, je me plains de toi, sans me mettre en peine des changements qu'opère le temps.

O ma bien-aimée, ton absence m'a jeté dans la stupéfaction. La nuit, le jour et le matin sont pour moi aussi tristes que le soir...

C'est Dieu qui m'a fait Roi du monde (Schâh-Alam) ; pourquoi ne le remercierais-je pas de sa bonté (1) ?

AUTRE GAZAL, du même.

L'image du visage de celle qui a mon affection est dans mes yeux ; les manières aimables de cette femme charmante ont pénétré mon cœur.

Ma bien-aimée, dont la bouche ressemble à un bouton de rose, a-t-elle besoin de parler, elle qui sait dire ce qu'elle veut par un sourire de ses lèvres ? Comment le miroir ne se liquéfierait-il pas de honte en voyant l'excellence de ta pure beauté ? Par la jalousie qu'il éprouve de tes lèvres et de ta bouche le bouton en a le cœur blessé et la rose le sein déchiré.

Quelle fausse comparaison ne font pas les poètes en assimilant à ton élégante stature le cyprès aux pieds immobiles ?

Mon cœur dans tes liens est pareil à ton pied teint de hinna serré par le gungrû.

Ton œil noir a troublé mon cœur et m'a fait perdre la religion. On pourrait le comparer au vitriol bleu, si ce métal avait les mêmes propriétés.

Je t'aime, ô ma chérie ! et tu es attachée à un autre ; avec qui un pareil pacte pourrait-il avoir lieu ?

O soleil du monde (Aftâb-i-Alam), sois toujours brillant dans l'univers ! ô âme du monde, je te fais cette prière (2).

AUTRE GAZAL.

T'appellerai-je le malheur du cœur, ou bien l'ennemi de l'âme ? Te dirai-je un reflet de la lumière de Dieu, ou parlerai-je de la jalousie que tu inspires aux belles ? Dirai-je que tu fais envie à la rose, ou comparerai-je ta bouche au bouton de cette fleur ? Parlerai-je de ta charmante taille et te comparerai-je à un cyprès ambulant ? T'appellerai-je la lune de Canaan (Joseph) ou la reine de la beauté ? Te considérerai-je comme une houri du paradis ou comme plus belle que les péris (3) ?

(1) W. Price, Collect. urdû, n° 139.
(2) Ibid., n° 140.
(3) Ibid., n° 101.

1ᵉʳ GAZAL DE RIZA.

O mon cœur ! sois toujours pour cette bougie comme le papillon, oui, comme le papillon. Sois fou, oui, sois fou pour le printemps récent de cette beauté.

O mon amie, quoique les liaisons d'amour soient ici considérées, sois étrangère, oui, sois étrangère à ces liaisons d'amour.

Dans l'agitation du plaisir, la coupe en main, elle vient vers moi. O mon cœur ! sois ivre, oui, sois ivre de joie et mets de côté toute cérémonie.

Cette belle aux manières gracieuses écoute mon discours avec tendresse. O toi qui dépasses tout ce que l'esprit et le cœur peuvent désirer, reste, au moins pour moi, une illusion, oui, une douce illusion (1).

2° GAZAL DE RIZA.

Hélas ! tu n'as pas connu la valeur de mes soupirs, hélas ! tu n'as voulu reconnaître en rien mon mérite.

Devant qui dirai-je l'histoire de ma douleur ? Hélas ! personne n'écouterait cette histoire.

Si mon cœur avait à exprimer cette douleur, comment le ferait-il ? Hélas ! sous ma propre aisselle (2) se trouve mon ennemi mortel.

L'humidité de l'œil, la faiblesse du corps, la sécheresse des lèvres, la pâleur du visage, hélas ! tel est l'indice de la maladie de l'amour.

O Rizâ ! en voyant ton état j'en ai compassion ; hélas ! ta jeunesse s'est promptement et vainement évanouie (3).

3ᵉ GAZAL DE RIZA.

Quoique l'amour ne m'ait procuré que peine, chagrin, douleur, tourment, j'ai supporté joyeusement cette peine, ce chagrin, cette douleur, ce tourment.

Il est inutile que mon cœur soupire, je le sais ; mais comment se résignera-t-il quand il saura que, pour toujours, lui sont réservées ces quatre choses : peine, chagrin, douleur, tourments.

Il ne m'est pas donné de jouir des plaisirs et des divertissements.

(1) W. Price, Collect. urdû, 93.
(2) C'est-à-dire en moi-même.
(3) Coll. hindî, n° 119.

Que ferai-je ? J'ai reçu en partage, au contraire, la peine, le chagrin, la douleur, les tourments.

Jusqu'à quand mon cœur supportera-t-il ta tyrannie et ta violence ? Dieu ! toute limite est dépassée par la peine, le chagrin, la douleur, les tourments.

O reine des belles ! il faut aujourd'hui que tu me traites enfin favorablement. Comment, en effet, pauvre malheureux, pourrai-je endurer plus longtemps la peine, le chagrin, la douleur, les tourments ?

Rizâ, la reconnaissance envers ton amie est encore ce qu'il y a toujours pour toi de préférable, quoiqu'elle t'ait fait constamment ressentir la peine, le chagrin, la douleur, les tourments (1).

GAZAL DE DARD.

Mes cils humides sont comme le sarment de vigne *qui dégoutte* lorsqu'on le coupe. Que dire de mon état, si ce n'est que le malheur est arrivé jusqu'à moi ?... Chaque soir je suis troublé dans mon existence comme le soir nébuleux. A chaque aurore je déchire de douleur le collet de mon vêtement comme l'aurore (que semble déchirer le soleil en se montrant sur l'horizon). L'odeur de cette rose s'imprègne bien à moi ; mais, hélas ! elle est pour moi comme le souffle passager du zéphyr. Mon cœur ardent désire de n'être pas tranquille après ma mort dans l'angle du tombeau. O douleur (Dard) ! mon affaire s'est entièrement terminée avec prudence, et cependant, en proie à la mélancolie, je ne cesse de répandre des larmes (2).

1er GAZAL DE SAUDA.

O rossignol ! dis-moi dans le jardin de qui se trouvent ces dangereux buveurs ? Toutes les bouteilles sont brisées, tous les boutons de fleurs sont par terre. Deux plats pleins d'or et d'argent sont disposés pour faire le *niçâr* (3) de ma belle amie. L'or représente le soleil et la lune l'argent. Dis-moi donc, ô chasseur ! qui a fait connaître au pigeon, dans le filet où tu l'as pris, le trouble de mon cœur ? Farhâd et Caïs ont péri (4), l'état de Saudâ est pareil

---

(1) Price, Collect. hindî, n° 135.

(2) Ibid., n° 121.

(3) Cérémonie qui consiste à jeter des monnaie d'or et d'argent et des pierreries sur la tête d'une nouvelle mariée.

(4) Nom de deux amants célèbres. Le dernier est plus connu sous le surnom de *Majnûn*, ou « insensé. »

au leur. Ah ! que de troubles domestiques l'amour n'a-t-il pas produits (1).

2ᵉ GAZAL DE SAUDA.

Dis-moi que sont devenus tes serments, toi qui actuellement ne peux ouvrir la bouche sans t'emparer du cœur ?

Chacune de tes paroles est un mot agréable, chaque expression une allégorie, chaque mouvement une allusion ; enfin, chaque instant est marqué par d'agréables plaisanteries...

Le manteau qui orne la taille de la rose n'est pas fendu avec autant de grâce que ton charmant corset lorsqu'il se déchire (2) sur ta poitrine.

Comment le cœur ne trouverait-il pas le repos dans l'angle de tes yeux ? là les cils ne peuvent le percer ni les regards s'en rendre maîtres.

As-tu besoin de teindre de hinna l'extrémité de tes doigts, puisque tu les plonges dans le sang de ton amant candide ?

Mais, tandis que les beautés de l'Inde sont froides comme la neige, les bayadères du Caboul sont pleines d'affection.

Et le cœur de Saudâ est enlacé aux cheveux de sa bien-aimée, le peigne ne saurait l'en détacher (3).

3ᵉ GAZAL DE SAUDA

Pendant des années, ô mon idole, j'ai poussé les gémissements du rossignol ; mais, hélas ! je n'ai pas produit d'effet sur ton cœur un seul jour.

Tue-moi et tranche ainsi l'espèce de nœud qui s'est formé dans mon esprit...

Je ne me lèverai pas même au jour de la résurrection, car j'ai assez souffert de peines et ma vie m'a rassasié des deux mondes.

Hélas ! un nœud ne s'est pas défait dans le fil de ma destinée, malgré la peine que, dans ma faiblesse, je me suis donnée pour le dénouer.

Combien de gens qui dédaignaient les discours mystérieux que Saudâ cependant a su enchaîner par ses hémistiches bien mesurés (4) !

4ᵉ GAZAL DE SAUDA.

Lorsque mon cœur a été libre de tes liens j'ai beaucoup pleuré ;

(1) W. Price, Collect. urdû, nᵒ 123.
(2) Les corsets dans l'Inde sont en étoffe légère, souvent en mousseline.
(3) W. Price, Collect. urdû, nᵒ 79.
(4) Ibid., nᵒ 105.

je me suis souvenu du plaisir de l'esclavage, et j'ai beaucoup pleuré.

Comme Manès avait tiré mon portrait sans le tien (dont il ne doit pas être séparé), Bihzâd (1) ayant compris ce que cela signifiait, a beaucoup pleuré.

Tes gémissements, ô rossignol, n'ont pas excité la sympathie de la rose, mais le chasseur ayant entendu ma plainte a beaucoup pleuré.

La soif que j'éprouve par l'effet du martyre que j'endure est tellement évidente, que lorsque l'exécuteur a passé de mon côté il a beaucoup pleuré.

En te voyant, des ruisseaux *de larmes* ont coulé dans le jardin, le buis, jaloux de ta taille, a beaucoup pleuré.

Si le miroir (d'acier) semble être couvert d'eau, savez-vous quel en est la cause? c'est que devant toi, dont le cœur est de pierre, l'acier, malgré sa dureté, a beaucoup pleuré.

J'ai demandé à Saudâ si je dois donner, moi aussi, mon cœur à quelqu'un ; mais Saudâ m'a raconté sa propre histoire et a beaucoup pleuré (2).

5ᵉ GAZAL DE SAUDA.

L'oiseau de mon âme n'avait encore ni plumes ni ailes, lorsque j'ai été retenu dans l'angle de la cage.

J'y resterai pour que tu ne me foules pas aux pieds, ô chasseur, car je ne sais pas même voler encore jusqu'en haut de la muraille.

La blessure de l'épée tyrannique a produit son effet, ô mes amis, il faut à présent me chercher un remède de *zangâr* (vert de gris).

Si le Très-Haut laisse vivre cette belle dans ce monde, c'est que la laideur de sa conduite n'est pas encore connue au ciel.

C'est pour prendre part au deuil de Caïs (Majnûn) et de Farhâd que, jusqu'à présent, dans le monde, les déserts sont pleins de poussière et les lieux montagneux de ruisseaux de larmes.

Par l'effet de ton éloignement l'état de Saudâ est extraordinaire, on n'a pas encore vu un tel malade (3).

1ᵉʳ GAZAL DE WALI.

Comment la vie ne serait-elle pas à charge à celui qui a reçu une violente atteinte de la flèche de l'amour?

---

(1) C'est le surnom d'Isfendyar, fils de Guschtasp, roi de Perse, de la dynastie des Achéménides, célèbre dans l'histoire fabuleuse de la Perse par ses combats avec Rustem, le héros du Schâh-Nâma. Le poète paraît se comparer à Bihzâd.

(2) W. Price, Collect. urdû, nº 99.

(3) Ibid., nº 83.

Celui qu'une étroite amitié unit à un objet chéri gardera ce sentiment jusqu'à l'heure du trépas.

Il n'aura désormais aucun repos dans le monde, l'homme dont l'amour a troublé le repos.

O ma bien-aimée, ton discours est toujours agréable à moi, ton amant sincère.

Ah, dis un mot à Wali, et ce mot sera comme un coup d'épée dans le cœur de mes rivaux (1).

2ᵉ GAZAL DE WALI.

Si Dieu le voulait j'en ferais mon amie, et je saurais lui faire apprécier mon discours. Lorsque je décris l'excellence de sa grâce et de sa gentillesse, toutes les belles deviennent, par jalousie, comme la peinture tracée sur un mur. Cette sémillante beauté est bien digne de se vanter elle-même; en effet, si un fils de fée se présentait il deviendrait lui-même son adorateur. Elle peut bien dire en jetant ses regards dans les jardins : « Je rendrai le narcisse amoureux de mon œil. » Tu considères comme un rosaire (musulman) les tresses de ta chevelure, à mon tour je prends, au contraire, chacun de tes cheveux comme un fil du cordon des infidèles brahmanes. Si je recevais la nouvelle de ta venue, fût-elle même fantastique, je rendrais mon cœur, par l'effet de la blessure de l'amour, semblable à un parterre de roses foncées. Que le sort de Walî serait heureux s'il pouvait, au lieu d'un collier, avoir autour du cou les bras de sa belle amie (2).

3ᵉ GAZAL DE WALI.

Quels ravages ne font pas les yeux des belles ? par un seul regard elles nous rendent esclaves.

Quand on s'approche d'elles, voyez comme elles vous saluent avec un doux sourire ; leurs regards timides n'osent se lever sur vous, et néanmoins ils produisent leur effet.

Lorsqu'elles laissent tomber sur leurs épaules leurs beaux cheveux noirs, on dirait que la nuit obscurcit l'aurore.

A leurs charmes puissants qui attirent tous les cœurs joignent-elles du moins la fidélité ?

Les gens d'esprit à qui elles adressent la parole sont tellement émus qu'ils ne peuvent leur répondre.

(1). W. Price, Collect. urdû, nº 125.
(2) Ibid., nº 113.

Ces belles aux joues de rose se rendent maîtresse du cœur de Walî par leur gracieuse démarche (1).

1ᵉʳ GAZAL D'ACIF.

Les pleurs qui restent amoncelés dans mes yeux y restent actuellement pendant quelques instants, mais n'y resteront pas toujours.

Il restent comme des bulles d'eau, ils restent, dis-je, mais n'y resteront pas toujours.

Tu ne quittes pas ton habitude de tyrannie et d'oppression. Par l'effet de l'affliction que tu m'occasionnes, le souffle qui m'est resté m'est bien resté encore, mais il ne me restera pas toujours.

La lune chaque mois prend tout son développement et décline ensuite ; ainsi ta beauté qui reste, reste, à la vérité, mais ne restera pas toujours.

Des gouttes de sueur inondent ton visage, ô belle idole ! mais la rosée qui reste sur la rose y reste bien quelque temps à la vérité, mais n'y reste pas toujours.

Viens promptement, et que ta vue me soit facile. Mon dernier souffle reste actuellement sur mes lèvres ; il y reste, à la vérité, mais il n'y restera pas toujours.

Si Acif trouve au lieu de l'union la séparation, que fera-t-il ? Il peut se faire qu'il reste encore avec son amie ; mais s'il y reste quelque temps, il n'y restera pas toujours (2)

2° GAZAL D'ACIF.

Depuis que j'ai quitté le seuil de ta porte, il m'a semblé que je quittais les deux mondes.

Je m'étais tellement tenu assis dans ta rue que je ne l'avais pas plus quittée que les traces des pas.

Que dire de l'amour que tu m'as inspiré ? j'ai renoncé pour lui à ma réputation, et j'ai quitté tout avantage.

J'ai disparu comme la bougie ; écoutez : en un jour j'ai quitté le corps et l'âme.

Pour avoir parlé une fois à mon amie, j'ai quitté la force et l'énergie qui me caractérisaient.

J'ai dit en riant, Acif sait bien que des milliers d'hommes ont quitté la vie pour avoir fait la même chose (3).

(1) Voyez dans mon édition, p. 68, le texte de ce morceau que Gilchrist a déjà fait connaître dans l'*East India Guide*, p. 267.

(2) W. Price, Collect. urdû, n° 1.

(3) W. Price, Collect. urdû, n° 142.

GAZAL DE DAIM.

Il n'y a pas dans le jardin de cyprès dont la taille soit aussi élégante que la tienne.

Il n'y a pas dans le Badakhschan de rubis pareil à tes lèvres.

Le soleil et la lune disent au sujet de ta stature à laquelle ils portent envie : il n'y en a pas de pareille parmi les beautés de ce temps.

A qui ferai-je ta description, ô reine des belles ; il n'y en a pas de pareille à toi dans le pays de l'Iran.

N'agite pas les boucles de ta chevelure, car les cœurs des malheureux amants qui ont renoncé à la vie y sont retenus prisonniers.

Les armées n'ont pas la force de fuir devant ton sourcil courbé comme le sabre.

O sémillante beauté, Dâïm est malade, mais il espère trouver enfin le repos : son remède est dans ta vue (1).

GAZAL D'UN ANONYME.

Mon cœur n'éprouve aucun plaisir dans les jardins ; la tristesse ne s'éloigne pas de mon cœur, depuis que tes yeux se sont tournés vers moi, ô ma bien-aimée ; mais ton insouciance t'empêche de comprendre ce que je te dis !

L'agitation de mon cœur me fait perdre la raison. Ah ! ma chère amie ! imite toi-même l'égarement de mon cœur.

Ma vie se consume et je ne puis parvenir à mes fins ; ô ! toi qui es ma vie, laisse-moi t'entretenir avant que la vie m'abandonne (2).

AUTRE GAZAL D'UN ANONYME.

L'amabilité de cette amie, ô tyrannie, est pareille à la beauté de son visage ; l'ivresse de ses yeux est maintenant complète ; ô malheur ! leur éclat qu'entourent les cils est pareil.

Que dirai-je de la droiture de sa taille et de la courbure de sa bouche, si ce n'est que les rubans qui serrent les boucles ambrées de ses cheveux ont un pareil agrément ?

Comment quelqu'un sauvera-t-il son âme s'il voit ses manières

---

(1) W. Price, Collect. urdû, n° 114.

(2) L'original de ce chant populaire m'a été communiqué par la femme de feu mon ami Eusèbe F. de Salles.

gracieuses? Le rubis de ses lèvres est homicide, le brillant du miss! est pareil...

Ses joues sont comme deux grenades; puis, que dirai-je de son éphélide? L'anneau de son nez est gracieux, et ses narines artistement percées sont pareilles (quant à la grâce).

Que dire de la toilette de cette belle, si ce n'est qu'on admire la forme de son étroit corset? Contemplez donc cette *pierre* d'achoppement, et voyez que la coupe du pan de sa robe est pareille (à celle du corset, quant à la grâce).

Comment goûterai-je le repos, puisque j'ai toujours affaire avec le gémissement? Le chagrin m'a pénétré comme l'épine, et le trouble de mon cœur est pareil.

Comment quelqu'un peut-il sauver son esprit, puisque cette taille a excité un trouble pareil à celui du jour de la résurrection?

Sa démarche est un malheur, sa manière de placer ses pendants d'oreille en forme de clochettes est pareille.

Maintenant son nom fait perdre à mon cœur la tranquillité. Parlerai-je de sa charmante allure ou du bruit de ses pas, qui est pareil (quant à l'agrément) (1)?

GAZAL DE SCHARAR.

O tyrannique beauté, qu'as-tu donc fait? tu t'es emparée de mon cœur, et tu m'as couvert par là d'ignominie.

Pendant que les autres passent le jour et la nuit dans le repos, le chagrin ne me laisse pas un instant de tranquillité.

Tu m'avais promis de venir à la nuit et tu n'es pas venue; j'ai fait en vain des préparatifs pour te recevoir.

Que dis-je, ô mon idole! tu as congédié mon messager en lui disant des injures, au lieu de lui faire des présents.

Tu as menti en me flattant d'une entrevue à laquelle j'ai cru cent fois, me confiant en tes paroles.

Quelle faute ai-je donc commise pour que tu sois fâchée contre moi? Dis-le, belle opiniâtre! tu as fait mourir Scharar, qui est innocent de toute offense envers toi; pourquoi as-tu donc agi aussi cruellement (2)?

GAZAL D'AÇAF UDDAULA.

Ces larmes s'arrêteront-elles dans tes yeux, ou couleront-elles? seront-elles comme les bulles d'eau qui paraissent et bientôt disparaissent?

---

(1) W. Price, Collect. urdû, n° 128.
(2) Ibid., n° 5.

Je me soumets à ton caractère tyrannique et volontaire ; je ne puis vivre sans toi, que tu renonces à tes caprices ou que tu t'y livres à ton gré.

Chaque mois la lune croît et décroît, ainsi l'astre de ta beauté s'élève ; mais s'il croît, ne peut-il décroître aussi ?

Pourquoi Açaf déplorerait-il ton absence ; il espère avoir encore l'occasion de te voir ; tel est, du moins, son désir, que cela arrive ou non.

Puisse ma bien-aimée être toujours heureuse en ce monde ; tel est le vœu que je prononce de mes lèvres, qu'il soit ou ne soit pas exaucé (1).

Passons aux chants des zanânas ou harems, c'est-à-dire aux chants érotiques qui sont mis par les poètes dans la bouche des femmes, et qui sont, en effet, chantés par elles. Ecoutons d'abord des chants hindous dont quelques-uns ne donnent pas une idée avantageuse des mœurs de l'Inde païenne.

KARWA.

O mon bien-aimé, asseyons-nous, vous et moi, à l'ombre des manguiers ; l'ombre des manguiers est épaisse. Çà donc, venez en ma compagnie, asseyons-nous ensemble.

O mon spirituel ami, ô mon bien-aimé, asseyons-nous, vous et moi, à l'ombre des manguiers (2).

PAD.

O mes rivales, pourquoi notre époux nous gêne-t-il par tant d'entraves ? En nous imposant ces entraves, quel fruit en a-t-il retiré ? Il a, par sa faute, perdu son honneur.

O mes rivales, pourquoi notre époux nous gêne-t-il par tant d'entraves (3) ?

PAD.

Hélas ! hélas ! lorsque j'ai vu ces noirs nuages, j'ai craint *pour mon époux absent*.

---

(1) W. Price, Collection hindî, p. 269. Heber, dans son voyage, a donné la traduction en vers de ce morceau.
(2) Price. Collect. hindî, n° 104.
(3) Ibid., n° 10.

Je lui ferai écrire une lettre et je la lui enverrai. Hélas, lorsque j'ai vu ces nuages, j'ai craint.

De leurs maisons respectives sortent de jeunes hommes bruns, d'autres blonds et frais ; moi, debout dans la cour, j'attends ce visage riant.

Hélas ! hélas ! en voyant ces noirs nuages, j'ai craint (1).

PAD.

Le bruit que produit mon pâgal (2) quand je marche, réveille mes compagnes. Le tintement de mon pâgal parvient à l'oreille de tous. Puisqu'on l'entend ainsi, ôtons-le, enlevons de mes pieds le pâgal. Mes compagnes se réveillent en effet lorsque mon pâgal retentit.

Pour favoriser mon entrevue avec celui que j'aime, ô lune, cache-toi!

La lune s'est cachée, les étoiles se sont obscurcies, et moi, malheureuse, je suis restée au bord du chemin, dans l'attente de mon bien-aimé.

Cache-toi, ô lune, pour favoriser mon entrevue avec celui qui m'est cher (3).

Voici un autre chant du même genre, qui caractérise les mœurs de l'Inde musulmane. Il s'agit, comme dans le précédent, d'une femme qui craint d'exciter la jalousie de celles qui partagent avec elle les faveurs de leur commun époux.

THUMRI.

Je meurs tuée par la douleur ; comment pourrai-je être enjouée ? Je ne monterai pas sur la couche de mon bien-aimé, parce que les anneaux qui ornent mes jambes résonneraient et réveilleraient les habitants de la maison. Je meurs tuée par la douleur (4).

PAD.

Le mois de sâwan (juillet) est venu, oui, sâwan est venu.

(1) Price, Collect. hindî, n° 49.
(2) Nom d'un ornement des pieds que portent les femmes dans l'Inde. C'est un grand anneau creux où sont enfermés des morceaux de métal qui font du bruit quand on marche. Ils sont généralement d'argent, et leur nom ordinair est *nûpur*.
(3) Price, Collect. hindî, n°s 191, 192.
(4) Ibid., n° 184.

Et mon amant est allé dans un pays étranger ; son absence a consumé mon corps. Le mois de sâwan est venu (1).

PAD.

Mon bien-aimé aux yeux de daim a enchanté mon âme.

O mon amie, j'ai compté les nuits que j'ai passées avec mon bien-aimé, nuits pendant lesquelles il ne s'est pas séparé de moi un seul instant. Mais depuis lors, des années, des heures et des minutes se sont écoulées.

Helas ! sans mon bien-aimé, mon lit brûle comme s'il y avait des étincelles de feu. Le nom d'une rivale a pénétré dans mon cœur ; mes yeux en sont devenus rouges....

Ah ! lorsque la femme est séparée de son bien-aimé, son âme se sépare d'elle-même. Mon amie, juge toi-même, dans ton esprit, quelle doit être ma colère.

Maintenant mon bien-aimé répand sur sa maison le doux éclat de sa présence.

Mon bien-aimé aux yeux de daim a enchanté mon âme. (2)

KABIT DE KAB-DEV.

Tandis que les tambours et les instruments à cordes résonnent, moi je me consume dans les flammes de l'amour, et je languis après le retour de mon époux.

Mes femmes chantent l'agréable retour du printemps, et moi j'éprouve les tourments cruels d'un amour malheureux.

Puis-je entendre patiemment le kokilâ pousser ses cris joyeux, moi dont les soupirs soulèvent la poitrine ?

Quand mon bien-aimé viendra, alors je prendrai part aux plaisirs du printemps, mais aujourd'hui que puis-je faire sans cet être chéri (3) ?

TAPPA.

Ecoute, ma chère compagne, que dois-je faire ? le sommeil s'en est allé bien loin de mes yeux.

Je vois que tu souris un peu, tes yeux sourient, ils sourient ces yeux entourés de collyre.

(1) Price, Collect, hindî, n° 105.
(2) Ibid., n° 42.
(3) Broughton, *Popul. hind. Songs*. p. 34.

O mon amie, que ferai-je ? A qui conterai-je l'affaire de cette nuit ?

Dans mon sommeil, mon époux bien-aimé s'en est allé à l'improviste. Il souriait en touchant mon collier à deux rangs de perles et celui à trois rangs ; mais quand sa main s'est approchée de mon bracelet, il m'a querellée.

Ecoute, mon amie, que ferai-je ? le sommeil s'est éloigné de moi (1).

TAPPA.

Tu as blessé mon cœur, et en agissant avec ruse ou violence tu t'en es emparé.

L'amant après avoir poussé des soupirs foule aux pieds le cœur qu'il a subjugué ; mais la séparation est *comme* le coup d'une lance. Lorsque l'amant la craint, il se jette aux pieds de sa maîtresse (2).

TAPPA.

O mon bien-aimé, je veux résister au sentiment de l'amour. Je ne veux pas recevoir la blessure de l'amour.

Le remède *contre l'amour* est une belle chose ; mais personne ne le connaît. Faut-il donc attacher son cœur à un amant infidèle ? O mon bien-aimé, je veux résister au sentiment de l'amour, je ne veux pas recevoir la blessure de l'amour.

TAPPA.

Mes yeux sont pleins de larmes, oui, mes yeux sont pleins de larmes.

Je me suis ornée de différentes espèces de jasmin et d'artémise, de *bel* (3), de violette, de kétakî (4).

J'ai mis des boucles à mes oreilles, et des colliers en forme de fleurs, et toutefois mes yeux sont pleins de larmes.

O ma chère compagne, une affection violente s'est manifestée dans mon cœur ; sans mon bien-aimé, rien ne me plaît.

Comment pourrais-je donc supporter patiemment son absence ? (5).

(1) Price, Collect. hindi, n° 49.
(2) Ibid., n° 164.
(3) *Cratœva marmelos.*
(4) *Pandanus odoratissimus.*
(5) Price, Collect. hindi, n°s 104, 105.

TAPPA.

Dors-tu aujourd'hui, mon fiancé bien-aimé?

Çà donc, ô ma mère, l'élégant petit maître qui doit m'épouser est-il retenu dans quelque village par quelque liaison d'amour?

Dors-tu aujourd'hui, mon fiancé bien-aimé?

Qui peut l'arrêter dans le chemin et le quai, et l'empêcher d'arriver? Ah! laissez-le venir dans la maison du plaisir ; ma belle-mère querellera si elle veut.

Dors-tu aujourd'hui, mon fiancé bien-aimé (1)?

TAPPA.

O insensé, malgré toi, je me suis unie à mon amant.

Tout le monde te dira que tu n'as aucun sujet de honte, ô insensé? et toutefois j'ai été trouver mon amant.

Semblable au jardinier, bienfaiteur imaginaire, tu donnes et tu détruis. Oui, ô insensé, je suis allée trouver mon amant. Je lui ai livré mes yeux, mes sourcils, mes cils, mes mains.

Tu as beau dire, ô insensé, aucun rapport d'amitié n'aura lieu de ma part si ce n'est avec mon amant. L'union avec lui a eu lieu en effet, ô insensé!

La terre et l'air s'unissent à l'eau pour que tu sois retenu au milieu de ces éléments, ô insensé! L'union avec mon amant a eu lieu. C'est Huçaïn, ton serviteur, qui est celui dont je parle. Tu as laissé mon honneur exposé au milieu du monde. Eh bien! j'ai été trouver mon amant (2).

DHURPAD (fragment).

L'abeille s'est réveillée, le voleur s'est enfui après avoir dérobé ; la lune s'est cachée, les étoiles ont disparu.

Les paons ont commencé à se montrer, les lotus à s'épanouir, les perles à devenir froides (3).

La couleur de safran (qui annonce le lever du soleil) s'est répandue partout. Chacun s'est réjoui dans son esprit.

Les oiseaux ont commencé à gazouiller, les cœurs à s'agiter, les portes des maisons à s'ouvrir ; mais mon époux ne vient pas ce matin.

O ma compagne ! l'abeille s'est réveillée (4)....

(1) Price, Collect. hindi n° 29.
(2) Ibid., n° 175.
(3) Les Asiatiques croient qu'au matin les perles se refroidissent et annoncent ainsi l'aurore.
(4) Price, Collect. hindi, n° 22.

KHIYAL.

O mon bien-aimé, j'ai longtemps cherché ta tente, mais je ne l'ai pas trouvée.

C'est dans cette tente d'or couverte de tentures jaunes qu'habite mon bien-aimé. O mon bien-aimé, j'ai longtemps cherché ta tente, mais je ne l'ai pas trouvée.

Pour toi j'ai laissé ma belle-mère et ma belle-sœur; mon cœur a éprouvé le sentiment de l'amour, ô mon bien-aimé. Je suis ton esclave, c'est pourquoi j'ai laissé ma belle-mère et ma belle-sœur.

Mon bien-aimé à la face riante, cherche partout la brune et la blanche, et toutefois mon affection s'est concentrée sur lui. O mon bien-aimé ! j'ai laissé pour toi ma belle-mère et ma belle-sœur (1).

KHIYAL.

Privée que je suis de mon bien-aimé, le sommeil m'a quittée.

Quoi ! dans un instant et pendant mon sommeil, tu aurais pu concevoir aujourd'hui de l'inimitié pour moi ! Ton départ m'a réveillée en sursaut. Ecoute-moi, charmant brun. Privée que je suis de toi, le sommeil m'a quittée (2).

KHIYAL.

L'heure du rendez-vous a sonné. Mon bien-aimé, vous ne venez donc pas aujourd'hui ? L'heure a sonné. Ecoute, ma compagne, donneras-tu la couleur du blâme à cet ami qui attire à lui ma vive imagination ?

L'heure du rendez-vous a sonné (3).

Venons-en aux chants musulmans de harem :

GAZAL DE SAUDA.

La vie des habitantes des jardins *du harem* est l'objet de la jalousie de Saudâ, car elles savent goûter les charmes de l'existence.

---

(1) Price, Collect. hindî, n°ˢ 55 et 97.
(2) Ibid., n° 36.
(3) Ibid., n° 101.

Elles n'envient ni le gouverneur de la Grèce, ni même celui qui s'est emparé de la Syrie, car les honneurs qu'on prodigue aux princes sont souvent motivés par l'espoir d'un emploi ou d'un jaguîr (1), et quelquefois, après bien des démarches, on n'obtient pas cent mille dâms (2)....

Ici, au matin, le rossignol (saudâ) a commencé son ramage, et là, chaque rose a ouvert sa corolle printanière semblable à une coupe (3). (C'est-à-dire : Chaque femme du harem a prêté son oreille pour l'entendre).

GAZAL D'AFTAB.

Qu'il était heureux ce temps où je chantais mon union avec toi! Aujourd'hui, la fièvre produite par ton absence ne me quitte pas une seule nuit, et je désire ta présence tandis que tu as détourné de moi ton visage. Je suis la bougie qui se consume elle-même, et toi tu es l'aurore qui dilate le cœur. Je brûle si je ne te vois pas, et je crois que je mourrais *de joie* si tu montrais ton visage. O soleil du monde (Aftâb-i-Alam)! à cause de ton absence les nuits passent pour moi dans des pleurs pareils à la rosée, et si tu revenais, le plaisir que j'en ressentirais me donnerait la mort. Ta présence est actuellement aussi à craindre pour moi que ton éloignement. En effet, je ne me sens ni la force de supporter le plaisir de la réunion, ni celle de continuer à être séparée de toi (4).

GAZAL D'INSCHA.

Comme la balle (5) que m'a lancée cette beauté sémillante et gentille ne m'a pas atteint, elle en a préparé une autre, voulant rester avec son amie qui a ses entrées dans le harem. Si j'en avais le pouvoir, je frapperais la pomme de ton menton avec la balle brillante

---

(1) J'ai suivi à la fois dans ma traduction les deux versions différentes des manuscrits : *mansab* (place), et *jaguîr* (terre féodale.)

(2) Il en faut vingt-quatre pour un païça, et quatre-vingt-seize païças pour une roupie (2 fr. 50 c.)

(3) Price, Collect. urdû, p. 426.

(4) Collect. urdû de Price, p. 420. Le second hémistiche de chaque vers est persan, parce que c'est un chant composé pour le harem royal, dont on suppose les habitantes assez lettrées pour comprendre la langue qui, avec l'arabe, compose les idiomes classiques de l'Inde musulmane.

(5) Le mot du texte est *gend* (paquet), qui signifie une balle à jouer, une boulette et la fleur qu'on nomme *souci*.

du disque du soleil. O beauté pareille à la lune de la quatorzième nuit, tu excites le désir dans mon cœur en préparant ton turban pour le jeter sur moi comme une balle. Tu ne t'es pas contentée de me donner un coup de ton mouchoir ou de ton cachemire, tu as fait de ton pantalon de brocart une balle pour me l'envoyer. Bien plus, tu as froissé et chiffonné le gazal d'Inschâ, en disant: Oh! la bonne petite balle que je fais de cette pièce de vers (1)!

GAZAL D'UN ANONYME.

Depuis que j'ai livré à la destruction le royaume de la loi *extérieure*, je me suis délivré de la religion et de l'infidélité, du guèbre et du schaïkh. Un torrent de feu brûlant est dans mes yeux ; c'est apparemment que la plaie de mon cœur s'est ouverte. L'amour avait été semé dans le jardin de mon cœur ; ma blessure enflammée est semblable au buisson de la rose. Je n'ai pu vivre, car j'ai été tué par ton œil ; et cependant le ruban qui retient ta chevelure ne s'était pas défait (2). La poussière de l'existence *extérieure* a terni mon cœur ; son miroir, dis-je, a été terni par cette poussière (3).

GAZAL DE WILA.

Si mon bien-aimé, en se montrant, se met à parler même en colère, j'en serai bien aise ; tout ce que je désire, c'est que cet objet de la jalousie du soleil et de la lune se mette à parler.

Pourquoi voudrais-tu priver de la vie ton innocente amie ? Si tu ne reviens à de meilleurs sentiments, ô mon bien-aimé, je me mettrai à dire : « Dieu me suffit. »

Les brahmanes briseront le cordon brahmanique et deviendront musulmans, s'ils entendent cet adolescent se mettre à prononcer le nom de Dieu.

L'amour, ô mes amies, est une chose étonnante dans la caravane du sentiment. Si le cœur de Joseph l'éprouve, il saura bien se mettre à le dire.

Tu m'avais promis de n'adresser jamais la parole à personne qu'à moi. Tel était ton engagement, ô mon maître, lorsque, hélas ! tu t'es mis à parler *à d'autres*...

Quand cet être à forme de sylphe place le pied dans le palanquin

---

(1) Price, Collect. urdû, n° 87.

(2) C'est-à-dire : Ton regard seul m'a tué sans que tu aies eu besoin de déployer ta belle chevelure pour achever ma perte.

(3) Price, Collect. urdû, n° 111.

(pour sortir), les génies et les anges se mettent à dire : « Au nom de Dieu ! »

O Wilâ ! quelle triste destinée ! Toutefois, un contentement merveilleux aura lieu pour mon cœur, si par hasard ce maître de rang élevé vient dans notre assemblée et se met à parler (1).

GAZAL DE RIZA.

Pourquoi le firmament immobile m'a-t-il départi ce sujet de douleur en attachant mon cœur à ce cruel époux ?

Si je suis si malheureuse, c'est à cause de la tyrannie de ses yeux, qui ont pris mal à propos dans leurs filets mon pauvre cœur.

Mon désir n'a pas réussi même une fois, ô bel homicide, quoique ma tête ait cent fois affronté ton épée.

Qu'est devenue cette vive amitié que tu me témoignais ? Tu as pris mon cœur, puis tu m'as oubliée. Hâte-toi de me donner de tes nouvelles avant que le feu de l'éloignement me consume entièrement comme la bougie.

O toi dont l'haleine est pareille à celle du Christ, j'ai été un seul instant en ta compagnie, et dans cet instant tu m'as rendu la vie à moi qui étais morte. Actuellement que je suis en vie, je t'écris une lettre avec le sang de mon cœur ; mes yeux aussi ont répandu des larmes de sang.

Hélas ! il ne m'a jamais envoyé ni lettre, ni message, tellement il a oublié son esclave.

Tu peux choisir de me traiter ou avec dureté ou avec bienveillance. Rizâ t'a fait entendre l'état de son cœur tel qu'il est. (2)

GAZAL DE HASRAT.

Hier, quand ta voix est arrivée à mon oreille elle a pénétré jusqu'à mon âme et lui a rendu le sentiment. J'éprouve une grande crainte, ô Dieu ! traite avec bienveillance mon cœur, ce cœur que consume un feu violent.

Je pleure tellement à cause du chagrin que tu m'occasionnes, que mes larmes ont fait oublier la rosée.

O chamelier, conduis le palanquin de Laïla dans le désert où tu apercevras la poussière de Majnûn. O Hasrat, les rossignols tristes

---

(1) Ce Gazal, assez difficile à comprendre, ne se trouve pas dans le recueil des poésies de Wilâ, dont je possède un manuscrit.

(2) Price, Collect. urdû, n° 117.

et plaintifs se reposent sur une branche et ils chantent ces vers au milieu du jardin : « Hélas ! ô saison d'automne, toi qui dans un instant as produit une nouvelle apparence dans le jardin, tu n'as pas trouvé la rose rassasiée de plaisir (1).

GAZAL D'ACIF.

Lorsque je vois ton épée dressée comme un étendard, je considère ma tête comme un calam prêt à être taillé.

O mon idole ! l'éclat de ta beauté me fait oublier Dieu.

O mon messie, hâte-toi de venir auprès de moi, si tu ne veux pas que je prenne le chemin du néant.

Sache bien que si tu allais trouver mes rivales, j'en éprouverais un violent ressentiment.

Tu m'as fait beaucoup de fausses promesses, il faut enfin que tu exécutes ton serment.

Tu viens ou tu ne viens pas, ô mon ami, moi chaque nuit dans ma couche solitaire j'attends jusqu'au matin.

Quant à Acif, il se contente d'admirer dans les rues les belles qu'il peut apercevoir, comme un spectacle dont le gratifie l'Eternel (2).

EPICÈDE (KYA ACHCHA PHULTA).

Cette charmante fleur qui était épanouie s'est fanée, son odeur a cessé de se répandre.

La noirceur de mes cheveux disparaîtra, mais le souvenir de cet ami chéri ne quittera pas mon cœur.

Ce bien-aimé gît endormi sous la terre de la mosquée. O rossignols ! ne faites pas de bruit ; ne troublez pas le repos de mon ami (3).

Voici deux chants de harem répandus dans le Guzarate : (4)

IS ZAMANÉ MEN, ETC.

O que mes jours sont tristes actuellement ! L'amour fuit, mon

---

(1) W. Price, Collect. urdû, n° 88.
(2) Price, Collect. urdû, n° 141.
(3) J'ai entendu chanter ce morceau à une dame indienne, et c'est feue la comtesse de Salles, née elle-même dans l'Inde, et dont l'hindoustani était la langue maternelle, qui me l'a transcrit en hindoustani.
(4) Je les cite d'après Drummond, *Illustrations of the Guzerattee*, etc.

cœur ne palpite plus de joie. J'ai bien des amies qui m'affectionnent ; mais qu'est l'amitié au prix de l'amour ?

Celui dont le cœur léger n'a jamais ressenti les tourments de l'amour ne peut savoir combien est poignante la blessure que son dédain a faite à mon cœur.

Aimable époux, je t'aime encore, je veux par de nouvelles agaceries attirer ton sourire.

Je jouis d'une heureuse abondance, mais que sont les richesses sans l'amour ?

Que t'importe si mes rivales froncent le sourcil ? méprise leur jalousie. As-tu jamais vu une rose sans épines ? Mets-toi en garde contre leur envie, et ton nom sera cité parmi les hommes honorables et vertueux...

J'en jure par l'amour, par l'amour le plus tendre. Si tu exigeais le sacrifice de ma vie je te l'abandonnerais volontiers, et je me glorifierais d'une mort si douce pour un cœur aimant.

O ciel ! tu souris, et par là tu me donnes une nouvelle vie. Désormais je n'abandonnerai plus mon cœur au chagrin ; je vivrai et j'aimerai.

BAHLA YAD RAKHO.

Pourquoi passes-tu si fièrement auprès de moi ? Pourquoi veux-tu blesser ce cœur fidèle ? Le temps viendra où tu soupireras à ton tour, le repentir te percera de son dard...

Ah ! mets bien dans ton esprit ce que je vais te dire. As-tu parlé sans réflexion comme les perroquets ? ou bien ton cœur est-il décidément malveillant pour moi ? Mon cœur doit-il se briser de douleur ?

Tes yeux rouges de colère comme ceux de la perruche se détournent avec indignation, tandis que mon pauvre cœur agité, exhalant des soupirs, se retourne sur lui-même comme la colombe dans sa fuite timide.

Ah ! souviens-t'en bien : quelque jour tu finiras par reconnaître mon pouvoir ; mais alors à mon tour je deviendrai malveillante et je te ferai passer de pénibles moments.

Présentement, pour terminer la série des chants de harem, je vais donner la traduction de trois chansons très-répandues dans l'Inde (1). Les deux dernières, quoique fort insignifiantes quant aux paroles, ont, à cause de leur air chantant, une célébrité telle qu'on les a publiées plusieurs fois en

(1) Je dois la première à la comtesse de Salles à qui je l'ai entendu chanter.

Angleterre (1), ce qui leur a donné une certaine vogue dans les familles des *nababs* (2). On a pu les entendre chanter à Paris, même.

DEKHO, DEKHO, RÉ LOGO.

Voyez, mes amies, quel effet ont produit sur moi ses yeux (bis).
Ils m'ont fascinée pour me livrer ensuite à la honte (bis).
J'ai reçu de ta main étrangère une tasse de sorbet (bis).
Ah! n'agis pas comme un libertin; mais crains Dieu (bis).
Tu m'as donné ton cœur; je l'ai accepté, et je m'en suis fait comme une amulette (bis).
En échange je t'ai donné mon cœur, et tu l'as pris pour le jeter au vent (bis).

DIL NA DANA LIYA.

Mon cœur n'a pu prendre un seul grain (n'a pas réussi). Il en a été de même de mon esprit (bis).
Que dois-je faire, ô mes amies, puisque mon cœur n'a pas réussi (bis)?
Que voulez-vous dire par vos cris: Les bracelets, les bracelets! Quel est le bruit que j'entends dans la maison (bis)?
Ah! tandis que je me laissais aller au sommeil de l'ivresse, le voleur s'enfuyait chargé de mes bijoux (bis).
Que dois-je faire, ô mes amies! puisque mon cœur n'a pas réussi?

SCHISCHI BHARI GULABKI.

Mon bien-aimé, vide la fiole d'eau de rose (bis).
Peu m'importe de mourir, pourvu que mon époux vive (bis).
Le médecin m'avait donné cette boisson propre à calmer ma souffrance (bis).
Je me livre à ma destinée, car c'est Dieu qui en règle le cours (bis).

Terminons la série des chants érotiques par ceux où l'amour du Créateur est mêlé à celui de la créature, de telle

---

(1) *Trink's Collection of hindousthani songs* et *Indian melodies* (avec accompagnement de piano).

(2) On nomme ainsi les Anglais qui ont habité l'Inde et qui y ont fait fortune. On donnait autrefois en France le nom de *couage* aux négociants qui avaient résidé dans les échelles du Levant.

sorte qu'il est souvent difficile de se rendre compte des véritables sentiments du poète. Ces chants, que nous pouvons nommer érotico-mystiques, sont dus surtout à des musulmans.

TAPPA.

Je suis tombée, à cause de toi, dans un état de langueur.

Toute la nuit s'est passée pour moi dans l'agitation. Lorsque l'aurore a paru, mes yeux se sont appesantis.

A cause de toi je suis tombée dans un état de langueur.

Hélas! mes yeux ne voient plus mon bien-aimé. A force de penser à toi mon dos s'est courbé.

A cause de toi je suis tombée dans un état de langueur.

Je te cherche partout et ne te trouve nulle part. Le Créateur réside en mon cœur, c'est pourquoi je suis belle (au physique et au moral).

A cause de toi, etc.

Tu as créé mon être du tien, et le séjour que tu fais dans mon cœur me rend belle.

A cause de toi, etc.... (1).

GAZAL D'ACIF.

Y a-t-il une belle comme toi? Trouverai-je une contenance aussi agréable pour décider mon cœur à abandonner l'incrédulité et à t'obéir?

Si de tes lèvres pareilles à celles du Messie tu parles, toi dont le visage a l'aspect de la blanche tablette sur laquelle est écrit le Coran, comment le cœur mort ne revivrait-il pas lorsqu'il entend un tel discours?

Je m'immole à toi, ô tyrannique beauté, dis-moi des injures à ton gré. Tel sera mon service et telle ta faveur.

Comment le cœur ne se prendrait-il pas aux boucles de musc de cette belle au visage de péri, avec un *tel* chasseur et un *tel* filet.

O Acif, ne prends ton refuge qu'en Alî seul, de quoi auras-tu besoin s'il est lui-même ton imâm (2)?

GAZAL DE RIZA.

Soit que tu me gardes auprès de toi ou que tu me tiennes éloigné, je me contente de mon sort.

---

(1) Collect. hindî de W. Price, n° 166.

(2) W. Price, Collect. urdú, p. 166. Il est facile de voir que l'auteur est schiite.

L'image de Dieu se manifeste dans chaque miroir, et cependant mon regard étonné ne peut l'apercevoir.

Quel est celui dont le cœur se contentera de la vue des fleurs et des jardins? O mes amis! dispensez-moi de cette inutile fatigue.

La nuit de l'absence ne disparaît pas, ô Seigneur! Qui me montrera donc la fin de cette obscure nuit?

Maintenant le cœur de Rizâ n'a pas même la force de palpiter, tellement, hélas! l'amour l'a rendu malade (1).

GAZAL DE MUCIBAT.

Quel besoin ai-je actuellement des autres, puisque je suis avec mon amie? Tant que je vivrai je la contemplerai. Moi, sans force, je suis pris dans le filet de cette tyrannique beauté, et je suis victime de l'épée de son sourcil oppresseur. L'ardeur de l'amour se fait sentir dans la rue de ma bien-aimée au visage de fée; je me mets pour respirer à l'ombre du mur. Quelque vexation que tu fasses éprouver à mon cœur, ce cœur, au jour de la résurrection, sera avec sa bien-aimée. O mes amis! ne calomniez pas l'état de l'amant. Je connais le secret du vrai sens de l'amour dont il s'agit. Les gens riches qui regorgent d'or meurent d'amour pour cette belle dénuée d'or. Ils déclarent qu'ils vont au bazar de la beauté. Pourra-t-on dire que Mucîbat ait son cœur troublé par le désespoir de l'amour, lorsqu'il a auprès de lui la rose quoiqu'elle soit encore accompagnée de l'épine (2).

GAZAL D'UN ANONYME.

Les Indiens rendent un culte aux idoles, les musulmans à Dieu, et moi j'adore l'être qui m'accorde son amitié.

Hélas! le regard de la générosité a quitté notre siècle, l'œil de la pudeur l'a abandonné.

Depuis que les guèbres ont vu la plante de tes pieds, ils ont laissé le feu pour adorer le rouge hinna qui les teint.

Si tu veux que le reflet de ton amie manifeste en toi son éclat, nettoie avec soin le miroir de ton cœur (3).

GAZAL DE SAUDA.

Ne rejette pas loin de tes regards mon cœur, car tu ne pourrais le retrouver, tu ne pourrais pas plus le reprendre de dessus la terre

---

(1) Price Collect. urdû, p. 418.
(2) Ibid., p. 439.
(3) Ibid., p. 439.

que les larmes qu'on y répand... O abstinent, il ne faut point rejeter les plaintes des gens ivres : conduis-les à la taverne et qu'ils soient rassasiés. Tant que cette amie ne viendra pas dans le jardin, les pleurs de la rosée qui couvre le visage des roses ne disparaîtront pas... Mon cœur ne pourra se sauver de l'armée de tes moustaches naissantes : il ne sera pas délivré des liens de ta chevelure. Je n'obtiendrai pas dans ce jardin la justice : comme la rose, l'ouverture de ma robe ne sera pas recousue. Si on renverse la Caaba ne t'en afflige pas, ô schaïkh, briseur d'idoles (on pourra la rebâtir); tandis que le cœur du brahmane ne saurait être refait. Tu as guéri ta blessure et tu as lavé le pan de ta robe *du sang qui le souillait*. Peu importe, la blessure ne sera pas enlevée du cœur du monde. O tyrannique beauté ! ne t'avais-je pas dit de renoncer au meurtre de Saudâ, meurtre qui ne pourrait rester caché (1).

IV.

CHANTS ETHNOLOGIQUES.

Les plus usités des chants que je nomme ainsi sont ceux qu'on entend dans les maisons et dans les rues de l'Inde, à l'époque du *Holî* ou carnaval. On nomme ces chants *Holî* ou *Horî*, du nom de la fête; *Phâg*, du nom du mois où elle a lieu, mois qui correspond à une partie de février et de mars, et aussi *Dhamâl* (2) et *Damâri* (3); mais ce dernier chant paraît se distinguer des autres par sa licence. Les divertissements auxquels on se livre alors, et que ces chants accompagnent, dégénèrent quelquefois en véritables saturnales. Ils consistent surtout à se jeter les uns aux autres de la fleur de farine, ou de la poudre de talc teinte en rouge ou en jaune, ou de l'eau (4) colorée aussi en jaune par l'infusion des fleurs du *harsingâr* (5). L'eau se nomme *rang* (couleur,

---

(1) Ibid., n° 120.
(2) Shakespear, *Dictionary*.
(3) Broughton, *Selections*, p. 63.
(4) Dans le Midi de la France, on s'amuse aussi à se jeter de l'eau le veille de la Saint-Jean.
(5) *Nyctantes arbor tristis*.

et la poudre *abîr*, *gulâl* et *phâg*. On donne aussi ce dernier nom aux jeux dont je parle, ainsi qu'aux petits présents de fleurs, de fruits, de sucreries, etc., que les maris et les fiancés font à leurs femmes ou à leurs fiancées à cette occasion.

1. HORI.

O Krischna ! je suis entourée de la poudre colorée que tu lances sur moi. Ne m'en jette pas du moins au visage !

Mon époux remplit sa sarbacane et en fait jaillir à mon visage le contenu. Tout mon corps a été mouillé, ô Krischna !

Ah ! ne me jette pas du moins de cette poudre au visage !

Je suis comme plongée dans la poudre colorée que tu lances sur moi. Ne m'en jette pas du moins au visage !

Je n'ai pas de plaisir à entendre les chants licencieux du carnaval. Pourquoi, ô Krischna ! les répètes-tu à si haute voix !

Ah ! ne me jette pas de cette poudre au visage. Elle m'entoure de toutes parts ; mais du moins ne m'en jette pas au visage (1) !

2. HORI.

Laisse-moi aller actuellement, ô mon royal bien-aimé, à la maison où l'on célèbre le holî. Je veux prendre part à ce divertissement.

Je veux augmenter le nombre des brasblancs ornés de bracelets d'émeraude, qui s'agitent pour lancer le phâg. Oui, je jouerai encore au holî. Ah ! laisse-moi donc aller y prendre part.

Ainsi, dans les angles et les clairières de la forêt de Brindâban, Radhâ jouait avec Krischna en lui jetant de la poudre rouge.

Les maris se sont retirés ; il n'y en a pas un seul. Les amants, et avec eux tous les gens de Braj, rient et s'amusent.

O mon royal bien-aimé ! je veux jouer au holî ; laissez-moi aller à la maison où l'on prend ce divertissement (2).

3. HOLI.

Tout mon corset a été mouillé, et jusqu'à ma poitrine qu'il recouvre. Oui, ma gorge, qui ressemble à des grenades, a été mouillée. Tout mon corset a été mouillé et jusqu'à ma poitrine.

(1) W. Price, Collect. hindî. n° 84.
(2) W. Price, Collect. hindî, n°s 77 et 72.

Des nuages d'*abîr* et de *gulâl* se répandent de toutes parts ; des sarbacanes, comme des canons, lancent au loin la poudre rouge et jaune. Tout mon corset a été mouillé, etc..

Les gens se querellent : « Amène-moi (dit l'une) mon amant et rends-le soumis. Amène-moi, dit l'autre, ma maîtresse. » Tout mon corset a été mouillé, etc.

Au lieu de mettre mon corset, je tatouerai désormais ma poitrine de la couleur de mon corset. Je veux donner deux roupies pour faire crier des injures à ceux qui ont mouillé mon corset et jusqu'à ma poitrine (1).

4. HOLI.

Ici, des femmes saisissent par son turban le maître du harem et lui demandent les cadeaux du holî. D'autres s'approchent de lui et, d'un air malin, lui parlent à l'oreille. Plus loin, une belle entonne le chant du *phâg*, tandis qu'une autre n'hésite pas à faire entendre le chant licencieux nommé *dhamarî*. Celle-ci présente à son époux une coupe de sa jolie main, celle-là lui jette au visage de la poudre rouge nommée *gulâl*, dont elle a rempli le pan de sa robe. Toutes le seringuent avec de l'eau teinte de safran, l'entourent en frappant des mains et agitant sur lui des baguettes ornées de fleurs (2).

5. HORI.

Avec le mois de phagûn ont lieu des pluies continuelles. Je dois donc jouer au holî (pour imiter la pluie naturelle).

O mes amies, toute la nuit passée avec un insensé ne vaut pas une gharî passée avec un aimable jeune homme.

O Nizam-Uddîn Auliya (3), ami de Dieu, réconcilie l'amant et la maîtresse qui sont actuellement ennemis.

Le mois de phagûn est arrivé avec les pluies continuelles : je vais jouer au holî (4).

---

(1) Ibid., n° 68.

(2) Quoique ce chant populaire ait été déjà traduit par Broughton (*Popular Poetry of the Hindoos*, p. 62), je le reproduisis ici parce qu'il offre quelques détails ethnologiques qu'on ne trouve pas dans les autres horîs. On dirait qu'il est la description d'un dessin qui a été publié dans « l'Hindoustan » de la Collection Neveu.

(3) Sur ce saint personnage musulman, qui du reste, chose singulière, est le patron des voleurs, voyez mon *Mém. sur la rel. musul. dans l'Inde*, dans l'*Islamisme*, p. 393.

(4) W. Price, Collect. hindî, n°s 80, 81.

6. HORI.

Lorsque je saurai jouer avec adresse aux jeux du holî, j'irai prendre part à cette fête. Oui, lorsque je saurai les agréables jeux du holî.

Pendant la saison du phagûn, je resterai dans mon logement solitaire, et tu iras en la maison des étrangers prendre part à leurs divertissements. Mais lorsque je saurai jouer aux agréables jeux du holî (ce ne sera pas ainsi).

Tu rempliras de poudre jaune les sarbacanes, et tu m'apprendras la bonne manière de s'en servir. Ajoute une seconde explication à la première, et par là tu acquerras dans le monde une réputation méritée de complaisance.

Ah! lorsque je saurai jouer avec adresse au holî, j'irai prendre part aux divertissements de cette fête (1).

7. HOLI PAR JAWAN.

Elle a participé à toutes les fêtes, aussi sans elle actuellement les divertissements du holî sont dépourvus d'intérêt.

Si cette beauté, pareille à la planète de Vénus, n'était parmi nous, nous ne pourrions nous livrer au plaisir, quand même ces chants de fête y exciteraient.

Elle prend les cœurs et s'en sert de jouet, comme le fait le jongleur des boules qu'il a dans sa main. Les relations entre l'amant et la maîtresse sont étonnantes. L'un donne à l'autre sa vie, comme si c'était un enjeu.

Pourquoi cet insensé a-t-il quitté aujourd'hui la solitude et se promène-t-il dans la ville ayant sur son dos un bissac que les enfants remplissent de pierres.

Il faut, en effet, être insensé pour descendre dans le champ de bataille de l'amour, où sont agitées les épées des sourcils.

Il est facile de voir combien il y a d'artifices cachés, quoique, à l'extérieur, ces visages paraissent ingénus.

Jawân, la beauté printanière de ces belles aux vêtements élégants est telle, que le narcisse a ouvert sa corolle comme des yeux pour l'admirer (2).

TAPPA.

O mon bien-aimé, pourrais-tu me reconnaître? sur mon blanc

(1) W. Price, Collect. hindî, n° 51.
(2) W. Price, Collect. urdû, n° 32.

visage sont entortillés les serpents de mes cheveux en désordre. O mon bien-aimé *Mahram*, pourrais-tu me reconnaître?

De grands yeux, de petites prunelles noires, des paupières couvertes de la poudre rouge du holî. Sur mon blanc visage, de noirs serpents sont entortillés (1).

HOLI DES GOPIES.

L'aimable jeune homme de Mathura (Krischna) se tient au milieu du chemin ; comment irai-je prendre de l'eau?

Je monterai à Kotha (en Ajmir) pour jeter de la boue sur les passants. J'irai à Naddia pour lancer de l'eau avec les pompes.

J'irai à Gokul (2) participer aux folies des gens qu'entoure un nuage de poussière colorée.

Au milieu du chemin se tient l'aimable jeune homme de Mathura ; comment irai-je prendre de l'eau (3)?

Voici des épithalames hindous et musulmans, des chants de congratulation à l'occasion d'un mariage, des chants nuptiaux. Mais je ne puis en donner qu'un très petit nombre, à cause du ton licencieux qui règne dans la plupart de ces compositions.

BADHAWA.

Vive l'époux de la nouvelle mariée, qu'il vive toujours ;

Sur le front de ce brun mari brille la couronne nuptiale formée d'une rangée de perles. Il s'unit à sa jeune épouse au visage riant.

Sur mon époux jetez des perles (4), ô ma mère, sur mon époux chéri jetez des perles.

Jetez sur lui des perles, du corail, des rubis, à l'occasion de sa première entrevue avec moi. Sur le nouveau marié jetez des perles (5).

AUTRE BADHAWA.

Mon fiancé est venu m'épouser, moi sa fiancée. C'est un excellent mari.

(1) W. Price, Collect. hindî, n° 173.
(2) Ces noms de ville offrent dans l'original des jeux de mots avec les hoses dont il s'agit respectivement.
(3) W. Price. Collect. hindî, n° 82.
(4) Allusion à un usage oriental mentionné plus haut.
(5) W. Price, Collect. hindî, n°s 63 et 64.

C'est un aimable et folâtre mari, un bel et charmant époux.....
Il est soumis aux volontés de son enjouée compagne. C'est un excellent mari. Il est venu m'épouser, moi sa fiancée (1).

AUTRE BADHAWA.

O ma mère, il est temps aujourd'hui de chanter le badhâwâ.
O cher fiancé, chantez dans la maison ; vous allez vous unir à une jeune fille. Vous allez vous marier.
Frottez-vous le corps d'uptan, de menhdî et d'huile. Chantez votre fiancée ; faites résonner les instruments. Fêtez-la.
O ma mère, il est temps aujourd'hui de chanter le badhâwâ (2).

TAPPA.

O mon fiancé, toi qui es vêtu d'une robe couleur de safran ; ô toi qui es vêtu de jaune !
A ta tête est une couronne d'or, et un bracelet de perles à ton poignet (3). Un rubis est attaché à l'aigrette de ton turban.
Que Dieu et le prophète me protègent.
O mon fiancé, toi qui es vêtu d'une robe couleur de safran, ô toi qui es vêtu de jaune !
Il y a des bouquets de fleurs que la jardinière a apportés, et des guirlandes de roses que la fleuriste a tressées.
Le nouveau marié restera éveillé toute la nuit. Ses bras seront comme une guirlande au cou de la nouvelle mariée.
O mon fiancé, toi qui es vêtu d'une robe couleur de safran, ô toi qui es vêtu de jaune (4) !

MUBARAK BAD.

Que ces noces soient heureuses, qu'elles soient heureuses (5) !
Les réjouissances nuptiales ont eu lieu dans le palais. Les compagnes de la mariée ont tressé des guirlandes et les ont mises au cou de leur aimable amie. Ces guirlandes ornent son cou comme le ferait un collier de prix.

(1) W. Price. Collect. hindî, n° 65.
(2) Ibid., n° 108.
(3) Kangnâ, signifie proprement le fil ou le petit cordon qu'on met au poignet de la nouvelle mariée.
(4) W. Price, Collect. hindî. n° 135.
(5) Il y a dans le texte *noces* au pluriel, dans un sens emphatique, comme en français, et lorsqu'on dit *les funérailles, les obsèques*, etc.

Que ces noces soient heureuses, qu'elles soient heureuses (1) !

Passons aux chants qui ont trait à d'autres images particulières à l'Inde et à la nature indienne.

TAPPA, RELATIF A L'ASTROLOGIE.

Ecoute, ô ma mère, la décision du destin, écoute-la donc, ô ma mère !

Prends le calam en ta main et écris l'ordre du destin (que le brahmane te fera connaître).

Ecoute, ô ma mère, la décision du destin, écoute-la donc, ô ma mère (2) !

PAD, DESCRIPTION DE DWARIKA (3).

Nous avons cherché la ville de la bonté, combien d'endroits n'avons-nous pas vus (avant de la trouver) ?

Le roi de cette ville est l'image de la justice ; il est extraordinaire par la science.

Dans cette ville, les fonctions publiques y sont toutes réparties à cinq personnes. Ainsi, il y a cinq gouverneurs, cinq préfets de police, etc.

Les fourbes, les libertins, les avares, les gens colères, les thags (filous), les escrocs et les voleurs de grand chemin y sont inconnus...

Telle est l'organisation de cette ville, dont tous les habitants sont purs et saints, et jouissent du bonheur ; dont la vue, semblable à la pierre philosophale, produit un effet admirable.

Nous avons cherché la ville de la bonté, etc. (4).

PAD DE WISCHNUDAS, SUR LE MÊME SUJET (5).

En voyant la beauté de la ville de Dwarika, on oublie l'intelligence de toute autre chose.

---

(1) W. Price, Collect. hindî, n° 67.

(2) W. Price, Collect. hindî, n° 174.

(3) Le chant sur la ville de Dwarika lorsqu'elle était soumise à Krischna, rappelle la description que j'ai donnée dans le t. II de mon *Hist. de la Littér. hind.*, p. 164, 1re édit.

(4) Price, Collect. hindî, n° 37

(5) Ce chant et quelques-uns des suivants renferment des mots arabes et persans quoiqu'ils soient écrits par des Hindous et en caractères dévanagaris. Celui-ci est tiré de la Collect. hindî de W. Price, n° 8.

Les palais et les châteaux sont d'or. Tous les objets ont l'éclat de ce métal.

En voyant, etc.

De beaux et bons lits sont dressés pour le prince Krischna. C'est là qu'il se repose. Des tapis de velours sont étendus dans tout le palais. A toutes les portes sont attachées des guirlandes de fleurs.

En voyant, etc.

A toutes les entrées sont placés des rideaux d'étoffe d'or et de brocart, dont le bord est orné de perles.

Le brahmane Wischnudâs est saisi d'admiration en contemplant ce spectacle qui est l'œuvre de Wiswakarma (1) lui-même.

En voyant, etc.

PAD, LE SEMESTRE D'HIVER.

Kuâr (septembre-octobre) est la porte de l'hiver ; kâtic (octobre-novembre) en est la continuation, aghan (novembre-décembre) se passe à faire bouillir de l'eau ; pûs (décembre-janvier) fait retirer le berger dans un asile ; mâgh (janvier-février) croît sous terre (2) ; phâgun (février-mars) développe la beauté *de la nature ;* puis vient l'agréable chaït (mars-avril), qui éloigne des visages toute souillure (3).

PAD, LE PRINTEMPS.

Aujourd'hui c'est notre beau printemps !

O mon amie, par la grande faveur de Hari, mon époux est revenu. Venez, frottons-nous le corps de sandal et d'eau de rose.

La joie entoure le visage de mon époux, il éprouve une grande satisfaction en son esprit.

Aujourd'hui c'est notre beau printemps.

De mon côté, je ressens une grande allégresse et je chante les préceptes sacrés dans le mode musical du printemps.

Mes amies et mes compagnes dansent et chantent; l'époux et l'épouse entrent dans la maison....

Aujourd'hui c'est notre beau printemps.

O mon amie, je suis bien heureuse et bien fortunée, puisque j'ai retrouvé mon époux.

Aujourd'hui c'est notre jour de printemps.

---

(1) Fils de Brahma, le Vulcain des hindous ; car il est à la fois le fabricant des armes des dieux et l'architecte de l'univers.

(2) Il s'agit de la végétation.

(3) Roebuck, *Or. Proverbs*, p. 204.

De tous côtés on fait résonner les divers genres de tambour. Le monde a reconnu le printemps pour le roi des saisons.

Si tu as dans ta maison un époux bien-aimé doué d'excellentes qualités, apprends-lui qu'aujourd'hui c'est notre beau printemps.

Oui, mon amie, le printemps est venu avec son brillant appareil (1).

MALAR, CHANT DES PLUIES.

La saison de sâwan (juin-juillet) est venue ; les nuages ont répandu de la pluie. Le voile de la maîtresse a été mouillé lorsqu'elle allait rejoindre son amant.

Le tonnerre se fait entendre. La pluie tombe en abondance en même temps que bien des paupières teintes de surma sont remplies de larmes.

Pour aller trouver son amant, la maîtresse a eu son voile mouillé. La saison de sâwan est venue, le nuage a versé de la pluie (2).

MALAR, AUTRE CHANT DES PLUIES.

Lorsque le nuage tonne, mon âme est troublée par la crainte.

L'éclair brille, le vent du nord-ouest souffle, le vent d'est murmure. Dans cette nuit malheureuse, le sommeil ne peut fermer mes paupières. Le papiha pousse des cris plaintifs, le nuage tonne et mon âme est saisie de crainte (3).

KHIYAL, AUTRE CHANT DES PLUIES.

Le mois de sâwan est venu, ô ma mère ! maintenant des nuages terribles versent de la pluie en grosses et abondantes gouttes d'eau.

La grenouille, le paon, le coucou font entendre leurs cris ! chaque femelle de ces animaux appelle son mâle.

En entendant ces cris, l'amant et la maîtresse prêtent une vive attention.

Le mois de sâwan est venu, ô ma mère, il y a actuellement d'épais nuages (4).

(1) W. Price, Collect. hindi. n° 63.
(2) Ibid., n° 85.
(3) Ibid., n° 86.
(4) Ibid., n° 94.

PAD, CHANT DES SENTINELLES.

Réveille-toi, ô sentinelle! réveille-toi, voilà l'aurore! Le voleur accourt en hâte dans la ville. Réveille-toi, ô sentinelle!

Celui qui dort s'expose à perdre tout ce qu'il possède ; quant à celui qui veille, sa fortune veille. O sentinelle, réveille-toi! le voleur accourt en hâte dans la ville (1).

DOMRA, CHANT DES BAYADÈRES.

J'ai égaré, j'ai oublié, j'ai laissé tomber mon bracelet.

Si tu as des nouvelles de mon bracelet, je te donnerai en récompense cinq pièces d'or. J'étais allée me baigner après avoir mis ce bracelet. En m'essuyant les bras le bracelet est tombé.

J'ai perdu mon bracelet dans la rivière !

J'étais allée me baigner, après avoir mis mon bracelet ; en m'essuyant les bras mon bracelet est tombé.

J'ai perdu mon bracelet dans la rivière !

J'ai égaré, j'ai oublié, j'ai laissé tomber mon bracelet (2).

THUMRI, CHANT DES BAYADÈRES.

O corps de rose! le gouverneur recherche ta jeunesse, ô corps de rose !

Le pion demande cinq roupies, le kotwal (préposé de police) en demande dix, et Acif (le gouverneur) veut ta jeunesse.

O corps de rose! le gouverneur recherche ta jeunesse (3).

KHIYAL, CHANT DES JARDINIÈRES.

Aujourd'hui, la noire abeille s'est envolée, ô ma mère, après avoir pris le suc des fleurs.

Le jardinier viendra, il arrosera le jardin, il cueillera les boutons de roses, puis il arrangera ses paniers de fruits.

Aujourd'hui, ô ma mère, la noire abeille s'est envolée après avoir pris le suc des fleurs (4).

---

(1) Price, Collect. hindî, n° 89.
(2) Ibid., n° 105.
(3) Ibid., n° 181.
(4) Ibid., n° 89.

En passant aux chants des porteuses d'eau, je dois faire remarquer qu'il y a d'autres chants particuliers que font entendre les blanchisseuses, chants qu'on nomme *birhâ*, et dont je regrette de ne pouvoir donner de spécimen. Il y a aussi les chansons des hommes qui puisent de l'eau pour arroser les terres. Les voyageurs nous apprennent qu'elles sont fort originales, mais ils ne nous les font pas connaître. Il est curieux, disent-ils, d'entendre la variété des chants que les Indiens ont pour chaque occupation différente (1).

KHARWA, CHANT DES PORTEUSES D'EAU.

Aller prendre de l'eau (2) c'est pour moi une grande fatigue....
Ma maison est éloignée. Lorsque ma cruche est pleine elle est lourde et me blesse les reins (3). Oui, aller prendre de l'eau, c'est pour moi une grande fatigue (4).

TAPPA, AUTRE CHANT DES PORTEUSES D'EAU.

O la gracieuse porteuse d'eau, de la tribu des gûjars !
Elle porte (*à la main*) une cruche d'eau couleur d'or attachée avec un ruban de soie, et sur la tête une cruche pareille posée sur un rond enrichi de pierreries.
O la gracieuse porteuse d'eau de la tribu des gûjars (5) !

TAPPA, ID.

O ma fiancée aux yeux admirables, soutiens bien ces cruches d'eau. O beauté aux yeux admirables, soutiens-les bien.
Le monde connaît ton amour et le mien ; il connaît le charme du collyre de tes yeux.
O ma fiancée, soutiens bien ces cruches d'eau (6).

(1) *Asiatic Journal*, t. XXXII, n° 6, p. 276 (1840).
(2) Il y a dans le texte *eaux* au pluriel, comme en sanscrit.
(3) On la porte en effet sur les hanches.
(4) W. Price, Collect. hindî, n° 103.
(5) Ibid., n° 113.
(6) Price, Collect. hindî, n° 115.

TAPPA, ID.

Ça donc, qui es-tu, charmante porteuse d'eau ? O toi qui chemines ainsi, où vas-tu donc aujourd'hui d'une manière si gracieuse qu'elle enivre mes sens ? Ça donc, qui es-tu?

Sur ta tête est un pot à eau, et sur celui-là il y en a un autre artistement placé.

Oh ! dis-moi de qui tu es l'épouse ; qui es-tu donc, charmante porteuse d'eau (1) ?

Puisque j'en suis à citer des chants spéciaux, on me permettra d'en donner un qu'on pourrait nommer Chant des rizières. Ce chant, cité par Skinner (Excursions, t. II, p. 105), fut improvisé par des femmes indiennes à la louange des Anglais qui étaient venus assister aux travaux d'agriculture exécutés dans les rizières.

Les hommes blonds (les Européens) sont allés aux montagnes de neige ; ils ont vu couler le Gange à travers les champs. Ne travaillons pas davantage ; car le riz croît rapidement et une bonne récolte se prépare. Ce sont les blancs qui attirent après eux l'abondance : vois-les sourire. Les femmes qu'ils aiment sont bien loin dans les royaumes de l'ouest. Ne serait-ce pas à nous qu'ils sourient ? Nous ne travaillerons plus. S'ils sont heureux, leurs serviteurs ne doivent-ils pas l'être aussi ? Vois, les tentes sont déployées et les feux sont allumés : les voyageurs se reposeront aujourd'hui dans la vallée. Ne travaillons plus, mais soyons empressées auprès de ces hommes blonds et engageons-les à demeurer auprès de nous.

HINDOLA, CHANT DE L'ESCARPOLETTE.

Sur l'escarpolette (hindola) se balance la lune de Gokul (Krischna).

Il y a deux poteaux d'or ornés de joyaux de belle couleur. Les quatre jeunes filles qui mettent l'escarpolette en branle sont naïves et belles ; elles regardent le ciel en rougissant. A leurs mains sont des bouquets de fleurs de toutes couleurs. A leur tête des perles artistement rangées autour de diamants étincelants.

Là, Radhâ, à la taille déliée, se balance en présence de Krischna.

En voyant ce charmant spectacle, le ciel manifeste sa joie. Les déotas Indra et les autres, après l'avoir regardé, ressentent dans

(1) Ibid., n° 156.

leur cœur un indicible plaisir. Les trente-trois krors (1) de divinités s'humilient. La grandeur de Krischna anéantit leur esprit.

Sur l'escarpolette (2), etc.

SUR UN PERROQUET.

O bon brahmane, asseyez-vous dans la cour de ma maison, ouvrez votre feuille d'horoscope et répondez à ma question.

Mon perroquet, que j'aime comme ma vie, s'est envolé. Indiquez-moi la rue où il est allé.

O volage perroquet, es-tu allé jusqu'à Madras? J'avais soin de te donner du grain, je te donnais de l'eau, je te laissais en liberté, la fenêtre ouverte.

Ah! viens me dire un mot, cher perroquet! pour ce mot je donnerais un lâkh de takâs (3).

O volage perroquet (4), etc.

Voilà donc des chants populaires indiens, inconnus jusqu'ici en Europe. Ils sont écrits dans le double dialecte hindou et musulman de l'Inde moderne, auquel on donne le nom général d'*hindoustani*, mais qu'on distingue par les noms particuliers de *hindouï* ou *hindî*, lorsqu'il s'agit des Hindous, et de *muçalmânî bolî* ou « langue musulmane, » lorsqu'il s'agit des musulmans. La principale différence entre ces deux dialectes, c'est qu'il s'est introduit dans ce dernier une grande quantité de mots arabes et persans que l'autre n'a pas admis. Le dialecte musulman s'est même subdivisé en deux branches, celle du Nord ou *ourdou*, et celle du Midi (Dekhan) ou *dakhnî*, espèces de langues *d'oïl* et *d'oc* où l'on remarque même des différences analogues à celles qui séparent ces deux idiomes français du moyen âge. Il n'est pas possible de s'apercevoir dans la traduction de la différence des dialectes; mais on s'apercevra facilement de la différence des doctrines et des mœurs. Dans les chants religieux hindous, on trouve tantôt une mythologie douce et sentimentale, tantôt une philosophie qui rappelle celle des stoïciens. Les chants religieux musulmans

---

(1) Le kror ou karor vaut dix millions.
(2) W. Price, Coll. hindî, n° 52.
(3) Lâkh signifie cent mille. Le takâ vaut deux païças.
(4) Communiqué par feue Madame E. de Salles.

sont plus rapprochés de nos idées, plus bibliques enfin ; car l'islamisme n'est qu'une grande hérésie chrétienne, une sorte d'arianisme judaïque auquel son fondateur a tâché de donner, par ses définitions et ses récits, le caractère d'universalité exprimé par ces mots célèbres : *Quod semper, ubique et ab omnibus creditum est.* On remarque aussi que les Hindous placent leurs chants érotiques dans la bouche des femmes, ce que ne font pas ordinairement les musulmans ; que ces derniers mêlent presque toujours l'amour du Créateur à celui de la créature, et qu'ainsi leurs vers les plus passionnés sont souvent mystiques. C'est là le cachet habituel des poésies musulmanes, non-seulement de celles de peu d'étendue, comme les chants populaires qui précèdent, mais même des plus longs poèmes. On y voit partout la beauté humaine représentée comme un reflet de la beauté divine, que dis-je, comme cette beauté même, *toujours ancienne et toujours nouvelle.* Ils l'admirent dans Laïla et dans Schirîn ; et le but de l'écrivain en traçant ces poèmes légendaires est d'exciter à l'amour de Dieu et, dans la pratique, à la fidélité à la religion musulmane. Souvent même les héros de ces romans en vers, lorsqu'ils sont *kafir* (infidèles), se convertissent à l'islamisme au dénouement du poème. C'est ainsi que dans l'intéressant poème de « Joseph et Zalikha, » celle-ci s'élève par l'admiration des traits célestes de Joseph à la contemplation du Créateur et devient musulmane, c'est-à-dire d'après l'étymologie du mot « résignée à la volonté de Dieu. »

Dans les chants qui tiennent à l'ethnologie, la différence des religions se fait pareillement sentir. Ceux des Hindous, ont plus de naïveté et de simplicité, ceux des musulmans, plus d'art et de recherche. Mais dans les premiers dominent les choses purement temporelles, et dans les autres celles qui ont rapport à la religion et aux idées spirituelles.

Le lecteur, je l'espère, partagera les opinions que j'exprime ici et qu'inspire l'examen des pièces dont j'ai donné la traduction.

EXTRAITS
DU
TAJ UTTAWARIKH
OU
« LA COURONNE DES CHRONIQUES »
PAR SAAD EDDIN

PREMIER EXTRAIT.

RELATION DE LA PRISE D'ABYDOS.

En l'année 728 de l'hégire (1327-28 de Jésus-Christ), le sultan Orkhan, désirant se rendre maître d'Abydos, forteresse qui appartenait aux Grecs, y envoya Kounouz-Alp et Abd-errahman, avec ordre d'en faire le siége (1). Les deux braves généraux, à la tête des guerriers qui combattaient pour la foi, entourèrent cette citadelle, et firent tous leurs efforts pour s'en emparer. Mais, comme elle était très-bien fortifiée, on ne pouvait se flatter de la prendre qu'après un long siége. Les Musulmans épiaient une occasion favorable, sans cesser de combattre les ennemis aux intentions perfides, et, se souvenant de cette sentence : « Lorsque Dieu veut quelque chose, il en prépare les moyens, » ils demandaient au souverain maître des biens du monde de les assister de son secours.

Le gouverneur de cette forteresse avait une fille qui était la vertu même, et dont la rare beauté manquait de point de comparaison. Une nuit, cette Houri avait à peine

(1) Il paraît que le fait rapporté ici est exactement vrai, les écrivains s'accordent tous à le raconter ainsi, et le peuple aime à le rappeler aux voyageurs. Voyez les lettres de Lady Montague, XLIV⁰ lettre.

caché ses joues purpurines semblables à la lune resplendissante, sous les nuages cotonneux de ses draps, qu'un profond sommeil ferma ses yeux aussi frais que le narcisse. Un songe s'offrit bientôt à son imagination, elle rêva qu'elle tombait au fond d'un puits obscur où elle avait tout à craindre pour ses jours. Elle désirait vivement d'en pouvoir sortir, ou d'en être retirée; mais elle avait beau pousser des cris et des gémissements pour implorer du secours, personne de sa maison ni de sa famille ne se présentait pour lui en donner. Persuadée alors que cette fosse horrible devait être pour elle le filet de la mort, elle se soumit au décret de Dieu, et cessa de tendre vers lui les mains de l'espérance.

Tout à coup elle voit passer au bord du puits ténébreux un jeune guerrier doué de la physionomie la plus douce : il s'arrête, la retire de cette profonde citerne, où elle était sur le point de perdre la vie, et la fait passer dans un lieu charmant; là, d'une main délicate et pudique, il lui enlève ses vêtements souillés de fange, et la revêt d'habits précieux.

Lorsque cette beauté, à taille de cyprès, se réveilla, elle se mit à réfléchir sur ce que pouvait signifier ce songe extraordinaire. Les traits du jeune homme qu'elle avait vu lui étaient restés profondément gravés dans l'esprit, et avaient excité en elle le plus vif amour. Son image la suivait partout, et la privait du repos.

Un jour, pour dissiper la noire mélancolie qui s'était emparée de son cœur, cette jeune vierge monta en haut d'une tour de la citadelle. Là, elle jetait la vue du côté du camp musulman, lorsque le brave Abd-errahman, général de l'armée des fidèles, frappa ses regards. Instruite par l'amour, elle ne tarda pas à reconnaître en ce jeune guerrier celui qu'elle avait vu en songe, et, comprenant que son rêve était une vision céleste, elle pensa que la citerne ténébreuse où elle s'était trouvée en danger de périr, était l'image de la religion chrétienne, et que son libérateur était celle de la **vraie religion**. Sur-le-champ elle écrivit au général, dans le langage des Francs, une lettre en un style élégant où, après avoir rapporté ce qui lui était arrivé, elle exprima le désir qu'elle avait d'entrer dans le sein de l'islamisme. Dans son zèle pour cette religion sainte, à laquelle elle appartenait déjà par conviction, elle n'hésita pas d'ajouter : « Si vous « voulez vous emparer de la forteresse, retirez-vous de ces « lieux en feignant de fuir ; venez ensuite une telle nuit, au « pied de la citadelle, à la tête de quelques braves, il vous « sera très facile de vous en rendre maître. »

Elle attacha sa lettre à une pierre, et la lança vers l'armée des fidèles. Semblable à une colombe messagère au vol rapide, le caillou parvint au camp musulman, et, comme aurait fait une pierre d'aimant il roula jusqu'aux pieds ferrés du cheval d'Abd-errahman. Le brave guerrier prit tout de suite cette pierre, montra la lettre à des interprètes, et, après en avoir connu le sens, il tint conseil avec son collègue sur ce qu'ils devaient faire. D'un commun accord il fut décidé que l'on se conformerait aux instructions de la fille du gouverneur. On agit d'après cette résolution, et en effet, la troupe impie des Polythéistes (1) qui gardaient cette forteresse, croyant que le mouvement rétrograde des fidèles était produit par la crainte, se livra aux plaisirs de la table et de l'amour, sans se mettre en peine de l'issue de l'événement.

La nuit indiquée, le brave Abd-errahman s'associa quatre-vingts braves, et ils s'avancèrent ensemble vers Abydos. Arrivés au pied de la citadelle, ils aperçurent la belle chrétienne qui attendait sur une tourelle du château les guerriers de la foi.

Abd-errahman, ivre d'amour et de joie, se précipita vers le côté où était sa fidèle amante. Déjà prisonnier dans les lacs des boucles des cheveux de sa belle maîtresse, il se rendit de nouveau son captif en se liant avec la corde qu'elle avait eu soin de faire descendre. Aidé de sa main protectrice, il escalada les murs du château, comme l'industrieuse araignée s'élève dans les airs, attachée à son fil glutineux. Il fit ensuite monter quelques-uns de ses braves compagnons. Gui-

---

(1) Les Musulmans nomment ainsi les chrétiens à cause du dogme de la trinité.

dés par cette beauté au visage de fée, ils massacrent les gardes, s'emparent des clés qu'ils trouvent sous le chevet des portiers stupides, et, à l'aide de la cause première de tous les événements, ils ouvrent les portes de la place, et y font entrer les soldats victorieux. Après avoir lavé au moyen du cimeterre étincelant, semblable à l'onde fugitive, cette citadelle sans pareille des ordures qu'y avaient laissées les Polythéistes, les Musulmans conduisirent le malheureux gouverneur et sa fille charmante avec des richesses sans nombre à l'heureux Orkhan. Ce monarque remercia le Très-Haut de ses faveurs infinies; il combla d'honneurs et de présents cette beauté qui faisait le charme du cœur, et la maria au brave Abd-errahman. De leur union fortunée, bénie par le ciel, naquit bientôt un fils, qu'ils nommèrent Cara-Abd-errahman. Il se distingua tellement par sa bravoure, que son nom seul jetait la terreur parmi les Polythéistes de Constantinople, qui furent souvent privés du repos et du sommeil par son bras invincible. Les mères mêmes faisaient obéir leurs enfants en leur nommant Cara-Abd-errahman.

SECOND EXTRAIT.

BATAILLE DE VARNA.

Le victorieux sultan Mourad, après avoir vaincu ses ennemis pleins d'artifice; après avoir donné la paix et la tranquillité aux provinces ottomanes, conçut, dans son esprit éclairé par l'inspiration divine, le dessein de renoncer aux affaires des créatures pour ne plus s'occuper qu'à servir le Créateur; d'échanger les soucis du trône contre les douceurs de la vie privée, et de ne travailler désormais qu'à se rendre digne du bonheur éternel. Occupé de cette pensée, il la confia à son ministre Khâlil pacha: « Depuis longtemps, lui « dit-il, le pied continuellement dans l'étrier, l'épée toujours « hors du fourreau, je n'ai cessé d'agir pour le bien de la « religion; il est temps que je quitte l'empire, et que j'aille

« dans la retraite, m'entretenir avec le Tout-Puissant. Oui,
« je suis résolu de consacrer au repentir les instants qui me
« restent, et de poser mes pieds sur le coussin du repos. »
« Qu'ai-je à faire de la couronne, du trône, de mes armées?
« je ne veux plus songer qu'à laver mes fautes dans les
« larmes de la componction. Dans ma retraite, je lirai sans
« cesse le Coran ; là, sans cesse, je louerai l'Eternel.

« Je veux éloigner ma main de ce royaume périssable, et
« semer dans le champ de mon cœur le grain de l'amour de
« Dieu. Je veux être assidu à la cour sublime de l'immuable
« vérité ; je veux combattre mes passions et ployer la tente
« de mes désirs (1).

« Que mon auguste héritier Mahomet prenne ma place ;
« que son règne soit glorieux et fortuné ; que, pendant sa
« durée, il n'y ait point de malheureux, que l'on n'entende
« aucun soupir. »

Khalil pacha et les principaux officiers de l'Etat, s'opposèrent en vain à la détermination de Mourad ; il persista dans son dessein, plaça son fils sur le trône, et se retira à Magnésie. Ceci arriva en 847 (1443).

Les princes voisins ayant appris l'abdication de Mourad, s'imaginèrent dans leur esprit méchant, souillé d'une haine invétérée, dans leur cœur hypocrite blessé de l'épine de l'envie, que la retraite du sultan ne provenait que d'un dérangement dans son cerveau, et ils formèrent le projet d'attaquer tous ensemble l'empire ottoman. Le chef de cette troupe impie, Caraman-Oglou, écrivit à l'infidèle de Hongrie (Ladislas, roi de Hongrie), en ces termes : « Mourad a perdu la
« raison et il consume sa vie dans les plaisirs avec des com-
« pagnons de débauche. Un jeune enfant l'a remplacé dans
« le gouvernement de l'Etat, faible plante, qu'il est bien fa-
« cile de déraciner. Il n'a point vu le jour du combat. Il n'a
« point conduit son coursier sur le champ de bataille. C'est
« le moment de nous unir et d'attaquer ce monarque inexpé-
« rimenté ; car, si nous attendons que l'auréole de son bon-

---

(1) Allusion à l'usage des Arabes nomades, qui enlèvent leurs tentes lorsqu'ils quittent un endroit pour aller chercher d'autres pâturages.

« heur ait répandu au loin des rayons éclatants, c'est en
« vain que nous chercherons une occasion semblable. »

Ces nouvelles ridicules ayant circulé parmi les malheureux chrétiens, ceux-ci envoyèrent de tous côtés des lettres, firent des efforts réunis, et rassemblèrent en peu de temps une forte armée. Elle se composait de Hongrois, d'Allemands, de Bosniens, d'Albanais, de Moldaves, de Valaques, de Francs et d'autres chrétiens.

Le despote Laz-Oglou, roi de Servie, se mit à l'avant-garde : quatre-vingt mille soldats infidèles, revêtus de cuirasses de fer, le suivaient : leurs cohortes audacieuses, semblables à la mer noire, se dirigèrent vers les contrées musulmanes ; ils passèrent par Belgrade, allèrent à Nicopolis, ravagèrent tout le pays, et se retirèrent. Le gouverneur de Nicopolis, Mohammed-bey, fils de Firouz-bey, saisit un moment favorable, et, avec une troupe de braves, attaqua l'arrière-garde, qu'il mit en déroute, et fit plusieurs prisonniers, qu'il envoya les mains liées à la cour du sultan (1).

Le désir de l'infortuné roi de Hongrie était de passer par Varna, de se rendre ensuite à Constantinople, pour y épouser la fille de l'empereur grec, et puis d'aller à Andrinople. Dans cette intention, il se dirigea du côté de Varna. Les gouverneurs des frontières ayant appris la marche de cette armée innombrable, en envoyèrent immédiatement la nouvelle à la cour ottomane. Les sages ministres, après s'être concertés ensemble, annoncèrent au jeune souverain que les vils infidèles s'étaient tous levés contre l'empire ottoman, et lui firent sentir que, dans cette circonstance, la présence du victorieux Mourad était nécessaire. Avec l'autorisation de l'adolescent monarque, ils écrivirent à Mourad une lettre, par laquelle ils lui apprirent l'irruption des mécréants, et le conjurèrent d'honorer l'armée de sa fortunée présence. Mourad répondit qu'ayant renoncé aux affaires du monde, il ne pouvait consentir à ce qu'on lui demandait. Les visirs ne se rebutèrent point ; ils écrivirent de nouveau en toute hâte à

(1) A cette époque, les esclaves étaient en si grand nombre, que Saad-Eddin assure que l'on pouvait avoir une fort belle fille pour une paire de bottes.

ce grand prince, que si les intérêts de l'empire lui tenaient à cœur, il était obligé en conscience de venir à leur tête repousser l'ennemi ; que d'ailleurs il connaissait le grand précepte de la loi musulmane (celui de combattre les infidèles) ; qu'il était donc indispensable qu'il quittât sans différer sa retraite, s'il ne voulait point que l'islamisme éprouvât un échec. Cette lettre étant parvenue au religieux prince, Mourad crut devoir y obtempérer : suivi de ses gens et d'un corps de cavalerie, il vint en toute hâte au bord de la mer ; mais ayant trouvé le détroit de Gallipoli occupé par soixante-cinq galères franques, il se dirigea, éclairé par l'inspiration divine, vers Akché-Hissar. Cependant, Dieu ayant fait connaître à Khalil pacha le dessein qu'il avait suggéré à Mourad, en confirmation de la sentence prophétique ; *les rois sont inspirés ;* ce prudent ministre, accompagné d'une troupe de braves musulmans, se rendit sur le rivage qui est vis-à-vis Akché-Hissar, pour recevoir le fortuné monarque. Il fit en même temps placer des canons pour protéger son passage, et envoya des vaisseaux pour le transporter, lui et ceux qui le suivaient. Comme les mesures que la prudence avait dictées étaient secondées par la prédestination, Mourad, franchit le détroit sans peine, et se mit en marche pour propager la parole de Dieu, et exterminer les dévoyés infidèles.

Bientôt Mourad et Mahomet firent dans la plaine d'Andrinople la jonction de leurs deux armées, semblables à deux mers, et le zéphyr de la victoire vint agiter l'étendard de la foi.

Cependant les soldats infidèles que Mohammed-bey avait faits prisonniers arrivèrent auprès de Mourad. Ce glorieux prince, satisfait, considéra ce succès comme un bon augure, et adressa à l'Eternel de vives actions de grâce. Puis, laissant son fils, le sultan Mahomet, à Andrinople, il se mit à la tête des troupes, et, aidé du secours de l'être qui nous inspire tout le bien que nous faisons, il se hâta d'aller repousser les mécréants.

Sur ces entrefaites, les chrétiens, aussi vils que la poussière, ayant passé par la Valachie, étaient arrivés à Varna : les Ottomans les y atteignirent, et les deux armées se mirent en présence.

« Au matin, le roulement du tambour de la guerre se fit
« entendre, et remplit, de l'orient à l'occident, l'atmos-
« phère. »

Bientôt le champ de bataille fut couvert de corps sans têtes, de têtes séparées de leurs corps ; et une foule de braves, entraînés par des torrents de sang, furent précipités dans la vallée de la mort.

Comme les troupes infidèles étaient innombrables, l'armée ottomane plia, et Carajeh-bey, begler-bey d'Anatolie, ayant été tué, le découragement se saisit des musulmans, et ils tournèrent le visage vers la fuite. Un grand nombre de lâches, entraînés par la crainte de la mort, s'éloignèrent du champ de bataille avec tant de précipitation, qu'en ce jour, selon le témoignage de Mevlana Edris, ils vinrent de la plaine de Dobrigeh, lieu du combat, jusqu'à la rivière de Comchi qui est à trois journées de chemin.

Mourad seul, entouré des officiers de sa cour, et des beys mûris par l'âge, resta dans le lieu du combat. Le vénérable monarque vit fuir ceux d'entre ses capitaines sur la bravoure desquels il avait le plus compté ; mais il n'en demeura pas moins ferme et inébranlable comme une montagne, au milieu de la déroute de son armée, et adressant ses ferventes prières à la cour de celui qui seul peut satisfaire nos besoins :
« O Dieu, s'écria-t-il, daigne en faveur de tes serviteurs, qui
« travaillent sans cesse pour la gloire de la religion, de tes
« guerriers qui, pour la foi, se résignent à la mort ; en fa-
« veur du prince des prophètes (Mahomet), la plus excellente
« des créatures ; daigne, dis-je, ne pas permettre que les
« légions de la foi soient foulées aux pieds par l'armée de
« l'erreur ; rallie tes serviteurs, et vérifie aujourd'hui cette
« sentence qu'on lit dans ta parole : *Je me fais un devoir*
« *d'accorder la victoire aux croyants* (1).

« Ah ! ne laisse point triompher l'impie roi de Hongrie,
« livre-le plutôt en proie au poignard de la vengeance, et
« que les fidèles séparent sa tête de son corps ! Arrête le suc-
« cès passager des mécréants ; renverse le drapeau de l'irré-

(1) Coran, surate XXX, verset 46.

« ligion, et que les musulmans ne soient pas humiliés par
« une défaite...... tu es mon seul refuge et ma seule espé-
« rance. »

Mourad en larmes n'eut pas plutôt adressé cette prière à la
cour du Créateur, pour lui demander son secours et sa grâce, que le Très-Haut daigna se rendre à ses vœux.

En ce moment le roi de Hongrie, poussé par le vent de
l'orgueil et de la vaine gloire, et d'après le conseil d'Ianko
(Huniade), se précipita vers le lieu où combattait Mourad,
espérant mettre en déroute le peu de musulmans qui étaient
encore sous les armes. Dirigé par une bravoure toute humaine, une épée nue dans sa faible main, il se détacha du
gros de l'armée, et s'avança vers le glorieux monarque. Le
prince débonnaire supporta avec patience la bravade de ce
maudit, et se confiant au vrai souverain des hommes, il s'entoura de ses gens, comme la lune du halo, et dit à ses guerriers, revêtus de la livrée de la victoire : « Lorsque cet in-
« sensé, comme un sanglier percé d'une flèche meurtrière,
« viendra se jeter au milieu de nous, ouvrez-lui un passage,
« enveloppez-le dans vos rangs, et massacrez-le sans pitié. »
Cependant, dans sa folle ardeur, l'infortuné roi de Hongrie
poussa son coursier vers l'étendard impérial. En cet instant l'ordre de Mourad fut exécuté. Ses braves soldats ouvrent leurs phalanges à ce chien présomptueux, et l'entourent lui et sa troupe méprisable. Aussitôt un vaillant janis-
saire nommé Khoja-Khizr se jette sur ce *furieux*, lui tranche
la tête, et la porte à l'illustre monarque. Mourad, satisfait,
donne des louanges au courageux guerrier, et le comble de
ses faveurs. Quant aux infortunés qui avaient suivi leur insensé souverain, semblables à des bêtes fauves dans une
forêt assaillie de chasseurs, ils périrent tous, percés de traits.

Bientôt la victoire, semblable à une jeune fiancée, écarta son
voile importun, et se montra radieuse aux regards empressés
du triomphant monarque. « Louanges à l'Eternel, s'écria-t-
« il alors, par qui nous avons vaincu ses ennemis. » Il
ordonna ensuite que l'on mît au bout d'une pique la tête du
roi de Hongrie, et qu'on la montrât aux regards des aveugles mécréants.

Cependant, au son du tambour de la victoire, les musulmans, précédés de l'étendard du triomphe, poussèrent leurs coursiers contre les chrétiens. Ces misérables, ayant aperçu en haut d'une lance la tête, sans cervelle, du malheureux Ladislas, furent saisis de frayeur et se débandèrent. Le maudit Ianko eut beau essayer de leur faire reprendre courage en leur criant : « Nous ne sommes pas venus ici pour le roi de « Hongrie ; notre unique dessein a été de défendre la religion « chrétienne, » les idolâtres, troublés par l'irruption des guerriers de la foi, n'aperçurent plus que le chemin de la fuite. D'un autre côté, les musulmans, qui s'étaient éloignés de la mêlée, ayant vu briller de loin les pommes dorées des enseignes victorieuses de l'islamisme, revinrent sur leurs pas, et rejoignirent la garde impériale. Ils fondirent tous sur les chrétiens, dont la force s'évanouit à leur attaque impétueuse, comme des flambeaux sans clarté qu'éteint le souffle des vents.

L'armée des infidèles ayant été mise en déroute, le beglerbey Davoud-pacha, d'après l'ordre impérial, à la tête de braves soldats de la Romélie, poursuivit jusqu'au Danube les infidèles, et pendant deux jours et deux nuits, il fit esclaves, ou abreuva de la coupe de la mort tous ceux qu'il put trouver. Deux cent cinquante chariots, remplis d'argent et d'effets précieux, devinrent la proie des vainqueurs, qui se les partagèrent entièrement.

Après la victoire le vaillant Mourad parcourut le champ de bataille pour connaître le nombre de ceux qui avaient été tués ; et n'ayant pas vu un seul des infidèles morts dans le combat, qui eût la barbe blanche, il en témoigna son étonnement à Azeb-bey, l'un des officiers de sa cour (qui, entr'autres fondations pieuses, a fait bâtir à Brousse le temple appelé de son nom, *Mosquée* d'Azeb-pacha). « Si quelqu'un « d'entr'eux avait eu la barbe blanche, lui répondit Azeb-« bey, il n'aurait point participé à une entreprise aussi « téméraire, et ne se serait point exposé à la mort par un « emportement de jeunesse. »

Après que Mourad eut remporté une entière victoire par la faveur de celui qui distribue à son gré les royaumes du monde, il fit venir en sa présence les officiers qui avaient fui honteusement, et ordonna que les uns fussent punis de mort, et que les autres, couverts de vêtements de femmes, fussent ignominieusement conduits par tout le camp. Les prudents ministres se prosternèrent (se frottèrent le visage) au pied du trône, ornement du monde, et supplièrent le sultan de ne point troubler, par des châtiments, la joie d'un si beau jour. Le monarque débonnaire, qui ne cherchait que l'occasion de pardonner, se rendit facilement aux vœux de ses vizirs. Il se contenta seulement de priver de leurs charges les plus coupables.

Cependant la tête du malheureux roi de Hongrie fut mise dans le miel, pour qu'on pût la conserver, et envoyée à Brousse. Là, on l'ôta du vase où elle était, on la lava, on la posa en haut d'une pique, et on la promena dans la ville, au milieu de grandes démonstrations de joie.

La cour ottomane fit savoir aux différents princes musulmans la nouvelle de cette victoire, et leur envoya en même temps, pour leur donner une idée de sa puissance, des esclaves chrétiens revêtus de cuirasses, pieds et mains liés : Azeb-bey en conduisit entr'autres vingt-cinq au sultan du Caire. Les Egyptiens, au corps fluet ayant vu les formes athlétiques de ces infidèles, conçurent une haute idée de la bravoure des Ottomans, et partout on entendait ces paroles : « C'est Dieu lui-même qui favorise ce peuple. »

Le grand Mourad, après avoir payé au Très-Haut le tribut de sa reconnaissance, revint, plein de bonheur et de gloire à sa capitale Andrinople.

Cette victoire, qui porta la joie dans le cœur des fidèles, eut lieu le 9 de rejeb 848 (22 octobre 1444).

TROISIÈME EXTRAIT.

PRISE DE CONSTANTINOPLE PAR MAHOMET II.

« La saison des neiges, des glaces et des frimas, était pas-
« sée ; le doux printemps l'avait suivie, et avait déjà embelli

« les champs. La rose, semblable à l'agaçante beauté, laissait
« entrevoir ses charmes; l'amoureux rossignol commençait
« à faire entendre ses gémissements. La terre, couverte
« d'un tapis vert, semblait attendre les légions de l'équitable
« Mahomet. Bientôt les tentes musulmanes s'élevèrent au
« milieu des prés fleuris; les collines et les vallées furent
« honorées de la présence des troupes de la foi. »

Cependant le sultan tint conseil et prit de sages mesures pour trouver la voie de la réussite dans sa nouvelle expédition. Les préparatifs nécessaires terminés, il se mit en marche, en implorant le secours de Dieu. Des canons, dont chacun aurait pu renverser une forteresse et abattre des remparts, furent transportés sur leurs affûts, et suivirent l'armée victorieuse.

Le monarque du monde passa en revue ses nombreuses légions, où l'on distinguait les officiers de l'empire, ornements des rangs; les vizirs, aussi prudents qu'Açaf (1), et dont la taille avait la majesté du cyprès. Il fut charmé de leur bonne tenue et de l'éclat des pommes dorées de ses bannières et de ses étendards, et en rendit grâces au créateur. Il s'adressa ensuite à ces lions terribles, qui se repaissaient de sang, à ces tigres farouches, qui ne respiraient que la vengeance, et il leur dit: « Que l'ordre exprimé dans ces mots « du Coran, *combattez pour la voie de Dieu* (2), était un com- « mandement général, auquel ils devaient obéir. » Il leur développa toute l'importance des promesses divines qu'on lit dans les versets de ce saint livre, qui roulent sur la guerre contre les infidèles; il leur fit comprendre ensuite que la réunion de la ville de Constantinople aux possessions des unitaires; pourrait seule amener la paix et fortifier la religion. Il ajouta que le prophète avait promis, ainsi que le rapportent des traditions certaines, que son peuple s'emparerait de cette ville spacieuse, de cette place bien fortifiée, et

---

(1) Selon les Orientaux, Açaf était le premier ministre de Salomon. Il est célèbre chez eux par sa sagesse. C'est probablement le même dont nous avons des cantiques qui se trouvent dans le psautier.

(2) Sur. V, v. 39.

qu'elle deviendrait le séjour des musulmans et la résidence des unitaires (1) ; et, après avoir inspiré à ses guerriers le goût *du miel du martyre,* il dirigea les rênes du coursier de son bonheur vers Constantinople.

Conformément aux anciens usages, les ulémas, les scheikhs et les descendants du prophète, suivirent quelque temps le Khosroès victorieux, priant pour le succès de ses armes. Une foule d'esprits purs accompagnaient ces troupes belliqueuses, des légions du monde invisible leur servaient d'avant-garde et les contemplatifs Ac-schams-eddin et Ac-bic-dadé, marchaient auprès des cohortes de la victoire, pour demander le secours de l'être bienfaisant.

Un matin, pendant que l'armée lumineuse du soleil s'avançait, pour s'emparer du château des ténèbres, l'avant-garde victorieuse du grand schah arriva sous les murs de Constantinople. Bientôt l'armée impériale, semblable à une mer sans limites et à un torrent impétueux, se précipita sur ses traces, et vint assiéger la ville du côté de la terre.

A la nouvelle du dessein formel de Mahomet, le malheureux empereur grec avait fait tous les préparatifs nécessaires pour soutenir le siège, et avait apporté tous ses soins à faire réparer et fortifier les remparts ; mais, comprenant que vouloir s'opposer à ce prince, aussi heureux que Féridoun, à ce héros, qui avait apprivoisé le faucon de la fortune au vol élevé, c'était imiter le faible passereau, qui essaierait de résister à un puissant oiseau de proie ; sachant de plus que le désir qu'il avait d'être indépendant, était la cause de ses débats avec l'empereur musulman, il envoya à la cour de bonheur et de gloire un ambassadeur, pour déclarer qu'il se soumettait, offrant à Mahomet les places qui étaient dans les environs de Constantinople avec leurs dépendances, pourvu que le monarque daignât lui laisser la capitale de l'empire grec ; demandant de partager le sort des autres princes infidèles qui étaient tributaires, et s'engageant d'envoyer chaque année le tribut qui lui serait imposé.

(1) Solak-Zadeh donne le texte de la tradition : « Certes, Constantinople sera prise par une armée excellente, sous les ordres d'un général excellent. »

Le sultan équitable dédaigna les paroles de l'envoyé, et lui faisant connaître ces mots: *l'islamisme ou le combat,* il le chargea d'inviter son maître à livrer la ville.

L'empereur grec, désespéré, réunit alors toutes ses forces, espérant renverser à coups de mousquets et de bombardes les rangs des guerriers de la foi, et de les brûler avec des grenades pleines de naphte.

Les assiégeants et les assiégés poursuivaient leurs travaux; ils étaient sous les armes depuis l'aurore, jusqu'à ce que le soleil, oiseau aux ailes dorées, cessât de se montrer sur la terrasse de l'horizon. Les musulmans placèrent convenablement les canons dont nous avons parlé, et construisirent leurs retranchements. Ce furent les azebs et les janissaires à qui le sultan confia cet emploi. Bientôt les portes et les remparts de Constantinople, *semblables au cœur d'un amant malheureux,* furent percés en mille endroits. La flamme qui sortait de l'embouchure de ces instruments de combat, au corps d'airain, à la bouche de feu, jetaient la douleur et le trouble parmi les mécréants. La fumée qui se répandait dans les airs et qui montait jusqu'aux astres, rendait le jour lumineux semblable à la nuit sombre; et bientôt la face du monde devint aussi obscure que la fortune noire des malheureux infidèles. En s'échappant de l'arc, les flèches, comme des ambassadeurs, faisaient entendre aux oreilles des ennemis privés d'anges gardiens la nouvelle exprimée par cette sentence du Coran: *Partout où vous serez, la mort vous y atteindra* (1). Les balistes lançant sans cesse des pierres aux téméraires qui défendaient les tours et les remparts, ceux-ci éprouvaient à l'instant même l'effet des menaces du livre saint: *Tu les frapperas avec des pierres qui contiennent la sentence de ceux qu'elles atteignent* (2), et allaient au fond de l'enfer ratifier l'arrêt du juge du tribunal de la prédestination. Toutefois, les boulets de pierre des bombardes et des mousquets que lançaient les infidèles, renversèrent *le bou-*

(1) Surate IV, v. 80.
(1) Surate CV, v. 4.

levard de l'existence d'un certain nombre de musulmans, et l'hippodrome du combat fut rempli de martyrs.

Cependant deux grands vaisseaux, dont les mâts élevés montaient jusqu'aux cieux, vinrent de la part des Francs, pleins d'artifice et dignes du feu de l'enfer, porter secours aux Grecs. Les mécréants qui montaient ces navires, se précipitèrent dans la place, et ils se mirent tout de suite à boucher les crevasses et les trouées dont les fortifications étaient couvertes, et à repousser les guerriers de la foi. Fiers de ce succès passager, les assiégés, semblables à la tortue qui sort de ses écailles, montraient la tête en dehors des remparts, et vociféraient des injures aux musulmans. Ceux d'entre les principaux de l'empire qui étaient d'accord avec Khalil-Pacha, saisirent cette occasion de persuader au victorieux monarque l'impossibilité de prendre Constantinople, la nécessité de faire la paix et de s'en retourner. Mais ce héros qui avait naturellement de l'aversion pour les conseils timides et mal digérés (crus) dédaigna les discours perfides de ces gens qui enseignaient le mal.

Cependant, le pied ferme dans le lieu du combat, les musulmans, d'après le conseil des *ulémas* et des scheikhs aux vues droites, continuèrent à précipiter dans le fossé de la mort un grand nombre des ingrats à la divinité qui défendaient la place. Le docteur Ahmed Kourani, le scheikh Ac-Schems-eddin et le vizir Zagtous-Pacha, qui partageaient les sentiments du sultan, s'opposèrent à la paix et aux mesures de conciliation en disant que, *retirer la main du pan de la robe* de la victoire, maîtresse des guerriers, ne serait point répondre à la résolution généreuse que l'on avait formée ; et, faisant connaître aux troupes la promesse du prophète, renfermée dans ces mot : *La Grèce sera votre conquête*, ils leur démontrèrent combien il était nécessaire qu'ils fissent tous leurs efforts pour vérifier cette autre sentence de Mahomet : *Le plus grand combat est celui qui aura lieu à la prise de Constantinople :* aussi les musulmans préparés à abandonner leur vie dans la voie de la religion, éclairaient jour et nuit le champ de bataille des flammes de leurs épées.

Cependant la beauté enchanteresse de la victoire, ne laissant

point voir son visage radieux, le prudent monarque, rassembla les chefs éclairés de l'armée, et leur tint ce discours :
« Ce côté de la place est garanti par un fossé profond, et pré-
« servé par tous les moyens possibles de défense. Nous ne
« pourrions sans beaucoup de peines, traverser le fossé, et
« *le courrier des pensées* ne saurait trouver un passage au
« travers de ces solides remparts. Les murs entourent la ville
« de trois côtés ; si nous ne la battons que par un seul point,
« nous aurons bien de la peine à en triompher : d'ailleurs
« cette victoire causerait la perte d'une grande partie de nos
« gens ; il faut donc aussi trouver le moyen d'attaquer la
« place par mer. »

Mais une chaîne était tendue sur le canal qui sépare Constantinople du Faubourg de Galata, ce qui rendait impossible le passage des vaisseaux par cet endroit. Pour trouver un expédient, les grands de l'empire firent en vain parcourir *le désert de la réflexion au coursier de leurs pensées*. Enfin le Schah conquérant du monde, conçut le dessein de faire traîner les vaisseaux musulmans du fort qu'il avait fait construire (1) et de les faire parvenir jusqu'au port par derrière Galata.

Quoique l'exécution de ce projet pût être mise au nombre des choses auxquelles il faut renoncer, toutefois, avec l'assistance de Dieu, on l'exécuta facilement. Par des dispositions surprenantes que firent d'habiles mécaniciens, les musulmans tirèrent, de la mer sur le sol, leurs vaisseaux aussi grands que des montagnes, et les ayant frottés de graisse et pavoisés, ils les firent glisser sur la terre, dans les descentes et les montées, et les lancèrent sur les flots qui baignaient les remparts de la ville. Ils dressèrent aussitôt après un pont sur ces navires, et y placèrent des retranchements.

Les moines fortifiaient sans cesse le courage des assiégés en même temps qu'ils les consolaient. « La prise de Constan-
« tinople, est impossible disaient-ils, parce que les présages
« astrologiques de nos livres indiquent que notre ville ne sera
« conquise que lorsqu'un souverain fera glisser sur la terre

---

(1) Bourghaz-Kessen.

« des vaisseaux, les voiles déployées. » Mais lorsqu'ils eurent vu de leurs yeux cette merveille, ils comprirent que leur ruine allait s'accomplir ; aussi la parole s'éteignit-elle dans leurs bouches, et le feu du désespoir s'alluma-t-il dans leurs cœurs (1).

L'empereur immonde ayant appris que les fortifications qui étaient du côté de la mer étaient aussi entamées, en pensa perdre la raison : néanmoins il renforça la troupe qui gardait cet endroit, et s'appliqua à faire réparer les murailles, tantôt d'un côté, tantôt d'un autre ; mais les soldats grecs ne pouvant y suffire, il chargea l'armée des Francs de remettre en état la partie des remparts, située au midi de la porte d'Andrinople. Les principaux d'entre les Grecs furent indignés de ce qu'on ne leur avait pas confié la garde d'un lieu, qu'ils auraient défendu mieux que personne, et qu'on l'avait laissée à des étrangers ; aussi la division se mit-elle parmi les assiégés, ce qui occasionna des fautes dans les ordres donnés pour faire agir ces troupes de l'erreur. Les Ottomans ne tardèrent pas à s'en apercevoir, et, considérant leur vie comme une marchandise de vil prix, ils montèrent à l'assaut avec intrépidité, par les brèches qui étaient au midi de la porte d'Andrinople. Ils allaient franchir les remparts, lorsque l'avant-garde des ténèbres parut du haut de l'horizon occidental, et bientôt les astres de la nuit furent témoins de la supériorité des braves musulmans. Alors le monarque juste et valeureux donna à l'armée victorieuse l'ordre de mettre des lanternes ou des bougies allumées au haut des piques et des lances, et, jusqu'à ce que l'astre du quatrième ciel jetât ses rayons sur le monde, de continuer à combattre, afin de ne pas laisser de repos aux méprisables infidèles, ni de leur donner le temps de réparer les brèches. Ainsi, d'après l'ordre impérial, la lumière des flambeaux et des lampes éclaira le devant de la place et les alentours qui devinrent semblables à un champ couvert de roses et de tulipes.

Les musulmans réunirent dans cette nuit le double mérite de combattre et de prier ; avec le sang du martyre, ils puri-

(1) Cet alinéa est tiré des annales de Solak-Zadeh.

fièrent des souillures de leurs péchés le pan de leurs robes. Bientôt le soleil étant sorti des ténèbres de l'Occident, et ayant mis en fuite, avec les flèches et les dards de ses rayons, les légions des astres, le général des Francs artificieux monta sur les remparts, afin de repousser les cohortes de la foi. Au moment même un jeune musulman *se tenant à la corde de la ferme résolution*, s'élança *comme une araignée* sur les murs de la place, et ayant allongé de bas en haut son épée, semblable au croissant de la lune, d'un seul coup, il fit envoler *le hibou de l'âme* de cet infidèle, du nid impur de son corps. A cette vue, les Francs se précipitèrent dans le chemin de la fuite, et semblables à un torrent impétueux, ils allèrent vers la mer regagner leurs vaisseaux. En même temps les musulmans *ceignirent la ceinture de l'ardeur*, et, semblables au lion qui est à la poursuite de sa proie, sans faire attention à la pluie continuelle des flèches, des pierres, des boulets de canon et de fusil, ils coururent aux brèches, persuadés qu'elles étaient la porte de la victoire.

« La poussière du combat s'élevait jusqu'au ciel, et, comme
« un voile, couvrait la voûte azurée. »

Les épées ne se reposaient pas un seul instant; les dards et les flèches perçaient sans cesse les cœurs de cette troupe rebelle. Bientôt les Ottomans élevèrent sur les murs de Constantinople l'étendard de la victoire, et proclamèrent avec la langue libre de leur épée, les surates du triomphe et des remparts (1). La défense de la place se ralentissait, et la bonne nouvelle, exprimée par ces mots du Coran: *Certes, notre armée remportera la victoire* (2), fondait la confiance de l'armée musulmane et la remplissait d'un saint enthousiasme.

Cependant l'empereur grec, entouré de ses soldats les plus braves, était dans son palais, situé au nord de la porte d'Andrinople ; il cherchait à en défendre les avenues contre les guerriers musulmans, lorsque tout-à-coup il apprit que ceux qui arborent l'étendard élevé de la parole de Dieu s'étaient

---

(1) Ce sont les Surates, XLVIII et LXXXV.
(2) Surate, XXXVII, v. 173.

introduits dans l'intérieur de la place. Il connaît alors que le drapeau de son bonheur est abattu ; son esprit se trouble ; il se hâte de fuir loin de sa demeure. Pendant que, se querellant lui-même sur sa mauvaise fortune, cet homme, dont l'habitation devait être l'enfer, se disait: « Où est le lieu pour fuir (1) ? » il rencontra une poignée de fidèles qui, en pleine assurance, s'occupaient à recueillir du butin. A cette vue, le feu de la haine embrasse son cœur ténébreux, et la faux de son épée coupe aussitôt la moisson de la vie de ces paisibles musulmans. Un pauvre soldat de cette troupe avait été seulement blessé ; noyé dans le sang qui coulait de ses blessures, et en proie aux douleurs les plus vives, il attendait la mort. Le monarque grec ayant aperçu ce malheureux, leva son épée pour lui ôter le dernier souffle de la vie. Dans ce moment de désespoir, l'infortuné, aidé du secours de Dieu, précipite cet ennemi de la religion de dessus sa selle, ornée d'or, le renverse sur la terre noire, et fait pleuvoir sur sa tête *les fourmis de son cimeterre guerrier*. Cet exploit, qui apporta du soulagement aux souffrances du bon musulman, mit en déroute ceux qui suivaient l'empereur. N'ayant que la mort devant les yeux, ils s'enfuirent loin des regards ; aucun d'eux ne resta dans le lieu du combat, et n'osa mettre sa main à l'épée. Sur ces entrefaites, les musulmans ouvrirent les portes de la ville, et les troupes, asiles de la victoire, qui étaient hors de la place, commencèrent à y entrer au-devant du roi puissant. Avec la permission du sultan, les troupes fortunées pillèrent la ville durant trois nuits et trois jours, et firent jouir l'œil de leur espoir *de la vue des beautés grecques, au ris doux comme le sucre.* Ce métal, qui, pour l'insensé, est une source de malheurs et qui donne la réputation et la prééminence aux gens inconnus du monde, fut le partage de ceux qui échangent la denrée de l'existence corporelle contre le capital de la vie éternelle.

Le troisième jour, les hérauts de la cour sublime firent connaître la volonté de Mahomet, aussi absolue que le destin. C'était, que les soldats cessassent le pillage, ne fissent du

---

(1) Surate, LXXV, v. 10.

mal à personne, et demeurassent tranquilles. Cet ordre auguste ayant été exécuté les glaives rentrèrent dans le fourreau *et les arcs dans l'angle du repos.*

Par les soins du monarque fortuné, la poussière du combat fut abattue ; l'épée de la guerre suspendue ; on jeta les flèches et l'on brisa les arcs. Par ses efforts généreux, on entendit, au lieu du bruit détestable des cloches, la profession de foi musulmane et le cri cinq fois répété par jour, de la religion du prophète (1). Les églises de Constantinople furent dépouillées des idoles qui les souillaient ; elles furent purifiées des impuretés chrétiennes. Les usages antiques furent entièrement changés ; plusieurs temples et chapelles des Nazaréens, par le placement du *mihrab* et de la chaire des fidèles, rivalisèrent avec le paradis élevé. Les rayons lumineux de l'islamisme dissipèrent les sombres ténèbres de la méchanceté.

Après que ce séjour enchanté, qui excite la jalousie *de la citadelle verte du ciel,* eût été pendant tant d'années, rempli *d'insectes et de reptiles,* il devint, par la grâce du créateur, la demeure des unitaires ; et *la clé* de ce pays, nouvellement conquis, *ouvrit la serrure* de bien des choses difficiles.

D'après Achic-pacha (2) la célèbre prise de Constantinople eut lieu un dimanche, et le cinquante-unième jour depuis le commencement du siége. Toutefois, il est dit dans la chronique de Nechri (3), que le siége commença au milieu de

(1) L'auteur veut parler ici de l'appel à la prière, qui se fait du haut des minarets cinq fois par jour. Plus bas il compare ces minarets à *des platanes touffus sur les rameaux desquels les rossignols du jardin de la sainteté viennent se poser et chanter l'unité de Dieu.*

(2) Ahmed ben-Yahia ben-Soliman-ben-Achic pacha est auteur d'une histoire des Ottomans intitulée *Tarîkh-i-al-i-Osmân.* C'est une des plus anciennes chroniques ottomanes, et elle est du nombre de celles que Saad-eddin a consultées pour composer la sienne. (Voyez au sujet de cette histoire une note de M. de Hammer, dans le *Journal asiat.* tom., IV, page 34).

(3) Mevla Mohammed en-Nechri el-Modarres, auteur d'un *Tarîkh-i-al-i-Osmân* ou « histoire ottomane ».

rebi ul-evel (vers la fin de mars), et que la conquête n'eût lieu que le 20 de joumazi-ul-akir (1) 857 (27 juin 1453).

QUATRIÈME EXTRAIT

DESCRIPTION DE LA VILLE DE CONSTANTINOPLE (2).

Constantinople renferme de hautes montagnes, de vastes plaines, des promenades agréables et des ports fort commodes. Comparées à elle, les autres cités ne méritent pas le nom de ville. Existe-t-il un lieu dans le monde, où comme à Constantinople, l'or soit aussi commun que la terre ?..... Cette capitale majestueuse, qu'embellissent ses somptueux monuments, peut être assimilée au corps gracieux d'une jeune beauté ; son étendue, au vaste domaine du génie ; c'est lui faire une injure que de l'appeler ville, puisque plusieurs villes pourraient entrer dans son enceinte. Plus de cent églises qui ornaient Constantinople avant qu'elle fût prise par les Ottomans, ont été converties en mosquées. Un grand nombre de monastères chrétiens sont devenus ou des colléges pour les étudiants, ou des couvents pour les sofis. Le plus remarquable des monuments grecs est le temple de Sainte-Sophie : il peut contenir 15,000 hommes ; la voûte

(1) Il y a un abrégé en turc de l'histoire ottomane, qui place la prise de Constantinople au 21 rebi-ul-evel 857 (1ᵉʳ avril 1453).

(2) Cette description ne donne pas une idée très-favorable du savoir des historiens turcs ; mais il est curieux de connaître ce que les Ottomans sensés et instruits pensent des anciens possesseurs de Constantinople. Saad-eddin est le seul annaliste turc qui ait parlé avec quelque sagesse de cette antique capitale de l'empire grec : les autres écrivains ses compatriotes n'ont débité à ce sujet qu'une suite de fables et de contes aussi insipides que ridicules, ainsi que le dit Saad-eddin lui-même, à la fin de sa narration qu'il dit avoir tirée du *Tarîkh-i-al-i-Osmân*, chronique des ottomans par Edrîs (Mohammed Ennechri).

est soutenue par des colonnes bleues, vertes, jaunes, blanches et tachetées de noir et de blanc.

On lit dans les anciennes histoires qu'en l'an 5052, depuis la chute d'Adam ; un prince nommé Vezendou, dont l'empire s'étendait sur le pays des Francs et sur la Grèce, fit bâtir, au confluent de la mer du Nord et du Midi, la ville de Constantinople, dans l'enceinte de laquelle il renferma sept montagnes. Douze successeurs de Vezendou régnèrent tour-à-tour sur cette cité jusqu'en 5750, qu'un roi nommé Constantin vint des environs de la grande ville de Rome, métropole des Francs, de cette ville que les papes ont rendue célèbre, conquit la Macédoine, que nous nommons aujourd'hui la Romélie, s'empara de Constantinople, et en fit la capitale de son empire. Ce monarque protégeait la religion des chrétiens, il fit bâtir plusieurs couvents, et entr'autres celui de l'ange Azraël (1), qui fut abattu après la conquête, et celui de St-Jean, dont on voit encore quelques restes. Après un règne de trente ans, le trône fut dépouillé de l'ornement de son existence, et son fils Julien lui succéda. Celui-ci mourut quelques années après son avènement à l'empire, et il fut remplacé par Justinien. Sous cet empereur, les principaux chefs des différentes religions s'assemblèrent un jour dans l'hippodrome, et y disputèrent sur leurs croyances ; la discussion s'étant prolongée, des disputes on en vint aux coups, et de part et d'autre bien des gens furent tués. Justinien, ayant appris la conduite indigne des adorateurs du feu, éteignit les flammes de leur sédition avec l'eau (le moiré) de son épée, et fit abattre un couvent qu'ils possédaient sur l'emplacement qu'occupa depuis Sainte-Sophie. Dès lors il forma le dessein de faire bâtir en cet endroit un temple pour les chrétiens. Sur ces entrefaites, il vit en songe une jeune beauté qui lui adressa ces paroles : « Tes efforts pour faire fleurir la religion chrétienne ne seront pleinement couronnés de succès que lorsque l'édifice sacré que tu as intention de faire construire, sera élevé. » Cette vision détermina Justinien à faire commencer, tout de suite, l'édifi-

(1) L'Ange de la mort, selon les Musulmans.

cation du temple. Il fit venir, pour exécuter ce grand ouvrage, les plus habiles architectes, sculpteurs, peintres et géomètres de son empire et même des autres royaumes, et nommément de l'Arabie, de la Perse, de l'Inde et de la Chine; et l'on disposa tous les matériaux. Cependant le monarque vit encore en songe un vieillard vêtu de vert (1), dont le visage brillait d'un vif éclat, et il reçut de sa main le plan de Sainte-Sophie. L'architecte en chef eut le même songe, et, ayant présenté au prince le plan qui avait été dessiné sur la page de son imagination, Justinien le reconnut, et, adorant la volonté de Dieu, il fit suivre dans la construction de Sainte-Sophie ce plan miraculeux.

Au jour indiqué par les astrologues, on jeta les fondements du temple, en plaçant sur le dos du taureau de la terre (2), des pierres semblables à des montagnes ; et dès ce moment on travailla sans relâche à l'édifice. On assure que les huit colonnes qui soutiennent le dôme du sanctuaire et de l'autel sont tirées des débris d'un temple qu'un empereur nommé Olialo, contemporain du prophète Abraham, fit bâtir dans Athènes, ville des philosophes. Cinq mille maçons, servis par dix mille manœuvres, travaillaient à cette superbe basilique ; cent architectes, qui connaissaient la géométrie, en dirigeaient les travaux. Ils avaient à leur tête un homme habile nommé Agnadious.

On était sur le point de terminer ce beau monument, lorsque les fonds de l'empereur se trouvèrent entièrement épuisés. Justinien, vivement affecté de ce contre-temps, passa toute une semaine dans sa chapelle, demandant au souverain éternel de lui ouvrir les portes de ses trésors cachés. Le Très-Haut, ayant de toute éternité destiné ce temple aux vrais croyants, permit que le monarque vît de nouveau en songe le même personnage vêtu de vert qui lui était déjà

---

(1) L'auteur veut probablement parler du prophète Khizv. Voy. le mémoire sur la religion musulmane dans l'Inde « et l'« Eucologe musulman. »

(2) « Le taureau de la terre » signifie simplement ici : « la terre semblable à un taureau. »

apparu. Ce vieillard vénérable lui apprit qu'il trouverait sous un bloc de marbre bleu, près de la porte du château de Selivrée, un trésor digne d'un roi. A son réveil, Justinien alla avec les grands de sa cour à l'endroit indiqué, et trouva en effet sous le bloc sept grands vases aussi remplis d'or et d'argent que le sont de la monnaie de la concupiscence les cœurs des hommes mondains.

Cependant, on continua de travailler au temple. On plaça au milieu de l'autel, sur un trône d'argent, une représentation en or du seigneur Jésus-Christ (que la paix de Dieu repose sur lui).

Aux deux côtés on mit les statues en argent des douze apôtres du Messie. On disposa sur douze siéges dorés, douze évangiles parfaitement reliés. On suspendit à la voûte de Sainte-Sophie six mille lampes d'or ou d'argent, enrichies de pierres précieuses que différents princes avaient envoyées en présent, et au-dessus de la grande porte une planche de l'arche de Noé (sur qui soit la paix de Dieu), enchâssée dans de l'or.

On rapporte que l'on resta sept ans et trois mois pour rassembler les matériaux de ce temple, et huit ans et deux mois pour le bâtir. On assure encore qu'en outre des dons des souverains, on employa à la construction de cet édifice trois cent mille quatre cents lingots, chaque lingot ayant la valeur de mille ducats. En actions de grâce de l'heureux achèvement de cette magnifique église, Justinien fit aux pauvres des libéralités abondantes. Plusieurs rois vinrent à Constantinople assister à l'inauguration de Sainte-Sophie, et trois mille prêtres ou moines, un cierge de camphre (1) à la main, s'y trouvèrent.

Six mois après, la colonne de l'existence de Justinien fut ébranlée. Comme ce grand monarque n'avait point d'enfant mâle à qui il pût laisser son empire, sentant approcher sa fin, il désigna son neveu Justin pour lui succéder. En mourant, il se tourna vers ceux qui l'entouraient, et leur adressa ces paroles: « Je désire qu'après mon décès vous fassiez élever à

---

(1) C'est-à-dire « blanc ».

côté de Sainte-Sophie une colonne de marbre, au-dessus de laquelle l'on mettra ma statue équestre en bronze : on placera dans une de mes mains une pomme d'or, et l'on représentera l'autre ouverte et vide, afin que ceux qui verront cette statue avec l'œil de la réflexion, apprennent que pendant quelque temps, l'empire du monde, semblable à une pomme aux vives couleurs, resta dans la main de mon pouvoir ; mais que l'automne de la mort dévasta bientôt le parterre de mon existence ; et que le trépas fit tomber cette pomme d'entre mes mains. Oui, le destin cruel, semblable à la grêle, qui fait tomber les feuilles des arbres, renverse à chaque instant l'édifice de la vie des humains ; cette vieille femme déchire, avec le couteau de la haine, la couture de l'union qui existe entre les amis. Le palais du monde est l'habitation du malheur ; il est bâti sur le torrent de la destruction. Nous sommes semblables à l'ombre : avez-vous jamais ouï dire qu'elle ne s'évanouit pas (1) ?

Justin exécuta les dernières volontés de son oncle, et fit élever sur une colonne la statue du fondateur de Sainte-Sophie. (Mahomet II la fit dans la suite disparaître, ainsi que les autres monuments de ce genre que l'on voyait à Constantinople ; mais il laissa la colonne qui existait encore il n'y a pas longtemps.)

Deux ans après l'avènement de Justin à l'empire, le dôme de Sainte-Sophie tomba, et plus de quatre cents hommes (du nombre desquels furent le patriarche et plusieurs moines) engloutis sous ses ruines se mirent en route dans le chemin de la mort. A cette nouvelle, Justin fit venir Agnadious (qui avait présidé à la construction de Sainte-Sophie), le gourmanda sévèrement, et lui demanda la raison de la chute du dôme. L'architecte répondit que c'était la faute de Justinien, qui, malgré toutes les représentations, s'était opiniâtré à

(1) On ne fait pas attention à la beauté de cette similitude parce qu'elle se rencontre dans la Bible et ailleurs ; mais on trouvera quelque chose de vrai et d'effrayant dans le vers hindoustani dont voici la traduction :

« De quelque côté que tu tournes les yeux, tu verras des familles entières qui se sont évanouies comme des bulles d'eau !

faire travailler au dôme avant que l'édifice fût sec et consolidé, et lui avait donné cinq pieds de hauteur au-delà des règles que l'on suit communément. Ces raisons préservèrent momentanément de la destruction l'édifice de la vie d'Agnadious. Justin fit réparer le dôme ; mais, son trésor ne suffisant point à cette dépense, il y employa l'or et l'argent dont on avait décoré les portes et les murailles, ainsi que les autres ornements dont nous avons parlé. C'était précisément l'époque où l'on devait placer la statue de Justinien sur la colonne élevée à cet effet. Justin saisit cette occasion pour donner l'essor à son ressentiment contre l'architecte. Il ordonna qu'Agnadious montât en personne sur le monument, pour y placer la statue, et qu'aussitôt après on éloignât les échelles afin qu'il n'en pût descendre, et qu'il mourût ainsi de faim et de soif. Les ordres furent exécutés, et Agnadious avait déjà renoncé à la vie, lorsque sa femme vint au pied de l'édifice, et forma de la fumée de ses soupirs, une colonne plus élevée encore que celle où était son mari. Agnadious l'ayant aperçue, lui jeta un billet où il lui disait d'enduire de naphte et de poix une corde, et de la porter de nuit au pied du monument. A peine les ténèbres s'étaient répandues sur la terre, que la femme de l'architecte, le cœur plein d'espérance, s'empressa de se rendre auprès de la colonne, munie de la corde que lui avait demandée son époux.

Alors Agnadious forma des fils de ses vêtements, un lien léger qu'il fit parvenir au bas de l'édifice. La femme l'attacha à la corde qu'elle avait apportée ; Agnadious la tira à lui, la lia autour de la colonne, ôta ses habits et son turban, et les disposa de manière qu'on pût croire qu'il fût toujours sur le monument. Ensuite, semblable à l'araignée, il descendit en se tenant à cette corde, y mit le feu, prit un habit de moine, et sortit de la ville. Neuf ans après, il y revint, et se retira dans le couvent d'Azraël. Un jour Justin vint visiter les pères de ce monastère, et, apercevant ce religieux, qu'il ne connaissait point, il lui adressa la parole, et lui demanda son nom et son pays. Agnadious, se réfugiant à l'ombre de la bonté impériale, lui déclara qui il était. Justin l'ayant reconnu, désira savoir comment il s'était sauvé de la mort; le célèbre architecte, ayant enfilé les perles de la narration de cet évènement dans le fil du discours, l'empereur lui rendit ses bonnes grâces.

A la naissance de Mahomet, la moitié du côté oriental du dôme de Sainte-Sophie tomba (1); mais Nouchirvan (Chosroès-le-Grand), roi de Perse, qui s'était soumis les empereurs grecs, envoya à Constantinople de fortes sommes d'argent pour le rétablir.

CINQUIÈME EXTRAIT

AVENTURES DU PRINCE GEM.

A la mort de Mahomet II, les grands de l'empire appelèrent au trône Bajazet II, son fils aîné. Gem (2) frère de celui-ci, qui était roi du pays de Caramanie, n'eut aucune part au sultanat. Des malveillants firent alors entendre à ce prince que les richesses et la souveraineté de son père, lui appartenaient autant qu'à son aîné Bajazet, et qu'il devait partager la couronne avec lui. Gem se laissa entraîner par ces discours, et sans penser aux droits de son frère, sans songer que Bajazet avait été reconnu sultan par les grands et par tout le peuple, il leva une armée formidable, s'avança vers la ville de Brousse, dont il se rendit maître, et vint jusqu'à Scutari. De là il envoya proposer à Bajazet, son frère, de se contenter de la Romélie, et de lui laisser l'Anatolie. Bajazet refusa d'y consentir. *Il n'y a pas de lien de parenté parmi les souverains.* Alors Gem disposa de nouveau ses troupes, et livra bataille à son frère sur les bords de la rivière d'Iéni-Tchéher. Après avoir vaincu Bajazet, il fut trahi par Yacoub-bey, fils

(1) En même temps, portent les chroniques musulmanes, la mer de Sel, de la ville de Saba en Médie, se desséchа, la voûte du palais des Rois de Perse tomba, etc., etc.

(2) Il était né le 21 Safar 864 (17 décembre 1459).

d'Achtin son gouverneur, et la plus grande partie de ses troupes passa du côté de son rival. Celle qui lui resta fidèle étant trop faible pour résister à tant de forces réunies, plia et se débanda entièrement. Gem s'enfuit lui-même et revint à Cogni, où il résidait auparavant, et de là il se rendit avec sa famille en Egypte. Il y fut reçu avec de grands honneurs par le sultan Caïtba. Il fit ensuite le pèlerinage de la Mecque et de Médine, et revint au Caire le 21 muharram 887 (11 mars 1482); là, il trouva des lettres de plusieurs émirs qui l'engageaient à revenir en Turquie, lui promettant de se déclarer pour lui. Gem consulta le sultan d'Egypte, qui non-seulement lui conseilla de marcher *où la gloire l'appelait*, mais lui fournit même des troupes. Il partit donc, et les beys et les émirs qui lui avaient écrit l'ayant joint, il vint assiéger Cogni; mais découragé par quelques pertes, il prit la fuite une seconde fois en apprenant l'arrivée de l'armée commandée par son frère; et, prêtant l'oreille à des conseils perfides, au lieu de se désister de ses prétentions, et de faire ainsi cesser la guerre civile, il conçut le dessein de se sauver par mer et de se retirer ensuite en Romélie. A cet effet, il envoya à Rhodes, Firenk Soliman, l'un de ses officiers, chargé d'offrir de sa part des présents au grand-maître (Pierre d'Aubusson), et de le prier de favoriser Gem dans l'exécution de ce projet. Celui-ci fit un traité par lequel il s'y engagea. Gem trompé par les promesses de cet idolâtre, se rendit à Rhodes le 14 joumazi ul-evel 887 (30 juin 1482). Le grand-maître, suivi des chevaliers, le reçut avec de grandes démonstrations de joie, et le fit loger dans un vaste palais. Aussitôt après son arrivée, le prince envoya Ali-bey son oncle, pour aller prendre sa famille et ses bagages : après être resté longtemps sans recevoir de ses nouvelles, impatienté d'une vaine attente, il tomba dans un grand chagrin. On lui dit alors qu'il fallait qu'il passât au royaume de France, et de là à celui de Hongrie, parce qu'il n'y avait pas d'autre moyen pour exécuter le dessein qu'il avait et que lorsqu'il serait parti, en cas qu'Ali-bey vînt avec sa famille et ses effets, on ne manquerait pas de le lui envoyer. Après l'avoir abusé par ces aproles, le grand-maître le confia à un commandeur de ses parents, nommé Blanchefort (1), chargé de le conduire en France. Le prince fut embarqué avec ses gens au nombre de trente, et environ vingt musulmans (qu'il avait délivrés de l'esclavage), sur le même vaisseau qui l'avait conduit, et sur lequel le grand-maître eut soin de faire monter trois cents soldats francs. Les choses ainsi disposées, le prince fit voile pour la France. Un soir, après avoir doublé le détroit de Sicile, on lui servit à souper sur le tillac du vaisseau avec des bougies allumées. Le roi de Pouille, le pape et les Vénitiens étaient alors en guerre : un vaisseau de la flotte de cette dernière nation vit de loin la lueur de ces lumières, et cingla vers ce côté. Le lendemain matin, les Rhodiens l'aperçurent et se préparèrent au combat ; mais comme il faisait bonace et qu'on ne pouvait aborder, les Vénitiens envoyèrent une chaloupe pour aller reconnaître ce bâtiment. Les gens de la chaloupe ayant vu qu'il était de l'île de Rhodes, s'avancèrent et les infidèles se firent de part et d'autre beaucoup d'amitié. Cependant les Rhodiens avaient fait descendre Gem et ses gens au fond de cale pour les cacher. Les Vénitiens ayant demandé des nouvelles du prince, ceux-ci répondirent qu'ils l'avaient laissé à Rhodes : au reste depuis cette aventure, ils n'allumèrent plus ni feu ni bougie durant la nuit.

Après avoir vu plusieurs choses extraordinaires, et entre autres de grands poissons semblables à des vaisseaux renversés dessus-dessous qui, en respirant, jetaient de l'eau à la hauteur de deux piques, le prince aborda dans un port du pays de Savoie : de là il fut conduit le lendemain à une ville appelée Nice, où il y avait beaucoup de belles femmes, et quantité de jardins fort agréables. Gem demanda alors de passer de là en Romélie ; mais les chevaliers de Rhodes, cherchant des prétextes pour l'amuser, dirent qu'ils ne pouvaient le faire sans la permission du roi de France, qu'il fallait donc qu'il dépêchât quelqu'un pour la demander. Gem chargea Nassouh Tchélébi de cette commission : celui-ci se mit en route avec des gens envoyés par les chevaliers qui le laissèrent au bout de deux jours sous la garde de quelques

---

(1) Guy de Blanchefort, commandeur de Montevolz.

infidèles. Gem l'attendit en vain quatre mois entiers, ce qui lui causa un chagrin inexprimable. On lui en occasionna un autre au sujet de Firenk Soliman qu'on voulait lui ôter parce qu'il savait la langue du pays, et que Gem connaissait tout ce qui se passait par son moyen. On lui supposa donc un crime pour avoir un prétexte de le faire mourir. Ce ne fut qu'avec beaucoup de peine que le prince parvint à le délivrer des mains des chevaliers, en promettant qu'il en ferait justice lui-même; mais bientôt après, il lui procura des habits d'infidèles et lui donna le moyen de se sauver. Firenk en profita et se retira à Rome.

La peste ravageant Nice et les environs, on fit quitter cette ville au prince Gem. Il s'arrêta d'abord à Alchir (Exiles) où on lui amena Nassouh Tchélébi. On le fit ensuite passer par quinze villes bien peuplées, et il arriva enfin à Saint-Jean (de Maurienne). Parmi les montagnes qui couvrent les environs, on lui en fit remarquer une au pied de laquelle est la source du *Touna* (1). Puis, on le conduisit à Chambéry capitale de la Savoie: mais le duc (Charles I), ne s'y trouvait point; il était allé voir le roi de France, son oncle maternel. Ensuite Gem arriva le jeudi 13 muharrem 888 (20 février 1483), au château de Régélié (Rumilly) qui appartenait aux chevaliers de Rhodes. Là, on lui fit entendre qu'il devait envoyer quelqu'un de ses gens au roi de Hongrie, pour s'assurer auparavant de sa bonne volonté. Gem fit ce qu'on voulut et chargea de ce soin Mustafa-bey et Ahmed-bey, à qui l'on fit prendre des vêtements d'infidèles pour n'être pas remarqués; mais il n'entendit plus parler d'eux en aucune manière, quoique l'on eut grand soin de le flatter de l'espoir qu'ils reviendraient bientôt. Cependant les petits seigneurs des environs lui faisaient visite, disant qu'ils venaient voir le fils du sultan qui avait pris Constantinople. Le duc de Savoie qui n'avait encore que quatorze ans, vint aussi le visiter en retournant de la cour du roi de France, son oncle. Gem lui fit présent d'une masse d'arme de Damas qui lui avait coûté cinquante florins. Ce duc, qui possédait quelques ter-

(1) Ou peut-être *Toura* : la Durance • *Touna* serait le Danube.

res en Caramanie, prit de l'amitié pour le prince et chercha les moyens de le tirer des mains des chevaliers de Rhodes; mais ceux-ci s'étant aperçus de son dessein enlevèrent Gem de là le 21 gioumazi el-evel de la même année (26 juin 1483), le firent embarquer sur la rivière de Grenoble (Isère), gagnèrent le fleuve du Rhône qui passe par la ville de Lyon, et après lui avoir fait traverser plusieurs villes, ils le menèrent au Puy (1) en Dauphiné. Pendant que le prince y était retenu, on apprit que Hussein-bey, envoyé à Rhodes par Bajazet pour s'aboucher avec le prince, était arrivé en Savoie; toutefois les chevaliers firent si bien qu'ils l'empêchèrent de voir le fils de Mahomet II. Sur ces entrefaites le roi de France (Louis XI) mourut le 18 du mois de rejeb de l'année ci-dessus (21 août 1483). Les chevaliers craignant que cet événement ne causât quelque désordre dans le royaume, jugèrent à propos d'éloigner les officiers du prince Gem. Pour exécuter ce dessein ils firent venir environ huit cents cavaliers revêtus de cuirasses, qui lui ôtèrent de force vingt-neuf de ses gens. Gem se plaignit de cette violence; mais on lui dit qu'on avait ordre de le faire et qu'on n'agissait ainsi que pour sa propre conservation. Du reste, on lui jura sur l'évangile qu'il ne serait fait aucun mal aux personnes qu'on lui avait enlevées. Conduites par plusieurs villes jusqu'à Aigues-Mortes, elles y furent embarquées et abordèrent à un port voisin de la ville de Nice, où Hussein-bey, envoyé du sultan, fut amené aussi : ils firent voile ensemble, et après la traversée la plus pénible, ils arrivèrent à l'île de Rhodes, d'où Hussein-bey fut renvoyé à Constantinople.

Lorsqu'on eut ainsi éloigné les officiers du frère de Bajazet, on le garda encore environ deux mois, dans le même château; après quoi on le transporta à celui de *Devchinon*, situé au haut d'un rocher où il resta le même laps de temps. De là on le conduisit à un autre château nommé Sassenage. Le gouverneur de ce château avait une fille extrêmement belle, qui devint amoureuse du prince. Gem répondit à son ardeur, et bientôt il y eut entre les deux amants un commerce

(1) Puy-St-Martin, Drôme.

de lettres que suivirent des entrevues passionnées. Après qu'il eût séjourné en ce lieu deux autres mois, on le fit passer par plusieurs villes, et on le mena enfin au château de *Borgolon* (Bourganeuf), patrie du grand-maître de Rhodes; on le fit passer ensuite à un autre château nommé *Monteil*, qui appartenait au frère du grand-maître, où l'on fit demeurer le prince deux mois; puis on le conduisit au château de Moretel, où il séjourna autant de temps, et de là à la forteresse de Bois-l'Amy, située au milieu d'un grand lac, où il fut retenu environ deux ans en une grande contrainte. Dans cet espace de temps, il pensait sans cesse aux moyens de se délivrer. Il fit déguiser en habit d'infidèle Hussein-bey et Gelal-bey, et les envoya pour tâcher de faire quelques tentatives: ils demeurèrent environ trois ans auprès du duc de Bourbon (Pierre II) et ils travaillèrent ensemble de tout leur pouvoir à procurer la liberté du prince.

D'un autre côté, le grand-maître de l'île de Rhodes, passionné pour l'argent, avait dépêché des personnes au sultan d'Egypte et à la mère de Gem pour leur dire qu'il était prêt à leur envoyer le prince, mais il leur avait en même temps demandé de quoi construire des vaisseaux et acheter les provisions nécessaires. Le sultan et la mère de Gem avaient fait passer à cet idolâtre vingt mille florins, et avaient retenu quelques-uns de ses députés pour caution. Il est bon de savoir que le grand-maître avait eu pour de l'argent, du secrétaire du fils de Mahomet, plusieurs feuilles de papier blanc avec le seing de ce prince, où il faisait écrire ce qui lui plaisait, comme venant de sa part; il envoyait même aux rois infidèles qui demandaient Gem pour l'avoir auprès d'eux, des lettres par lesquelles il lui faisait répondre mille mensonges, en leur mandant qu'il était libre, et que c'était de sa propre volonté qu'il restait avec les chevaliers.

Toutefois, le roi de Hongrie (Mathias Corvin), le pape (Innocent VIII), le roi de Pouille (Ferdinand d'Aragon), et quelques autres princes francs, mandèrent au grand-maître, conjointement, qu'il fallait qu'il leur envoyât le fils de Mahomet, afin de le faire rentrer dans l'empire ottoman lorsque l'occasion s'en présenterait. Le grand-maître fut contraint d'accorder ce qu'on lui demandait ; mais il ne le fit qu'à condition qu'on lui donnerait dix mille florins, et que l'on n'entreprendrait rien pour le rétablissement du prince, sans lui en faire part. Les mêmes souverains écrivirent au roi de France (Charles VIII), qu'il était déraisonnable de retenir en prison le fils du puissant Mahomet, qui s'était livré volontairement aux chrétiens : qu'ils le priaient de le remettre entre leurs mains, afin qu'ils pussent l'aider dans ses projets. Le roi de France écrivit en conséquence au grand-maître qu'il eût à se rendre de bonne grâce aux vœux des souverains, s'il ne voulait y être contraint.

Sur ces entrefaites, le fils du roi de Pouille, qui était auprès du pape, mourut. Innocent VIII fut soupçonné de l'avoir fait empoisonner, ce qui mit une grande division entre ces deux monarques, en sorte qu'il ne fut plus question de la liberté de Gem.

Cependant on tira le prince du château de Bois-l'Amy, où il était, pour le faire passer dans un autre, nommé la *Grosse-Tour*, à Bourganeuf, que le grand-maître avait fait bâtir exprès pour l'y loger. Quelque temps après, Hussein-bey, dont nous avons parlé plus haut, s'introduisit dans le château. Il fut convenu qu'à un jour fixé, le prince, et les musulmans de sa suite, sortiraient pour aller à la promenade, comme de coutume, et qu'ensuite, tout en jouant avec les douze gardes, qui ne les quittaient pas, ils leur prendraient leurs arbalètes, les tueraient, et se rendraient dans un lieu désigné, où ils trouveraient des chevaux et les choses qui leur seraient nécessaires, ce qu'Hussein-bey avait eu par le moyen du prince de Bourbon, qui avait avancé à cet effet vingt mille pièces de monnaie. Toutefois, un officier de Gem révéla le secret à un des soldats avec qui il avait coutume de boire. Le capitaine des gardes ayant eu, par ce moyen, connaissance du complot, voulait faire passer au fil de l'épée tous les gens du prince ; mais un des gardes, qui savait le turc, lui représenta que jusqu'alors, le roi de France avait cru que le frère de Bajazet demeurait volontairement dans cette retraite : que la fourberie ne manquerait pas d'être découverte, si l'on faisait mourir ses gens tous à la fois ;

valait donc mieux s'en défaire successivement. Le malheureux prince ne parvint qu'à force de supplications à sauver la vie à Sinan-bey, chef présumé de la conspiration. Depuis lors, on les surveilla tous de si près, que pas un d'eux n'avait la liberté de s'écarter seul. Le fils de Mahomet fut encore retenu environ deux ans dans cet endroit: pendant ce temps, il fit en vers le récit de ses misères; car il était bon poëte (1).

Cependant le pape s'étant réconcilié avec le roi de Pouille, ils revinrent au dessein qu'ils avaient eu d'abord : ils dépêchèrent donc de nouveau au roi de France un exprès pour lui demander le prince Gem. Le roi de France tint la parole qu'il avait donnée auparavant. Il envoya un des seigneurs de sa cour, avec environ deux cents hommes, pour tirer le prince de la prison où il avait gémi si longtemps ; ce qui fut exécuté le 5 Zil-hijjet 893 (10 novembre 1487); après quoi il le fit conduire aux états du pape. Gem passa par divers pays et villes, de la description desquels nous ne chargerons point notre narration. On pourra prendre connaissance du détail circonstancié des aventures du prince, dans l'ouvrage écrit à cet effet. Nous remarquerons seulement qu'il traversa Marseille, l'un des ports les plus considérables du royaume de France qu'il s'embarqua à Toulon, le 2 rebi-ul-evel 894 (12 février 1488) et aborda à Civita-Vecchia, qui est à quatre-vingts milles de Rome. Le pape ayant appris qu'il était arrivé sur ses terres envoya au devant de lui son fils, suivi de quelques seigneurs, avec des chevaux pour le conduire jusqu'à Rome. Gem fut d'abord mené à un château du fils du pape, situé à vingt milles de Rome. Il fit ensuite le lendemain son entrée dans cette cité, où on le reçut avec de grands honneurs. Il fut logé dans le palais du pape, qui lui donna le jour suivant une audience extraordinaire, où se trouvèrent tous les seigneurs de sa cour et les ambassadeurs de France, d'Espagne, de Portugal, de Gênes, de Venise, d'Allemagne,

(1) Saad-eddin dit ailleurs que Gem a laissé un recueil de poésies estimé et la traduction en turc du roman persan de Selmar, intitulé Gemschid et Korschid, qu'il avait dédié à son père Mahomet II.

M. de Hammer a donné dans le *Journal Asiat.*, t. VI, p. 137 et 138, le texte et la traduction d'un gazal de Gem.

de Hongrie, de Pologne, de Bohême et de Russie. Le pape était assis sur son trône, sa couronne, ornée de pierreries, sur la tête, et plusieurs bagues d'un grand prix aux doigts. Gem étant entré, suivi de ses gens, et accompagné du seigneur français qui l'avait amené, et des chevaliers de Rhodes, s'avança jusqu'au trône du pape, qui l'embrassa, le baisa au cou, des deux côtés, et lui fit beaucoup d'amitiés. Il le fit ensuite reconduire chez lui, où il lui donna de grands festins pendant trois jours. Le troisième jour, il le reçut en particulier, assis sur un fauteuil, et le prince sur un autre. Dans l'entretien, le pape lui demanda par quel motif il était venu dans un pays d'une religion contraire à la sienne. « Mon intention, répondit Gem, n'avait jamais été de venir « dans les contrées des Francs, mais de me rendre en Romé- « lie ; ayant demandé à cet effet passage aux Rhodiens, j'a- « vais abordé à leur île, me confiant au traité que j'avais « préalablement conclu avec eux ; mais ils y ont manqué, et « ils me retiennent prisonnier depuis sept ans. Procurez- « moi, je vous en supplie, les moyens d'aller trouver en « Egypte ma mère et mes enfants, dont je suis séparé de- « puis si longtemps. » Le pape s'étant aperçu que le prince avait les larmes aux yeux en achevant de parler, ne put retenir les siennes. Néanmoins, après être resté quelque temps en silence, comme s'il eût réfléchi à ce qu'il devait répondre : « Si vous ne songez plus à l'empire, lui dit-il, vous pouvez « vous retirer en Egypte ; mais il vous convient mieux d'al- « ler au royaume de Hongrie où l'on désire votre présence, « et où vous pourrez mettre à exécution votre premier des- « sein. »

Le prince avait eu le temps, durant ses longs malheurs, de se convaincre du néant des choses humaines ; il n'était plus sensible à l'ambition ni au désir de régner ; aussi insista-t-il à faire le voyage d'Egypte. Le prince et le pape eurent encore plusieurs entretiens à ce sujet ; mais Gem persista toujours dans la même résolution. Sur ces entrefaites, un ambassadeur du roi de Hongrie arriva à Rome, et demanda de nouveau le fils de Mahomet de la part de son maître. Alors le pape revint à la charge et pressa Gem d'aller e

Hongrie; mais le prince ne voulut jamais y consentir: « A
« Dieu ne plaise, s'écria-t-il, que je me réunisse aux infidè-
« les pour combattre les vrais croyants ; ce serait renoncer à
« la religion de mes pères, à laquelle je tiens bien plus qu'à
« l'empire ottoman et qu'à celui du monde entier. » Le pape,
irrité de cette réponse, détourna son visage, et témoigna
dans sa langue toute l'indignation qu'il éprouvait. Gem qui
avait appris à parler, à lire et à écrire la langue franque,
comprit fort bien ce que le pape voulait dire et lui repartit :
« Vous avez bien raison d'être indigné contre celui qui a eu
« la faiblesse de se livrer à vous. » Le pape confus s'excusa,
et lui assura que ces paroles lui étaient échappées, en le
voyant refuser de suivre les bons conseils qu'il lui donnait.

Cependant on n'avait sur Gem, à Constantinople, que des
nouvelles vagues et confuses: mais Bajazet ayant appris
qu'il était à Rome, y envoya, pour s'en assurer, un officier
de sa cour, chargé d'une lettre pour son frère. Cet émir,
nommé *Moustafa-aga* qui fut depuis vizir, arriva à Rome
avec un ambassadeur des chevaliers de Rhodes, et fut reçu
avec honneur par le pape. Il alla rendre ses devoirs à Gem,
le salua de la part du sultan, frère du prince, et lui remit de
sa part une lettre cachetée et quantité de présents. Gem
ayant alors appris que le grand-maître de Rhodes avait par
fraude, tiré du sultan d'Egypte vingt mille florins, vint à
bout, avec l'entremise de Moustafa-bey et du pape, d'en avoir
cinq mille par l'ambassadeur des chevaliers, qui avait accompagné Moustafa. Celui-ci, après avoir appris tout ce qui
était arrivé au prince Gem, depuis qu'il était sorti hors des
terres de l'empire ottoman, dit au pape que, pour éloigner les
troubles et les séditions, Bajazet désirait que son frère restât loin des contrées musulmanes. Le pape, qui aurait donné
sa vie pour acquérir l'amitié d'un officier du sultan, tel que
Moustafa, n'eut pas de peine à sacrifier le prince à son intérêt particulier. Il répondit donc à l'ambassadeur du sultan: « Je suis le serviteur soumis, l'humble esclave du for-
« tuné Bajazet; la poussière de ses pieds est la couronne de
« ma tête; obéir à ses ordres est toute ma joie ; je m'estime-
« rai heureux de faire ce qu'il désire; mais je le prie de n'en-

« treprendre jamais rien contre mes intérêts ni contre le re-
« pos de mes états. » Moustafa-aga conclut donc avec lui un
traité que le pape observa avec soin et il fit garder le prince
étroitement. Les choses restèrent en cet état pendant trois
ans. Au bout de ce temps, Innocent VIII mourut, et son
âme impure alla servir d'aliment au feu de l'enfer. Cependant
le prince fut renfermé en un lieu de sûreté, de crainte qu'il
n'arrivât quelques troubles pendant l'interrègne ; il y resta
vingt jours, tandis que l'on exécuta les formalités commandées par l'ancien usage de la vaine religion des chrétiens,
pour l'élection d'un nouveau pape. On le reconduisit ensuite
dans le lieu qu'il habitait antérieurement, où il resta encore
quelques années dans le même état de contrainte qu'auparavant.

L'indifférence que le roi de France avait précédemment
montrée pour Gem, provenait de ce que les chevaliers de
Rhodes donnaient de l'argent aux ministres de ce roi pour
qu'ils le détournassent de penser à lui. Aussi, toutes les fois
que ce souverain témoignait le désir de voir le prince, ses
ministres ne manquaient pas de lui dire que c'était un emporté qui le maudissait, lui et sa religion, dès qu'il l'entendait nommer; que bien loin de souhaiter de le voir, il protes-
tait qu'il se tuerait lui-même, en cas qu'on voulût le présenter au monarque. D'un autre côté, lorsque le frère de
Bajazet, ennuyé des mauvais traitements qu'on lui faisait
souffrir, demandait d'être conduit au roi de France, afin de
lui présenter ses griefs, dans l'espoir qu'on le délivrerait enfin de la rude prison où il était détenu, les chevaliers lui
disaient que le roi de France avait une si grande aversion
pour les Musulmans, qu'il ne voulait pas souffrir qu'un seul
mît le pied dans sa capitale, et qu'ils craignaient qu'il ne lui
arrivât quelque malheur s'ils l'y conduisaient. Toute cette
intrigue se découvrit par le seigneur français qui accompagnait Gem à Rome. Cet officier remarqua en ce prince des
manières si honnêtes et si obligeantes, qu'il conçut pour lui
une sincère affection, et lui en donna des marques fréquentes. Un jour qu'ils s'entretenaient ensemble, l'officier lui témoigna son étonnement de ce qu'ayant demeuré si long-

temps en France, il n'avait point vu le roi, et qu'il n'était point allé à Paris y contempler les beautés, filles des fées, qui s'y trouvent, et y jouir des productions des différentes contrées qui y sont rassemblées. « Le roi, ajouta-t-il, « avait « le plus vif désir de vous connaître. — Eh! comment, ré-« pondit le malheureux Gem, serais-je allé à Paris, me pré-« senter devant le roi? l'on me disait qu'il ne voulait souffrir « aucun Turc dans sa capitale... Et d'ailleurs, étranger, « prisonnier, sous la puissance de mes ennemis, comment « aurais-je pu le faire? »

A son retour, le seigneur français ne manqua pas de communiquer à son maître l'entretien qu'il avait eu avec Gem, et l'assura que ce prince était rempli de bonnes qualités. Le roi se repentit alors d'avoir ainsi abandonné le fils de Mahomet; il chassa même les ministres qui l'avaient abusé par leurs mensonges, et écrivit au pape (Alexandre VI), à plusieurs reprises, pour lui demander de laisser le prince libre de se retirer où il voudrait; mais le pape s'excusait toujours sous différents prétextes. Alors le roi envoya à Rome un des principaux seigneurs de la cour, pour demander Gem en son nom, et le pape s'excusa encore de se rendre aux désirs du monarque français. Ce seigneur lia amitié avec le prince musulman, et, de retour en France, il en parla avec tant d'enthousiasme au roi, qu'il lui inspira la plus vive affection pour lui; aussi Charles VIII leva-t-il une puissante armée pour aller délivrer l'infortuné Gem. Quoique, comme chrétien, il reçut sa couronne de la main du pape, qui est le plus grand de tous les princes francs, et qui tient le premier rang parmi les Nazaréens, néanmoins il était le plus puissant des rois infidèles, et il avait conquis une partie des états voisins de son royaume. Il projetait même de pousser ses conquêtes jusque dans les pays musulmans, et c'est ce qui lui faisant regarder le prince Gem comme un personnage qui pouvait lui être utile, le porta à venir, à la tête d'une armée redoutable, assiéger Rome pour obliger le pape à lui remettre entre les mains le fils de Mahomet. Le pape, instruit de la marche du roi des Francs, fit enfermer Gem dans un château-fort le (Château Saint-Ange), qui était à la tête du pont du fleuve qui traverse Rome (le Tibre), et où il avait son trésor. Le roi de France arriva, assiégea Rome, et la prit : Le pape s'enfuit dans le château dont nous avons parlé plus haut; le roi l'assiégea encore, et, chaque nuit il envoyait son oncle maternel (le comte de la Marche), traiter avec le pape, et demander le prince. Le pape n'ayant point voulu relâcher le malheureux Gem, le roi fit continuer le siége pendant vingt jours. Au bout de ce temps les bastions ayant été renversés, le pape fut contraint d'en venir à un accommodement. Le traité conclu, il sortit du château, et se retira en son palais. Une nuit, le roi de France alla chez le pape, et ils firent venir le prince musulman. Ils s'assirent chacun sur un siége. Dans l'entretien, le pape prenant la parole et s'adressant à Gem : « Monseigneur, lui dit-il, le roi de France veut vous « emmener avec lui; que vous en semble-t-il ? » Le prince, qui, jusqu'alors, ne s'était point entendu donner le titre de *seigneur*, outré d'indignation en se rappelant en cet instant les mauvais traitements qu'on lui avait fait supporter, au lieu de lui avoir rendu les honneurs dus à un prince : « Je « n'appartiens ni au roi de France, répondit-il, ni à vous; je « suis un esclave infortuné, privé de la liberté ; il m'est fort « indifférent que les Français s'emparent de moi ou que vous « restiez maître de ma personne. » Le pape confus de ce discours, baissa la tête : « A Dieu ne plaise, s'écria-t-il, que vous « soyez esclave; vous êtes, ainsi que le roi de France, fils « d'un puissant monarque, et je ne suis entre vous deux qu'un « interprète. »

Trois jours après, le 1er joumazi ul-evel 900 (28 janvier 1494), le roi de France alla de nouveau chez le pape le sommer de lui remettre Gem. Le pape fut alors forcé de le lui livrer. Le roi le confia tout de suite à un de ses seigneurs nommé *Maréchal,* et partit de Rome le lendemain, qui était un mercredi. Il prit la route de la Pouille, et passa la nuit dans la ville de Terracine. Cette nuit, le fils du pape (César Borgia, duc de Valentinois), qui accompagnait le prince Gem, se déguisa, sortit de la place et s'évada. Le roi de France resta cinq jours dans ce lieu ; puis continuant sa marche, il alla se présenter devant la forteresse de Monteforte.

Les gens qui la défendaient ayant refusé de se rendre, il la prit de force, et passa tous ceux qui s'y trouvaient au fil de l'épée. Le lendemain, il en fit de même à la forteresse de Monte-San-Giovani, après quoi les autres places épouvantées se rendirent sans nulle résistance. Quant à l'armée du roi de Pouille, elle fuyait toujours devant celle du roi de France.

Comme c'était une chose extraordinaire parmi les princes francs, de s'opposer aux volontés du pape, Alexandre se trouvant extrêmement offensé de la manière outrageuse dont le roi de France venait de le traiter, résolut de s'en venger par la mort du prince Gem, qui était innocent. Pour cet effet, il envoya à la suite de l'armée de ce roi, un barbier, muni d'un rasoir empoisonné, lequel fit si bien, qu'il parvint à raser le prince. Le rasoir ne laissa aucune trace; mais le visage et la tête de Gem s'enflèrent, et il tomba dans un état de malaise tel, qu'on fut obligé de le mettre dans une litière. Le roi de France fit appeler pour le traiter, les médecins les plus habiles; il allait chaque jour le voir pour s'informer de sa santé. Lorsqu'on fut arrivé à la ville de Naples, capitale du royaume de la Pouille, le mal augmenta si fort, que Gem avait de fréquentes défaillances. Sur ces entrefaites on lui apporta une lettre que la sultane sa mère lui écrivait du royaume d'Egypte; mais il n'était plus en état de la lire, ni d'en entendre le contenu. Comme il avait toujours demandé à Dieu de ne point permettre qu'il fournît aux ennemis de la religion, le prétexte d'attaquer les Musulmans, mais de le retirer plutôt de ce monde, et de l'admettre au séjour de sa miséricorde, il obtint ce qu'il souhaitait, et mourut la nuit du mardi 29 joumazi-ul-evel 900 (24 février 1494), en prononçant la profession de foi musulmane (1). C'est ainsi qu'après avoir vidé la coupe du martyre, il alla s'abreuver de la boisson de la vie éternelle, et, dans l'union avec Dieu oublier pour toujours les malheurs auxquels il avait été en butte dans ce monde.

Le roi de France reçut cette nouvelle avec des marques

(1) Il était âgé de trente-quatre ans deux mois et sept jours.

sensibles de douleur : il fit embaumer le corps du prince, et le fit mettre dans un cercueil de fer.

Avant de mourir, Gem avait recommandé à ses officiers de faire tout leur possible pour transporter son corps à Constantinople, « de peur, leur avait-il dit, que les infidèles, en « possession de mes dépouilles mortelles, n'attaquent en « mon nom les provinces musulmanes, et n'y fassent des « conquêtes. » Il avait aussi écrit une lettre au sultan son frère, dans laquelle il le suppliait de faire venir sa mère et ses enfants du royaume d'Egypte, et d'avoir quelque considération pour les officiers qui ne l'avaient pas abandonné dans ses malheurs. Afin d'exécuter ses dernières volontés, Sinan-bey se déguisa, et se mit en chemin pour se rendre à Constantinople ; mais il fut pris par des gens du roi de France, qui le retinrent dans les fers pendant deux mois environ. Toutefois, s'étant tiré de là avec l'aide de Dieu, il arriva à Constantinople, où il donna la nouvelle de la mort du prince, et remit la lettre au sultan. Le divan envoya alors quelques personnes au roi de France pour lui demander les restes du prince Gem, afin de les déposer auprès de ceux de ses ancêtres. Mais le roi avait prévenu l'intention de la cour ottomane, et avait déjà fait embarquer le cercueil avec de riches présents. Les envoyés ayant rencontré le bâtiment, n'allèrent pas plus loin. Le cercueil fut débarqué à Gallipoli, par ordre de Bajazet, et transporté de là à Andrinople, où il fut placé près de la sépulture du sultan Mourad.

TABLE DES MATIÈRES

	pages
Allégories d'Azz eddin Elmocaddéci.	1
Les Animaux en discussion avec l'homme	73
Deux contes de l'Anvari Sohéili.	189
Pend-Namèh de Saadi	197
Les Aventures de Kamrup	211
La Rose de Bakawali.	307
Gul o Sanaubar	423
Hir et Ranjhan.	481
La légende de Sakuntala.	517
Les chants populaires de l'Inde.	537
La prise d'Abydos	597
La bataille de Varna	600
La prise de Constantinople.	607
La description de Constantinople	617
Les aventures du prince Gem.	623

CLERMONT (OISE). — IMPRIMERIE A. DAIX, RUE DE CONDÉ, 27.

ERNEST LEROUX, ÉDITEUR

28, RUE BONAPARTE, 28

NOUVELLES PUBLICATIONS

BIBLIOTHÈQUE ORIENTALE ELZÉVIRIENNE

I. — **Les Religieuses bouddhistes**, depuis Sakya Mouni jusqu'à nos jours, par MARY SUMMER. Avec introduction, par PH. ED. FOUCAUX. 1 vol. in-18 elzévir, sur papier de Hollande. 2 fr. 50

II. — **Histoire du Bouddha Sakya Mouni**, depuis sa naissance jusqu'à sa mort, par MARY SUMMER. Avec préface et index par PH. ED. FOUCAUX. 1 vol. in-18 elzévir, sur papier de Hollande. . . . . 5 fr.

III. — **Les Stances Érotiques**, morales et religieuses de Bhartrihari, traduites du sanscrit par P. REGNAUD. Un volume in-18 elzévir. . . . . 2 fr. 50

IV. — **La Palestine inconnue**, par CLERMONT-GANNEAU. Un volume in-18 elzévir. . . . . 2 fr. 50

V. — **Les Plaisanteries de Nasr-Eddin-Hodja**. Traduit du turc par DECOURDEMANCHE. Un vol. in-18 elzévir . . 2 fr. 50

SOUS PRESSE

VI. — **Le Bostan de Sadi**, traduit du persan et annoté par M. BARBIER DE MEYNARD.

VII. — **Le Chariot de terre cuite** (Mricchakati), drame sanscrit du roi Soudraka. Traduit en français par P. REGNAUD. 4 volumes in-18 elzévir.

VIII. — **Proverbes orientaux**, traduits du turc, de l'arabe, du persan, du chinois, etc.

CLERMONT-OISE. — IMPRIMERIE A. DAIX, RUE DE CONDÉ, 27.

www.ingramcontent.com/pod-product-compliance
Lightning Source LLC
Chambersburg PA
CBHW050129240426
43673CB00043B/1608